个人数据保护整体性进路：
基于竞争法、消费者权益保护法与知识产权法的视角

Mor Bakhoum，Beatriz Conde Gallego，Mark-Oliver Mackenrodt，Gintarė Surblytė-Namavičienė 编著

文学国　金枫梁　等 译

上海大学出版社
·上海·

图书在版编目(CIP)数据

个人数据保护整体性进路：基于竞争法、消费者权益保护法与知识产权法的视角 /（德）莫尔·巴库姆（Mor Bakhoum）等编著；文学国等译. —上海：上海大学出版社，2023.10

书名原文：Personal Data in Competition, Consumer Protection and Intellectual Property Law: Towards a Holistic Approach?

ISBN 978-7-5671-4835-2

Ⅰ.①个⋯ Ⅱ.①莫⋯ ②文⋯ Ⅲ.①个人信息—法律保护—研究 Ⅳ.①D913.04

中国国家版本馆 CIP 数据核字(2023)第 198351 号

责任编辑　刘　强
助理编辑　陈　荣
封面设计　缪炎栩
技术编辑　金　鑫　钱宇坤

First published in English under the title
Personal Data in Competition, Consumer Protection and Intellectual Property Law: Towards a Holistic Approach?
edited by Mor Bakhoum, Beatriz Conde Gallego, Mark-Oliver Mackenrodt and Gintarė Surblytė-Namavičienė
Copyright © Springer-Verlag GmbH Germany, part of Springer Nature, 2018
This edition has been translated and published under licence from Springer-Verlag GmbH, part of Springer Nature.

图字 09-2023-0834

个人数据保护整体性进路：基于竞争法、消费者权益保护法与知识产权法的视角

Mor Bakhoum，Beatriz Conde Gallego，Mark-Oliver Mackenrodt，Gintarė Surblytė-Namavičienė　编著

文学国　金枫梁　等　译

上海大学出版社出版发行
（上海市上大路99号　邮政编码200444）
（https://www.shupress.cn　发行热线 021-66135112）
出版人　戴骏豪

＊

南京展望文化发展有限公司排版
上海光扬印务有限公司印刷　各地新华书店经销
开本 787mm×1092mm　1/16　印张 27.25　字数 596 千
2023年11月第1版　2023年11月第1次印刷
ISBN 978-7-5671-4835-2/D·255　定价 138.00元

版权所有　侵权必究
如发现本书有印装质量问题请与印刷厂质量科联系
联系电话：021-61230114

译者序 | TRANSLATOR PREFACE

个人信息是数字经济最重要的生产要素。近十年来，如何在个人信息的保护与合理利用之间建立起合适的法律框架，成为各国与各地区法律所面临的共同问题。对此，我国除了在《民法典》等法律中规定了若干个人信息条款外，还于2021年通过《个人信息保护法》确立了个人信息的权益体系。此外，2022年12月19日颁布的《关于构建数据基础制度更好发挥数据要素作用的意见》又在政策层面强化了个人信息的使用。个人信息的保护与利用同样涉及反垄断法、反不正当竞争法、知识产权法等，这决定了个人信息的保护与合理利用的研究需要打破学科专业壁垒，从跨学科角度进行分析。这也可以从域外案例中得到验证，不正当地收集个人数据既侵犯了个人信息权益，又可能构成市场支配力量的滥用。2019年，针对Facebook收集用户平台之外个人信息的行为，德国联邦卡特尔局在德国反限制竞争法滥用市场支配地位框架内进行审查。2023年7月4日，欧盟法院肯定了德国联邦卡特尔局的做法。

本书是从欧盟法域研究个人信息保护与合理利用的跨法学学科内部分工的经典作品。尽管欧盟数字经济与法律规制与我国存在不同，但其独特的视角以及若干基本原理对我国的立法与法律实践具有重要的参考价值。本书也是上海大学法学院经济法专业2020年秋季学期"竞争法专题"的授课材料。同时，在本书的筹备和付梓的过程中，多位同学付出了辛勤的努力，其中江青梅同学协助联系了版权事宜；各个章节分别由江青梅、肖梦祺、展梦雯、杨慧玲、应航、黄媛、梁一平、邹叶婷、刘颖、窦美慧、朱学峰完成，每篇论文中也标注了译者姓名。

除了承担本书前言的翻译外，我负责最后阶段的校订与统稿等工作。金枫梁老师在前期承担了本书的校稿与统稿工作。感谢上海大学对本书出版予以的经费支持，感谢金枫梁老师与各位同学的努力付出。

文学国
记于上海宝山锦秋花园
2023年8月29日

前 言 | FOREWORD

个人数据的综合规制路径探究

Mor Bakhoum, Beatriz Conde Gallego, Mark-Oliver Mackenrodt,
and Gintarė Surblytė-Namavičienė*

文学国** 译

个人数据及其使用构成了数字经济的基石,依托个人数据的商业模式也越来越多。通过分享个人数据,用户可以享受个性化的创新型服务。与此同时,企业对个人数据的收集、处理和使用,对公民的隐私和基本权利提出了挑战。此外,考虑到个人数据的商业价值和战略价值,企业对个人数据的积累、控制和使用会引发竞争担忧,对消费者产生不利影响。因此,构建一个法律框架,使其既能充分保护个人数据,又不会妨碍基于数据的创新型商业模式的兴起,是一项极具挑战的任务。

除了适用数据保护规则,对个人数据的使用还直接或间接地受到反托拉斯法、反不正当竞争法、消费者权益保护法、知识产权法等多个领域法律的规制。为什么不同的法律领域与个人数据的相关程度存在不同?分别达到哪种程度?这些法律领域与数据保护所追求的目标之间是否存在冲突?其中,对个人数据有所规制的某种法律,其路径是如何对其他领域法律加以激发或补充的?个人数据的整体规制路径该如何建构?本书带着这些问题,通过对个人数据在不同法律领域的重要性及法律待遇加以分析,找出各自的不足及其共同原则,试图构建出个人数据的综合规制路径。

从个人数据的基础性来说,阿姆斯特丹大学的 Manon Oostveen 和 Kristina Irion 强调了个人数据保护的宪法属性,以及数据保护权为其他基本权利(如隐私权)的基础性权利。作为一种基础性权利,欧盟数据保护法旨在防范当今盛行的个人数据处理的短期和

---

* Mor Bakhoum 博士系德国慕尼黑马克斯·普朗克创新和竞争研究所研究员。Beatriz Conde Gallego 博士系德国慕尼黑马克斯·普朗克创新和竞争研究所高级研究员。Gintarė Surblytė-Namavičienė 博士系立陶宛维尔纽斯大学法学院讲师,2011 年 6 月—2017 年 6 月曾任德国慕尼黑马克斯·普朗克创新和竞争研究所高级研究员。M. Bakhoum. B. C. Gallego. M.-O. Mackenrodt 系德国慕尼黑马克斯·普朗克创新和竞争研究所附属研究员。

** 文学国,上海大学法学院教授。

长期影响。个人数据保护的宪法基础超出了欧盟《通用数据保护条例》(GDPR)的明确规定。在这一点上,作者认为应当探究保护个体权利和自由的可替代性的法律规制路径。莱顿大学的 Helena Ursic 介绍了欧盟《通用数据保护条例》,阐述了数据主体的可携带权、被遗忘权、知情权等概念,并指出在欧盟层面建立起个人数据的综合性规制路径是有可能的;这种规制框架需要考虑到数据主体权利与数据驱动型经济的发展需求之间的平衡。作为对综合性规制路径思路的补充,慕尼黑大学的 Andreas Sattler 还主张通过引入"对个人数据的权利"来赋予数据主体权利。这将意味着一项兼具财产与人身双重性质的权利的产生。欧洲大学研究所(佛罗伦萨)的 Philipp Hacker 就立法机关利用算法分析公民的个体行为并制定具有个性化的法律的正当性以及陷阱进行了分析。尽管个性化法律可以缓解因行为算法的使用导致的"数字市场失灵",但它也引发了关于其正当性的讨论。

鲁汶大学的 Inge Graef 以竞争法和个人数据为关注点,强调了竞争法、消费者保护法和数据保护法三者之间的互补性,她认为这些法律领域从不同方面增进了消费者福利。与德国联邦卡特尔局对 Facebook 案件的调查一致,她赞成将使用数据保护和消费法原则作为分析竞争规则下是否滥用市场主导地位的基准。英国杜伦大学的 Anca Chirita 对一些最相关的在线平台的隐私政策进行了详细研究,并主张通过竞争法干预来解决基于数据滥用的价格歧视问题,以防处于特殊支配地位的数据被滥用。此外,政策制定者和执行者尽管仍在努力为数字经济构建一个完备的法律框架,但还是面临着迅速和新颖的技术发展带来的新挑战。随着物联网(IoT)的发展,搭载传感器的设备收集的相关环境数据越来越多地,其中很多是个人数据。现存的隐私问题在未来的物联网场景中会进一步放大,这将检验传统的"通知和同意"型数据保护模式的充分性。同样,与数据相关的新型物联网商业模式正在深刻改变着竞争格局。米兰大学的 Jacopo Ciani 和哥本哈根商学院的 Björn Lundqvist 阐述了新兴物联网带来的各种复杂的法律问题。

苏黎世大学的 Lennart Chrobak 通过对数据和信息进行分类,并将其作为经济输入因素和法律输入因素进行讨论而展开研究。他进而分析了现有民法规则对个人数据是如何处理的,并指出了民法在不同领域之间的实质性差异。例如,由于对物权法定原则、特定性、公开性等财产法的基本原则的解释十分严格,财产法对个人数据的适用是非常有限的。相比之下,他发现责任法可广泛适用于个人数据,因为缔约方之间存在权利和义务的不对等。最后,Chrobak 指出最近的法律和技术方法正试图避免将数据作为一种新的法律对象进行处理,这一做法显然存在很多不足之处。为了探究个人数据的综合性规制路径应具备的特征,马克斯·普朗克创新和竞争研究所(慕尼黑)的 Mark-Oliver Mackenrodt 分析了数据主体死亡后不同法律领域对其个人数据的适用。雅典经济与商业大学的 EmmanuelaTruli 研究了因他方违反数据保护规则而遭受损害的原告根据欧盟《通用数据保护条例》提起私法诉讼的案例,以及请求损害赔偿需满足的条件。与旧的《欧盟数据保护指令》相比,她发现《通用数据保护条例》扩大了原告权利,并试图解决与成员国已有规则之间的分歧,特别是在道德损害、数据处理责任、连带责任和协会代表权方面。蒂尔堡大学的 Milda Mačėnaitė 专注于欧盟《通用数据保护条例》中针对儿童的相关规则,并将这些新创建的规范与欧盟《消费者保护法》中保护未成年人的现有法律规则进行比较。她对欧盟《消费者保护法》中已经建立起来的针对未成年人保护的概念、理由和手段加以分析,为解释欧盟《通用数据保护条例》中相关规则提供了经验。博洛尼亚大学的Matilde Ratti指出了欧盟《通用数据保护条例》和《欧盟消费者保护法》中使用的监管技术的共同特点。这两个领域的法律都倾向保护弱势主体,赋予处于较为弱势地位的主体一些特定的权利,比如撤诉权,并制定对其更为有利的诉讼规则。但应当考虑到,消费者保护规则的目的是平衡当事人的合同利益,而数据保护规则的目的是保护一项基本权利。

欧洲罗马大学的Davide Mula将视野扩展到其他法律领域,研究了云服务合同法和数据保护规则之间的相互作用。在此背景下,他强调了欧盟《通用数据保护条例》第20条增设数据可携带权给云服务用户带来的好处。米兰大学的Francesco Banterle探讨了基于商业用途收集的个人数据集在何种情况下会受到知识产权的保护,特别是商业秘密和数据库的特有权利。他详细阐述了根据数据保护法和知识产权法之间的交集所确立的所有权制度。针对定向广告的具体问题,诺森比亚大学的Guido Noto La Diega批判性地评价了当前的监管方法,并给出了具体建议,以便有效地授权用户控制其数据。米什科尔茨大学的Bianka Maksó提到了数据保护企业约束规则(BCR)概念,这是欧盟《通用数据保护条例》中的一个新概念。她指出了个人数据的商业价值和战略价值,以及跨国公司在日常业务中尤其是在涉及国际数据传输时遵守对象国和欧洲隐私规则的必要性。Maksó进一步分析了企业约束规则(BCRs)的概念,该规则构成了企业的自我监管工具,旨在减少企业的行政和财务负担,同时确保其遵守数据保护标准。马克斯·普朗克创新和竞争研究所高级研究员(慕尼黑)Heiko Richter将"私权"概念应用于对个人数据的处理,主张通过适用不同的法律来实现对个人数据的有效、完整的监管。

总之,不同法律领域在对个人数据规制方面体现的弱点、共性及其可能的协同效应体现了构建个人数据的整体规制框架的必要性和可能采取的步骤。这种综合性规制路径将产生于不同法律目标和价值之间的权衡。虽然开发基于数据的创新产品和服务很重要,但个人数据的基本权利和隐私保护同样重要。从制度建构的角度来看,应当对所设想的每一个法律领域的目标和基本原理都进行适当考虑。

目　录 CONTENTS

第一部分　个人数据的基础：个人财产权利和规制之间

个人数据黄金时代如何规制赋能性质的基本权利？ …………………………………… 3
从人格权到财产权回顾个人数据保护的基础性原则 …………………………………… 19
大数据时代控制权的失灵：整体方法是否提供了解决方案？ ………………………… 41
算法中的矛盾——对个性化法律正当性的考量 ………………………………………… 63

第二部分　个人数据和竞争法

消费者福利界限的模糊化：数字市场背景下《竞争法》《消费者保护法》及
　《数据保护法》之间协同作用机制的构建路径 ……………………………………… 91
大数据的兴起与隐私泄露 ………………………………………………………………… 115
物联网中的大数据、开放数据、隐私规范、知识产权和竞争法：基于数据访问问题的
　探讨 ……………………………………………………………………………………… 145
以竞争法视角看数据保护和知识产权法在物联网领域中的应用：走向更广泛的
　"整体方法" ……………………………………………………………………………… 164

第三部分　个人数据、民法、消费者保护

以民法的规范视角和原则看数字数据的所有权 ………………………………………… 193
采用综合方式探究数据主体死亡后的个人数据的基本特性 …………………………… 208
《通用数据保护条例》与民事责任 ……………………………………………………… 228
网络中的儿童保护：个人数据保护法与消费者保护法的基本原理与具体规则 ……… 245
个人数据保护与消费者保护之共性探究 ………………………………………………… 279

第四部分　个人数据、不正当竞争和规制

数据可移植性权利与云计算消费者法 ………………………………………… 293

数据保护与知识产权法的衔接——以市场营销中的商业秘密数据库专有权与大数据
　分析原始数据所有权为例 …………………………………………………… 304

可将数据视为数字资产——以定向广告为切入点 …………………………… 328

标准合同条款——数据传输中数据保护的新概念 …………………………… 369

私法权力范式对个人数据的整体规制 ………………………………………… 389

第一部分

个人数据的基础：个人财产权利和规制之间

个人数据黄金时代如何规制赋能
性质的基本权利?

Manon Oostveen and Kristina Irion*

肖梦祺** 译

摘要：有关个人数据处理的新技术、新目的和新应用正在大规模地发展。对数据的大规模利用将我们带入"个人数据的黄金时代"，但也进入了如何规制其使用的时代。隐私和数据是本文探讨的基本权利所保护的对象。欧盟数据保护法的体系结构能够减少各种当下数据处理技术对个人隐私与数据的短期和长期的负面影响，这种保护可以理解为欧盟数据保护法框架下产生的具有赋能作用的权利。在大数据应用的背景下，本文评估了有关隐私和数据保护规则的实施运用是如何避免当下数据处理对个人带来的短期和长期的负面影响。从保护个人基本权利和自由的角度来看，可以得出这样的结论：应对（解决）当代数据处理所产生的问题不应当仅仅依靠欧盟数据保护法，其他解决办法也值得考虑。

1 引言

在保护个人基本权利和自由（特别是隐私权和保护个人数据新权利）的背景下，保护个人数据具有正当性。本文阐述了欧盟数据保护法的保护对象（即隐私权与个人数据保护权——译者注）作为赋能性权利，对实现个人的其他诸多权利和自由具有独特的功能。无论从短期还是长期来看，欧盟数据保护法对个人数据处理的干预有助于维护个人自治与人格尊严。

这项研究在大数据应用和算法决策的背景下进行，旨在说明两者如何能够超出隐私权和个人数据保护权所保护的核心内容对其他个人权利和自由产生一系列的影响。毕竟，无论是从对数据的使用，还是从对数据使用的规制的视角，我们都已经进入了"个人数据的黄金时代"。欧盟数据保护法应对当代个人数据处理所面临挑战的监管手段，随着《通用数据保护条例》（以下称"GDPR"）[①]的通过而得以升级。因此，现在应及时评估新条例（GDPR）对减轻大数据应用和算法决策给个人基本权利和自由带来的风险。

---

* Manon Oostveen，荷兰 Brinkhof 律师事务所律师，博士毕业于美国阿姆斯特丹大学信息法研究所（Institute for Information Law）。Kristina Irion，阿姆斯特丹大学信息法研究所助理教授。
** 肖梦祺，法学硕士，中共北海市委党校。
[①] 2016 年 4 月 27 日欧洲议会及欧洲理事会第 2016/679 号，在个人数据的处理及其自由流动方面对自然人的保护，以及废除指令 95/46/EC（《通用数据保护条例》），[2016] OJ l 119/1 - 88。

本文从三个方面进行论述。首先,本文勾勒了隐私和数据保护是独立的基本权利和对其他基本权利和自由具有促进作用的赋能性权利。其次,本文将目光转向欧盟保护个人数据的法律框架,并探讨其对个人基本权利和自由在当下和长期干涉中的独特作用。在对大数据应用和算法决策进行介绍后,阐述了个人基本权利和自由面临的风险。最后,本文在上述内容的基础上,进一步解释和探讨了 GDPR 相关条款对自动决策及数据画像(profiling)所做出的独特贡献,进而得出结论。

2 保护隐私和个人数据基本权利的合理性

2.1 隐私权和数据保护权作为独立的基本权利

在欧洲,个人隐私和个人数据作为基本权利分别受到欧洲理事会(the jurisdiction of the Council of Europe)和欧盟的保护,《欧洲人权公约》(以下简称《公约》)②第 8 条和《欧盟基本权利宪章》③(以下简称《宪章》)④中规定的隐私权保护的范围很广,涉及私人和家庭生活以及个人住宅和通信,从而赋予个人对其隐私高度的控制权。除此之外,隐私权的保护范围也可以通过解释扩展到保护个人数据不受非法处理的维度。⑤

《宪章》规定的个人数据保护权是"第三代"基本权利,从而将数据保护权提升为一项独立的权利。保护个人数据的独立价值在于当第三方介入处理个人数据时,可以赋予个人对其个人数据的控制权。根据《宪章》的相关规定,隐私权是否受到干预并不是适用个人数据保护权的先决条件。⑥ 然而,当个人的私人生活越来越多地通过互联网和在线服务进行时,引发隐私关注的场景经常与个人数据的处理产生冲突。⑦

保护个人隐私和个人数据的基本权利本身并不是目的,而在于保护个人隐私与个人数据本质上有助于促进其他个人基本权利和自由的发展,我们称之为隐私权和数据保护权的赋能(enabling function)功能。

2.2 隐私权和数据保护权是赋能性权利

欧洲法律文献虽然经常提及个人自治和人格尊严的相关内容,但对于隐私权和数据保护权的赋能并没有做出太多具有实际意义的概念性贡献。⑧ 这种状况可能是由三个方

---

② 1950 年《保护人权和基本自由公约》(2007/C 303/02)。
③ 2009 年《欧盟基本权利宪章》(OJ C83/02)。
④ 私人生活和隐私可以互换使用,有关术语的用法和可互换性的更多细节可以参见 Gonzalez Fuster (2014),特别是《公约》的第 81—84 页。
⑤ 欧洲人权法院,1978 年 3 月 26 日,Leander 诉瑞典,第 9248/81 号,ECLI:CE:ECHR:1994:0310 DEC002325394,para.48。
⑥ 更多关于隐私和数据保护的独立价值,参见 Gonzalez Fuster (2014);Lynskey (2014);Tzanou (2013)。
⑦ 最近的例子如欧洲法院,Google Spain and Google, C‑131/12, ECLI:EU:C:2014:317;ECJ, Digital Rights Ireland, C‑293/12 and C‑594/12, ECLI:EU:C:2014:238。
⑧ 也有明显的例外,参见 Bernal (2014)。

面造成的：一则宪法对个人基本权利进行了强有力的保护；二则学术界将注意力转向基本权利的司法解释；三则数据保护法适用于各种个人数据处理行为。在社会科学领域，学者们更倾向于将隐私权视为一项赋能性质的权利（如个人自治）加以研究。[9]

相反，美国法学界持续争论隐私对其他个人权利和社会价值的重要贡献，从而更深入地探索了隐私与其他权利和价值之间的关系。索罗（Solove）拒绝接受隐私具有单一价值的观点。相反，他认为隐私权是一个保护多种活动的概念，因此具有多元价值。[10] 索罗在他的隐私分类法中谈及了许多受到隐私影响的权利和价值，包括个人自治、表达自由与反歧视。[11] 理查兹（Richards）和克罗托申斯基（Krotoszynski）认为隐私对表达自由而言是不可缺少的。克罗托申斯基认为，隐私是表达自由的先决条件，也是民主自治的先决条件。[12] 理查兹认为智慧隐私（intellectual privacy）[13]也应当受到保护，即保护"思想的自由空间"，这种保护要先于思想和观点的实际公开表达。[14] 罗伯特（Robert）则从隐私有助于反歧视的角度出发，主张通过模糊必要的信息促进非歧视原则的落地*。[15]

欧洲在制定数据保护法时，往往考虑到个人的基本权利和自由的赋能功能，并且数据保护成文法中明确将保护诸多个人的基本权利和自由作为立法目的。德国1976年通过的《联邦数据保护法》是欧洲第一部此类国家法规，该法的主要目的是通过保护个人数据在处理过程中不被滥用，从而防止个人利益受到损害。[16] 受保护的个人利益（即德文schutzwürdige Belange des Betroffenen）当然包括人格的完整性和私人领域，但也包括宪法保护的其他个人权利和自由，即表达自由、集会和结社以及宗教自由。[17] 因此，受保护的个人利益的具体内容被刻意地保持开放性，以应对数据处理的情形。

同样，法国1978年颁布了第一部关于保护个人数据的法律，将人权、私人生活以及个人或公共自由（人权、个人或公共自由——droits de l'homme，[…] vie privée，[…] libertés individuelles ou publiques）作为保护目标，[18]该法从1975年的信息技术和自由委员会的报告内容（该项报告中强调了私人生活和其他个人自由之间的密切联系）中获得了很多灵感。[19]

欧盟立法机构在通过1995年的《数据保护指令》（以下简称《指令》）时，承认该指令旨

---

[9] E.g. Rössler (2005).
[10] Solove (2008), 98–100.
[11] Solove (2006), 513–514 and 529–530.
[12] Krotoszynski (2016), 175.
[13] Richards (2015).
[14] Ibid., 95.
* 从上下文语境上看，应当是个人信息越模糊就越能保护隐私权。而原文为"Roberts takes another angle, by focusing on how privacy facilitates nondiscrimination, primarily through obscuring the information necessary to discriminate"。——译者注
[15] Roberts (2015), 2173.
[16] Article 1 Gesetz zum Schutz vor Missbrauch personenbezogener Daten bei der Datenverarbeitung (Bundesdatenschutzgesetz-BDSG), 27 January 1977.
[17] Reh (1978), para.1–6.
[18] Article 1 Loi n°78–17 du 6 janvier 1978 relative à l'informatique, aux fichiers et aux libertés. See Dammann/Simitis (1997), 102.
[19] Rapport de la Commission Informatique et Libertés I, 19 et seq.

在保护"自然人的基本权利和自由,尤其是处理个人数据时涉及的隐私权"。[20]达曼(Dammann)和西米蒂斯(Simitis)认为,这在保护个人数据和基本权利和自由之间建立了一个功能性的联系,而不是将保护对象缩小到私人领域。[21]他们提到了表达自由权、财产权和职业自由权是数据保护法所促进的个人权利和自由。根据他们的观点,《指令》序言第2条强调了这一总体目标:

"数据处理系统的目的是为人服务;不论自然人的国籍或居住地,系统都必须尊重他们的基本权利和自由,特别是隐私权,并为经济和社会进步、贸易扩展和个人福利做出贡献"。

继《指令》之后颁布的 GDPR 于 2018 年 5 月生效。尽管重复了以上段落中的某些内容,但是在前言第(4)条节中的含义有所变化:

"处理个人数据的目的应该是为人类服务。保护个人数据的权利不是绝对权利;必须根据相称原则,考虑其在社会中的功能以及与其他基本权利保持平衡。该条例尊重所有基本权利,并遵守《宪章》承认的条约所载的自由和原则"。

《指令》要求数据处理系统必须尊重个人基本权利和自由,而现在的 GDPR 必须尊重所有基本权利,同时也应当遵守《宪章》中规定的自由和原则。如果欧盟立法的序言具有约束力,那么这是令人担心的,然而事实并非如此。[22]GDPR 坚持广泛的目标,即"其法规保护自然人的基本权利和自由",但以保护个人数据的权利[GDPR 第 1(2)条]取代了对基础性隐私权的特别规定。因此,欧洲保护个人隐私和个人数据的法律文化一直在促进其他基本权利和自由的发展。下一节内容中说明欧盟法律如何认可这种赋能功能。

2.3 隐私和数据保护在欧盟法律体系中的赋能功能

本节将说明在"个人数据的黄金时代",对个人数据处理的规制如何成为一种直接或间接地使其他个人权利和自由受益的介入工具(a proxy of intervention)。在本节中,无论集体权利和民主价值观多么重要,我们都将其放在一边,而将重点放在个人权利和自由的赋能功能上。下面,我们将解释与赋能功能有关的个人表达的自治、完整权和表达自由权,以及如何规范个人数据处理以防相关权利受到歧视,这些都是享有人格尊严的基本要素。

保护私人生活、思想、选择和表达的权利都在人格尊严的保护范围内。用欧洲人权法院(the ECtHR)的话来说,尊重人格尊严和个人自由是"《公约》的本质";[23]从欧盟的立场

---

[20] 1995 年 10 月 24 日,欧洲议会和理事会关于个人数据处理及其自由流动方面的个人保护第 95/46/EC 条指令(OJ L281/31)。另请参见"指令基本内容"中反复提及的"(基本)权利和自由"和"隐私权"。
[21] Dammann/Simitis (1997), 101.
[22] ECJ, Criminal proceedings against Gunnar Nilsson, Per Olov Hagelgren and Solweig Arrborn, C-162/97, ECLI: EU:C:1998:554, para.54; ECJ, Inuit Tapiriit and Others v. European Commission, European Parliament, Council of the European Union, C-398/13 P, ECLI:EU:C:2013:625, para.64.
[23] ECHR 22 November 1995, CR v. UK, No.20190/92, ECLI:CE:ECHR:1995:1122JUD002019092, para.42.

上来看,"尊重人格尊严和个人自由建立在人格尊严、自由和平等不可分割的普世价值之上",㉔而人格尊严作为一项"不可侵犯的权利"同时也受到《宪章》的保护。㉕ 个人自治可以理解为个人选择如何过他们自己生活的能力,㉖学界普遍认为个人自治作为一项原则,是许多个人基本权利和自由背后的元价值。

欧洲大陆的隐私保护实质上是对人格尊严和个人自治的保护。㉗ 人格尊严和个人自治两者为隐私权和个人数据保护的基本权利提供了规范基础,也是其他保障个人自由和选择的基本权利和价值的基础。隐私权与个人自主权之间的紧密关系是欧洲人权法院审判实践中的热点。㉘《公约》中有关保障隐私权的解释也受到维护个人自治这一目的的影响。㉙ 欧洲人权法院甚至指出,《公约》第8条本身就包含了个人自治权。㉚ 德国基本法*则从对人格尊严的保护中推导出信息自决权这一基本权利。㉛

同意和个人知情权(the individual's right of access)这两项原则的目的在于赋予个人对其数据的控制及其方法的权利,以及影响处理这些个人数据的结果。可以说,个人自治也是欧盟数据保护立法手段的关键性原理。以下内容说明了个人数据保护立法对《公约》和欧盟《宪章》所保护的表达自由、思想自由和禁止歧视等基本权利的促进作用。

《公约》第10条和《宪章》第11条保障了表达自由。表达自由不仅包括传播信息的权利,还包括保留意见和自由选择所接受的信息及思想的权利。然而,如今监视个人浏览习惯(浏览记录)、跟踪在线行为并对从中获取的数据和信息进行广泛、深入分析的现象普遍存在。这与公认的个人享有自由接受信息的消极权利产生冲突。由于用户难以在不被追踪的情形下自由地获取信息,这会对"自由"搜索信息产生寒蝉效应㉜。欧盟法院认为,无论是政府还是企业的监控都构成了对隐私权和数据保护权的严重侵犯,进而可能会对表达自由造成寒蝉效应。㉝

在保护个人自治和保留意见的权利方面,当代面临的挑战其实并不仅仅**是寒蝉效应的产生,还有个人数据驱动的"说服技术"。人们越来越多地面对来自个人和其他政治

㉔ 见《欧盟基本权利宪章》序言。
㉕ Article 1 EU Charter of Fundamental Rights (n 3).
㉖ Koffeman (2010),56;(Personal) Autonomy can be defined in many ways, see for example Dworkin (1988),3 - 6,20 (This chapter follows the conceptualisation based on the case law of the ECHR).
㉗ Whitman (2004),1161; Rössler (2005); Bernal (2014).
㉘ Rainey/Wicks/Ovey (2014),383.
㉙ ECHR 29 April 2002, Pretty v. UK, No.2346/02, ECLI:CE:ECHR:2002:0429JUD000234602, para.61.
㉚ ECHR 10 April 2007, Evans v. UK, No.6339/05, ECLI:CE:ECHR:2007:0410JUD000633905, para.71; ECHR 24 September 2007, Tysiac v. Poland, No.5410/03, ECLI:CE:ECHR:2007:0320 JUD000541003, para.107; ECHR 7 May 2009, Kalacheva v. Russia, No.3451/05, ECLI:CE:EC HR:2009:0507JUD000345105, para.27.
* 德国并没有"宪法",而只有《基本法》,故翻译为《德国联邦基本法》。——译者注
㉛ BGH, 15 December 1983, I BvR 209, 269, 362, 420, 440, 484/83.
㉜ 寒蝉效应(chilling effect)是法律、传媒学等领域的新兴名词,属于负面效应,着重涉及个人思想、言论、集会等核心价值和自由权利的社会存在及其影响。
㉝ ECJ, Digital Rights Ireland, C - 293/12 and C - 594/12, ECLI:EU:C:2014:238, para.28, 37; Judgment (Grand Chamber) of 21 December 2016, joined cases C - 203/15 (Tele2 Sverige AB) and C - 698/15 (Watson), ECLI:EU:C:2016:970, para.92 et seq.
** 从上下文来看,此处应当翻译为"不仅仅"。——译者注

组织推送的个性化信息,而这些信息旨在说服和操纵个人从事诸如从购买新商品和服务到在民主选举中投票等行为。此种数据处理的目的可能不合法,同时可能需要征得个人的明确同意。但是,很明显保护个人自治和保留意见权的重要门槛很容易被有效的操纵直接越过。

《公约》第 9 条和《宪章》第 10 条所保障的思想、道德和宗教自由为应对和解决这一难题提供了另外的视角。迄今为止,这些基本权利的重要性体现在保护宗教自由和狭义的个人信念上。㉞ 然而,随着有关个人以及在线行为的个人数据数量的增加,分析这些数据并在其中发现新价值的可能性也在增加。㉟ 知悉人们的想法和信仰并影响它们的方法正在变得越来越先进,如何促进隐私和数据保护可能成为今后的新前沿,也许会引发思想自由这一基本权利的复兴。㊱

个人数据处理可能会导致各种形式上的有意或无意的歧视。㊲《公约》第 14 条和《宪章》第 21 条禁止基于种族、宗教、族裔或性别的歧视,数据保护法可以通过以下方式帮助减少歧视行为:使个人能够控制其个人数据并为特殊类别的个人数据(即 GDPR 第 9 条所规定的"揭示种族或民族出身、政治观点、宗教或哲学信仰、工会成员身份的个人数据,以及关于健康或性生活的数据的处理")提供更多的保护。隐私权的保护还包括反对某些与歧视密切相关的做法,例如对某些群体的负面成见。㊳

20 世纪 80 年代早期就认识到隐私权和个人数据保护的基本权利的赋能性十分有远见。鉴于当今的数据密集型技术的发展,上述风险可能会增加,并将出现需要法院更明确地论证赋能性的情形。下文中,在大数据和算法决策的背景下我们将会更具体地说明个人基本权利和自由(除隐私权和个人数据保护权以外)的内在联系。

3 大数据、算法决策及其对个人权利和自由的干预

3.1 大数据与算法决策

本节在当代欧盟数据保护法背景下,对大数据和算法决策进行以下研究:一是说明数据处理如何影响不同的个人基本权利和自由,二是表明数据保护权的赋能功能的潜力和局限性。我们首先阐明大数据和算法决策的概念,然后说明其对个人权利和自由的潜在影响。本节的结尾处我们研究了欧盟数据保护法如何解决上述问题,对其进行的评估则在下一节讨论。

㉞ Harris/O'Boyle/Bates/Buckley (2014),592-594.
㉟ 关于数据产生和一般分析的可能性,请参阅 OECD (2015),133-161;有关分析研究,请参阅 Hildebrandt (2008)。
㊱ Bublitz (2014),1-25.
㊲ Custers/Calders/Schermer/Zarsky (2013).
㊳ ECHR 15 May 2012, Aksu v. Turkey, No. 4149/04 and 41029/04, ECLI:CE:ECHR:2012:0315 JUD000414904, para.58.

"大数据"已经成为涉及大量(个人)数据应用的一个总称,[39]分析这些数据可以获得相关信息,然后针对性地用于个人或群体,或基于信息做出一般决策。因此,大数据可以看作是一个过程,包括三个阶段:获取、分析和应用(见图1)。[40]

第一阶段,机构收集或获取(个人)数据。个人数据可以直接从个人收集,例如社交网络平台要求用户提供信息,也可以从数据经纪公司获得,这些公司收集数据的核心目的是将数据卖给第三方。另外,获取数据还可以将现有的数据(比如关于身体健康的个人数据和购物行为的数据)集合起来,创建新的数据。

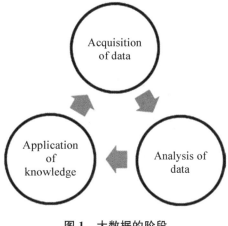

图1 大数据的阶段

第二阶段,对收集到的数据进行分析,以便能够从中获取相关信息与新的认识并进行分析,并建立诸如有关付款违约概率的模型或预测。分析过程中所使用的技术在不断变化,[41]机器学习(Machine Learning, ML)[42]作为众多技术中的一种,无须事先明确要研究的问题或假设就可促进模型的开放式探索。[43]

在最后一阶段,应用相关知识并进行算法决策。基于模型、预测或知识,个体可以被分类或聚集,例如向他们展示不同的广告或决定他们应该为贷款支付多少利息。重点在于算法决策不仅仅是基于目标个体的数据做出来的。虽然做出的决策取决于目标个体有限的个人数据,但是在这个决定的背后运用了来自大量其他个体或其他来源的数据。为进行预测或创造知识、模型而收集和分析的数以百万计的数据,原则上与大数据应用阶段所应用的知识、模型或预测的数据无关。

大数据的目标可能不是针对具体的个人或群体,而是做出影响人们生活的一般决策,比如政府基于大数据分析做出决策。下一小节将阐述大数据对算法决策的直接影响,以及因此对个人权利和自由产生的长期干扰。

3.2 大数据和算法决策对个人权利和自由的干预

毫无疑问,个人数据的大规模收集和处理会对个人生活产生影响,因而上述大数据会干预隐私权和数据保护权。随着个人数据收集和处理频率的增加,以及获取信息的手段

---

[39] 有时,大数据基于与个人无关的数据类型,例如气象逻辑数据、物流数据或生产过程数据,但通常涉及个人数据处理。
[40] Oostveen (2016).
[41] Custers (2013), 7.
[42] 机器学习(Machine Learning, ML)是一门多领域交叉学科,涉及概率论、统计学、逼近论、凸分析、算法复杂度理论等多门学科。专门研究计算机怎样模拟或实现人类的学习行为,以获取新的知识或技能,重新组织已有的知识结构使之不断改善自身的性能。它是人工智能的核心,是使计算机具有智能的根本途径,其应用遍及人工智能的各个领域,它主要使用归纳、综合而不是演绎。
[43] Calders/Custers (2013), 31-38.

日趋复杂,可能受到干扰的范围和程度也会增加。本章侧重于研究隐私和数据保护的赋能功能,因而本节会聚焦于大数据对个人权利和自由的不利影响,而不是隐私和数据保护。

首先,收集和处理个人数据的方法及其在此过程中透明度的缺乏会给个人自治和个人信息自决权的行使带来压力。[44] 针对个人设计出来的个性化交流会滋长人们的压力和恐惧,人们担心自己最终会生活在过滤泡(filter bubbles)*或信息隔绝层(information coconoons)的场景中。这会导致人们被隔离在一个信息有限的世界中,所接触到的信息总是会反复证实他们的信念和观点,而不会展示不同的信息和观点。[45] 人们可能会认为他们做出了独立的选择并自主地形成了自己的观点。但在这种情况下,他们实际上是被有限信息和定制信息所影响,而做出了周围环境使其做出的选择,并非做出了独立的选择、形成了独立的观点。此外,人们还容易被具有个性和积极性的策略说服或操纵。无论是对选择和信息进行限制,还是积极说服或操纵人们做出特定的选择或决定,这两种方式都会降低个人的自治。目前,个性化策略以及引导个人意见和行为产生的效果可能很小,这些例子的影响在当前背景下也微不足道,但是由于个性化策略及引导、操纵行为的不透明性和累积效应,它们很可能会侵害个人自治。

其次,大数据和算法决策可能导致(有意或无意)歧视。[46] 大数据允许对人进行更详细的分类并定制个人待遇。如果个人在种族、性别、宗教信仰或《公约》和《宪章》中所列的其他特征受到不同的待遇,[47] 这就是直接歧视。但是,除了直接歧视之外,大数据还可能导致更隐蔽的歧视:看似无恶意的关联可能是此类隐蔽歧视的"指标"(proxy)。以"红线"为例可以轻松解释隐蔽歧视。"红线"指的是拒绝在特定地区或社区提供服务的行为。这实际上等同于拒绝为某些种族背景的人提供服务,因为他们是居住在特定(通常为贫困)居住区的群体,该社区就代表了这个种族,因而导致对种族背景的歧视。[48] 与此类似,大数据中的相关性可以代表被禁止的歧视特征。根据一些变量诸如宠物品种、汽车类型或饮食要求等做出的决定看似无恶意,但如果与种族或宗教信仰相关联,这些决定就并非无害了。这种"隐藏"歧视比直接歧视更难以发现,尤其是将大量变量用于复杂的数据分析时更为明显。

表达自由和思想自由受到大数据各种方式以及处理大数据的不同阶段的影响。如上所述,无论是政府、企业还是个人,在感到自己受到监视时,他们都可能改变自己的行

---

[44] Richards/King (2013),42-43.

* "过滤泡"(filter bubbles),这几年最受内容业关注的名词之一。这一概念最早由互联网活动家 Eli Pariser 在其著作《过滤泡:互联网对我们的隐秘操纵》(The Filter Bubble: What the Internet Is Hiding from You)中提出:"指的是算法基于我们过去的搜索历史,过滤掉与我们观点相左或我们不喜欢的信息,只提供我们想看的内容,从而造成人们认知的隔绝状态。"中文参见:http://www.woshipm.com/it/3513779.html。——译者注

[45] Pariser (2012);但是,到目前为止,尚未找到关于存在过滤泡的明确证据。参见 Zuiderveen Borgesius/Trilling/Möller/Bodó/de Vreese/Helberger (2016)。

[46] 有关更广泛的(美国)分析[For an extensive (US) analysis],请参阅 Barocas/Selbst (2016)。

[47] Article 21 European Convention on Human Rights (n 2); Article 14 EU Charter of Fundamental Rights (n 3).

[48] Barocas/Selbst (2016),689-690.

为。⁴⁹ 监视的寒蝉效应很容易识别，仅仅收集大量数据就足以影响个人查找和传递信息的自由。但是，表达自由也包括保留意见和自由接受信息和思想的权利，这些权利可能会因广泛存在的个性化信息而受到损害。

最后，通过特定的特征将个人归类于群体，而这些群体根据接收到的信息或接纳或排斥个人。这可能限制了个人寻找（新的）信息和发展个人思想和信念的机会，而这与上述个人自治性降低密切相关。因此，大数据可能对言论和思想自由产生有害影响的方式有两种：一是人们自我审查的表达方式可能会阻碍其表达自由；二是可能会阻碍他们自由地接受信息以及独立形成思想和观念。

总而言之，大数据和算法决策给多项个人权利和自由带来风险，而不仅仅是隐私权和数据保护权。大数据和算法决策的整个过程会对不同的权利和自由产生许多影响（见图2）。

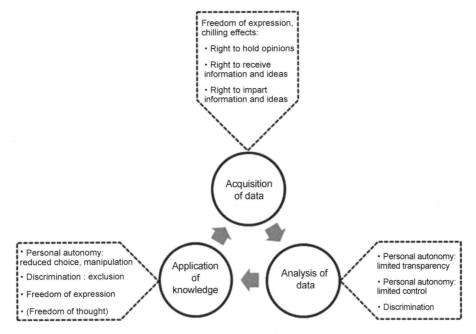

图2 大数据处理过程影响个人权利和自由

在对数据进行初始处理之后，数据处理也会影响个人生活。大数据和数据处理的潜在影响通常被视为连锁反应：它始于数据保护法和隐私，但在这个过程中，数据处理的结果对其他个人权利和自由会产生更深远的影响，这就是个人数据处理的"长期干预"所指的意思。长期干预意味着，每一次对个人数据的处理适用自动决策都会改变事件的进程，即使这种影响乍看微不足道，但其实不仅会产生短期影响，还会产生长期影响。长期影响的一个例子：不让申请人学医将妨碍她以后成为一名医生，该决定无法挽回地改变了她

---

⁴⁹ Richards（2012），1940 – 1941，1952 – 1953.

的职业生涯,并因此产生其他影响(未来较低的收入,以及影响她可以获得的抵押贷款等诸如此类的长远影响)。[50]

个人数据的收集和处理产生的影响及效果以干预个人自治的方式渗透到个人的生活中,同时会对整个大数据覆盖的领域范围内所涉及的个人权利和自由产生干扰并带来极大的风险,然而这些风险在收集数据信息时无法预见。在规制连锁效应的起点时,即个人数据被收集和进一步处理时,数据保护法具有提供保护的可能性。下一小节讨论数据保护法提供保护的可能性,并总结在(大)数据处理和算法决策的背景下应如何进行数据保护。

3.3 欧盟数据保护法

欧盟数据保护法规定了一些关键概念,例如个人数据和个人授权同意的定义,与数据质量有关的原则以及合法处理个人数据时适用法律依据的要求。GDPR 总体上延续了自《指令》以来一直采用的规制方法,例如建立个人控制其个人数据和健全补救措施的机制。GDPR 作为欧盟法规,对欧盟成员国具有约束力,并且可以直接适用于成员国(《欧盟条约》第 288 条)。

欧洲数据保护法对个人的基本权利和自由的保护是通过赋予个人控制其个人数据的方法,尤其是通过规定信息透明性和数据主体权利的方式进行的。信息的透明性要求数据处理方向个人提供各种信息(例如数据处理方的身份、所处理的数据类型以及此类处理的目的),[51]采用该种方式的理由是:所提供的信息应能使个人在进行商业交易时或请求个人同意处理其个人数据时预先评估数据处理方对个人数据的预期处理。个人具有反对处理权的同时,应强调以获得数据主体的同意作为合法处理个人数据的基础和依据,这两种情形可以使数据主体设定自己的个人界限,并根据数据类型、处理组织或处理环境来区别是否可以允许个人数据被收集、处理。[52]

在大数据运行中,诸如控制个人数据的使用等方法为个人自治提供了一定的空间:个人可以选择不参与特定的数据处理。尽管可能导致个人被拒绝服务,但是可以避免应用阶段的针对性或个性化。因此,数据保护法规定的对个人数据的控制权解决了处理过程对表达自由和个人自治产生的寒蝉效应。借助了解和拒绝自动化决策的机会以及在应用阶段某种程度上的个性化解决了大数据运作中对个人基本权利和自由的进一步干预。

GDPR 第 22 条中有关个人自动决策(包括数据画像)的规定,对于降低大数据和自动决策给个人权利和自由带来的风险具有至关重要的作用。关于个人自动决策,GDPR 规定个人能够控制个人数据并在自动决策背景下拥有代理权限,这些规则的核心是赋予个人拒绝接受自动决策的权利。《指令》中早已规定了该项权利,而 GDPR 对相关规定的内

---

[50] Herpel (2016).
[51] Articles 13 – 15 GDPR.
[52] Articles 21 and 6 – 7 GDPR.

容进行了扩展,最显著的特点是在条款中增加了"数据画像"(profiling)这一内容。㊳ 总而言之,GDPR 包含有关数据画像和自动决策的五项主要规则:一是数据控制者提供相关信息的义务;二是数据主体的信息知情权;三是数据主体拒绝个人数据处理的权利;四是数据主体反对个人自动决策(包括数据画像)的权利;五是禁止对特殊类别的个人数据进行自主决策。

显然,在大数据背景下,将信息提供的义务与拒绝接受自动决策(包括数据画像)的权利相结合,有助于保护个人基本权利和自由。向个人提供信息并赋予他们拒绝个人数据处理权以及反对自动决策或评估措施的权利,可以增强个人自治性。个人可以根据具体情况来决定是否允许其个人数据被评估、分类或受到不同的对待,从而避免受到操纵。此外,还可以要求人们在自动决策过程中进行干预、表达个人意见及挑战或质疑决策,㊴这些个人干预、表达和质疑由专门的工作人员而不是由机器来聆听和评判,更加反映了对人格尊严的尊重。反对和质疑决策的一般可能性,尤其是对基于特殊类别的数据进行数据画像与决策进行禁止,可以缓解应用阶段直接歧视带来的影响。

但是,数据保护法不仅仅涉及个人的控制权和其他个人权利,还涉及数据处理人员或组织的义务以及一般性禁令。例如,如前所述,数据保护法通过限制处理特殊类别的个人数据(例如健康、种族或宗教观点等相关数据)来降低歧视风险。㊵ 此外,基于 GDPR 的新规则,原则上要求数据处理方必须进行数据保护影响评估,其中包括对数据流通、风险、保障和安全措施的说明;㊶同时也有义务采取适当的技术和组织措施来保护数据主体的权利,相关机构或组织不遵守这些规定将会受到行政罚款。㊷ 这些义务使数据处理组织在大数据运行中有意识并负责地积极维护数据主体的个人权利。接下来的部分将讨论这些义务的延伸范围,以及大数据运行中数据保护法在促进保护其他个人权利和自由方面的总体潜力。

4 数据保护法对保护个人权利和自由的贡献

从上一节可以明显看出,欧盟数据保护法不仅保护隐私权和数据保护权,而且具有促进保护其他个人权利和自由的能力,尤其在个人自主、非歧视、表达自由和思想自由以及人格尊严等方面。由于数据处理方有义务告知数据主体何时处理以及如何处理其个人数据,因此该过程应当保持透明。个人控制其个人数据具有(法律上的)基础,尤其是在以下两种情形上具有重要价值:其一,在需要获取个人同意才能进行数据处理的情形下;其二,个人仍有不接受自动决策(包括数据画像)的权利。同时,数据处理方必须评估数据处

㊳ Article 22 GDPR.
㊴ Article 22(3) GDPR.
㊵ Article 9 GDPR.
㊶ Article 35(3)(a) and (7) GDPR.
㊷ Article 83(5)(a), (4)(c) GDPR.

理的过程以确定风险和预防措施,因此数据处理方在处理数据之前必须考虑和衡量个人的权利和利益,这是相关组织、机构的义务;此外,行政罚款和个人补救措施也保障了这些义务的履行。

但是,除了这些强大的手段和工具之外,数据保护法律框架中还存在许多缺陷。首先,数据保护法的保护范围仅限于个人数据,即可识别、辨别自然人身份的数据。[58] 当个人数据经过匿名化与去个人化的处理后,行为就不受数据保护法的规制,但是这些数据与其他(个人)数据的结合与相互作用也会影响个人的生活。[59] 如果算法决策是在应用阶段做出的,那么那些不针对个人但仍然影响个人生活的算法决策将不受数据保护法的规制。在这种情况下,由于在个人数据收集和分析阶段处理的是可识别、辨别身份的数据,因而受数据保护法的规制;而应用程序阶段由于不涉及个人的数据处理,因而不需要受到数据保护法的规制。然而,这些阶段是彼此分离的,从他人那里获取数据的行为发生在第一阶段和第二阶段,而不是在第三阶段从个人那里获得,因而受损的个人不能通过数据保护法得到保护。

其次,个人控制数据处理作为一种保护机制,其有效性是值得怀疑的。在数字环境,尤其是在大数据环境下[60],透明度义务是否得以有效履行令人怀疑。由于当下的个人数据处理无处不在且非常复杂,数据处理方是否能充分告知数据主体有关个人数据处理的情况,以及数据主体是否有能力评估个人数据处理的后果,同样令人怀疑。[61] 尤其是个人在互联网中经常且难以避免与近乎垄断的公司进行交易或产生联系,如果数据主体不同意有关个人数据共享的条件,公司就会拒绝提供服务,这不仅影响个人及时获得所需服务,还限制了个人的自由选择,甚至使个人自由选择不再可能。[62] 面对各种情况(诸如一旦拒绝个人数据的收集与处理则视为自动拒绝贷款或在网络上不与他人联系等),个人很容易同意处理其个人数据的请求,从而可能导致歧视或降低个人自治性。

即使人们接收了所有提供的信息,他们在现实生活中仍然会做出同意的选择*。[63] 原因不是不能监控长远的后果,或者因认为对互联网上的隐私和数据保护注定失败与无效地顺从,[64] 而是被利益所诱惑(比如被允许访问网站、使用一项服务、获得折扣或者使用免费的应用程序)。人们可能拥有防止歧视或寒蝉效应并增强个人自治的手段和工具,但他们可能根本无法简单地控制这些工具。无法控制这些工具的限制性因素之一是隐私管理已成为个人的艰巨任务,是个人几乎无法养成的生活习惯:阅读隐私声明,设置隐私偏

---

[58] Article 4(1) GDPR.
[59] Oostveen (2016).
[60] Acquisti (2010); Irion/Luchetta (2013), 35 et seq.
[61] See for example Barocas/Nissenbaum (2014), 2.
[62] Bygrave/Schartum (2009), 160.
* 原文为"And even if people are offered and have absorbed all information, they still make choices in practice that they claim not to agree with.",直译为"即使人们接收了所有提供的信息,他们在现实生活中仍然会做出不同意的选择"。但结合上下文,应当翻译为"即使人们接收了所有提供的信息,他们在现实生活中仍然会做出同意的选择"。——译者注
[63] Acquisti (2010); Irion/Luchetta (2013), 36 et seq.
[64] Tene/Polonetsky (2013), 67; Rouvroy (2016), 23.

好,注意数据处理方隐私声明中更新的内容,以及对数据处理方的身份及特定目的保持一般性的概览和了解,此外还包括行使其作为数据主体的权利或向数据保护当局求助。㉕

通过自动决策规则进行保护的可能性是有限的,因为自动决策规则仅在决策或个人同样受到该决策的重大影响时才适用。而且,决策必须是完全自动化的,也即适用 GDPR 第 22 条意味着人类不参与决策过程。也就是说在实践中,人们的生活可能受到微小且看似微不足道的算法决策的支配,正如第 2.2 节所解释的那样,这些"微不足道"的算法决策干涉个人自治,而个人却无法依据 GDPR 第 22 条规定的追索权进行追偿。同样,当重大决策是基于大数据分析但未通过自动化手段应用就做出时,例如基于大数据解雇某人的情形时㉖第 22 条就无法提供追索权。最糟糕的情形是,GDPR 第 4 条第 4 款的"数据画像"的定义成为在大数据环境下适用第 22 条的另一个障碍。"数据画像"定义的一部分包括**"使用个人数据评估与自然人有关的某些个人方面"**。如上所述,分析阶段的数据通常无法辨认且无法认定为个人数据,因此,如果狭义地解释第 4 条第(4)款中有关"数据画像"的定义,则大多数大数据的应用将超出第 22 条的适用范围。

欧盟数据保护法中有关主要原则和个人程序性权利的规定(这些原则和权利一直是自欧盟数据保护法诞生以来的基础),比 GDPR 中关于自动决策和数据画像的专门规定在降低大数据和算法决策的长期风险方面更强有力,原因是主要原则和个人程序性权利是通用的,而特别规则可能不适合大数据实践。

5 结论

就个人数据处理而言,基本权利保护通常是围绕隐私和数据保护为中心展开讨论的。毕竟,这两项基本权利与数据处理实务有着最直接的联系,而且数据处理对这些权利的妨害通常是显而易见的。但是,新技术和数据处理的应用可能会影响一系列个人基本权利和自由,从而对人们的生活产生长期影响。

多年来,保护隐私和个人数据处理,以使其发挥促进其他个人基本权利和自由的作用,这在欧洲宪法中已经根深蒂固。但这种联系在欧洲法律探讨中并未得到太多关注,而我们认为隐私和数据保护的这种赋能功能应引起更多关注。这是因为大数据和算法决策等新的数据处理开发会如何干扰隐私和数据保护以外的个人基本权利和自由,这一问题可能对个人的未来和机遇产生持久的影响。作为一种赋能性权利,欧盟数据保护法的体系结构是能为其他个人基本权利和自由提供保护的典范,尤其是它为个人数据处理提供了合适的模板,例如要求数据处理方提供法律基础和数据处理的特定目的或授予数据主体权利。新的 GDPR 通过要求数据处理方在遵守个人数据保护标准方面承担更多责任,以此加强 GDPR 核心架构的各个方面。

㉕ Solove (2013).
㉖ O'Neil (2016),3-11.

具有讽刺意味的是，在广泛保护个人基本权利和自由方面，GDPR 为应对技术进步和数据驱动型经济而引入的监管创新，似乎不如传统数据保护原则那么有效。本文讨论的有关个人自动决策和用户画像规定的适用范围过于狭窄，无法满足最先进的大数据应用。即使已经做出自动决策和产生用户画像，个人数据的输入要求也限制了这些具体规定的应用。无论如何，GDPR 的具体创新可能不会像一般数据保护原则的赋能功能那样实现广泛的促进效果。

赋能功能通常来源于GDPR，例如通过赋予个人对其个人数据的控制权以及对敏感数据的特别保护从而使保护隐私与个人数据的处理具有促进功能。然而，在实践中这些效果可能会被特定环境中的障碍所破坏。除了上述诸如个人在线隐私管理的艰巨任务的例子外，[67]GDPR 的标准在实践中如何发挥作用仍有待观察。在实践中，根据法律设想的积极保护个人权利和自由的做法可能会变成一种"形式主义"，并隐藏在实务后面，这种风险始终存在。[68]此外，不应高估数据保护当局监控整个数字化个人数据处理系统的能力和权力，对监控能力持过于乐观的态度，就意味着忽视了保护个人权利和自由的基本框架内的空白。

总而言之，即使隐私和数据保护具有其独立的价值和促进功能，也是时候寻找可能的替代方法来缓解个人数据处理带来的影响了。从个人权利和自由的角度来看，其他（合法）方法如何在个人数据处理的背景下补充保护隐私和个人数据，从而更好地保护个人权利和自由，这是一个值得探讨的话题。规制数据处理可以抵消部分数据处理对个人基本权利和自由产生的负面影响，但是针对个人生活的长期影响而言，抵消效果还远远不够。

参考文献

Acquisti, A. (2010). The Economics of Personal Data and the Economics of Privacy, Background Paper for OECD Joint WPISP-WPIE Roundtable, 1 December 2010, Paris.

Barocas, S./Nissenbaum, H. (2014), Big Data's End Run Around Procedural Privacy Protections: Recognizing the inherent limitations of consent and anonymity, 31, Communications of the ACM.

Barocas, S./Selbst, A. (2016), Big Data's Disparate Impact, 104 California Law Review 671.

Bernal, P. (2014), Internet Privacy Rights: Rights to Protect Autonomy, Cambridge University Press.

Bublitz, J. C. (2014), Freedom of Thought in the Age of Neuroscience, 100 Archives for Philosophy of Law and Social Philosophy 1.

Bygrave, L./Schartum, D.W. (2009), Consent, proportionality and collective power, in: P. de Hert/Y. Poullet/S. Gutwirth/(Eds.), Reinventing Data Protection?, Springer.

Calders, T./Custers, B. (2013), What Is Data Mining and How Does It Work?, in: B. Custers/T. Calders/B. Schermer/T. Zarsky (Eds.), Discrimination and Privacy in the Information Society: Data Mining and Profiling in Large Databases, Springer.

Cate, F. H./Mayer-Schönberger, V. (2013), Notice and consent in a world of Big Data, 3 International

---

[67] Solove (2013).

[68] 例如，目前如何利用隐私策略：它们是冗长、复杂、模糊且几乎不可理解的文本，似乎是在遵循合规性和责任的情况下编写的，而不是旨在为数据主体提供清晰的信息。参见 Cate/MayerSchönberger(2013), 68。

Data Privacy Law 67, available at: https://academic.oup.com/idpl/article/3/2/67/709124/Notice-and-consent-in-a-world-of-Big-Data.

Custers, B. (2013), Data Dilemmas in the Information Society: Introduction and Overview, in: Discrimination and Privacy in the Information Society: Data Mining and Profiling in Large Databases, Springer.

Custers, B./Calders, T./Schermer, B./Zarsky, T. (Eds.) (2013), Discrimination and Privacy in the Information Society: Data Mining and Profiling in Large Databases, Springer.

Dammann, U./Simitis, S. (1997), EG-Datenschutzrichtlinie: Kommentar, Nomos.

Dworkin, G. (1988), The Theory and Practice of Autonomy, Cambridge University Press.

González Fuster, G. (2014), The Emergence of Personal Data Protection as a Fundamental Right of the EU, Springer.

Harris, D./O'Boyle, M./Bates, E./Buckley, C. (2014), Harris, O'Boyle & Warbrick: Law of the European Convention on Human Rights, Oxford University Press.

Hildebrandt, M. (2008), Defining profiling: a new type of knowledge?, in: M. Hildebrandt/S. Gutwirth (Eds.), Profiling the European Citizen: Cross-Disciplinary Perspectives, Springer.

Irion, K./Luchetta, G. (2013), Online Personal Data Processing and the EU Data Protection Reform, Centre for European Policy Studies, available at: http://www.ceps.eu/book/online-personal-data-processing-and-eu-data-protection-reform.

Koffeman, N. (2010), (The right to) personal autonomy in the case law of the European Court of Human Rights, Leiden University.

Krotoszynski, R. (2016), Privacy Revisited: A Global Perspective on the Right to be Left Alone, Oxford University Press.

Lynskey, O. (2014), Deconstructing Data Protection: The "Added-Value" of a Right to Data Protection in the EU Legal Order, International and Comparative Law Quarterly 569.

O'Neil, C. (2016), Weapons of Math Destruction: How Big Data Increases Inequality and Threatens Democracy, Crown.

Oostveen, M. A. A. (2016), Identifiability and the applicability of data protection to big data, 6 International Data Privacy Law 299, available at: https://academic.oup.com/idpl/article/6/4/299/2525426/Identifiability-and-the-applicability-of-data.

Pariser, E. (2012), The Filter Bubble, Penguin Books.

Rainey, B./Wicks, E./Clare, O. (2014), Jacobs, White and Ovey: The European Convention on Human Rights, Oxford University Press.

Reh, H. J. (1978), Kommentar zum Bundesdatenschutzgesetz, in: S. Simitis/U. Dammann/O. Mallmann/H.J. Reh (Eds.), Kommentar zum Bundesdatenschutzgesetz, Nomos.

Richards, N. (2015), Intellectual Privacy: Rethinking Civil Liberties in the Digital Age, Oxford University Press.

Richards, N. (2012), The Dangers of Surveillance, 126 Harvard Law Review 1934.

Richards, N./King, J. (2013), Three Paradoxes of Big Data, 66 Stanford Law Review 41.

Roberts, J. L. (2015), Protecting Privacy to Prevent Discrimination, 56 William and Mary Law Review 2097.

Rössler, B. (2005), The Value of Privacy, Polity Press.

Rouvroy, A. (2016), Of Data And Men: Fundamental Rights and Freedoms in a World of Big Data, Bureau of the Consultative Committee of the Convention for the Protection of Individuals with

Regard to Automatic Processing of Personal Data [ETS 108].

Solove, D. J. (2013), Privacy Self-Management and the Consent Dilemma, 126 Harvard Law Review 1880.

Solove, D. J. (2008), Understanding privacy, Harvard University Press.

Solove, D. J. (2006), A Taxonomy of Privacy, 154 University of Pennsylvania Law Review 477.

Tene, O./Polonetsky, J. (2013), Big Data for All: Privacy and User Control in the Age of Analytics, 11 Northwestern Journal of Technology and Intellectual Property 239.

Tzanou, M. (2013), Data protection as a fundamental right next to privacy? "Reconstructing" a not so new right, 2 International Data Privacy Law 88, available at: https://academic.oup.com/idpl/issue/3/2.

Whitman, J. Q. (2004), The Two Western Cultures of Privacy: Dignity versus Liberty, 113 Yale Law Journal 1151.

Zuiderveen Borgesius, F.J./Trilling, D./Möller, J./Bodó, B./de Vreese, C. H./Helberger, N. (2016), Should we worry about filter bubbles?, 5 Internet Policy Review.

其他资料来源

Herpel, W. (2016), Chaotische Studienplatzvergabe sorgt für Frust, Spiegel Online of 26 June 2016, available atwww.spiegel.de/lebenundlernen/uni/nc-faecher-studienplatz-vergabe-frustriert-studenten-a-1099120.html.

OECD (2015), Data-Driven Innovation: Big Data for Growth and Well-Being, OECD Publishing.

从人格权到财产权回顾个人数据保护的基础性原则

Andreas Sattler*

刘 颖** 译

摘要： 综合考虑经济学、社会科学和隐私学研究理论，采取全面综合的法律方法保护个人数据是一项艰巨的任务，它要求从一开始就考虑保护个人数据的法律基础。因此，本文首先分析了数据保护法发展史上具有重要里程碑意义的事件，随即引入个人数据权，然后总结了激进的改良主义思想。

1 引言

可识别性数据保护领域已经成为数据保护机构和私人公司之间的战场[①]，前者旨在维护宪法保障的信息自决权，而后者通过提供服务以换取对个人数据的访问权，随后利用这些数据。除了用于定制广告外，个人数据的访问权越来越多地作为提供数字化内容[②]和交换个性化服务的合同项下的对价。因此，个人数据的收集和处理已成为数字经济和欧盟监管议程[③]的重点。

虽然马克斯·普朗克创新与竞争研究所会议把重点放在了当前出现的关于竞争、消费者保护和知识产权的法律问题上，但重新考虑对个人数据法律保护的依据也是必要的。

通过法律保护隐私的思想观念起源于19世纪个人主义的发展(sect.2)。分析表明，在德国法律中，个人数据保护法的演变主要基于保护个人免受政府侵害的阶级控制观念(sect.3)。然而，在个人数据保护法的基本原则确立后，公法和私法之间的传统区别受到了挑战，从而导致了不论数据控制者是公共机构还是私营企业，都要适用统一的监管方法(sect.4)。就公民和行政机构之间的垂直关系而言，除非获得同意或法定许可，否则禁止处理个人数据的基本原则是合法的。但是，这种严格的数据保护法律概念似乎不足以规

---

* Andreas Sattler，法学博士、法学硕士。诺丁汉大学高级讲师。
** 刘颖，法学硕士，北京安理(上海)律师事务所。
① 德国汉堡数据保护官员禁止 Facebook 和 WhatsApp 之间的数据同步：Hamburg Data Protection Officer, Press Release，27 September 2016。然而，就在 2018 年 5 月 25 日(欧洲 GDPR 开始适用)之前，Facebook 将其用户的个人数据与 WhatsApp 用户的个人数据合并。
② Art.3(1) of the Proposal of the Commission for a Directive on certain aspects concerning contracts for the supply of digital content，COM/2015/0634 final – 2015/0287 (COD)；Langhanke/Schmidt-Kessel (2015)，221.
③ Digital Single Market Strategy adopted by the Commission on 6 May 2015，COM (2015)，192 final.

范横向数据交易。本文不会为私营企业提供详尽且具有替代性的数据保护概念。但是,本文将以最激进的改良主义思想再次进行简单的思考,引入"个人数据权"(sect.5)。

2 个人主义和隐私权:防范媒体

隐私的概念并不是 18、19 世纪的创新。但是,隐私权法律保护的概念却是工业化的产物,它是在大城市和城市资产阶级(起源于现代个人主义)发展的影响下而兴起的。④ 君主和贵族有权捍卫自己的名誉。相比之下,由于言论自由权和快速复制文字和图片的先进技术的发展,新闻媒体的覆盖面和影响力日益扩大,而城市资产阶级为应对上述情况所能利用的手段则要弱得多。⑤ 根据不同的法律传统,人们的反应各不相同。⑥ 在美国,这些发展与"隐私权"的概念背道而驰(sect.2.1),而德国法律则通过规定人格权来保护公民(sect.2.2)。

2.1 隐私权

当报纸送达城市家庭,取代了先前在农村集市上的闲聊时,散播流言便成了一种商业模式。伴随着城市化带来的陌生环境,政府对社会的控制力逐渐减弱,⑦人们在这样的环境下隐藏了自己的恶习。隐瞒不是治愈好奇心的良药,它只会提高流言的价格,从而出现了窥视他人的生活并出售所获得的信息的商业动机。

波士顿著名律师塞缪尔·沃伦(Samuel Warren)从亲身经历中学到,仅仅拥有土地、砖块等有形物品无法保障自己决定自己私生活的权利。⑧ 为了对抗新兴的"商业模式",沃伦和他的同事路易斯·布兰代斯主张一种私生活免受打扰的权利,⑨从而希望避免隐私被公之于众。⑩

> 随着文明的进步以及生活的紧张和复杂,人们迫切想获得安宁的空间。在这种文化的熏陶下,人们对公众形象变得越来越敏感,因此独处和隐私对个人来说也变得更加重要。但是现代企业和发明通过侵犯他人的隐私,使他人遭受精神上的痛苦和压力,这比身体上的伤害要严重得多。⑪

自从《隐私权》一文(美国法律杂志中最有影响力的文章之一)发表之后,⑫美国法院逐渐将干涉、公开披露、捏造和利用他人隐私作为侵犯隐私权的类型。⑬ 美国隐私法的目

---

④ Mallmann (1977), 16 et seq., 32; Posner (1978), 20; Shils (1966), 292; Westin (1968), 22 et seq.
⑤ Götting (2008), sec. 2, marginal No.1 et seq., 16.
⑥ For a comparison, see Götting (2008), Part 10.
⑦ Mallmann (1977), 19.
⑧ See Glancy (1979), 6; Mason (1946), 70; Bloustein (1964), 966.
⑨ The term was coined by Cooley (1879), 29.
⑩ Warren/Brandeis (1890), 195.
⑪ Warren/Brandeis (1890), 196 (emphasis added).
⑫ Prosser (1960), 383; McCarthy (2008), §1: 14.
⑬ Prosser (1960), 389 et seq.; McCarthy (2008), §1: 19 – 24.

标侧重于促进个人自由,包括对个人信息商业化利用的保护,而德国的隐私法则主要关注对人的尊严的保护。[14]

2.2 人格权

现代企业和发明不仅使得生者想要获得安宁的空间,对逝者来说也一样。德国联邦最高法院给予了两名摄影师法律上的保护。这两名摄影师闯入陈列前德意志帝国总理奥托·冯·俾斯麦(Otto von Bismarck)遗体的房间,拍摄了照片并卖给了媒体。相反,法国法院在类似的案件中可以根据《民法》第1382条"保护个人名誉不受侵犯"进行审理,[15]但普鲁士法律并没有类似的条款。[16] 在这种情况下,德国联邦最高法院辩称,如果摄影师有权保留他们通过非法方式获得的照片,那将有违"自然正义"。[17] 这一主张不是在隐私权范围内针对保护个人名誉而提出的,而是针对非法侵入住宅领域提出来的,因此更接近财产法。[18]

这项判决表明,受过传统罗马法和严格法律实证主义教育的德国法官与美国法官不同,他们只愿接受从法律文件中获得的权利。尽管学术界对人格权给予了强有力的支持,[19]但只是在刑事犯罪或侵犯财产权案件中才给予间接保护。[20] 虽然在1907年德国《保护艺术作品和照片版权法》(KUG)第22条中规定了"肖像权",但法官没有依据这一条款进行判决。相反,《保护艺术作品和照片版权法》第22条主要被认为是保护个人肖像的工具,并因此规定了由于复制手段(如照相机变得越来越便宜和越来越小)的变化,当个人主义面临挑战时,法律应作出直接回应。[21]

尽管德国联邦最高法院没有明确接受其他种类的人格权,但它一开始就根据侵权法对人格权进行了保护,这是对《保护艺术作品和照片版权法》第22条和著作权法的一个扩大解释。[22] 从1954年德国联邦最高法院的简要判决开始,[23]人格权的保护便在缓慢而稳定地发展。[24]

3 独裁、人口普查和窃听:防范政府

第一个关于人格权的法律概念可以追溯到19世纪,与防止新闻界披露个人信息有

---

[14] Whitman (2004), 1151 et seq.; Wittmann (2014), 50 et seq. and 329 et seq.
[15] Tribunal de la Seine 16 June 1858, Dalloz Jurisprudence Général 1854.3.62 cited by Coing(1988), 77.
[16] 与其他欧洲大陆国家的法律不同,德国立法机构将保护个人荣誉列为刑法的一项目标:Götting (2008), sec.2, marginal No.2 et seq.
[17] RG, 28 December 1899 – VI 259/99, RGZ 45, 170 (173).
[18] For criticism of such reasoning: Kohler (1900), 208 et seq.
[19] Gierke (1895), 703 et seq.; Gareis (1902), 412 et seq.; Kohler (1880), 129 et seq.; for a summary: Dölemeyer/Klippel (1991), 220.
[20] Kohler (1903), 32; also cited by Götting (1995), 18.
[21] On the history of the right to one's image: Götting (1995), 12 et seq.
[22] RGZ 69, 401 – Nietzsche-Briefe.
[23] BGHZ 13, 334=BGH NJW 1904, 1404 – Leserbrief.
[24] BGH GRUR 1956, 427 – Paul Dahlke; BGHZ 26, 349=BGH NJW 1958, 827 – Herrenreiter; BGH GRUR 1965, 254 – Soraya; for an overview see: Götting (2008), sec.2, marginal No.15 et seq.

关。㉕ 直到20世纪下半叶,行政机构对个人信息的处理才引起了法学家的注意。㉖

1970年的第一部《德国个人数据保护法》和1977年的第一部《联邦个人数据保护法》都规定了与政府部门有关的个人数据的保护(sect.3.1)。直到20世纪80年代,个人数据保护法才成为公众讨论的话题。由于反对《人口普查法》,德国联邦宪法法院解释《德国基本法》中包含信息自决权,从而使目的拘束原则有了宪法依据(sect.3.2)。自那时以来,信息自决权被证明是一个能够应对新技术和政治挑战的动态概念(sect.3.3)。

3.1 压迫性的政府和技术进步

与德国的其他成功案例一样,1970年德国黑森州颁布了世界上第一个保护个人数据㉗的法案,㉘这一事件所带来的自豪感有可能掩盖㉙一项事实,即该法案源于一个被烧伤的孩子害怕火灾的经历。德国关于保护个人数据的法律与《德国基本法》第一章第一节和第二章第一节规定的保护人格权有着相同的来源。位于黑森州中心的法兰克福市是后来被称为"1968年的一代"的中心地带,二战后的一代人,不管其政治立场是否矛盾,可以说已经开始与德国压迫性的民族社会主义者达成共识了。㉚

这一事件的发展进程和公众辩论对立法筹备工作产生了强烈影响,最终促成了1977年第一部《联邦个人数据保护法》(FDPA)的出台。联邦内政部通过了关于"数据保护基本原理"的筹备报告,这份报告使用简明科学的语言,里面列举了一个清楚表明政府广泛收集数据存在潜在危险的例子。㉛

尽管1933年至1945年间的德国根本无法与20世纪50年代的麦卡锡主义相提并论,但美国学者认为,参议员约瑟夫·麦卡锡(Joseph McCarthy)在联邦调查局(FBI)约翰·埃德加·胡佛(John Edgar Hoover)的协助下实施的镇压行为促进了美国隐私法和个人数据保护法的建立。㉜ 德国和美国的例子表明,早期对数据保护的监管不仅是对技术进步的回应,也是对政府滥用个人数据产生负面影响的回应。

3.2 求知欲强的政府和技术进步

因为约瑟和马利亚都是诚实守法、害怕严格法律执行或者希望减税的人,所以他们到底是在公元前四年还是公元元年从拿撒勒到伯利恒的,这一点仍有待商榷。㉝ 正

㉕ For earlier notions of privacy see: Solove (2006), I-4 et seq.
㉖ 然而,罗伯特·冯·莫尔和洛伦兹·冯·斯坦在19世纪讨论了限制政府收集数据的观点。参见 Geiger (1994),662。
㉗ Hess. Datenschutzgesetz, 7 October 1970, GVBl. II 1970, 300-10, 621.
㉘ Simitis (2014), Introduction, marginal No.82. For early regulation of aspects of privacy in the USA: Fair Credit Reporting Act (1970), 15 U.S.C. § 1681; Federal Privacy Act (1974), 5 U.S.C. § 552; Buchner (2006), 6 et seq.
㉙ According to Hesse's Prime Minister, the Act was additionally triggered by the implementation of new IT systems: Osswald, cited by "Der Spiegel" 20/1971, 10 May 1971, 88.
㉚ 创造了新词 Vergangenheitsbewaltigung,它和时代精神一样,在其他语言中没有对应词。
㉛ Steinmüller/Lutterbeck/Malmann/Harbort/Kolb/Schneider (1971), 55 et seq.
㉜ See Solove (2006), I-20. Pointing out the role of former soldiers and CIA agents who found employment as FBI agents or private detectives: Shils (1966), 297.
㉝ 在古代,人口普查经常被用来增加税收,或者允许为战争做准备。

如路加㉞告诉我们的那样,他们旅途繁重是由于凯撒·奥古斯都下令进行人口普查。㉟ 1982年,德国议会一致通过了《人口普查法》,㊱表面上看,这项法案对人们施加的负担较轻,因为它没有强迫任何德国公民前往出生地进行登记。然而,该法为政府因统计工作而收集处理个人信息提供了广泛的法律依据,它引起了社会的强烈反对。㊲

1983年12月15日,也就是奥威尔的《1984》出版前不久,联邦宪法法院宣布《人口普查法》无效,因为它允许政府收集和处理超出人口普查所需的数据。㊳ 法院做出了一项具有深远意义的判决,㊴在判决中,法院解释人格权(《德国基本法》第2(1)条和第1(1)条规定)中包含信息自决权。法官认为,现代数据自动处理技术已经从根本上改变了个人数据的价值,导致人们认识到"迄今为止,没有孤立的数据存在",㊵因此收集和使用个人数据的决定权必须属于每个自然人。㊶ 为了保障信息自决权,联邦宪法法院要求立法机构实施程序性的和有组织性的措施以防止滥用个人数据。㊷

3.3 自由和安全的失衡

从对《人口普查法》的合宪性审查开始,联邦宪法法院进一步保护个人权利以免受政府侵害。法院加强对信息自决权的保护,这使得一个被指控为犯罪分子进而成为被窃听的对象的人受益。㊸ 此外,联邦宪法法院禁止政府机构暗植间谍软件,除非他们可以证明严重损害了重大公共利益并且法院允许进行这种监视。解释人格权可以保障信息技术系统的机密性和完整性,㊹法官们表示愿意抵制政府在打击恐怖主义和犯罪方面限制公民自由的倾向。㊺

4 评分和普遍存在的计算:防范企业

不论数据控制者是行政机构还是私营企业,德国立法机关基于这样一种假设规范个人数据的收集和处理,即应该摒弃公共领域和私人领域之间的传统区别(sect.4.1)。如果可行,

---

㉞ Luke 2:1-5.
㉟ 当我们考虑 the Old Testament Book of Numbers(lat.liber numeri)的名字时,数据和人口普查之间的历史关系就变得显而易见了,它指的是摩西第四卷中描述的两次人口普查。
㊱ Gesetz über eine Volks-, Berufs-, Wohnungs-und Arbeitsstättenzählung (Volkszählungsgesetz) of 25 March 1982 (BGBl I, 369).
㊲ Simitis (1984), 398; Gola (1984), 1155.
㊳ BVerfGE 65, 1 = NJW 1984, 419 - Volkszählung; for an earlier decision on the limits on governmental data collection: BVerfGE 27, 1(7)- Microzensus.
㊴ Describing it as the "Magna Charta" of German data protection law: Hoffmann-Riem (1998), 515.
㊵ BVerfGE 65, 1 (45)- Volkszählung: ("insoweit [...] gibt es kein 'bangloses' Datum mehr").
㊶ BVerfGE 65, 1 (43)- Volkszählung.
㊷ 所需措施包括通知数据主体、解释数据处理方式以及最终删除个人数据:BVerfGE 65, 1 (48 et seq.)- Volkszählung。
㊸ BVerfGE 109, 279=NJW 2004, 999 - Lauschangriff.
㊹ BVerfGE 120, 274=NJW 2008, 822 - Online Durchsuchung.
㊺ BVerfGE 130, 151 = NJW 2012, 1419 - Telekommunikationsdaten; BVerfGE 133, 277 = NJW 2013, 1499 - Antiterrordatei; see: di Fabio (2008), 424 et seq.

这种被视为再分配或保护较弱的一方当事人的统一处理方法被认为是正当的(sect.4.2)。

4.1 模糊公共领域和私人领域的界限

联邦宪法法院对《人口普查法》的合宪性审查涉及公民与政府之间的关系,并未影响到私营企业。㊻然而,法院关于"不存在孤立数据"的结论,促使数据保护机构及其代表建议将信息自决权扩展到私法领域。㊼

诚然,《联邦个人数据保护法》(1977年)已经采用了这种统一的监管方法,这反映了该时代的特征。法院判决前的十年可以说是一个转型期。随着社会福利和政府计划(governmental schemes)的扩张,促进社会参与和个人发展的理念得到了强有力的政治支持。㊽1983年联邦宪法法院的论证似乎强烈依赖于1971年内政部制作的"数据保护基本原理"报告。㊾该报告深受尼古拉斯·卢曼(Niklas Luhmann)和法兰克福社会学学院(Frankfurt School of social)社会概念的启发,尤其是于尔根·哈贝马斯(Jürgen Habermas)的社会概念。㊿

社会学可以描述社会现象,因此它是决策过程中宝贵的辅助工具,但它不能替代规范性决策。[51]回顾一下,上述报告似乎在社会分析与规范性监管要求之间缺乏清晰的区分。作为其主要发现之一,该报告的作者认为传统公共领域和私人领域的分离不应再作为监管的起点。[52]尽管该报告出于可读性原因继续区分公共数据控制者和非公共数据控制者,但并未详细分析私营企业适用同样的规定是否合理。[53]相反,作者坚信"个人信息自决权"[54]受《德国基本法》保护,并且也应适用于私人数据控制者。[55]

公共领域和私人领域界限的消失,导致私法领域实施宪法原则。[56]除非获得同意

㊻ 可以说,导致信息自决权定义的引言提到了一般的"社会环境",并且不包含对公共数据控制者的直接限制,BVerfGE 65, 1(26)- Volkszählung. FDPA (1977)的第3和第4部分包括对"非公共数据控制者"的规定。

㊼ Against the application in the private sector:Zöllner (1985), 3; Meister (1986), 173; Baumann (1986), 1; Ehmann (1988), 301; Wente (1984), 1447.

㊽ 1969年至1982年,由社会民主党人威利·勃兰特和赫尔穆特·施密特领导的所谓社会自由联盟统治着德意志联邦共和国。

㊾ 值得注意的是,信息自决权一词与报告的措辞非常相似:"关于个人信息的自决权"("Recht auf Selbstbestimmung über Individualinformationen"), Steinmüller/Lutterbeck/Malmann/Harbort/Kolb/Schneider(1971), 93。

㊿ Habermas (1962); Luhmann (1965) and (1966).

[51] Therefore reluctant to derive any direct legal implications from her "Privacy as Contextual Integrity": Nissenbaum (2004), 119 and 136. Probably with the aim to directly derive regulatory interventions from such social analysis: Pohle (2016) 620 et seq.

[52] "Der Dualismus Staat – Gesellschaft wird den Problemen unserer Zeit nicht mehr gerecht. Vielmehr sind beide Bereiche untrennbar zu einem Gemeinwesen verschmolzen [...]", ("The dualism of state – society cannot cope with the challenges of our time. In contrast, both sectors have inseparably been melted into one commonwealth"), Steinmüller/Lutterbeck/Malmann/Harbort/Kolb/Schneider (1971), 35.

[53] 提到了对美国隐私权概念的研究,但由于德国的讨论侧重于民法,因此被拒绝为"仅用于有限用途", Steinmüller/Lutterbeck/Malmann/Harbort/Kolb/Schneider (1971), 37。

[54] Ibid., 93.

[55] Ibid., 41 and 137 et seq., citing Nipperdey (1962), 17 and Leisner (1960).

[56] As expressed by Walter Schmidt (1974), 247: "Insofern ist das zwingende Privatrecht heute nichts anders als konkretisiertes Verfassungsrecht" ("Insofar the compulsory parts of private law are nothing other than substantiated constitutional law").

或法定许可,否则禁止处理个人数据。这与政府为限制基本权利而特别制定的宪法要求相适应。这种基于基本权利并禁止处理个人数据的概念,在政府数据控制者看来是合理的。[57] 然而,这种基本权利的适用性被扩展到私法,并被视为德国数据保护法的一般规则,[58] 随后被欧洲数据保护性法律所引入并已成为欧洲数据保护法的黄金标准。[59]

首次引入这个概念时,它的主要缺点是使用个人数据时需要数据主体的同意或者法定许可。由于必须以单独书面声明的形式给予同意,[60] 这是非常烦琐的,以至于法定许可的重要性增加了。因此,每当新技术出现时,《联邦个人数据保护法》都必须进行修正。它的每次改革都是为与私人数据控制者之间的交易提供更多的正当性。[61] 由于未能跟上技术进步的步伐,议会最终决定引入通用条款,以证明个人数据的使用是合理的,同时要求数据控制者考虑数据主体的利益。虽然这些通用条款使用起来很灵活,但却将该法案变得复杂且难以解释,从而增加了法律的不确定性。[62] 因此,私人数据控制者就像行政机构一样,必须在自身利益和数据主体利益之间取得平衡,[63] 这是一项艰巨的、几乎让人抓狂的任务,尤其是对初创企业和他们的法律顾问来说。[64]

简而言之,德国立法机关[65] 虽然几十年前就放弃了将基本权利直接适用于私营企业,但未能克服 20 世纪 70 年代政府采取的统一监管方法。[66] 试图明确划分公共领域和私人领域的界限已经变得非常困难了。[67] 但就目前而言,私法与公法的分离仍然是为私营企业留下足够创新空间的一种必要途径。[68]

4.2　数据保护的有效市场和再分配效应

在理查德·波斯纳的隐私权经济分析中,他解释了对隐私权强有力的法律保护可能

---

[57] 1971 年的报告证明其对行政机构和私营企业采取统一方法是合理的,因为私营公司具有潜在的"社会超能力",Steinmüller/Lutterbeck/Malmann/Harbort/Kolb/Schneider（1971）,138；citing Müller（1964）,161. See also：Schmidt（1974）,247："归根结底,由于宪法具有保护人格的作用,因此将法律的保留扩展到私法。"

[58] Sec. 4(1) FDPA (1990), BGBl. Teil I, 2924.

[59] Formerly Art. 7 of the EU Data Protection Directive (95/46/EG) and currently Art. 6(1) European General Data Protection Regulation,（EU）2016/679.

[60] Sec. 3 No.2 FDPA (1977).

[61] Simitis (2014), marginal No.92 ("Regelungskonzept fehlte").

[62] On the advantages and disadvantages of general clauses：Ohly (1997)；disappointed as regards the general clauses：Simitis (2014), Introduction, marginal No.141.

[63] See Art. 6(1) lit.f GDPR.

[64] For similar criticism as regards the right to one's image：Canaris (1989), 169；Helle (1991), 27.

[65] 关于在处理个人数据和此类数据的自由流动方面,第一个保护个人的欧盟指令（95/46/EC）是基于统一监管方法的；Simitis (2014), Introduction, marginal No.203 et seq。

[66] Rejecting the direct application of fundamental rights in private sector transactions：Canaris (1984), 203；di Fabio (2001), Art. 2, marginal No.189 et seq.；Wente (1984), 1446；for a directapplication：Hager (1994), 382.

[67] Geuss (2003)；Heller (2011)；Pohle (2015). Defending the uniform approach as a revolutionary step：Pohle (2016), 618.

[68] Favouring a strict separation between data protection against government and against enterprises：Zöllner (1985), 3；Meister (1986), 173. Criticism of legal methodology should not be misinterpreted as a demand for substantial deregulation as regards private data controllers.

对劳动力和信贷市场造成何种（负面）经济影响。⑥⑨ 波斯纳认为，与普通人相比，隐私权立法的受益者主要是那些可能被逮捕、触犯刑法或信用记录较差的人。波斯纳发现了上述因素和种族之间的关系，并得出结论："如果雇主和债权人不能分别使用这些标准来筛选出就业风险低或信用风险差的情况，那么可能会导致财富从白人手中重新分配给这些种族和族裔的成员。"⑦⑩

不管波斯纳的例子和表达方式是否合理，数据保护法的实际潜在再分配效应是不可否认的。⑦⑪ 1978年，当联邦最高法院⑦⑫认可债权人的合法权益，将所谓的"Schufa条款"纳入信贷协议时，并未考虑这些数据保护的潜在再分配效应。⑦⑬ 关于潜在债务人的偿还能力和意愿方面，法官们承认了一种制度化的个人数据交换优点。⑦⑭ "Schufa"是"Schutzgemeinschaft für allgemeine Kreditsicherung"的首字母缩写，这是一家中央信用保护机构，成立于1927年，旨在改进对潜在信用违约的评估。

然而几年后，法院限制银行和金融机构在其合同中使用允许广泛收集数据并随后将其传输给Schufa的一般条款。⑦⑮ 联邦最高法院⑦⑯认为，此类条款违反了在每次传输个人数据之前平衡债权人、公众和数据主体利益的法定义务。⑦⑰ 1997年，Schufa引入了一个广泛的评分系统来计算债务人支付所有分期付款的可能性。根据债务人的还款历史、收入或居住地等事实，Schufa得出了几乎所有德国公民的个人信用评分。尽管律师们辩称，Schufa的评分仅仅是根据相似债务人的经验做出的预测，因此不构成个人数据，⑦⑱但Schufa曾经而且现在仍因操作不透明的系统而受到批评，原因在于该系统对个人获得信贷的能力产生根本影响。⑦⑲

为了响应数据保护机关的要求，德国议会随后为评分设定了一些法律条件。根据《联邦个人数据保护法》(2009)⑧⑳第28节b项（目前《联邦个人数据保护法》(2018)第31节），只要该分数是科学统计的结果，就可以决定是否缔结、履行或终止合同。⑧㉑ 但是，它禁止任何仅基于数据主体的通信地址而得来的分数。如果居住地址是用于此类评分的其他数据之一，则必须提前通知数据主体，并且该通知必须记录在案。此外，数据主体通过获得

---

⑥⑨ 关于劳动力市场："若雇员存在一个或多个缺陷，他就有一种隐藏缺陷的动机——严格类似于商品卖方隐藏产品缺陷。也就是说，如果雇主试图'窥探'他的私人生活，他就有动机援引'隐私权'。"
⑦⑩ Posner (1981), 407.
⑦⑪ Jentzsch (2003); Kim/Wagman (2015), 22.
⑦⑫ BGH, 20 June 1978, NJW 1978, 2151(2152).
⑦⑬ Nor did the ECJ consider consumer welfare in: ECJ, Asnef-Equifax, C-238/05, ECLI:EU:C:2006:734.
⑦⑭ 根据BGH的推理，Schufa提高了效率，增加了安全性，从而使德国信贷市场能够在没有重大风险的情况下运作。因此，Schufa被认为是在较低的利率下，减少官僚风气和便利交易的信贷协议交易。
⑦⑮ On these practices: Kloepfer/Kutzschbach (1998), 650.
⑦⑯ BGH, 7 July 1983, NJW 1984, 436 (437); see also: BGH, 19 September 1985, NJW 1986, 46; BGH, 17 December 1985, NJW 1986, 2505.
⑦⑰ Sec. 24 (1) FDPA (1977).
⑦⑱ Kamlah (legal counsel of Schufa) (1999), 400; Wuermeling (2002), 3509.
⑦⑲ Petri (2003), 235; Kamp/Weichert (2005), 131; Korczak/Wilken (2008), 7.
⑧⑳ BGBl. I, 2254.
⑧㉑ Art. 22 (2) lit. b GDPR and sec. 31 (1) No.2 FDPA (2018); formerly sec. 28b No.1 FDPA (2009).

有关个人信用评分㉘以及更正㉝和删除的信息的权利来考虑自身的利益。㉞

虽然这些保护措施有助于在形式上向数据主体提供最低限度的控制,㉟但实际上行使这些权利的情况却截然不同。要求提供信息或坚持删除(不正确的)评分可能会导致经济上的不利影响,因为偏离普通潜在借款人的任何行为都会增加机会成本;降低银行与此类麻烦制造者签订信贷合同的可能性,所以避免行使自己的权利可能是信贷人的理性选择。㊱ 因此,即使是对当前数据保护法持强烈批评态度的人也承认,银行、信用报告机构和保险公司处理个人数据需要严格的监管。㊲

5 从同意到建立财产权:禁止或解决?

个人数据保护法的演变表明,目前的法律框架主要是建立在数据主体和数据控制者之间的等级视角上的。随着信息技术对社会和经济的影响越来越大,德国和欧洲数据保护法的现行模式受到越来越多的批评。㊳ 根据信息自决权的规定,严格限制政府机关处理个人数据可能是正当的。相比之下,私法一开始就以意思自治原则为基础,因此强调根据个人意愿自由行事。如果从私法的角度来看,建立在禁止处理个人数据基础之上的监管方法会招致许多不信任。诚然,对隐私悖论的实证行为研究引发了普通消费者对自身是否能够理性同意他人处理其个人数据的能力产生了严重怀疑(sect.5.1)。虽然要求对私人数据控制者进行更严格的监管是对此类行为出现偏差的一种直接回应,但数据主体的个人数据权不再受法律束缚可能会提供另一种思路(sect.5.2)。

5.1 信息不对称世界中的自动同意

依靠信息记录程序、数字指纹和其他追踪方法是很容易获得信息的。然而,无论对于数字原住民还是非数字原住民来说,即使基本了解个人数据处理和许可范围,仍然还是具有很多盲区的。㊴ 随着对国际数据中介商业模式㊵的了解不断增长,数据主体明白数字化并不违背"天下没有免费的午餐"这句老话。然而,许多消费者发现很难抵制这种可以立刻得到满足的诱惑。

行为经济学已经分析了各种信息不对称和偏差。㊶ 实证研究引发了人们的疑问,即

㉘ Art. 15 (1) lit.h GDPR; formerly sec. 34(2) FDPA (2009).
㉝ Art. 16 GDPR; formerly sec. 35(1) FDPA (2009).
㉞ Art. 17 (1), (2) GDPR and sec. 31 FDPA (2018); formerly sec. 35(2) FDPA (2009).
㉟ 在将负面报告传输给 Schufa 之前,要求向数据主体提供完备的相关信息: BGH, 19 March 2015, NJW 2015, 3508 - Schufa-Hinweis。
㊱ On the de facto compulsion to accept Schufa clauses: Buchner (2006), 117 et seq.
㊲ Bull (2015), 41 et seq.
㊳ Bull (2015), 55/71; (2006) 1817; Härting (2015), 3284; Härting/Schneider (2011), 63; Schneider(2014), 225.
㊴ McDonald/Cranor (2010); Acquisti/Taylor/Wagman (2016).
㊵ Evans/Schmalensee (2007), 151; Rochet/Tirole (2006), 645; Cennano/Santaló (2013); Körber(2016), 303 and 348.
㊶ Preibusch/Kübler/Beresford (2012), 33. For an overview: Kokolakis (2016); Hermstrüwer(2016), 316 et seq.

选择冗长的"数据保护宣言"是否能够解释数据主体在知情和有意识的情况下所作出的同意。⁹² 因此,在访问一个网站或下载一个应用程序之前作出的同意,看起来更像是 16 世纪探险者和当地人之间的交易,而不是一个具有远见的声明。举个极端的例子:"被视为 21 世纪黄金的个人数据访问权偶尔会被用来换取闪闪发光的玻璃珠子",比如"当今科技音乐惊人的小变化"。⁹³

从行为研究中很难得出任何直接的政策性建议。⁹⁴ 基于一般数据主体无法克服行为偏见的假设,目前的监管方法仍依赖于(自由)家长制的观念,⁹⁵如信息披露、敏感数据转让的限制性规则和集体执法手段,包括消费者保护协会起诉的权利。⁹⁶ 未来的选择范围将从提高有效同意的门槛到排除对某些商业模式的许可。不需要任何洞察力就可以预测,有关个人数据收集和处理的监管越复杂,⁹⁷行业驱动的保护水平降低的可能性就越大,建立个人数据权的呼声也会越强烈。⁹⁸

5.2 在个人数据中争取财产权

经济学家告诉我们,根据有效市场学说,市场将把大部分资源分配到最可能有效利用的位置。⁹⁹ 因此,在信息对称的完美市场条件下,通过法律分配资源只会对交易成本、分配所需时间以及谁有机会从分配中获益的决策产生影响。从理论经济学的角度来看,财产权主要是在市场机制开始重新配置之前将资源分配给最初的几个人。

法学家不愿将个人数据视为任何其他资源,也不愿将其完全交给市场机制进行分配。虽然个人数据尚未被赋予财产权,但市场还是很快就将其分配出去。这种分配的结果是否存在缺陷,缺陷的原因是非法滥用市场支配地位,⁽¹⁰⁰⁾还是基于信息不对称和行为偏差,这是一个值得多学科讨论的问题,包括从合同法、侵权法和消费者保护法到垄断法和不正当竞争法的许多法律领域。在这种背景下,最激进的改革思想,即引入个人数据权,可能会发展为一种现实的选择。

本文既不能提供完整的个人数据财产权理论,也不能定义财产这个术语。⁽¹⁰¹⁾ 但是,粗略考虑财产权的一些基本原则后就会发现,法律已经将个人数据权发展为半经济性权利。欧洲法律目前存在两个矛盾之处,这也表明个人数据的许可使用权可以解决数字化方面

---

⁹² Hoeren (2011), 145.

⁹³ In reference to Rehbinder/Peukert (2015), marginal No. 271, who use this phrase with regard to the level of creativity required in copyright law (translation by author).

⁹⁴ Acquisti/Taylor/Wagman (2016); Kerber (2016a), 646.

⁹⁵ Sunstein/Thaler (2009), 4 et seq.

⁹⁶ Sec. 2(2) No.11 UKlaG; Art. 76(1) GDPR.

⁹⁷ The GDPR includes dozens of opening clauses thus enabling EU Member States to maintain or introduce national laws on data protection, see: Kühling/Martini (2016), 448 et seq.

⁹⁸ For the exact opposite reaction, a tendency to abandon privacy altogether Heller (2011).

⁹⁹ Fama (1970), 383 et seq.

⁽¹⁰⁰⁾ See Bundeskartellamt (engl.: German Federal Cartel Office), Press Release on the Preliminary assessment in Facebook proceeding: Facebook's collection and use of data fraom third-party sources is abusive, 19 December 2017.

⁽¹⁰¹⁾ On the differences between the concept of property rights and absolute rights such as "Eigentum": Häberle (1984), 39 et seq.; Fikentscher (1996), 363.

的一些挑战,而对著作权法的借鉴可能会为未来的研究开辟一个有前景的领域。

5.2.1 个人数据的经济性权利

在联邦宪法法院解释《德国基本法》第2(1)条和第1(1)条包含信息自决权之前,个人数据权的支持者就已经开始质疑过于精细的行政监管体系。[102] 最近,个人数据的财产权属性被提出。[103]

一项权利的可转让性或可转让性的程度决定了它是作为人格权还是知识产权,这是知识产权法长期以来遵循的原则。[104] 因此,引入个人数据的可转让性权利的决定将在一定程度上使此类数据从数据主体中解放出来。[105]

个人数据权对享受数字服务的消费者来说是非常有利的。这可能会让人们进一步意识到一些数字产品并不是"免费的",获取个人数据是作为一种合同的对价,[106]用于在双边平台市场的"背面"产生利润。[107] 由于必须明确同意才能获得数据使用许可证,所以引入个人数据权可能会促进合同条款的透明度。诚然,这样的数据使用许可证不会自动解决所有妨碍许可过程中的行为偏差。引入个人数据权将强化自主原则,并在一定程度上减轻监管负担。[108]

对现行法律的分析表明,个人数据权已不仅仅是一种人格权。[109] 相反,个人数据的财产性特征已经被接受了。欧盟《通用数据保护条例》(GDPR)[110]规定了对损害提起诉讼的权利(第82条第1款),[111]这种补救措施常常是新财产权的前身。[112] 此外,《通用数据保护条例》第20条是一项可转让性的权利,即有权将个人数据转让给新的数据控制人。再加上这种同意的自由可撤销性,以及允许为个性化广告而收集和交易地址所带来的商业利益,[113]都表明个人数据权的进一步演变是被允许的。然而,根据《通用数据保护条例》,数

---

[102] Auernhammer (1977), 210; Gusy (1983), 91; Meister (1983), 163; for the debate in the USA, see: Westin (1968), 324 et seq.; against such a property right: Miller (1971), 211.

[103] Ullmann (1999), 209; Beuthien/Schmölz (1999); Kilian (2002), 925; Mell (1996), 81; suggesting a right similar to property ("eigentumsähnlich"): Polenz (2011), marginal No. 61; Kilian (2012), 169 et seq.; Kilian (2014), 205 et seq. For an economic analysis of the advantages and drawbacks of a property right in personal data: Samuelson (2000), 1125; Schwartz (2003), 2056; Lessig (2006), 200 et seq.; sceptical about a property-like approach: Epstein (1978), 461 and Lemley (2000), 1547.

[104] Kohler (1880), 74.

[105] The general possibility of transferability does not predetermine the mode – or better limitations – such transferability is subject to: Forkel (1988), 498 – with reference to an "objectification of aspects of personal rights".

[106] Langhanke/Schmidt-Kessel (2015), 221 et seq.

[107] Evans/Schmalensee (2007), 151; Rochet/Tirole (2006), 645; Cennano/Santaló (2013); Körber (2016), 303, 348.

[108] For a balanced overview: Kilian (2014), 195 et seq.

[109] Though the part of data protection law that aims at the protection of the data subject's personality right has recently been strengthened by the EU Court of Justice (ECJ, Google Spain and Google, C-131/12, ECLI:EU:C:2014:317) through the introduction of a so-called:"right to be forgotten" in Art. 17 GDPR.

[110] 2016年4月27日欧洲议会和理事会关于在个人数据处理和此类数据自由移动方面出台保护自然人的法规(EU) 2016/679,并废除95/46/EC指令。

[111] Prior to 25 May 2018: Art. 21(1) Directive 95/46/EG as ratified in sec. 7 FDPA (2009).

[112] Zech (2012), 71; Peukert (2008), 56.

[113] Art. 6(2) GDPR.

据主体仍然没有被授予对其数据享有完全可转让的权利。[114]

在引入个人数据权之前,需要进行进一步研究。对于人格权的商业化出现了大量的反对声音,[115]批评者担心个人数据的解放可能会对言论自由和社会交往产生负面影响。[116]即使个人数据商业化的这种情况已经形成,但以合理的交易成本分配访问权以及使用并交换个人数据仍然是一项挑战,因为大多数个人数据(不仅在社交网络上)都涉及多个数据主体。[117]为了保护公共利益而对个人数据权进行法律上的限制是完善这一权利的有效方式,这些方式包括在一定程度上限制调查研究和言论自由以及适用"合理使用原则"。[118]

5.2.2 作为解决法律上不一致问题的个人数据权

当前法律概念中的两个矛盾导致了重大冲突。《通用数据保护条例》第17条第1款b项,如果数据主体撤销其同意(《通用数据保护条例》第7条第3款),则数据控制人一般有义务停止使用个人数据并将其删除。鉴于宪法规定的信息自决权被认为是合理的,[119]这种自由撤销先前同意的权利并非由双方约定,因此数据主体也不能放弃这一权利。[120]但是,如果把信息自决权与撤销权视为同等重要,就会出现两个矛盾:一是现行法律对信息自决权的保护不够;二是对个人数据的广泛保护会导致合同法和数据保护法之间的冲突。

第一个矛盾首先考虑了这样一种情况:数据主体享有的信息自决权,不仅与他们的合作伙伴有关,而且与其他的数据控制者也有关。由于撤销一项已给予的同意只影响数据主体与第一数据控制人之间的合同关系,因此撤销一项同意对于随后在数据线上的其他数据控制人仍然无效。根据《通用数据保护条例》第19条、第17条第1款b项规定,第一数据控制人有义务通知次级数据控制人。[121]但是,将由数据主体去收回他们的个人数据,并行使要求获悉对数据的利用传输等情况的知情权以及要求后面的数据控制者删除数据的权利[122]——如果制定更详细的通知数据主体的责任条款,这种不合理的责任分配

---

[114] Describing this evolution as "eine Rechtsstellung, die sich bereits zu einer vermögenswerten Position verfestigt hat" ("a legal position that has substantiated to a property-like position") [translation by author]: Kilian (2014), 207. On the assignability of personality rights: Beverley Smith/Ohly/Lucas-Schloetter (2005), 129 et seq.

[115] Peifer (2002), 326; Zech (2016), 65 et seq.

[116] Klippel (1983), 408; Simitis (1984), 400; Ehmann (1988), 266; Peukert (2000), 710; Götting (2008), 203; Weichert (2001), 1466; Unseld (2011), 987; also sceptical: Ohly (2002), 158 et seq., 414, 431; Ohly (2011), 438; Acquisti/Wagman/Taylor (2016), 41.

[117] Suggesting a data trustee for personal data: Buchner (2006), 277 et seq.

[118] On the relation between IP law and privacy: Liebenau (2016), 285.

[119] 信息自决权(德国基本法第2条第1款、第1条第1款)也在GDPR的适用范围中。但是,必须澄清的是,在解释GDPR时不能应用这个德国概念。因为这种解释是基于TFEU第16条和欧洲人权公约第7条和第8条。

[120] For the German law prior to 25 May 2018: Schaffland/Wiltfang (2016), sec. 4a, marginal No.27; Simitis (2014), sec. 4a, marginal No.95; Scheja/Haag (2013), Part 5, E 5, marginal No.80; see also sec. 6(1) FDPA. Kilian argues that consent is only revocable as long as contractual performance has not already started: Kilian (2014), 212; similar: Gola/Klug/Körffer (2014), sec. 4a, marginal No.39.

[121] See also recital 37 GDPR.

[122] See Art. 15 GDPR (right to information) and Art. 17 GDPR (right to erasure).

形式对数据主体来说就不会那么沉重了。⑬ 诚然，即使是根据著作权法授予的分许可，通常也会在原许可无效的情况下继续存在。⑭ 不过，与个人数据相比，著作权许可主要为了促进经济发展，因此著作权人所需要的保护可能少于数据主体。

第二个矛盾就是合同法和数据保护法的冲突，这可以在欧盟委员会关于数字内容供应合同的提案（DigiCD-P）中找到。⑮ 根据提案第13条（2b）款，数字内容供应商在合同终止的情况下，应避免使用金钱以外的对等物，这种对等物是消费者提供的、用以交换的数字内容和其他由数字内容供应商收集的内容，除了消费者和继续使用者共同生成的内容外，包括消费者提供的一切内容。

欧盟委员会意识到，由众多用户共同生成的数字内容可能包括著作权法保护的内容。⑯ 在社交网络的背景下，这些共同生成的"内容"很可能也包括个人数据的相互混杂、难以分离的问题。委员会在提案第13条（2b）项中的建议忽略了这一点。⑰ 虽然消费者可通过合同向数字内容供应商授予著作权的次级许可，但提案第13条（2b）项是否违反欧洲数据保护法仍有争议。根据《通用数据保护条例》第7条（3）项，数据主体随时可以撤销他人对个人数据的使用权。此外，根据《通用数据保护条例》第6条第（1）款⑱或其他任何关于法定许可的条款，在数字内容合同终止后继续使用个人数据不太可能是正当的。⑲

总而言之，提案的第13条（2b）款可能在合同上要求数据主体即使在数字内容合同终止后也不撤销给定的同意。相反，《通用数据保护条例》第7条（3）款似乎保证了随时可以自由撤销。根据提案的第3条（8）款，应以《通用数据保护条例》为准。但是根据《通用数据保护条例》撤销某人的同意是否同时构成违约，从而使数据控制人有权要求损害赔偿，这仍然是一个问题。⑳ 如果提案第13（2b）条中的"内容"被解释为包括其他用户所需的个人数据㉑；它将包含一项法定的后合同义务，允许人们继续使用个人数据，而不论已给予的同意是否已被撤销。只有将《通用数据保护条例》第7（3）条规定解释为由当事人自行处理，从而允许当事人同意解除合同，这一困境才能得到解决。㉒ 但是，这样的解释会使

---

⑬ Art. 13a (1) of the EU Parliament's Proposal suggested extended duties to inform data subjects. However, these duties were reduced in the final version of the GDPR; For a (non-official) synopsis of the relevant regulations in the proposals of the EU Parliament and Council see: Comparison GDPR (2015), 124 et seq. For an overall synopsis including the first European Commission proposal and the final "Trilogue" results: Regulation (EU) No XXX/2016 (2015), 253 et seq.; Albrecht (2016), 37.

⑭ Spindler (2016), 808.

⑮ Commission's Proposal for a Directive on certain aspects concerning contracts for the supply of digital content, COM/2015/0634 final, 9 December 2015; for a more detailed approach: Art. 13a(2) and (3) lit.c, lit.d of the Draft European Parliament Legislative Resolution on the DigiCD-P(27,11,2017).

⑯ For criticism that Art. 13(2b) is not even in accordance with sec. 8 of the German Copyright Act: Spindler, (2016), 808.

⑰ 欧盟委员会声明，在发生冲突时，欧洲数据保护法律优先于DigiCD: Art. 3(8)and recitals 13, 22 and 37 DigiCD-P。

⑱ For discussion on Art. 6(1) lit.f GDPR between Parliament and the Council of Ministers: Albrecht (2016), 37.

⑲ However, a potential justification could be the opaque Art. 7(4) GDPR.

⑳ Strictly against such interpretation: von Westphalen/Wendehorst (2016), 2187.

㉑ For such understanding see also the Interinstitutional Document of the Council of the European Union, ST 14827 2016 INIT, 1 December 2016, 11 (No.29) and recital 37 DigiCD-P.

㉒ Sattler (2017), 1041; Sattler (2018).

个人数据远离人格权,更加靠近财产权。在一般情况下,是否有可能允许《通用数据保护条例》第7(3)条进行这种解释是另一个问题。

欧盟委员会未能明确地使提案与《通用数据保护条例》保持一致,尽管两者都是相同数字化议程的一部分,这让我们第一次看到了合同法、著作权法和数据保护法因竞合而造成的许多困难。

5.2.3 建立双重数据保护法

未来对数据权的研究应该回顾著作权的演变,或者更确切地说,是法国著作权和德国著作权的演变。[133] 不管是采用区分经济权利和道德权利的二元论观点(法国著作权),还是采用一元论概念(德国著作权),在数据主体日益对数据"去私有化"的同时,未来个人数据权都必须强调维护人格权。[134] 著作权法和商标法的发展进程表明,至少在德国,权利解放曾经在人格权利中被给予了独有的重视,尽管这很难被看作是一次法律创新。[135] 但是这种权利解放是基于一种稳定的判例法,而不是议会大胆地制定了一部规章。[136] 分配给数据主体的权利种类越多,就越有可能最终形成一种包含道德权利和经济权利的二元权利。

为免生疑问,提及著作权不应被误解为要求在个人数据方面享有专有权。在引入这种权利之前,需要对其经济影响进行进一步研究。到目前为止,没有证据显示有必要采取法律激励措施,以促进个人数据的产生和交易。[137] 虽然一些学者将个人数据的财产权与更宽泛的法律确定性联系在一起,[138] 但其他人批评这种方法是"对私有财产的神圣化",可能导致反公有物的悲剧。他们担心财产权可能会扼杀访问个人数据所需的基础设施和服务的发展,从而阻碍研究和创新。[139] 确实,有确凿的证据表明,对个人数据访问权不能仅仅依赖于合同,还需要法定的限制来允许非双方同意的访问。因此,未来对个人数据权的研究应牢记这一点。

在这里,为了促进技术进步或商业创新而寻求新的更广泛的权利是无可厚非的,但我们总是要仔细地研究证据,我们需要时间这样做,因为权利一旦被承认就很难撤销。[140]

联邦宪法法院的假设"不存在孤立的数据"并不意味着所有人的数据都应受同一法规的约束。因此,未来对个人数据权的研究需要考虑个人数据的多样性以及所授予权利的相互关联性。尽管某些敏感数据与人格权相近,可能永远无法支配,但其他个人数据可能

---

[133] For an analysis of similarities and differences between copyright and data protection law: Schwartmann/Hentsch (2015), 226.

[134] Kilian (2014), 197.

[135] For example: Kessen (2011), 175 et seq.; Sattler (2013), 429; Berger (2016), 178 et seq.

[136] 法律发展史表明,基于"许可费"或破产情况下的可转让性来计算侵犯人格权的损害赔偿往往是早期迹象:Götting (1995), 50, 128。

[137] Sceptical as regards non-personal data generated by machines and sensors (industrial data): Kerber (2016b), 998.

[138] For an analysis of the different interests involved and supporting ownership in personal medical data: Hall (2010), 631; suggesting a "Data Property of the People" as regards behavior-generated data: Fezer (2017) 356.

[139] Evans (2011), 77 and 106 et seq.

[140] Cornish (2001), 29.

与数据主体的人格相距甚远,[14]因此有理由将其从数据主体中解放出来。通常,可以选择允许访问以及为实现特定目的而使用个人数据。然而,由于任何侵犯数据主体人格权的行为都是非常敏感的,[15]此类数据合同("数据许可证")的有效性仍然随时受到威胁,从而使其成为一种高风险的交易。

6 结论

工业革命对文本和图片的复制方式和成本产生了根本性的影响。因此,产生了这样一个问题,即以什么样的方法去保护隐私以及隐私权应当受到何种程度的保护。财产,或者更确切地说是拥有土地或房屋,再也不能保障以前富人、权贵和精英所享有的个人私生活免受打扰的权利了。相反,占有本身已经开始对隐私构成重大挑战。所谓的物联网及其无处不在的计算在技术上允许对个人进行全方位的监视。

隐私权(美国)和人格权(德国)都是在法律层面上对早期复制技术进步的回应。信息技术在行政管理中的引入促进了1970年第一部数据保护法的出台。在《联邦数据保护法》(1977)之前的法律研究受到宣称公共领域和私人领域融合的社会学理论的影响,这是由过去德国国家社会主义非常消极的经验而预先决定的。后来,联邦宪法法院建立并捍卫信息自决权,反对政府在打击犯罪和恐怖主义时损害公民自由的倾向。

尽管德国和欧洲的数据保护法最初是从公民与行政机构之间关系的纵向视角出发的,但对数据主体和私人数据控制者之间的数据交易也适用相同的法律原则。由于信息、社会和经济的不对称,自然人与企业之间的横向关系在传统上以意思自治原则为基础,从公共数据控制者的角度来看,这种关系是合理的。

实证行为研究表明,一系列的偏见会影响同意的认知过程。一方面,这种偏见可能为自由家长主义的理念辩护,被用来强化数据主体保护其个人数据的能力。另一方面,引入一种二元权利可以真正赋予数据主体一定的权利。类似于早期的著作权法,这种权利可以是类似于财产权的权利,并承认个人数据已经在某种程度上商业化了。个人数据许可的法律框架有助于使数据主体在允许他人使用数据的过程中获得经济利益。与此同时,使《通用数据保护条例》、欧盟委员会提案与合同法、著作权法和数据保护法之间饱受困扰的主要矛盾和缺乏一致性的问题得以避免。由于个人数据的多样性和高度敏感性,就像早期著作权法中的精神权利一样,个人数据权不排除强烈的人格权特征和强制执行特征。

参考文献

Acquisti, A./Taylor, C./Wagman, L. (2016), The Economics of Privacy, 54 Journal of Economic Literature 442, forthcoming, available at: https://papers.ssrn.com/sol3/papers.cfm? abstract_

---

[14] Image used by: Hubmann (1967), 133.
[15] As a result, Becker suggests a right to end-user devices that do not collect personal data. Becker(2016), 826 and (2017), 382 et seq.

id=2580411.

Albrecht, P. (2016), The EU's New Data Protection Law – How A Directive Evolved into a Regulation, 32 Computer und Recht International 33, Otto Schmidt.

Auernhammer, H. (1977), Das Bundesdatenschutzgesetz, Betriebsberater, RuW.

Baumann, R. (1986), BDSG: Plädoyer für die Beibehaltung der Gesetzeseinheit (Erwiderung auf Zöllner), 3 Recht der Datenverarbeitung 1, Datakontext.

Becker, M. (2016), Schutzrechte an Maschinendaten und die Schnittstelle zum Personendatenschutz, in: W. Büscher/J. Glöckner/A. Nordemann/C. Osterrieth/R. Rengier (Eds.), Festschrift für Karl-Heinz Fezer zum 70. Geburtstag-Marktkommunikation zwischen Geistigem Eigentum und Verbraucherschutz, 815, C. H. Beck.

Becker, M. (2017), Reconciling Data Privacy and Trade in Data – A Right to Data-avoiding Products, 9 Intellectual Property Journal 371, Mohr Siebeck.

Berger, C. (2016), Verkehrsfähigkeit digitaler Güter, 8 Intellectual Property Journal 170, Mohr Siebeck.

Beuthien, V./Schmölz, A. (1999), Persönlichkeitsschutz durch Persönlichkeitsgüterrecht, C. H. Beck.

Beverley-Smith, H./Ohly, A./Lucas-Schloetter A. (2005), Privacy, Property and Personality, Civil Law Perspectives on Commercial Appropriation, Cambridge University Press.

Bloustein, E. (1964), Privacy as an Aspect of Human Dignity: An Answer to Dean Prosser, 39 New York University Law Review 962.

Buchner, B. (2006), Informationelle Selbstbestimmung im Privatrecht, Mohr Siebeck.

Bull, H.-P. (2006), Zweifelsfragen um die informationelle Selbstbestimmung – Datenschutz als Datenaskese?, 59 Neue Juristische Wochenschrift 1617, C. H. Beck.

Bull, H.-P. (2015), Sinn und Unsinn des Datenschutzes, Mohr Siebeck.

Canaris, C.-W. (1989), Grundrechtswirkungen und Verhältnismäßigkeitsprinzip in der richterlichen Anwendung und Fortbildung des Privatrechts, 30 Juristische Schulung 161, C. H. Beck.

Canaris, C.-W. (1984), Grundrechte und Privatrecht, 184 Archiv für die civilistische Praxis 201, Mohr Siebeck.

Cennano, C./Santaló, J. (2013), Platform competition: Strategic trade-offs in platform markets, 34 Strategic Management Journal 1331, Wiley Coing, H. (1988), Die Entwicklung des Persönlichkeitsrecht im 19. Jahrhundert, in: A. Kaufmann (Ed.), Rechtsstaat und Menschenwürde, Festschrift für Werner Maihofer zum 70. Geburtstag, 75, Klostermann.

Cooley, T. (1879), Treatise on the Law of Tort, Callaghan.

Cornish, W. (2001), The Expansion of Intellectual Property Rights, in: G. Schricker/T. Dreier/A. Kur (Eds.), Geistiges Eigentum im Dienst der Innovation, 22, Nomos.

Di Fabio, U. (2001), in: T. Maunz/G. Dürig (Eds.), Kommentar zum Grundgesetz, C. H. Beck.

Di Fabio, U. (2008), Sicherheit in Freiheit, 61 Neue Juristische Wochenschrift 421, C. H. Beck.

Dölemeyer, B./Klippel, D. (1991), Der Beitrag der deutschen Rechtswissenschaft zur Theorie des gewerblichen Rechtsschutzes und Urheberrechts, in: F.-K. Beier/A. Kraft/G. Schricker/E. Wadle (Eds.), Festschrift zum 100 jährigen Bestehen der Vereinigung für den Gewerblichen Rechtsschutz und das Urheberrecht, 185, VCH Verlagsgesellschaft.

Ehmann, H. (1988), Informationsschutz und Informationsverkehr im Zivilrecht, 188 Archiv für die civilistische Praxis 232, Mohr Siebeck.

Epstein, R. A. (1978), Privacy, Property Rights, and Misrepresentations, 12 Georgia Law Review 455, available at: http://chicagounbound.uchicago.edu/cgi/viewcontent.cgi? article=2233&context=

journal_articles.

Evans, B. (2011), Much Ado About Data Ownership, 25 Harvard Journal of Law and Technology 69, available at: http://jolt.law.harvard.edu/articles/pdf/v25/25HarvJLTech69.pdf.

Evans, D./Schmalensee, R. (2007), The Industrial Organization of Markets with Two-Sided Platforms, Competition Policy International, available at: http://www.nber.org/papers/w11603.

Fama, E. (1970), Efficient Capital Markets: A Review of Theory and Empirical Work, in: 25 Journal of Finance 383, available at: http://efinance.org.cn/cn/fm/Efficient%20Capital%20 Markets%20A%20Review%20of%20Theory%20and%20Empirical%20Work.pdf.

Fezer, K. H. (2017), Data Ownership of the People. An Intrinsic Intellectual Property Law Sui Generis Regarding People's Behaviour-generated Informational Data, 9 Intellectual Property Journal 356, Mohr Siebeck.

Fikentscher, W. (1996), Property Rights und Liberty Rights: Normativer Zusammenhang von geistigem Eigentum und Wirtschaftsrecht, in: Bundesnotarkammer (Ed.), Festschrift Helmut Schippel zum 65. Geburtstag, 563, C. H. Beck.

Forkel, H. (1988), Lizenzen an Persönlichkeitsrechten durch gebundene Rechtsübertragung, 90 Gewerblicher Rechtsschutz und Urheberrecht 491, C. H. Beck.

Gareis, K. (1902), Das Recht am eigenen Bilde, 7 Deutsche Juristen Zeitung 412, C. H. Beck.

Geiger, A. (1994), Datenschutzrechtliche Ansätze im deutschen Konstitutionalismus des 19. Jahrhunderts, 13 Neue Zeitschrift für Verwaltungsrecht 662, C. H. Beck.

Geuss, R. (2003), Public Goods, Private Goods, Princeton Paperback.

Gierke von, O. (1895), Deutsches Privatrecht, Vol. 1, Allgemeiner Teil und Personenrecht, in: K. Binding (Ed.), Systematisches Handbuch der Deutschen Rechtswissenschaft, Duncker & Humblot.

Glancy, D. (1979), The invention of the right to privacy, 21 Arizona Law Review 1, available at: http://digitalcommons.law.scu.edu/cgi/viewcontent.cgi?article=1318&context=facpubs.

Gola, P. (1984), Zur Entwicklung des Datenschutzrechts im Jahre 1983, 37 Neue Juristische Wochenschrift 1155, C. H. Beck Gola, P./Klug C./Körffer, B. (2014), in: P.

Gola/R. Schomerus (Eds.), Bundesdatenschutzgesetz, 12th ed., C. H.Beck.

Götting, H. (1995), Persönlichkeitsrechte als Vermögensrechte, Mohr Siebec.

Götting, H. (2008), in: H. Götting/C. Schertz/W. Seitz (Eds.), Handbuch der Persönlichkeitsrechte, C. H. Beck.

Gusy, C. (1983), Grundrechtsschutz vor staatlichen Informationseingriffen, 74 Das Verwaltungsarchiv 91, Wolters Kluwer.

Habermas, J. (1962), Strukturwandel der Öffentlichkeit: Untersuchungen zu einer Kategorie der bürgerlichen Gesellschaft, Luchterhand.

Häberle, P. (1984), Vielfalt der Property Rights und der verfassungsrechtliche Eigentumsbegriff, 109 Archiv für öffentliches Recht 36, Mohr Siebeck.

Härting, N. (2015), Zweckbindung und Zweckänderung im Datenschutzrecht, 68 Neue Juristische Wochenschrift 3284, C. H. Beck.

Härtung, N./Schneider, J. (2011), Warum wir ein neues BDSG brauchen - Kritischer Beitrag zum BDSG und dessen Defiziten, 1 Zeitschrift für Datenschutz 63, C. H. Beck.

Hager, J. (1994), Grundrechte im Privatrecht, 49 Juristen Zeitung 373, Mohr Siebeck.

Hall, M. (2010), Property, Privacy and the Pursuit of Integrated Electronic Medical Records, Iowa Law Rev 631, available at: https://law.utexas.edu/wp-content/uploads/sites/25/hall _ property _ privacy.pdf.

Helle, J. (1991), Besondere Persönlichkeitsrechte im Privatrecht, Mohr Siebeck.

Heller, C. (2011), Post-Privacy. Prima Leben ohne Privatsphäre, C. H. Beck.

Hermstrüwer, Y. (2016), Informationelle Selbstgefährdung, Mohr Siebeck.

Hoeren, T. (2011), Wenn Sterne kollabieren, entsteht ein schwarzes Loch – Gedanken zum Ende des Datenschutzes, 1 Zeitschrift für Datenschutz 145, C. H. Beck.

Hoffmann-Riem, W. (1998), Informationelle Selbstbestimmung in der Informationsgesellschaft. Auf dem Weg zu einem neuen Konzept des Datenschutzes, 123 Archiv des öffentlichen Rechts 513, Mohr Siebeck.

Hubmann, H. (1967), Das Persönlichkeitsrecht, 2nd ed., Böhlau.

Jentzsch, N. (2003), The Regulation of Financial Privacy: The United States vs. Europe. European Credits Research Institute, available at: http://aei.pitt.edu/9430/.

Kamlah, W. (1999), Das SCHUFA-Verfahren und seine datenschutzrechtliche Zulässigkeit, 2 Multimedia und Recht 395, C. H. Beck.

Kamp, M./Weichert, T. (2005), Scoringsysteme zur Beurteilung der Kreditwürdigkeit – Chancen und Risiken für Verbraucher, available at: https://www.datenschutzzentrum.de/scoring/2005-studie-scoringsysteme-uld-bmvel.pdf.

Kerber, W. (2016a), Digital Markets, Data and Privacy: Competition Law, Consumer Law and Data Protection, 65 Gewerblicher Rechtschutz und Urheberrecht International 639, C. H. Beck.

Kerber, W. (2016b), A New (Intellectual) Property Right for Non-Personal Data? An Economic Analysis, 65 Gewerblicher Rechtsschutz und Urheberrecht International 989, C. H. Beck.

Kessen, S. (2011), Die Firma als selbstständiges Verkehrsobjekt, Mohr Siebeck.

Kilian, W. (2002), Informationelle Selbstbestimmung und Marktprozesse. Zur Notwendigkeit der Modernisierung des Modernisierungsgutachtens zum Datenschutzrecht, 18 Computer und Recht 921, Otto Schmidt.

Kilian, W. (2012), Personal Data: The impact of Emerging Trends in the Information Society. How the marketability of personal data should affect the concept of data protection law, 28 Computer und Recht International 169, Otto Schmidt.

Kilian, W. (2014), Strukturwandel der Privatheit, in: H. Garstka/W. Coy (Eds.), Wovon – für wen – wozu. Systemdenken wider die Diktatur der Daten, W. Steinmüller zum Gedächtnis, 195, available at: http://edoc.hu-berlin.de/miscellanies/steinmueller-40657/all/PDF/steinmueller.pdf.

Kim, J.-H./Wagman, L. (2015), Screening incentives and privacy protection in financial markets: A theoretical and empirical analysis, 46 The RAND Journal of Economics 22, Wiley.

Klippel, D. (1983), Deliktsrechtliche Probleme des Datenschutzes, 38 Betriebsberater 407, RuW Verlag.

Kloepfer, M./Kutzschbach, G. (1998), Schufa und Datenschutzrecht, 2 Zeitschrift für Multimedia und Recht 650, C. H. Beck.

Körber, T. (2016), "Ist Wissen Marktmacht?" Überlegungen zum Verhältnis Datenschutz, "Datenmacht" und Kartellrecht, 4 Neue Zeitschrift für Kartellrecht 303, C. H. Beck.

Kohler, J. (1880), Das Autorrecht, Fischer Kohler, J. (1900), Der Fall der Bismarckphotographie, 5 Gewerblicher Rechtsschutz und Urheberrecht 208, C. H. Beck.

Kohler, J. (1903), Das Eigenbild im Recht, Guttentag.

Kokolakis, S. (2016), Privacy attitudes and privacy behavior: A review of current research on the privacy paradox phenomenon, Computers & Security, available at: https://www.researchgate.net/

publication/280244291_Privacy_attitudes_and_privacy_behaviour_A_review_of_current_ research_on_the_privacy_paradox_phenomenon.

Korczak, D./Wilken, M. (2008), Scoring im Praxistest: Aussagekraft und Anwendung von Scoringverfahren in der Kreditvergabe und Schlussfolgerungen, available at: http://www.vzbv.de/sites/default/files/mediapics/scoring_studie_15_01_2008.pdf.

Kühling, J./Martini, M. (2016), Die Datenschutz-Grundverordnung: Revolution oder Evolution im europäischen und deutschen Datenschutzrecht?, 27 Europäische Zeitschrift für Wirtschaftsrecht 448, C. H. Beck.

Langhanke, C./Schmidt-Kessel, M. (2015), Consumer Data as Consideration, 4 Journal of European Consumer and Market Law 218, C. H. Beck.

Leisner, W. (1960), Grundrechte und Privatrecht, C. H. Beck.

Lemley, M. A. (2000), Private Property, 52 Stanford Law Review 1545 Lessig, L. (2006), Code and Other Laws of Cyberspace, Version 2.0, Basic Books.

Liebenau, D. (2016), What Intellectual Property Can Learn from Informational Privacy, and Vice Versa, 30 Harvard Journal of Law & Technology 285.

Luhmann, N. (1965), Grundrechte als Institution. Ein Beitrag zur politischen Soziologie, Dunker & Humblot.

Luhmann, N. (1966), Recht und Automation in der öffentlichen Verwaltung, Dunker & Humblot.

Mallmann, O. (1977), Zielfunktionen des Datenschutzes, Metzner.

Mason, A. T. (1946), Brandeis: A free man's Life, Viking Press.

McCarthy, J. (2008), The rights to Publicity and Privacy, Thomson/West.

McDonald, A. M./Cranor, L. F. (2010), Beliefs and Behaviors: Internet Users' Understanding of Behavioral Advertising, 38th Research Conference on Communication, Information and Internet Policy (Telecommunications Policy Research Conference).

Meister, H. (1983), Das Schutzgut des Datenrechts, 7 Datenschutz und Datensicherung 163, Vieweg.

Meister, H. (1986), Schutz vor Datenschutz?, 10 Datenschutz und Datensicherung 173, Vieweg.

Mell, P. (1996), Seeking Shade in a Land of Perpetual Sunlight: Privacy as Property in the Electronic Wilderness, 11 Berkeley Technology Law Journal 1, available at: http://scholarship.law.berkeley.edu/cgi/viewcontent.cgi?article=1133&context=btlj.

Miller, A. R. (1971), The assault on privacy: computers, data banks, and dossiers, University of Michigan Press.

Müller, J. P. (1964), Die Grundrechte der Verfassung und der Persönlichkeitsschutz des Privatrechts, Stämpfli.

Nipperdey, H. C. (1962), Grundrechte und Privatrechte, in: Festschrift für Erich Molitor zum 75. Geburtstag 17, C. H. Beck.

Nissenbaum, H. (2004), Privacy as Contextual Integrity, 92 Washington Law Review 119, available at: https://www.nyu.edu/projects/nissenbaum/papers/washingtonlawreview.pdf.

Ohly, A. (1997), Richterrecht und Generalklausel im Recht des unlauteren Wettbewerbs – ein Methodenvergleich des englischen und des deutschen Rechts, Heymanns.

Ohly, A. (2002), Volenti non fit iniuria. Die Einwilligung im Privatrecht, Mohr Siebeck.

Ohly, A. (2011), Verändert das Internet unsere Vorstellung von Persönlichkeit und Persönlichkeitsrecht?, 14 Zeitschrift für Medien-und Kommunikationsrecht 428, Otto Schmidt.

Peifer, K.-N. (2002), Individualität im Zivilrecht, Mohr Siebeck.

Petri, T. (2003), Das Scoringverfahren der SCHUFA, 27 Datenschutz und Datensicherung 631, Vieweg.

Peukert, A. (2000), Persönlichkeitsbezogene Immaterialgüterrechte?, 44 Zeitschrift für Urheberund Medienrecht 710, C. H. Beck.

Peukert, A. (2008), Güterzuordnung als Rechtsprinzip, Mohr Siebeck.

Pohle, J. (2015), Transparenz und Berechenbarkeit: Die Industrialisierung der gesellschaftlichen Informationsverarbeitung und ihre Folgen, available at: https://www.researchgate.net/publication/271445258_Transparenz_und_Berechenbarkeit_Die_Industrialisierung_der_gesellschaftlichen_Informationsverarbeitung_und_ihre_Folgen.

Pohle, J. (2016), Die kategoriale Trennung zwischen „öffentlich" und „privat" ist durch die Digitalisierung aller Lebensbereiche überholt, in: M. Plöse/T. Fritsche/M. Kuhn/S. Lüders (Eds.) Worüber reden wir eigentlich? Festgabe für Rosemarie Will, 612, available at: https://www.hiig.de/wp-content/uploads/2016/12/2016-Pohle-Die-kategoriale-Trennung-zwischen-oeffentlich-und-privat-ist-durch-die-Digitalisierung-aller-Lebensbereiche-ueberholt-2016. Pdf.

Polenz, S. (2011), Datenschutzrecht, in: W. Kilian/B. Heussen (Eds.), Computerrecht, 29th ed., C. H. Beck.

Posner, R. (1978), An Economic Theory of Privacy, AEI Journal on Government and Society 19 available at: https://object.cato.org/sites/cato.org/files/serials/files/regulation/1978/5/v2n3-4.pdf.

Posner, R. (1981), The Economics of Privacy, 72 The American Economic Review 405, American Economic Association.

Preibusch, S./Kübler, D./Beresford, A. R. (2012), Price versus privacy. An Experiment into the competitive advantage of collecting less personal information, available at: https://www.wzb.eu/sites/default/files/%2Bwzb/mp/vam/preibusch-kuebler-beresford_price_versus_privacy_experiment.pdf.

Prosser, W. L. (1960), Privacy, 48 California Law Review 383, available at: http://scholarship.law.berkeley.edu/cgi/viewcontent.cgi?article=3157&context=californialawreview.

Rehbinder, M./Peukert, A. (2015), Urheberrecht, 17 ed., C. H. Beck.

Rochet, J. C./Tirole, J. (2006), Two-Sided Markets: A Progress Report, 35 The RAND Journal of Economics 645, available at: http://www.tse-fr.eu/sites/default/files/medias/doc/by/rochet/rochet_tirole.pdf.

Samuelson, P. (2000), Privacy As Intellectual Property?, 52 Stanford Law Review 1125, available at: https://cyber.harvard.edu/ilaw/Contract/Samuelson_Full.html.

Sattler, A. (2013), Emanzipation des Markenrechts, 5 Intellectual Property Journal 429, Mohr Siebeck.

Sattler, A. (2017), Personenbezogene Daten als Leistungsgegenstand. 72 Juristen Zeitung 1036, Mohr Siebeck.

Sattler, A. (2018), Personenbezogene Daten als Leistungsgegenstand, in: M. Schmidt-Kessel (Ed.), Telematiktarife und Co. – Versichertendaten als Prämienersatz, forthcoming, Jenaer Wissenschaftliche Verlagsgesellschaft.

Schaffland, H./Wiltfang, N. (2016), BDSG, Erich Schmidt.

Scheja, G./Haag, N. (2013), in: A. Leupold/S. Glossner (Eds.), Münchener Anwaltshandbuch IT-Recht, 3 ed., C. H. Beck.

Schmidt, W. (1974), Die bedrohte Entscheidungsfreiheit, 29 Juristen Zeitung 241, Mohr Siebeck.

Schneider, J. (2014), Fokus und Raster des Datenschutzes im nicht-öffentlichen Bereich: Hinterfragung und Erneuerung, in: H. Garstka/W. Coy (Eds.), Wovon - für wen - wozu Systemdenken wider die Diktatur der Daten, Wilhelm Steinmüller zum Gedächtnis, 225, available at: http://edoc.hu-berlin.de/miscellanies/steinmueller-40657/all/PDF/steinmueller.pdf.

Schwartmann, R./Hentsch, C.-H. (2015), Eigentum an Daten - Das Urheberrecht als Pate eines Datenverarbeitungsrechts, 32 Recht der Datenverarbeitung 221, Datakontext.

Schwartz, P. (2003), Property, Privacy, and Personal Data, 117 Harvard Law Review 2056, available at: http://scholarship.law.berkeley.edu/facpubs/6.

Shils, E. (1966), Privacy, its Constitution and Vicissitudes, 31 Law and Contemporary Problems 292, available at: http://scholarship.law.duke.edu/cgi/viewcontent.cgi?article=3109&context=lcp.

Simitis, S. (1984), Die informationelle Selbstbestimmung - Grundbedingung einer verfassungskonformen Informationsordnung, 37 Neue Juristische Wochenschrift 398, C. H. Beck.

Simitis, S. (2014), Bundesdatenschutzgesetz, 8th ed., Nomos.

Solove, D. (2006), A Brief History of Information Privacy Law, in: Proskauer on Privacy, PLI, available at: http://scholarship.law.gwu.edu/faculty_publications/923/.

Spindler, G. (2016), Digitale Inhalte - analoges Recht. Braucht das BGB ein Update?, 71 Juristen Zeitung 805, Mohr Siebeck.

Steinmüller, W./Lutterbeck, B./Malmann, C./Harbort, U./Kolb, G./Schneider, J. (1971), Grundfragen des Datenschutzes, Gutachten im Auftrag des Bundesministeriums des Innern, BT Drs. VI/3826, available at: http://dipbt.bundestag.de/doc/btd/06/038/0603826.pdf.

Sunstein, C. R./Thaler, R. H. (2009), Nudge. Improving Decisions About Health, Wealth and Happiness, Yale University Press.

Ullmann, E. (1999), Persönlichkeitsrechte in Lizenz?, 2 Zeitschrift für Medien-und Kommunikationsrecht 209, Otto Schmidt.

Unseld, F. (2011), Die Übertragbarkeit von Persönlichkeitsrechten, 113 Gewerblicher Rechtsschutz und Urheberrecht 982, C. H. Beck.

Warren, S./Brandeis, L. (1890), The Right to Privacy, 4 Harvard Law Review 193, available at: http://www.jstor.org/stable/1321160?origin=JSTOR-pdf&seq=1#page_scan_tab_contents.

Weichert, T. (2001), Die Ökonomisierung des Rechts auf informationelle Selbstbestimmung, 54 Neue Juristische Wochenschrift 1463, C. H. Beck.

Wente, J. (1984), Informationelles Selbstbestimmungsrecht und absolute Drittwirkung der Grundrechte, 37 Neue Juristische Wochenschrift 1446, C. H. Beck.

Westin, A. F. (1968), Privacy and Freedom, 25 Washington and Lee Law Review 166, available at: http://scholarlycommons.law.wlu.edu/wlulr/vol25/iss1/20.

Westphalen von, F./Wendehorst, C. (2016), Hergabe personenbezogener Daten für digitale Inhalte - Gegenleistung, bereitzustellendes Material oder Zwangsbeitrag zum Datenbinnenmarkt?, 71 Betriebsberater 2179, RuW Verlag.

Whitman, J. Q. (2004), The Two Western Cultures of Privacy: Dignity Versus Liberty, 113 Yale Law Journal 1151, available at: http://www.yalelawjournal.org/article/the-two-western-cultures-of-privacy-dignity-versus-liberty.

Wittmann, P. (2014), Der Schutz der Privatsphäre vor staatlichen Überwachungsmaßnahmen durch die US-amerikanische Bundesverfassung, Nomos.

Wuermeling, U. (2002), Scoring von Kreditrisiken, 55 Neue Juristische Wochenschrift 3508, C. H. Beck.

Zech, H. (2012), Information als Schutzgegenstand, Mohr Siebeck.

Zech, H. (2016), Data as a Tradeable Commodity, in: A. de Franceschi (Ed.), European Contract Law and the Digital Single Market. The Implications of the Digital Revolution, 49, Intersentia.

Zöllner, W. (1985), Die gesetzgeberische Trennung des Datenschutzes für öffentliche und private Datenverarbeitung, 2 Recht der Datenverarbeitung 3, Datakontext.

大数据时代控制权的失灵:整体方法是否提供了解决方案?

Helena Ursic*

肖梦祺** 译

摘要:大数据时代,日益普遍的个人数据处理不但削弱了数据保护权,也限制了个人对自身信息的控制。欧盟《通用数据保护条例》(GDPR)旨在缓解这一紧张的局面,但修订后的法律缺乏张力。不过,《通用数据保护条例》确实包含了一些新的解决方案。这些解决方案与数据保护法以外的其他领域的法律文书具有很强的相似性。其中,在数据主体控制权的第 2 章,可以找到它们相互作用的最显著案例:数据可携带性、被遗忘权和知情权。在欧盟个人数据保护方面的法律中,这种新方案意味着有可能建立一个更全面的法律制度,最终引导数据主体的权利和经济效益在当今大数据经济中达到充分的平衡。

1 导言

在数据经济中,控制、授权以及自主这类词语通常用来描述个人应当如何管理它们的个人数据。欧盟前专员 Neelie Kores 在 2011 年 1 月宣布:"重点是用户应该能够知道、控制、何时向谁提供信息以及如何使用信息。"[1]然而,面对不断革新的技术以及新的社会实践问题,个人"自我管理"其信息隐私的能力变得十分脆弱。[2]

思科的一份白皮书显示,过去十年互联网流量急剧增长。2002 年,全球互联网流量达到每秒 100 千兆字节。2016 年,全球互联网流量上升到每秒 2 万兆字节。[3] 信息过载已经超出消费者自身对数据的控制能力,根据摩尔定律,预测所需的数据存储容量将呈指数增长,[4]信息控制工作的"容量问题"在未来几年将变得更加严重。[5]

信息爆炸以及日益增长的数据经济开创了新的商业模式,这些新商业模式虽然激励

---

* Helena U. Vrabec,荷兰莱顿大学法学院法律与数字技术中心的研究员和博士生。
** 肖梦祺,法学硕士,中共北海市委党校。
[1] Kroes (2011).
[2] Lazaro/La Métayer,(2015),4.
[3] 〈https://www.cisco.com/c/en/us/solutions/collateral/service-provider/visual-networking-indexvni/vni-hyperconnectivity-wp.pdf〉.
[4] European Data Protection Supervisor (2015),16.
[5] Thierer (2013),428.

了技术的创新,但也使消费者(及其数据)困于无数的网络、应用程序和数据库中。[6] 数据的隐蔽处理(有时也被称为"黑匣子"),[7]往往侵害个人及其基本权利,包括但不限于数据保护权利。例如,在线数据市场 Acxiom 在分析乘客安全风险方面发挥了重要的作用,但公民永远不能知道他们的安全分数(security score)取决于何种因素以及使用了何种指标。[8] 由于这种选择的内部结构既不透明,也不容易被监控,消费者的自主权和对自身数据的控制权常常不可避免地受到侵害。[9]

一些作者认为,为数据保护法注入新鲜血液非常重要,因为无处不在且越来越多的个人数据处理可能会削弱数据保护权利。[10] 下一节会提到,许多传统的数据保护机制在大数据时代无法正常地发挥作用。用户同意规则经常成为数据处理的中心,[11]控制权似乎也无法受到损害。仅仅向用户提供各种权利以及工具似乎是远远不够的,我们需要一种超越现有解决办法并寻求可替代措施的方案。[12] 其中一种选择就是整体主义的方法,整体主义是指认为某些整体大于其他各部分之和的理论。[13] 本文支持这一观点,因为来自不同领域的法律文书相互作用,可以使数据保护法更好地应对大数据时代的挑战。

欧盟监管机构注意到现行制度缺乏对个人数据的管理。人们对最近通过的《通用数据保护条例》(GDPR)寄予厚望,[14]但修订后的法律似乎并没有达到革命性的预期结果。[15] 同意性授权是"控制隐私"概念的核心,但修订后的法律对这种方法的改进充其量仅限于表面,[16]因为此次修订仅仅是对数据主体权利目录进行扩张,但并未对数据主体的法律地位作出根本性的改变。[17]

然而,在这一点上应该提出一个创造性的思路。尽管数据主体权利目录很大程度是建立在 1995 年数据保护指令(DPD)的基础之上,[18]但《通用数据保护条例》也加入了一些新颖的解决方案,以更新控制权管理体制。通过对《通用数据保护条例》第 2 章的分析发现,其中有很大一部分制度是借鉴于消费者保护法、物权法和竞争法。按照这些思路,《通用数据保护条例》似乎表明,全面理解数据保护法可能是欧盟数据保护法隧道尽头的一道

---

[6] 参见 Rubinstein (2012),1。由于篇幅有限,我将不再详细讨论大数据和相关的商业实践。感兴趣的读者可以参考 Mayer-Schonberger/Cukier(2013)。
[7] Pasquale (2015)。
[8] 同上。
[9] 其他可能受到侵犯的权利包括不受歧视和正当程序的权利。更多内容请见 Custers (2013),15 and Crawford/Schulz (2014)。
[10] 参见 van der Sloot/Broeders/Schrijvers,(2016),177;Koops (2014),14。
[11] Custers/van der Hof/Schermer (2014)。
[12] Koops (2014),12 - 13;See also Thierer (2013),411;Lynskey (2015),258。
[13] 《简明牛津词典》,牛津大学克莱兰登出版社,1990 年。
[14] 2016 年 4 月 27 日欧洲议会和理事会关于保护自然人处理个人数据和此类数据自由流动的法规(EU) 2016/679,并废除指令 95/46/EC(GDPR),[2016]OJ L 119/1。该规定于 2016 年 5 月通过,将于 2018 年 5 月生效。
[15] 参见 van der Sloot/Broeders/Schrijvers,(2016),177;Koops (2014),2;Mantelero (2014),645。
[16] 参见 Burton et al. (2016),3。
[17] 参见 Sartor(2015),71,关于被遗忘的权利。另一方面,Hildebrandt 强调了 GDPR 的第 22 条和第 13 条,但也指出了其成功实施的重大缺陷,Hildebrandt(2012),51 - 52。
[18] 欧洲议会和理事会 1995 年 10 月 24 日关于保护个人资料处理和该等资料自由流动的第 95/46/EC 号指令[1995] OJ L 281。

曙光。从其他法律学科引入解决办法的最显著例子就是关于数据可携带权、被遗忘权和知情权的规定。

本文以这些先驱者的整体思想为基础,探讨了数据保护与其他法律领域重叠的更多方法,重点仍然是与数据主体控制权有关的规定。本文试图解答的关键问题是,整体方法是否能够为大数据中控制权的缺失提供一个良好的解决方案。

下文将按以下步骤展开:第二节讨论数据保护法中的控制概念,探索其规范性和工具性的维度。后者概述了即将出台的欧盟数据保护条例中的数据主体权利,说明了个人微观权利的本质和新的组织机构。第三节说明在大数据经济中,关于个人数据保护(尤其是数据主体权利)的传统观点为何以及如何会被人们淡化。它描述了与大数据相关的法律所面临的挑战,并强调了从数据保护指令继承下来的传统控制权体系的缺陷。第四节考察了《通用数据保护条例》,表明欧盟数字经济中对个人数据监管将朝着更全面的方向发展的观察结果。数据可携带权、被遗忘权和知情权这三项权利都表现出若干法律学科的特征,这些权利都将得到更详细的审查。第一节的目的是回答一个关键问题:来自不同法律领域的文书的组合能够加强个人在数据经济中的地位吗? 在第五节提出了结论,并强调了有待进一步讨论的问题。

2 欧盟数据保护法中的控制概念

2.1 控制被视为隐私和数据保护的规范性支柱

毫无疑问,对数据的控制一直是关于隐私问题讨论中的内在观点。[19] 其中著名的概念之一就是 Solove 的分类学,它强调六大原则:不受他人打扰的权利,对接近自己的控制、秘密、人格、私密以及对个人信息的控制。这些原则都深深地植根于隐私的概念中。[20]

隐私是一个很复杂的概念,由身体隐私、团体隐私、通信隐私和信息隐私等几个方面构成。[21] Alan Westin 的定义要求我们注意隐私的信息方面:隐私权是指个人、团体或机构自行决定自己的信息何时、通过何种方式以及在何种程度上被传达的权利。[22] 现代的观念正缓慢地偏离这种传统的观念,即认为隐私是一个多方面的现象。相反,他们强调信息隐私是一个植根于所有隐私方面的首要概念。[23] 随着数据经济的发展,信息隐私的整体性日益明显。私人或公共部门的大量活动都以这样或那样的形式将个人信息的处理和收集联系在一起。

正如 Westin 对信息隐私的定义以及 Solove 最后的隐私原则所表明,隐私是一个帮

---

[19] Koops et al. (2016), 62 – 66.
[20] Solove (2002), 1094.
[21] ⟨http://www.rogerclarke.com/DV/Privacy.html⟩.
[22] Westin (1970), 7.
[23] Koops et al. (2016), 70.

助个人控制其生活的权利。㉔ 隐私作为一种强烈的个人权利需求延伸了权利的外延,以至于它还蕴含了个人自主权和尊严权的概念。

在欧盟的法律制度中,对个人数据的控制不仅被视为隐私权的一部分,而且被视为数据保护权的一个重要标识。在《里斯本条约》于 2009 年 12 月生效之前,隐私和数据保护之间的脱节仅仅是例外,数据保护被用作隐私信息方面的同义词。2009 年 12 月 1 日,《欧盟基本权利宪章》本身与欧盟一些条约一样,对欧盟各机构和国家政府具有法律约束力。㉕《宪章》旨在重申"根据社会的变化、社会进步以及科学技术的发展,加强基本权利的保护,使这些权利更加明显"。㉖ 作为一项开创性的成就,第 8 条确认数据保护权作为在欧盟内的一项基本权利,将其摆在与保障私人和家庭生活、结婚和建立家庭等权利同样重要的地位。㉗

将数据保护作为一项新权利引入,引起了人们对其与隐私权的关系和突出价值的质疑,因为《通用数据保护条例》并未对数据保护权的规范性进行支撑回应。㉘ 此外,欧盟法院一直将这两项权利混为一谈,这更导致了人们对这两项权利的误解。㉙ 然而,这并不能妨碍我们认为,数据保护是由与隐私权类似甚至相等的价值所支撑的,包括控制权和自决权。Lynskey 指出,控制的概念实际上在数据保护权中根深蒂固。强化控制应当被视为新权利与其他权利区别的决定性特征。㉚ 欧盟的决策者们在《通用数据保护条例》起草时也表明了同样的结论,对个人数据拥有控制权的想法已经成为欧洲立法机构的口头禅,这并未夸大其词。㉛ 尽管《通用数据保护条例》未提及数据保护规则背后的价值,但其陈述更能够说明问题。在规范的层面上,控制的概念在序言中得到了阐述:"自然人应该控制自己的个人数据。控制的工具视角在序言 68 中得到了解释,它指的是通过一套微观权利,个人可以实现规范性目标。"㉜

2.2 《欧盟数据保护法》中控制性工具方面

Lynskey 将《欧盟数据保护法》描述为关于基本权利的制度。这是因为,《通用数据保护条例》如上文所确定的那样,反映了欧盟监管框架下的基本权利的特征。㉝ 此外,它是以权利为基础的,因为它赋予个人有形的权利,这些权利包括反对的权利和被遗忘的权

㉔ Hijmans (2016),181.
㉕ 该宪章于 2000 年通过,但在 2009 年才开始生效。欧盟基本权利宪章,[2012]OJ C 326。
㉖ 同上,Preamble。
㉗ 同上,Title II, Articles 7 – 9。
㉘ Purtova (2014),6.然而,Purtova 忽略了第 7 条保持了与指令的联系,指出"第 95/46/EC 号指令的目标和原则仍然健全"。
㉙ González Fuster (2014),271;Kokott/Sobotta,(2013),222.
㉚ Lynskey (2014),582.
㉛ Lazaro/Le Métayer,(2015),16. Lazaro 列举了几个提到控制权的文件,例如 2013 年《通用数据保护条例》的建议,2012 年委员会的通信文件——保障互联世界的隐私,以及 2011 年第 29 条数据保护工作组关于同意定义的第 15/2011 号意见。
㉜ "为进一步加强对其自身数据的控制,在以自动方式处理个人数据的情况下,还应允许数据主体接收其以结构化的、常用的、机器可读的和可互操作的格式向控制者提供的其个人数据,并传送给另一控制者。"
㉝ Lynskey (2015),35.

利。《通用数据保护条例》的双重性特征也反映在 Lazaro 的观察报告中,即数据保护包括工具和概念这两个维度。[34] 对于这两个维度,个人对数据的控制是一个重要的基本目标。

在最近通过的《通用数据保护条例》中,控制性工具体现在关于个人权利的条款中,也称为微观权利(micro rights)、[35]数据主体的权利、[36]主观权利[37]或控制权。[38] 在他们赋予数据主体权利的使命中,这些权利当然不是自给自足的,而是伴随着数据控制者[39]的 39 项义务同时发挥作用的。[40] 例如,可以观察到数据控制者提供信息的义务和数据主体可以行使的微观权利之间存在内在联系。很明显,数据主体权利背后的控制思想不是绝对的,在情况需要时可以加以限制。[41]

微观权利不是一个新颖的概念,它们是《通用数据保护条例》之前的几份法律文件的一部分,构成了不断发展的数据保护法的"主体"。第 108 号公约[42]是对数据保护采取一般做法的首批法令之一,在"附加保障"的标题下列出了数据主体的权利。作为《通用数据保护条例》前身的 DPD 采取了一种更加结构化的方法,将第 108 号公约的保障措施分为两类:提供信息的义务和持续性权利(remianing rights)。后一组又可以细分为两组:第一组被称为"访问权",不仅包括访问权限,也包括删除和纠正数据的权利;第二组包括"否定权",可在与主体的特定情况、处理与主体有关的数据或在行为广告等有关的令人信服的合法理由下援引该权利。这一结构符合美国联邦贸易委员会公平信息实践原则,[43]其中公开原则和个人参与原则具有特别重要的意义。公开原则是指对个人数据的发展和政策应采取公开的通用政策。另一方面,个人参与原则侧重于传统的数据主体权利——获取信息和质疑数据处理的权利。

欧盟数据保护改革极大扩展了关于数据主体权利的部分。《通用数据保护条例》第二章可分为三组:第一组包含信息权和访问权,其余两组分别指被遗忘权和反对权。有趣的是,信息权成为数据主体权的一部分,而在 DPD 中情况并非如此。最重要的是,《通用数据保护条例》引入了一项新的权利——数据可携带权。

变化的原因很简单,《通用数据保护条例》认识到现存的数据保护制度的无效性,因此试图通过给予数据主体更多的控制权来减轻其缺陷。一些作者强调,控制权的增强(加强和细化现有的控制权,并引入新的控制权)可能是《通用数据保护条例》对现有的数据隐私

---

[34] Lazaro/Le Métayer,(2015),15.
[35] 同上,19。
[36] Levin (2012),125.
[37] Lynskey (2015),11.
[38] 同上,230。
[39] "控制人"系指单独或与他人共同决定处理个人数据的目的和方式的自然人或法人、公共当局、机构或任何其他机构(DPD 第 2 条)。
[40] Levin (2012),125.
[41] 参见 GDPR 第 23 条(限制)。
[42] 关于自动处理个人数据的个人保护公约,可参见:https://rm.coe.int/CoERMPublicCommonSearchServices/DisplayDCTMContent?documentId=0900001680078b37。
[43] Federal Trade Commission (1998),7.

法的重大修订之一。㊹ 然而,他们聚焦的主要是《通用数据保护条例》的原始提案而不是最终版本。下一章我们将更详细地探讨这些主张是否站得住脚,在此之前,我们将简要地介绍控制权的目录。㊺

2.2.1 知情权

知情权被认为是一种静态的权利,但这种看法并没有影响知情权的重要性。恰恰对于每一个想要有效行使控制权的数据主体来说,能够接收正确的信息是一个先决条件,也是一个必要条件。当数据主体缺乏信息时,其行为可能会丧失意义。知情权与其他微观权利之间的这种内在联系似乎是立法机关决定将所有权利合并为一章的理由。

知情权是数据控制者提供充分信息义务的反面。与DPD一样,《通用数据保护条例》没有规定所需的信息应该如何传递给信息主体。例如,积极交流有关隐私实践的信息和简单地将其提供给数据主体之间的区别并没有得到解决,可以假设,应由数据控制者来决定它们最终如何与数据主体通信。㊻ 在实践中,发布隐私政策符合信息要求,在《通用数据保护条例》制度下也是如此。

虽然知情权主要规定在12—14条,但这些条款中规定的内容并不包括数据主体在数据处理过程中实际能够收到的全部信息。作为访问权的一部分,信息被收集或存储的个人在法律上有权要求数据控制者额外提供信息,例如接触处理限制的信息(第18条第3款)和关于数据类别的信息(第15条第1款b)。

2.2.2 信息自由

如果知情权是硬币的被动面,那么访问权则代表着主动面。从最简单的意义上来说,它赋予了数据主体要求提供有关处理其个人数据信息的权利。这项权利源于自由获取信息的理念,也被称为信息自由,这一理念由二战后的美国引入,以应对美国政府的不透明。㊼ 虽然过去的信息自由权主要是为了控制政府与专制机构,但近些年来其重点已经转向个人领域。这并不令人惊讶,如果以前的国家数据库是迄今为止最大的,那么新的数据驱动模型使得数据所有权的天平倾向于一些跨国公司。㊽

欧洲立法机构认为,知悉是个人控制的一个重要方面,这也体现在《通用数据保护条例》对个人保证的一系列信息中。㊾ 除了在DPD下存在的目录之外,数据主体有权接受关于信息来源、信息自动处理背后的逻辑(第14条)以及在数据处理方面可以联系的主管机构的信息。该条例对数据控制者这一群体必须提供的信息的时间范围和定价的细节有着更严格的要求:第一份报告可以免费获得,但数据控制者可以就额外的报告向数据主体

㊹ Zanfir (2012),149; Solove (2015).
㊺ 在第8章中,GDPR授予数据主体寻求救济或提出投诉的额外权利。然而,这些权利不包括在"控制权"的范围内,因为这是当局确保干预的措施之一,但不打算建立真正意义上的控制。
㊻ Jackson (2012),116.
㊼ Yu/Robinson,(2012),184.
㊽ 俄罗斯政府和Uber之间签署了一项值得关注的协议。俄罗斯政府获得了访问Uber数据库的权限,作为允许Vber在莫斯科提供服务的交换条件。
㊾ European Commission (2010),18.

收取合理的费用(第15条第3款)。没有任何理由可以阻止数据主体请求更多的(特定的)信息。但是,这些条款中明确提到必须合法以及合理地处理数据,数据在默认情况下应由数据控制者提供。

2.2.3 被遗忘权或删除权

被遗忘权是《通用数据保护条例》中讨论最多的提议部分之一。Werro 认为,这是数字时代遗忘权的一种表现,并确保了一个人可以排除他人对其过去进行识别。(50) 由于这一提议较少关注数据的删除,更多地聚焦于管制二手数据的使用,(51)因此显然涉及了控制的概念。

被遗忘权,也被称为删除权,是 DPD 的组成部分。从这个意义上来说,它不是特别地新颖。(52) 在 CJEU 诉 Google 一案中,法院在该案中使用了扩大解释,认为被遗忘权应适用于搜索引擎,做出了具有里程碑意义的裁决,使这项权利变得极其重要。(53) 法院适用了 DPD 关于删除权的规定作为这一影响深远的裁决的基础,尽管后来版本的 GDPR 详细规定了该权利的范围,但并没有引入任何重大的修正。

目前被遗忘权的措辞强调同意的重要性和目的限制原则。第17条第1款明确允许数据主体享有在同意撤回时,(54)或是当对数据收集或处理不再必要时寻求删除数据,并阻止进一步重新使用其数据的权利。在2012年委员会最初的提案中,第17条第2款进一步声明,当数据控制者将数据公开(例如在网站上发布)或将发布委托给第三方时,应遵循被遗忘权的规定。在后一种情况下,原数据控制者将对删除负全部责任,(55)但在《通用数据保护条例》最终文本中不再是这种情况,在目前的形势下,条例仅要求控制者告知第三方。Van Hoboken 指出,对于那些希望自己的数据被删除的数据主体来说,更新后的条款带来的附加价值相对较小,因而其观点是正确的。(56)

2.2.4 数据可携带权

与被遗忘权和修改存储在数据库中的不正确或过时的个人信息的权利一样,数据可携带权往往是控制数据主体的个人数据处理的更强、更有效的权利支柱。(57)

---

(50) Werro (2009), 291.

(51) Koops (2011), 28.

(52) 这可能是 GDPR 的议会版本没有提及被遗忘权的原因:"'被遗忘权'是一项本条例没有规定的权利。通过使用这个术语,数据主体被承诺了一项实际上没有的权利。删除权必须尽可能地强大,并考虑到在互联网上删除个人数据可能存在的困难,要做到这一点,应该加强删除权,而不是通过误导性的标题承诺不存在的权利。" AMENDMENTS (4) 1189 - 1492 (COM(2012)0011 - C7 - 0025/2012 - 2012/0011(COD)), Draft report Jan Philipp Albrecht (PE501.927v04 - 00),可参见 http://www.europarl.europa.eu/document/activities/cont/201305/20130508ATT65813/20130508ATT65813EN.pdf。根据现行法,遗忘权已经反映在反对权和删除权中。欧盟委员会(N.D.)。

(53) EU Court of Justice, Google Spain SL and Google Inc. v. Agencia Española de Protección de Datos (AEPD), Mario Costeja González, C - 131/1, ECLI:EU:C:2014:317.

(54) GDPR 第7条(3)。

(55) 欧洲议会和理事会关于在处理个人数据方面保护个人和此类数据自由流动的条例建议(《通用数据保护条例》),COM (2012)11 final,2012年1月25日,可参见:http://ec.europa.eu/justice/data-protection/document/review2012/com_2012_11_en.pdf。

(56) Van Hoboken (2013), 14.

(57) Zanfir (2012), 13.

目前对数据可携带权的措辞表明,该权利可以分成两个部分:首先,有权获得进一步使用相关数据副本的权利;其次,个人将个人数据从一个提供者传输到另一个提供者的权利(《通用数据保护条例》第20条)。[58] 该权利的基本理念是,个人能够不受阻碍地将个人数据和其他资料从一个信息服务商转移到另一个信息服务商那里。[59] 由于创新、网络效应甚至是收购,因此这些行业似乎很容易出现垄断,个人根本别无选择,这将危及个人对个人数据的控制。[60] 有些人认为,数据可携带权可以使企业和个人最大限度地利用大数据带来的好处,并从使用其个人数据所创造的价值中受益,这将使他们能够为自己的目的使用数据,或将数据授权给第三方进一步地使用,以换取额外的服务或经济效益。[61] 然而,数据可携带权只能在第20条的严格条件下才能得到保证,第20条要求通过自动化手段处理有关数据,并且在合同或个人同意的法律基础上进行处理。由于第20条的规则在保障个人数据的架构上是全新的,[62] 其措辞(例如"自动化手段"的具体含义)虽可以解释,但实际结果难以预料。

2.2.5 不受基于自动处理的决定影响的权利

第22(1)条阐述的这一权利确保个人有权不接受完全基于自动处理的决定,包括特征分析,只要该决定产生有关其个人的法律效力或对其产生类似的重大影响。这项权利不适用于在合同、个人同意或法律义务中具有法律依据的处理。然而,在这些情况下,数据控制者必须采取适当的措施,以保障数据主体的权利和自由及合法权益,至少有权获得控制者的人工干预,表达其观点并对决定提出异议(第22(3)条)。

完全自动化的决策是指无论在任何处理阶段都不包括人为干预的决策。[63] 因此,人们不太可能受到完全自动决策的影响,因为它几乎多多少少都要涉及少量的人工干预。例如,在偏好营销活动中,有关个人性格特征和浏览习惯的数据被汇集到一起,并自动细分为预定的市场部分。问题是,确定每个细分市场部分的行为已经足以意味着这不是一个完全自动化的系统。[64] 这种严格的解释可能会极大地缩小权利的范围,否则这可能是对人工智能时代挑战的一种补救措施。在人工智能时代,[65] 自动决策已经成为一种惯常的做法。

如果对个人有显著影响,则应禁止完全自动化的决策。"显著影响"的含义在这里是开放的。与就业有关的决定属于这一类别,但范围可能更大。例如,Borgesius 建议,由互联网营销而发生的价格歧视甚至也可以归入第22条。[66]

---

[58] 在欧洲议会的修订案文中,这两个方面都被纳入了关于获取权条款的同一章节,即第15(2)(a)条。
[59] Swire/Lagos (2013), 339.
[60] Lynskey (2015), 263.
[61] European Data Protection Supervisor (2015), 13.
[62] Irion/Luchetta, (2013), 68.
[63] 因此,文章中明确提到的分析可以认为是多余的。然而,立法机构的目的可能是确保即使分析不是完全自动化,该条款也适用。
[64] Levin (2012), 139.
[65] Edwards/Vaele (2017), 4.
[66] Borgesius (2015), 2.

3 在大数据时代控制个人数据

数据是以工业为基础向以信息为基础的经济转变的核心。[67] 它转变为一种非常宝贵的资产,在公共和个人领域创造了许多商业机会。[68][69] 有人认为,数据技术的发展极度重要,社会媒体、数字设备、人工智能、机器人和物联网都为下一次技术革命开辟了道路,为工业 4.0 奠定了基础。[70] 正如世界经济论坛的创始人兼执行主席 Klaus Schwab 所言:"第四次工业革命的特征是一种技术的融合,这种融合正在模糊物理、数学、生物领域之间的界限。"[71]

在文献中,学者们认为这些变化往往与大数据革命的出现有关。[72] 尽管大数据是一个流行词,在各种语境中被广泛使用,但它仍然没有一个明确的定义。大数据的通常特点是数据来源的多样性、收集和存储数据的速度以及数据量的巨大,这就是我们通常所说的"3-V 定义"。[73] 然而,要确定一个准确的定义并不是关键,揭示大数据真正力量的是它的预测能力,这也应该成为讨论的焦点。[74] 大数据分析有可能预测未来的趋势,并能够揭示以前无法发现的个人行为偏好。根据这一点,ENISA 将定义重点转移到分析的层面,并将大数据定义为"用于处理大量数据的技术、工具集、数据和分析。"[75]

数据驱动的商业模式和无处不在的算法决策的出现不仅改变了企业的游戏规则,而且对消费者也产生了显著的影响。这并不奇怪,因为个人数据被证明是跨领域的有重要价值的商业来源。[76] 现今,创建关于个人的数据比个人创建的数据更多,而互联网数据的倍数特性意味着即使数据从源头上被删除,其副本仍然可以保留在缓存(提高网络效率的技术措施)或镜像网站上。[77] 在未来,将生成越来越多的个人数据,并且这些数据将持续在他人的控制之下。[78] 用 Purtova 的话来说,个人数据的经济价值和所有权的观念在数据处理实践、数据保护和信息系统研究的现实中已经被普遍接受。[79]

这种高度复杂的数据处理和个人信息的变革性使用极大地限制了消费者的认知,限制了他们评估其选择各种后果的能力,限制了他们自由和知情同意[80]的能力,限制了他们

---

[67] Davison (2003),1.
[68] 这也解释了为什么早在 20 世纪 80 年代,数据所有权就掀起了一场激烈的辩论,主题为是否对数据库的创建和营销的投资进行额外的立法保护。Davison (2003),52.
[69] Organisation for Economic Cooperation and Development (2015),23.
[70] Helbing (2014),1.
[71] Schwab (2016).
[72] Mayer-Schonberger/Cukier (2013).
[73] Moerel (2014),8.
[74] ⟨https://www.privacyinternational.org/node/8⟩.
[75] ENISA (2015),6.
[76] Rubinstein (2012),3.
[77] Koops (2011),10.
[78] Executive office of the President (2014),9.
[79] Purtova (2013),4.
[80] Mantelero (2014),643.

行使控制权的能力。对于一个普通的公民来说,接触大数据控制者几乎是不可能的,信息对称和数字文盲也加剧了这一问题。因此,许多相关人士表达了对数据主体权利被削弱的担忧,因而提出修改法律也就不足为奇了。[81]

呼吁更多的数据主体控制似乎已经成为欧洲政策的口头禅,[82]但从监管机构采取解决问题的对策来看,该口头禅的实现并非很有希望。虽然欧盟的决策者似乎有致力于赋予个人和加强个人权利的想法,但他们仍然使用过去已经被证明无用的法律文书,这在数据主体权利方面是显而易见的。Koops很好地阐述了这个悖论,他指出了对问题的分析(用户在大数据世界中无法控制个人数据的事实)与设想的解决方案(赋予用户在大数据世界中控制个人数据的权利和方式)之间的差异。[83]

以下各节探讨与数据主体行使控制权有关的两组问题:第一组问题涉及控制权的架构,它们虽具有高度的理论性,但往往是无用的;第二组涉及控制数据的问题,这些数据虽然不是个人的,但可能会影响到个人。

3.1 过分理论化和无效?

由于技术的发展,数据主体权利的行使已成为高度理论化的问题。Koops写道:"是的,如果你知道去哪里看以及如何阅读,你便能够获得相关信息。你可以请求控制者让你知道它们处理什么数据,如果你起初就知道自己有这样的权利(但哪一个控制者真正理解并认真遵守所有的请求,特别是在超出执行附带范围的情况下?),如果你知道要向谁提出请求,你可以要求更正或删除(但你怎么才能触及互联数据处理链、马赛克或沼泽中的每个人呢?)。"实际上,这些太多的"如果"和"但是",使数据主体的权利变得有意义了。[84]

奥地利学生 Max Schrems 的故事很好地说明了了解情况权和出入权的训练是多么具有挑战性。在美国学习并了解了 Facebook 的数据处理方法后,Max Schrems 根据欧盟关于个人数据保护的指令,援引了数据获得权(访问权)要求 Facebook 提供他的个人信息及对个人数据的处理。作为回应,Facebook 向他发送了一个 1 200 页的文件,详细说明了他的个人数据被部署、共享和存储的所有方式。[85]

Facebook 处理大量个人数据的原因是该公司高度复杂的商业模式。Facebook 默默地收集和存储了大量难以想象的信息,其中包括一些非常详细的数据,例如最近向慈善机构捐赠的款项、驾驶的汽车品牌及其年龄,以及家庭组成和所有权信息。[86] 除了来自用户使用当时活动轨迹的数据,例如他喜欢的网页和他点击的广告,Facebook 的网络跟踪工作及其与主要数据经纪人的合作代表了另一个重要的数据来源。通过组合和挖掘这些聚合的数据,Facebook 能够获得丰富的个人数据,这些数据揭示的信息超出了用户的预期。

---

[81] van der Sloot et al. (2016),177;Koops (2014),3.
[82] Lazaro/Le Métayer,(2015),16.
[83] Koops (2011),22.
[84] Koops (2014),4.
[85] 〈https://en.wikipedia.org/wiki/Max_Schrems〉.
[86] Dewey (2016).

今天，Facebook 提供了一个对用户更加友好的体验。在设置功能内，用户可以很容易且迅速地下载其数据。与 Schrems 的经验相反，这种用户数据的电子副本是相当缺乏的。例如，用户的历史信息是以一种不完整的、略带混乱的方式呈现的。

Moerel 和 Prins 认为，访问权就像一只纸老虎，与控制者收集和处理数据的复杂方式相比，无疑是过时的。⑧⑦ 事实上，对一个法律系的学生来说，浏览 1 200 页的文件都是非常具有挑战性的，更不用说一个外行了。随着物联网（包括通过传感器无处不在地收集数据的理念）的出现，如果可能的话，行使访问权似乎变得更加困难。⑧⑧

除了方便对文件的检查外，访问权还保证了对信息自动处理背后的逻辑信息的访问。⑧⑨ 换句话说，法律要求控制者提供有关用于挖掘数据和识别模式的算法信息。⑨⓪ 这些算法很难审核、质疑或修改，通常被描述为黑箱处理。⑨① 以 Airbnb 为例，这是一个在线的点对点网络，它可以让人们列出、查找多种多样的住宿信息，然后租用度假屋，并收取手续费。平台默认提供的信息非常少，用户往往不知道他的财产是基于什么标准被评估的，以及他是通过何种方式连接到主机上的。Tene 和 Polonetsky 强调，在这种情况下，如果不提供算法本身的话，至少应该要求企业披露其决策中使用的标准，即算法计算的结果。⑨② Hildebrandt 指出，第 13(1)(f) 条实际上比 Tene 和 Polonetsky 所描述的最低限度提供了更多的保护。第 13 条第(1)(f)款除了规定企业有义务提供有关是否存在特征分析和所使用的标准的信息外，还要求企业将所设想的后果告知数据主体。⑨③ 然而，说起来容易做起来难。Goodman 和 Flaxman 指出，算法本质上是很难解释的，这些信息以何种方式传达给用户也是一个问题。撇开技术流利性带来的障碍不谈，也不能不考虑训练模型的重要性，因为只有训练的模型能够被人们清晰地表达和理解时，算法才能得到解释。⑨④ 毫无疑问，在大数据时代实现 GDPR 第 13 条的要求将是非常具有挑战性的，尤其是距离 GDPR 生效还有不到两年时间，时间相当紧迫。⑨⑤

"被遗忘权"是另一项可能受到大数据发展挑战的控制权。大数据的社会技术背景意味着，数据处理基于模糊的目的定义，以允许不可预见的未来用途，数据越来越多地被用于次要目的。⑨⑥ 例如，在一个日益个性化的互联网中，可以认为几乎所有的个人数据都是相关的，⑨⑦ 而且很难确定是否应当以"不再为最初收集数据的目的所需"为由遗忘这些数据（第 17 条第 1 款(a)项）。

截至 2017 年 8 月，Google 评估的被遗忘权下删除的网址（URLs）数量已攀升至

---

⑧⑦ Moerel/Prins,（2016），65.
⑧⑧ Edwards（2016），3.
⑧⑨ 参见第 8 页。
⑨⓪ Van der Slot et al.（2016），146.
⑨① Pasquale（2015）.
⑨② 除了可能受到商业秘密和其他知识产权保护的算法；Tene/Polonetsky,（2013），9.
⑨③ Hildebrandt（2012），51.
⑨④ Goodman/Flaxman,（2016），6.
⑨⑤ Goodman/Flaxman,（2016），7.
⑨⑥ Koops,（2011），16.
⑨⑦ Graux/Ausloos/Valcke,（2012），13.

1,854,119。⁹⁸然而,该权利的有效性是有争议的。研究人员发现,在30%～40%的情况下被删除的网址仍可被识别。⁹⁹ 此外,Google和法国DPA仍在为删除Google全球域名的链接而争执不休。¹⁰⁰ 目前,Google只删除欧洲域名的数据,这意味着这些数据仍然可以通过美国域名访问。¹⁰¹

Twitter的例子再次说明了为什么删除权是有缺陷的。Twitter的标准条款和条件促使Twitter APIs¹⁰²的用户停止处理和删除已被原始发布者删除的推文。事实上,通常用户从时间轴上删除的推文,第三方服务器会继续处理。¹⁰³ 如上所述,根据GDPR的规定,推特作为控制者只有通知第三方删除的义务,不承担进一步的责任。由于国家数据保护部门并不活跃,加之Twitter缺乏监管以及承担的处罚微不足道,从第三方数据库删除推文的事情不太可能发生。¹⁰⁴

总之,数据可携带权仍然是一个极具争议的问题,主要是因为在立法提案中并未明确它是"网络社会法"还是涉及其他方面,如电力供应商和银行。根据GDPR的陈述,数据可携带权的概念是由于涉及社交网络的所谓锁定而引入的。¹⁰⁵ 然而,鉴于第18条的开放定义,可以认为其定义不应局限于某一特定市场。因此,开放条款可使该条款普遍适用于所有类型的电子处理,包括云计算、网络服务、智能手机应用程序和其他自动化数据处理系统。此外,缺乏适当的标准和格式可能意味着这项权利可能很难实施,除非数据的传输是顺畅的,而且不需要特别的技术知识,否则数据的可携带权很难有助于加强数据主体的控制。我们需要的不仅仅是可携带权,数据传输服务之间的互操作性对于权利的有效性至关重要。¹⁰⁶

3.2 控制匿名数据

大数据现象也引发了对不属于"个人数据"范畴的数据管控问题。

大数据分析通常倾向于围绕大量聚合数据展开。¹⁰⁷ 通常,这些数据是匿名的,这意味着它不再允许识别与数据直接或间接相关的个人。匿名数据被视为非个人数据,因此,数据保护法和相应的控制权不适用于这些情况。然而,即使不识别单个个体,聚合数据也可以识别群体行为的模式,数据收集者可以利用这些结果建立档案,作为未来决策的

---

⁹⁸ ⟨https://transparencyreport.google.com/eu-privacy/overview⟩.
⁹⁹ Xue/Magno/Cunha/Almeida/Ross,(2016),13.
¹⁰⁰ 该案件目前正在法国最高法院审理中;Robinson (2016)。
¹⁰¹ Gibbs/agencies (2016).
¹⁰² API(应用程序编程接口)是一组子程序定义、协议和用于构建软件和应用程序的工具。
¹⁰³ Ursic et al. (2016),25.
¹⁰⁴ Ursic (2016),7.
¹⁰⁵ 虽然Facebook和Google+等社交网站可以让用户获得自己数据的副本,但在将个人信息直接转移到其他平台方面仍有相当大的限制。此外,社交网络提供商不允许第三方网站直接获取用户的信息。例如,Facebook阻止Google浏览器导出好友列表。
¹⁰⁶ 这并不是说互操作性没有缺点,关于可能的负面影响,参见Swire/Lagos,(2013),356。
¹⁰⁷ Van der Sloot et al. (2016),189.

依据。[108] 通过这种方式，不属于数据保护法范围的匿名数据仍然可以对个人产生影响。这种处理不仅会影响隐私——匿名数据也会危及其他基本权利，如自由和自主。[109] Hildebrandt 认为，匿名数据可能对一个人产生的最大影响是："如果某个特定人的3到4个数据点与推断数据（一个档案）相匹配，而这些数据不一定是个人数据，因此不属于数据保护法的范围，她可能得不到她想要的工作，她的保险费可能上升，执法部门可能决定开始检查她的电子邮件，或者她可能无法获得她所选择的教育。"[110]

使用匿名数据是行为广告业的典型做法。这些公司对用户的实际身份并不感兴趣，他们只是希望找到比普通消费者更有可能浏览他们的广告的消费者。Lynskey 认为，由于缺乏人力投入，以及匿名性质的特征分析和目标锁定，很难将行为广告过程归类为一种个人监视，[111] 然而，这种在幕后进行的监视，同样可能对个人隐私造成损害，还可能造成"寒蝉效应"(chilling effect)。

在匿名的环境中，控制权已经失去了其使命，必须找到新的解决方案。一种可能性是加强公共当局的参与度，在讨论数据商品化的陷阱时，Corien Prins 呼吁"就公共领域在提供必要工具方面的作用展开辩论，通过这些工具我们将了解到我们的行为、兴趣和社会及文化身份是如何被'创造'的，并进行相应的控制"[112]；同样，Mantelero 声称，在大数据时代，"不能把重点主要放在用户和用户的自主上，应该限制用户的作用，相反，同时应该增加独立机构的作用。"[113]

4 解决方案

如上所述，传统的控制权在大数据时代并未能发挥应有的作用。数据主体的权利一直受到限制，并且被困在一个高度复杂的在线迷宫之中。在意识到大数据存在的问题后，许多作者认为，为数据保护注入一些新的活力尤为重要。[114]

其中一种选择是采取整体方案，这表明不同领域的法律文书的相互作用能够使数据保护法更好地适应大数据时代的挑战。值得注意的是，《通用数据保护条例》包含了一些解决办法，这些办法都与整体方案的想法非常相似。法律规制之间相互作用最显著的例子便是关于数据的可携带权、被遗忘权和第二章所载的信息权的规定。以下部分内容以这些先驱的步骤为基础，解释整体方案如何成为一种跟上技术发展的措施。

4.1 通过《消费者保护法》的特点强化知情权

数据主体权利的章节是以关于信息透明度、信息交流和数据主体行使权利的方式的

---

[108] Mantelero (2014), 654.
[109] Custers (2004), 140.
[110] Hildebrandt (2013), 12.
[111] Lynskey (2015), 216.
[112] Quoted in Lazaro/Le Métayer, (2015), 31.
[113] Mantelero (2014), 653.
[114] 参见 van der Sloot et al. (2016), 177; Koops (2014), Thierer (2013), 411。

条款开始的(《通用数据保护条例》第12条),它要求数据控制者提供信息需要以"简洁、透明、可理解和易于访问的形式,使用清晰和朴素的语言"。透明度要求并不是DPD中的一部分,只是在报告中作出了简短的提及,因此并不构成具有约束力的文本。

新条例的措辞回应了典型的消费者保护条款,强调了透明度和可理解性的重要。例如,《消费者权益指令》第7条⑮使用了与《通用数据保护条例》第12条几乎相同的措辞:"信息应当用清晰的语言使其通俗易懂"。这一方式进一步反映了在广泛的信息列表中,数据控制者需要与数据主体进行沟通,转移举证责任以及以标准化形式提供信息。隐私政策的可视化(报告第58条)通常过于复杂,一般人难以理解,但这是一种有效的家长式措施。虽然这些条款在《消费者保护法》中很多,但在数据保护法规中就不那么典型了。

欧盟《消费者保护法》的主要关切点之一,是向消费者提供他们所需的所有信息以便于消费者作出选择。根据《消费者权益指令》第5(1c)条和第6(1e)条,商家应向消费者提供关于"包括税收在内的货物或服务总价"的信息。同样,《不正当竞争行为指令》第6条和第7条⑯强调了信息针对消费者合同在公平商业行为中的突出地位。⑰ 由于《消费者保护法》原则上适用于以货币交换为基础的合同,因此在关于在线服务提供商规定的条款中很少提到这一法律。也就是说,这些服务通常使用免费定价策略,它不是基于金钱,而是基于个人数据交换,因此原则上不属于《消费者保护法》管辖的范围。

这一现象必然会改变。欧盟委员会提议针对关于提供数据内容供应合同的某些方面制定指令,变相地承认了修改的紧迫性。该指令是第一个将"付费使用个人数据"视为企业对消费者履约的表现。⑱ 正如委员会在报告中所解释的那样:"在数据经济中,市场参与者经常并且越来越多地认为关于个人的信息具有与货币相当的价值。数据内容的提供往往不是为了获取利益,而是为了对抗金钱以外的其他方面,即允许访问个人数据或其他数据。针对货币以外提供数据内容可能会对消费者的经济利益产生影响。"⑲换句话说,消费者保护措施也应该适用于那些消费者主动以个人数据或任何其他数据的形式提供金钱以外的对偿合同。

物联网驱动的分析和目标策略可能会严重损害消费者的选择或行为自由。实际的影响取决于个性化信息说服力,以及这种做法在多大程度上减少了自主决策的过程。⑳《不正当竞争行为指令》可用于减轻负面影响和帮助消费者维护他们的合法权益。Helberger认为,如果数据不仅用于提供服务,甚至还用于从数据中提取额外的商业价值,但完全没

---

⑮ 欧洲议会和理事会2011年10月25日关于消费者权利的第2011/83/EU号指令,[2011]OJ L 304。
⑯ 欧洲议会和理事会2005年5月11日关于内部市场中企业对消费者不公平商业行为的第2005/29/EC号指令,[2005]OJ L 149。
⑰ Helberger (2016), 9.
⑱ 拟议指令第3(1)条赋予数据交换与货币同等地位:"本指令应适用于供应商向消费者提供或承诺提供数字内容的任何合同,作为交换,该供应商将支付价格或消费者积极提供个人数据或任何其他数据形式的货币以外的反作用。
⑲ 关于数字内容供应合同的某些方面的指令提案的第13条,COM (2015) 634 final, 9.12.2015。
⑳ Helberger举了一个例子:一个消费者在从体重计上得知自己增加了几公斤之后,被当作减肥产品的目标。要根据指令主张不公平的做法,就有必要更好地了解该消费者对额外体重增加的恐惧有多深[她是肥胖还是暴食,体重超标还是正常,她的年龄是多少,她是否有(不成功的)节食史等等],用户对个性化策略的接受程度如何,信息的时间安排起了多大作用等等。Helberger (2016), 20.

有履行告知义务通知消费者,根据关于内部市场上企业对消费者的不公平商业行为指令第 5 条第 2 款的规定,可能会构成不公平商业行为。㉑ 欧盟关于不公平条款的指令可能有助于实现同样的目标。该指令将不公平的术语定义为"与善意的要求相反,这种条款违背了诚信的要求,导致当事人在合同下产生的权利和义务明显不平等,从而损害消费者的利益"。㉒ 这个规定如何保护个人在互联网上共享数据,可以通过手机用户和应用程序开发人员之间协议的例子来解释:在这份合同中,应用开发者授予消费者使用应用的许可,作为回报,消费者允许作为数据控制者的开发者在应用安装期间收集位置和使用数据,并植入广告。㉓ 虽然根据数据保护法(数据主体已表示同意),交换消费者数据是合法的,但根据《消费者保护法》却并不一定如此。Rhoen 认为,这种情况"几乎肯定会违反[⋯⋯不公平条款指令]。允许监视以换取打开或关闭 LED 的能力,无法满足'诚信'这一要求,因而看来是一个并不乐观的交易。"㉔

4.2 从可携带性到生产消费者法

数据的可携带性不是数据保护法规中的标准组成部分。但令人惊讶的是,它实际上代表了一种反垄断措施。个人数据的可携带性可以与《欧盟电信法》中的数字可携带性相比较,《欧盟电信法》㉕于 2002 年推出,作为通用服务指令的一部分,以帮助移动电话用户改变电信运营商为目的。㉖ 然而,与为了便利消费者选择和加大电信市场的有效竞争而引入的数字可携带性不同的是,数据可携带性具有特定的目标,即保护个人数据和隐私,这就是为什么《通用数据保护条例》的起草者坚持将其加入数据保护法典之中。

诚然,数据的可携带性可能对数据主体产生许多积极的影响。首先,在社交网络的一些市场之中,数据可携带性可能会大大降低用户的交换成本。其次,通过数据可携带性促进隐私市场的发展,这可能是一个有效的策略,有助于隐私属性在竞争中变得更加突出。㉗ 最后,允许数据可携带性能够使个人从使用个人数据所创造的价值中受益:他们可以将数据授权给第三方进一步使用,以换取额外的服务或现金价值。㉘ 随着技术的不断进步,个人数据也成为一种自我表达的手段(参见"量化自我"运动),这表明可携带性在保

㉑ Helberger (2016),10.
㉒ 1993 年 4 月 5 日理事会指令 93/13/EEC 第 3 条关于消费者合同中的不公平条款,[1993]OC L 095。
㉓ Rhoen (2016),7.
㉔ 同上。
㉕ 第 2002/22/EC 号指令是欧洲议会和理事会于 2002 年 3 月 7 日通过的,该指令与电子通信网络和服务的普遍服务和用户权利有关,[2002]OC L 108。
㉖ 同上,第 30 条:"号码可携带性。
1. 成员国应确保所有公开提供电话服务的用户,包括移动服务的用户,如果提出要求,可以独立于提供服务的企业保留其号码。
(a) 在地理号码的情况下,在一个特定的地点;
(b) 在非地理号码的情况下,可以在任何地点。
本款不适用于在固定地点提供服务的网络与移动网络之间的号码移植。"
㉗ Irion/Luchetta,(2013),42.
㉘ European Data Protection Supervisor (2015),13.

护个人数据中的个人身份方面发挥着重要的作用。[128]

然而,一些作者强调,反垄断不足以解决消费者的法律和隐私问题。对隐私的侵害本身并不等同于对竞争的伤害(反之亦然)。无论是世界上的巨头公司还是初创企业,如果将数据的可携带性不分情况地应用于所有的数据控制者,而没有更加详细地考察市场和竞争对手的地位,这些都可能导致竞争的扭曲。[129]基于同样的原因,理事会的一些欧盟成员国因此反对关于数据可携带性的建议,他们认为可携带性仅仅是加强竞争的工具,因此不属于数据保护立法的范畴。[130]

虽然这些观点确实值得进一步思考,但学术主流似乎赞成将数据的可携带性作为一项介于反垄断和数据保护之间的措施。[131]例如,Brown 和 Marsden 将数据可携带权视为他们所称的《生产消费者法》中的内在组成部分,他们将其描述为一项急需的法律工具,使欧洲公民能够最有效地利用数据驱动型经法中提供的机会。在《生产消费者法》的视角下,现代互联网用户既是内容的消费者,也是内容的生产者。这表明,要采取更具有针对性的干预措施,防止社交网络在自己的信息共享领域竖起一道围栏。然而,只有在开放标准的互通操作性支持可携带性的情况下,才可以确保这一点。[132]结合这两种措施,将使生产消费者能够实现有意义的退出、控制自己的设定或者继续获取个人数据。[133]

可以预见,为了加强个人保护,数据保护与竞争法的相互作用在未来将会加强。Lynskey 预测,欧盟对数据保护和竞争法之间的内在联系的争论将会增加,这将超越数据可携带性。[134]欧盟数据保护监督机构明确指出,对隐私的侵害将明显降低消费者的利益;由于后者是现代竞争法的主要目标,数据保护的目标必须在反垄断法中加以解决。[135]过去,欧盟竞争总局的做法并没有对这一想法表现出好感,[136]但是,正如 Lynskey 所言,在大数据时代,这种情况可能会改变。

4.3 控制个人数据的权利是作者道德权利的复制

不仅影响缔约方,而且延伸到第三方的权利是物权法制度的一个典型特征。[137]被遗忘权作为一种权利来阻止所有进一步、二次的使用,在某种程度上类似于这种普遍适用的规定。

在 2012 年版本的《通用数据保护条例》的提案中,第 17 条第 1 款明确允许数据主体删除数据,并在撤回同意或数据不再需要用于收集或以其他方式处理数据的目的时阻止

---

[128] Rhoen (2016),9.
[129] Swire/Lagos,(2013),339.
[130] Graef et al. (2015),9.
[131] Graef (2013),512.
[132] Brown/Marsden,(2013),25.
[133] Brown/Marsden,(2013),28.
[134] Lynskey (2015),265.
[135] European Data Protection Supervisor (2014),2,16.
[136] 参见 European Commission,COMP/M. 4731 - Google/DoubleClick;European Commission,COMP/M. 4854 - TomTom/TeleAtlas。
[137] Victor (2013),519.

进一步重复使用。此外,第17条第2款认为,当数据控制者公布数据(例如在网站上公布数据)或将数据授权给第三方使用时,应遵循被遗忘权的规定。在第一种情况下,原始控制者只负有采取"所有合理步骤"通知第三方数据主体的删除被请求的数据的义务。在第二种情况下,原始控制者被认为无论在何种情况都将承担责任。

第17条第2款的措辞能够从根本上改变举证责任——这是由数据控制者而不是由个人证明,数据仍然需要因此不能删除数据的责任。[139] 行使被遗忘权就意味着影响第三方,即产生普遍影响。

第17条第2款可能正是使Kuner认为,《通用数据保护条例》提案是欧盟数据保护法哥白尼式转变的原因。[140] 不幸的是,由于代表数据控制者的游说团体的强烈反对,该规定后来被排除在《通用数据保护条例》之外。[141] 毫无疑问,此修正使得个人保护的水平极大地降低。

虽然个人数据保护属于人权并且被解释为隐私的一部分,但不可否认的是,大数据经济将个人数据视为一种资产。[142] 尽管有些人可能批评将个人数据视为商品的想法,但另一些人认为,将数据保护法与物权制度的某些特征结合起来,实际上可以加强对隐私的保护。[143] Purtova认为,个人数据具有很高的经济价值,真正的问题不是"个人数据是否应该具有财产属性",而是"这些财产权应该属于谁"。[144]

关于财产和数据保护控制权的争论有两个结论。首先,该规定的方案可以与知识产权的独特领域相比较:艺术家的道德权利。[145] 这是知识产权的一部分,它赋予艺术家对自己作品的所有权权益,即使是在作品被出售之后,也可以防止他人修改或破坏作品。虽然法律允许知识产权交易,但不允许艺术家放弃某些权利,比如对作者身份的承认。道德权利可以成为一个很好的模型,可以借此说明如何平衡个人数据既是一种商品,也是一种作为基本价值加以保护的对象。

其次,与其争取个人对个人数据的所有权,保护公民隐私的另一种选择可能是转向公共数据财产。例如,这种形式的数据所有权可以通过专门的平台实现,这将使公民能够安全存储、管理和共享他们的数据。这些平台将以合作社的形式组织起来,由会员而非股东单独拥有和控制,从而最终赋予会员更多的数据使用和管理控制权。[146] 公共数据财产背后的思想是,由社会团体行使的控制比由个人行使的控制更有弹性。

---

[139] European Commission (N.D.).
[140] Kuner (2012), 1.
[141] Fleming (2013).
[142] Victor (2013), 522.
[143] 参见 Schwartz (2004), 2058。
[144] Purtova (2013), 28.
[145] Victor (2013), 524.
[146] Hafen et al. (2014), 3; Also see Vayena/Gasser, (2016), 2:"人们普遍认为,个人的隐私权和与健康有关事项的公开性带来的公共利益是对立的。在这种观点中,为了促进公共利益,可能不得不侵犯个人隐私权。人们认为,基因组数据具有合法的公共利益,为了更大的利益,这种侵犯是合理的。但这种对隐私权和健康的公共利益之间关系的看法过于粗糙。"

5 结论:对未来政策及将解释新法律的人的影响

处理个人数据的技术不断变化的格局对个人数据的保护提出了严峻的挑战。如上所述,在大数据时代,数据保护法的作用往往被淡化,这一点在数据主体权利方面尤其明显。在解决这一问题时,欧盟的监管机构主要坚持传统的权利控制方法。然而,即将出台的《通用数据保护条例》*包含了一些新的解决方式。它们共同的特点是它们类似于各种法律领域的文书,如消费者保护法、知识产权法和竞争法等。

这种政策方针意味着欧盟法律在个人数据方面可能会有一个更全面的法律方案,并且数据保护和其他法律领域之间需要更多的接口。由于《通用数据保护条例》将在2018年生效,现在讨论实际结果可能还为时过早。然而,我的观点是,在大数据经济中,这种新策略可以在数据主体权利和经济需求之间取得更好的平衡。如果这些法律文书能够巧妙地结合起来,在执行时谨慎并且充分了解每个法律领域的具体情况,那么,整体方法就有可能弥补数据保护法中的一些长期存在的不足,并能够加强数据主体的控制权。

然而,并不是大数据经济的所有弊端都可以通过加强控制权来纠正。如果数据是匿名的,决策是在群体层面上作出的,那么更多的控制权或整体方法都无助于解决问题。相反,必须找到其他的解决方案,例如数据保护或消费者权利保护机构的干预。

作为附言,我想简要地评论以下作为隐私法规的控制。鉴于大数据这一背景,我们可能需要重新考虑隐私和数据保护的基本目标,特别是将某人对数据的控制作为一种规范目标的重要性。正如 Vayena 和 Gasser 所指出的,隐私不是最大限度地控制,而是合理的控制措施。⑰ 事实上,数据保护法和隐私法都是平衡的法规,力求在保护数据主体和其他合法目标之间取得平衡。⑱ 然而,在某些方面,监管机构似乎夸大了其加强数据主体控制的任务。有两点理由说明这不是正确的做法:首先,追求绝对的控制是不切实际的;其次,在某些情况下,例如在基因组研究中,对数据主体的过度控制可能会成为创新和科学繁荣的障碍。从整体数据保护的角度来看,这是一个重要的发现。应当承认在真正的数据保护意义上的个人控制不是也不应该是达到目的的手段,真正的数据保护可能会增强法律学科在更好地保护个人方面的相互作用,同时促进创新和经济的蓬勃发展。

参考文献

Borgesius, J. Z. F. (2015), Online price discrimination and data protection law, Amsterdam Law School Legal Studies Research Paper No.2015 - 32.

Brown, I./Marsden, C. T. (2013), Regulating Code-Towards Prosumer Law, available at: https://papers.ssrn.com/sol3/papers.cfm? abstract_id=2224263.

---

* 在翻译文章时,《通用数据保护条例》已经生效,此处系从作者写作时的角度考虑的。——译者注
⑰ Vayena/Gasser, (2016), 3.
⑱ EU Court of Justice, Google Spain v. AEPD and Mario Costeja Gonzalez, C - 131/1, ECLI:EU:C:2014:317; Charter of Fundamental Rights of the European Union, Article 8 (2); Article 9(2) of the GDPR etc.

Burton, C./De Boel, L./Kuner, C./Pateraki, A./Cadiot, S. G./Hoffman, S. (2016), The Final European Union General Data Protection Regulation, Privacy & Security Law Report 2016, 15.

Custers, B. (2004), The power of knowledge: ethical, legal and technological aspects of data mining and group profiling in epidemiology, Wolf Legal Publishers.

Custers, B. (2013), Data Dilemmas in the Information Society: Introduction and Overview, in: B. Custers/T. Calders/B. Schermer/B. Zarsky (Eds.), Discrimination and Privacy in the Information Society - Data Mining and Profiling in Large databases, Springer.

Custers, B./van der Hof, S./Schermer, B. (2014), Privacy Expectations of Social Media Users: The Role of Informed Consent in Privacy Policies, Policy & Internet 2014, 3.

Crawford, K./Schultz, J. (2014), Big Data and Due Process: Toward a Framework to Redress Predictive Privacy Harms, B.C.L. Rev. 2014, 93.

Davison, M. J. (2003), The legal protection of databases, Cambridge University Press.

Dewey, C. (2016), 98 personal data points that Facebook uses to target ads to you, the Washington Post of 19 August 2016, available at: https://www.washingtonpost.com/news/the-intersect/wp/2016/08/19/98-personal-data-points-that-facebook-uses-to-target-ads-to-you/?tid=sm_tw&utm_term=.2ceafb44a4d3.

Edwards, L. (2016), Privacy, security and data protection in smart cities: a critical EU law perspective, European Data Protection Law Review 2016, 1.

Edwards, L./Vaele, M. (2017), Slave to the Algorithm? Why a "Right to Explanation" is Probably Not the Remedy You are Looking for, available at: https://poseidon01.ssrn.com/delivery.php?ID=608092126118023018120070086020112094059092037020027043122087105090122106076117000118007114061061050022034101117002121010092102023006066082083003119085105108077067096010048051118102123095086028105074026123084120073122028102120108029012011082084065119013&EXT=pdf.

ENISA (2015), Big Data Security - Good Practices and Recommendations on the Security of Big Data Systems, available at: https://www.enisa.europa.eu/publications/big-data-security/at_download/fullReport.

European Commission (2010), Communication from the Commission to the European Parliament, the Council, the Economic and Social Committee and the Committee Of the Regions; A comprehensive approach on personal data protection in the European Union, available at: http://eur-lex.europa.eu/legal-content/EN/TXT/?uri=CELEX%3A52007DC0575.

European Commission (N.D.), Factsheet on the "Right to be Forgotten ruling" (C-131/12), available at: http://ec.europa.eu/justice/data-protection/files/factsheets/factsheet_data_protection_en.pdf.

European Data Protection Supervisor (2014), Preliminary Opinion of the European Data Protection Supervisor - Privacy and competitiveness in the age of big data: The interplay between data protection, competition law and consumer protection in the Digital Economy, available at: https://secure.edps.europa.eu/EDPSWEB/webdav/shared/Documents/Consultation/Opinions/2014/14-03-26_competitition_law_big_data_EN.pdf.

European Data Protection Supervisor (2015), Opinion 7/2015 - Meeting the challenges of big data - A call for transparency, user control, data protection by design and accountability, available at: https://secure.edps.europa.eu/EDPSWEB/webdav/site/mySite/shared/Documents/Consultation/Opinions/2015/15-11-19_Big_Data_EN.pdf.

Executive Office of the President (2014), Big Data: Seizing Opportunities, Preserving Values, available at: https://www.whitehouse.gov/sites/default/files/docs/big_data_privacy_report_.may_1_2014.pdf.

Federal Trade Commission (1998), Privacy Online: A Report to Congress, available at: https://www.ftc.gov/sites/default/files/documents/reports/privacy-online-report-congress/priv-23a.pdf.

Fleming, J. (2013), New data protection rules at risk, EU watchdog warns, EuroActiv. com of 30 May, available at: http://www.euractiv.com/section/digital/news/new-data-protection-rules-at-risk-eu-watchdog-warns/.

Gibbs, S./agencies (2016), Google to extend "right to be forgotten" to all its domains accessed in EU, The Guardian of 11 February 2016, available at: https://www.theguardian.com/technology/2016/feb/11/google-extend-right-to-be-forgotten-googlecom.

González Fuster, G. (2014), The Emergence of Personal Data Protection as a Fundamental Right of the EU, Springer International Publishing.

Goodman, B./Flaxman, S. (2016), European Union regulations on algorithmic decision-making and a "right to explanation", available at: https://arxiv.org/pdf/1606.08813.pdf.

Graef, I. (2013), Mandating portability and interoperability in online social networks: regulatory and competition law issues in the European Union, Telecommunications Policy 2015, 6.

Graef, I./Verschakelen, J./Valcke, P. (2013), Putting the Right to Data Portability into a Competition Law Perspective, The Journal of the Higher School of Economics, Annual Review.

Graux, H./Ausloos, J./Valcke, P. (2012), The Right to be Forgotten in the Internet Era, ICRI Research Paper No.2012, 11.

Hafen, E./Kossmann, D./Brand, A. (2014), Health Data Cooperatives – Citizen Empowerment, Methods of Information in Medicine 2014, 2.

Helberger, N. (2016), Profiling and targeting consumers in the IoT, available at: http://www.ivir.nl/publicaties/download/1747.pdf.

Helbing, D. (2014), Economy 4.0 and Digital Society: The Participatory Society is Born (Chapter 8 of Digital Economy), available at: https://papers.ssrn.com/sol3/papers.cfm?abstract_id=2539330.

Hijmans, H. (2016), The European Union as a constitutional guardian of internet privacy and data protection, University of Amsterdam, available at: https://pure.uva.nl/ws/files/2676807/169421_DEFINITIEF_ZELF_AANGEPAST_full_text_.pdf.

Hildebrandt, M. (2012), The Dawn of a Critical Transparency Right for the Profiling Era, Digital Enlightenment Yearbook 2012, IOS Press.

Hildebrandt, M. (2013), Slaves to Big Data. Or Are We? IDP Revista De Internet, Derecho Y Política 2013, 16.

Irion, K./Luchetta, G. (2013), Online Personal Data Processing and the EU Data Protection Reform, Centre for European Policy Studies, 2013, available at: http://www.ceps.eu/book/online-personal-data-processing-and-eu-data-protection-reform.

Jackson, H. (2012), Chapter 8 – Information Provision Obligations, in: E. Ustaran (Ed.), European privacy: law and practice for data protection professionals, International Association of Privacy Professionals (IAPP).

Kokott, J./Sobotta, C. (2013), The distinction between privacy and data protection in the jurisprudence of the CJEU and the ECtHR, International Data Privacy Law 2013, 4.

Koops, B.-J. (2011), Forgetting Footprints, Shunning Shadows: A Critical Analysis of the "Right to Be Forgotten" in Big Data Practice, SCRIPTed 2011, 3.

Koops, B.-J. (2014), The trouble with European data protection law, International Data Privacy Law 2014, 4.

Koops, B.-J./Newell, B.C./Timan, T./Škorvánek, I./Chokrevski, T./Galič, M. (2016), A Typology of Privacy, University of Pennsylvania Journal of International Law 2016, 2.

Kroes, N. (2011), Online privacy - reinforcing trust and confidence, Speech/11/461, available at: http://europa.eu/rapid/press-release_SPEECH-11-461_en.htm.

Kuner, C. (2012), The European Commission's Proposed Data Protection Regulation: A Copernican Revolution in European Data Protection Law, Privacy & Security Law Report 2012, 6.

Lazaro, C./Le Métayer, D. (2015), Control over personal data: True remedy or fairytale? SCRIPTed 2012, 1.

Levin, M. (2012), Chapter 9 - Data Subjects' Rights, in: E. Ustaran (Ed.), European privacy: law and practice for data protection professionals, International Association of Privacy Professionals (IAPP).

Lynskey, Orla (2014), Deconstructing data protection: the "added-value" of a right to data protection in the EU legal order, International and Comparative Law Quarterly 2014, 3.

Lynskey, O. (2015), The Foundations of EU Data Protection Law, Oxford University Press.

Mantelero, A. (2014), The future of consumer data protection in the EU Re-thinking the "notice and consent" paradigm in the new era of predictive analytics, Computer Law & Security Review 2014, 6.

Mayer-Schonberger, V./Cukier, K. (2013), Big Data: A Revolution That Will Transform How We Live, Work and Think, John Murray Publishers.

Meyer, D. (2016), Uber Just Made a Big Concession to Moscow's Transport Authorities, Fortune of 15 March 2016, available at: http://fortune.com/2016/03/15/uber-moscow-concession/.

Moerel, E. M. L. (2014), Big data protection: How to make the draft EU Regulation on Data Protection Future Proof, Tilburg University, available at: https://pure.uvt.nl/portal/files/2837675/oratie_Lokke_Moerel.pdf.

Moerel, L./Prins, C. (2016), Privacy for the homo digitalis - Proposal for a new regulatory framework for data protection in the light of Big Data and the Internet of Things, available at: https://doi.org/10.2139/ssrn.2784123.

Organisation for Economic Cooperation and Development (2015), Data-Driven Innovation - Big Data For Growth And Well-Being, available at: http://oe.cd/bigdata.

Pasquale, F. (2015), The Black Box Society - The Secret Algorithms That Control Money and Information, Harvard University Press.

Purtova, N. (2013), The Illusion of Personal Data as No One's Property, Law, Innovation, and Technology 2013, 1.

Purtova, N. (2014), Default Entitlements in Personal Data in the Proposed Regulation: Informational Self-Determination Off the Table... and Back on Again? Computer Law and Security Review 2014, 1.

Rhoen, M. (2016), Beyond consent: improving data protection through consumer protection law. Internet Policy Review 2016, 1.

Robinson, D. (2016), Google appeals Right to be Forgotten ruling by French data body, Finacial Times of 19 May 2016, available at: https://www.ft.com/content/db71f034-1dd3-11e6-b286-cddde55ca122.

Rubinstein, I. (2012), Big Data-The End of Privacy or a New Beginning, NYU School of Law, Public Law Research Paper No.12-56, available at: https://ssrn.com/abstract=2157659.

Sartor, G. (2015), The right to be forgotten in the Draft Data Protection Regulation, International Data

Privacy Law 2015, 1.

Schwab, K. (2016), The Fourth Industrial Revolution: what it means, how to respond, World Economic Forum, 14 January 2016, available at: https://www.weforum.org/agenda/2016/01/the-fourth-industrial-revolution-what-it-means-and-how-to-respond/.

Schwartz, P. (2004), Property, privacy and personal data, Harvard Law Review 2004, 7.

Solove, D. J. (2002), Conceptualizing Privacy, Cal. L. Rev. 2002, 1087.

Solove, D. J. (2015), 10 Implications of the New EU General Data Protection Regulation, TeachPrivacy, 23 December 2015, available at: https://www.teachprivacy.com/new-eu-data-protection-regulation-gdpr/.

Swire, P./Lagos, Y. (2013), Why the Right to Data Portability Likely Reduces Consumer Welfare: Antitrust and Privacy Critique, Md. L. Rev. 2013, 72.

Tene, O./Polonetsky, J. (2013), Judged by the Tin Man: Individual Rights in the Age of Big Data, Journal of Telecommunications and High Technology Law 2013, 11.

Thierer, A. D. (2013), The Pursuit of Privacy in a World Where Information Control is Failing, Harvard Journal of Law & Public Policy 2013, 36.

Ursic, H./Custers, B./Olmedo, M. (2016), WP2 Developing the initial model – D2.2 Report on the legal analysis, EuDEco – Modelling the European data economy, available at: https://www.universiteitleiden.nl/binaries/content/assets/rechtsgeleerdheid/metajuridica/d2.2_reportonthe-legalanalysis-v1_2016-02-29.pdf.

Ursic, H. (2016), The Right to be Forgotten or the Duty to be Remembered? Twitter data reuse and implications for user privacy, Council for Big Data, Ethics, and Society, available at: http://bdes.datasociety.net/council-output/the-right-to-be-forgotten-or-the-duty-to-be-rememberedtwitter-data-reuse-and-implications-for-user-privacy/.

van der Sloot, B./Broeders, D./Schrijvers, E. (2016), Exploring the Boundaries of Big Data, Amsterdam University Press.

van Hoboken, J. (2013), The Proposed Right to be Forgotten Seen from the Perspective of Our Right to Remember Freedom of Expression Safeguards in a Converging Information Environment, available at: http://www.law.nyu.edu/sites/default/files/upload_documents/VanHoboken_RightTo%20Be%20Forgotten_Manuscript_2013.pdf.

Vayena, E./Gasser, U. (2016), Between Privacy and Openess in Genomics, PLOS Medicine 2016, 1.

Victor, J. M. (2013), The EU General Data Protection Regulation: Toward a Property Regime for Protecting Data Privacy, Yale Law Journal 2014, 2.

Werro, F. (2009), The Right to Inform v. the Right to be Forgotten: A Transatlantic Clash, in: C. G. AC Ciacchi/P. Rott/L. J. Smith (Eds.), Haftungsbereich im dritten Millennium/Liability in the Third Millennium, Nomos.

Westin, A. F. (1970), Privacy and Freedom, Atheneum New York Xue, M./Magno, G./Cunha, E./Almeida, V./Ross, K.W. (2016), The Right to be Forgotten in the Media: A Data-Driven Study, Proceedings on Privacy Enhancing Technologies 2016, 4.

Yu, H./Robinson, D. G. (2012), The new ambiguity of the open government, UCLA L. Rev. Disc. 2012, 178.

Zanfir, G. (2012), The Right to Data Portability in the Context of the EU Data Protection Reform, International Data Privacy Law 2012, 2.

算法中的矛盾
——对个性化法律正当性的考量

Philipp Hacker*

展梦雯** 译

摘要： 本文认为算法,尤其是大数据技术自身存在难以消解的矛盾,这些矛盾在法律面前显得更为突出。本文通过四个部分的内容对这些矛盾及其法律后果加以阐述。一是研究数字经济的负面影响,私营企业在市场环境中对算法的使用,成为驱动经济发展中最具有创新性的因素之一,但同时也带来了所谓的"数字市场失灵",行为主体广泛的差异性使补救策略也变得更为复杂。因此,传统的规制方式不仅存在阻碍技术进步的风险,还存在对某些规制对象过于严格、而对另一些规制对象过于宽松的问题。二是探究了个性化的法律是如何能够在适应行为主体差异性的同时缓解数字市场失灵的。借助大数据技术,个性化法律承诺从披露到授权,根据被规制对象的个体特征量身定制法律规范。不同于"一刀切"的法律规范,个性化法律尊重行为主体的差异性,并积极利用数字技术的潜力来造福社会。然而,对使用潜在的个体敏感信息(如人格特征、理性程度等)这一行为,规制者很是担忧。三是阐述了实证法和法律理论对个性化法律的正当性提出的挑战。尽管这些反对意见大都可以通过设计定制的个性化法律来解决,但笔者认为对个性化法律的适用必须审慎,应当仅限定在对个案进行严格审查之后适用。例如,在本文第一部分中讨论到的数字市场失灵的情形下适用或许最有价值。四是提出了一种个性化法律的规范路径。在这种路径下,所有相关方的利益都受到了应有的重视。此项研究的主要结论是,如果审慎适用个性化的法律将会加强法律平等,因为个性化法律通过使不同的法律规范对不同的与法律相关的行为主体产生不同的影响,从而避免了在不同情形下僵化地适用相同法律的弊端。然而,此种举措必须在加强公众对算法立法的监督下实施。随着越来越多的经济和监管程序受制于算法的力量,如何构建起健全的民主话语体系变成一个至关重要的挑战,以使算法决策不再被视为与外界隔绝的黑箱,而是将社会价值观念嵌入算法决策之中,合法的市场经济正是建立在这些价值观念之上的。

---

* Philipp Hacker,WZB 柏林社会科学中心 A.SK 研究员,柏林洪堡大学博士后研究员。
** 展梦雯,法学硕士,上海东方希杰商务有限公司。

1 绪论

在当代法学界,大数据经常被视为对个人隐私①、未被操纵的市场②或者"唯分数论的社会"中的重要机构③等的一种威胁。本文认为此种"大数据威胁论"仅仅捕捉到了一半真相。数据挖掘技术的确对法律的部分领域和某些概念提出了新颖奇特的挑战,但它们也可能被规制者积极用于推进实现以公共利益为导向的目标,如公平、非歧视和法律平等等。利用大数据技术为个体主体量身定制法律规范的个性化法律凸显了数字技术在规制方面所具备的潜力。因此,在为数字经济设计立法框架时应当记住,算法和其他新技术一样具有内在矛盾性——当其被私营企业使用时,可能为规制带来挑战;当其被规制者使用时,则也有望以新型的、更高效的方式管理市场。

本文主要用四个部分来说明这种矛盾。首先,文章将阐明私主体在市场互动中使用数据挖掘技术所带来的主要挑战。正如前文我所指出的,数字技术在市场中的运用已经造成并加剧了三个截然不同但相互关联的问题:一是用户在收集和保护其个人数据方面存在态度和行动差距,用户调查突出显示了一种失控感,而这种感觉与数字市场上易采取的加密设施或保护设备使用量的增加是不相称的;二是在应用经济学和理论经济学领域,越来越多的文献探讨了拥有技术能力的卖方和无技术能力的买方之间存在所谓因"计算能力不对称"而导致的剥削合同的可能性;三是行为算法的使用带来了日益增长的歧视威胁,这一问题在计算机科学学科新兴分支的文献中被突出强调。

其次,为了解决这三个问题,从通过特定的规制机构来增加算法④的透明度⑤到强制性的主动选择⑥,不同的解决方法在各文献中得以体现。然而,本文则选择另辟蹊径。本文首先对个性化法律的新型监管技术⑦进行讨论,以期应对第一部分中所描述的挑战,进而分五步建构个性化法律:第一,在大数据的帮助下,须按照某种度量标准对个体进行分类,比如以认知心理学为标准。第二,具体的规范可以根据这些类别的得分进行调整。例如,向消费者披露的信息,可能会因是否假定它们存在偏见而有所不同。第三,须根据每个主体的得分为其配置具体的个性化法律。第四,须及时保存和更新相关分数。第五,在交易发生之前,须将适用于个体的个性化制度告知相对方。

再次,个性化法律若被合理适用,可以解决受规制对象库的差异性问题。然而,随着本文讨论的展开,个性化法律的正当性遭受质疑,主要面临三大挑战:一是在实证法中,数据保护法对监管机构关于个人数据的使用进行了严格限制。二是必须满足法律平等和

---

① See, e.g., Tene/Polonetsky (2012).
② Calo (2014).
③ See Pasquale (2015); Citron/Pasquale (2014).
④ Tutt (2016).
⑤ Pasquale (2015), Chapters 5 and 6; Citron/Pasquale (2014).
⑥ Hacker/Petkova (2016).
⑦ See Porat/Strahilevitz (2014); Ben-Shahar/Porat (2016); Hacker (2016a), 321-322.

正义的基本要求。三是个性化法律的概念还从根本上改变了传统意义上所认为的法律表达社会乃至道德规范的方式,这种做法使参与立法的新型话语民主形式成为必要。在此种背景下,本文对个性化法律的正当性进行了批判性评估。

最后,对整篇文章进行梳理并作出总结。笔者认为,由于个性化法律的负面影响尚未完全显露,故此时不宜将其大范围适用,而应将其适用于特定情形。在该种情形下,预期收益明显超过预期成本(包括隐私问题、关于平等和正义的考量以及民主监督的潜在损失)。因此,需要一种平衡和规范的路径。若这些缺陷能够充分得到解决,那么特定情况下的个性化法律便可用于击败那些公司和其他参与者,他们在自己的游戏中借助数字技术使用的数据挖掘方式往往是不被接受的。因此,算法矛盾可以被有效地用于实现社会公共利益。

下文内容将如下展开:第二节描述了不同种类的数字市场失灵现象;第三节揭示了个性化法律的适用原理及预期效果;第四节探究了个性化法律的正当性所面临的挑战;第五节论证了在规范化的路径下个性化法律的具体适用范围;第六节得出结论。

2 数字市场失灵

数字化不仅迅速改变着人们与周围世界的日常互动方式,也改变着公司及其客户在市场中的行为方式。在本文中,笔者关注的是当前推动创新最普及的数字技术——大数据。2015 年,利用大数据进行分析的全球收入总额预计为 1 220 亿美元,并且这一数字预计能在未来 5 年内增长 50% 以上。[8] 虽然现有文献中还没有一个通用的大数据定义,[9]但它涉及以计算机为基础的数据收集和处理,特别是极其庞大的[10]、多样化的[11]或者非结构化的[12]数据集。目前,从广义上讲,大数据可被用于分析特定数据集的结构、相关性和规律,这在计算算法出现之前是无法做到的。算法是定义明确的指令,其通常采用机器可读的格式来告诉计算机如何从给定的输入生成输出。[13]

需要注意的是,算法[14]和更广泛的数字经济[15]的兴起正以类似工业革命[16]的速度推动着创新。事实上,如果没有算法对信息的处理,难以想象我们会高度重视大多数无关紧要

---

[8] 2016 年 5 月 23 日,IDC(全球领先的市场情报公司)预测 2019 年全球大数据和商业分析收入将达到 1 870 亿美元。
[9] Gandomi/Haider (2015),138.
[10] Colonna (2013),329.
[11] Gandomi/Haider (2015),138.
[12] Gandomi/Haider (2015),137.
[13] Cormen/Leiserson/Rivest/Stein (2009),5.
[14] Cormen 等人在他们关于算法的标准教科书中简明地指出:"在计算机出现之前,已存在算法。现在有了计算机,就有了更多的算法,而算法是计算的核心。"(Cormen/Leiserson/Rivest/Stein (2009), at xiii) 15 Goldfarb/Greenstein/Tucker (2015).
[15] Goldfarb/Greenstein/Tucker (2015).
[16] Brynjolfsson/McAffee (2014);然而,若从历史的角度看,可参见:Gordon (2016)(其认为数字革命无法与工业革命及其经济增长潜力相媲美)。

的信息。然而，在市场环境中，公司单方面使用大数据分析，尤其是旨在预测数据主体未来行为的预测分析，造成了笔者在此所称的"数字市场失灵"现象。[17] 在接下来的几个段落中，笔者将简要回顾三个最具挑战性的数字市场失灵[18]现象：隐私的"态度行动差距"、剥削性合同、算法歧视。

数字市场失灵的第一种现象是隐形的"态度行动差距"。信息经济学表明，只有参与者根据知情权做出适度选择时，市场机制才能有效运作。[19] 当涉及公司收集和处理个人数据时，许多消费者确实会产生对自己的数据失去控制的模糊概念，[20]并强烈希望减少公司对数据的处理。[21] 然而，实证研究显示，几乎没有人会阅读在线隐私声明。最近的一项研究表明，即使是在一个要求高度敏感信息（危险的性行为）的在线申请中，即使这些声明是为确保最大限度的关注和阅读方便[22]而设计的，大家也往往不予理会。理论上来说，少数知情群体对使用其个人数据的公司的制裁或许就足以防止极度不公平的条款的出现。[23] 但实证研究表明，对于隐私声明，这类知情的少数群体并不存在。[24] 因此，有关隐私条款的市场未能得到充分规制，也确实没有做到充分尊重用户的隐私偏好[25]。正如另一项实证研究所表明的，约有一半的用户对 Facebook 的隐私条款有非常正确的理解（暂不管是否阅读过），但即使是这些人也很少根据他们的认知采取行动。[26] 尽管有免费的加密技术或 IP 隐藏软件，人们还是正以前所未有的方式泄露着个人数据，[27]显然背离了其想要保护隐私的意愿，这造成了人们在隐私保护方面的态度与行为之间的巨大差距[28]。针对损害隐私条款的制裁机制的失败，加上用户未能按照他们所主张的隐私偏好行事，造成了 Google、Facebook 等公司对个人数据的广泛使用，此种做法常常遭到人们的谴责。

对这样态度和行为之间差距的一种解释是缺乏替代方案，如网络效应创造出了像 Facebook 这样极具影响力的主导玩家。[29] 然而，行为科学研究指出了用户被动的另一潜在来源。在最近的一项实证研究中，亚历山德罗·艾奎斯蒂（Alessandro Acquisti）以及相

---

[17] On predictive analytics, see Gandomi/Haider (2015), 143.
[18] 第四个高度相关的、数字媒介的市场失灵是由在线平台行为引发的竞争约束问题。请参见 Evans/Schmalensee (2015)。
[19] For an overview, see Stiglitz (2000).
[20] Pew Research Center (2014), 3：超过90%的美国成年人认为，消费者已经失去了对公司在线收集和使用数据的控制。
[21] Madden/Rainie (2015), 9.
[22] Ben-Shahar/Chilton (2016).
[23] Schwartz/Wilde (1979), 637-638.
[24] Bakos/Marotta-Wurgler/Trossen (2014), 32.
[25] 尽管法院对隐私条款设置了事后监管，如在欧盟，主要依据是1993年4月5日关于消费者合同中的不公平条款的理事会指令93/13/EEC, OJ 1993, L 95/29，这并没有阻止像 Facebook、Google 这样的公司对个人数据的广泛收集、分析和分享。
[26] Ayres/Schwartz (2014), 600：在美国，对于 Facebook 是否会根据其条款进行活动这个问题，54%的用户得体地回答了"是"："一家广告商告诉 Facebook，它想发布一则以住在底特律、喜欢菲尔普斯的24岁女性为目标导向的广告。若你符合所有这些标准，Facebook 就可能会与广告商分享这些信息，这样你就会收到它的广告。"
[27] Cf. Madden/Rainie (2015), 8-9.
[28] Hacker/Petkova (2016), 5.
[29] Cf. Frank/Cook (1995); Dou/Niculescu/Wu (2013).

关人员从人类躲避危险的本能出发探究了对隐私的需求,㉚他们认为保护个人隐私的需要是因陌生人的存在而本能地被触发的,这种存在使我们感觉到不舒服并开始对个人的隐私保持警惕,但前提是该担心是现实存在的。笔者发现,在同一个房间或相邻房间,如果有同伴在场,参与者在网上泄露敏感信息的可能性就会降低。因此,离线感知线索可以影响在线隐私行为。然而,人们大多独自上网,缺少帮助管理隐私的线下感官提示,他们感觉到的威胁更少,所以与线下场景相比,他们表现出来的警惕性较低,也不会急于按照他们所主张的隐私偏好行事。因此,艾奎斯蒂及其同事们的发现指出了线上和线下场景中参与者行为的重要差别。如果我们对威胁的进化反应模式已经适应了威胁线索的实体存在,比如陌生人,那么数字经济的在线环境将比实体经济的线下环境更容易使用户"措手不及"。与数字运营公司相比,个人信息的广泛分享严重违背了用户所主张的隐私偏好,这充分说明了在线市场的特性。

数字市场失灵的另一种情形来源于信息的不对称:剥削性合同。㉛ 在大数据时代,企业通常比客户自身更了解其在未来的表现形式。㉜ 比如,美国银行告诉我们:"世界上没有哪一个行业能比银行更了解消费者及他们的交易行为。他们把消费者分析变成了一门与 DNA 研究相媲美的学科,消费者做的所有事情在成千上万台最强大的计算机中得以存储、更新、分类、处理、评分、测试、评估,甚至从任意可能的角度加以对比。"㉝

美国一家领先的移动电话的经理补充道:"人们绝对自信地以为他们知道自己使用手机的全部次数,其实他们的想法大错特错。"㉞正如卡梅尼察(Kamenica)、穆莱纳桑(Mullainathan)和泰勒(Thaler)所指出的那样,企业掌握关于客户未来行为的大量知识可能会导致"逆向瞄准",即试图利用数据所显示的个人的特定弱点而为其量身定制价格。㉟雷恩·卡罗(Ryan Calo)指出,企业有一种进行个性化"市场操纵"的动机,即根据特定的偏好集锁定消费者,或者在他们最脆弱的时候接近他们,㊱实证类研究试图证实这些假定并表明此类行为造成了社会福利的严重损失。㊲ 因此,这种剥削性合同将市场失灵与计算能力(进行大数据分析)的不对称性结合起来,形成了数字市场失灵的第二种现象。

第三种现象是由算法带来的歧视。㊳ 当算法决策系统地不偏袒某些受保护群体时,其将同时违反效率和公平标准。㊴ 计算机科学领域的一篇新近文献指出了消除算法歧视

㉚ Acquisti/Brandimarte/Hancoc (2015).
㉛ Bar-Gill (2012), Chapters 3 and 4, particularly at 217 – 223; Grubb (2009, 2015); Heidhues/Köszegi (2010); Heidhues/Köszegi/Murooka (2012); Köszegi (2014), 1104 – 1110.
㉜ Kamenica/Mullainathan/Thaler (2011), 417.
㉝ MacDonald (2007).
㉞ Bar-Gill (2012), 35.
㉟ Kamenica/Mullainathan/Thaler (2011), 418.
㊱ Calo (2014), 1033.
㊲ Op. cit. note 31.
㊳ Barocas/Selbst (2016); Hacker/Petkova (2016); on discrimination as a market failure see Sunstein (1991).
㊴ On discrimination and fairness, see, e.g., Caracciolo di Torella/Masselot (2004); on the more complex case of efficiency, see, e.g., McCaffery (1993), 648 – 651; Donohue (1989).

的困难程度。⑩ 偏见可以通过多种渠道进入数据的算法处理过程。对于偏见的选择过程,编码器当然可以简单地定义和筛选有歧视性的目标变量,例如那些公开带有种族歧视的变量。然而,歧视也可能经常以微妙的、无意的方式出现,例如,算法训练所必须依赖的数据集可能是不完整的或者不正确的。因此,在某些自变量与目标变量(人们真正寻找的特质)之间的相关性是有偏差的,⑪ 如果用一种算法来筛选候选人对某项工作的适应性,该算法很可能会在包含先前成功候选人的数据集上进行训练。然而,如果出于某种历史原因,大多数成功的候选人都是白人男性,那么对新候选人的筛选结果将是过高比例的白人男性当选为优秀候选人。⑫ 此外,目标变量或许不仅与所需具备的个人特征(和工作的契合度、适应性,签订合同的资格)呈正相关,还可能与某个受保护群体的成员呈负相关。⑬ 这将有意(如果编码器知道并使用双重相关性)或无意地(如果编码器先前不知道双重相关性)将偏差引入算法。越来越多的证据表明,此种担忧并不纯粹是理论上的,确实会影响现实世界中的决策,损害某些边缘化群体的利益。⑭ 这种歧视之所以成为可能,如前所述,部分原因是用户愿意在网上分享敏感的个人信息。

上文提到的数字市场失灵的三种现象都与数据驱动或线上市场有关,在某些情况下,它们是由线上环境的特征所决定的,用户对线上环境的反应不同于线下环境(对隐私态度与行动之间的巨大差距;算法歧视);在其他情况下,线下市场已经存在的市场失灵现象在线上市场也有所体现,由于不同主体在计算能力和获取算法的方式方面的巨大差异(剥削性合同)而导致的新型权力的不平衡,加上目前缺乏有效的公共审查和监管,这类市场失灵现象已逐渐恶化。⑮ 随着越来越多的决策由算法作出,我们必须确保法律能够提供充分的保护以防止其负面影响,同时又不能过度抑制技术创新及其市场应用。

3 个性化法律的可期待性

一些数据集和相关的实证研究进一步表明,人们在喜好、能力和行为上存在巨大差异。⑯ 相对于数字市场失灵,广泛的差异性带来了不同程度的脆弱性。有些人几乎不在意隐私;有些人知道潜在的风险并进行自我保护;有些人不容易被个性化的报价所愚弄,他们能够驾驭潜在的剥削性合同,甚至从中受益;有些人则不太可能遭受歧视。行为者的广泛差异性给线上和线下市场的规制方法都带来了较大问题。如果人们的行为和能力有所不同,"一刀切"的解决方法将导致对某些人过度保护而对另一些人保护不够。⑰ 因此,

---

⑩ See, e.g., Calders/Žliobaitė(2013); Calders/Verwer (2010).
⑪ See, e.g., Barocas/Selbst (2016), 680 – 687.
⑫ For an early example of this see Lowry/Macpherson (1988).
⑬ Hacker/Petkova (2016),7 – 9.
⑭ See, e.g., Sweeney (2013); Barocas/Selbst (2016); cf. also Rosenblat/Levy/Barocas/Hwang (2016).
⑮ Cf. op. cit. note 38; cf. also Edelman/Luca/Svirsky (2016),4,23 – 24.
⑯ Stanovich/West (2000); Schwartz (2015),1393 – 1395; Hacker (2017), Part 1.
⑰ Cf. Hacker (2016b).

一些学者提出了制定个性化法律的建议,[48]总体构思是使用公民的可用数据,使制定的法律适合于他们的特定需求和能力,在对数据驱动型市场进行规制的背景下,以期在最易出现问题的地方解决数字市场失灵现象。

这种个性化可能会采取不同的形式,主要由五个连续性步骤组成。

第一步,须对受试者根据其希望的、有意义的标准进行分类。例如,阿里尔波拉特(Ariel Porat)和里尔·斯特拉希列维茨(Lior Strahilevitz)建议根据个体的心理人格特质(具体来讲,心理学家称之为"大五人格理论":开放性、责任心、外倾性、宜人性、神经质性)将人们分为不同类型[49]。尽管遭受许多质疑[50],"大五人格理论"作为抽象的、规模化的概念,其在人格心理学领域为人格类型划分提供了先进理论[51]。利用大数据技术,可以从看似无害的数据模式中获取这些信息。例如,奇塔兰詹(Chittaranjan)、布洛姆(Blom)和加蒂卡·佩雷(Gatica-Perez)将这些人格特征与智能手机的特定使用模式(每个手机公司已收集到的数据[52])建立起关联性。[53] 根据呼入和呼出的通话数量及其长度,对 YouTube 软件的使用频率、电子邮件和短信的交流情况以及其他类型的元数据进行比较,有可能得出强有力的推断。研究表明,外向性与更多的来电数量和更长的通话时长有关。事实上,与经典的心理人格特质测试相比,从元数据得出的此类推论已被证明是更为准确的。[54] 对于社交网络(如 Facebook)上的行为也存在类似研究。[55] 很多标准(比如有限意志力的程度、特定偏好的程度、财富和收入或者信用评分)都可用于实现个性化目的。[56]

第二步,一部"概括性的个性化法律"必须抽象地确立不同分数在个性化法律情形下的法律后果。例如,在披露义务方面,概括性的个性化法律可以要求根据接收者与信息的关联性,对潜在的具有剥削性特征的合同量身定制法律规范。信用卡合同订立之前,在有特殊偏好(**未受训练的**)上得分高的行为者会收到类似以下内容的重要警告,如预告期过后将会产生高利率,而更理性的行为者(受过良好训练的)通常不会收到此类警告;还有一个关于手机资费的例子,未受训练的行为者通常会被以一种明显的方式告知月预算时长用完后产生的高额的后续费用,而受过良好训练的行为者几乎总是保持在预定时长限度内进行通信,他们通常只会被告知其正常花费额,而无超支费用。

第三步,在概括性个性化法律的要求下,一些实体必须将具体的个体分数计算在内。这个程序将确定:对于得分为 x 的 A,将产生法律后果 Lx;对于得分为 y 的 B,将产生法律后果 Ly;对于得分为 z 的 C,将产生法律后果 Lz……概括性个性化法律(仅从总体上定义了不同类型参与者的法律后果)将由公司或政府规制机构具体实施。如果公司在任何

---

[48] Porat/Strahilevitz (2014); Ben-Shahar/Porat (2016); Sunstein (2013); Busch (2016); see also Hacker (2016b).
[49] Porat/Strahilevitz (2014).
[50] Block (1995).
[51] See McCrae/John (1992), 181; Gosling/Rentfrow/Swann Jr. (2003), 506; John/Srivastava (1999), 103.
[52] Bar-Gill (2012), 33 and Chapter 5.
[53] Chittaranjan/Blom/Gatica-Perez (2013).
[54] Staiano/Lepri/Aharony/Pianesi/Sebe/Pentland (2012).
[55] Back/Stopfer/Vazire/Gaddis/Schmukle/Egloff/Gosling (2010); Porat/Strahilevitz (2014), 1439.
[56] Hacker (2016c).

情况下对相关数据的收集都是合法的,那么基于公司的个性化法律设计可能会有意义,但问题是很难监督公司是否正确执行了法律。与之不同的是,基于政府的个性化法律设计则需要一些机构去获取数据(通过开展实证研究或要求公司披露数据来获得),这又引起了对隐私保护和潜在的数据滥用的担忧,关于这些挑战我将在以下部分详细介绍。

第四步,随着新数据的产生,相关信息须被储存和更新。在另一篇文章中,笔者建议,针对政府的个性化服务,区块链技术可以被用来创建一个去中心化的、匿名化的、包含所有与基于政府的个性化服务相关的参数的"合法区块链"。[57] 最后,必须将法律以一定的方式传达给公民,以让他们知道其个性化法律具体是什么,如智能手机的软件或网站就可以将相关个性化法律传达给公民个人,不仅如此,在合同成立之前必须将针对特定公民的个性化法律传达给潜在的交易方,以便及时更新披露内容,将个别违约情形或强制性规则考虑在内。

第五步,个性化法律致力于通过采用数字技术尤其是大数据分析来减轻线上和线下的市场失灵,并提供不需要特定形式的法律加以保护的合同,以最大限度地维护合同自由。在下文中,笔者将提出一种路径来维护数字经济下的创新环境,保护数字驱动型市场中的某些而非所有的参与者。

4 个性化法律的正当性

前述内容已从理论上介绍了个性化法律是如何运作的,若其被实施,则意味着立法的大规模重置。目前,从披露和推动如默认规则和反对偏见,到强制性法律,关于个性化法律的许多建议已经在一些文献中有所提及。[58] 然而,尚缺乏关于个性化的正当性的综合性评估,这是以下涉及的内容。

当代最著名的法律正当性理论是由于尔根·哈贝(Jürgen Habermas)提出的,他认为有效的、正当的法律规范须获得所有受影响者的同意和支持。[59] 如果个性化法律被作为类似选择"加入"或者"退出"的工具来实施,公民可以自由选择使用或者不使用,这种同意方式(或在选择退出的情况下不反对)被写入了个性化策略的代码。然而,不同于数据主体关于法律个体化的意见,这种制度必须要有规范的、可辩护的论据加以支持,尤其是在认知默认效应的影响下,仅仅将公民选择的可能性作为判断正当性的标准是不够的。[60] 因此,要结合语境来理解正当性,笔者首先会理清个性化是否可以与实证法、平等和正义以及法律和民主理论的关键原则相一致的相关问题,只有这些问题得到肯定回答,个性化法律才能被称作是一种正当的立法形式。为了实现这一目的,以下各小节将尝试依次对来自实证法、平等和正义、法律与民主理论的挑战进行处理。

---

[57] Hacker (2016c).
[58] Op. cit. note 48.
[59] Habermas (1996),110.
[60] Samuelson/Zeckhauser (1988).

4.1 实证法的挑战

就实证法而言,个性化首先引起了人们对数据保护的严重担忧。与此相应,数据拥有者必须严格遵守实证法的相关限制性规定,尤其不能将数据用于非法目的。当数据由政府来处理时,这一点尤其值得关注。

4.1.1 数据收集和数据保护

个性化要求提供个性化数据。个性化的法律将进一步加强数据的收集,而不是依照《欧洲基本权利宪章》第 8 条的规定,出于隐私的原因而对该种做法加以限制。然而,一般来说,有人认为,利用大数据造福数据主体的尝试遵循了《通用数据保护条例》(GDPR)第四条关于"数据收集应服务于人类"的规定。但是,必须将基于政府的个性化法律设计与基于公司的个性化法律设计加以区分。后者只会对已经由公司合法处理的数据附加法律后果,以防止公司从数据挖掘中单方面受益。因此,这不会引发在当前数据收集实践中所产生的数据保护之外产生的担忧。[61] 相比之下,基于政府的个性化确实引起了人们对隐私的新型担忧,数据必须由政府机构直接或间接地收集、处理,并与个性化法律规定的法律后果联系起来。因此,所有这些行动都需要按照《通用数据保护条例》第 6 条第 3 款的规定,在一般立法中加以规定。如果采用了"选择加入或选择退出"制度,那么《通用数据保护条例》第 22 条第 1 款中规定的对自动化分析、处理的反对权将得到尊重。然而,如果个性化是强制性的,《通用数据保护条例》第 22 条第 2 款 b 项规定的"应当采取适当措施维护数据主体的权利、自由和正当利益",就引出了第二个关键问题,即数据安全和被滥用的可能性。

4.1.2 数据使用和数据滥用

根据维基解密(WikiLeaks)的披露,索尼(Sony)[62]、雅虎(Yahoo!)[63]和优步(Uber)[64]都遭受过黑客攻击,暗网中公布的信用卡数据有所激增[65],这些都表明,即使使用最先进的加密技术也无法完全确保数据安全。分布的数据越多,就越容易被解码并遭受恶意使用,黑客带来的外部威胁与内部威胁并存存在,即使是那些合法拥有数据的公司或政府机构也可能滥用数据。在基于公司的个性化法律设计中,那些能够合法获取数据的公司通常会有明显的兴趣来利用这些信息资源为自己谋取利益。但是,与基于政府的个性化法律相关的是一种具有控制性的、心理操纵性的反乌托邦,于是后者的个性化再次引发了对数据滥用的新型担忧。在基于公司的个性化法律框架中,滥用数据的可能性并不会高于现在的情况,因为公司不会被允许收集更多的数据,而是被要求以不同的方式使用收集到的数据。然而,如果政府通过个性化法律增加了对公民数据的分析途径,那么其必须严格遵守《通用数据保护条例》第五条第一款 b 项"个人数据应为特定的、明确的、合法的目的收

---

[61] 关于这些担忧的解释,请参见本卷中奥斯蒂文(Oostveen)/艾里恩(Irion)的贡献。
[62] Franceschi-Bicchierai (2016).
[63] Perlroth (2016).
[64] PYMNTS (2016).
[65] Schwindt (2016).

集,且不符合以上目的不得以一定的方式进行进一步的处理"的规定。换句话说,如果出于个性化高利贷法律的目的而收集数据,则这些数据绝对不能用于其他法律行为,如刑事起诉程序、定制的政治竞选等。

假名化有助于实现这一目标,因为除非获取匿名信息的黑客或内部人员同时拥有将假名与真名对应起来的真实信息,否则他们无法将数据与特定的数据主体联系起来。[66] 然而,由于无法排除此类数据清单的存在,也不难想象这些数据可能会被外部入侵者窃取,或者被政府内部人员泄露,因此去假名化是有可能的。所以,严格遵守《通用数据保护条例》的数据保护原则(如第 5 条第 1 款 b 项)是法治国家运作以及对独立的民间组织和媒体的潜在滥用行为进行监管的前提。关于这些设想存在的关键问题是,我们不能保证由政府掌握的个人信息在任何时刻都能被合理使用。尽管在适当的保护措施和制衡下,许多西方国家当前可能会获得信任,被相信其对个性化数据的使用都是出于合法目的,但是随着时间的推移,政局可能会发生变化。事实上,过去几年里,一些欧洲国家出现了独裁形式的政府,包括试图废除法治国家、使公民社会的监督功能失效[67]等,这表明上文所述并不是一种纯粹的理论担忧。英国脱欧和特朗普的竞选活动中广泛使用的个性化的选民动员和选民压制手段进一步证明了人格特征信息可能会被用于政治议程或者宣传中,这或许在两场政治竞选中都产生了重大影响[68]。因此,基于政府的个性化法律的设计必须做到,即使公民的个性化数据在独裁政府的手中,对其的负面影响也是有限的。这意味着以政府为基础的个性化法律应当避免包含可能与具有高度预测性和包容性的心理特征相关的高度敏感信息,也就是说关于人格特质的信息不应被明确存储或使用。

总之,是否滥用数据取决于如何在预测准确性和数据安全性之间进行权衡。能够对各种行为进行高度精确地预测分析的数据集对个性化法律很有吸引力,因为这种数据集便于立法者根据一系列标准精准地制定个性化法律。然而,这同时也引起了对数据滥用的最大担忧,即在每个具体的个性化实例中,都不得不解决准确性和潜在滥用之间的紧张关系。人格特征信息内容非常广泛,且与其他许多行为特征相关联。[69] 因此,作为一般预防措施,不应将其用于基于政府的个性化法律中。

4.2 平等和正义

个性化法律的正当性不仅涉及与数据保护法可能产生的冲突,还涉及平等和正义的

---

[66] "假名化"是一种使个人数据在不使用额外信息的情况下不指向特定数据主体对待个人数据的处理方式。该处理方式将个人数据与其他额外信息分别存储,并且使个人数据因技术和组织手段而无法指向一个可识别和已识别的自然人。请参见 Art. 4(5) GDPR。

[67] See, e.g., Fomina/Kucharczyk (2016); Ágh (2015); see also the interview with the Presidents of the German and French Constitutional Courts, Janisch, W./Ulrich, S. (2016), "Die EU muss klar Position beziehen", Süddeutsche Zeitung of 21 October 2016 (hyperlink only in Reference List). 68 See, e.g., Grasegger/Krogerus (2016); for a skeptical view of the effectiveness of psychometric political targeting, see Karpf (2017).

[68] 参见 Grasegger/Krogerus (2016);对于利用心理测量手段进行政治目标测量的有效性持怀疑态度的观点,请参见 Karpf (2017)。

[69] 将人格特征与政治倾向联系起来的,可以参见 Carney/Jost/Gosling/Potter (2008);将人格特征与工作表现联系起来的,可以参见 Barrick/Mount, (1991);将人格特征与人格缺陷联系起来的,可以参见 Wiggins/Pincus (1989);涉及概述性的,可以参见 John/Srivastava (1999), 121, 125;同时请参见前面的脚注。

问题。从本质上来讲,个性化法律意味着对不同的人区别对待。笔者认为适当的个性化法律则可以进一步促进法律的平等和分配正义。

4.2.1 法律面前人人平等的两个维度

法律平等是现代西方法律的一个核心概念,⑩乍一看似乎与个性化相矛盾。如果确实如此,个性化将难以适用。道德和政治哲学高度重视平等,⑪数百年来,公民一直争取所有人在法律面前一律平等。⑫ 正如迈克尔·斯托莱斯(Michael Stolleis)所言,自启蒙运动尤其是法国大革命以来,对法律平等的援引急剧增加。旧的以等级为基础的制度开始受到侵蚀,这种制度建立在社会阶级之间在神学和政治上根深蒂固的不平等之上。⑬ 个性化似乎通过从根本上对人们加以区别对待再次掀起解放运动。那么,个性化能与法律上的平等相平衡吗?笔者认为是可以做到的,更重要的是,平等有时需要个性化。

4.2.1.1 制裁的平等

根据亚里士多德(Aristotle)对分配正义和矫正正义的典型区分,⑭可以对与私法相关的两种关于平等的概念进行区分。一种追求形式平等,要求对每个人适用相同的法律后果;另一种旨在主张人与人之间必要的区分。这两种概念都可以追溯到亚里士多德的古典理论,可以在《尼各马可伦理学》第五卷中找到法律平等的最初来源,在其中一段,斯塔吉拉(Stagirite)这样讨论矫正正义:

> 因为不管是好人欺骗了坏人,还是坏人欺骗了好人,不管是好人还是坏人实施了奸淫行为,这都没有区别。法律只关注损害的本质,平等对待各方,只关注一方是否做了什么,另一方是否遭受了不公正待遇;一方是否造成了损害,另一方是否遭受了损害。⑮

这种不考虑个体的思想激发了法律理论家们对废除法律特权的呼吁,⑯并要求对所有主体适用统一法律,⑰无论个体的特征、道德价值、财富或者社会地位如何,都应适用相同的法律。

个性化可能被认为与这种平等形成了鲜明对比。然而,亚里士多德将其关注点限于

---

⑩ See only Meenan (2007), 17; Kirchhof (2015), para.1:"Elementarregel" [most basic rule]; Stolleis (2003), 8 - 10; see also Smith (2011), Chapter 1.

⑪ 参见亚里士多德《政治学》第三卷§12,1282b14:"因此,所有人都认为正义是某种程度上的平等。"这在《尼各马可伦理学》第五卷§3,1131a10 也有所提及;Pojman/Westmoreland (1997), 1; Kymlicka (2002), 3 - 4; Sen (2009), 291 - 292;然而,一直推崇亚里士多德观点的阿马蒂亚·森颇为正确地指出,问题始终是"什么样的平等?"可以参见 Sen(1980);也可以参见 Rawls(1999a),447,其强调注意两种平等之间的区别,一种平等与特定物品的分配相关,其中更受青睐的人往往总是会被赋予更高的地位和威望;另一种平等体现为不论人的社会地位如何,都应受到尊重。

⑫ 从具有启发性的历史视角的讨论,可以参见 Stolleis (2003); Pöschl (2008), Part B;将平等视为一项私法原则的,可以参见 Grünberger (2013), Part 1。

⑬ Stolleis (2003), 8 - 10, 15.

⑭ Aristotle, Nicomachean Ethics, Book V.

⑮ Aristotle, Nicomachean Ethics, Book V, §4, 1132a2.

⑯ Kirchhof (2015), para.4.

⑰ Stolleis (2003), 14 - 15; Cancik (1998).

制裁(交换手段)也并非没有道理。纵观整个历史,尤其是在当代法律中,不同的法律作为不同的社会角色统治着人们,在18和19世纪的大革命之后,法律面前严格正式的平等在19世纪晚期迎来了它的全盛时期。"自由放任契约法"正式授予所有人以同样的契约自由,但众所周知却导致了截然不同的经济结果。[78]但是如今,它已退化为补偿性的处理方式。在大多数学者看来,补偿只是恢复先前存在的或合同约定的对价平衡,而与当事人的个人特征无关。[79]如果一个穷人打碎了一个罐子,那他必须支付和富人同样多的钱。[80]

4.2.1.2 平等是合理的差异

然而,在其他多数领域,严格意义上的法律平等即法国大革命所倡导的"法律面前人人平等"[81]的原则早已被抛弃,或者更确切地说,根本就不存在。不同的公民群体适用不同的特定规则,尤其是在私法中,如消费者须遵守特定的强制性规定;散户投资者和专业投资者的信息披露有所不同;[82]勤奋尽责要求行为人对自己的行为负责;[83]在德国法中,只有部分企业家(通常是那些拥有较大事业如考夫曼(Kaufmänner)的企业家)受到商事法律规范的约束[84]。在大多数情况下,对这些特殊规定的证明建立在假定不同市场参与者在复杂性、脆弱性或经验方面存在差异的基础之上。亚里士多德再次谈到了分配正义,其提供了一个初步构想,即当有理由将某些公民与其他公民区别对待时,则给予特殊对待[85]。他提到这样一个著名的例子:讲到吹笛子,那些擅长吹笛子的人应该得到最好的笛子,而不管其出身、美貌或财富如何[86]。这种对平等的理解——"喜欢对喜欢""不喜欢对不喜欢"——在当代政治哲学中一直备受批评[87]。然而,这在当前欧盟法院对决定法律义务分配的法律平等的理解方面有所反映:"正如法院一贯认为的那样,歧视仅产生于对相似的情况适用不同的规则,或者对不同的情况适用相同的规则的情形。"[88]因此,重要的

---

[78] 虽然法律在形式上保证了所有人在法律意义上的平等和契约自由,但是法律工具实际上是通过不同的方式服务于不同的群体。正如历史学家弗朗茨·维亚克尔(Franz Wieacker)所指出的,契约自由概念的正式化及其对经济禀赋、认知能力、社会脆弱性等方面现实存在的实质差异的抽象化为精明的商人、商业上层人士和中产阶级带来了机会,而同时倾向于把那些不适合在市场上玩聪明游戏的人抛在身后(可以参见 Wieacker (1967), 441 et seq., and 462; id., 543 et seqq.)。因此,对法律平等概念尤其是合同中的各种形式平等的持续坚持,与日益不平等的经济后果相关。

[79] Oetker (2016), para.8; Jansen (2005), 162-163(其将民事责任的赔偿原则解释为后期学者对亚里士多德的正义理论进行改编的直接结果)。

[80] 只有在极端情形下才会限制这一原则的适用,如完全的心理障碍可以使人免于承担责任。

[81] See Stolleis (2003), 16.

[82] 可以参见2014年5月15日欧洲议会和理事会关于金融工具市场(MiFID II),OJ 2014, L 173/349 的指令2014/65/EU 的第30条第2款,该条款旨在管控作为专业投资者的一个分支的"交易对手方"。

[83] See, e.g., §§708, 1359, 1664(1) of the German Civil Code (BGB).

[84] §1 Handelsgesetzbuch (HGB).

[85] Aristotle, Nicomachean Ethics, Book V, §3, 1131a10; Politics, Book III, §12, 1282b14.

[86] Aristotle, Politics, Book III, §12, 1282b14.

[87] 对重言式的批判,可以参见 Westen (1982), 547-548;对与现代平等主义不相容的批判,可以参见 Smith (2011), 24。尤其是,亚里士多德和他所生活的社会当然并不赞同所有人享有平等的自由和权利(Deslauriers, 2013),对于亚里士多德来说,支配商品和义务分配的分配正义需要均衡,而均衡反过来用 axia(άξία)或者不同的道德价值来衡量(Aristotle, Nicomachean Ethics, Book V, §3, 1131b10-15)。

[88] ECJ, Racke v. Hauptzollamt Mainz, C-283/83, ECLI:EU:C:1984:344, para.7; repeated in ECJ, Finanzamt Köln-Altstadt v. Schumacker, C-279/93, ECLI:EU:C:1995:31, para.30; see also ECJ, Kingdom of Spain v. Council of the European Communities, C-203/86, ECLI:EU:C:1988:420, para.25.

是,第二种法律平等不仅要求以相同的方式处理相似的情况,而且要求以不同的方式处理不同的情况。这一观点为当代大多数法律文献所认同,[89]例如欧洲人权法院[90],德国宪法法院[91]和奥地利宪法法院[92]。关于平等的第二种提法似乎是站得住脚的,因为它要求探究、讨论和评估对人进行区别对待的原因——这在一定程度上是合法的。[93]因此,为了维护法律上的平等,有必要确定两种情况是相似的还是不同的,这反过来又有必要讨论是否将人们进行区分。然而,迄今为止,法律研究主要集中在平等的第一层面,即对相似情况的区别对待。个性化使第二层面得以受到关注,在这种视角下,要对个性化法律进行判断,先要确定对人们的区分标准是否能做到使差别待遇合法化。

4.2.1.3　个性化和平等

如上文所述,个性化的度量标准将衡量真实的行为,从而接近公民的真实需求,并据此制定法律。只要这些指标(如理性程度、脆弱性或经济背景)与规范的目的相关,第二层意义上的法律平等甚至需要个性化。虽然现行法律仅以对这些重要参数的假设为依据而运作,无法充分应对参与者的异质性,但个性化法律有望为立法设计注入经验上的严谨性。如果通过将法律后果与对其最有利的主体相匹配来更有效地实现法律目的,那么这种区分就体现了法律适用的差异,从而加强了第二层意义上的法律平等问题。

因此,第一层意义上的平等是形式平等,因为制裁和救济的平等独立于当事方的个体特征,这将受到个性化(赔偿)制度的挑战。正如比利亚娜·佩特科娃(Bilyana Petkova)所主张的,[94]将个体特质考虑在内,可以尽可能地使制裁程度与个人对制裁的容忍度相契合,进而实现法律平等。这在收入和财富方面表现最为明显,收入和财富的分配差异显然扭曲了罚款和损害赔偿的威慑作用,如在许多欧洲国家(而不是美国)得到了承认,[95]表现为通过所谓的计日处罚来使刑事罚款与被告的收入水平(而非财富水平)相适应。[96]引申而言,即使是在制裁领域,从亚里士多德的矫正正义衍生出来的公正补偿原则也应该与制裁的现行理解相一致,即制裁不仅具有事后纠正作用,而且具有事前威慑作用。[97]个性化是沿着这条道路前进的一种有前途的方式,其强调效果的平等而不是补偿和制裁的绝对数量的平等。

4.2.1.4　污名化

然而,正如"一刀切"的方法在维持形式平等的同时造成了实质不平等,[98]个性化在保

---

[89] Moonan (2007), 21; Allen (2007), 46; Kirchhof (2015), para.3, 7 and 8; Pöschl (2008), 159; Tridimas (2006), 62; for a critique, see Westen (1982).
[90] Allen (2007), 46.
[91] BV erfGE 55, 72 (88)- Präklusion (V ereinfachungsnovelle); BV erfGE 92, 365 (407)- Kurzarbeitergeld.
[92] Pöschl (2008), 158–159.
[93] Kirchhof (2015), para.5; Pöschl (2008), 140–141; cf. also Smith (2011), 114 and 24:"平等对待和区别对待都需要理由";Waldron (1991), 1358–1361(为这种论据提供了一个范例)。
[94] Hacker/Petkova (2016).
[95] Kantorowicz-Reznichenko (2015), 485.
[96] 请参见§40 Abs. 2 of the German Penal Code (StGB),其将刑事罚款的数额与罪犯的日常收入挂钩。
[97] Cf. Posner (2014), 223.
[98] Op. cit. note 78.

护实质平等的同时也可能会引起形式上的不平等。公民可能会因被分类和受到特殊对待感到不满,即使他们可能会从这种个性化制度中获益。虽然通过个性化法律的最大初衷就是为了帮助那些具备较低的认知能力和经济禀赋的人,但他们可能会因受到特殊保护而感到污名化,[99]可能更感觉受到了不公平和不平等的对待。对于这个问题需说明四点:首先,必须指出的是,对公民进行的分类不是固定的而是可变的。只要相关参数发生了变化,分类就会随之发生变化。因此,从理论上讲,没有人会被固定在某一类别。其次,法律的设计应当便于在实践中促进公民从一种类别向另一种类别的转化,例如通过提供学习机会(如为了改变理性程度)、[100]开辟脱贫路径等。再次,应该谨慎使用可能带有侮辱性的分类方式,如理性程度或性格类型等,并且只有在可能因此感到羞辱的公民的状况有望大大改善时才能使用,以为这种个性化提供充分理由。[101]最后,如果公民对污名化的担忧特别严重,则应采用选择加入或选择退出制度,以确保那些由于被划分到某一类别而感到非常不舒服的公民可以退出个性化制度。只有在因重大负面外部影响而合法化的情况下(例如在个性化过失法的情况下[102]),个性化才应该是强制性的。相比之下,如果法律的主要目的是家长式的内部干预,而不是为了防止外部负面效应,那么一个更倾向于自愿的个性化制度(选择加入或选择退出)似乎更为可取。

总而言之,法律上的平等并不妨碍对公民进行法律上的区分,但要求有充分的理由加以支撑。因此,按照相关参数进行的个性化可能会进一步促进法律平等,尤其是从实质意义上来理解,涉及法律对公民产生的实际效果。但是,为了减轻可能出现的污名化感,除非会产生重大的负面外部性,原则上应当允许采用选择加入或选择退出的个性化制度。

4.2.2 分配正义

正如在亚里士多德的简短讨论中所看到的那样,法律平等和分配正义是相互联系的,然而在一开始,两者关注的重点仍存在较大不同。法律平等要求考虑对各种情况进行区别(或平等)对待的理由,而分配正义则明确指出社会经济商品的总体分配。[103]随着经济不平等的加剧,[104]政策在分配正义方面也面临着越来越大的压力。实际上,随着民粹主义在政治倾向的左右端不断流行,[105]分配正义被证明将是未来几十年中最重要的政治和法律类别之一。因此,对个性化法律的正当性评估不应当忽略分配问题。

分配正义的理论成果汗牛充栋[106]。根据所选择的规范标准,人们从多个角度对个性

---

[99] Porat/Strahilevitz (2014),1433,1462-1464.
[100] Hacker/Dimitropoulos (2017).
[101] 请参见引文注释59及附文。
[102] Ben-Shahar/Porat (2016).
[103] Cf. Rawls (1999b),130.
[104] Piketty (2014);Bourguignon (2015);尽管围绕着皮凯蒂(Piketty)关于不平等加剧原因的观点存在诸多争议(r>g),但收入和财富不平等加剧的事实本身似乎已得到充分证实;如关于收入不平等的,可以参见 Jaumotte/Lall/Papageorgiou (2013),276-277;关于财富不平等的,可以参见 Saez/Zucman (2016)。
[105] Judis (2016).
[106] Fleischacker (2004).

化法律进行了判断,例如,本-沙哈尔(Ben-Shahar)和波拉特(Porat)从面向社会经济平等的分配视角审视了个性化过失法的概念[107]。与之不同的是,笔者在此想简要讨论约翰·罗尔斯(John Rawls)提出的著名理论,该理论极具价值,甚至可以说是当代最重要的分配正义理论。[108] 约翰·罗尔斯提出这样一个问题:自由平等的公民,在所谓的"原始地位"处,即在对其未来的社会地位无从知晓的面纱背后,如何建立一个公正社会的基本架构?[109] 他认为,在拟订正义原则清单时,需保持原则的一致性。[110] 他的原话如下:

(a) 每一个人,在与所有人同样的自由权利体系相容的情况下,都有平等的权利去拥有充分足够的平等的基本权利和自由权体系;

(b) 社会和经济的不平等安排要满足两个条件:第一,在公正平等机会的条件下,职位与工作向所有人开放;第二,它们要符合于那些处于最不利地位的社会成员的最大利益(差别原则)。[111]

差别原则体现了重要的分配标准,在每一项立法中,它都要求最大限度地为那些处境最不利的人带来利益,罗尔斯为此原则提供了许多强有力的论据。首先,他认为其他原则(例如预期的效用最大化或功利主义)不能防止灾难性的结果,因为它们可能总是被某些其他群体的更大收益所抵消;相比之下,差别原则确保了最大的"安全级别"。[112] 其次,差别原则在信息上是简约的,只需要对(最差)结果进行序数排序,而无须进行基数排序。[113] 同时,它并非将不同公民的成本和收益简单相加,而是认真对待了人与人之间的差异。[114] 这种高度规范的主张扎根于对人的"康德式"理解,拒绝将个人视为纯粹的目的(为了实现福利最大化)。[115] 最后也最重要的是,差别原则为已经边缘化的群体提供了支持,以最大限度地减少社会不平等,增强社会凝聚力。[116] 在这个不平等日益加剧的时代,这一点似乎尤为重要,[117] 无论是英国脱欧公投,[118] 还是右翼民粹主义的兴起,[119](被感知到的)边缘化和排斥性的政治影响正变得越来越明显。坚持差别原则的人总是声称,给定政策选择确实能够最大限度地保护最弱势群体的利益;与其他合法化话语相比,这种言论更容易被社会中处境最不利的成员接受。

虽然在每个政治决定中都坚持差别原则是不可能的,但个性化法律为恢复其在市场

---

[107] Ben-Sahar/Ariel Porat (2016), 39–41;然而,他们对其所采用的分配正义理论保持沉默;但是他们的例子表明其不愿加剧现有的社会经济不平等的程度。
[108] Cf. Miller (2003), 87 and 89.
[109] Rawls (1999a), Chapter 3.
[110] Rawls (1999a), Chapter 2.
[111] Rawls (2001), 42–43; cf. also Fleischacker (2004), 110.
[112] Rawls (1999a), 134.
[113] Rawls (1999a), 79.
[114] Rawls (1999a), 87–88.
[115] Kant (1785), AA IV, 428.
[116] Rawls (1999a), 88; see also Rawls (1974), 144–145.
[117] Op. cit. note 104.
[118] Becker/Fetzer/Novy (2016).
[119] See Judis (2016).

监管中的部分内容提供了一个视角。具体而言,可以针对信用评分最低或理性程度最低的客户量身定制特定形式的保护和/或机会,例如,美国的透支监管(目前也是欧盟的一个热点问题[120])被证明对那些最需要它的人基本上是无效的,因为穷人可能会因透支账户费用而陷入债务螺旋。[121] 通过为透支行为设置须经有条件的同意这一前提要件,或设置透支费用上限来加强对这些群体的保护或许能对市场监管做出有意义的贡献,依据差别原则进一步促进分配正义。

与其他监管手段一样,个性化可以被用来实现不同的规范目标。不仅如此,它还具有独特的潜力,即可以将需要特殊保护的特定群体分离出来,这使得该工具受到有助于改善社会上最弱势群体的分配正义理论的极大青睐。

4.3 法律和民主理论的挑战

除了平等和正义的负担外,个性化法律还引发了与法律理论和民主理论有关的重大问题。一方面,由于处于支配地位的法律原子主义理论似乎已无法表达普遍价值,法律的表达功能可能会遭受其威胁。另一方面,以技术性的、复杂的甚至是算法术语来详细阐述法律将对民主理论提出了新的挑战。

4.3.1 表达功能的丧失

个性化改变了法律的深层结构。传统的法律规范架构曾为 19 世纪及以前编纂思想的标志,到现在仍然保持统一,[122]个性化显然对其造成了冲击。那些原本具有普遍价值的规则在进行个性化处理后就会转变成一个由人创建、但由算法改进并最终进行完善的去中心化的规范网络,这些规范与不同的度量标准相关,而这些度量标准又取决于数据网络,似乎不同的网络部分之间、不同的数据响应规范结构之间唯一的连接元素是执行必要分配并以所谓公正的方式对其进行更新的算法。规范机构的这种去中心化可能会导致法律表达功能的丧失:[123]统一的、公开的法律规范同时表达了具有法律约束力的最低限度的道德理论,即一种尽管不完美但关乎善的共识,这无法形成对特定问题的最为精确或最有效的解决方案。尽管本章无法对道德理论与法律之间存在的各种复杂的相互作用进行追溯,但是此处关于法律的普遍的道德组成部分的假定有一个较具影响力的渊源,这可再次追溯到亚里士多德。[124] 根据此种理论,如反歧视法不仅可以被视为商业行为的规范,也可以被视为社会对歧视普遍不予容忍的一种表现。随着法律更加具体化、个性化和去统一化,这种表达功能是否会消失?

的确,如果个性化法律被应用,适用于所有情况的"单一法则"将不复存在。然而,这类

---

[120] CMA (2016).
[121] Willis (2013).
[122] See, e.g., Wieacker (1967), 475 et seqq., 459 et seq., particularly 462.
[123] See, e.g., Sunstein (1996); Adler (2000); Anderson/Pildes (2000); Feldman/Orbel (2015).
[124] Aristotle, Nicomachean Ethics, Book V, §1, 1129b14-25; today, prominent theories include Dworkin (1977), particularly 14-130; Habermas (1996); Rawls (1999a); for a critical perspective, see Hart (1958).

法律现在甚至尚不是规则而只是例外。目前针对更为精细的群体(如消费者;创业者[125];未成年人[126];无法处理自身事务的人[127];散户投资者;专业投资者和欧盟《金融工具市场指令》(MiFID II)下的交易对手方[128])的法律已经存在,这些规则并未表达普遍的价值观,只是为社会中的某些群体定义了标准。因此,适用于所有人的单一法律规范已经完全不合时宜。

但是,个性化法律并未将法律的表达功能减损至零。相反,即使是个性化也可以从最一般的法律后果分配中将基本的伦理原则提炼出来,例如,当向信用评分低或具有高度意志力的银行账户持有人提供特殊保护时,这一行为表明,不允许企业从过度弱势的客户那里过度获利。如果对最容易受到剥削的人减轻了剥削合同带来的危险,则得出同样的结论。如果在默认情况下对那些特别重视隐私的人实施更强的隐私保护,则践行了在具有价值的地方进行隐私保护的承诺。或者,反过来说,如果对于高度理性的当事方提高了高利贷上限(在贷款变为高利贷之前可收取的最大利率),这就传达了这样一种观点,即当人们被认为能够做出明智的决定时,契约自由应该得到加强。因此,在法律个性化的情况下,法律的表现力仅仅改变了发挥作用的方式:它从管理特定公民的具体法律实例转移到个性化的一般规则,抽象地确立了违反不同度量标准所造成的法律后果以及由此应承担的责任。

4.3.2 民主理论

有可能发生另一种转变,即法律的机械化和技术化可能损害其话语公开性。令人担心的是,如果最终算法、实证研究和统计相关性引领着大部分法律内容,那么将导致技术官僚式立法,这种趋势在数据驱动型领域如证券监管和(行为)法律经济学领域已经有所体现,[129]这并不是说法律的经验转向在特定情况下没有益处。[130]值得注意的是,数据驱动的个性化必定会改变法律的话语结构,可能会从共存性和开放性的交流文化转向一种排他性和封闭性的交流文化,在这种文化中,只有那些处理话语的人拥有必要的技术知识。

然而,在不久的将来,技术和专家驱动性的法律制定必然不会减少。越来越多的技术将可用于立法,且会为应对当前私法领域高度复杂的监管挑战提供极大帮助。在大部分私法中,更多技术方法[131]的应用似乎是必要且不可避免的。[132]因此,民主理论必须对技术问题开放;反过来,看似封闭的编码和技术治理实践必须对民主监督开放,目前面临的挑战则是要为以代码形式表达的潜在规范价值建立强有力的论述。[133]正如学者们常指出的

---

[125] See §§ 513, 655e of the German Civil Code (BGB).
[126] See §§ 107 et seq. BGB.
[127] See §§ 1896 et seq. BGB: legal custodianship.
[128] See Hacker (2016c).
[129] See, e.g., Committee of Wise Men (2001), 20 et seq., particularly Levels 2 and 3; JRC (2016); cf. further, for a critique, Bucchi (2009); Habermas (2015).
[130] See, e.g., Hamann (2014); Hacker (2017).
[131] See, e.g., Podszun (2015).
[132] 但是,鉴于复杂性理论在数字金融尤其是加密货币中的应用,有理由回归宽泛的规则和标准,而反对专家驱动型的立法。请参见 Hacker (2016d)。
[133] Cf. also Graber (2016), 21-23(在由 Google、Facebook 或亚马逊等数据处理公司生成的个性化互联网内容领域,讨论代码的元规则,表达社会价值观)。

那样，[133]数据的收集、组合和筛选，算法的构建、训练和应用，以及最终结果的产生、解释和应用，最终都是在受公众监督的规范评估下的人为决策，当数字技术用于立法目的时，这一点更为正确也并非不可能实现。法律体系的核心价值可以用于算法立法，如《通用数据保护条例》第5条所包含的与个人数据处理相关的原则。算法立法原则应包括遵守不歧视、不剥削和充分保护脆弱和易受害方的原则，同时尊重数据主体的真实能力，这样的算法立法原则可以从最抽象的法律到更具体的实施层面来指导个性化法律的构建。与此同时，也可以通过非技术性的方式或引领非专业的话语参与者进行有益的讨论。

因此，个性化法律的技术性质不应被理解为纯粹由专家主导而不受更广泛的公众审查的立法。相反，随着越来越多的决策经由算法做出，通过民主讨论来解决这种方法固有的核心问题，确立算法立法必须遵循的一系列原则，时机已经来到。

5 个性化法律的范围：一条规范性的路径

从前述关于个性化法律正当性的各种挑战的讨论中得出的最重要的结论是，个性化法律不是一种可以普遍适用的解决方法，在每种具体的个性化情形下，收益必须与成本相平衡。尽管个性化具备极大潜力，但它也有一些不易量化的特殊缺点：随着时间的推移可能会被滥用；隐私的影响；理应通过扩大公众辩论和对数据收集和算法构造的审查来解决尚未完全解决的民主理论的技术化问题。因此，有必要采用规范性方法来确定是否以及在何种情形下将法律个性化。笔者认为，在第一部分所描述的三种挑战处于最为严重的情形时，收益往往大于成本：缺乏对使用"免费"在线服务（Facebook、Google）对隐私构成的根本威胁的认识；在手机和信用卡等市场中的剥削性合同[135]；提供住房或劳动力等基本商品的平台上的算法歧视[136]。在这些情形下，行为者在认识程度、受剥削和歧视的倾向方面有所不同，个性化法律可以在此提供具体的补救措施，但其应用程序应遵循多种准则，以应对前几节所阐述的挑战。

重要的是，个性化的必要条件是强化而不是破坏法律平等，因此，只能使用揭示人与人之间的显著差异和与规定目的直接相关的度量标准。此外，一个规范路径涉及以下决定，有关个性化的强制性或默认性、所使用的度量标准以及基于政府或基于公司的数据存储和处理的决策。对于特定行为者施加的重大负面外部性，应保留强制性的个性化设置等，以使错误与责任相匹配（例如，参见 Omri Ben-Shahar 和 Ariel Porat 关于个性化过失法律的建议[137]）。否则，应采用默认制度，允许人们可以根据情况选择加入或退出个性化法律。当政府使用极为敏感的数据时，应采用选择加入系统；[138]如果公司已经合法处理了数据，且

---

[133] Silver (2012), 9: "这些数字本身无法说明问题，我们代表它们发言，赋予其意义"；Citron/Pasquale (2014), 4.
[135] Shui/Ausubel (2005); Grubb (2009, 2015); Calo (2014).
[136] See, e.g., Barocas/Selbst (2016); Kim (2017).
[137] Ben-Shahar/Porat (2016).
[138] Cf. also Busch (2016), 10.

该数据与公司对其客户的特定职责相匹配,则选择退出系统更为合适。在可能的情况下,通常应优先使用不太敏感的指标而不是较具侵入性的指标,以最大限度地减少隐私问题。

对基于公司的个性化系统,只能使用合法获取的数据,该系统必须有配套的监管措施,以确保公司不会有选择地收集和处理所使用的数据。[139] 如果成功部署了这种强制执行机制,则基于公司的个性化法律设计将具有使数据远离政府的优势,从而减轻州政府滥用数据的可能性,它为了数据主体的最大利益而使用大数据,有望终结数据和算法的持有者对数据的单方使用。

对基于政府的个性化系统,应使用对隐私不太敏感的指标,例如,应将有关人格特质的信息加以排除。[140] 此外,在可以推定交易对方已经拥有数据的情况下,最好诉诸基于政府的个性化法律系统,因为此时必须将个人分数传达给交易对方。

个性化法律的准确实施必须根据具体情况来决定,前面的讨论应该能为个性化设计和范围提供一些指导。最重要的是,尽管具备技术色彩,数据驱动下的个性化法律也不能免于规范性考量。恰恰相反,如何制定并公开讨论用以维护算法立法中的公平、非歧视和自由等关键价值观的核心原则,将是未来私法面临的重大挑战。

6 结语

尽管面临诸多挑战,个性化法律的制定看起来仍是可行的,这也是市场环境中一个关键的立法挑战。数字技术与监管融合的第一个元素在 Google 通过其"政府创新实验室"(Government Innovation Lab)接管美国整个城镇的行政管理部门案件中有所体现。[141] 学者和政策制定者们对个性化法律的兴趣渐长,这证明了其在构想和制定新的市场监管法方面的潜力。然而,在发展个性化法律的同时,还需对其优缺点进行严格审查。

发展日益显著的私法个性化趋势为有效设计合法的交易形式提供了潜力。当前基于人们状态进行的法律上的分类(消费者、散户投资者)可以转换为具备高分辨率的区分,以为特定群体或个人及其需求量身定制法律规范。在最好的情况下,这可以创造出在目前严格的强制性法律下所没有的自由,可以改善当下法律对不同的行为适用相同法律的不平等状况,可以改善当下公司单方使用数据为自己谋利的不公平现象。个性化法律可以弥补大数据带来的市场失灵,采用这种规制手段一方面可以通过规制数字驱动性市场中的市场失灵现象来保护较大可能遭受市场失灵威胁的个体,另一方面有利于在更大程度上维护参与主体的合同自由和创新。

然而,与此同时,个性化也引发了一系列新的问题。随着技术的进步,获取和分析数据的技术难度可能会降低,这些数据一旦足够庞大,极有可能产生相应的法律后果。然而,本文基于数据保护的实证法理论、平等与正义的考量以及法律与民主理论这三大挑战

---

[139] 关于这种监控系统的具体建议,请参见 Citron/Pasquale (2014),18-28。
[140] See op. cit. note 68 et seq.
[141] Lobe (2015).

来对个性化法律的正当性进行评估。个性化法律面临的第一大挑战是基于数据保护的实证法理论。如何将数据驱动型的法律与对数据保护和隐私的充分理解结合起来仍然是一个需要进一步细化的问题,在此,将两种类型的个性化加以区分是有意义的:基于政府的个性化法律和基于公司的个性化法律。在前一种情况下,政府机构收集和分析数据,并据此制定法律;在后一种情况下,法律要求公司在使用合法收集的数据时,不能仅为了自身利益,还要注重维护客户利益。

目前,虽然这种形式的个性化法律并未增加重大新奇的隐私问题,基于政府的个性化法律系统很容易加剧人们对隐私的担忧,为威权主义或恶意政权滥用数据打开大门。因此,主要由政府机构进行的个性化法律设计应该避免使用高度敏感的指标(如人格特征信息),除非显著的负外部性证明强制个性化是合理的,通常还应基于一个可选择性的机制。

个性化法律面临的第二大挑战来自平等和正义的考量。在私法中,学者和法院采用了两种平等概念。第一种较为狭义,指的是制裁和赔偿的平等。它假定不管一个人的地位、财富或其他个人特征如何,应适用相同的救济标准(如损害赔偿)。然而,在私法之外,这一规则已经有了一些例外(如适用于许多欧洲国家的基于收入的刑事罚款),而个性化法律有望进一步调整制裁的严厉程度以适应个人的可承受度。因此,不是制裁的数量而是制裁本身的效果使公民之间变得更加平等。然而,欧盟法院、国家宪法法院和大多数法律学者在其他领域都遵循第二种平等概念,即相似的情况应同等对待,不同的情况应区别对待,这一原则要求提供对不同的规范对象进行区分的理由。因此,如果个性化有助于揭示人们之间法律上的相关性,那么其可以被用来服务平等,因为当一项法律对人们的影响大不相同时对其采用同样的方式并不会促进反而会破坏法律平等的概念。

第三大挑战源于对法律和民主理论的考量,法律的表达功能和它的公开话语面临越来越大的压力。然而,法律的表现力可以在个性化法律中重现,在为抽象的个体特征分配法律后果的背后是深层规范在起作用。这种分配可以为各种规范目标服务,具体规范通常表达了法律未能直接明确表达的价值,例如,如果特定的弱势群体受到算法的特别保护以免遭歧视,这同时也表明社会不容忍歧视。这同时也引起了来自民主理论的关键性挑战,即它还没有解决构成算法构建及其结果解释基础的规范性决定。一种规范的个性化法律应当在作出必要的权衡的基础上让这些错误一目了然,例如隐私和某些法律目的之间的权衡就是市场规制在未来必须要解决的问题。

因此,要努力做到的是,算法的运用能够得到法律的规范解释,代码的运行能够体现并进一步促进社会基本价值观的发展。只有这样的批判性思考才能使算法驱动性法律更为合法化、公开化,容易被公共机构所运用。

参考文献

Acquisti, A./Brandimarte, L./Hancock, J. (2015), Online Self-Disclosure and Offline Threat Detection, available at: www.econinfosec.org/archive/weis2015/papers/WEIS_2015_acquisti.pdf.

Adler, M. (2000), Expressive Theories of Law: A Skeptical Overview, 148 University of Pennsylvania

Law Review 1363.

Ágh, A. (2015), De-europeanization and de-democratization trends in ECE: from the Potemkin democracy to the elected autocracy in Hungary, 8 (2) Journal of Comparative Politics 4.

Allen, R. (2007), Article 13 EC, evolution and current contexts, in: H. Meenan (Ed.), Equality Law in an Enlarged European Union, 38, Cambridge University Press.

Anderson, E. S./Pildes, R. H. (2000), Expressive Theories of Law: A General Restatement, 148 University of Pennsylvania Law Review 1503.

Aristotle, Nicomachean Ethics (H. Rackham, trans.), (2014), Loeb Classical Library 73, Harvard University Press.

Aristotle, Politics (H. Rackham, trans.), (2014) Loeb Classical Library 264, Harvard University Press.

Ayres, I./Schwartz, A. (2014), The No-Reading Problem in Consumer Contract Law, 66 Stanford Law Review 545.

Back, M./Stopfer, J./Vazire, S./Gaddis, S./Schmukle, S./Egloff, B./Gosling, S. (2010), Facebook Profiles Reflect Actual Personality, Not Self-Idealization, 21 Psychological Science 372.

Bakos, Y./Marotta-Wurgler, F./Trossen, D. R. (2014), Does Anyone Read the Fine Print? Consumer Attention to Standard-Form Contracts, 43 The Journal of Legal Studies 1.

Bar-Gill, O. (2012), Seduction by Contract, Oxford University Press.

Barocas, S./Selbst, A. (2016), Big Data's Disparate Impact, 104 California Law Review 671.

Barrick, M. R./Mount, M. K. (1991), The Big Five Personality Dimensions and Job Performance: A Meta-Analysis, 44 Personnel Psychology 1.

Becker, S. O./Fetzer, Th./Novy, D. (2016), Who Voted for Brexit? A Comprehensive District-Level Analysis, CAGE Working Paper 305 (October 2016), available at: http://www2.warwickac.uk/fac/soc/economics/research/centres/cage/publications/workingpapers/.

Ben-Shahar, O./Chilton, A. S. (2016), Simplification of Privacy Disclosures: An Experimental Test, University of Chicago Coase-Sandor Institute for Law & Economics Research Paper No. 737 (13 April 2016), available at: http://ssrn.com/abstract=2711474.

Ben-Shahar, O./Porat, A. (2016), Personalizing Negligence Law, New York University Law Review (forthcoming), University of Chicago Coase-Sandor Institute for Law & Economics Research Paper No. 731, available at: http://ssrn.com/abstract=2654458.

Block, J. (1995), A contrarian view of the five-factor approach to personality description, 117 Psychological Bulletin 187.

Bourguignon, F. (2015), The Globalization of Inequality (Thomas Scott-Railton, trans.), Princeton University Press.

Brynjolfsson, E./McAffee, A. (2014), The Second Machine Age. Work, Progress, and Prosperity in a Time of Brilliant Technologies, W.W. Norton & Co.

Bucchi, A. (2009), Beyond Technocracy. Science, Politics and Citizens (Adrian Belton, trans.), Springer.

Busch, Ch. (2016), The Future of Pre-Contractual Information Duties: From Behavioural Insights to Big Data, in: Ch. Twigg-Flesner (Ed.), Research Handbook on EU Consumer and Contract Law, Edward Elgar (forthcoming), available at: http://ssrn.com/abstract=2728315.

Calders, T./Verwer, S. (2010), Three Naïve Bayes Approaches for Discrimination-Free Classification, 21 Data Mining and Knowledge Discovery 277.

Calders, T./Žliobaitė, I. (2013), Why Unbiased Computational Processes Can Lead to Discriminative Decision Procedures, in: B. Custers/T. Calders/B. Schermer/T. Zarsky (Eds.), Discrimination and

Privacy in the Information Society, 43, Springer.

Calo, R. (2014), Digital Market Manipulation, 82 George Washington Law Review 995.

Cancik, H. (1998), Gleichheit und Freiheit. Die antiken Grundlagen der Menschenrechte, in: id., Antik—Modern. Beiträge zur römischen und deutschen Kulturgeschichte, 293, Metzler.

Caracciolo di Torella, E./Masselot, A. (2004), The Future of Sex Equality, in: T. Tridimas/P. Nebbia (Eds.), 2 European Union Law for the Twenty-First Century 333, Hart.

Carney, D. R./Jost, J. T./Gosling, S. D./Potter, J. (2008), The Secret Lives of Liberals and Conservatives: Personality Profiles, Interaction Styles, and the Things They Leave Behind, 29 Political Psychology 807.

Chittaranjan, G./Blom, J./Gatica-Perez, D. (2013), Mining large-scale smartphone data for per-sonality traits, 17 Personal and Ubiquitous Computing 433.

Citron, D./Pasquale, F. (2014), The Scored Society: Due Process for Automated Predictions, 89 Washington Law Review 1.

Colonna, L. (2013), A Taxonomy and Classification of Data Mining, 16 SMU Science and Technology Law Review 309.

Cormen, T.H./Leiserson, Ch.E./Rivest, R.L./Stein, C. (2009), Introduction to Algorithms, 3rd ed., MIT PressDeslauriers, M. (2013), Political unity and inequality, in: M. Deslauriers/P. Destrée (Eds.), The Cambridge Companion to Aristotle's Politics, 117, Cambridge University Press.

Donohue, J. (1989), Prohibiting Sex Discrimination in the Workplace: An Economic Perspective, 56 University of Chicago Law Review 1337.

Dou, Y./Niculescu, M.F./Wu, D. J. (2013), Engineering Optimal Network Effects via Social Media Features and Seeding in Markets for Digital Goods and Services, 24 Information Systems Research 164.

Dworkin, R. (1977), Taking Rights Seriously, Harvard University Press.

Edelman, B.G./Luca, M./Svirsky, D. (2016), Racial Discrimination in the Sharing Economy: Evidence from a Field Experiment, American Economic Journal: Applied Economics (forthcoming), available at: http://ssrn.com/abstract=2701902.

Evans S./Schmalensee, R. (2015), The Antitrust Analysis of Multi-Sided Platform Businesses, in: R. D. Blair/D. D. Sokol (Eds.), 1 Oxford Handbook of International Antitrust Economics 407, Oxford University Press.

Feldman, Y./Lobel, O. (2015), Behavioral Tradeoffs: Beyond the Land of Nudges Spans the World of Law and Psychology, in: A. Alemanno/A.-L. Sibony (Eds.), Nudge and the Law: A European Perspective on Behavioural Policymaking, 301, Hart.

Fleischacker, S. (2004), A Short History of Distributive Justice, Harvard University Press.

Fomina, J./Kucharczyk, J. (2016), Populism and Protest in Poland, 27 Journal of Democracy 58.

Franceschi-Bicchierai, L. (2016), Who Hacked Sony Pictures? Two Years Later, No One's Really Sure, Motherboard (12 July 2016), available at: https://motherboard.vice.com/read/who-hacked-sony-pictures-two-years-later-no-ones-really-sure.

Frank, R. H./Cook, P. J. (1995), The Winner-Take-All Society, The Free Press.

Gandomi, A./Haider, M. (2015), Beyond the hype: Big data concepts, methods, and analytics, 35. International Journal of Information Management 137.

Goldfarb, A./Greenstein, S. M./Tucker, C. E. (2015): Economic Analysis of the Digital Economy, The University of Chicago Press.

Gordon, R. J. (2016), The Rise and Fall of American Growth: The US Standard of Living Since the Civil War, Princeton University Press.

Gosling, S./Rentfrow, P./Swann Jr., W. (2003), A very brief measure of the Big-Five personality domains, 37 Journal of Research in Personality 504.

Graber, Ch. B. (2016), The Future of Online Content Personalisation: Technology, Law and Digital Freedoms, i-call Working Paper No.01 (3 October 2016), available at: https://papers.ssrn.com/sol3/papers.cfm?abstract_id=2847008.

Grubb, M. D. (2009), Selling to Overconfident Consumers, 99 American Economic Review 1770.

Grubb, M. D. (2015), Overconfident Consumers in the Marketplace, 29 Journal of Economic Perspectives 9.

Grünberger, Michael (2013), Personale Gleichheit. Der Grundsatz der Gleichbehandlung im Zivilrecht, Nomos.

Habermas, J. (1996), Between Facts and Norms (William Rehg trans.), MIT Press.

Habermas, J. (2015), The Lure of Technocracy (Ciaran Cronin trans.), Polity.

Hacker (2016a), Nudge 2.0 – The Future of Behavioral Analysis of Law, in Europe and beyond, 24 European Review of Private Law 297.

Hacker, P. (2016b), One Size Fits All? Heterogeneity and the Enforcement of Consumer Rights in the EU after Faber, Case Note on the Judgment of the Court (First Chamber) of 4 June 2015, Froukje Faber v Autobedrijf Hazet Ochten BV (C‐497/13), 12 European Review of Contract Law 167.

Hacker, P. (2016c), Personalizing EU Private Law. From Disclosures to Nudges and Mandates, European Review of Private Law (forthcoming).

Hacker, P. (2016d), Chaos, Complexity, and Cryptocurrencies. Some Prospects for the Regulation of the New Financial Order, Working Paper (on file with author).

Hacker, P. (2017), V erhaltensökonomik und Normativität. Die Grenzen des Informationsmodells im Privatrecht und seine Alternativen, Mohr Siebeck (forthcoming).

Hacker, P./Dimitropoulos, G. (2017), Behavioural Law & Economics and Sustainable Regulation: From Markets to Learning Nudges, in: K. Mathis/B.R. Huber (Eds.), Environmental Law and Economics, 155, Springer.

Hacker, P./Petkova, B. (2016), Reining in the Big Promise of Big Data. Transparency, Inequality, and New Regulatory Frontiers, Northwestern Journal of Technology and Intellectual Property (forthcoming), available at: http://ssrn.com/abstract=2773527.

Hamann, H. (2014), Evidenzbasierte Jurisprudenz. Methoden empirischer Forschung und ihr Erkenntniswert für das Recht am Beispiel des Gesellschaftsrechts, Mohr Siebeck.

Hart, H.L.A. (1958), Positivism and the Separation of Law and Morals, 71 Harvard Law Review 593.

Heidhues, P./Köszegi, B. (2010), Exploiting Naïvete about Self-Control in the Credit Market, 100 American Economic Review 2279.

Heidhues, P./Köszegi, B./Murooka, T. (2012), Inferior Products and Profitable Deception, Working Paper (2012), available at: https://www.esmt.org/inferior-products-and-profitable-deception.

Jaumotte, F./Lall, S./Papageorgiou, Ch. (2013), Rising Income Inequality: Technology, or Trade and Financial Globalization?, 61 IMF Economic Review 271.

Jansen, N. (2005), Konturen eines europäischen Schadensrechts, Juristenzeitung 160.

John, O. P./Srivastava, S. (1999), The Big Five trait taxonomy: History, measurement, and theoretical perspectives, in: L.A. Pervin/O. P. John (Eds.), Handbook of Personality: Theory and

Research, 102, 2nd ed., The Guilford Press.

Judis, J. (2016), The Populist Explosion. How the Great Recession Transformed American and European Politics, Columbia Global Reports.

Kantorowicz-Reznichenko, E. (2015), Day-Fines: Should the Rich Pay More?, 11 Review of Law and Economics 481.

Kamenica, E./Mullainathan, S./Thaler, R. (2011), Helping Consumers Know Themselves, 101 American Economic Review: Papers and Proceedings 417.

Kant, I. (1785), Grundlegung zur Metaphysik der Sitten, in: Kant's gesammelte Schriften, hg. von der Königlich Preußischen Akademie der Wissenschaften, Erste Abteilung: Kant's Werke, Band IV, 385, Berlin 1911.

Kim, P. T. (2017): Data-Driven Discrimination at Work, William and Mary Law Review (forthcoming), available at: https://papers.ssrn.com/sol3/papers.cfm?abstract_id=2801251.

Kirchhof, P. (2015), Kommentar, in: Maunz/Dürig, Grundgesetz-Kommentar, 75. EL 2015, Art. 3.

Köszegi, B. (2014), Behavioral Contract Theory, 52 Journal of Economic Literature 1075.

Kymlicka, W. (2002), Contemporary Political Philosophy, 2nd ed., Oxford University Press Lowry, S./Macpherson, G. (1988), A Blot on the Profession, 296 British Medical Journal 657.

MacDonald, D. A. (2007), Viewpoint: Card Industry Questions Congress Needs to Ask [sic], American Banker (23 March 2007), available at: http://www.americanbanker.com/issues/172_58/-306775-1.html.

Madden, M./Rainie, L. (2015), Americans' Attitudes About Privacy, Security and Surveillance, Pew Research Center (20 May 2015), available at: http://www.pewinternet.org/2015/05/20/americans-attitudes-about-privacy-security-and-surveillance/.

McCaffery, E. J. (1993), Slouching Towards Equality: Gender Discrimination, Market Efficiency, and Social Change, 103 Yale Law Journal 595.

McCrae, R./John, O. (1992), An introduction to the five-factor model and its applications, 60 Journal of Personality 175.

Meenan, H. (2007), Introduction, in: id. (Ed.), Equality Law in an Enlarged European Union, 3, Cambridge University Press.

Miller, D. (2003), Political Philosophy. A Very Short Introduction, Oxford University Press.

Oetker, H. (2016), Kommentar, in: Münchener Kommentar zum BGB, 7th ed., § 249, C. H. Beck.

Pasquale, F. (2015), The Black Box Society. The Secret Algorithms That Control Money and Information, Harvard University Press.

Piketty, Th. (2014), Capital in the Twenty-First Century (Arthur Goldhammer trans.), The Belknap. Press of Harvard University Press.

Porat, A./Strahilevitz, L. J. (2014), Personalizing Default Rules and Disclosure with Big Data, 112. Michigan Law Review 1417 Podszun, R. (2015), The More Technological Approach: Competition Law in the Digital Economy, in: G. Surblyte (Ed.), Competiton on the Internet, 101, Springer.

Pöschl, M. (2008), Gleichheit vor dem Gesetz, Springer.

Pojman, L. P./Westmoreland, R. (1997), Introduction: The Nature and Value of Equality, in: id. (Eds.), Equality, 1, Oxford University Press.

Posner, Richard A. (2014), Economic Analysis of Law, 9th ed., Wolters Kluwer.

Rawls, J. (1974), Some Reasons for the Maximin Criterion, 64 American Economic Review: Papers and Proceedings 141.

Rawls, J. (1999a), A Theory of Justice, revised ed., Harvard University Press.
Rawls, J. (1999b), Distributive Justice, in: id., 130, Collected Papers, edited by Samuel Friedman, Harvard University Press.
Rawls, J. (2001), Justice as Fairness. A Restatement, The Belknap Press of Harvard University Press.
Rosenblat, A./Levy, K./Barocas, S./Hwang, T. (2016), Discriminating Tastes: Customer Ratings as Vehicles for Bias, Intelligence and Autonomy (October 2016), available at: http://autonomy.datasociety.net.
Saez, E./Zucman, G. (2016), Wealth Inequality in the United States since 1913: Evidence from Capitalized Income Tax Data, 131 Quarterly Journal of Economics 519.
Samuelson, W./Zeckhauser, R. (1988), Status Quo Bias in Decision Making, 1 Journal of Risk and Uncertainty 7.
Schwartz, A. (2015), Regulating for Rationality, 67 Stanford Law Review 1373.
Schwartz, A./Wilde, L.L. (1979), Intervening in Markets on the Basis of Imperfect Information: A Legal and Economic Analysis, 127 University of Pennsylvania Law Review 630.
Sen, A. (1980), Equality of What?, in: S. McMurrin (Ed.): The Tanner Lectures on Human Values, 185, Cambridge University Press.
Sen, A. (2009), The Idea of Justice, The Belknap Press of Harvard University Press.
Silver, N. (2012): The Signal and the Noise. Why So Many Predictions Fail – but Some Don't, Penguin Press.
Smith, N. (2011), Basic Equality and Discrimination. Reconciling Theory and Law, Ashgate.
Staiano, J./Lepri, B./Aharony, N./Pianesi, F./Sebe, N./Pentland, A. (2012), Friends don't Lie – Inferring Personality Traits from Social Network Structure, Proceedings of the 2012 ACM Conference on Ubiquitous Computing – UbiComp '12, 321, available at: https://doi.org/10.1145/2370216.2370266.
Stanovich, K. E./West, R. F. (2000), Individual differences in reasoning: Implications for the rationality debate?, 23 Behavioral and Brain Sciences 645.
Stiglitz, J. (2000), The Contributions of the Economics of Information to Twentieth Century Economics, 115 Quarterly Journal of Economics 141.
Stolleis, M. (2003): Historische und ideengeschichtliche Entwicklung des Gleichheitsgrundsatzes, in: R. Wolfrum (Ed.), Gleichheit und Nichtdiskriminierung im nationalen und internationalen Menschenrechtsschutz, 7, Springer.
Sunstein, C. (1991), Why Markets Don't Stop Discrimination, 8 Social Philosophy and Policy 22.
Sunstein, C. (1996), On the Expressive Function of Law, 144 University of Pennsylvania Law Review 2021.
Sunstein, C. (2013), Impersonal Default Rules vs. Active Choices vs. Personalized Default Rules: A Triptych, Working Paper (19 May 2013), available at: http://ssrn.com/abstract=2171343.
Sweeney, L. (2013), Discrimination in Online Ad Delivery, 56 Communications of the ACM 44Tene, O./Polonetsky, J. (2012), Privacy in the Age of Big Data: A Time for Big Decisions, 64 Stanford Law Review Online 63.
Tridimas, T. (2006), The General Principles of EU Law, 2nd ed., Oxford University Press.
Tutt, A. (2016), An FDA for Algorithms, Working Paper (15 March 2016), available at: http://ssrn.com/abstract=2747994.
Westen, P. (1982), The Empty Idea of Equality, 95 Harvard Law Review 537.

Waldron, J. (1991), The Substance of Equality, 89 Michigan Law Review 1350.

Wieacker, F. (1967), Privatrechtsgeschichte der Neuzeit, 2nd ed., V andenhoeck & Ruprecht.

Wiggins, J. S./Pincus, A. L. (1989), Conceptions of Personality Disorders and Dimensions of Personality, 1 Psychological Assessment: A Journal of Consulting and Clinical Psychology 305.

Willis, L. (2013), When Nudges Fail: Slippery Defaults, 80 University of Chicago Law Review 1155.

其他资料来源

CMA (2016), Retail banking market investigation, Final Report (9 August 2016), available at: https://www.gov.uk/cma-cases/review-of-banking-for-small-and-medium-sized-businesses-smes-in-the-uk.

Committee of Wise Men (2001), Final Report of the Committee of Wise Men on the Regulation of European Securities Markets (15 February 2001), available at: http://ec.europa.eu/internal_market/securities/docs/lamfalussy/wisemen/final-report-wise-men_en.pdf.

Grasegger, H./Krogerus, M. (2016), Ich habe nur gezeigt, dass es die Bombe gibt, Das Magazin of 3 December 2016, available at: https://www.dasmagazin.ch/2016/12/03/ich-habe-nur-gezeigt-dass-es-die-bombe-gibt/.

IDC, Press Release, Worldwide Big Data and Business Analytics Revenues Forecast to Reach $187 Billion in 2019, According to IDC, 23 May 2016, available at: https://www.idc.com/getdoc.jsp?containerId=prUS41306516.

Janisch, W./Ulrich, S. (2016), Die EU muss klar Position beziehen, Süddeutsche Zeitung of 21 October 2016, available at: http://www.sueddeutsche.de/politik/verfassungsrichter-vosskuhle-und-fabius-die-eu-muss-klar-position-beziehen-1.3215934.

JRC (2016), Behavioural Insights Applied to Policy, European Report 2016, available at: https://ec.europa.eu/jrc/en/event/conference/biap-2016.

Karpf, D. (2017), Will the Real Psychometric Targeters Please Stand Up?, Civicist of 1 February 2017, available at: http://civichall.org/civicist/will-the-real-psychometric-targeters-please-stand-up.

Lobe, A. (2015), Google will den Staat neu programmieren, Frankfurter Allgemeine Zeitung of 14 October 2015, available at: http://www.faz.net/aktuell/feuilleton/medien/google-gruendet-in-den-usa-government-innovaton-lab-13852715.html.

Perlroth, N. (2016), Yahoo! Says Hackers Stole Data on 500 Million Users in 2014, New York Times of 22 September 2016, available at: http://www.nytimes.com/2016/09/23/technology/yahoo-hackers.html.

Pew Research Center (2014), Public Perceptions of Privacy and Security in the Post-Snowden Era, Report (12 November 2014), available at: http://www.pewinternet.org/2014/11/12/public-privacy-perceptions/.

PYMNTS (2016), Hacked Uber Accounts Trump Credit Cards On Dark Web, PYMNTS.com (21 January 2016), available at: http://www.pymnts.com/news/security-and-risk/2016/hacked-uber-accounts-trump-credit-cards-on-dark-web.

Schwindt, O. (2016), Celebrity Nudes to Credit Cards: 9 Big Hack Attacks, The Wrap of 23 September 2016, available at: http://www.thewrap.com/celebrity-nudes-to-credit-cards-9-biggest-hack-attacks-photos/3/.

Shui, H./Ausubel, L. (2005), Time Inconsistency in the Credit Card Market, unpublished manuscript (30 January 2005), available at: http://web.natur.cuni.cz/~houdek3/papers/economics_psychology/Shui%20Ausubel%202006.pdf.

第二部分

个人数据和竞争法

消费者福利界限的模糊化：数字市场背景下《竞争法》《消费者保护法》及《数据保护法》之间协同作用机制的构建路径

Inge Graef*

肖梦祺** 译

摘要：随着数字经济的蓬勃发展，《竞争法》《消费者保护法》及《数据保护法》之间的适用界限愈发模糊，从市场参与者收集和使用个人数据等方面即可见一斑。除可能出现的竞争问题外，当前的市场参与者应当提供何种程度的数据保护与如何保护消费者权益也引发了热议。现行法律政策与理论学界已开始考究《竞争法》《消费者保护法》及《数据保护法》之间的协同作用机制。本文通过比较相关法律概念及这三部法律中现行的补救措施，剖析在《竞争法》《消费者保护法》及《数据保护法》之间构建协同作用机制的重要性，并探究该机制的构建路径，从而为置身于数字经济市场中的消费者搭建起一张更为周密的保护网。

1 引言

在数字经济蓬勃发展的大背景下，为个人合法权益赋予更为周密的保护需要不同法律部门的通力协作，这一点在规制市场参与者违法收集和使用个人数据的行为上便得到了很好地印证。虽然搜索引擎和社交网络等在线服务通常为用户提供免费服务，但作为交换，服务提供商往往会收集用户的个人数据和行为信息。这些收集到的信息随后经由广告商投放给特定群体或个人来赢利。依托于个人数据的个性化搜索及社交网络互动等模式已成为向消费者提供优质服务的重要输入方式。因此，用户数据逐渐成为企业在数字经济市场上提升竞争优势的重要资产。由此观之，数据极有可能成为影响市场话语权的重要因素，同时触发市场竞争机制。[①] 此外，立法对消费者权益及数据的保护限度引起了当前市场参与者的关注。2014年3月3日，欧洲数据保护监管机构[②]发布了《大数据时代的隐私和竞争力初步意见》，基本构建出了《数据保护法》《竞争法》和《消费者保护法》在数字经济背景下的协同作用路径。此后，欧洲数据保护监管机构在这一领域尤为活跃。

---

* Inge Graef 系荷兰蒂尔堡学院法律、技术和社会研究所（TILT）和蒂尔堡法律经济法研究中心助理教授。
** 肖梦祺，法学硕士，中共北海市委党校。
① 参见 Graef（2015a）。
② 欧洲数据保护监管机构是负责监管欧盟机构数据处理活动的独立机构，并向欧盟机构提供有关数据保护方面的咨询意见。

2016年9月,欧洲数据保护监管机构③在其关于"大数据时代基础权利的协调行使"的意见中提出了若干具体建议,其中包括建立一个数字经济背景下由监管机构组成的数字信息交换所,用以交换在自愿共享数字背景下可能滥用的信息。

数字市场建立在收集和处理个人数据的基础上(第2节),在此背景下,本文通过研究数字市场中《竞争法》《消费者保护法》及《数据保护法》之间的关系来展开论述,并确定了以下方面可从构建此三法之间的协同作用机制中受益:实施数据的可携带性(第3节);根据《欧盟运行条约》第102条评估剥削性滥用行为(第4节);以及考察《数据保护法》和《消费者法》对并购审查的潜在影响(第5节)。④

2 《竞争法》《消费者保护法》和《数据保护法》之间的相互作用

欧盟《竞争法》《消费者保护法》和《数据保护法》有着共同的目标。这三部法律的目的是保护普通民众(此处之普通民众更具体地说是《竞争法》中的消费者,或者《消费者保护法》中的个人消费者和《数据保护法》中的数据主体),促进国内市场的正常运作。但此三部法律实现这一共同目标的手段各异。

2.1 《竞争法》

《里斯本条约》中所附的关于内部市场及竞争的第27号议定书⑤中明确规定,欧盟将根据《欧盟运行条约》(以下简称《运行条约》)的第3条第3款建立一个内部市场,该内部市场应建立起"保障竞争不被扭曲的制度"。关于竞争法域的立法宗旨,欧洲法庭在TeliaSonera案中指出,欧盟所确立的竞争规则努力寻求一种"防止竞争扭曲而造成公益、个人企业和消费者损害"⑥的有效机制,更好地维护内部市场的正常运作,以增进欧盟各成员国的福祉。为此,《竞争法》试图通过干预滥用市场的支配地位行为、具有排除及限制竞争的经营者集中行为及其他严重阻碍市场有效竞争的行为来提高消费者福利。

《运行条约》第101条第1款禁止以妨碍、限制或者歪曲内部市场竞争为目的而达成的企业间的协议、企业联合组织的决议以及企业间的协调行为等能够影响或产生同等效果的成员国之间的贸易。该项禁令不适用《运行条约》第101条第3款所规定的全部条件,其中包括:协议必须有助于改善产品的生产、分销,或促进技术、经济进步;协议能使消费者分享由此带来的利益;协议对企业所施加的限制是实现上述目的所必需的;协议不会在生产的实质方面消除竞争。

《运行条约》第102条规定禁止滥用支配地位,即禁止具有支配地位的一个或多个企

---

③ 欧洲数据保护监管机构(2014)。
④ 本节的分析以格拉夫早期的工作(2016年)为基础,其中对这些问题和相关问题进行了更详细的讨论,特别是在第325—363页。
⑤ 关于内部市场及竞争的第27号议定书[2012]OJ C 326/309。
⑥ ECJ, Konkurrensverket v. TeliaSonera Sverige AB, C-52/09, ECLI:EU:C:2011:83, para.22.

业以可能影响成员国之间的贸易为由,实施与内部市场不相容的滥用行为。通常应对排他性滥用和剥削性滥用加以区分,前者是占支配地位的企业将其竞争者排除在市场之外,后者是占支配地位的企业剥削供应商或客户。《运行条约》第102条并未延续第101条第3款的规定,这使得在特殊情况下并不能适用禁止滥用市场支配地位的条款。但显然,某些滥用行为也具有一定的正当性。欧盟委员会在关于《运行条约》第102条规定的排他性行为的指导文件中指出,占支配地位的企业可以通过证明其行为是客观必要的,或者证明其实施排他性行为产生的积极效应超过了对消费者的任何反竞争影响。⑦ 欧盟委员会的该做法得到了丹麦第一法庭的认可,他们认为占支配地位的企业可以通过证明"占支配地位的企业的行为如客观必要,或客观上产生的排他性效应可能被抵消,以使消费者受益"来证明其滥用行为的正当性。⑧

反言之,基于《欧盟并购条例》而进行的并购审查,⑨适用于达到营业额门槛且申请双方具有欧共体规模⑩的集中申请。对于符合条例规定的具有欧共体规模的并购,必须在完成并购之前向欧盟委员会申请,以取得欧盟委员会的批准。⑪ 然后,委员会决定是否批准这一集中申请,关键在于考察审查后产生的新实体是否会对共同市场⑫的兼容性产生重大怀疑。

虽然学界对欧盟竞争法所明文规制的保护范围进行过反复讨论,⑬但显然,目前由欧盟委员会和欧盟法院所执行的竞争规则主要是为了保护经济效率,使消费者受益。这意味着,与媒体多元化、环境保护、公共卫生以及数据保护等有关的非效率问题,因其不能转化为经济效益,原则上须通过其他法律和手段来保护。

在这方面,正如欧洲委员会在Facebook/WhatsApp的并购裁决⑭中所指出:数据保护可能构成一个影响因素,且该影响因素是公司在特定市场竞争的基础。在Microsoft与LinkedIn公司的并购案中,欧盟委员会明确表示,消费者在隐私保护方面的选择是专业社交网络之间竞争的一个重要参数,如果市场达到有利于LinkedIn的临界点,⑮这种并购可能危及市场竞争。在这种情况下,经济效率的概念将包括数据保护。然而,此处涉及的问题超出了数据保护作为标准竞争分析中的非价格竞争参数可能发挥的作用。需要讨论的是,《竞争法》是否应该作为一种手段以促进更高水平的数据保护。

数据保护倡导者主张,数据保护应纳入《竞争法》所规定的广义的消费者福利标准。

---

⑦ 委员会的来文:关于委员会将《欧洲共同体条约》第82条适用于支配性企业滥用排他性行为的优先执行事项的指导意见(指导文件)[2009] OJ C 45/7, para.28。
⑧ ECJ, Post Danmark A/S v. Konkurrencerådet(Post Danmark I), C-209/10, ECLI:EU:C:2012:172, para.41。
⑨ 2004年1月20日第139/2004号欧洲理事会规例(欧盟并购条例)[2004] OJ L 24/1。
⑩ 《欧盟并购条例》第1条。
⑪ 《欧盟并购条例》第4条。
⑫ 《欧盟并购条例》第6条。
⑬ 有关最近的工作,可参见Zimmer(2012)中的文献。关于《运行条约》第101条,可参见Van Rompuy(2012)。关于《运行条约》第102条,可参见Nazzini(2011)。
⑭ 欧盟委员会2014年10月3日所作出的Facebook与WhatsApp并购案裁决,案件编号为COMP/m. 7217, para.87。
⑮ 欧盟委员会2016年12月6日所作出的Microsoft与LinkedIn并购案裁决,案件编号为Case No.M.8124, para.350 and footnote 330。

为支持此主张,他们将消费者保护作为欧盟竞争法的主要目标。[16] 在最近涉及《运行条约》第 102 条的判决中,强调根据竞争规则保护消费者的观点尤为突出。在《丹麦邮报》第 1 版中,欧洲法庭认为,《运行条约》第 102 条不仅包括那些对消费者造成直接伤害的行为,而且还包括那些通过影响竞争而对消费者造成间接伤害的行为。[17] 无独有偶,普通法院在 Intel 案中指出,《运行条约》第 102 条不仅针对可能直接导致消费者遭受损害的行为,而且针对那些通过影响有效竞争结构而损害消费者的行为。[18] 在《丹麦邮报》第 1 版中,欧洲法庭明确表示,《运行条约》第 102 条的内涵在于,并不确保效率低于占支配地位企业的竞争者必然应当留在市场上,且并非每个排斥效应都必然是有害竞争。[19] 对此,法院释明,遵循文义解释方法,过度竞争实质上可能导致市场被巨擘分割或造成那些在价格、质量或创新等方面处于竞争劣势的对手的边缘化。[20] 最后,法院认为,《运行条约》第 102 条特别适用于占市场支配地位的主体采用与正常商业经营方式相背离的非正常竞争手段,以排除或限制市场竞争,从而损害消费者合法权益。[21]

以上论据表明,欧盟法院目前主张,《运行条约》第 102 条主旨在于保护竞争,以提高消费者福利。而且,即使某种行为在一定程度上减少了竞争,也不必然构成《竞争法》上的滥用。该条评估的关键在于,占支配地位的企业其行为是否滥用市场支配地位限制竞争,从而侵害消费者权益。[22] 欧洲数据保护监督机构[23]等数据保护倡导者提出,核心问题在于竞争执法活动中,侵害消费者权益的内涵是否包括与数据保护有关的违规行为。

2.2 《消费者保护法》

欧盟《消费者保护法》旨在通过提高消费者对产品及服务的信心来降低内部市场的贸易壁垒。为此,《消费者保护法》通过确立一系列预防及补救措施,以保障处于市场交易中相对弱势地位的消费者,避免其因市场失灵而遭受损害。其中这种市场失灵包括信息效率低下,如信息不完全、信息不对称或缺乏理性。[24] 此外,《消费者保护法》亦调节、规制市场的社会层面,例如消费者的安全和健康等。[25]

在欧盟初级立法的部分条款中可以寻见有关消费者权益保护的踪迹。《运行条约》第 12 条呼吁,在制定欧盟其他政策和实施活动时应当考虑纳入消费者权益保护的内容。为

---

[16] See for instance Kuner/Cate/Millard/Svantesson/Lynskey (2014), 247-248.
[17] ECJ, Post Danmark A/S v. Konkurrencerådet (Post Danmark I), C-209/10, ECLI:EU:C:2012:172, para.20.
[18] GC, Intel Corp. v. European Commission, T-286/09, ECLI:EU:T:2014:547, para.105.
[19] ECJ, Post Danmark A/S v. Konkurrencerådet (Post Danmark I), C-209/10, ECLI:EU:C:2012:172, para. 21-22.
[20] ECJ, Post Danmark A/S v. Konkurrencerådet (Post Danmark I), C-209/10, ECLI:EU:C:2012:172, para.22.
[21] ECJ, Post Danmark A/S v. Konkurrencerådet (Post Danmark I), C-209/10, ECLI:EU:C:2012:172, para.24.
[22] Rousseva/Marquis (2013), 41-42.
[23] 欧洲数据保护监管机构(2014 年),参见第 71 段:"鉴于在线服务的范围动态增长,因此可能有必要制定一个关于消费者损害的概念,特别是通过侵犯数据保护权,以便在经济数字部门执行竞争法。"
[24] See for instance Cseres (2007), 129.
[25] 此处可参见欧洲议会和理事会 2001 年 12 月 3 日关于一般产品安全的第 2001/95/EC 号指令[2002] OJ l 11/4,其目的是确保向市场投放的产品是安全的。

保障消费者权益及构建行之高效的保障机制,《运行条约》第169条要求欧盟切实关注消费者的健康、安全和经济利益保护,并促进其知情权、教育权和自我组织的权利。此外,随着2009年12月《里斯本条约》的生效,《欧盟基本权利宪章》第38条亦明确,[26]立法赋予消费者权益保护以法律约束力。

就欧盟次级立法而言,消费者法律规定了一般消费者规则以及适用于电子通信、客运、能源和金融服务等某些部门的具体规则。对于普遍适用的《欧盟消费者法》,可以划分为五个指令。

第一,《消费者权益保护指令》明确:除当事人另有约定外,经营者在与消费者缔约前应当提供相关必要信息,[27]其中包括有关数字内容的功能性和交互性的信息等。[28]

第二,为保障消费者免受经营者事先准备而未经个别磋商的格式合同的侵害,从而造成双方权利和义务的重大失衡,立法在《不公平合同条款指令》中引入"善意"概念。[29]除此原则性规定外,欧盟还列举了一个可能被视为不公平的、指导性的和非详尽的条款清单。[30]此外,《不公平合同条款指令》要求合同条款用简明易懂的语言起草,在对合同的解释产生争议时,必须以最有利于消费者的解释为准。[31]

第三,《不公平商业行为指令》保护消费者免受不公平商业行为的侵害,其中不公平商业行为被定义为违反职业谨慎注意义务、实质性扭曲或可能实质性扭曲普通消费者经济行为[32],以及具有误导性[33]或侵略性[34]的商业行为。附件一列出了应当视为不公平商业行为的绝对情形。

第四,《销售及担保指令》[35]明确了关于产品是否符合合同的判定标准及与之对应的补救措施。

第五,《价格指示指令》[36]要求经营者以清晰明白、易于识别的方式向消费者标识商品价格,以便消费者更直观地获取交易信息。

除此类切实保障消费者权利的规范性法律文件外,《误导性和比较性广告指令》[37]和

---

[26]《欧盟基本权利宪章》[2012] OJ C 326/391。
[27] 2011年10月25日欧洲议会和理事会关于消费者权益的第2011/83/EU号指令(《消费者权益保护指令》)第5—8条[2011] OJ L 304/64。
[28]《消费者权益保护指令》第5条第1款第7项、第8项以及第6条第1款第17项、第18项。
[29] 1993年4月5日关于消费者合同中不公平条款的理事会第93/13/EEC号指令第3条第1款(不公平合同条款指令)[1993] OJ L 95/29。
[30]《不公平合同条款指令》第3条第3款。
[31]《不公平合同条款指令》第5条。
[32] 2005年5月11日欧洲议会和理事会关于内部市场中企业对消费者的不公平商业行为的第2005/29/EC号指令(不公平商业行为指令)第5条[2005] OJ L 149/22。
[33]《不公平商业行为指令》第6条、第7条。
[34]《不公平商业行为指令》第8条。
[35] 1999年5月25日欧洲议会和理事会关于消费品销售和相关担保的某些方面的第1999/44/EC号指令(销售和担保指令)[1999] OJ L 171/12。
[36] 欧洲议会和理事会1998年2月16日关于在向消费者提供的产品价格指示中保护消费者的第98/6/EC号指令(价格指示指示)[1998] OJ L 80/27。
[37] 2006年12月12日欧洲议会和理事会关于误导性和比较性广告的第2006/114/EC号指令(误导性和比较性广告指令)[2006] OJ L 376/21。

《禁令指令》也发挥了重要作用。适用于企业的《误导性和比较性广告指令》要求成员国逐步取缔具有误导性[38]的广告,并在广告内容客观、不诋毁竞争对手及不扰乱交易市场秩序等情形下[39]允许具有比较性质的广告存在。

《禁令指令》成为《欧盟消费者法》的一个重要实操指引。它要求成员国在其司法或行政系统内中设立一个或多个法院,以阻止他人侵犯《禁令指令》附件中[40]列明的消费者集体利益。

目前,欧盟委员会正在"监管评定和绩效计划"的体系内对上述指令进行重新评估,该方案旨在评估欧盟监管框架是否仍然合乎立法目的。2018年4月,欧盟委员会通过了一系列有关消费者的新政,并提出两项涉及指令的建议,即废除《禁令指令》中规定的消费者集体利益的代表诉讼;同时为提高数字经济大背景下消费者立法的可操作性而修正《不公平合同条款指令》《不公平商业行为指令》《价格指示指令》以及《消费者权益保护指令》中的相关条款。[41]

2.3 《数据保护法》

欧盟《数据保护法》旨在保护数据主体的基础权利,其中包括数据主体对其个人数据的自主控制权以及限制他人对其数据的收集使用权。在欧盟的法律框架中,数据保护权被当作《欧盟基本权利宪章》中的一项基本权利。《欧盟基本权利宪章》第8条第2款规定,收集或使用他人数据必须为特定目的,且在权利人同意或法律规定的其他合法基础上进行处理。《运行条约》第16条规定了数据保护权,且该条款作为次级数据保护立法的新的欧盟法律载入《里斯本条约》。2016年4月通过的《通用数据保护条例》[42]基于《欧盟外交关系法》第16条而制定,取代了《数据保护指令》。[43] 最后,欧盟委员会主张,《欧洲人权公约》第8条所载的隐私权已被斯特拉斯堡(Strasbourg)的欧洲人权法庭解释为包括数据保护权。[44]

由此,欧盟数据保护立法从1995年通过的《数据保护指令》过渡到2018年5月25日[45]起开始适用的《通用数据保护条例》。这些立法文件规定了数据控制者[46]的若干义务,

---

[38] 《误导性和比较性广告指令》第5条。
[39] 《误导性和比较性广告指令》第4条。
[40] 1998年5月19日欧洲议会和理事会关于保护消费者利益的禁令的第98/27/EC号指令(禁令指令)[1998]OJ L 166/51。
[41] 可参见: https://ec.europa.eu/info/law/law-topic/consumers/review-eu-consumer-law-new-dealconsumers_en。
[42] 2016年4月27日欧洲议会和理事会关于在处理个人数据方面保护自然人和关于这类数据的自由流动的第2016/679号条例,以及废除第95/46/EC号指令(《通用数据保护条例》)[2016]OJ L 119/1。
[43] 1995年10月24日欧洲议会和理事会关于在处理个人数据方面保护个人和关于这种数据的自由流动的第95/46/EC号指令(数据保护指令)[1995]OJ L 281/31。
[44] See for example ECHR 16 February 2000, Amann v. Switzerland, No. 27798/95, ECLI:CE:ECHR:2000:0216JUD002779895, para.65 and ECHR 4 May 2000, Rotaru v. Romania, No. 28341/95, ECLI:CE:ECHR:2000:0504JUD002834195, para.43.
[45] 《通用数据保护条例》第99条第2款。
[46] 《通用数据保护条例》第4条第7款将"控制人"一词界定为"自然人或法人、公共当局、机构或任何其他单独或共同决定处理个人数据的目的和手段的机构"。

同时赋予数据主体相应的权利。《通用数据保护条例》第 5 条第 1 款规定了数据控制者应当遵守的数据质量要求，其中包括合法、公平和透明处理个人数据的基本定义、目的限制、数据最小化、准确性、储存限制以及如《通用数据保护条例》所增加的完整性和保密性，这些要求构成了欧盟数据保护立法的主要内容。㊼ 合法处理个人数据要求信息控制者具备正当化事由来处理个人数据，如征得数据主体同意、遵照合同履行、具有法定义务等（全部正当化事由参见《通用数据保护条例》第 6 条第 1 款）。目的限制原则意味着个人数据必须符合特定、明确及合法的目的而收集和处理。数据最小化原则要求个人数据必须足够、相关联且只限于与处理数据的目的有关的数据。准确性要求个人数据必须准确，并在有需要时保持最新。储存限制指个人数据的保存形式必须能够识别数据主体，但不得超过处理个人数据所需的时间。最后，根据完整性及保密性的要求，个人数据的处理方式须确保个人数据的适当安全，其中包括采用适当的技术或组织措施，防止他人未经授权、非法处理个人数据，以及防止个人数据意外毁损、灭失。

欧盟《数据保护法》亦赋予数据主体以特定权利。如《通用数据保护条例》第 15 条规定的数据访问权，即数据主体享有从数据控制者处获得确认其是否正在处理本人个人数据的权利，及在此情况下获取该数据的权利。同时须注意，《通用数据保护条例》还为数据主体规定了两项新的权利：数据的被遗忘权和可携带权。

《通用数据保护条例》第 17 条明确规定，数据被遗忘权是指数据主体有权在某些情况下从数据控制者处获得删除个人数据的权利，有权被互联网遗忘。一般适用于数据主体撤回同意而数据控制者无其他法律依据继续进行处理或数据主体反对处理该等个人数据等情形。在西班牙公民 Costeja González 对 Google 公司提起的诉讼中，㊽法庭已在搜索引擎领域正式确立了个人数据的被遗忘权。在 2014 年的判决中，法院认定，搜索引擎提供商负责处理出现在第三方发布的网页上的个人信息。如果根据某人的姓名进行搜索之后，搜索结果清单显示了一个指向包含有关人员信息的网页链接，该人可直接与搜索引擎提供商联系，并在某些条件下要求从搜索结果中删除该链接。㊾

数据可携带权规定在《通用数据保护条例》第 20 条中，即数据主体有权获取结构化的、常用的及通用机读格式的个人数据，并且有权在技术可能条件下无障碍地将该个人数据直接传输到另外一个数据控制者㊿的信息库。在后一种情况下，数据主体不必自己导出和导入数据，而是可以依靠控制者(51)，而控制者必须安排数据在它们之间的传输。数据可携带权常适用于社交网络环境。

委员会在其成员附有关于《通用数据保护条例》初步建议的工作文件中，将数据可携

㊼《通用数据保护条例》第 4 条第 1 款将“数据主体”定义为“已识别或可识别的自然人”，并指明：可识别人士是指可直接或间接识别的人士，尤其是透过可识别性，例如姓名、身份证号码、地点资料、网上可识别性，或透过与该自然人的身体、生理、遗传、心理、经济、文化或社会特性有关的一项或多项因素而识别的人士。

㊽《通用数据保护条例》第 17 条第 1 款。

㊾ ECJ, Google Spain SL, Google Inc. v. Agencia Española de Protección de Datos, Mario Costeja González, C-131/12, ECLI:EU:C:2014:317.

㊿《通用数据保护条例》第 20 条第 1 款。

(51)《通用数据保护条例》第 20 条第 2 款。

带权中可携带的"个人数据"解释为"照片或朋友名单"和"联系信息、日常活动、人际交流以及其他种类的个人或社会相关数据"。[52] 因此,数据可携带权允许社交网络用户将其个人数据、联系人、照片和视频等转移到另一社交平台。例如,Facebook 用户有权收到其以可重复使用的格式提供给 Facebook 的个人数据,并将这些数据传输给 Google+。若技术可行,用户有权将这些数据直接传输到 Google+,而无须通过 Facebook 接收数据后,自己传输到 Google+。[53]

2.4 研究结论

《竞争法》《消费者保护法》和《数据保护法》从各方面增进消费者福祉。欧盟《竞争法》旨在保护在经济和效果至上背景下消费者的福利,而欧盟《数据保护法》和《消费者保护法》则更多出于保护人权的考虑。尽管欧盟《消费者保护法》最初仅作为一项以市场为导向的政策而建立,[54]但其后消费者权益保护被纳入《欧盟基本权利宪章》,足以印证消费者权益保护正逐渐上升为一项人权。

这三部法律保护消费者权益的手段各异。消费者保护和数据保护领域立法试图以立法手段来协调各成员国的国内法令,以促进内部市场的运作。而竞争政策以消极整合为基础,确保经营者不会妨碍有效竞争和损害消费者福利。[55]

因此,这三部法律相辅相成。虽然《竞争法》通过保护有效竞争来促进消费者福利,但一个运转良好、有效竞争的市场存在的前提是,消费者能够在信息获取真实、意思表示自由的情形下进行抉择。为此《消费者保护法》中信息需求的有效应用、执行和《数据保护法》中的有效同意要件是必要的。最低限度的消费者保护和数据保护对于解决可能的外部因素和根深蒂固的行为偏见是可取的。外部性属于市场失灵的一种,个人不考虑自己的行为对其他个人的积极或消极影响。在数据保护方面,当数据被用于改进现有服务或开发新服务时,在家庭或朋友群体甚至整个社会内部分享共同偏好之际,一个人披露个人数据也可能影响到其他人。[56] 此外,由于消费者不总是会完全理性,这种行为偏见可能做出不符合自身长期利益的决定。[57] 虽然《竞争法》旨在确保消费者选择的自由度,但《数据保护法》和《消费者保护法》应使个人能够作出有效抉择。总之,《竞争法》《消费者保护法》和《数据保护法》应当相辅相成、齐头并进,充分保护个人利益和消费者总体福利。

在以下部分中,这三部法律的互补性通过以下三方面来阐述:实现数据的可携带性、根据《运行条约》第102条评估剥削性滥用行为以及考察《数据保护法》和《消费者保护法》对并购审查的潜在影响。

---

[52] 委员会工作人员工作文件:《通用数据保护条例》和《关于在主管当局为预防、调查、侦查或起诉刑事犯罪或执行刑事处罚的目的处理个人数据以及自由移动这些数据方面保护个人的指示》所附的影响评估(影响评估报告),SEC(2012)72 final, p.28。

[53] 这种形式的数据可携性,与电讯业的电话号码可携性相似,可参见 Graef (2015b),505-508。

[54] 关于这种演变的描述,可参见 Benöhr (2013),45-68。

[55] 欲比较这方面的《竞争法》和《数据保护法》,可参见 Costa-Cabral/Lynskey (2017),21-22。

[56] Larouche/Peitz/Purtova (2016),30-31。

[57] See among others Acquisti/Brandimarte/Loewenstein (2015) and Acquisti/Taylor/Wagman (2016).

3 实现数据的可携带性

如上所述,《通用数据保护条例》在欧盟《数据保护法》的基础上引入了数据可携带权。与此同时,《竞争法》和《消费者保护法》可作为数据的可携带权的指引规范。

3.1 竞争法视角下的数据可携带性

《通用数据保护条例》第20条赋予数据主体有权通过结构化的、常用的以及机器可读的格式将其个人数据从一个数据控制者传输到另一个数据控制者。这项权利适用于通过自动手段进行处理并以同意或合同为基础[58]的情况。在技术可行的情况下,数据主体也有权将数据从一个数据控制者直接传输给另一个数据控制者。[59] 虽然其主要政策目标是确保数据主体对其个人数据享有自主控制权并信任在线环境,但数据可携带权可以通过允许用户在各种服务器之间自由切换以减少锁定效应。[60] 随着特定在线服务[61]的应用越来越频繁,即使有更好的隐私保护的替代服务,其收集的个人数据数量也可能会成为转移到另一数据控制者的障碍。正如欧盟委员会在其工作文件中明确指出,数据的丢失"实际上为用户锁定了特定的服务,使得用户更换服务提供商和从市场提供的更好服务中获益变得非常昂贵甚至不可能"。[62] 从这个角度看,数据的可携带性也具有竞争法上的深刻含义。

事实上,前任竞争事务专员在一次演讲中指出,数据可携带权"直击竞争政策的核心",而且"数据的可携带性对于那些要求消费者携带自身数据进行转换的有效竞争市场来说十分重要"。从一个更普遍的角度来看,他表示保留数据不应成为转向以用户上传个人数据为基础的市场的障碍。此外,用户不应仅仅因为曾经信任某家公司而将其个人数据局限于该公司内。时间会证明,这究竟是一个监管问题还是竞争政策问题。同时,数据可携带权作为数据保护法框架下的新兴权利,其并未消除竞争法为促进数据可携带性而进行的干预。具体而言,前任竞争事务专员明确指出,"随着时间的推移,个人数据很可能触发竞争法领域的争议。如出现客户因无法携带其个人数据而难以从一家公司转到另一家公司等情况"。[63]

因此,如果占支配地位的公司不允许用户在转换服务时携带其个人数据,欧盟委员会可能将依据《竞争法》进行干预。[64] 在Facebook与WhatsApp的并购裁决案中,欧盟委员会评估了数据的可携带性问题是否会造成消费者在消费者通信应用上转换的障碍。委员

---

[58] 《通用数据保护条例》第20条第1款。
[59] 《通用数据保护条例》第20条第2款。
[60] 影响评估报告,p.43。
[61] 关于如何适用新权利的进一步指导,见第29条工作组(2017年),其中对适用数据可携带性权的条件及其可能的实施了解释。
[62] 影响评估报告,p.28。
[63] Almunia (2012).
[64] Meyer (2012). See also Geradin/Kuschewsky (2013), 11.

会明确表示,至今尚无证据证明数据可携带权会成为消费者在通信应用上转换的障碍。据委员会称,"应用程序上的社交通常表现为短暂、自发的聊天,对于消费者而言并不具有长期价值"。委员会还认为,即使用户转而使用不同通信应用,其智能手机仍可查阅通信历史。最后,委员会考虑到联系人名单是可以确定的。[65] 尽管委员会并不认为如果限制数据可携带权的行使会构成在具体案件中转换的障碍,但从公司并购审查的调查事实中可以发现,《竞争法》或许可以解决数据可携带权所存在的障碍。

特别是,占支配地位的公司可以通过实施剥削消费者或者排斥竞争对手等行为,来拒绝实现数据的可携带性。在后一种情况下,缺乏数据可携带性可能导致竞争对手存在进入壁垒,并违反《运行条约》第 102 条第 2 款的规定,限制市场竞争和技术发展并损害消费者的利益。[66] 在此情况下,欧盟委员会可以强加一项责任给占支配地位的一方,使消费者有可能将其数据转移给竞争对手。

Google 的案例进一步论证了这点,欧盟委员会与 Google 通过谈判达成了协议,这些承诺将迫使这家搜索引擎提供商停止向广告商强加义务,因这些义务阻止广告商将广告活动转移到竞争平台。[67] 由于 Google 主动要求解禁关键词竞价广告,突破了对广告商难以管理多平台广告业务的限制,美国联邦贸易委员会结束了对 Google 的调查。[68] 搜索引擎提供方通过限制广告商将广告活动转移到另一个广告平台,增加其转换成本,这可能会让广告商决定延续目前的广告提供商,唯一的原因是他们发现在一个新平台上重新插入广告程序过于烦琐。

3.2 《数据保护法》与《竞争法》之比较

《数据保护法》和《竞争法》在实现数据可携带性的规定上差异显著。首先,《通用数据保护条例》赋予数据主体以数据可携带权,而竞争主管机构规定,如果占支配地位的信息提供方其行为构成《运行条例》第 102 条之下的滥用,则该信息提供方有义务允许用户携带该数据。其次,两部法律的适用范围不同。由于数据可携带性属于一种保护个人数据的手段,故而数据可携带权自然仅适用于传输个人数据。若传输非个人数据则不在数据可携带权的适用范围之列。此外,仍需注意的是,并非所有数据主体的个人数据均享有数据可携带权。正如《通用数据保护条例》第 20 条第 1 款明确规定的:数据主体仅有权获得他人已向信息控制者提供的个人数据。而数据控制者不仅拥有数据主体自身提供的个人数据,还有权获取数据主体在其平台上的行为信息(观测数据),以及为分析目的所创建的数据(推断数据)。根据数据可携带权的第 29 条准则,推断部分数据不属于数据可携带

---

[65] 欧洲委员会,案件编号 COMP/m. 7217 - Facebook/WhatsApp,2014 年 10 月 3 日,para.113 - 115 和 134。
[66] Yoo (2012),1154 - 1155 and Geradin/Kuschewsky (2013),11。
[67] Google 在 COMP/C - 3/39.740 Foundem 和其他案件中的承诺,2013 年 4 月 3 日,第 27—31 页。2013 年 10 月,Google 向欧盟委员会作出了更好的承诺,其中包括一项新的提案,提供更有力的保证,防止规避早先关于广告活动可携带性的承诺;见 Almunia (2013)。
[68] 美国联邦贸易委员会,新闻稿:Google 同意改变其商业惯例,以解决联邦贸易委员会在智能手机、游戏和手机、平板电脑等在线搜索设备市场的竞争问题,2013 年 1 月 3 日。

权的范围。然而,第 29 条立法专家组认为,本条中"提供的数据"应做广义理解,不仅包括"数据主体主动和明知提供的数据",还要包括"通过观察数据主体使用服务或设备而获取的观察数据"。⑥ 尽管第 29 条立法专家组提供了指导,数据可携带权的行使范围仍存在不确定性,例如:卖家欲在电子商务平台上运营商铺,卖家本人须向平台控制者提供其个人信息、联系信息和推广广告,而平台控制者会把卖家在运营过程中得到的正面或负面评分反馈添加到卖家的简介中。卖家简介中涉及卖家在某电子商务平台上建立的声誉等信息是否可享有数据可携带权,这仍然值得商榷。究因遵循严格解释,这类信息并非由数据主体提供,也不属于因他人使用服务或设备而获取的观察数据。⑦

这些限制在竞争执法中并未发挥作用,因为将竞争执法适用于所有数据是缺乏可携带性的情形,且不论该数据是否涉及已查明或可查明的自然人,也不论这些数据是否由该自然人提供。但是《竞争法》在这方面的适用范围要广得多。同时,谨记只有限制数据可携带性的行为构成滥用市场支配地位的情况下,才可适用《通用数据保护条例》第 102 条。相比之下,数据可携带权一般适用于基于双方合意或既有合同前提下以自动化手段进行的各种形式的数据处理。根据《通用数据保护条例》的规定,用户要想转移其数据,必须不存在支配或滥用情况。⑪ 因此,《数据保护法》和《竞争法》在实现数据可携带性方面相辅相成。此二法均有其优势及局限性,因此,一旦根据《通用数据保护条例》⑫实行,数据可携带权生效,在可能限制数据可携带权的同时适用《竞争法》仍然很重要。

3.3 消费者保护法的或然作用

此外,《消费者保护法》在执行数据可携带性时也发挥着重要作用。对此,需注意的是,《数字内容合同指令议案》中包括允许数据具有可携带性的规定,第 13 条第 2 款第 3 项要求供应商向消费者终止数字内容供应合同提供技术手段,以检索消费者提供的所有内容以及消费者使用数字内容所产生或生成的任何其他数据,但数据仍由供应商保留。该条文同时规定,消费者"有权保证在不造成重大不便的前提下于合理的时间内以通常使用的数据格式免费检索内容"。⑬《数字内容合同指令议案》第 3 条第 1 款明确指出,《数字内容指令》将适用于向消费者提供数字内容(如音乐或数字游戏)的任何合同,但消费者需要为此支付金钱或积极提供以个人数据或任何其他数据形式的金钱以外的对价。⑭ 就《数字内容合同指令议案》而言,"允许与其他服务用户以数字形式提供的数据共享和任何其他互动的服务"也被视为数字内容。⑮ 考虑到社交网络或通信应用属于其适用范围,《数字内容合同指令议案》将为消费者提供额外的保护,使其超越《通用数据保护条例》所

---

⑥ 这里提到在电子商务平台上作为销售者的自然人,否则《通用数据保护条例》将不适用。
⑦ See also Swire/Lagos (2013),347 - 349.
⑪ 这些都是根据《通用数据保护条例》第 20 条第 1 款第 1 项和第 2 项享有数据可携带权的前提条件。
⑫ Graef/Verschakelen/Valcke (2013),7 - 8.
⑬ 2015 年 12 月 9 日,欧洲议会和欧洲理事会关于提供数字内容合同某些方面的指令提案(数字内容指令提案)第 16 条第 4 款第 2 项,规定了长期合同中数据供应商格有提供数字内容的类似义务。
⑭《数字内容合同指令议案》第 3 款第 1 项。
⑮《数字内容合同指令议案》第 2 款第 1 项。

载的数据可携带权。

后一项权利仅涵盖数据主体提供的个人数据,《数字内容合同指令议案》第13条第2款第3项还允许消费者在平台控制者保留的范围内,检索使用非仅由该消费者提供的其他任何数据。然而,在理事会2017年6月通过的文件中规定,只要不构成消费者在使用供应商提供的数字服务时上传或创建的个人数据,检索义务适用的数据范围可为任何数字内容。理事会提出的这一新提法似乎意味着推断数据将不包括在内。因此,立法讨论将如何演变以及数据检索义务的最终范围将如何等问题,仍有待后观。

此外,《数字内容合同指令议案》并不授权消费者将其数字内容直接传送给新的供应商。相比之下,《通用数据保护条例》第20条规定,在技术可行时,数据当事人有权要求直接转移所提供的个人数据。这些范围上的差异可以用这两个文书的基本目标来解释。虽然数据可携带权旨在让数据主体对其个人信息享有更多的自主控制权,但《数字内容合同指令议案》中的相关条文旨在确保消费者因行使合同解除权而得到更有效的保护。[76]

而当下,《消费者保护法》可以填补《数据保护法》和《竞争法》在执行数据可携带性方面的缺憾。《消费者保护法》不会受到《数据保护法》固有局限性的影响,《数据保护法》仅涵盖个人数据,且与竞争执法不同,《数据保护法》能够使所有平台提供者在一般基础上实现数据的可携带性,而不论该平台是否具有市场支配地位和滥用行为。因此,《消费者保护法》可能会成为实现数据可携带性的最有效保障。虽然《数字内容合同指令议案》中已规定用户有能力检索平台控制者所提供的内容和其离开服务时产生的数据。但《消费者保护法》可以设计出一种更真实且强有力的数据可携带形式,方便用户能够在服务器之间直接转移其数据。

4 根据《欧盟运行条约》第102条评估剥削性滥用行为

尽管从主管当局的重视程度与对违法行为的制裁强度来看,《竞争法》被认为是这三部法律中最为有力的执法依据,但它也有其缺憾。其中之一便是涉及根据《欧盟运行条约》第102条评估特定形式的滥用行为。

4.1 垄断高价

一个公司可能通过排斥竞争对手、剥削供应商或客户来滥用其在某一特定市场上的支配地位。虽然排他性和剥削性的滥用行为可能具有同样的反竞争效果,但竞争主管部门很少打击损害消费者权益的行为,而侧重于处理占支配地位的企业导致竞争者退出市场的行为。对此,值得注意的是,欧盟委员会并未规定任何滥用剥削行为,而直到2009年才发布《运行条约》第102条规定的排斥行为指导文件。究因于确定某种剥削行为在何种程度上会变成反竞争行为存在难度。这些问题在评估与收集、使用数据有关的可能滥用

---

[76]《数字内容合同指令议案》说明第39条。

支配地位情形等方面也具有价值。其中,已查明的剥削性滥用的潜在形式是过度从使用者那里获取个人信息。⑰

由于在网络环境中个人数据逐渐货币化,因此剥削性滥用可能涉及过度收集有关消费者的信息,而非产品或服务收取的货币价格。⑱ 正如竞争事务专员 Vestager 在一次演讲中明确指出的:消费者用其个人数据支付并非难事,只要消费者认为其以个人数据进行交易获得了合理价格即可。⑲

关于垄断高价,法院在 United Brands 案中主张,根据《运行条约》第 102 条⑳的相关规定:"若所供应的产品其经济价值与所定高价之间无合理关系"即属滥用。欧洲数据保护监督员在其关于"大数据时代的隐私和竞争力"的初步意见中指出,United Brands 案中法院的这一声明意味着倘使认为提供个人数据而付出的"代价"相对于所消费服务的价值而言过高,则可能发生剥削性滥用。㉑ 但是,要确定数据提取的范围在什么情况下不再与服务值一致将很复杂。

即便可通过调查和试验,以征询消费者是否愿意透露某些信息来换取某一特定服务㉒,也很难证明这种征询行为是否属于与提取个人数据有关的剥削性滥用行为。正如向德国政府和立法机构提供竞争政策咨询的独立专家委员会——"垄断委员会"所解释的那样,在线环境中提供的服务可能非常复杂或只针对具体用户,因此需要根据具体情况或用户对有关服务的价值进行评估。㉓ 此外,消费者对数据保护的不同偏好可能需要进行基于特定用户的分析。虽然有些消费者不会认为某种特定形式的数据收集过度,因其重视数据收集所带来的更高层次的相关性与个性化,但对于对数据保护问题更为敏感的消费者来说,情况可能有所不同。根据目前的竞争法标准,已经很难确定价格过高的性质,更遑论某一公司收集个人数据的过度性质。为解决此问题,《数据保护法》和《消费者保护法》中规定的相关标准可能有助于竞争主管机构确定某种形式的数据收集是否属于《运行条约》第 102 条规定的反竞争行为。

4.2 《数据保护法》与《消费者保护法》的判定基准

在这种背景下,有人建议以数据保护原则来检验是否存在滥用行为。欧洲数据保护主管 Buttarelli 在 2015 年的一次讲话中㉔表示:"我们应该防范可能涉及违反数据保护规则的潜在滥用支配地位案件。"㉕2012 年,时任英国竞争事务专员 Almunia 已经提到了这

---

⑰ 指引文件,para.28。
⑱ See Autorité de la concurrence and Bundeskartellamt (2016), 25; UK House of Lords Select Committee on European Union (2016), para.180; Monopolkommission (2015), para.326 and 329 and Burnside (2015), 6.
⑲ Vestager (2016).
⑳ ECJ, United Brands v. Commission, C-27/76, ECLI:EU:C:1978:22, para.250.
㉑ 欧洲数据保护监管机构(2014),29。
㉒ See OECD (2013), pp.29-32.
㉓ Monopolkommission (2015), para.329.
㉔ See also Costa-Cabral/Lynskey (2017), 33-37.
㉕ Buttarelli (2015a),3.

样一种可能性，即“一家占主导地位的公司当然可以考虑违反私法，以获得相对于竞争对手的优势”。[86] 通过收集超过数据主体同意范围的个人数据，公司可以更深入地了解个人的喜好。

2016 年 3 月 Bundeskartellamt 对 Facebook 滥用其在社交网络市场的支配地位展开的调查似乎也基于类似考虑。尤其是 Bundeskartellamt 怀疑 Facebook 的相关服务条款对用户随意施加不公平条款，认为其违反了《数据保护法》。Bundeskartellamt 认为，若可确定所指称的数据保护侵权与 Facebook 可能的支配地位之间存在联系，那根据《竞争法》，Facebook 使用非法条款或条件也可被视为滥用支配地位。2017 年 12 月，Bundeskartellamt 达成初步评估，认为 Facebook 从第三方来源处收集和使用数据属于滥用。Bundeskartellamt 表示，Facebook 正在滥用其支配地位，它利用其社交网络的条件是允许它收集使用第三方网站生成的各种数据，并将其与用户的 Facebook 账户合并。假定用户实际上同意这种形式的数据收集和处理不合理，用户仅可选择接受“整套服务”或不能使用 Facebook。[87] 因此，Bundeskartellamt 主张，以《数据保护法》为基准，同时根据《运行条约》第 102 条，可评估占支配地位的公司的某些剥削行为是否应被视为反竞争行为。

这项调查似乎涉及消费者在平台收集其个人数据的类型及范围方面是否收到充分告知的问题。在确定滥用支配地位的情况下，联邦卡特尔事务局在判定消费者是否遭遇反竞争剥削时所依据的基准将是《数据保护法》规定的同意的有效性要件。特别是调查的主要焦点在于征求 Facebook 用户同意时是否按照《通用数据保护条例》第 4 条第 11 款的要求尽到了充分告知义务。

或者，竞争主管机构亦可适用《通用数据保护条例》第 5 条第 1 款第 2 项所载的目的限制原则、第 5 条第 1 款第 3 项所载的数据最小化原则，作为根据《通用数据保护条例》第 102 条确定滥用情况的基准。根据这些原则，数据控制者必须将个人数据的收集限制在完成特定和合法目的所必需的范围内，并且不得保留超过完成该目的所需的时间。换句话说，如果一家公司提取的个人数据超出了达到某一目的所需的数据量，或者保存时间超过了达到这一目的所需的时间，那么它就违反了目的限制原则和数据最小化原则。这种违反《数据保护法》的行为反过来也可能表明数据的提取是否过度，并可能构成《竞争法》规定的剥削性滥用行为。

关于《消费者保护法》中所涉及的原则可作类比。欧洲数据保护监管机构负责人 Buttarelli 在发言中还提到，不容谈判和误导性的隐私政策构成了滥用支配地位的一种潜在形式。根据《运行条约》第 102 条，似乎很难确定隐私政策的变化在何种程度上应承担竞争法责任。[88] 在这方面，《不正当商业行为指令》第 6 条第 1 款可能有所帮助。根据这项规定，对于第 1 项至第 7 项所述的多项要素，例如产品的性质或其主要特征，商业惯例必

---

[86] Almunia (2012).

[87] Bundeskartellamt，新闻稿：Bundeskartellamt 因涉嫌违反数据保护规则滥用其市场地位而对 Facebook 提起诉讼，2016 年 3 月 2 日和 Bundeskartellamt，新闻稿：对 Facebook 诉讼的初步评估：Facebook 收集和使用来自第三方来源的数据属于滥用，2017 年 12 月 19 日。

[88] Buttarelli (2015b)，第 5 点关于不可协商的隐私政策；Buttarelli (2015a)，第 3 点关于误导性隐私政策。

须"被视为具有误导性,因而不真实或以任何方式,包括整体陈述,欺骗或可能欺骗普通消费者,即使该信息事实上是正确的"。在竞争和消费者保护规则由同一主管机构执行的成员国,这一点尤其重要。例如,可以参考意大利竞争和消费者保护管理局 2017 年 5 月做出的两项判决,即对 WhatsApp 处以 300 万欧元的罚款,理由是其涉嫌不公平的商业行为。第一项判决是,WhatsApp 强迫用户接受新的条款,否则他们就不能继续使用这项服务。第二项判决针对的是所谓的不公平合同条款,比如 WhatsApp 单方面改变合同条款的权利、WhatsApp 终止服务的专有权利、WhatsApp 承担责任的排除和限制、WhatsApp 无故中断服务的可能性以及在发生纠纷时的管辖权选择,这些纠纷目前完全归美国法院管辖。[89] 这些决定并不涉及《竞争法》的潜在违法行为,而是涉及《消费者保护法》的违法行为,《消费者保护法》也是主管当局的职责。然而,这两种制度是由一个主管机构执行的,这一事实意味着有关的专业知识可以依赖消费者保护原则来确定,这对于加强竞争制度的有效性是可取的。[90]

利用《数据保护法》或《消费者保护法》的原则作为分析在竞争法下是否存在滥用支配地位行为的基准,可以克服竞争主管机构目前在评估剥削性滥用方面面临的障碍。这种做法可以帮助竞争执法工作应对数字市场中新兴的反竞争行为。与此同时,为避免占支配地位的企业实施任何与竞争执法相抵触的违法行为,必须谨慎行事。因此,对个人数据和隐私政策的商业操作仍然应是数据保护和消费者保护当局的当务之急。然而,倘若能确定违反《数据保护法》或《消费者保护法》的行为与侵权者在相关市场上的支配地位之间存在强有力的联系,那有理由认为违反《数据保护法》或《消费者保护法》能够成为违反《运行条约》第 102 条的相关考量因素。[91]

5 考察《数据保护法》与《消费者保护法》对并购审查的潜在影响

与《竞争法》相比,《数据保护法》和《消费者保护法》的主要弱点在于前瞻性分析的范围过于局限。具体而言,欧盟消费者法律指令以及《通用数据保护条例》并未赋予各自的监督当局相应的权限去采取结构性措施,以防止今后可能会出现的消费者或数据保护问题。消费者和数据保护当局只有在公司违反规则,勒令其改变对待消费者或处理个人数据的方式后,才能实施行为补救和制裁。另外,竞争规则下的并购分析具有前瞻性,欧盟合并规则明确规定了阻止与不相容的共同市场相合并的可能性。根据《欧盟并购条例》第 8 条第 3 款和第 2 条第 3 款,委员会必须宣布拟议的集中申请不符合共同市场,因其认为集中会因建立或加强支配地位而严重妨碍有效竞争。由于公司的并购审查在这方面的相对优势,便产生了消费者和数据保护问题是否可以在竞争主管机构进行的公司的并购分

---

[89] 2017 年 5 月 12 日,WhatsApp 因强迫用户与 Facebook 共享其个人数据而被罚款 300 万欧元。
[90] 另一方面,参见 Zingales (2017), 557 - 558,其中讨论了意大利竞争和消费者保护机构的决定如何表明竞争和数据保护考虑在消费者法中的相关性。
[91] 在美国联邦调查局公布的针对 Facebook 滥用支配地位的调查中,2016 年 3 月,Bundeskartellamt,见 Graef/Van Alsenoy (2016)。

析中加以考虑的这一问题。由于在这方面并购审查的力度相对较大,因此产生了一个问题,即竞争主管机构在进行并购审查分析时是否可以考虑消费者和数据保护问题。

5.1 委员会和法院目前持反对态度

欧盟委员会和法院已就数据保护问题在欧盟竞争法中可能发挥的作用表明了态度。欧盟委员会在评估 Google 与 DoubleClick、Facebook 与 WhatsApp 以及 Microsoft 与 LinkedIn 的并购案时,并未考虑到数据保护利益问题。在 Google 和 DoubleClick 并购案中,欧盟委员会指出,其所作出的决定仅提及根据欧盟竞争规则对该交易的评估,不影响欧盟和各国在数据保护和隐私领域的立法对 Google 和 DoubleClick 规定的义务。在这方面,委员会明确指出:"无论并购是否获得批准,新实体在其日常业务中有义务尊重所有规范性文件承认的其使用者的基本权利,即不限于隐私和数据保护。"[92]在 Facebook 与 WhatsApp 的并购决定中,欧盟委员会同样指出:"由于交易导致 Facebook 控制范围内的数据越来越多,任何与隐私相关的事项都不属于欧盟竞争法规则,而属于欧盟数据保护规则的范围。"[93]在 Microsoft 与 LinkedIn 并购案的背景下,欧盟委员会在其新闻稿中再次辩称:"与隐私有关的事项本身不属于欧盟竞争法的范围。"但其继续指出,只要消费者认为这属于一个重要因素,且合并双方在这一因素上能够产生相互竞争,那该因素可以被纳入竞争评估中。[94] 然而,此处涉及的问题不仅仅是在一般的竞争分析中能否将数据保护作为一个竞争因素纳入,而是关系到是否可以将竞争执法作为一种更有力的数据保护形式。

虽然委员会在处理这些案件中并未考虑数据保护利益问题,但分析了与数据有关的竞争问题。在 Google 与 DoubleClick 并购案中,委员会分析了并购双方以前各自独立的数据潜在组合对市场的影响。欧盟委员会认为,将来自 Google 的搜索行为信息和 DoubleClick 的网络浏览行为信息结合起来,不会给并购后的实体带来竞争对手无法匹敌的竞争优势。因为在审查并购时,Google 的部分竞争对手已获得该种数据组合。欧盟委员会认为,并购后的数据组合不太可能为 Google 的相关网络广告带来更多流量,从而形成排挤竞争对手,最终使并购后的新实体通过中介服务收取更高价格的态势。[95]

在 Facebook 与 WhatsApp 的并购案中,欧盟委员会根据两种危害理论分析了潜在的数据集中问题,"根据这两种理论,Facebook 可以加强其在网络广告中的影响力",即在 WhatsApp 上投放广告和/或使用 WhatsApp 作为潜在的用户数据来源,以提高 Facebook 在 WhatsApp 之外的广告活动的针对性。基于此,委员会认为,并购不会引起竞争方面的担忧,因为并购之后,网络上将继续有足够数量的替代 Facebook 的竞争者提供有针对性的广告,且大量对广告目的有价值的互联网用户数据并不在 Facebook 的独家控制范围

---

[92] 欧盟委员会,案件编号 COMP/m. 4731-Google/DoubleClick,2008 年 3 月 11 日,第 368 页。
[93] 欧盟委员会,案件编号 COMP/m. 7217-Facebook/WhatsApp,2014 年 10 月 3 日,第 164 页。
[94] 欧盟委员会(2016),新闻稿(IP/16/4284)合并:委员会批准 Microsof 收购 LinkedIn,但附加相应条件,2016 年 12 月 6 日。
[95] 欧盟委员会,案件编号 COMP/m. 4731-Google/DoubleClick,2008 年 3 月 11 日,第 364—366 页。

之内。⑯

在 Microsoft 与 LinkedIn 的并购案中，欧盟委员会调查了与接入 LinkedIn 数据库的几个因素。在专业社交网络领域，委员会表示担心 Microsoft 会将 LinkedIn 整合到 Microsoft Office 中，继而合并两个用户数据库。特别是，欧盟委员会担心 LinkedIn 用户群的增加将使后来的竞争者更难提供专业社交网络服务，并将把市场推向 LinkedIn 在奥地利、德国和波兰等 LinkedIn 的竞争对手所在的成员国。如果排挤 LinkedIn 的竞争对手，不让其访问 Microsoft 的应用程序编程接口，而这些接口是其访问存储在 Microsoft 云中用户数据的必须路径，那在这种情况下后来竞争者将更难获取公平竞争的机会。欧盟委员会发现，若无并购，这些措施将无法使 LinkedIn 扩大用户群和活跃度。⑰ 为解决此问题，Microsoft 承诺给予竞争对手——专业社交网络服务提供商 5 年的访问权限。后者是软件开发者建立应用程序和服务的门户，这些应用程序和服务可以访问存储在 Microsoft 云中的数据，如联系信息、日历信息、电子邮件等等。委员会期望软件开发者可以使用这些数据来驱动用户和使用他们的专业社交网络。⑱ 至于客户关系管理软件解决方案，欧盟委员会重点关注 Microsoft 在并购后是否会通过拒绝竞争对手访问完整的 LinkedIn 数据库，阻止其开发高级客户关系管理功能，进而达到排挤效果。欧盟委员会同时发现，获得完整的 LinkedIn 数据库并非市场竞争之必要条件。⑲ 关于在线广告，委员会认为，当事方可用于广告目的的用户数据并不存在竞争问题，理由是交易后市场上将继续存在大量此类用户数据。此外，欧盟委员会认为，这笔交易不会减少第三方可用的数据量，因为 Microsoft 和 LinkedIn 都没有在欧盟公司的并购时将其数据提供给第三方用于广告目的。⑳

在做出并购决定之前，欧洲法庭已经在 2006 年就欧盟竞争政策中数据保护利益的范围在一项涉及金融机构之间交换客户偿付能力信息的协议的初步裁决中做出了声明。在 Asnef-Equifax 的判决中，法院指出"任何可能涉及个人数据敏感性的问题，本身并不属于竞争法范畴，但可根据有关数据保护的条款加以解决"。㉑ 由此观之，最高法院更倾向于数据保护问题的解决原则上应根据数据保护立法而非竞争规则。同时，国际法院的声明并不意味着数据保护与竞争执法毫无关系，而是主张适用竞争法以实现该法规定的基本目标。㉒ 实质上，欧盟委员会将纯粹与数据保护相关的利益放在一边，而是仅评估 Google 与 DoubleClick、Facebook 与 WhatsApp 以及 Microsoft 与 LinkedIn 合并案中的数据集合

---

⑯ 欧盟委员会,案件编号 COMP/m. 7217 - Facebook/WhatsApp,2014 年 10 月 3 日,第 167 —189 页。
⑰ 欧盟委员会,案件编号 COm. 8124 - Microsoft/LinkedIn,2016 年 12 月 6 日,第 337—351 页。
⑱ 欧盟委员会,案件编号 COM. 8124 - Microsoft/LinkedIn,2016 年 12 月 6 日,第 414 页和 437 页。会议还作出了其他承诺,以解决其他已确定的竞争担忧,即关于可能将 LinkedIn 功能纳入 Office 的关切,以及关于可能在 Windows pc 上预装 LinkedIn 应用程序的关切(见该决定第 409—421 页和 434—438 页)。
⑲ 欧盟委员会,案件编号 m. 8124 - Microsoft/LinkedIn,2016 年 12 月 6 日,第 274—276 页。
⑳ 欧盟委员会,案件编号 m. 8124 - Microsoft/LinkedIn,2016 年 12 月 6 日,第 176—180 页。
㉑ ECJ, Asnef-Equifax v. Asociación de Usuarios de Servicios Bancarios, C - 238/05, ECLI:EU:C:2006:734, para. 63.
㉒ Burnside (2015),3 - 4.

或数据集中可能导致的竞争。

5.2 消费者和数据保护作为合法利益被纳入合并审查范围

并购审查不妨碍各方依据《数据保护法》承担义务,根据《欧盟并购条例》批准交易并不妨碍消费者或数据保护当局各自开展调查,以审查集中是否引起任何消费者权益保护或数据保护问题。为了在这方面更好地协调欧盟委员会作为竞争主管机构与国家消费者和数据保护主管机构之间的关系,成员国可以援引《欧盟并购条例》第 21 条第 4 款。根据这一规定,成员国有权采取适当措施保护《欧盟并购条例》中未规定的合法利益。NewsCorp(新闻集团)与 BSkyB(英国天空广播公司)的并购可作此例证。委员会在其并购决定中明确指出,其对新闻集团收购英国天空广播公司的并购审查完全基于《欧盟并购条例》之相关规定,不影响对英国有关当局进行的媒体多元化审查。[103] 虽然委员会根据竞争评估批准了并购,但英国广播、通信和邮政行业的监管和竞争主管机构英国通信管理局(Ofcom)要求新闻集团采取补救措施,以解决媒体多元化问题。[104]

《欧盟并购条例》第 21 条第 4 款规定的合法利益包括公共安全、媒体多元化及审慎规则。任何其他公共利益必须由有关成员国提交委员会,然后由委员会评估其是否符合共同体法律的一般原则和其他规定。消费者和数据保护没有被明确提及为合法利益,这意味着成员国有权为此目的在国家采取适当措施之前,将此类潜在公共利益通知委员会。

必须指出,成员国根据《欧盟并购条例》第 21 条第 4 款进行的并购审查分析须以国家法律为基础,在欧盟并购审查框架之外进行。如果委员会确实接受消费者或数据保护等新的公共利益作为在国家一级采取措施保护非效率因素的合法依据,成员国可以根据本国法律对并购规定附加条件,甚至可以在完全禁止交易以保护有关公共利益的情况下阻止合并。然而,由于欧盟《消费者保护法》和《数据保护法》未规定国家主管当局有权采取任何预期或结构性措施,因此如果消费者或数据保护当局在欧盟委员会根据《欧盟并购条例》批准并购时没有引起消费者或数据保护问题,它似乎不可能对并购施加相关限制条件,更遑论阻止并购。

因此,消费者或数据保护当局只有在交易本身违反消费者或数据保护规则的情况下,才有权根据《欧盟并购条例》第 21 条第 4 款对合并施加条件。如果监督机构仅仅预期在并购完成之后可能出现某些消费者或数据保护问题,那其唯一的选择即监测并购后的新实体能否继续履行其消费者或数据保护义务。一旦有迹象表明该新实体违反了有关规则,主管当局有权在《欧盟并购条例》第 21 条第 4 款的框架之外,依据《消费者保护法》或

---

[103] 欧盟委员会,案件编号 COMP/m. 5932 - News Corp/BSkyB,2010 年 12 月 21 日,第 309 页。
[104] 据报道,2011 年 6 月,新闻集团已与英国通信办公室达成协议,同意放行这项收购,条件是将英国天空广播公司旗下的新闻服务机构天空新闻(Sky News)剥离成一家独立的公司[见 Sabbagh/Deans (2011)]。然而,2011 年 7 月,在爆出新闻集团英国报业集团的电话窃听丑闻之后,新闻集团撤回了对英国天空广播公司的收购要约(参见《新闻集团撤回对英国天空广播公司的收购要约》,BBC 新闻,2011 年 7 月 13 日,http://www.BBC.com/News/business - 14142307)。

《数据保护法》展开调查。故而,后一条款下的程序似乎只适用于在根据欧盟并购审查向委员会通报时已经引起消费者或数据保护问题的并购情形。

尽管欧盟委员会和法院目前对将数据保护利益纳入《竞争法》犹豫不决,但除此以外,竞争分析中是否应该考虑纳入对数据保护利益和其他非效率问题的保护,比如对消费者权益的保护,也值得深入探讨。当某些并购限制条件被强加给公司时,引起了相关经济效益的问题。在此情况下,委员会作为竞争主管机构,可以通过附加特定条件以解决经济效益问题,同时保证《消费者保护法》和《数据保护法》的有效性。特别是,欧盟委员会可以让其成员国的消费者或数据保护主管当局参与、实施甚至是监测公司并购的补救措施,这些补救措施也会影响消费者或数据保护利益。通过这种方式,可以解决目前有关消费者和数据保护的法律在未来和结构性措施方面的局限性。

5.3 与数据保护相关并购补救措施的说明

为了说明如何利用并购补救措施进一步保护数据利益,可以参考 Google 与 DoubleClick 合并案中涉及数据集的考虑因素。前美国联邦贸易委员会委员 Pamela Jones Harbour 在其反对声明中建议,为防止任何反竞争行为的发生,在 Google 和 DoubleClick 的数据之间建立一道防火墙或设置一项许可权是有必要的。[105] 在这种情况下,若认为数据集是为了加强并购后实体在特定相关市场中的地位,从而严重阻碍有效竞争,委员会可以出于经济效益考虑,要求并购各方将其数据库分开保存。需要注意的是,在并购各方的数据集之间建立一道防火墙也将防止个人数据被用于超出欧盟《数据保护法》规定外的其他目的。其后,委员会可以让数据保护主管当局参与或实施相应的并购补救措施。此举可以完善旨在解决经济效益问题的补救措施,其中包括承诺并购后实体如何处理个人数据的问题。为了确保并购后实体确实按照承诺单独保存其数据集,可以赋权国家数据保护主管当局以监测、确保不同服务器之间不交换个人数据。这还将使数据保护当局能够要求并购后实体采取先发制人的措施,防止个人数据因并购而被用于与初始目的不相容的目的。

事后看来,鉴于自 2014 年 10 月欧盟委员会批准并购以来的事态发展,Facebook 与 WhatsApp 并购案中采取这种补救措施可能是适当的。2016 年 8 月 WhatsApp 宣布了隐私政策的变化,这使得 Facebook 能够使用 WhatsApp 的数据来更好地锁定 Facebook 和 Instagram 上的广告。[106] 尽管 Facebook 的首席执行官 Mark Zuckerberg 在收购通知中保证 WhatsApp 使用用户个人数据的方式不会发生变化,[107] 但 WhatsApp 公布的新隐私政策不仅引起了国家数据保护和消费者权益部门的关注,也引起了竞争委员会委员 Vestager 的关注。尽管欧盟委员会在其并购决定中辩称,即使 Facebook 开始收集 WhatsApp 的数据以

---

[105] 联邦贸易委员会委员 Pamela Jones Harbour,Google/DoubleClick,FTC File no.071-0170,2007 年 12 月 20 日。
[106] WhatsApp blog, Looking ahead for WhatsApp, 25 August 2016, available at:https://blog.whatsapp.com/10000627/Looking-ahead-for-WhatsApp?l=en.
[107] Guynn(2014).

改进自己的服务[108],这项交易也不会引发竞争担忧。欧盟委员会专员[109]还与Facebook联系,以了解更新WhatsApp隐私政策[110]的决定背后的原因。2017年5月,委员会以Facebook在2014年合并调查期间提供不正确或误导性信息为由,对Facebook处以1.1亿欧元的罚款。尽管Facebook已经通知委员会,它将不会建立Facebook用户账户和WhatsApp用户账户之间的可靠的自动匹配,但WhatsApp在2016年8月更新的服务条款中包含了将WhatsApp用户的电话号码与Facebook用户身份联系起来的可能性。在此基础上,委员会发现,自动匹配Facebook和WhatsApp用户身份的技术可能性在2014年就已经存在,Facebook的工作人员也意识到了这种可能性。然而,提供误导性信息这一事实并不影响2014年的交易授权,因该决定所依据的要素不仅仅是自动用户匹配,而且同时委员会进行的"even if"评估假定用户匹配是可能的。[111]

然而,仍存疑的是,委员会在未开展深入调查及探讨可能的并购补救措施的情况下即批准合并是否过于乐观。[112]若欧盟委员会对Facebook与WhatsApp并购案中的数据集中问题采取更积极的立场,其本可以阻止或至少限制Facebook单方面决定改变WhatsApp的隐私政策。考虑到Facebook使用WhatsApp数据增加了潜在的竞争压力,并购后的补救措施涉及了如何使用个人数据。目前,在并购补救措施缺位的情况下,委员会和国家数据和消费者保护权威机构的唯一办法即对Facebook是否遵守相关规则进行事后监测。考虑到数据保护和消费者规则仍需要国家层面的强制执行,问题会更加复杂。究因于各国当局对Facebook执法的力度和强度相异,消费者的维权效果也会有所差别。

6 结论

尽管《竞争法》《消费者保护法》和《数据保护法》分属不同法律,各有其法律概念及补救措施,但三者有着共同的目标。这三部法律在保护公众和促进实现内部市场方面相辅相成。因此,在已确定的三种综合策略中,不同法律协同作用,以望达到数字市场中个人福利保护的预期目标。

在实现数据可携带性方面,《数据保护法》和《竞争法》因其适用范围部分阙如而存在的固有缺陷,可通过在《消费者保护法》中引进特定形式的数据可携带权来弥补。

反言之,根据《运行条约》第102条对剥削性滥用行为进行评估时,竞争主管机构可将《数据保护法》和《消费者保护法》中的某些原则作为基准,据此确定在何种程度上某种形

---

[108] 除了上文第4.2节提到的意大利加兰特·德拉协调和蒙卡托机构的执法行动之外,其他会员国的一些当局已开始对Facebook进行调查。有关这些不同国家案例的概述,请参阅Zingales(2017),554—555。特别是,第29条工作组正在协调国家数据保护当局的执法行动;见第29条工作组主席致WhatsApp的信,2016年10月27日。

[109] 欧盟委员会,案件编号COMP/m. 7217 - Facebook/WhatsApp,2014年10月3日,第187—189页。White/Levring(2016)。

[110] White/Levring(2016)。

[111] 欧盟委员会,新闻稿(IP/17/1369),并购:委员会罚款Facebook something 110,2017年5月18日。

[112] Facebook和WhatsApp的合并是根据《欧盟并购条例》第6条第1款第2项获得批准的,参见欧洲委员会案例编号COMP/m. 7217 - Facebook/WhatsApp,2014年10月3日,第191页。

式的数据提取或与占支配地位企业之隐私政策有关的行为应当被视为反竞争行为。

最后,在并购审查方面,对《欧盟并购条例》第21条第4款的解释可以使消费者或数据保护主管当局有法律依据审查当事人所提交的集中申请对消费者或数据保护的影响。由于欧盟《消费者保护法》和《数据保护法》并未规定采取结构性或预期补救办法的可能性,这一规定并不赋权机构出于保护消费者或数据的考虑阻止合并,也未能使机构有权采取补救办法解决今后可能出现的消费者或数据保护问题。更理想的合作形式是,委员会让消费者或数据保护主管当局参与实施或监测影响消费者或数据保护利益的并购补救办法。除了为消费者提供更加统一的保护形式之外,这还将使消费者和数据保护当局可在尚未确定具体规则时也能进行更加积极主动的监测。

参考文献

Acquisti, A./Brandimarte, L./Loewenstein, G. (2015), Privacy and human behavior in the age of information, 347 Science, 509–514.

Acquisti, A./Taylor, C./Wagman, L. (2016), The Economics of Privacy, 54 Journal of Economic Literature, 442–492.

Benöhr, I. (2013), EU Consumer Law and Human Rights, Oxford Studies in European Law.

Burnside, A. J. (2015), No Such Thing as a Free Search: Antitrust and the Pursuit of Privacy Goals, 5 CPI Antitrust Chronicle, 1–8.

Costa-Cabral, F./Lynskey, O. (2017), Family Ties: The Intersection Between Data Protection and Competition in EU Law, 54 Common Market Law Review, 11–50.

Cseres, K. J. (2007), The Controversies of the Consumer Welfare Standard, 3 Competition Law Review, 121–173.

Geradin, D./Kuschewsky, M. (2013), Competition Law and Personal Data: Preliminary Thoughts on a Complex Issue, SSRN Working Paper February 2013, availabe at: http://papers.ssrn.com/sol3/papers.cfm? abstract_id=2216088.

Graef, I. (2015a), Market Definition and Market Power in Data: The Case of Online Platforms, 38 World Competition, 473–506.

Graef, I. (2015b), Mandating portability and interoperability in online social networks: Regulatory and competition law issues in the European Union, 39 Telecommunications Policy, 502–514.

Graef, I. (2016), EU Competition Law, Data Protection and Online Platforms: Data as Essential Facility, Kluwer Law International.

Graef, I./Verschakelen, J./Valcke, P. (2013), Putting the Right to Data Portability into a Competition Law Perspective, Law. The Journal of the Higher School of Economics. Annual Review, 53–63, available at: https://papers.ssrn.com/sol3/papers.cfm? abstract_id=2416537.

Kuner, C./Cate, F. H./Millard, C./Svantesson, D. J. B./Lynskey, O. (2014), When two worlds collide: the interface between competition law and data protection, 4 International Data Privacy Law, 247–248.

Larouche, P./Peitz, M./Purtova, N. (2016), Consumer privacy in network industries, CERRE Policy Report 25 January 2016, available at: http://www.cerre.eu/sites/cerre/files/160125_CERRE_Privacy_Final.pdf.

Nazzini, R. (2011), The Foundations of European Union Competition Law. The Objective and Principles of Article 102, Oxford University Press.

Rousseva, E./Marquis, M. (2013), Hell Freezes Over: A Climate Change for Assessing Exclusionary Conduct under Article 102 TFEU, 4 Journal of European Competition Law & Practice, 32-50.

Swire, P./Lagos, Y. (2013), Why the Right to Data Portability Likely Reduces Consumer Welfare: Antitrust and Privacy Critique, 72 Maryland Law Review, 335-380.

Van Rompuy, B. (2012), Economic Efficiency: The Sole Concern of Modern Antitrust Policy? Non-efficiency Considerations under Article 101 TFEU, Kluwer Law International Blurring Boundaries of Consumer Welfare 150.

Yoo, C.S. (2012), When Antitrust Met Facebook, 19 George Mason Law Review, 1147-1162

Zimmer, D. (2012), The Goals of Competition Law, Edward Elgar.

Zingales, N. (2017), Between a rock and two hard places: WhatsApp at the crossroad of competition, data protection and consumer law, 33 Computer Law & Security Review 2017, 553-558.

其他参考资料

Almunia, J. (2012), Speech: Competition and personal data protection, Privacy Platform event: Competition and Privacy in Markets of Data Brussels, 26 November 2012, available at: http://europa.eu/rapid/press-release_SPEECH-12-860_en.htm.

Almunia, J. (2013), Speech: The Google antitrust case: what is at stake?, 1 October 2013, available at: http://europa.eu/rapid/press-release_SPEECH-13-768_en.htm.

Article 29 Working Party, Guidelines on the right to data portability, 5 April 2017, 16/EN WP 242 rev.01

Article 29 Working Party, Letter of the Chair of the Article 29 Working Party to WhatsApp, 27 October 2016, available at: https://www.cnil.fr/sites/default/files/atoms/files/20161027_letter_of_the_chair_of_the_art_29_wp_whatsapp.pdf.

Autorità garante della concorrenza e del mercato (2017), Press release: WhatsApp fined for 3 million euro for having forced its users to share their personal data with Facebook, 12 May 2017, available at: http://www.agcm.it/en/newsroom/press-releases/2380-whatsapp-fined-for-3-million-euro-for-having-forced-its-users-to-share-their-personal-data-with-facebook.html.

Autorité de la concurrence and Bundeskartellamt (2016), Competition Law and Data, available at: http://www.autoritedelaconcurrence.fr/doc/reportcompetitionlawanddatafinal.pdf.

Bundeskartellamt (2016), Press release: Bundeskartellamt initiates proceeding against Facebook on suspicion of having abused its market power by infringing data protection rules, 2 March 2016, available at: http://www.bundeskartellamt.de/SharedDocs/Meldung/EN/Pressemitteilungen/2016/02_03_2016_Facebook.html?nn=3591568.

Buttarelli, G. (2015a), Keynote speech at Joint ERA-EDPS seminar, workshop Competition Rebooted: Enforcement and personal data in digital markets Brussels, 24 September 2015, Availableat: tpps://secure.edps.europa.eu/EDPSWEB/webdav/site/mySite/shared/Documents/EDPS/Publications/Speeches/2015/15-09-24_ERA_GB_EN.pdf.

Buttarelli, G. (2015b), Speech: Privacy and Competition in the Digital Economy, Privacy Platform event: The Digital Economy, Competition and Privacy Brussels, 21 January 2015, available at: https://secure.edps.europa.eu/EDPSWEB/webdav/site/mySite/shared/Documents/EDPS/Publications/Speeches/2015/15-01-21_speech_GB_EN.pdf.

Commission Staff Working Paper—Impact Assessment accompanying the General Data Protection

Regulation and the Directive on the protection of individuals with regard to the processing of personal data by competent authorities for the purposes of prevention, investigation, detection or prosecution of criminal offences or the execution of criminal penalties, and the freemovement of such data (Impact Assessment Report), SEC(2012) 72 final Commitments of Google in Case COMP/C‐3/39.740 Foundem and others, 3 April 2013, available at: http://ec.europa.eu/competition/antitrust/cases/dec_docs/39740/39740_8608_5.pdf.

Dissenting Statement of Commissioner Pamela Jones Harbour, Google/DoubleClick, FTC File No.071‐0170, 20 December 2007.

European Commission (2016), Press release: Mergers: Commission approves acquisition of LinkedIn by Microsoft, subject to conditions, 6 December 2016, available at: http://europa.eu/rapid/press-release_IP‐16‐4284_en.htm.

European Commission (2017), Press release: Mergers: Commission fines Facebook €110 million for providing misleading information about WhatsApp takeover, 18 May 2017, available at: http://europa.eu/rapid/press-release_IP‐17‐1369_en.htm.

European Data Protection Supervisor (2016), Opinion 8/2016 on coherent enforcement of fundamental rights in the age of big data, 23 September 2016, available at: https://secure.edps.europa.eu/EDPSWEB/webdav/site/mySite/shared/Documents/EDPS/Events/16‐09‐23_BigData_opinion_EN.pdf.

European Data Protection Supervisor (2014), Preliminary Opinion. Privacy and competitiveness in the age of big data: The interplay between data protection, competi-tion law and consumer protection in the Digital Economy, March 2014, available at: https://secure.edps.europa.eu/EDPSWEB/webdav/shared/Documents/Consultation/Opinions/2014/14‐03‐26_competitition_law_big_data_EN.pdf.

Graef, I./Van Alsenoy, B. (2016), Data protection Data protection through the lens of competition law: will Germany lead the way?, LSE Media Policy Project blog, 23 March 2016, available at: http://blogs.lse.ac.uk/mediapolicyproject/2016/03/23/data-protection-through-the-lens-of-competition-law-will-germany-lead-the-way/.

Guynn, J. (2014), Privacy groups urge FTC to probe Facebook's deal to buy WhatsApp, Los Angeles Times, 6 March 2014, available at: http://www.latimes.com/business/technology/la-fi-tn-privacy-groups-urge-ftc-to-probe-facebooks-whatsapp-deal-20140306-story.html

Meyer, D. (2012), Facebook beware? EU antitrust chief warns over data portability, 27 November 2012, available at: http://www.zdnet.com/facebook-beware-eu-antitrust-chief-warns-over-data-portability-7000007950/.

Monopolkommission (2015), Competition policy: The challenge of digital markets, Special report No. 68, July 2015, available at: http://www.monopolkommission.de/images/PDF/SG/s68_full-text_eng.pdf.

News Corp withdraws bid for BSkyB, BBC News, 13 July 2011, available at: http://www.bbc.com/news/business-14142307.

OECD (2013), Exploring the Economics of Personal Data: A Survey of Methodologies for Measuring Monetary Value, OECD Digital Economy Papers, No. 220, 2013, 29‐32, available at: https://doi.org/10.1787/5k486qtxldmq-en

Sabbagh, D./Deans, J. (2011), News Corp's BSkyB bid: Jeremy Hunt expected to give green light next week, The Guardian, 23 June 2011, available at: http://www.theguardian.com/media/2011/jun/

22/news-corp-bskyb-jeremy-hunt UK House of Lords Select Committee on European Union (2016), Online Platforms and the Digital Single Market, 10 th Report of Session 2015-16, 20 April 2016, available at: http://www.publications.parliament.uk/pa/ld201516/ldselect/ldeucom/129/129.pdf.

US Federal Trade Commission (2013), Press release: Google Agrees to Change Its Business Practices to Resolve FTC Competition Concerns In the Markets for Devices Like Smart Phones, Games and Tablets, and in Online Search, 3 January 2013, available at: http://www.ftc.gov/news-events/press-releases/2013/01/google-agrees-change-its-business-practices-resolve-ftc.

Vestager, M. (2016), Speech: Making data work for us, Data Ethics event on Data as Power Copenhagen, 9 September 2016, available at: https://ec.europa.eu/commission/2014-2019/vestager/announcements/making-data-work-us_en.

WhatsApp blog, Looking ahead for WhatsApp, 25 August 2016, available at: https://blog.what-sapp.com/10000627/Looking-ahead-for-WhatsApp? l=en.

White, A./Levring, P. (2016), Facebook Grilled by EU's Vestager Over WhatsApp Merger U-Turn, 9 September 2016, available at: http://www.bloomberg.com/news/articles/2016-09-09/facebook-grilled-by-eu-s-vestager-over-whatsapp-merger-u-turn.

大数据的兴起与隐私泄露

Anca D. Chirita*

梁一平** 译

摘要：本文在研究 Google、Microsoft、Facebook、Instagram、LinkedIn 和 Whisper 这几大互联网公司的隐私政策的基础上，对个人数据作类型化区分。网络营销中的价格歧视（online price discrimination）是造成公司具有较高盈利以及经济不均衡的重要原因。这会让人产生这种不均衡是通过互联网巨头凭借其"高度创新"的数据驱动产品及绩效在竞争中取得的错觉。因此，通过竞争政策遏制这种不均衡是必要的。本文认为，知悉网络消费者对平台的使用情况、频率、偏好和选择剥夺了消费者的选择权。

1 引言

本文解释了大数据的重要性，同时揭示了隐私泄露成为社会普遍现象的原因。在互联网垄断企业掌握大量消费者数据的背景下，欧洲数据保护监管机构建议通过消费者保护的路径去应对数据垄断者[①]。数据垄断者利用其关键设施滥用市场支配地位，典型的适用场景是弱势的市场新进者无法访问垄断者拥有的数据而被迫退出市场。德国竞争管理局（The German competition authority）认为数据获取能力是判断市场竞争力的要素之一。[②]

但无论是欧盟数据监管机构的观点还是关键设施原则[③]，对竞争主管部门几乎没有帮助。本文通过评估法律框架以明确数据保护规则的适用范围，同时阐明在该文本框架下竞争法的干预本身是否有独特价值。在本文全面介绍数据保护领域的最新发展之前，将首先介绍《欧盟基本权利宪章》第 7 条和第 8 条以及前 95/46/EC 号指令。同时，

---

* Anca D. Chirita，英国达勒姆大学竞争法讲师。本文的早期草稿得益于阿姆斯特丹欧洲合同法研究中心举办的国际消费者法协会第 15 届会议与会者的富有见地的建议和评论，该会议的主题是"数字时代的消费者权利、误导性广告和隐私"。
** 梁一平，法学硕士。
① See European Data Protection Supervisor (2014).
② Bundeskartellamt, Press Release：Bundeskartellamt 以涉嫌违反数据保护规则滥用市场势力为由，对 Facebook 提起诉讼，2 March 2016，16；数据可以成为市场力量的来源，参见 Drexl/Hilty/Desaunettes/Greiner/Kim/Richter/Surblytė/Wiedemann (2016)。
③ 有观点认为，这一理论有潜在的误导性，因为竞争对手本身并没有被阻止收集数据，参见 Schepp/Wambach (2016)，123。

本文将着眼于欧盟/2016/680号指令和欧盟/2016/679号条例中与数据处理相关的风险,以试图分析如何通过滥用个人数据的方式实现价格歧视。这一研究具有重要经济意义,因为滥用个人数据会导致消费者在讨价还价以及网络购物时处于更加劣势的地位。同时,分析个人健康数据会导致人寿保险费率有增高的风险。在其他情况下,个人数据所包含的经济状况、个人兴趣偏好、信用或者行为等数据,使得实现价格歧视变得更为容易。

新规制(The new regulation)提及了网络活动风险以及克服个人数据保护的不同规则的必要性,因为不同个人数据保护规则可能扭曲竞争。主要条款本身将"纯粹的个人或家庭活动",包括社交网络工作和在线活动排除在适用范围之外。这可以解释为,网络环境中的个人隐私保护并非数据保护和监督的目的。由于许多知名评论员长期以来一直认为竞争法不应成为干涉个人数据保护领域的规制工具,因而这种解释的意义重大。④ 各个企业可以对员工的数据加以处理并在进行调查后合法地披露给当局,但尽管如此,数据处理的监管目的却仍是为了保护员工免受企业的侵害。然而,这种框架极容易被滥用或者误用。由于潜在的数据主体包括"处理相关信息的人",因而外延较为广泛,任何人的个人数据都可能会被保存起来用于未知目的。

其后,本文批判性地分析社交网络中或者浏览器默认设置选项情形中用户单纯的沉默行为或不作为,来审视在新规制下知情同意权的行使情况。本文认为,现阶段关于知情同意权的理论学说特别重视隐私政策的复杂详细程度和篇幅长度,而并不着眼于"同意"的勾选框(也即是否需要消费者明示同意)。在社交网络或者浏览器界面会隐藏一些"小字"或者一些诸如"改善用户体验"等陷阱,这可能会导致无须正当理由就可以进行个人数据处理情形的发生。

本文审视了Windows10、Google、Facebook、LinkedIn、Instagram、Snapchat和Whisper的隐私政策以建立符合数据保护的合规(体系),并揭示了区分数据处理的特殊类别。社交平台滥用消费者对个人数据可以被第三方安全分享的信任设置了各种陷阱,有关价格歧视的现存证据将用来揭露这种陷阱。虽然有许多销售数据的警示案例,但本文仍将注意力集中于拥有大数据的Google、Facebook以及Microsoft这三家公司上。出售个人数据的交易可能会导致竞争主管部门发现个人数据市场的价格操纵现象,而这可能会将竞争干预的领域拓展到诸如Whisper、Snapchat或者Instagram等更加私密的社交媒介。安装软件以及浏览器也可以作为提升用户体验的一种方式,但以此来获取个人敏感与私密的数据显然对提升用户体验的目的来说毫无帮助。

尽管作者认为,欧盟委员会(EU Commission)干预的正当性是建立在新的数据保护条例颁布的基础之上,特别是这些规则已经超出了它们的实质范围。但本文作者依然认同已故的罗什委员和琼斯·哈伯委员*所提出的反对观点。本文根据斯蒂格利茨的经济

---

④ 最近有人理所当然地认为,减少干预是不恰当的;参见Kadar(2015)。
* J. Thomas Rosch 与 Pamela Jones Harbour 曾分别是美国联邦贸易委员的委员。——译者注

不均衡理论，主张在双边市场中将数据视为新货币。虽然 Google 将其用户隐私出售给第三方的行为被称为"Googlestroika"*，即"隐私衍生产品"，但这种零价格产品⑤在与第三方分享的过程中仍然存在许多问题。

最后，本文将滥用个人数据添加到了滥用市场优势地位现象的非穷尽列表中。⑥ 这种滥用现象常发生在不受数据保护法律规制的网络平台。这类平台以通过让用户揭露自己的个人数据以及鼓励用户自愿同意将个人数据转让给第三方的方式滥用了用户的信任。随后，个人偏好或选择也随之被分享给广告商与卖家，并被用于实施价格歧视。事实上，通过分析用户个人数据实施网络环境中的价格歧视以及订单操纵等行为已经成为一种普遍的社会现象。最后，由于数据保护法仅仅强调引导消费者提升自我保护意识的必要性，因此数据保护法在实务中并没有意义⑦。由此，只能依赖竞争政策的干预对上述问题进行积极补救。

2 大数据的重要性及其原因

所有企业，包括公共机构，都可能储存和(或)处理个人数据。本文所关注的不是具有市场支配地位的主体对个人数据的占有，相反，本文试图强调与经济相关的个人数据是如何被滥用的，例如通过与第三方分享个人数据的方式保持或加强其市场主导地位。此外，本文还希望根据《欧盟运行条例》第 101 条的规定去认定通过勾结串通企业（包括社交媒体企业）利用个人数据进行的潜在价格操纵行为。

本文承认，迄今为止并不存在具有市场支配地位的企业对个人数据潜在滥用的判例法先例**。由于这种滥用不属于《欧盟运行条例》第 102 条的传统适用范围，因此它的新颖性可能会令这种特定形式的滥用行为被认为是异类，但那些积极参与分享、传送或者交易数据的垄断性企业从来没有低估该条款适用的可能性。

本文作者同时也感谢竞争事务委员会委员玛格丽特·维斯塔格(Margrethe Vestager)将数据问题纳入竞争政策的讨论。维斯塔格委员在最近的讲话⑧中提到："许多人告诉我，他们十分担心公司将如何利用他们的数据，我们高度重视这些人的焦虑。隐私是个人自治基础的一部分，我们必须有权决定与谁分享我们的隐私以及是为何目的进行分享。"

这是隐私因素首次成为竞争政策中有意义的组成内容。当这类考量被合适地界定并

---

* 该词语是 Karl T. Muth 首先提出的，参见 Karl T. Muth, Googlestroika: Privatizing Privacy, 47 DUQ. L. REV. 337 (2009)。——译者注

⑤ 值得注意的是，根据一位著名经济学家的观点，"免费是一个数字；它是零的价格"，见 Evans/Ezrachi (2015), 10；参见例如 Schepp/Wambach (2016), 123，他们主张基于数据保护和隐私的竞争干预作为"非价格竞争的要素"的观点；参见 Martens (2016), 38，他认为，市场普遍存在的消费者隐私知情决策失灵可能为监管干预铺平道路。

⑥ 再次证明哈耶克的主张是正确的，即竞争是一个发现的过程，这次是新信息经济学领域；参见 Hayek (2002), 9-23。

⑦ 数据保护法无法解决个人对平台处理个人数据的担忧，参见 London School of Economics (2015)。

** 首起案件是 2019 年 2 月，德国联邦卡特尔局首次认定 Facebook 滥用其市场支配地位，在用户不知情或不同意的情况下收集用户信息。参见 https://www.bundeskartellamt.de/SharedDocs/Meldung/EN/Pressemitteilungen/2019/07_02_2019_Facebook.html，最近访问时间 2020 年 12 月 13 日。——译者注

⑧ Vestager (2016); Committee of Economic and Monetary Affairs (2014), 4-056.

给定其经济范围时,竞争政策中的隐私权部分便可以成功实现其价值。然而,隐私并不是一个新的话题,早在20世纪80年代,美国学者们对隐私问题便十分关注。虽然波斯纳(Posner)关于隐私概念[9]的观点在目前看来是有局限性的,但这一概念的提出仍然是隐私权发展历程中的历史性时刻。起初,波斯纳着眼于劳动力市场,认为雇主如果无法获取其未来雇员的个人数据,那么劳动力市场的信息就是不对称的。因此,披露刑事犯罪记录是有犯罪记录雇员的义务。这一雇佣关系的状况使波斯纳认为当隐私披露不充分时会阻碍劳动力交换,因而隐私权的适用会降低劳动力市场的效率。同样,哈曼林(Hermalin)和卡茨(Katz)认为,由于拒绝披露导致的信息不对称,健康状况不佳的人可以采取机会主义的态度利用人寿保险。[10] 然而,这种情况非常罕见。

对斯蒂格勒(Stigler)来说,隐私权是公共政策的研究对象,[11]其研究目的是"拥有并且获取关于人们的信息"。在实践中,隐私权成为限制收集或使用个人以及公司数据的盾牌。[12]

一位著名学术评论者曾评述:"个人隐私的泄露……通常都表现出个人对于自己被暴露在监控之下的不安,而不是如何将个人信息转移到企业手中,而这一情况迫使我们重新评估我们的经济模式和规制工具。"[13]

本文并不寄希望于竞争管理部门能够解决由于个人被监视所导致的复杂问题。[14] 相反,本文旨在提升隐私权作为一项经济权利的规范价值,而不是被竞争执法机关降低为仅仅是一种公众的人权。这项权利所产生的问题必须在其他例如消费者法或数据保护法领域通过其他手段来加以解决。毫无疑问,竞争主管部门未来必须调整其传统的经济和法律分析方法,以便能够处理互联网市场上对个人数据的垄断性滥用,这一调整措施的实施主要有两个原因。

首先,毫无疑问,公司拥有的个人数据确实具有经济价值。用欧盟委员会委员的话来说,"这类数据已经成为了'新货币'"。[15] 此前,欧洲数据保护监管机构(EDPS)认识到,尽管"消费者通过其在线活动提供了大量关于其偏好的详细信息……但个人信息在网络活动交易时,有时是唯一的流通物"。[16]

因此,从购物或搜索引擎到社交或专业媒体平台,将个人数据的所有者视为在线产品或服务的消费者是没有争议的。虽然交易和娱乐的目的不同,但两者可以相互交叉,这便模糊了私人领域与公共领域的界限。以提高消费者福利[17]为目的的竞争政策的明显式微

---

[9] See Posner (1980), 405–409.
[10] See Hermalin/Katz (2006), 211.
[11] See Stigler (1980), 624.
[12] Ibid., 625.
[13] Newman (2014a), 852.
[14] 参见 Joyce (2015), 3. 本章将最近颁布的《英国调查权力法》的含义排除在其范围之外,该法案于2016年11月28日获得皇家批准。http://www.legislation.gov.uk/ukpga/2016/25/contents/enacted/data.htm.
[15] Vestager (2016).与此类似,当在网络平台上提供专家证言时,埃兹拉奇教授建议说:"这个市场的核心绝对是数据。"参见 Evans/Ezrachi (2015), 15。
[16] European Data Protection Supervisor (2014), para.2.2.10.
[17] 因为消费者法现在更接近欧盟竞争法的目标,参见 Albors-Llorens (2014), 173;将潜在竞争政策纳入竞争法,参见 Chirita (2010), 418.

意味着,一旦有公司免费销售一种产品,但其个人消费者并不支付任何对价,只是天真地认为消费者的个人偏好、经济关注或者经济行为等个人信息都将保密,这就是一种剥削性滥用。通过侵入性的数据共享技术,这些公司对于滥用个人数据获取的经济利益应当承担责任。同时,个人数据成为第三方拥有的公共数据,以便垄断性企业能够进一步巩固其主导地位,但这与绩效竞争完全无关。如果一种产品或服务承诺免费提供,但卖家随后收费,那么这一产品与服务便是"个人数据":"如果只有少数公司控制了能满足客户需求并降低运营成本的数据,那么这些数据便可让这些公司有能力将竞争对手赶出相关市场。"[18]

其次,如果将少数公司利用其所掌握的大数据来消灭其较小的竞争对手后被认定为反竞争行为,那必将产生争议。[19] 沿着这一思路,法国和德国竞争主管部门最近的一份联合报告已经指出,数据本身是"非竞争性的",[20]但重点在于评估是否涉及存在足够的客户基数、网络效应以及市场准入壁垒。[21]

虽然对于解决排他性滥用的正统观念主导了过去的竞争法实践,但在目前的情况下,这一正统观念绝非解决数据滥用普遍有效的补救办法。正如许多评论员所提及的那样,滥用数据一方总会要求竞争主管机构提供其引发反竞争损害的证据,通常情况下主管机构无法提供该证据,因此,滥用数据这一行为[22]通常是能够顺利进行且不受质疑的。对于竞争与数据的执法者(data enforcers)来说,寻找数据滥用的隐藏证据亦是一项艰巨的任务。

欧洲数据保护监管机构(EDPS)事后也意识到滥用数据带来的排除竞争的作用。他们认为,强势的或者具有市场支配地位的企业能够运用"经济聚合效应",并通过控制海量的个人数据库来制造准入壁垒。[23]然而,无论是否具有市场支配地位,企业都应该对其数据库负全责,准入壁垒从来不是问题的罪魁祸首。提高准入壁垒对竞争对手来说代价高昂,但由于数字产品或服务是免费提供用以交换个人数据的,所以具有市场支配地位的企业生产这些产品或服务的成本再低不过了。因此,仅仅根据关键设施原则以及作为具有市场支配地位的企业的大数据看门人就可以将弱势竞争者排除在市场之外的说法不足挂齿,也是错误的前提。只有证明所涉及的数据处理是要付出代价的,并且证明隐私可以转化为实际利益,才能解决实际问题。换言之,本文认为,针对"大数据"垄断者的竞争干预应基于接受数字产品或服务的消费者所遭受的经济损害,而这一损害的产生源于大数据垄断者对消费者信任的利用。它不应仅仅基于对试图占有相同数据的竞争对手造成的损害这种直接排他性滥用。

---

[18] See n 16 above.
[19] See Pasquale (2013), 1009; for the contrary opinion, see Lerner (2014), 19.
[20] Lerner (2014), 21, for the same finding see e.g. Martens (2016), 38.
[21] Autorité de la concurrence and Bundeskartellamt (2016),因此这一报告是基于旧指令作出的。
[22] 一些反竞争做法可能既具有排他性又具有剥削性,参见 Bellamy/Child (2013), 10064; O'Donoghue/Padilla (2006), 194;对于这两个概念的解释,参见 Whish/Bailey (2015), 212。
[23] European Data Protection Supervisor (2014), para.3.1.4.

3 隐私权——基础经济权利

许多文章论述都涉及《欧盟基本权利宪章》(以下简称《宪章》)的条款,这一条款着重论述了私人领域免受国家的干涉(第7条)以及保护个人数据(第8条)的规定。[24] 这种基础性保护令大家产生了一种期望,即隐私泄露是例外情况而非常态。与此形成鲜明对比的是,Facebook 的所有者扎克伯格(Zuckerberg)声称"隐私权正在消失"[25]。然而,正如德国联邦卡特尔局最近的探究所表明的那样,甚至连 Facebook 也无法免受竞争审查。[26]《宪章》第8条规定,基于特定目的对数据进行合法处理以及数据处理的透明度,包括获取数据的权利,都应被视为宪法层面对隐私权的要求。[27] 规定了个人数据保护的前第95/46/EC[28]号指令(The former Directive 95/46/EC)第2条提到该权利的保护范围包括"与特定或可特定化的自然人有关的任何信息"。综上,隐私包含了某些主体属性,例如个人的身份、特征或行为。该指令第6(1)条特别规定了数据保护的一些基础性原则。这些原则旨在确保数据控制者对个人数据的使用具有可信任性、可预测性、法律确定性和透明性。收集个人数据必须基于"特定、明确和合法的目的"。任何数据处理都应符合这些目的。新的欧盟指令 2016/680 在预防、调查、侦查、起诉刑事犯罪或执行刑事犯罪惩罚方面的规定使上述目的具体化。[29] 规定于序言第26条与正文第46(1)条的目的在于提高大众对风险、规则、防护和与处理个人数据相关权利的认知度。正如《欧盟运行条约》(TFEU)第169条所规定的那样,虽然"提高认识"与消费者获取信息、接受教育的权利相呼应,但这种不严谨的做法会危及消费者的经济利益。欧洲数据保护监管机构此前也曾警告称:"虽然许多消费者可能越来越'懂技术',但当有关消费者的网络活动信息被服务提供商记录、分析转化为平台收入时,大多数消费者似乎没有意识到或根本不关心他们的搜索记录和电子邮件被入侵的程度。"[30]

个人数据处理的实质范围仍然需要如下原则为指导:合法性原则,即必须是主管当局基于公共利益而执行任务所需[31];适当性与相关性原则,即数据处理必须基于特定目

---

[24] Lynskey (2014a),569 - 597;in the UK,数据保护被视为隐私的一个方面;参见 Lynskey (2015),529;Roberts (2015),544;Lynskey (2014b),1800。

[25] the Guardian, Privacy No Longer a Social Norm, Says Facebook Founder, 10 January 2010.

[26] Bundeskartellamt, Press Release:Bundeskartellamt 以涉嫌违反数据保护规则滥用市场势力为由对 Facebook 提起诉讼,2 March 2016.

[27] 例如德国数据保留法案引发的宪法争议,联邦数据保护专员批评该法案严重侵犯了德国人的基本公民权利:Die Bundesbeauftragte für den Datenschutz und die Informationsfreiheit (2015),Stellungnahme der Bundesbeauftragten für den Datenschutz und die Informationsfreiheit zum Entwurf eines Gesetzes zur Einführung einer Speicherpflicht und einer Höchstspeicherfrist für Verkehrsdaten,BT-Drucksache 18/5088.

[28] 1995年10月24日欧洲议会和理事会关于个人数据保护和此类数据携带的第95/46/EC号指令,[1995]OJ L 281。

[29] 2016年4月27日欧洲议会和理事会关于保护自然人的指令 EU/2016/680,涉及主管当局为预防、调查、侦查或起诉刑事犯罪或执行刑事处罚而处理个人数据,以及这些数据的自由移动,[2016]OJ L 119/89。

[30] European Data Protection Supervisor (2014),para.2.4.14.

[31] Recital 35 of the new Directive.

的㉜；透明性原则㉝，即获悉数据处理的各种目的的权利；比例原则，即数据的保存时间不应超过必要的时间，除非数据处理可以通过其他方式合理地完成。本文在接下来的案例研究部分将展示各互联网巨头如何在实践中收集大量的个人数据。

就"数据主体"而言，㉞该指令规定数据主体包括数据保护案件中的嫌疑人、被判犯有刑事罪行的人、受害人和其他当事人，诸如证人、掌握相关信息或有相关联系的人。假设任何人都处在一定交际圈或联络网中，这可能导致敏感信息的泄露，极大地增加了数据滥用的可能性。

前文已经间接提及在数据处理过程中所产生的与权利和自由相关的风险。对此，欧盟第 2016/680 号指令㉟和第 2016/679 号条例㊱列举了潜在的人身损害清单，这些损害主要由诸如歧视、身份盗窃或欺诈、经济损失、泄密、未经授权披露假名的真实身份"或其他严重的经济或者社会弱势地位"造成的。其中有些与现阶段的竞争实践有着密切的联系，特别是通过处理数据以实现价格歧视这一情况。由于滥用关于经济或社会状况的个人数据，后者的反竞争行为㊲可以导致在购物或讨价还价期间造成消费者的经济损失。这再次表明，如果忽视具有经济意义的隐私因素，竞争主管机构可能会错失许多查处滥用数据这类反竞争行为的机会。当然，价格歧视也基于许多其他主观因素，如种族、民族、血统、政治观点、宗教或性取向㊳等等，这些不一定用于对经济领域或价格歧视的研究。在《爱尔兰数字权利》(Digital Rights Ireland)一文中，㊴欧洲法院认为："为了确定对作为基本权的隐私权的干涉是否存在，有关私人生活的信息是否敏感或是否给相关人员造成不便都无关紧要。"㊵

其他诸如基因、生物特征或健康数据的敏感数据，可能导致个人在日常生活中（例如申请人寿保险时）受到价格歧视的影响。㊶近年来竞争主管部门调整了工作的方式而去考虑行为经济学的各个方面，㊷第 2016/679 号条例(Regulation 2016/679)将"个人偏好或兴趣、负债或行为"置于评估数据主体个人生活方面的焦点，对这些行为数据的处理也可能导致价格歧视。这一结论同样适用于有关经济状况、地理位置或运动的数据。最终，知

㉜ Recital 35 of the new Directive, Article 4 (1).
㉝ Ibid., Recital 43.
㉞ Ibid., Recital 31 in conjunction with Article 6.
㉟ Ibid., Recital 51.
㊱ Recital 75 of Regulation (EU) 2016/679 of the European Parliament and of the Council of 27 April 2016 on the protection of natural persons with regard to the processing of personal data and on the free movement of such data, and repealing Directive 95/46/EC (General Data Protection Regulation), [2016] OJ L 119/1.
㊲ 通常情况下的价格歧视，参见 Bergemann/Brooks/Morris (2015)，921；Baker (2003)，646；Armstrong/Vickers (2001)，579；反对规制价格歧视，参见 Cooper (1977)，982。
㊳ 例如,Facebook 的可能会根据用户某些特征,将比如"对女性或男性感兴趣"的特定广告投放到他们的个人资料中,参见 Heffetz/Ligett (2014)，81。
㊴ ECJ, Digital Rights Ireland and Seitlinger and others，C-293/12 and C-594/12，ECLI:EU:C:2014:238，para.33.
㊵ Ibid., para.33.
㊶ Evans (2009)，50，世卫组织认为，广告商可以从个人的在线行为中推断出用户是否属于低或高保险风险。
㊷ 一本关于消费者契约行为经济学的好书，参见 Barr-Gill (2012)，7；基于竞争的局限性和行为经济学的必要性来论证消费者信息不对称所导致的误解和偏见，16。

悉某人的详细信息的人可能会根据对该人经济、社会、生理或健康,也即基因或精神状况等数据的分析展开价格战。㊸

那么,这些类别的个人数据是如何与竞争相联系的呢?作为第 2016/679 号条例最重要条款之一的序言第 2 条,提到了"经济联盟""经济和社会进步"以及"自然人的福祉"的实现。虽然经济目标与竞争政策的目标相匹配,但消费者福祉确实比福利更广泛*。然而,结合前文所述,虽然与网络隐私相关的规则㊹会影响个人的福祉,但这些规则可以转化为隐私的经济福利。换言之,个人数据构成了经济运行的一个组成部分。罗伯特(Robert)就认为隐私权的功能是"防止他人获得对自身隐私的支配权",该观点有助于消除隐私与竞争之间的鸿沟。㊺公法视阈下发展出来的适用门槛与竞争法视阈下滥用市场支配地位产生的预防性功能在本质上是一致的。

上述条例的第 9 条是另一重要条款。该条款指出"公众普遍认为保护个人数据存在重大风险,特别是在网络活动方面"。由于数据保护水平存在差异,这将导致数据保护存在问题。这已经成为"从事经济活动的另一大障碍",而这一障碍将会"扭曲竞争"。

序言第 18 条强化了第 2016/679 号条例的适用范围。该条款明确规定,该条例不适用于"在纯粹的个人或家庭活动过程中处理的个人数据":这可以包括"通信、地址、社交网络和在此类活动范围内进行的在线活动"。㊻只要是在线搜索、浏览或社交平台互动等"与专业或商业活动没有关联"的活动,就不适用 2016/679 号条例。这对竞争主管部门具有重要意义。许多评论者对竞争法在这一领域的潜在干预不屑一顾,同时亦不提出任何令人信服的不适用竞争法的理由。该条例通过明确区分雇员的公共和职业概况,以及私人相关信息来分析个人数据,但并没有触及互联网垄断企业大数据领域的灰色地带。序言第 24 条将监控个人行为或互联网追踪、数据画像分析或预测个人偏好、行为和态度等行为的危险性描述得十分清楚,这是即使在专业背景下也做不到的。

迄今为止,还没有经济规制适用于数据垄断者,而这些垄断者处理的是与雇佣或职业活动无关的个人数据。因此,上述规定对竞争主管部门识别与私人领域有关的主观因素具有启发意义,这些因素可能会影响消费者在诸如在网上购物或讨价还价时的经济决策。

最后,第 2016/679 号条例清楚地阐明了"企业"和"企业集团"的含义,㊼同时赋予其有权就数据监管机关㊽的行为向司法机关申请有效的司法救济,并有权要求数据控制者或处理者就其造成的损失进行赔偿。㊾第 83 条规定,当企业实施涉及个人数据处理的侵权

㊸ See Article 3(1) of the Regulation on personal data that could be used to identify someone after name, location, or online identifier and other subjective factors.
* 通过与作者沟通了解到,作者此处所指"福祉"不仅包括"消费者福利"所包含的价格因素,还包括产品品质、创新性以及消费者隐私权等等。——译者注
㊹ 见欧洲议会和理事会 2002 年 7 月 12 日关于电子通信部门个人数据处理和隐私保护的第 2002/58/EC 号指令,即《隐私和电子通信指令》,经 2009 年 11 月 25 日欧洲议会和理事会 2009/136/EC 号指令修订,[2009]OJ L 337/11。
㊺ Roberts (2015),546 (emphasis added).
㊻ Recital 18 of the new Regulation.
㊼ Article 4(18) and (19) respectively.
㊽ Article 78.
㊾ Article 82.

行为,包括存在未经同意处理数据等情形时,将对企业处以上一会计年度全球年营业额2‰或4‰的罚款。

4 知情同意

欧洲数据保护监管机构早前的一份报告指出,在面对社交平台或浏览器的默认设置时,用户仅仅保持沉默或无动于衷不能视为其同意该默认设置。[50] 显然,在进行任何个人数据处理之前需要获得用户的同意,并且为征得同意所发布的通告应当使用"清晰易懂的语言"。此外,无论何时处理个人信息,个人都有权知悉。[51] 这些建议已列入第2016/679号条例。同样,"沉默、预先勾选了的方框或不作为"不能视作有效的同意。特别是,条例序言第32条要求用户应当以"自主选择的、具体的、知情的并且明确表示的"方式,表明相关个人同意数据处理。沿着这一思路,在访问网站、选择技术设置或浏览其他明确的隐私条款时勾选方框,即视为有效同意。因此,知情的互联网和社交媒体用户可以通过不勾选任何方框,以避免同意不必要的隐私条款。众所周知,隐私条款的篇幅往往十分冗长,平均每个互联网用户每年需要244小时来阅读相关隐私政策。[52] 类似的滥用行为还有将销售条款和条件隐藏,将有关个人数据处理的声明标示在"小字"中等等。[53] 大多数互联网巨头都用相当隐秘的术语来代替"隐私"这一概念,比如"改善用户体验"。

第2016/679号条例从理事会的第93/13/EEC号指令中关于不公平条款的内容得到启发,该指令要求个人数据控制者以"可理解且易于获取的形式"证明"预先制定的"同意选项使用了朴素的语言,以符合上述要求。以往解释该指令中的"通俗易懂"一词含义的经验表明,尽可能降低隐私条款的复杂程度是非常重要的。然而,根据条例序言第42条的规定,"知情"同意只要求个人知悉数据控制者的身份和个人数据处理的目的。这项规定并没有太大的创新。知悉数据处理者的身份或者被处理的个人数据的种类,并不能让个人立即意识到信赖社交平台、浏览网页或下载软件后可能产生的所有法律后果。[54] 类似于合同法框架下"格式条款"的概念,[55]条例忽视了这种同意:个人"不具有真实的意思表示自由,或者不能毫无损害地撤回同意"。[56] 受大众欢迎的大型互联网企业,如Google、Facebook或Microsoft所提供的服务,没有给予用户自由选择的余地。换言之,无论这类互联网垄断性企业的隐私政策如何,用户都将选择它。因为与之相比,其他的替代品(即其他小规模互联网企业)所提供服务的质量过于低劣。而这些小规模互联网企业服务质

---

[50] European Data Protection Supervisor (2014), para.3.1.4.
[51] Ibid.
[52] McDonald/Cranor (2008), 17;对于一个类似的担忧,即消费者在阅读往往令人费解的隐私政策时所承担的繁重义务,Kerber (2016), 7。
[53] See the European Data Protection Supervisor (2014), para.4.3.2.
[54] In the same vein, see Nehf (2016).
[55] Smith (2005), 12;认为格式合同或者格式条款的频繁出现是"特定种类的业务集中在相对较少的人手中"的观点,Beale (2002), 232; Kessler (1943), 629。
[56] Recital 42 of Regulation 2016/679.

量低下的原因包括：平台部分功能尚未开发或创新性较低；无法获取并处理来自用户的重要数据。无论造成这一现状的原因是什么，互联网垄断企业与用户之间的巨大不平衡将长期存在。正如条例序言第43条指出的那样，"在明显失衡的情况下"，尤其是在个人数据已由公共机构处理的情况下，将不存在有效的同意。在此情况之下，个人一般不太可能进行自由选择。如果不能对不同的数据处理给予"独立"同意，则推定没有同意的"自由"，甚至对于根本不需要进行数据处理的服务有时也可能需要同意。最后，笔者认为，在网络平台的背景下，对传统合同中不合理的方面（显失公平原则）[57]进行现代化解释是可行的，这一解释可以弥合讨价还价中地位不平等和剥削弱势消费者之间的理解分歧。

5 针对定向广告进行竞争干预的案例

如前所述，竞争法可以处理两类反竞争行为。例如，《欧盟运行条例》第101条和1998年英国竞争法第一章可以潜在地适用于具有合谋行为的公司销售个人数据的行为，从而承担不利后果。一些推测性的证据表明，对于广告商[58]来说，每人每年数据的价值可能高达5 000美元，如果包括其他无形的资产，则总价值甚至高达8万亿美元。[59] 欧洲数据保护监管机构进一步表示，因使用在线平台时共享的个人数据到目前为止总价值超过3 000亿欧元。可以确定的是，用户基于对互联网平台的信任，促使他们向他人无偿分享了他们的个人数据。[60] 因此，假设满足了先前讨论中提到的可接受性、有效性以及知情同意的形式，互联网垄断企业完全有潜力解决个人数据分享过程中产生的问题。《欧盟运行条例》第102(1)(a)条和1998年英国竞争法案第二章第18条都提到，施加不公平价格或者附加交易条件能够导致价格歧视和不公平条款的产生。

由于专家们意见相左，早先试图解决垄断企业数据滥用问题的努力失败了。已故的美国联邦贸易委员会委员罗什（Rosch）曾指出，Google在搜索广告市场上的垄断或近乎垄断的力量，可能是其通过欺骗手段对搜索权也即利用用户数据取得的。[61] 不过，罗什委员对垄断企业负有与竞争对手共享数据义务的观点持怀疑态度。[62] 事实上，这一义务甚至是与欧盟的新数据保护框架体系背道而驰。联邦贸易委员会在审查US Google/DoubleClick的集中案时，排除了与隐私相关的考虑因素。[63] 联邦贸易委员会没有权力管辖隐私问题，除了一些源自其他各种法律的碎片化的数据保护措施，并不存在一个强有力

---

[57] Bigwood (2003), 247；论垄断企业的优势议价能力，参见 Smith (2005), 319；论剥削的不正当性，参见 Smith (2005), 300; Morgan (2015), 211；论消费者对隐私政策的理解不足，参见 Strahilevitz/Kugler (2016), 20；知情同意是不现实的，参见 Martens (2016), 38。

[58] Market Watch, Who Would Pay $5 000 to Use Google? (You), 25 January 2012.

[59] The Wall Street Journal, The Big Mystery：What's Big Data Really Worth? A Lack of Standards for Valuing Information Confounds Accountants, Economists, 12 October 2014.

[60] also Newman (2014a), 850.

[61] Concurring and Dissenting Statement of Commissioner J Thomas Rosch Regarding Google's Search Practices, In the Matter of Google Inc., FTC File No 111-0163, [2012].

[62] Ibid., 6.

[63] FTC, Google/DoubleClick, File No 071-0170, [2007].

的数据保护法律。⁶⁴ 琼斯·哈珀委员（Jones Harbour）⁶⁵持不同意见，她认为将隐私问题纳入委员会审查范围是有必要的。⁶⁶ 她认为，两者集中将获得他人难以企及的庞大消费者数据体系，Google 也可以同时追踪用户的互联网搜索与访问记录。同样，Facebook 也试图将 WhatsApp 共享的用户信息纳入其消费者分析的业务模式。⁶⁷

上述的案例并没有抓住机会去挑战 21 世纪数据市场中有关个人数据的反竞争与战略行为。1890 年的《谢尔曼法案》以及 1914 年通过的《联邦贸易委员会法案》，这两部反垄断法均已落后于数字革命时代。客观地说，在美国法律框架补充完善数据保护之前，《联邦贸易委员会法案》第 5 条中关于不公平与欺骗性广告的规定是不足以规制现存问题的。⁶⁸

相比之下，欧盟委员会在处理 Microsoft 和 Yahoo! Search 的合并案⁶⁹时，涉及了雅虎搜索引擎与广告中的数据问题。委员会认为，新进入者必须克服准入壁垒，因此，可能会在搜索算法的研发和更新上花费巨大成本，而更新搜索算法则需要有一个"大型数据库"。⁷⁰ 虽然该案件的裁决没有考虑到隐私问题，但它确实提出了一个与隐私相关的重要问题，即关于广告商如何将数据从此系统传输到彼系统。⁷¹ 在 US Google/DoubleClick 合并案中，⁷²委员会强调促进竞争亦有利于形成网络效应。这些数据源自商业广告服务，与竞争对手收集的有限数据量相比，"客户提供的数据量很大"。⁷³ 然而，委员会在现阶段并不关心隐私问题；恰恰相反，它继续提到数据的收集使得广告商能够发布"个性化定向广告"。⁷⁴ 委员会随后澄清，DoubleClick 不使用行为数据来"改善第三方出版商或广告商提供的广告"。⁷⁵ 委员会最终承认，特别大型的互联网服务提供商可以在严格的隐私政策背景下尝试与广告公司合作使用这些数据，但它们也可以在用户同意的情况下尝试使用数据，例如，互联网服务提供商以低价格交换用户数据。⁷⁶

虽然委员会提到了隐私规则的法律框架构建，但它没有彻底探究关于隐私所具有的经济属性，特别是涉及定向广告。隐私规则法律框架只是假设顾客有足够的议价能力来

---

⁶⁴ Stigler (1980), 624, who mentioned the Privacy Act of 1974 on the control and access to information about individuals by the federal government; the Fair Credit Reporting Act (1970) or employment laws prohibiting "the collection or use of sensitive information about sex, race, or physical handicaps"; the Bank Secrecy Act of 1970; the Equal Credit Opportunity Act; Title VII of the Civil Rights Act of 1964; the Genetic Information Nondiscrimination Act etc.

⁶⁵ Dissenting Statement of Commissioner Pamela Jones Harbour, In the Matter of Google/DoubleClick, FTC File No 071-0170, [2007].

⁶⁶ Ibid., 8.

⁶⁷ European Commission, Case No.COMP/M.7217 - Facebook/WhatsApp, 3 October 2014.

⁶⁸ 请参阅联邦贸易委员会为确保网络浏览器的"不跟踪"规则、数据可移植性、更高的透明度以及收集敏感信息时表示同意所做的努力, e.g. health, data, in FTC (2012).

⁶⁹ European Commission, Case No.COMP/M. 5727 - Microsoft/Yahoo! Search Business, 18 February 2010.

⁷⁰ Ibid., para.111.

⁷¹ Ibid., para.140.

⁷² European Commission, Case No.M. 4731, Google/DoubleClick, 11 March 2008.

⁷³ Ibid., para.179.

⁷⁴ Ibid., para.182.

⁷⁵ Ibid., para.182.

⁷⁶ Ibid., para.271.

获取更低的价格。

在这一时期的英国 Streetmap 案件中，涉及指控在线地图搜索市场上存在在线歧视行为，该案件也没有进行探究。(77) 据称，Google 的竞争对手很难仅凭 Google 的排他性行为来证明 Google 在“客观上”滥用支配地位；(78)但通过证明反竞争行为对消费者所产生的损害对强化剥削性滥用是有帮助的。除此之外，英格兰和威尔士高等法院拒绝承认不存在适用《欧盟运行条例》第 102 条的最小条件以“对线地图在市场产生显著影响”。(79)

那么，隐私仅仅是消费者保护法的问题，而不是竞争法的问题吗？消费者通常不知道谁可以获取他们的个人数据，处理何种数据，以及如何、何时、何地共享或交易这些数据。(80) 在与数据控制者的斗争中，没有一个消费者能够独善其身。最终，竞争法的运用将成为解决互联网数据滥用的恰当方式。

评论家们坚信，竞争法为网络隐私提供了一种“复杂而间接的保护方法”。(81) 他们认为，对传统竞争和消费者隐私权问题的“一刀切”执法可能会“动摇现代反垄断共识”，容易导致学者与实务人员摒弃“严谨、科学的方法”，而偏袒具有“非竞争性的主观因素”的结果。(82) 与此形成鲜明对比的是，埃德尔曼（Edelman）在总结他的一篇具有重大意义的与 Google 有关的著作中强调，“几十年前的竞争框架”显然“不适合”快速发展的数字市场。(83)

在未经严格经济评估的情形下，对市场支配地位的评估将很难进行。同样困难的是识别个人数据、偏好和选择继续被滥用，进而网络消费者通过第三方的价格歧视使得其与销售者或者零售商相比处于经济上的劣势地位的原因。(84) 如果消费者仅仅是盯着商店里陈列的商品，则没有人会记录下他的驻足留意以便日后提高价格。(85) 商业街上的卖家也不知道他们顾客的经济实力、家庭地址等信息。如果网络隐私在互联网时代继续被竞争或反垄断机构所忽视，那么很快就会有人呼吁剥夺这些部门的权力，转而授权其他愿意代表网络消费者利益的主管部门去处罚非法收集、传输、共享或销售个人数据的罪魁祸首。在本文作者看来，与美国竞争主管机构不同的是，欧盟竞争主管机构具有足够的活力和灵活性，能够有效地适应网络经济(86)的需求，并成功地保护欧洲公民作为网络消费者的

---

(77) Streetmap EU Limited v Google Inc. [2016] EWHC 253 (Ch) (12 February 2016).

(78) Ibid., para.56，高等法院重审 ECJ 的警句，Hoffmann-LaRoche v Commission，C－85/76，ECLI:EU:C:1979:36，para.91。

(79) Ibid., para.98; also, see Whish (2016)，澄清了这一误解并随后在 Streetmap 上发表了评论。

(80) Grunes/Stucke (2015)，12，忽视隐私作为唯一的消费者保护问题是错误的。

(81) Ohlhausen/Okuliar (2015)，156.

(82) Ibid.

(83) Edelman (2015)，397.

(84) 根据美国反托拉斯法，这种价格歧视需要证明对竞争过程的损害，而不是对消费者的剥削，参见 Hermalin/Katz (2006)，230。

(85) 与此类似，参见 Acquisti/Varian (2005)，367，这表明，虽然消费者可能意识到了在线追踪，但企业将利用它来“量身定做价格”；Einav/Levin (2014)，12430894，特别强调，通过了解行为数据，即个人偏好，卖家可以根据消费者需求进行定价调整。

(86) 本着同样的精神，英国 CMA 自信地认为，现有的英国和欧盟竞争法框架有能力处理网络平台滥用支配地位的问题；参见 Competition and Markets Authority (2015)，para.33。

利益。

乍一看,对隐私的关注可以理所当然地被视为个人私事。如果只有极个别人的隐私数据被泄露,那么消费者法对隐私数据的保护就已经足够了,然而事实并非如此。作为公法分支的竞争法[87]不能对广大网络用户的隐私泄露视而不见,数据保护漏洞也不该成为大型企业投机的肥沃土壤。

学者以双边平台通常为用户和所有者双方带来好处为由反对竞争政策干预数据驱动行业。与此形成鲜明对比的是,欧洲数据保护监管机构认为,"企业往往依赖并利用大数据来运营双边或多边的平台或商业模式,交叉补贴不同的服务",这些公司争夺用户的关注度和忠诚度,并通过推动用户使用这些服务产生具有高商业价值的个人数据。[88]

经济学家的实证研究表明,建立在双边平台上的垄断或近乎垄断的行业并不多见。[89]然而,对于 Google 搜索引擎来说,[90]情况恰恰相反,它在整个互联网搜索市场的份额超过了 90%。实证研究表明,互联网广告市场需要"非常精确"的定向广告,[91]而定向广告通常与广告商侵犯隐私有关,[92]甚至可能超出这一范围,最终破坏消费者的在线体验。[93]

在不忽视用户从 Google 搜索引擎中获得直接利益的前提下,我们发现 Google 从搜索引擎平台[94]获得了近 745 亿美元的收入,其中广告收入增长了 17%。[95] Vidal-Hall 诉 Google 公司一案[96]中的证据表明,2011 年 Google 从广告中获取了 365 亿美元的收入。Google 早期的秘密盈利方式[97]转变为现如今广泛使用的商业平台,在这个平台上,用户的搜索结果会以定向广告的形式加以回馈,而这些定向广告则是靠 Google 收集的大量用户数据支撑的。这使得纽曼(Newman)将 Google 的广告描述为"一座将隐私转化为现代货币的丰碑……它基于广告商可能正在寻找的特定用户的人口统计和数据为背景"。[98]另一位评论员表示,Google 出售的用户数据可能是一种隐私衍生产品,他称 Google 此举是为了增强公众对国家监控的清醒认知。[99]与此形成鲜明对比的是,两位著名的评论员认为"以定向广告的形式将数据流通化"是有利于竞争且无害的,是"经济理性、利润最大化

---

[87] Chirita (2014),283.
[88] European Data Protection Supervisor (2014),para.2.3.12.
[89] Evans/Schmalensee (2011),17,举几个例子,从住宅、证券、电视、媒体、操作系统、游戏到支付卡;关于双边在线广告,参见 Rochet/Tirole (2003),1;论双边市场的关键特征,如特殊匹配和无效配给,参见 Hermalin/Katz (2016)。
[90] European Commission (2015),Statement/15/4785,Statement by Commissioner Vestager on antitrust decisions concerning Google, 15 April 2015; Chirita (2015),115;相反的观点认为,Google 只是在一种"平民主义"而非严格的反垄断意识中占据主导地位,参见 Wagner-von Papp (2015),641。
[91] Rutz/Bucklin (2011);关键词搜索中赞助链接的拍卖销售研究,参见 Edelman/Ostrovsky/Schwartz (2007),242。
[92] Tucker (2012),326.
[93] Ibid.,327.
[94] 论搜索引擎作为一个多方平台,参见 Hoppner (2015),356;Lianos/Motchenkova (2013),419。
[95] Alphabet Investor Relations, Press Release: Alphabet Announces Fourth Quarter and Fiscal Year 2015 Results, 1 February 2016.
[96] Para. 6.1. of the Appendix to the judgement in Vidal-Hall v Google Inc. [2015] EWCA Civ 311 (27 March 2015).
[97] Chirita (2010),111.
[98] Newman (2014a),3.
[99] Muth (2009),337.

的行为"。[100] 埃文斯(Evans)在向消费者发布"定向广告"[101]方面的研究中做了开创性的工作,他立足于一个更为微妙的立场。尽管在线定向广告在降低营销成本方面的能力是无可争辩的,但埃文斯认识到,数据的收集和分析"引发了有关隐私的难题",[102]也突出了定向广告对竞争的益处,对定向广告的分析已经成为另一项经济分析的主题[103]。然而,过度收集消费者数据的行为已经为我们敲响了警钟。定向广告往往会导致高度集中的市场结构,比如 Google 和 Facebook。[104] 最终,现阶段的隐私问题可能会引发相关法规的出台,这些法规可能会对定向广告加以规制。[105]

然而,Google 并非唯一一个通过滥用个人数据实施反竞争行为的公司。新的信息经济对消费者来说成本极高,因为在线服务使用者只掌握与免费数字平台交换的实际价格相关的不完全信息[106]。本文同意斯蒂格利茨(Stiglitz)的经济不均衡理论,即"信息不对称加剧了经济不均衡"。[107] 作者认为,上述消费者对个人、行为、经验等方面信息的重要性缺乏认知,他们为使用在线服务而支付的费用,使价格歧视助推了经济不均衡的存续。广告商越来越多地使用从其服务合作伙伴处收集的数据(即个人偏好、地理位置和其他特征)来针对在线客户定制定向广告。[108] 最终,虽然定向广告增加了所有平台的企业利润,但另一项研究指出,消费者的体验并非必须通过这一途径得到提升。[109]

解决数据滥用的挑战是,由于网络用户不清楚其数据的价值,因此需求(即服务)和供给(即数据)曲线无法在平衡状态下相交。根据夏罗普(Salop)和斯蒂格利茨的说法,在这种情况下,任何对效率的经济分析都变得毫无意义。[110] 正如奥哈森(Ohlhausen)和奥库利亚(Okuliar)[111]预见的那样,它明显背离了传统的市场价格均衡理论。有人提出,隐私权所具有的法律意义是指:卖家通过分析处理潜在买家的各类个人数据,误导潜在买家接受了比实际价格高得多的价格;但如果卖家不知道买家的个人数据,买家就可以以实际正常价格买入。

对个人财务状况、偏好或选择等数据的掌握与分析,为卖家提供了提高或降低特定类别买家所购商品价格的机会。定向广告被称为"数据挖掘"工具,[112]它允许卖家根据用户的网络历史记录或用户所在地有效的相关性信息,向特定的客户群体提供差异化的广告。

---

[100] Sokol/Comerford (2017),4;Lerner (2014).
[101] 面向更广泛受众的普通广告必须通过向大量消费者投放多个广告来解决"匹配"问题,参见 Evans (2009),43.
[102] Ibid., 38.
[103] Bergemann/Bonatti (2011),438.
[104] Ibid.
[105] Evans (2009),52;相反观点认为,参见 Campbell/Goldfarb/Tucker (2015),47,证明隐私监管有助于巩固数字垄断。
[106] 与此类似,参见 Tucker (2014),546,确定有必要对该行业消费者和企业之间的信息不对称程度进行实证研究。
[107] Stiglitz (2002),460,479.
[108] Newman (2014a),853 通过类似的依赖 Google 可用用户数据的广告技术来突出 Google 的提升。
[109] Johnson (2013),140.
[110] Salop/Stiglitz (1982),1121.最近,Edelman 开发了一种适用于在线平台的经济模型,这表明中间商之间的竞争加剧了扭曲,参见 Edelman/Wright (2015),1283.
[111] Ohlhausen/Okuliar (2015).
[112] Newman (2014a),868. See also Newman (2014b),402.

针对社会关系和地理相似性在消费者形成购买偏好方面的作用进行实证研究将是有益的。[113]

《华尔街日报》已经发现的证据表明,"倾向于折扣价格的地区比倾向于更高价格的地区的平均收入要高得多"。[114] 价格歧视是基于这样一种假设:贫困地区在当地可供选择的零售店较少,因此较高的价格可以轻易地令贫困地区的网络消费者接受。美国联邦贸易委员会亦发现了这一现象。[115] 奥哈森委员认可了FTC的报告中大数据对"低收入、弱势消费者"产生影响的观点。[116]

遗憾的是,对网络价格歧视的实证研究仍然长期空白。2015年,英国竞争与市场管理局(UK Competition and Markets Authority)选取了诸如汽车保险、服装零售和游戏应用程序等经济领域,就消费者数据的商业用途发布了首份研究报告。[117] 尽管选取行业有限,但该报告仍试图着眼于消费者数据,特别是个人和非个人数据,如匿名和聚合数据。报告亦探讨了收集消费者数据的方式,即推断、明确声明或通过用户交互观察等方式。此外,本报告阐述了行为数据的当前使用情况。此前的一项研究发现,即使是个人浏览历史中提取的"非结构化"数据也能揭示重要的经济利益,从中可以推断出个人用户的财富状况。[118]

总的来说,有太多的数据驱动平台能够通过共享与经济相关的个人数据来实现价格歧视。评论员认为[119],由于个人数据泄露往往无法识别,因此出现了有关追责的问题。像Google、Facebook、雅虎、Microsoft这样的大公司,已经将预测经济学模型和复杂的机制应用到大数据中,以研究与关键变量相关的个人决策。[120] 艾纳夫和莱文认为,研究大量的数据可以增加广告投放的准确性。[121]

克洛克教授批判性地指出了价格歧视的关键危害,"一部分消费者在不知情的情况下为同一产品支付的价格高于其他消费者",认为这是"市场失灵的表现,需要政府干预"。[122]

基于前文所述的论点,首先,网络价格歧视导致企业利润增加并且由此引发了经济不均衡。其次,这种不均衡使消费者产生了一种错觉,即认为这些互联网巨头正在凭借其"高度创新"的数据驱动产品和性能进行竞争。为了减少这种经济不均衡,需要竞争政策干预。再次,本文认为,互联网垄断企业利用从在线用户中收集的大量与个人经济相关的敏感数据展开竞争。这项活动已经成为帮助企业赢得丰厚利润的创新型IT工程,这一工

---

[113] Einav/Levin (2014), 12430891.
[114] Wall Street Journal, Website Vary Prices, Deals Based on Users' Information, 24 December 2012.
[115] US Federal Trade Commission (2016), 11.
[116] Separate Statement of Commissioner Ohlhausen (2015).
[117] DotEcon & Analysys Mason (2015).
[118] Einav/Levin (2014), 12430891.
[119] Nehf (2016).
[120] Einav/Levin (2014), 12430896.
[121] Ibid., 12430895.
[122] Klock (2002), 317.

程应该得到竞争主管部门的严格监管。

最后,经合组织认定了价格歧视给消费者带来的负面影响,即"消费者可能逐渐失去对其数据和隐私的控制;他们面临着侵入性广告和行为歧视的影响,且越来越依赖于他们所使用的服务"。[123]

6 隐私权案例研究的比较评价

以下部分将探究隐私政策在实践中如何为使用网络产品或服务的消费者保驾护航。在经济学文献中,没有实证依据可以证明"大型网络平台比小型网络平台收集的数据更多",也无法证明大型网络平台收集的数据更加敏感。[124] 本节旨在探究四大网络平台,即Microsoft、Google、Facebook 和 LinkedIn 的隐私政策。内容将主要集中于探究各平台收集数据的类别、数据共享方、知情同意和披露四部分。在撰写本文的过程中,作者意识到小型但具有竞争性的网络平台也是重要的研究对象,所以,Instagram、Snapchat 和 Whisper 也包括在本节内。基于本文作者的个人偏好,Google 名列下表之首,该表展示了探究结果的总体情况。

隐私政策	数据种类	数据分享	披露	同意
Google	(1) 个人数据:2015年6月前,个人搜索查询 (2) 行为数据 (3) 经验数据:网络cookies、Google 分析、跟踪、DoubleClick (4) 经济相关数据:交互式广告 (5) 唯一设备标识符:身份验证	第三方: (1) 公司、组织或者个人 (2) 与发行机构、广告商或者关联网站分享聚合数据	(a) 符合法律要求或者政府要求的 (b) 调查违规行为 (c) 发现或防止欺诈、安全或技术问题 (d) 保护自己或用户的利益	必选,选择后同意: (i) 敏感个人资料 (ii) 将 DoubleClick cookies 与个人认证相结合
Microsoft Win10	(1) 个人数据:2016年1月前 (2) 行为数据 (3) 经验数据:网络cookies,定向广告 (4) 设备认证:身份验证	(1) 在 2016 年 1 月前向第三方分享 (2) 受控附属公司、子公司、供应商	(1) 法律披露 (2) 保护用户免受垃圾邮件、欺诈 (3) 其自身的安全利益	必选,选择后退出"基于兴趣的广告"

---

[123] OECD (2016), 29.
[124] Lerner (2014), para.85.

续　表

隐私政策	数据种类	数据分享	披　露	同　意
Facebook	(1) 个人数据 (2) 经验和使用数据：可视化内容、个人参与度、用户频率和持续时间 (3) 特定位置数据 (4) 从第三方广告商服务获得的行为数据(relevant ads on and off)	(1) Facebook 旗下公司 (2) 集成第三方应用程序、网站或其他服务，包括第三方广告商	(a) 搜查令或传票 (b) 法律要求时，包括美国以外的司法管辖区 (c) 发现、预防和处理欺诈或其他非法活动 (d) 自身或他人的保护 (e) 防止死亡或迫在眉睫的身体伤害	与第三方广告商或分析合作伙伴共享个人身份数据所需的许可 选择后不同意： (i) 有针对性地向供应商、服务提供商和业务伙伴发送广告和汇总数据，即年龄、性别、位置和个人偏好 (ii) 向欧洲经济区以外的国家传输个人数据
Instagram	(1) 个人数据 (2) 个人不可识别数据的分析，即流量、使用、互动 (3) 经验数据：网络cookies、本地存储 (4) 行为数据：服务广告 (5) 位置数据：唯一设备标识 (6) 聚合数据：全部访客、流量、人口统计模式	(1) 与在法律上属于同一集团及其附属公司的企业分享个人、经验、当地和行为数据 (2) 与第三方分享经验和位置数据 (3) 目标广告的匿名数据和聚合数据与其他分享	(a) 响应法律请求，即搜查令、法院命令或传票 (b) 当法律要求时 (c) 发现、预防和处理欺诈和其他非法活动 (d) 保护自身和用户 (e) 防止死亡或迫在眉睫的身体伤害	选择后同意： (i) 向第三方出租或出售数据 (ii) 将个人资料转移至另一司法管辖区
LinkedIn	(1) 个人数据 (2) 经验数据：网络cookies (3) (4) 推测和聚合数据 (5) 位置数据	(1) 附属公司 (2) 第三方，例如发行机构和广告商；禁止出租或出售个人数据	(a) 在法律允许的情况下 (b) 为遵守法律要求而合理需要的 (c) 强制披露 (d) 对侵权指控作出回应 (e) 它自己或用户的利益	(i) 服务功能的推定同意 (ii) 单独许可，即第三方广告商和广告网络个人使用cookie的选择同意 (iii) 只选择退出目标广告，而不退出一般广告 (iv) 推定同意，即明示和自愿接受其用户协议

续　表

隐私政策	数据种类	数据分享	披　露	同　意
Whisper	(1) 使用数据 (2) 位置数据 (3) 个性化用户体验的行为数据 (4) 设备特定数据,即唯一设备标识符 (5) 经验数据：历史统一资源定位器	(1) 其他用户和公众 (2) 附近的人 (3) 供应商、顾问和其他服务提供商 (4) 并购公司? (5) 当前和未来的附属公司、子公司和其他公司 (6) 第三方：聚合数据	(a) 善意,在有必要遵守法律、法规、法律程序或政府要求的情况下	(i) 经同意,即地点 (ii) 不同意的行为或聚合数据,包括分析和广告 (iii) 选择退出将网络浏览用于行为广告 (iv) 在安卓手机上,"限制广告追踪"功能,选择退出关注基于兴趣的广告

* cookie 是放置在用户设备上的小文本文件,用于帮助 Microsoft 收集数据并存储用户的首选项和设置,以便于登录、提供有针对性的广告、打击欺诈和分析服务性能

6.1 "大数据"分类

在对多边在线平台收集的数据进行比较分析的基础上,本文提出以下数据分类。首先,本文认为,与更直接或高度敏感的个人数据相比,行为、使用记录和内容、经验、技术和位置这些间接数据都是个人数据的子类别。尽管这些类别的数据与更直接的或者高度敏感的个人数据相比具有间接性。其次,本文试图论证,通过"客户授权定向广告的方式提高安全性、功能性或服务体验"作为数据滥用的客观理由是危险的。后者充分利用了用户对平台的信任以及自我保护意识的欠缺。再次,本文承认,基于行为经济学的剥削性滥用属于竞争法的问题,但将其他类型的滥用行为视为属于消费者法调整范畴。笔者还认识到,经济学家在研究案例时需要考虑所有的复杂问题,但他们却很少考虑到竞争法、消费者法或数据保护法之间的区别。因而他们仍然会对上述第三种论点感到不悦。持有同样立场的是最近欧盟委员会发布的一份软法性质的通告函件(EU soft-law communication),它认为网络平台极其复杂,需要竞争法和消费者法、个人数据和营销法以及数字单一市场中"数据驱动创新"自由的共同规制。[125]

6.1.1 直接个人数据

截至 2015 年 1 月[126]和 2015 年 6 月[127],Microsoft 和 Google 分别从 Windows 10 和搜索

---

[125] European Commission, Communication from the Commission to the European Parliament, the Council, the European Economic and Social Committee and the Committee of the Regions: Online Platforms and the Digital Single Market COM (2016) 288/2, paras. 5 and 11.

[126] See Microsoft's Privacy Statement of January 2015; recent updates are available at: https://privacy.microsoft.com/en-GB/updates.

[127] See Google's Privacy Policy of 30 June 2015 available at: https://www.google.com/policies/privacy/archive/20150630/; recent updates are available at: https://www.google.com/policies/privacy/.

引擎的用户中收集诸如姓名和电子邮件等个人数据。然而，Google对其许多服务进行了加密，仅限其员工、承包商和代理人访问个人数据。LinkedIn收集诸如电子邮件地址簿、移动设备联系人或日历等个人数据，以便为用户提供"个性化体验"。Facebook收集用户用于注册的个人数据。Instagram自2012年9月起为Facebook所有，它仍收集诸如电子邮件地址等个人数据。令人惊讶的是，Snapchat收集的个人数据不仅包括电子邮件地址、电话号码，甚至还包括出生日期。只有Whisper不收集个人数据，因为用户名与用户的真实姓名不同。

6.1.2 高度敏感的个人数据

Google声称，它没有利用cookies或类似技术收集诸如种族、宗教、性取向或健康状况等方面的敏感数据。然而，如果需要正常使用Google服务，用户就不能禁用cookies。

6.1.3 行为数据

Microsoft收集诸如用户的偏好和兴趣行为数据。Google也收集类似的数据，这些数据可以揭示"更复杂的事情"，并且具有重要的经济意义，例如人们认为最有用的广告、最重要的人或喜欢的YouTube视频。同样，LinkedIn收集行为数据来了解"用户"的兴趣，同时Whisper则收集相同的数据(128)以提升"用户个性化体验"。

6.1.4 内容和使用数据

Microsoft收集诸如浏览和搜索历史记录等使用数据(Usage Data)，Google则收集用户使用其搜索引擎搜索查询频率以及查询的内容的数据。此外，Google还存储用户浏览器中的个人数据，包括HTML和应用程序数据缓存(application data caches)。Google将来源于创新性服务的个人数据同其他服务的数据进行整合，这使得用户隐私更容易被侵犯。同样，Facebook收集个人使用其服务时的内容数据与使用数据，前者包括消息和通信、照片的位置数据，后者包括可视化内容、个人参与度、频率或持续时间。

根据2013年1月的隐私政策，Instagram收集内容数据包括照片、评论和通信，使用数据包括浏览记录。后者被输送给第三方用来定制"个性化"的内容和广告。Instagram使用第三方分析技术来衡量服务流量和使用趋势，如URL、点击次数、交互和浏览页面。然而，Instagram声称其分析数据并不是用来识别特定用户的。Snapchat也收集诸如社交互动、通信、消息使用数据和内容数据。根据Whisper2016年3月的最新隐私政策，Whisper收集内容、公开的回复和聊天信息以及互动等使用数据。

6.1.5 技术与认证数据

Microsoft、Google和Snapchat收集设备数据(device-specific data)，而Facebook收集设备标识符信息(device identifiers)。Microsoft收集有关设备配置(device configuration)的IT数据；Google收集更全面的数据，包括操作系统、唯一设备标识符、移动网络和电话号码。自2016年3月以来，Google将唯一的设备标识符或电话号码与用户账户相关联。同样，LinkedIn、Instagram、Snapchat和Whisper收集用于数据认证的移动设备标识符，对于

(128) 这些数据包括时间、页面、浏览和互动。

Snapchat 来说,还收集包括广告和唯一的设备标识符信息。

6.1.6 位置与身份验证数据

Microsoft 和 Google 收集位置数据。Google 收集的数据可以精准识别用户的实际位置,例如 IP 地址、GPS、Wi-Fi 接入点和移动塔。[129] 相反,LinkedIn 收集位置数据用于定位在本地工作的用户或用于预防欺诈与保障安全。Facebook 收集特定的位置数据;Snapchat 收集精确的位置数据;Instagram 亦收集位置数据;Whisper 收集从注册时起至今的位置数据或大概的地理位置。

为什么会有人追踪用户的定位呢?在美国 Aaron's, Inc 的案例[130]中,一家从事电脑租赁业务的加盟商使用计算机软件跟踪客户的位置,捕捉网络摄像头图像,并激活关键日志记录软件,窃取电子邮件账户和金融及媒体网站的登录密码。埃文斯认为,与大公司相比,在家中浏览网页的个人更容易接触到定向广告,因为随着时间的推移,他们依然会使用同样的 IP 地址。[131] 基于此,贝格曼和博纳特提出了一个基于在线广告商 IP 地址跟踪模式的盈利经济模型。[132]

6.1.7 合理的个性化服务体验与认证数据

我们所审视的大多数公司,即 Microsoft、Google、LinkedIn、Snapchat 和 Whisper,收集用户的体验数据,存储用户的偏好和设置,甚至基于反欺诈的目的确认用户的真实身份。Microsoft 最近一次更新隐私政策是在 2016 年 1 月。它宣称收集数据的目的是为了有效运行以及为用户提供最佳服务体验。虽然后者的目的是完全客观合理的,但 Microsoft 的目标不仅在于改善用户体验,还在于个性化用户体验。而个性化用户体验极易产生问题,因为任何个性化数据的搜集都会侵犯隐私。

Google 收集 cookies,这些 cookies 能够准确地标识用户的浏览器、本地 web 存储和数据缓存。乍一看,这在客观上是合理的,毕竟这一技术可以向用户展示相关度更高的搜索结果或使与其他用户的共享更快更容易。然而仅仅为了这个目的,Google 便收集了大量的信息,这些信息可以轻而易举地显示出诸如使用的语言等"基本要素"。然而,改善用户体验和用户验证之间界限模糊。除此之外,Google 还追求自己的商业利益:提供、维护、保护和改进服务,并开发新的服务,保护自己的用户。同样,LinkedIn 从用户中收集客观合理的数据,以改善用户的体验并提高安全性。Instagram 收集历史数据,包括本地存储。Snapchat 收集用户在线活动的独特广告标识。不过,Snapchat 声称,这些数据仅用于监测和分析趋势以及使用情况,并使服务个性化。最后,Whisper 使用了类似的追踪技术,包括用户在导航到其服务之前访问的 URL。

德国垄断委员会(the German Monopolies Commission)最近的报告得出了类似的结

---

[129] 通过 cookies 进行用户识别适用于 Google 的许多创新,如地点、旅游、产品搜索、Chrome、地图、学者、YouTube、Talk、Gmail、Google+、Android 等。

[130] FTC, Re Aaron's, Inc., No.C-4442 [2014], available at: https://www.ftc.gov/enforcement/casesproceedings/122-3256/aarons-inc-matter.

[131] See Evans (2009), 42.

[132] Bergemann/Bonatti (2011), 438.

论,此类社交平台具有大量获取个人数据的动机,[13]而这超出了确保平台正常运行的客观需要。

6.1.8 定向广告与普通广告

Microsoft 利用个性化的数据来帮助商业广告更贴近用户。Google 2016 年 3 月[14]发布的隐私政策指出,该公司收集有关其自身广告服务的使用数据,包括浏览量或与商业广告的互动。最重要的是,Google 还通过 cookies 存储了有关用户与 Google 合作伙伴提供的广告服务互动的相关经济数据,以及在其他网站中可能出现的特征数据。经过数据分析后通过 DoubleClick 与广告服务商进行确认,以生成用户访问多个网站的进一步数据。Google 分析是企业和网站所有者分析其网站和应用程序流量的另一强大工具。

同样,LinkedIn 通过各种广告技术(包括网络信标、像素标签或 cookies)收集行为数据,以"服务"于普通广告。此外,LinkedIn 根据如下数据发布定向广告:用户的公开资料或间接数据,使用情况(包括搜索历史记录、内容阅读、关注的活动、参与群组、访问的页面等),最重要的是诸如广告合作伙伴、发布商和数据集合商等第三方。更特别的是,当用户点击广告时,广告商会收到用户当前页面的 URL。

Facebook 会在用户访问使用第三方网站、应用程序或与第三方合作伙伴互动时,从第三方处收集用户的行为数据。Facebook 的目标是改善对现有用户所发布的广告,向他们提供"相关广告开启与屏蔽"的选项,并衡量此类广告的有效性和影响力。Instagram 使用类似的技术为广告商和其他合作伙伴"发布广告"。

6.1.9 邮件和语音数据

Microsoft 发布的"安心免责声明"实际上令人担忧:"我们不会使用您在电子邮件、聊天、视频通话或语音邮件中所说的内容,或者您的文档、照片或其他个人文件来追踪您。"然而,Google 收集有关通话时间、日期和持续时间的数据。LinkedIn 隐私政策中第 1.8 条关于 cookies 使用的内容中,假定只要用户通过访问其服务,就意味着同意在浏览器与基于 HTML 的电子邮件中设置 cookies 和信标*(beacons)。最近的一项实证研究证明了 Facebook、Yahoo! 和 Google 的邮箱自动回复功能是如何侵犯隐私的。[15]

6.1.10 聚合数据

Instagram 出于商业目的去监测诸如访客总数、流量和人口统计模式指标,这些数据的整体即聚合数据。而这一监控活动的目的并非诊断或修复技术问题。此外,Google 还公开以及与出版商、广告商或关联网站等第三方共享集合的、不可识别的数据。Facebook 与第三方共享有关其广告覆盖范围和效果的数据以及聚合数据。例如,Facebook 根据用户的年龄、性别、位置和个人偏好,将广告浏览量或人口统计数据传递给第三方。将这些数据传输给供应商、服务提供商和商业伙伴,是为了衡量其广告的有效性。Instagram 还

---

[13] German Monopolies Commission (2015).

[14] Available at: https://www.google.com/policies/privacy/archive/20160325/.

* 信标原意为导航信号标记,在此处可表达为定位追踪之意。——译者注

[15] See Strahilevitz/Kugler (2016),20.

共享不再与特定用户关联的聚合数据。同样，Snapchat 与第三方广告商共享集合或"去特定化"的数据。Whisper 与供应商、顾问和其他服务提供商共享聚合数据。

6.2 数据共享

通常情况下，在网络平台内外都可以共享数据。在并购时，数据内部共享可能与数据外部共享产生同样的危害。

6.2.1 数据内部共享

大多数公司与其控制的附属公司、子公司、属于同一集团的其他公司或共同控制和所有权下的公司共享个人数据。通常来说，Instagram 与 Facebook 共享个人发布内容、使用情况、历史数据以及本地信息和行为数据。Snapchat 与 Snapchat 集团内公司共享类似的数据。

6.2.2 数据外部共享

直到 2016 年 1 月，Microsoft 与包括供应商在内的第三方共享用户的个人数据。Google 也是如此。LinkedIn 与第三方共享个人数据；Facebook 则与集成的第三方应用程序、web 站点或其他服务（包括广告商）共享服务内容，如帖子或分享。Instagram 与第三方分享体验和位置数据，并与第三方共享匿名数据，以便第三方发布定向广告。与此类似，Snapchat 与第三方共享个人数据，该共享可能包括向服务提供商提供服务质量数据；向卖家提供商品数据；向合作伙伴提供服务功能数据，或者由于并购产生的信息。Snapchat 用户只需点击他们的链接或搜索结果就可以向第三方提供个人数据，第三方可以在第三方网站和应用程序中使用 Snapchat 收集的个人数据来发布定向广告。Whisper 也与公众分享类似的数据：聊天信息的接收者可以与其他人共享其内容，位置数据也可以与附近的其他用户共享。

在此基础上，本文发现与第三方合作伙伴（主要是广告商）共享数据是常见的做法。LinkedIn 是唯一发布了明确免责声明的平台，根据该声明，它不会"出租或出售"用户未在 LinkedIn 上公开发布的个人数据。

6.3 知情同意

6.3.1 征得同意

Microsoft 和 Google 声称在用户同意的情况下共享个人数据。LinkedIn 在共享类似数据的基础上执行用户的指令、提供功能性服务、保护消费者权益或遵守法律，但前提是必须经过用户同意。Instagram 声称在未经用户同意的情况下不会将数据"出租或出售"给第三方；Snapchat 则在征得用户同意的情况下收集电话簿数据和照片；Whisper 共享征得同意的位置数据。

6.3.2 勾选（明确）同意

Microsoft 用户已经签署接收定向广告的协议，所以 Microsoft 向用户发布广告时无须事先征得同意。Google 在分享敏感数据时需要获得事先同意。截至 2016 年 3 月，

Google 需要事先征得同意才能将 DoubleClick 的相关数据与个人身份数据相结合。同样，LinkedIn 要求第三方广告商需要用户"明确"选择同意才能通过 cookies 直接收集个人数据。

6.3.3 推定同意

LinkedIn 推定用户已对信标和其他广告技术的使用给予有效同意。它假定，LinkedIn 用户通过提供个人数据的方式表明"明确和自愿"接受其隐私政策的条款和条件，从而"自由地接受和同意"此类数据处理。其中一份免责声明提到，提供法律认为属于敏感信息的行为是自愿行为；另一份免责声明敬告 LinkedIn 用户，如果他们对提供数据有任何顾虑，可以选择不成为会员。

6.3.4 明确同意或特别许可

Google 向用户承诺，在未经用户明确同意的情况下，不会剥夺他们在当前隐私政策下的权利。但是，既然 Google 已经收集了大量关于其用户的信息，即使用数据、偏好、消息、照片、视频、浏览历史、地图搜索、文档和其他内容，那么现在才征得同意不是太晚了吗？在这种不知情的"同意"的情况下，是否仍有人认为提高人们对 Google 搜索引擎的认识并教育作为消费者的用户了解他们的网络行为所能产生的经济价值，就足以解决数据滥用的问题？大多数用户几乎无法理解"明确同意"的法律含义。

LinkedIn 需要获得"单独许可"才能够与第三方广告商或广告网络服务商分享用户数据以提供定向广告。Facebook 在与第三方广告商或负责测量或分析的合作伙伴共享个人可识别数据（如姓名或电子邮件地址）时也需要类似的许可。

6.3.5 退出选项

Microsoft 为用户提供了"退出"选项，引导用户访问 Microsoft 的退出选项页面。根据 LinkedIn 2014 年 10 月的隐私政策，[13] 尤其是其第二项承诺，"如果您不希望收到大多数第三方公司的定向广告，您可以通过点击广告中或旁边的图标选择退出"。然而，根据其第三项承诺，"这并不会使用户不再接收广告"。LinkedIn 的用户仅被授权退出定向广告，如果他们不希望自己的在线行为被第三方网站追踪，他们可以选择退出。相比之下，Whisper 用户可以选择不让其网络浏览信息被相关公司用于推送广告。在 Android 手机上，用户必须选择"限制广告跟踪"功能，才能选择退出基于用户偏好而推送的广告。

6.3.6 不同意

显然，LinkedIn 针对其用户公开发布的数据内容进行处理不需要征得事先同意。相比之下，Whisper 不需要获得用户同意就可以与第三方共享行为或聚合数据，包括数据分析和广告投放。

除此之外，由于 LinkedIn 在用户居住的国家之外处理个人数据，这可能会引发更大的矛盾。Facebook 也可能会将个人数据传输到欧洲经济区以外的国家。同样，Instagram 及其附属公司或服务提供商可能会跨境将个人数据转移到具有不同数据保护法律的另一

---

[13] An updated version is available at：https://www.linkedin.com/legal/privacy-policy.

个司法管辖区。Snapchat 还可能将个人数据传输到美国以外的司法管辖区。

最后,在没有任何可行的替代方案来使用 cookies 的情况下,本文认同将用户基于"格式条款"所给予的同意确定为一种常见行为。否则,相关问题的分析将无法正常进行。

6.4 数据披露

最常见的对外披露理由是:个人数据遵守法律、行业规则或规制的要求或有效的法律请求,包括搜查令、民事或刑事传票、法院命令或其他强制披露要求的需要,或回应来自主管当局的有效法律程序,包括来自执法部门或其他政府机构的有效法律程序和来自美国以外司法管辖区的有效法律程序;在法律允许的情况下,以诚信原则为基础而进行披露;或因调查潜在违规行为而披露;执行隐私政策或用户协议而披露;通过阻止垃圾邮件以保护客户或检测并惩治欺诈行为而披露;预防人身损害而披露;运营和维护产品安全、技术问题或安全而披露;保护私人权利和财产、保护私人利益以及维护用户或者维护社会公共利益而披露。

最后,Instagram 发布了一份令人担忧的免责声明,声称它不能确保信息传输的绝对安全性,也不能保证这些信息不会被访问、披露、更改或销毁。

7 实践的回应:Vidal-Hall v Google Inc.[2015]EWCA

在 Vidal-Hall v Google Inc.一案中,[137]索赔人不同意通过苹果 Safari 浏览器运行其网络 cookie。广告商通过 DoubleClick 广告服务,利用关于索赔人浏览体验的聚合数据来瞄准用户需求。定向广告的结果是个人数据得以与第三方共享。在上诉中,皇家法院(the Royal Court of Justice)确立了"滥用私人信息"的侵权责任。与本文关于解决互联网垄断者滥用个人数据的提议类似,Vidal-Hall v Google Inc.案对解决通过网络活动滥用个人数据这一现象具有重大影响。虽然法院可以在没有证据证明实际财产损失的情况下,裁定损害赔偿金,但这种民事诉讼表明,如果竞争政策干预解决不了这些问题,消费者和数据保护法的数据保护措施就会面临风险,同时本案中的侵权诉讼只能在个别诉讼中发挥作用。

该裁决具有里程碑式的意义,它承认"滥用私人信息"是"侵犯隐私"的。[138] 不幸的是,在解释第 95/46/EC 号指令时,法院认为该指令旨在保护"隐私而非经济权利"。[139] 换句话说,该指令旨在保护"私人信息"而非针对个人数据的滥用。高等法院的图根哈特法官此前承认,因为第三方可以通过窥探索赔人接收的定向广告推断出索赔人的相关特征,所以浏览记录实际上属于个人数据。[140]

---

[137] Vidal-Hall v Google Inc. [2015] EWCA Civ 311 (27 March 2015); on appeal from the High Court (QB) The Hon Mr Justice Tugendhat [2014] EWHC 13 (QB).
[138] Ibid.,第 19 段和第 23 段承认衡平法院提供了保护,防止因违反信任而滥用私人信息。
[139] Ibid., para.77.
[140] Ibid., para.111.

英国皇家法院认为"网络流量监控工具可以很容易地识别设备的行为,以及设备背后的用户行为"。[⑭] 法院将个人数据分为两类:一类是直接个人数据,包括详细的浏览历史记录,另一类是使用 DoubleClick cookie 获得的数据。[⑫] 由于后者包括唯一标识符,因此间接推断的数据可以使前者(即直接个人数据)定位到单个设备用户。在这项裁决的附录中的证据表明,Google 通过 DoubleClick 收集了大量的个人数据,包括与经济相关的数据,如购物习惯、社会阶层和财务状况,但也有许多其他数据,如种族或民族血统、健康或性取向。[⑬] 不幸的是,Safari 浏览器没有"退出 cookies"的选项来让用户能够从追踪和定向广告中退出。

法院认为"定向广告不可避免地会获取特定个人的浏览记录"。[⑭] 考虑到赔偿金额高达 120 万英镑的要求,上诉法院法官麦克法兰(LJ McFarlane)驳回了向最高法院的上诉,这一裁决遵循了美国在私人诉讼方面的发展趋势。联邦贸易委员会以 Google 向 Safari 浏览器的用户作了不会使用 cookies 或向他们发布定向广告的虚假陈述为由,对 Google 处以 2 250 万美元的民事惩罚。[⑮]

8　结论

上述对互联网公司隐私政策的研究揭示了收集和处理各类个人数据的目的。报告指出,互联网巨头追求的商业模式几乎完全相同,其基础是企业利用消费者(即特定服务平台的在线用户)从定向广告中获得收益。事实上,对某些类别的数据进行处理在客观上是合理的,因其可以提高相关服务品质以提升用户体验。然而,其他类别诸如使用记录、内容和行为数据往往被第三方为了商业广告的利益目的而过度处理。了解消费者的使用情况、频率、偏好和选择,就可以了解他们未来的经济行为。这会令消费者失去理性,同时使他们在面对网络卖家或零售商时更加弱势。对于那些希望游离于数据保护规则之外仍能安然无恙的公司来说,给予用户同意权、提供选择加入或退出的选项仍然是解决这些问题的关键。但在竞争主管部门面前,它们还能保证其滥用行为免受竞争审查吗?

参考文献

Acquisti, A./Varian, H. R. (2005), Conditioning prices on purchase history, 24 Marketing Science, 367–381.

Albors-Llorens, A. (2014), Competition and Consumer Law in the European Union: Evolution and Convergence, 33 Yearbook of European Law, 163–193.

Armstrong, M./Vickers, J. (2001), Competitive Price Discrimination, 32 The RAND Journal of

---

⑭ Vidal-Hall v Google Inc. [2015] EWCA Civ 311 (27 March 2015); on appeal from the High Court (QB) The Hon Mr Justice Tugendhat [2014] EWHC 13 (QB). para.114.
⑫ Ibid., para.115.
⑬ Ibid., para.8.1. to 8.4.
⑭ Ibid., para.128.
⑮ Ibid., para.140.

Economics, 579 – 605.

Baker, J. B. (2003), Competitive Price Discrimination: The Exercise of Market Power without Anticompetitive Effects, 70 Antitrust Law Journal, 643 – 654.

Barr-Gill, O. (2012), Seduction by Contract: Law, Economics, and Psychology in Consumer Markets, Oxford University Press.

Beale, H. (2002), Legislative Control of Fairness: The Directive on Unfair Terms in Consumer Contracts, in: J. Beatson/D. Friedmann (Eds.), Good Faith and Fault in Contract Law, Oxford Clarendon Press.

Bellamy and Child (2013), European Union Law of Competition, in: V. Rose/D. Bailey (Eds.), 7th ed., Oxford University Press.

Bergemann, D./Bonatti, A. (2011), Targeting in advertising markets: implications for offline versus online media, 42 The RAND Journal of Economics, 417 – 443.

Bergemann, D./Brooks, B./Morris, S. (2015), The Limits of Price Discrimination, 105 American Economic Review, 921 – 957.

Bigwood, R. (2003), Exploitative Contracts, 1st ed., Oxford University PressCampbell, J.D./Goldfarb, A.,/Tucker, C. (2015), Privacy Regulation and Market Structure, 24 Journal of Economics & Management Strategy, 47 – 73.

Chirita, A. D. (2010), Undistorted, (Un)fair Competition, Consumer Welfare and the Interpretation of Article 102 TFEU, 33 World Competition Law and Economics Review, 417 – 435.

Chirita, A. D. (2014), A Legal-Historical Review of the EU Competition Rules, 63 International & Comparative Law Quarterly, 281 – 316.

Chirita, A. D. (2015), Google's Anti-Competitive and Unfair Practices in Digital Leisure Markets, 11 Competition Law Review, 109 – 131.

Cooper, E. H. (1977), Price Discrimination Law and Economic Efficiency, 75 Michigan Law. Review, 962 – 982.

Drexl, J./Hilty, R./Desaunettes, L./Greiner, F./Kim, D./Richter, H./Surblytė, G./Wiedemann, K. (2016), Data ownership and access to data position statement of the Max Planck Institute for Innovation and Competition, Max Planck Institute for Innovation and Competition ResearchPaper No. 16 – 10, available at: http://www.ip.mpg.de/fileadmin/ipmpg/content/stellungnah-men/positionspaper-data-eng – 2016_08_16 – def.pdf.

Edelman, B. (2015), Does Google Leverage Market Power through Tying and Bundling, 33 Journalof Competition Law and Economics, 365 – 400.

Edelman, B./Ostrovsky, M./Schwartz, M. (2007), Internet Advertising and the Generalized Second-Price Auction: Selling Billions of Dollars Worth of Keywords, 97 American Economic Review, 242 – 259.

Edelman, B./Wright J. (2015), Price Coherence and Excessive Intermediation, 130 The Quarterly Journal of Economics, 1283 – 1328.

Einav, L./Levin, J. (2014), Economics in the Age of Big Data, 346 Science, 12430891 – 12430896.

Evans, D. S. (2009), The Online Advertising Industry: Economics, Evolution, and Privacy, 23 Journal of Economic Perspectives, 37 – 60.

Evans, D. S./Schmalensee, R. (2011), The Industrial Organization of Markets with Two-Sided Platforms, in: D. S. Evans (Ed.), Platform Economics: Essays on Multi-Sided Businesses, Competition Policy International, 2 – 29.

Evans, D. S./Ezrachi, A. (2015), Witness Statement to the House of Lords' Inquiry on Online Platforms and the EU Digital Single Market, available at: https://www.publications.parliament.uk/pa/ld201516/ldselect/ldeucom/129/129.pdf.

Grunes, A.P./Stucke, M.E. (2015), No Mistake about It: The Important Role of Antitrust in the Era of Big Data, 12 Antitrust Source, 1–14.

Hayek, F. A. (2002), Competition as a Discovery Procedure, 5 Quarterly Journal of Austrian Economics, 9–23.

Heffetz, O./Ligett, K. (2014), Privacy and Data-Based Research, 28 Journal of Economic Perspectives, 75–98.

Hermalin, B. E./Katz, M. L. (2006), Privacy, Property Rights and Efficiency: The Economics of Privacy as a Secrecy, 4 Quantitative Marketing and Economics, 209–239.

Hermalin, B. E./Katz, M. L. (2016), What's So Special about Two-Sided Markets?, forthcoming in Economic Theory and Public Policies: Joseph Stiglitz and the Teaching of Economics, Columbia University Press.

Hoppner, T. (2015), Defining Markets for Multi-Sided Platforms: The Case of Search Engines, 38 World Competition, 349–366.

Johnson, J. P. (2013), Targeted advertising and advertising avoidance, 44 The RAND Journal of Economics, 128–144.

Joyce, D. (2015), Privacy in the Digital Era: Human Rights Online?, 16 Melbourne Journal of International Law, 1–16.

Kadar, M. (2015), European Union Competition law in the Digital Era, 4 Zeitschrift für Wettbewerbsrecht, 342–363.

Kerber, W. (2016), Digital markets, data, and privacy: competition law, consumer law and data protection, 11 Journal of Intellectual Property Law & Practice, 856–866.

Kessler, F. (1943), Contracts of Adhesion – Some Thoughts about Freedom of Contract, 43 Columbia Law Review, 629–642.

Klock, M. (2002), Unconscionability and Price Discrimination, 69 Tennessee Law Review, 317–331.

Lerner, A.V. (2014), The Role of "Big Data" in Online Platform Competition, available at: https://papers.ssrn.com/sol3/papers.cfm?abstract_id=2482780.

Lianos, I./Motchenkova, E. (2013), Market Dominance and Quality of Search Results in the Search Engine Market, 9 Journal of Competition Law & Economics, 419–455.

Lynskey, O. (2014a), Deconstructing data protection: the "added-value" of a right to data protection in the EU legal order, 63 International and Comparative Law Quarterly, 569–597.

Lynskey, O. (2014b), The Data Retention Directive is incompatible with the rights to privacy and data protection and is invalid in its entirety: Digital Rights Ireland, 51 Common Market Law Review, 1789–1811.

Lynskey, O. (2015), Control over Personal Data in a Digital Age: Google Spain v AEPD and MarioCosteja Gonzalez, 78 Modern Law Review, 522–534.

McDonald, A. M./Cranor, L. F. (2008), The Cost of Reading Privacy Policies, 4 Journal of Law and Policy for the Information Society, 543–568.

Morgan, J. (2015), Great Debates in Contract Law, 2nd ed., Palgrave.

Muth, K.T. (2009), Googlestroika: Privatising Privacy, 47 Duquesne Law Review, 337–354.

Nehf, J. P. (2016), Protecting Privacy with "Heightened" Notice and Choice, in: J. A. Rothchild (Ed.),

Research Handbook on Electronic Commerce Law, Edward Elgar.

Newman, N. (2014a), The Cost of Lost Privacy: Consumer Harm and Rising Inequality in the Age of Google, 40 William Mitchell Law Review, 850 – 879.

Newman, N. (2014b), Search, Antitrust and the Economics of the Control of User Data, 30 YaleJournal on Regulation, 401 – 454.

O'Donoghue, R./Padilla, A. J. (2006), The Law and Economics of Article 82 EC, 1 st ed., Hart Publishing.

Ohlhausen, M. K./Okuliar, A. (2015), Competition, Consumer Protection, and the Right [Approach] to Privacy, 80 Antitrust Law Journal, 121 – 156.

Pasquale, F. A. (2013), Privacy, Antitrust and Power, 20 George Mason Law Review, 1009 – 1024.

Posner, R. (1980), The Economics of Privacy, 71 American Economic Review, 405 – 409.

Roberts, A. (2015), Privacy, Data Retention and Domination: Digital Rights Ireland Ltd v Minister for Communications, 78 Modern Law Review, 535 – 548.

Rochet, J. C./Tirole, J. (2003), Platform Competition in Two-Sided Markets, 1 Journal of the European Economic Association, 990 – 1029.

Rutz, O./Bucklin, R. (2011), From Generic to Branded: A Model of Spillover Dynamics in Paid Search Advertising, 48 Journal of Marketing Research, 87 – 102.

Salop, S./Stiglitz, J. E. (1982), The Theory of Sales: A Simple Model of Equilibrium Price Dispersion with Identical Agents, 72 American Economic Review, 1121 – 1130.

Schepp, N. P./Wambach, A. (2016), Economist's Note on Big Data and Its Relevance for Market Power Assessment, 7 Journal of European Competition Law and Practice, 120 – 124.

Smith, S. A. (2005), Atiyah's Introduction to the Law of Contract, Oxford Clarendon Press Sokol, D./Comerford, R. (2017), Does Antitrust Have a Role to Play in Regulating Big Data?, in: R. Blair/D. Sokol (Eds.), Cambridge Handbook of Antitrust, Intellectual Property and High Tech, Cambridge University Press, 293.

Stigler, J. (1980), An Introduction to Privacy in Economics and Politics, 9 Journal of Legal Studies, 623 – 644.

Stiglitz, J. E. (2002), Information and the Change in the Paradigm in Economics, 92 American Economic Review, 460 – 501.

Tucker, C. (2012), The economics of advertising and privacy, 30 International Journal of Industrial Organization, 326 – 329.

Tucker, C. (2014), Social Networks, Personalized Advertising and Privacy Controls, 51 Journal of Marketing Research, 546 – 562.

Wagner-von Papp, F. (2015), Should Google's Secret Sauce Be Organic?, 16 Melbourne Journal of International Law, 608 – 646.

Whish, R. (2016), Article 102 and de minimis, 15 Competition Law Journal, 53 – 58.

Whish, R./Bailey, D. (2015), Competition Law, 8 th ed., Oxford University Press.

其他资料来源

Alphabet Investor Relations (2016), Press Release: Alphabet Announces Fourth Quarter and Fiscal Year 2015 Results, 1 February 2016, available at: https://abc.xyz/investor/news/earnings/2015/Q4_google_earnings/.

Autorité de la concurrence and Bundeskartellamt (2016), Competition Law and Data, availableat:

http://www.autoritedelaconcurrence.fr/doc/reportcompetitionlawanddatafinal.pdf.

Bundeskartellamt (2016), Press release, Bundeskartellamt initiates proceedings against Facebook on suspicion of having abused its market power by infringing data protection rules, 2 March 2016 available at: https://www.bundeskartellamt.de/SharedDocs/Meldung/EN/Pressemitteilungen/2016/02_03_2016_Facebook.html.

Committee of Economic and Monetary Affairs (2014), Hearing of Margrethe Vestager, 2 October 2014, available at: http://www.europarl.europa.eu/hearings-2014/resources/library/media/20141022RES75845/20141022RES75845.pdf.

Competition and Markets Authority (2015), Written Evidence (OPL0055) to the House of Lords' Inquiry on Online Platforms and the EU Digital Single Market, available at: https://www.publications.parliament.uk/pa/ld201516/ldselect/ldeucom/129/129.pdf.

DotEcon & Analysys Mason (2015), The Commercial Use of Consumer Data A research report for the CMA, available at: https://www.gov.uk/cma-cases/commercial-use-of-consumer-data.

European Commission (2015), Statement by Commissioner Vestager on antitrust decisions concerning Google, 15 April 2015, available at: http://europa.eu/rapid/press-release_STATEMENT-15-4785_de.htm.

European Data Protection Supervisor (2014), Preliminary Opinion of the European Data Protection Supervisor, Privacy and Competitiveness in the Age of Big Data: The Interplay betweenData Protection, Competition Law and Consumer Protection in the Digital Economy, available at: https://secure.edps.europa.eu/EDPSWEB/webdav/shared/Documents/Consultation/Opinions/2014/14-03-26_competitition_law_big_data_EN.pdf.

German Monopolies Commission (2015), 68 th Special Report on Competition Policy: Challengesof Digital Markets, available at: http://www.monopolkommission.de/images/PDF/SG/SG68/S68_volltext.pdf.

Guardian (2010), Privacy No Longer a Social Norm, Says Facebook Founder, 10 January 2010,available at: https://www.theguardian.com/technology/2010/jan/11/facebook-privacy.

London School of Economics (2015), Online Platforms and the EU Digital Single Market, WrittenEvidence (OPL0054) to the House of Lords, the Select Committee on the European Union, available at: https://publications.parliament.uk/pa/ld201516/ldselect/ldeucom/129/129.pdf.

Market Watch (2012), Who Would Pay $5 000 to Use Google? (You), 25 January 2012, available at: http://blogs.marketwatch.com/realtimeadvice/2012/01/25/who-would-pay-5000-to-use-google-you/.

Martens, B. (2016), European Commission, Joint Research Centre Technical Reports, AnEconomic Policy Perspective on Online Platforms, available at: https://ec.europa.eu/jrc/sites/jrcsh/files/JRC101501.pdf.

OECD (2016), Big Data: Bringing Competition Policy to the Digital Era, DAF/COMP(2016)14, available at: https://one.oecd.org/document/DAF/COMP(2016)14/en/pdf.

Ohlhausen, M. K. (2016), Separate Statement, Big Data: A Tool for Inclusion or Exclusion, 6 January 2016, available at: https://www.ftc.gov/system/files/documents/public_statements/904483/160106bigdatarptmkostmt.pdf.

Strahilevitz, L. J./Kugler, M.B. (2016), Is Privacy Policy Language Irrelevant to Consumers?, Chicago Coase-Sandor Institute for Law and Economics Working Paper No. 776, availableat: http://chicagounbound.uchicago.edu/cgi/viewcontent.cgi?article=2465&context=law_and_economics.

US Federal Trade Commission (2012), Protecting Consumer Privacy in an Era of Rapid Change,March, available at：https://www.ftc.gov/sites/default/files/documents/reports/federal-trade-commission-report-protecting-sonsumer-privacy-era-rapid-change-resommendations/120326privacyreport.pdf.

US Federal Trade Commission（2016），Report on Big Data：A Tool for Inclusion or Exclusion? Understanding the Issues，January，available at：https://www.ftc.gov/system/files/documents/public_statements/904483/160106bigdatarptmkostmt.pdf.

Vestager，M.（2016），Competition in a Big Data World，Speech，18 January 2016，available at：https://ec.europa.eu/commission/commissioners/2014－2019/vestager/announcements/competition-big-data-world_en.

Wall Street Journal（2012），Website Vary Prices, Deals Based on Users' Information，24 December 2012，available at：https://www.wsj.com/articles/SB10001424127887323777204578189391813881534.

Wall Street Journal（2014），The Big Mystery：What's Big Data Really Worth? A Lack of Standardsfor Valuing Information Confounds Accountants，Economists，12 October 2014，available at：http://www.wsj.com/articles/whats-all-that-data-worth－1413157156.

物联网中的大数据、开放数据、隐私规范、知识产权和竞争法:基于数据访问问题的探讨

Björn Lundqvist*

应 航** 译

摘要:数据在产生、传播和使用中涉及许多法律制度,而这些法律制度之间的界限较为模糊。本文拟通过"数据"这一"物联网"或"工业互联网"中的信息,将数据来源、用户和再使用者(re-users)以及其消费者作为研究路径用以厘清此类相关法律制度之间的边界。本文试图确定在这一数据运行过程中适用哪些法律制度,尤其是数据访问行为(accessing data)在何种情况下可以适用竞争法。本文的结论是在访问通用(个人或非个人)数据的问题上可能不适用一般竞争法,除非该数据集对于进入某一行业或相关市场而言不可或缺;与此同时,产业特别规制似乎正逐渐成为获取竞争者和第三方所持数据的依据。然而,在数据行业发展的现阶段,竞争法的重心应在于如何推动物联网的应用。

1 引言

物联网(Internet of Things,以下简称 IoT)环境下有关数字化信息(数据)、知识产权、隐私法规和竞争法之间的边界问题,引起了政界、商界、学术界乃至社会公众的广泛关注。这些群体对该问题感兴趣的原因各不相同:例如商人看到了创造财富的机会,研究人员看到了有效获取、分析和传播知识的可能性——人们都承认收集和传播个人数据可能会引发隐私和数据保护方面的担忧。

在数据的产生、传播和使用过程中会涉及许多法律制度,而这些法律制度之间的界限较为模糊。本文将数据来源、用户和再使用者以及其消费者作为研究路径,试图厘清此类相关法律制度之间的边界。数据的来源较为广泛,可以分为三大类:第一类是政府数据(即开放数据),即由公共部门收集的个人或非个人资料;第二类是用户、消费者或企业自愿向电子平台或在使用其他信息化服务时提供的数据信息;第三类是可以简单生成的数据,例如 cookies、ISP 数据、eCall 数据甚至患者数据(patient data)。[①] 当然,所收集的数

---

* Björn Lundqvist,密歇根大学法学硕士,斯德哥尔摩大学欧盟法副教授。
** 应航,法学硕士,上海市教育科学研究院。
[①] OECD (2015);OECD (2016);Autorité de la Concurrence and Bundeskartellamt (2016). See also regarding open data Lundqvist/Vries/Linklater/Rajala Malmgren (2011).

据可以是个人数据,也可以是非个人数据;而个人数据和非个人数据往往会混杂、合并在数据集中。由于组合的数据在复杂算法的运用下将可能识别和揭示相关主体的信息,故不同类型的非个人数据混杂在同一数据集中可能会转变为个人数据。

首先,本文尝试确定在这一过程中将适用哪些法律制度。在数据从设备中被提取并上传到"云端"以及随后的数据再利用过程中,可以适用哪种知识产权法律体系?谁"拥有"个人数据?数据保护规则是否会创建新的个人数据权属规则?

其次,本文将讨论原始数据或派生数据的创造者、持有者和消费者这些主体(无论其为私营机构还是公共部门)在何种条件下能从竞争法的适用中受益,以及竞争法是否能满足其现有需求。② 本文将重点关注相关主体在收集或持有数据方面的竞争法适用问题。此外,是否可以将竞争法运用到获取开放数据、大数据或围绕这些数据所产生的基础设施问题之中?③ 是否可以通过竞争法在基础数据的持有者和非持有者之间创造一个公平的竞争环境?这些问题都将在文中予以分析。

再次,本文将归纳数据领域现有规章条例中存在的问题。有关数据访问的探索与争论不仅出现在一般竞争法中,《公共部门信息指令》(the Public Sector Information Directive)、④《紧急呼叫系统法规》(the eCall Regulation)⑤等具体条例乃至金融服务领域⑥和电子平台⑦领域中均有所涉及。行业规制(sector-specific regulations)似乎正成为规制数据(事前规制)访问问题的主要路径,并主张数据主体有义务共享数据或开放对数据收集设备访问权限。⑧

本文的结论是一般竞争法可能并不适用于访问通用数据,除非该数据集对于进入某一行业或相关市场而言不可或缺⑨;与此同时,行业规制似乎正成为获取竞争者和第三方所持数据的依据。然而在数据行业发展的现阶段,竞争法的重心应在于通过促进物联网应用来创造公平的竞争环境。例如,我们可能会看到实体公司为了与现有电子平台公司进行竞争,正在朝着收集、存储和数据交易的方向发展。这种发展趋势有助于刺激数据行业竞争,从而使消费者和社会受益。那么,对于数据行业现有已被发现或正因滥用其支配地位而接受调查的公司(如 Google)而言,适用竞争法会产生怎样的后果?

最后,出台物联网标准下广泛接受且有效运行的 IP 规则或指南的呼声很高。物联网的出现将使设备与其他设备、电信技术以及云端之间实现信息交互。设备和设备生产商

---

② See Ezrachi/Stucke (2016) and Stucke/Grunes (2016).
③ 更多关于开放数据,参见 Drexl (2015),64 - 100;Lundqvist (2013),79 - 95。
④《公共部门的信息再利用指令》(Directive 2003/98/EC,简称"PSI Directive")于 2003 年 12 月 31 日生效,并于 2013/37/EU 号指令生效后废止。
⑤ 欧洲议会和欧洲理事会在 2015 年 4 月 29 日发布的第 2015/758 指令中探讨了基于号码 112 服务部署紧急呼叫系统的类型批准要求和对紧急呼叫系统法规(2007)的修订问题。
⑥ 为了加快零售银行业务创新和简化支付,欧盟委员会正在欧盟范围内实施标准化的 API 访问。该倡议是欧盟委员会更新支付服务指令(PSD)的一部分。修订后的 PSD II 要求银行向第三方提供获取资料的途径。参见欧洲议会和欧洲理事会第 2015/2366 号指令,该指令有关内部市场的支付服务且是对下列指令的修订:Directive 2002/65/EC, Directive 2009/110/EC and Directive 2013/36/EU and Regulation (EU) No 1093/2010 and repealing Directive 2007/64/EC, [2015] OJ L 337/35. Cf. Commission (2015)。
⑦ 法国正在采用国家层面的举措,为第三方竞争者开放电子平台。参见例如 French Senate (2013)。
⑧ Chisholm/Jung (2015),7 - 21。
⑨ ECJ,Huawei Technologies,C - 170/13,ECLI:EU:C:2015:477.

需要统一互操作性规则和指南,否则系统可能无法运行。如果要与设备行业建立联系,则还需要处理标准必要专利(SEPs)和 FRAND 问题。事实上,我们正处于一切事物互操作性发展的开端。与在数据行业确立主导地位相比,竞争主管机构需对即将到来的物联网模式建立的标准合作形式和其他售前合作形式持更为谨慎的态度。我们是否意识到:企业试图就技术解决方案达成共识的背后不是为了促进物联网发展,而是在推广自身技术解决方案的同时排斥其他技术解决方案?企业这一行为在某些方面可能有利于竞争,而在其他方面则可能阻碍竞争。因此,竞争主管机构不得不权衡这种合作的益处及其对竞争的负面影响。事实上,立法人员和委员会应致力于在物联网背景下创建一个充满活力与竞争的数据行业环境,委员会和其他竞争机构需要灵活工作并在能够界定物联网相关市场时,专注于研究阻碍竞争的协作和单边行为。

2 大数据及其生态系统的(知识)产权法规

无论是政府(开放)数据还是个人(大)数据,数据的产生、收集、存储、商业使用和传播的发生以诸多因素的存在为前提。⑩ 最重要的是,数据行业需要有人愿意为数据存储和收集进行投资。截至目前,通常还是由政府机构或类似机构担任数据收集者这一角色。长期以来,公共部门作为常见的数据收集者,在履行其法律义务的过程中为社会收集例如土地所有权、商标、天气信息、地图或公司数据等必要数据,并将这些数据存储在服务器上。这些公共收集者已经逐渐自愿地或是根据 PSI 指令将数据共享给互联网上的消费者和可以重复使用这些数据的公司(例如数据经纪人或数据再使用者),但对私营机构而言,除极个别情况外,他们并没有兴趣或能力以类似方式收集和存储海量数据。⑪

然而,像 Google、Amazon 和 Facebook 等私营企业已经开始收集并存储大量数据,并在市场中处于领先地位。这些数据主要是个人(消费者)数据。⑫ 在线上销售广告或更准确地说是掌握向潜在消费者推销商品或服务渠道的私人团体,已经意识到收集个人数据或许是有利可图的。这些被收集的数据主要是消费者数据还有其他形式的信息和知识。这些公司希望通过运用收集到的用户数据和算法来销售有针对性的广告或渠道,以确定最有可能成为购买者的人,并保证商业信息能够渗透、覆盖和打动目标群体。⑬

此外,一些公司目前正在积极寻找独特的数据集(特别是文化领域),以便其在自身的生态系统中获得更多流量、收集更多个人数据,从而提升对有在线营销需求公司的营销服务。⑭ 例如,Google 被指控利用其自身潜在的市场支配力(即 Google 在拓展业务过程中

---

⑩ 人数据的定义很模糊,缺乏精确性。参见 de Maur/Greco/Grimaldi (2016),122 - 135。
⑪ 更多信息参考 OECD (2015)。数据访问产业所必需的投资成本,参见 OECD (2016)。
⑫ Google 在不同的司法管辖区内参与了有关该公司商业行为的调查;参见欧盟委员会的案例,Press release (IP/16/1492),反垄断:欧盟委员会就 Android 操作系统和应用程序向 Google 发出反对声明,20 April 2016。
⑬ Ibid.
⑭ 最新的 PSI 指令涵盖博物馆、图书馆和其他文化机构,而文化数据库处于独家许可的尴尬状态。《公共部门的信息再利用指令》(Directive 2003/98/EC,简称"PSI Directive")于 2003 年 12 月 31 日生效,并于第 2013/37/EU 号指令生效后废止。

获得的大量数据),将其业务从常规搜索扩展到新服务和新商品。Google 将这些新服务或商品免费提供给用户,目的是为了从用户那里获取更多数据。⑮ 事实上,Google 在向消费者提供多样化在线服务的下游市场和广告服务的上游市场都很活跃,而从上游市场零价格服务中收集的数据通常被用来获取竞争优势。

显然,Google 还有其他电子平台及其生态系统(例如 Apple、Amazon、Microsoft、Facebook 和某种意义上的 Spotify)都在进行个人数据收集业务,这些数据或是由用户自愿提供或是来源于用户行为,如常规搜索和特殊搜索、cookies 等等。平台收集这些数据以便描述用户并在此基础上向公司提供营销服务,从而更好地识别其潜在客户以及使这些信息更好地为客户服务。也许不久以后数据也可以被用于预测建模,即在客户了解他/她的需求之前就能将信息送达、渗透到客户那里,并说服客户进行选择。此外,一些经济学家和律师认为收集个人数据会使这些公司获得并掌握市场支配力。⑯ 事实上,他们预见到通过持有大量数据而获得的市场支配力将为后来者的进入制造难以逾越的壁垒,就连基于数据提供服务的市场也可能因持有大量数据而间接受到网络效应的影响。⑰ 数据收集量的增加提高了服务的质量,从而吸引了更多的用户使用该服务。

虽然这些可能拥有市场支配力的数据行业先驱者正在对即将到来的物联网模式进行激烈竞争,但显而易见的是,当所有事物都连接在一起时,实体行业将会对用户进行监视并收集数据。随后,实体公司可以依托旗下特定设备所带来的市场地位进军数据行业。⑱

很难预测当汽车制造商、冰箱制造商等开始根据旗下产品收集数据时将会发生什么,但可能会导致类似于"多宿主"*的情况。有关使用情况、数据流量、消费、GPS 定位等一般或通用的消费者数据极有可能被几家公司共同收集,并反作用于数据再利用,导致数据或数据集连接的销售或许可证的增加,这与公共资料部门重复使用数据的情况相类似。由此,收集、存储、销售或许可大型数据集访问的市场将不断发展,大型实体公司可能会进入这个市场并与现有的 Google、Microsoft、Amazon 等公司展开竞争。⑲

实体公司要想收集数据必须有配套的基础设施,至少各方可以从设备生产的垂直方向上逐步完善自己并最终成为数据集的创建者和收集者。在这里,能够看到物联网具有革命性的一面。物联网由客户端设备以及各种传感器(速度、加速度、运动、接近度、位置、距离、重量、湿度、高度、深度、指南针、温度、压力、静止图像、视频图像、红外、音频、噪声级别、血糖、心率、步数等)组成,通过互联网连接到服务器端。当然,从技术层面来看这并不是全新的东西。在此之前,物联网技术是在 M2M(机器对机器)的概念下进行销售的。带有传感器的设备和电信网络都可以处理 M2M,但是由于"后台办公"(back-office)的技术

---

⑮ Newman (2013),3 et seq. with references.
⑯ Ibid. See also e.g. Kerber (2016),3 et seq.
⑰ Ibid. See also OECD (2016);Autorité de la Concurrence and Bundeskartellamt (2016),7,10 et seq.
⑱ OECD (2016). Autorité de la Concurrence and Bundeskartellamt (2016),10 et seq.
* 多方归属、多方持有。——译者注
⑲ 关于数据交易的潜在好处,参见 Lundqvist (2013),79-81。

问题,M2M 未能成功。[20]"云端"(即服务器和客户端—服务器接口)也无法应对这一挑战。随着物联网时代的到来,存储数据的能力更加迅速、更加廉价,已经改善了这种情况:计算机公司在过去 10 到 15 年中对服务器—客户端技术进行了研发投资,该技术现在已经足够成熟并可以实施。[21] 那么,哪些公司拥有客户端—服务器端接口的控制权呢? 相关研究显示,物联网领域的专利分布非常分散,该领域的顶级专利申请者仅拥有专利总量的 5%。[22] 与之相应的是,LG 拥有最大的专利组合,紧随其后的是 Ericsson 和 Qualcomm。其他人则声称,Microsoft 在客户端—服务器接口方面拥有最多的专利组合,[23]这可能是因为大众对于物联网标准适用哪个公司的技术的认知存在一定分歧。尽管如此,客户端—服务器接口技术将受到专利保护,即将到来的 5G 和当前的 4G(即网络基础设施技术)甚至可被视为在早期受到了众多专利壁垒的限制。[24]

云端和设备之间的接口以及 5G 通信和云端之间的接口是物联网中的新"事物",这些接口的技术标准也需要更新。可以看到,当前 CEN 和 CENELEC 正在迅速采用新的范例用以实施知识产权指导方针和标准必要专利(SEP)政策。[25] 此外,考虑到物联网上存在着大量专利纠纷,想必未来会看到一些诉讼对 SEP 政策等进行探讨。

实体公司要想发展成数据处理公司就需要开发机器学习的算法,可能还需要开发自己的云端。否则现有的公司,诸如 Amazon、Google 和 Microsoft 等老牌公司将替代实体公司提供这些服务,而实体公司将只能提供硬件(即设备)。[26] 数据行业将朝着现有数据公司和实体公司合作联系更加紧密的方向发展,当前数据行业呈现高度集中的早期迹象,而判断数据行业能否蓬勃发展将取决于我们是否重视竞争。[27] 事实上,寡头垄断、(生态)系统和系统领导者、生态系统内部的强互操作性以及生态系统之间缺乏或功能失调的互操作性,都将得到改善。

像物联网这样的互操作性技术保证了日常生活中的设备能够实现信息交互,并且这种信息交互可以存储在云端,即存储在容量不断增加的全球数据存储系统中。客户端—服务器技术实现了大容量、M2M 或设备—设备(D2D)之间的信息交互。在汽车行业,eCall 车载系统已经实现获取有关汽车和驾驶员各种信息的可能性,在此基础上汽车制造商着手开发应用程序或无人驾驶系统,通过连接多个设备(如传感器、雷达、高性能摄像机

---

[20] Östman (2016), 1 et seq.
[21] Ibid.
[22] Lexinnova (2014), 3 et seq.
[23] Östman (2016), 1 et seq.
[24] Ibid.
[25] Cf.CEN and CENELEC (2016), 1 et seq.
[26] OECD (2016). Autorité de la Concurrence and Bundeskartellamt (2016), 14.
[27] 随着 Amazon、Google 和 Microsoft 等公司将机器学习算法作为其所提供的云计算服务的一部分,小公司使用外部 IT 基础设施处理和挖掘数据将变得越来越方便。事实上,Cisco 预测到 2019 年,86% 的商业工作量处理将由云计算处理。但是随着更多公司对这几家供应商基础设施的依赖度加深,这些供应商可以获得海量、丰富的数据,从而进一步改进自己的数据分析算法。如果照这种趋势发展下去,未来可能会出现竞争问题,因为新进入者可能无法建立足够强大的 IT 基础设施。而这些基础设施的分析软件可以与现有企业的分析软件进行竞争。参见 OECD (2016). Autorité de la Concurrence and Bundeskartellamt (2016), 14。

等)实现工作目的。㉘ 具备机械工程、物流及无缝对接的无线通信技术融合能力的智慧城市、智慧大厦、智慧电网和电动设备,为企业和消费者在照明、空气质量监管、安保监控、交通管理等方面提供新的技术支持。由此,数据可以作为各种设备和通信的衍生品进行收集和存储,即使首次使用数据的目的存在差异(如有时会用于指导汽车驾驶员或用于汽车之间的通信),也不影响基于其他目的重新使用这些数据。㉙

参照物联网的思路,当自身拥有知识产权组合的大型公司入驻时,设备行业将会成为成熟的行业。㉚ 例如汽车作为数据行业中的"设备",并且当知识产权附加在物联网中时,汽车制造业也将形成类似于知识产权密集型格局。㉛

有鉴于此,通过 4G 或 5G 网络发送到客户端服务器和云端的用户数据或设备数据都受到了知识产权的严格限制。知识产权适用于技术和基础设施,而基础设施的产权范围可能不包含上述数据。然而在特定设备行业拥有大量知识产权的公司,可能会试图从新用户那获取数据专有权或许可费,这些新用户试图访问系统中流动的数据或存储在与该公司生产的特定设备相连的云端数据。㉜ 但网络提供者、算法提供者以及某些特定云服务的提供者(如果它们是独立的实体)也有可能对特定设备收集的数据进行访问,甚至可能通过技术手段试图阻止其他人访问数据。即使数据不属于任何人,提供数据收集技术或其他支持的公司(例如数据设备或平台)已经获得了这些数据的知识产权。可以推测的是这些公司最终将走向合作。㉝

3 数据的定义

根据《通用数据保护条例》(GDPR)第 4 条,"个人数据"是指与已识别或具有可识别性的自然人("数据主体")相关的任何信息。具有可识别性的自然人是指可以直接或间接识别的人,特别是通过诸如姓名、识别号码、位置数据、在线标识符(online identifier)或与该自然人的身体、生理、遗传、精神、经济、文化或社会特性有关的一个或多个标识符来识别的人。

个人数据的定义很广泛,因为非个人信息也可能通过与其他信息的结合产生间接识别自然人的效果从而成为个人数据。此种情况下的非个人数据甚至是元数据,均可以与其他数据结合成为个人数据。由此,即使是在工业互联网环境中,收集数据的公司也应重视 GDPR 中所载的规则。

㉘ Cf. CEN and CENELEC (2016), 1 et seq.
㉙ Ibid.
㉚ 关于专利丛论的解释,参见 Shapiro (2001), 119。
㉛ Cf. CEN and CENELEC (2016), 1 et seq.
㉜ 一些新闻报道提及 Microsoft 和 Facebook 之间关于 Microsoft Cloud 的协作/许可协议。此外,Microsoft Cloud 用户使用软件时需要从 Microsoft 获取许可证,访问网址是:https://www.microsoft.com/en-us/Licensing/product-licensing/innovations-for-the-cloud.aspx。
㉝ 参见 2016 年 9 月 27 日全球跨行业 5G 汽车协会的电信和汽车厂商的例子,访问网址是:https://www.ericsson.com/en/news/2016/9/telecommunications-and-automotive-players-form-global-cross-industry-5g-automotive-association。

一个有趣的问题是,建立在个人数据点(personal data points)基础上的关联性或推论性的数据是否应被视为个人数据?对于即将到来的预测建模营销工具和关于非个人数据产权的讨论来说,这一问题十分重要。明智的做法是精确地设定信息收集机制,例如在工业互联网环境中只传输和收集可基于个人数据得出结论的非个人数据,并保持这些数据的完整和独立。当然,这些非个人数据与数据主体享有的权利都不相干。

无论数据和信息(本身)多么私密、多么有价值,目前都不受产权保护。[34] 尽管根据欧盟《通用数据保护条例》数据主体能拥有某些权利,事实上没有人拥有个人数据。[35]

尽管如此,如果个人数据符合知识产权的规定,如著作权,则可受著作权法体系(第三者著作权或者同样是服务器数据访问守卫者的公司所拥有的著作权)保障。如前所述,提供物联网生态系统或基础设施的公司将拥有被专利所覆盖的基础设施,并且也将在技术上阻止数据访问。著作权所有者依照传统会定期采用技术保护措施(TPMs)(参见 InfoSoc 指令第 6 条),以防止外界访问受著作权保护的内容。[36] 根据 InfoSoc 指令,不仅违反这些技术保护措施会侵犯著作权,而且制造和销售具有这种目的的或效果的设备本身可能就是侵犯著作权的行为。[37]

近年来,不同成员国对于数据可否纳入商业秘密的规制范围各执一词。[38] 但随着统一规则的出台(这一规则基于 2016 年 6 月 8 日关于保护商业秘密的 2016/943/EU 指令),商业秘密的监管格局正在发生巨大变化。数据很可能受到指令中规则的保护。单一数据可能不构成商业秘密,但商业秘密可能会涵盖组合的数据或信息(此处的信息并不是公开的信息)、数据集。[39] 同样的论点也适用于该指令下的商业价值要求[40]:即使公开的数据本身可能不具有商业价值,它们的组合却能够产生一定的价值,从而给数据持有者带来竞争优势。[41]

此外,商业秘密规则与 GDPR 规定的数据可携带权之间的边界还未完全厘清。[42] 根据旧《数据保护指令》,数据主体拥有转移个人数据这一重要权利,但新条例规定的数据可携带权在这一点上尚不明确。[43] 出现这种转变的原因可能是 GDPR 旨在建立数据保护和数据自由流动的高门槛,即内部市场的第五自由。[44] 也许在这个问题上,数据保护的首要目标是促进商业发展。

---

[34] Zech 主张对非个人数据建立所有权,参见 Zech (2016),51-79;有些学者建议在数据的产生环节承认消费者的所有权,参见 Hoofnagle/Whittington (2014),606-670。
[35] 《通用数据保护条例》第 18—20 条规定了一些与个人数据有关的权利,例如数据得到纠正的权利、"被遗忘的权利"和数据可携带性。然而后一种权利是有限的,这使得消费者更愿意坚守在同一个社交网络上而不改变。
[36] 这一有趣的观点参见 Ciani (2018)。
[37] Ibid.
[38] 瑞典是成员国中少数几个对商业秘密进行专门保护的国家之一,而英国和丹麦的商业秘密则分别受到判例法和市场营销法(不正当竞争法)的保护。在瑞典,客户数据的集合(例如地址等)受到商业秘密法的保护。
[39] See Drexl/Hilty/Desaunettes/Greiner/Kim/Richter/Surblytè/Wiedemann (2016),6 et seq.
[40] Ibid.
[41] Ibid.
[42] Surblytè(2016),14 et seq.Cf. Article 20(4)and Recital 63 GDPR.
[43] Ibid.
[44] The Swedish Trade Council (2016),1 et seq.

数据库的特殊保护可能适用于数据持有者。㊺ 政府当局（至少在北欧成员国中）对数据库中特定形式的数据集进行维护，并通过商业途径（如互联网）提供访问数据集的权限。例如国家商标数据库或官方地址数据库、土地所有权、天气和地图等数据库通常以数据库保护为由，要求希望访问数据库的数据再使用者签订许可协议。㊻通过数据集收集客户或个人数据的私营实体也可能通过这种方式实现对数据库的特殊保护。

从上文的简要分析来看，即使数据可能成为未来重要的基础设施或资产，但现实情况是任何知识产权法律体系都没有直接涵盖大数据或开放数据、个人数据或非个人数据，数据仍然深深植根于知识产权保护和/或相邻的法律保护之中。物联网技术通常受到专利保护，数据收集方面的投资可能受到特殊数据库权利的保护，但汇总的数据可能属于商业秘密，尽管数据主体在 GDPR 体系下仍然享有一些权利（例如被遗忘的权利、可能存在的数据可携带权）。㊼

基于"错综复杂"的潜在风险可以得出这样的结论：发展中的数据行业，无论在数据还是其他技术、商业或智力支持方面，都可以在不需要更多知识产权保护的情况下蓬勃发展。㊽ 这种保护已经达到了一个很高的水平。然而正如上文提到的，如果数据不归属于任何人，那么对于设备制造商、网络提供商、算法提供商或云服务提供商是否可以将彼此排除在数据共享范围之外，并没有明确的规定。交易双方的不确定可能会引发竞争政策问题。如果设备制造商能够作为独立竞争者进入数据行业，这可能导致竞争加剧，因为他们控制或拥有旗下设备所创建的数据。当然，如果在数据行业中已经存在的网络效应使现有公司抢占先机，则可能会激化该问题。

4 物联网、工业互联网和物联网专利平台（池）的标准

当前，标准制定组织（SSOs）之间正在就物联网进行全球竞赛。一些标准制定组织都在努力成为标准化组织的一部分，以便为新的物联网时代制定标准。此外，许多标准协作（联盟）正在形成，包括物联网标准中可能包含着的技术层面重要参与者的不同组合。这些联盟就像是说客，对其他阵营或协议进行直接而又正面的攻击，所有的努力都是为了让"正确的"技术被纳入相关标准。

㊺ 欧洲议会和欧洲理事会关于数据库法律保护的第 96/9/EC 指令［1996］OJ L 77/20。
㊻ See ECJ, Verlag Esterbauer, C‑490/14, ECLI:EU:C:2015:735.在地图问题上，欧洲法院指出，地图中的地理数据可被视为 ECJ 第 1(2) 条所指的"独立材料"，并受到该指令的保护。
㊼ 参见 Art 18‑20 GDPR。然而个人数据权应该与宪章规定的其他权利相权衡。
㊽ 用于处理数据库中数据的算法，参见 Drexl/Hilty/Desaunettes/Greiner/Kim/Richter/Surblytè/Wiedemann (2016)，指出："Max Planck 创新和竞争研究所认为，没有任何必要为数据处理中使用的算法（例如在大数据分析中使用的算法）建立特殊的法律保护，并表示处理数据的具体计算机程序已受到执行著作权法的成员国之保护，即 2009 年 4 月 23 日关于对计算机程序的法律保护的 2009/24/EC 号指令。然而，这一指令既不保护计算机程序的功能（判决 SAS Institute inc, C‑406/10, ECLI:EU:c:2012:259, 第 39—41 段），也不包括基本的一般算法（这里将其理解为一套逐步解决问题的规则，与其表达无关，例如说明、分析或过滤数据的步骤和应用的标准）。指令序文第 11 项已经暗示了这一点，它澄清了计算机程序的著作权保护不应该延伸到'构成程序任何元素的思想和原则'。"一些经济学家提出了产权保护建议。参见 Hoofnagle/Whittington (2014), 606‑670。

现有的标准制定组织正在适应新的范式,例如欧洲通信标准化协会(European Telecommunications Standards Institute,简称 ETSI),其至欧洲标准化委员会(European Committee for Standardazation,简称 CEN)和欧洲电工标准化委员会(European Committee for Electrotechnical Normalization,简称 CENELEC)都声称与物联网范式具有相关性。[49] 但也存在一些特殊的物联网组织,如 2015 年欧盟委员会与各物联网参与者共同发起了一个名为物联网创新联盟(Alliance for Internet Of Things Innovation,简称 AIOTI)的大型联盟,旨在协助欧盟委员会创建、制定、设计创新和标准化政策。[50]

当 Google(Brillo 和 Weave)、Apple(HomeKit)、Samsung(SmartThings)、Amazon(Alexa)和 Microsoft(Windows 10 IoT 版本)相继推出其在物联网背景下所采取的应对方案时,这些标准制定组织是否具有存在的意义还有待观察。或许标准制定组织将没有市场,或许上述公司可能会成为事实上的物联网标准,就像 Google 的 Android 成为实际的开放式移动操作系统那样。[51]

5 竞争法的适用

至少就公共数据(所谓的开放数据)而言,竞争法已成为规制的重要灵感来源并可以作为规范主管部门与再利用者间互动的一种方式。Magill、[52]IMS Health[53] 和 Microsoft[54] 案以及与之相类似的案例在很大程度上影响了公共部门信息指令(the Public Sector Information Directive)的起草。[55] 一些国家的法院和竞争主管机构已经开始关注公共部门信息立法与一般竞争法的边界问题,并重点审查了滥用支配地位原则与拒绝供应、排他性滥用甚至是歧视性排斥相互关系。[56]

然而,使用诸如拒绝提供(或例外原则)等一般竞争法原则来获取数据集的访问权限可能存在一些问题。首先需要明确的是数据持有者是否在相关市场上处于支配地位?[57] 在电子平台领域,Google 和 Facebook 因其各自网站/生态系统的广泛适用而被指控拥有

---

[49] Cf.CEN and CENELEC (2016), 3 et seq.
[50] See Ciani (2018).
[51] Hughes (2016), 1 et seq.
[52] ECJ, RTE and ITP/Commission, C-241/91 and C-242/91, ECLI:EU:C:1995:98.
[53] ECJ, IMS Health, C-418/01, ECLI:EU:C:2004:257.
[54] GC, Microsoft/Commission, T-201/04, ECLI:EU:T:2007:289.
[55] 《公共部门的信息再利用指令》(Directive 2003/98/EC,简称"PSI Directive")于 2003 年 12 月 31 日生效,并于第 2013/37/EU 号指令生效后废止。
[56] Lundqvist (2013), 80 et seq.; Lundqvist/Vries/Linklater/Rajala Malmgren (2011), 11.
[57] 对于公共部门(PSBs)而言,问题在于它们是否可以被视为企业。首先,需要分析数据持有人使用数据进行了何种活动以确定是否参照适用第 102 条 TFEU 的承诺持有人。只有对终端市场(也就是企业与其"客户"接触的地方)进行仔细审查,才能确定受审查的活动是不是在市场上进行的经济活动,即商业活动。当然,在与 Google 和 Facebook 等私营企业打交道时,这一判断则并不重要。然而,在处理 PSB 问题时,还存在一定障碍。根据指导案例(the Compass case),欧盟法院认为,维护和向公众提供所收集数据的活动,无论是简单搜索还是根据法律提供打印件,都不构成经济活动,因为维护载有这种数据的数据库并向公众提供这种数据,不能与公共部门收集数据的活动相分离。参见 ECJ, Compass-Datenbank, C-138/11, ECLI:EU:C:2012:449, discussed in Lundqvist (2013), 80 et seq.

市场支配力,但这在以数据数量和质量衡量市场支配力的物联网语境下重要吗?在物联网中如何确定相关市场,是否存在双边或多边市场[58],以及相关市场的定义是否有助于竞争法分析?[59] 如果获取数据所支付的对价为零,按照数据的数量和重要性来确定市场支配力是否能正确反映市场支配力?[60] 其次,数据获取是否适用竞争法的例外原则?复制数据也许并不困难,但却很难实现数据垄断。[61] 紧接着的一个问题是企业是否为自己保留了第二个(下游)市场?由 Magill、IMS Health 和 Microsoft 形成的判例(法)是否消除了竞争并阻止了新产品的出现?最后,在相同和相似的判例法下,数据可否被视为进入相关市场不可或缺的要素或基础设施呢?

在其潜在竞争对手想要获取的数据集是进行商业活动所必需、特定、独特的情况下,企业拒绝开放该数据集的获取权限将受到竞争法规制,但这种情况可能并不常见。此外在处理数据集时,如果该数据集的特定规模导致出现网络效应以至于下游或邻近市场被(或将要被)垄断,那么这个数据集是否可以被认为是不可或缺的?

从数据的定义上看,这是一个有争议的问题。在网络效应的影响下,社交互动网站可能会通过社交关联数量(即关联好友)的形式树立自身优势,而这些"好友"或者"联系人"是否与社交网站的数据相关联并进行数据传输?GDPR 第 20 条或许提供了答案,该条明确赋予了用户数据可携带权,其数据范围甚至包括数据主体活动产生的个人数据。[62] 由此,数据主体似乎可以通过转移数据成为市场参与者。

从竞争法角度看,是否可以依据例外原则授予竞争者访问数据的权限?尽管如此,Magill 案[63]的"逻辑"在以下数据场景中仍能很好地运行:经营实体(在 Magill 案例中为公有的 BBC 和 RTE 等)在其主要市场进行制作和发行公共电视节目的任务时以电视节目单形式所创建或收集的信息,可能受著作权保护。经营实体为避免涉嫌滥用市场支配地位必须提供这种信息给企业,让其创造一种新的产品(即电视指南),而这种信息(电视节目单)不可或缺且不能拒绝提供。因此,在 Magill 案中不允许上诉人为自己保留二级市场。在物联网环境下,设备生产商将从销售给消费者的设备中收集(创建)信息。与之相似的是,电子平台提供商收集数据作为提供服务的副产品。

Magill 案涉及的是独特的数据,即无法从任何其他来源获得的电视节目单。此外,IMS Health 还涉及由 IMS 和用户共同开发的独特权利结构(即该行业实际的标准)。Magill 案可能被引用于论证例外原则下某些特定类型数据集的访问权,但对于物联网而

---

[58] Evans/Noel (2008),663 - 695 and Filistrucchi/Geradin/v.Damme/Affeldt (2014),293 - 339.
[59] Ibid.Evans/Noel (2008) and Filistrucchi/Geradin/v. Damme/Affeldt (2014)均认为并非所有电子市场都是多边市场。一个有趣的分析是,电子平台不是多边市场。参见 Newman (2013),3 et seq.。
[60] See Bundeskartellamt (2016). OECD (2016). Autorité de la Concurrence and Bundeskartellamt (2016),7,14 et seq.
[61] Sokol/Comerford (2017).
[62] Article 29 Working Party (2016),p.9:"[f]例如,网上邮件服务允许创建目录,在这个目录中可能包含数据主体的联系人、朋友、亲戚、家人和其他内容。由于这些数据与希望行使其数据可携带权的可识别个人有关并由其创建,因此数据控制方应将传入和传出电子邮件的整个目录传送给数据主体。"
[63] ECJ,RTE and ITP/Commission,C - 241/91 and C - 242/91,ECLI:EU:C:1995:98.

言一般数据、用户生成的数据和用户自愿提供的数据也许并不是不可或缺的,因此不会触发该原则。[64] 也许在未来,一些像汽车、冰箱、手机等的设备能够从我们这里收集相同或类似的个人数据,就像我们现在给 Facebook 和 Google 提供信息一样。与当前社交网站的消费者自愿提供的信息相比,这些被设备潜在收集着的数据可能具有更高的效益,并且在尝试定位普通消费者时更加有效。

一般竞争法,更具体地说是例外情况原则,是否适用于获取一般个人数据(即人们利用互联网产生的个人信息),这一问题尚未得到任何竞争法法院的最终审查。尽管如此,法院是否会适用例外情况原则仍存在疑问。该原则在少数情况下才可能适用,而是否适用取决于所收集的数据集和所收集数据的实际规模和数量。如上所述,数据行业可能会出现的网络效应也是适用例外情况原则的一大原因。如果收集的数据无比庞大以至产生了颠覆性效应且无法重建相似的数据集,则可能会触发例外情况原则的适用。此外,还应考虑歧视性排斥的反垄断危害。Google 和 Facebook 是否会在被指控利用其数据向第三方销售附加服务时歧视性地拒绝向竞争对手出售数据呢?

目前有一些竞争法案件涉及大数据,这些大数据源于欧盟成员国竞争主管机构的活动和所作决定。法国的一些案例,例如 GDF[65] 和 EDF[66],涉及对数据集的歧视性再利用。在这些案例中,数据集似乎并不被认为是进入相关市场所不可或缺的,但数据持有者以排他性的方式使用着这些数据集。对于下游市场或邻近企业中的潜在竞争对手而言,并没有公平地获得访问权限。[67]

法国的 Cegedim 案涉及制药公司管理下有关医生和药房的医疗访问数据。Cegedim 被指控歧视性地拒绝出售有关医疗信息的数据集。[68] Cegedim 是医疗数据库市场的领导者,主要业务是为实验室提供数据库和客户管理软件并在该市场中具有支配地位。值得注意的是,它创建了业界使用最广泛的数据库,即 OneKey 数据库。Euris 是一家只研发客户管理软件但不提供数据库的公司,由于 Cegedim 拒绝将 OneKey 数据库出售给使用 Euris 所销售软件的实验室,但同意将 OneKey 出售给使用 Euris 竞争对手所开发软件的实验室,因此 Cegedim 被指控滥用市场支配地位。根据竞争管理局的先例以及欧洲法院

---

[64] 反对运用基本设施原则的一方经常提出的一个论点是,数据不容易被垄断;数据不是竞争对手,而且他们认为,数据是非排他性的,因为没有合同阻止用户与多家公司分享他们的个人信息。此外他们认为,新平台的准入障碍很少,因为数据收集成本相对较低、数据更新快,而且数据量巨大。参见 Balto/Lane (2016), 4 et seq.

[65] 法国竞争管理机构针对 GDF 实施了一项临时措施,要求天然气供应商允许竞争者访问其作为受监管供应商收集的部分数据,特别是消费数据。这项临时措施的目的在于使所有供应商都能获得同等水平的相关信息,以便向消费者提供报价(没有签署天然气合同家庭的公开信息或私人数据库)。French Competition Authority, Decision 14-MC-02 of 09.09.2014.依照隐私法,向竞争者传输 GDF 数据需要得到消费者同意。事实上,很大一部分消费者确实拒绝将其数据从 GDF 转移到竞争运营商。这一案例在竞争管理机构和 Bundeskartellamt 的联合报告(2016,20)中进行了讨论。

[66] 法国竞争管理机构 2013 年 12 月 17 日作出的决定为上诉法院的观点提供支撑。

[67] 类似的推理也被用于一些公司合并的案件中,例如在 EDF/Dalkia 公司的合并判决中。参见欧盟委员会 Case No. COMP/M.7137 - EDF/Dalkia en France, 25 June 2014.

[68] French Competition Authority, Decision n°14-D-06, dated 08.07.2014, relative à des pratiques mises en œuvre par la société Cegedim dans le secteur des bases de données d'informations médicales.这一认定已经得到上诉法院的支持,但仍需等待最高法院的确认。

的判例法，竞争管理局认为，对 Cegedim 下游市场上的竞争对手而言获取 OneKey 数据库并非必须，因此 OneKey 数据库并不构成本案中不可或缺的基础设施。(69)

然而，法国竞争管理机构证实，Cegedim 一直单方面地拒绝在 OneKey 上给予面向 Euris 实际或潜在客户的访问权限。法国竞争管理机构认为，这种在类似公司之间的差别待遇构成了歧视且 Cegedim 无法提供任何客观理由。这导致的严重后果是 Euris 在 2008 年至 2012 年间失去了 70%的客户，并限制了实验室在客户管理软件方面的选择权。因此，法国竞争管理机构认定 Cegedim 滥用其支配地位实施了排他性歧视。(70)

无独有偶，比利时竞争管理局认为国家彩票机构滥用了其支配地位，并在 2015 年通过了一项和解决定。人们发现彩票机构在竞争市场上出售新的体育博彩产品时一直在利用彩票客户数据库，该数据库是国家彩票机构在公共彩票的法律垄断之下创建的，并对该数据集进行了再利用，但其却拒绝竞争对手访问该数据库。(71) 这些案件可能展示了一种新的反托拉斯损害形式，即处于支配地位的公司不能以歧视性方式“自我优先”于“竞争对手的业务”。实际上，它们为欧盟委员会正在进行的 Google 调查中发现类似的反托拉斯损害提供了一些参考。(72)

北欧竞争管理局也处理过相类似的案件。自 2012 年 3 月起，瑞典专利和注册局（PRV）(73)开始向下游最终客户端市场免费提供商标注册数据库的访问权限，而向上游批发市场的客户提供不同格式的、更为详细的数据（即所谓的注册解除数据，register-lifted data），并从单次收费转为年费。PRV 被指控通过批发市场出售数据访问权限，并在其网站上向消费者提供免费访问权限，从而造成挤压效应（marginal squeeze）。根据 SCA，PRV 被认为是一个“主体（企业）”（undertaking）并在提供特定商标数据库访问权的市场上占据主导地位，而 PRV 对挤压效应和价格歧视的指控提出了异议。最后，PRV 将其费用降低到边际成本，案件得以和解。

自 2012 年 11 月起，SCA 评估了地籍（土地）管理员向商主体出售土地登记册中精简信息的行为。投诉的再使用者声称地籍管理员拒绝提供原始数据的行为滥用了其支配地位，再使用者只对更简要的数据有访问权限。依据案件事实，SCA 没有发现任何滥用行为。(74)

上述为数不多的案例表明在大数据背景下，尽管依照竞争法可能难以获得原始数据集的访问权限，但竞争法仍有适用余地。当数据集不可或缺时可能就会被赋予访问权，一些有关歧视性排斥的案件引出了交易义务。竞争法仍将在制约滥用大数据方面发挥重要作用，诸如挤压效应（参见 PSI 相关案例）、歧视性访问并非不可或缺的个人数据（参见法国案例以及与 PSI 相关的案例）、排他性设置（欧盟委员会在 PSI 指令下针对文化部门进

(69) ECN Brief (2014).

(70) Ibid.

(71) Platteau (2015), 1 et seq.

(72) Petit (2015), 1 et seq. and Vesterdorf (2015), 4.

(73) 瑞典专利注册局，Dnr 470/2011, from September 2012。

(74) 瑞典专利注册局，Dnr.601/2011, from November 2012。

行的 Google 调查和合作)、在获取个人数据时对数据保护规则的违反、剥削性滥用(德国 Facebook 案)(75)以及完全价格垄断(eCall)。如果在互联网上使用"免费"服务时以个人数据作为对价的概念是正确的,(76)那么企业过度收集个人数据可能会构成滥用。

此外在物联网环境下,竞争法仍将是监管 SEPs 的有效工具。可以预测的是,未来当实体企业开始生产相互关联的"产品"时,可能会赋予专利战以新的含义。事实上,华为案件及其引发的问题很可能会由欧盟法院再加以审理。

6 行业规制和数据保护规则

在 21 世纪,行业规制似乎成了获取竞争者所持数据的工具。

从宏观上看,制定有关公平访问数据的规则是有必要的。前文提及的公共部门信息指令规定了访问政府数据的路径,该指令的焦点非常具体。当公共部门信息(PSI)作为商业活动的新产品和服务的组件投入时会产生一个公平竞争的环境,这将充分激发信息和通信技术部门这一新兴领域的经济潜力。(77) 如果公共部门(PSBs)以排他性的方式提供信息产品或服务,则它们很可能无法像受竞争性结构影响下那样创新和高效,(78)这将对欧洲市场的竞争秩序产生负面影响。而公共部门信息指令的目的就在于克服这些限制公共部门信息在欧盟成员国中重新使用的障碍。该指令规定,公共部门的数据收集者应开放数据的访问权限。在公共部门通过向数据经纪人或再使用者出售数据库访问权而重新使用这些商业性数据的情况下,公共部门的数据收集者甚至有提供访问权限的义务。公共部门信息指令试图消除以下障碍:私营机构制定的超竞争力价格、公共和私营部门之间的不公平竞争、阻碍再利用的实际问题(如缺乏现有公共部门信息)以及公共部门信息未能激发公共部门经济潜力的问题等。(79) 公共部门信息指令由以下三组问题触发:

其一,这些数据是在公共部门的公共任务中还是非公共任务中创建的?生成数据的初始目的是什么?是不是为了完成一项公共任务?如果是,则接下来的问题是:

其二,公共部门或其他机构是否对这些数据进行了再利用?换言之,这些数据是否会被用于初始目的以外的用途?此外这种数据再利用,如将数据集提供给付费订购者属于商业活动吗?

其三,如果认为属于商业活动,那么将适用包括第三方有权以类似于 FRAND 条款方

(75) 2016 年 3 月 2 日,Bundeskartellamt 以 Facebook 涉嫌违反数据保护规则、滥用市场力量为由对其提起诉讼。在 Allianz Hungária 案中,欧洲法院认为可以将另一套国家规则追求目标受到损害的情况纳入考量,以评估是否存在竞争限制(在这种情况下按对象分列)。在德国竞争法中,德国联邦法院指出,如果基于公司的市场支配地位适用合同条款,则不符合法律中的一般条件和贸易条件,该合同条款可能滥用了支配地位。参见 ECJ, Allianz Hungária Biztosító and others, C-32/11, ECLI:EU:C:2013:160。参见德国联邦法庭委员会(德国联邦最高法院),VBL-Gegenwert, KZR 61/11 16 November 2013, para.68。

(76) Kerber (2016).

(77) EU Commission (1998), 5.

(78) Lundqvist (2011), 17.

(79) Janssen/Dumortier (2011), 195-195.

式访问数据集在内的若干要求，使第三方能够在商业上利用公开数据并与公共部门和其他有权访问数据集的公司进行竞争。

有趣的是，PSI指令似乎包含了一项非歧视性排除规则，与前述法国案例中GDF(80)和EDF(81)所提出的想法相类似。

此外，亦应提及《紧急呼叫系统法规》(eCall Regulation)。(82) 根据序言第16条：

> [i]为确保公平竞争和客户的选择权，鼓励创新和提升欧盟科技资讯行业在全球市场上的竞争力，eCall车载系统应以一个可互用、标准化、安全和开放式的平台为基础进行构建，以便日后运用于车载应用或服务。因该系统需要技术和法律的支持，委员会应在与所有利益相关方(包括车辆制造商和独立运营商)进行磋商的基础上，立即评估所有有助于推动和实现这种开放式获取平台的备选方案，并酌情提出这方面的立法倡议。此外，基于112(公共安全应答点)的eCall车载系统的价格不得超过象征性意义的合理费用，并且不得歧视任何从事维修和保养的独立运营商以便……(83)

eCall紧急呼叫系统法规似乎为竞争者在未来获取私人汽车所产生的数据奠定了基础。具体是指：该设备应是或应当被连接到的一个标准化、安全而又开放的访问平台。该设想希望在所创建的标准中，竞争对手不仅可以在FRAND许可证下生产eCall车载系统设备，还可以使用自己的应用程序访问汽车中的eCall车载系统以获取数据。在此情形下，汽车制造商不应对在汽车(设备)中创建的个人数据拥有专属权利，而应面向诸如租赁公司、保险公司和独立服务提供商等开放汽车平台并使这些公司能够访问设备以收集数据。(84)

最后，最近修订的支付服务法令(Payment Services Directive，简称PSD)规定了第三方在某些情况下有权获取消费者的银行数据。消费者应确认同意第三方通过访问消费者银行账户和互联网银行网站来提供服务。为促进竞争，PSD II(第2号支付服务法令)可能要求银行在欧洲银行监管局(EBA)(85)的主持下向第三方提供标准化的API(Application Programming Interface，应用程序接口)访问。这可能会帮助第三方利用竞争对手收集的数据为客户量身定制银行服务。

---

(80) 法国竞争管理局，Decision 14－MC－02 of 09.09.2014。该案件在竞争管理局Bundeskartellamt的联合报告中进行了讨论(2016)，20。

(81) 法国竞争管理局，Decision n°13－D－20 of 17.12.2013, confirmed on that points by the Court of appeal on 21.05.2015。

(82) R欧洲议会和欧洲理事会在2015年4月29日发布的第2015/758号指令中探讨了基于号码112服务部署紧急呼叫系统的类型批准要求和对紧急呼叫系统法规(2007)的修订问题。

(83) Ibid.

(84) 2016年9月27日，AUDI AG、BMW Group、Daimler AG、Ericsson、Huawei、Intel、Nokia和Qualcomm宣布成立5G汽车协会。该协会将开发、测试和推广通信解决方案，支持标准化并加速商业可用性和全球市场渗透率。该协会的目标是通过连接自动驾驶、无处不在的服务接入以及智能城市和智能交通的整合等应用来满足社会的连接移动性和道路安全需求。可参见https://www.ericsson.com/en/news/2016/9/telecommunications-and-automotive-players-form-global-cross-industry－5g-automotive-association-。

(85) 参见欧洲议会和欧洲理事会第2015/2366号指令，该指令有关内部市场的支付服务且是对下列指令的修订：Directive 2002/65/EC, Directive 2009/110/EC and Directive 2013/36/EU and Regulation (EU) No 1093/2010 and repealing Directive 2007/64/EC, [2015] OJ L 337/35. Cf. Commission (2015)。

这三个指令是一些规则的示例,这些规则正在或试图要求竞争对手提供对数据或设备、平台的访问权限以便进行数据收集。这显示了一种有趣的潜在趋势,即立法机关试图在不违反一般竞争法的情况下,以授予竞争对手数据访问权的方式来促进竞争。该设想拟通过向所有人开放设备数据获取权限,从而在不触发任何反托拉斯危害测试的情况下促进竞争。这种政策是否有利于竞争可能存在争议。在这一设想下,不仅新进入者将能够获取数据,现有的电子平台公司也将尝试访问这些设备或者访问政府数据(即公开资料)。然而这可能会阻碍实体公司成为数据行业的成熟竞争者。事实上,一家实体公司如果知道其有义务共享输入数据(即其原材料),将失去成为数据行业成员的动力。此外,这还引出了抛给立法机构的另一个问题,即为什么其他行业中不存在类似的准入规则?当汽车业和银行业等大型行业被要求提供数据时,为什么不能要求电子平台提供商也提供数据呢?

数据保护规则是否应作为查明违反竞争法行为的基准,[86]是否应考虑将其适用于某种(知识)产权(竞争法是此情形下的有效手段),是研究人员和从业人员在21世纪要解决的问题。数据保护规则本身以及数据保护规则与竞争法之间的边界划分可能会成为今后行业规制讨论的主题。

再使用者或数据经纪人在采访中表示,数据保护规则是重要的"表演终结者",这些公司所面临的问题是竞争法是否可以取代数据保护规则。竞争法能否优先于数据保护规则?从欧盟委员会的判例法来看似乎很困难。欧盟委员会在Asnef-Equifax案中指出,"与个人数据敏感性有关的任何可能的问题都不属于竞争法范畴,但可以根据数据保护的相关规定加以解决"。[87]此外,在Facebook/WhatsApp合并案中,[88]委员会表示"交易导致Facebook控制范围内的数据日益集中并引发了隐私方面的担忧,这不属于欧盟竞争法规则的范畴,而是属于欧盟数据保护规则的范畴"。最后,反对使用竞争法凌驾于数据保护规则之上的论点是减少隐私权等于降低质量,这与利用竞争法对抗知识产权不是一回事。"质量"可能是竞争法本身的目标,但对于维护产权而言却并非如此。

2014年,欧洲数据保护监察专员指出了政策的转变,即采取了"更加全面的执法手段",竞争主管部门、消费者和数据保护主管部门之间将保持更为系统化的对话。然而,内容和技术总局(DG Connect)和欧洲委员会竞争总司(DG Competition)合作的可能性却更加渺茫。

7 结论

显然,竞争法在大数据行业仍有用武之地。[89]然而在定义竞争法的角色时,应考虑以

---

[86] Bundeskartellamt (2016).
[87] ECJ, Asnef-Equifax, C‑238/05, ECLI:EU:C:2006:734, para.63.
[88] European Commission, Case No.COMP/M.7217, Facebook/WhatsApp, 3 October 2014, para.164.
[89] 这一观点并不在少数,参见Grunes/Stucke (2015), 2 et seq.。

下方面：一是在数据的来源上，数量也许与质量呈正相关；二是数据获取权限似乎是由行业规制进行规定的，而不是通过一般竞争法授予的。尽管如此，竞争法在大数据滥用方面仍然发挥着重要作用，例如边际压榨（与 PSI 相关的案例）、对非必要个人数据的歧视性访问（法国案例、与 PSI 相关的案件、欧盟委员会对 Google 可能存在的搜索偏见行为所进行的调查）、排他性安排（Google 的调查）、在获取个人数据时对数据保护规则的违反、剥削性滥用（德国 Facebook 案）和完全垄断定价（eCall），甚至过度收集数据本身也可能导致垄断。实际上，完全的垄断歧视可以通过利用某些市场的数据来实现。此外，数据和算法的运用将会导致（隐性）合谋。[90]

尽管如此，物联网也引发了竞争政策问题。为了在即将到来的物联网社会中创造一个富有竞争性的数据市场，实体公司需要进入数据行业，成为独立的数据集收集者、销售者和许可者。实体公司进入数据行业将有利于竞争，并为消费者创造财富。然而当前立法机构的立法趋势似乎与之相反，事实上，当前的立法反而促成了另一种情况，即其他公司（包括现有的数据行业公司）能够访问潜在竞争对手所收集的数据。正如本文所讨论的，针对汽车业和银行部门等大型行业的公共数据监管，将要求或可能很快要求公司将数据或收集数据的设备提供给任何客户，而不要求对反垄断损害进行分析。

实体企业设备收集的数据将很有可能属于各自的设备生产商，应当鼓励设备生产商开发自己的云服务和算法，而不应强迫（或鼓励）其与网络供应商或现有电子平台公司等第三方进行合作并实际转移有价值的数据。

参考文献

Balto, D./Lane, M. (2016), Monopolizing Water in a Tsunami: Finding Sensible Antitrust Rules for Big Data, available at: http://ssrn.com/abstract=2753249.

Chisholm, A./Jung, N. (2015), Platform Regulation—Ex-Ante versus Ex-Post intervention: evolving our antitrust tools and practices to meet the challenges of a digital economy. Competition Policy International. Vol. 11, No.1, 7-21.

Ciani, J. (2018), A Competition-Law-Oriented Look at the Application of Data Protection and IP Law to the Internet of Things: Towards a Wider "holistic approach", in this volume.

De Mauro, A./Greco, M./Grimaldi, M. (2016), A Formal Definition of Big Data Based on its Essential Features, Library Review, Vol. 65, No.3, 122-135, available at: http://www.emeraldinsight.com/doi/pdfplus/10.1108/LR-06-2015-0061.

Drexl, J./Hilty, R./Desaunettes, L./Greiner, F./Kim, D./Richter, H./Surblytė, G./Wiedemann, K. (2016), Data Ownership and Access to Data Position Statement of the Max Planck Institute for Innovation and Competition, Max Planck Institute for Innovation and Competition Research Paper No.16-10, 6, available at: http://www.ip.mpg.de/fileadmin/ipmpg/content/stellungnahmen/positionspaper-data-eng-2016_08_16-def.pdf.

Drexl, J. (2015), The Competition Dimension of the European Regulation of Public Sector Information and the Concept of an Undertaking, in: J. Drexl/V. Bagnoli (Eds.), State-Initiated Restraints of

---

[90] Ezrachi/Stucke (2016).

Competition (ASCOLA competition law), 64 - 100, Edward Elgar.

Evans, D./Noel, M. (2008), The Analysis of Mergers that Involve Multisided Platform Businesses, Journal of Competition Law & Economics 4(3), 663 - 695.

Filistrucchi, L./Geradin, D./v. Damme, E./Affeldt, P. (2014), Market Definition in Two-Sided Markets: Theory and Practice, Journal of Competition, Law & Economics, Vol. 10, No. 2, 293 - 339.

Ezrachi, A./Stucke, M. (2016), Virtual Competition The Promise and Perils of the AlgorithmDriven Economy, Harvard University PressGrunes, A./Stucke, M. (2015), No Mistake About It: The Important Role of Antitrust in the Era of Big Data Antitrust Source Online; University of Tennessee Legal Studies Research Paper No.269, available at: http://ssrn.com/abstract=2600051.

Hoofnagle, C. J./Whittington, J. (2014), Free: Accounting for the Costs of the Internet's Most Popular Price, UCLA Law Review, Vol. 61, 606 - 670.

Janssen, K./Dumortier, J. (2011), Towards a European Framework for the Re-use of Public Sector Information: a Long and Winding Road, International Journal of Law and Information Technology 2, 195 - 195.

Kerber, W. (2016), Digital Markets, Data, and Privacy: Competition Law, Consumer Law, and Data Protection with references, MAGKS, Joint Discussion Paper Series in Economics, No. 14 - 2016, available at: http://ssrn.com/abstract=2770479 or https://doi.org/10.2139/ssrn.2770479.

Lexinnova (2014), Internet of Things: Patent Landscape Analysis, LexInnova Technologies, LLC.

Lundqvist, B./de Vries, M./, Linklater, E./Rajala Malmgren, L. (2011), Business Activity and Exclusive Right in the Swedish PSI Act, Report, Swedish Competition Authority, available at: http://www.konkurrensverket.se/globalassets/english/publications-and-decisions/businessactivity-and-exclusive-right-in-the-swedish-psi-act.pdf.

Lundqvist, B. (2013), Turning Government Data into Gold: The Interface Between EU Competition Law and the Public Sector Information Directive - With Some Comments on the Compass Case, International Review of Intellectual Property and Competition Law, Vol. 44, Nr. 1, 79 - 95.

Newman, N. (2013), Search, Antitrust and the Economics of the Control of User Data with references, Yale Journal on Regulation, Vol. 30, No.3, 2014, available at SSRN: http://ssrn.com/abstract=2309547 or https://doi.org/10.2139/ssrn.2309547.

Petit, N. (2015), Theories of Self-Preferencing Under Article 102 TFEU: A Reply to Bo Vesterdorf, available at: https://ssrn.com/abstract=2592253 or https://doi.org/10.2139/ssrn.2592253.

Platteau, K. (2015), National Lottery settles abuse of dominance case with Competition Authority, available at: http://www.internationallawoffice.com/Newsletters/Competition-Antitrust/Belgium/Simmons-Simmons/National-Lottery-settles-abuse-of-dominance-case-with-CompetitionAuthority

Shapiro, C. (2001), Navigating the Patent Thicket: Cross Licenses, Patent Pools and Standard Setting, in: A. Jaffe, J. Lerner, S. Stern (Eds.), Innovation Policy and the Economy (MIT Press), 119.

Surblytė, G. (2016), Data Mobility at the Intersection of Data, Trade Secret Protection and the Mobility of Employees in the Digital Economy, 14 et seq., Max Planck Institute for Innovation & Competition Research Paper No. 16 - 03, available at: http://ssrn.com/abstract=2752989 or https://doi.org/10.2139/ssrn.2752989.

Sokol, D./Comerford, R. (2017), Does Antitrust Have a Role to Play in Regulating Big Data?, in: R. Blair and D. Sokol (Eds.), Cambridge Handbook of Antitrust, Intellectual Property and High Tech

(Cambridge University Press), available at: http://papers.ssrn.com/sol3/papers.cfm? abstract_id=2723693.

Stucke, M./Grunes, A. (2016), Big Data and Competition Policy, Oxford University Press.

Vesterdorf, B. (2015), Theories of Self-Preferencing and Duty to Deal – Two Sides of the Same Coin, 1(1) Competition Law & Policy Debate, 4.

Zech, H. (2016), Information as a tradable commodity, in: A. De Franceschi (Ed.), European Contract Law and the Digital Single Market (Intercentia), 51–79.

其他资料来源

Autorité de la Concurrence and Bundeskartellamt (2016), Competition Law and Data, available at: http://www.autoritedelaconcurrence.fr/doc/reportcompetitionlawanddatafinal.pdf.

Bundeskartellamt (2016), Press release: Bundeskartellamt initiates proceeding against Facebook on suspicion of having abused its market power by infringing data protection rules, 2 March 2016, available at: http://www.bundeskartellamt.de/SharedDocs/Meldung/EN/Pressemitteilungen/2016/02_03_2016_Facebook.html?nn=3591568.

CEN and CENELEC (2016), position paper on standard essential patents and fair, reasonable and non-discriminatory (FRAND) commitments, available at: http://www.cencenelec.eu/News/Policy_Opinions/PolicyOpinions/EssentialPatents.pdf.

Commission Statement of Objections to Google on Android operating system and applications, European Commission, Press release (IP/16/1492), Antitrust: Commission sends Statement of Objections to Google on Android operating system and applications, 20 April 2016, available at: http://europa.eu/rapid/press-release_IP-16-1492_en.htm.

ECN, ECN Brief 04/2014 (2014), available at: http://ec.europa.eu/competition/ecn/brief/04_2014/brief_04_2014.pdf.

EU Commission (1998), Public Sector Information: A Key Resource for Europe, Green Paper on Public Sector Information in the Information Society, COM(1998) 585 final, 5.

EU Commission (2015), A Digital Single Market Strategy for Europe, COM(2015) 192 final, available at: https://ec.europa.eu/digital-single-market/en/news/digital-single-market-strategy? europe-com 2015-192-final.

EU Commission (2016), Press Release, Statement of Objections to Google on Android operating system and applications, 20 April 2016, available at: http://europa.eu/rapid/press-release_IP-16-1492_en.htm.

French Senate Report (2013), available at: http://www.senat.fr/rap/r12-443/r12-443.html.

OECD (2015), data-Driven Innovation – Big Data for Growth and Well-Being, available at: http://www.oecd.org/sti/ieconomy/data-driven-innovation.htm.

Hughes, T. (2016), A world with more IoT standards bodies than IoT standard, available at: http://internetofthingsagenda.techtarget.com/blog/IoT-Agenda/A-world-with-more-IoT? standards-bodies-than-IoT-standards.

OECD (2016), Big data-Bringing Competition Policy to the Digital Era, available at: http://www.oecd.org/daf/competition/big-data-bringing-competition-policy-to-the-digital-era.htm.

Östman, N. (2016), The IP of Things, LinkedIn available at: https://www.linkedin.com/pulse/ip-things-niklas-%C3%B6stman?trk=prof-post.

The Swedish Trade Council (2016), Data flows-a fifth freedom for the internal market? Report, available at: https://www.kommers.se/Documents/dokumentarkiv/publikationer/2016/Data%20flows%20-%20A%20fifth%20freedom%20for%20the%20internal%20market.pdf.

Working Party under Article 29 of Directive 95/46/EC (2016), Guidelines on the right to data portability in the GDPR, available at: http://ec.europa.eu/justice/data-protection/article-29/documentation/opinion-recommendation/files/2005/wp114_en.pdf.

以竞争法视角看数据保护和知识产权法在物联网领域中的应用：走向更广泛的"整体方法"

Jacopo Ciani*

梁一平** 译

摘要：数字经济下的商业模式越来越依赖于可以接收、收集和发送大量用户数据的无线通信能力。由于这场被大众称为"物联网"（IoT）的技术革命的强度和规模到目前为止还不为人所知，法律可能难以迅速发展到能够应对其带来的挑战的程度。智能设备引发的许多法律问题均涉及用户隐私和设备安全。此外，值得考虑的是物联网下的数据所有权及其影响是如何通过创造或加强市场支配地位来限制或排除竞争的。在注意到这些领域的法律现状后，本文将重点讨论物联网技术下的知识产权对阻碍竞争对手的互操作性这一锁定策略产生的影响。它将讨论知识产权何时会通过创造或加强市场支配地位来限制或排除竞争，以及法律是否具有阻止这些不正当竞争行为所需的条件。本文将在数据保护、知识产权、竞争法和公共政策的交叉领域下对这些问题展开讨论。在这方面，欧洲数据保护监管机构旨在将隐私问题纳入合并调查，并将这一方法称为"整体方法"，"整体方法"以物联网领域为视角，促进了各国监管机构之间的密切交流。

1 什么是物联网？

"物联网"一词由凯文·阿什顿（Kevin Ashton）首次提出，他在1998年一次演讲的标题中使用了这个词，即"物联网所使用的数据是脱离我们的协助而收集的"。[①] 物联网是指日常"智能设备"的集合，这些设备配备有微芯片、传感器和无线通信功能，并与互联网和其他设备相连，可以接收、收集和发送大量用户数据甚至跟踪活动轨迹，而后设备之间互相交互，向客户提供更高效的、基于需求和愿望而量身定制的服务。[②]

因此，物联网技术基本上由三个核心要素组成：设备（物理要素）；促进智能设备之间通信的协议（连接要素）；存储和分析智能设备所获取数据的系统和方法（"智

---

* Jacopo Ciani，米兰大学博士，都灵大学研究员，米兰塔维拉工作室律师。
** 梁一平，法学硕士，上海汉易商务咨询有限公司。
[①] Ashton（2009）。他在演讲中表示，将射频识别设备（RFID芯片）添加到日常物品中，将创建物联网。物联网的简史参见 Ferguson（2016），813。
[②] The FTC（2015），1，物联网被定义为"一个互联的环境，在这个环境中，各种各样的物体都有数字信息存在，并且能够与其他物体和人进行通信"。

能"要素)。③ 通过嵌入传感器和制动器④,这些通过开放互联网协议联网的设备将不再是简单的设备,而是转变成为直观的、灵敏的、自动化的以及可通信的信息技术。⑤ 简单地说,物联网是指通过互联网交互,将此设备与彼设备的信息进行共享。

1.1 物联网环境下的使用与运用

据预测,未来将存在一个真正的"可编程世界"。⑥ 物联网可以做的事情不胜枚举。智能车辆能够根据限速、污染指数或燃油价格控制车速,这可能只是每个人都可以拥有的智能设备的例子之一。⑦ 与此类似,智能手机可能会收集大量的信息:心率、驾驶习惯、睡眠习惯等等。智能冰箱将能够知悉冰箱里缺少什么东西,甚至可以"打电话"到当地超市订购食物。具有诊断能力的健康追踪器可以诊断健康问题,让患者保持健康的生活习惯,从而减少治疗以显著节约治疗成本。⑧ 其他例子包括智能恒温器、家庭安全网络摄像头、智能咖啡机、健身跟踪器、手表、汽车、灯泡、洗衣机和烘干机、烤面包机、牙刷、智能电表⑨及其他。⑩

考虑到互联网可能成为我们周围任何物体的构成要素,那么探讨"万物互联"也就不足为奇了。⑪ 事实上,随着微芯片、传感器、摄像头、电路和软件的成本持续下降,⑫这些技术越来越多地嵌入到消费者所能遇到的几乎所有设备中。

有评论员认为,物联网的实质差异不在于其运用互联网,而在于"事物"不断变化的本质。一系列新的产品功能正在重塑产业结构,并改变竞争的性质。⑬

---

③ 更准确地说,物联网系统架构需要:嵌入在所有对象中的适当传感器,允许它们给出自己的位置和状态;与互联网的无线连接;对象、互联网和其他对象之间的适当中介软件;运营商接口;安全加密算法;操作平台和协议来管理交换的大量竞争数据。参见 Porter/Heppelmann (2014)。

④ 物联网的大部分自动化是通过传感器和执行器的联合使用来实现的,而传感器和执行器是物联网的支柱。传感器用于收集数据,这些数据可被处理、分析、报告或用于触发另一事件或其他设备运行。考虑这样一种情况:当室内温度低于某个水平时,你希望你的暖气被打开。这个系统将与一个传感器一起测量温度。一旦传感器确定温度已低于设定水平,它就会向控制器发送警报。控制器使用输入和输出的方式与普通计算机相同。输入捕获来自用户或环境的信息,而输出则对已捕获的信息执行某些操作。在上面的例子中,控制器将触发一个执行器,这是一个将能量转换为机械动作的装置;在这种情况下,打开加热装置。

⑤ Rose (2014)将它们定义为"附魔物";Kominers (2012),3 提到"智能设备"。

⑥ Alex Hawkinson 是 SmartThings 的首席执行官兼创始人,提到了一个"可编程的世界",在这个世界里,"事物将变得直观[而且]连接性将进一步延伸到我们最重视的物品,延伸到那些服务于家庭成员日常需要的东西,甚至更远"。参见《当世界觉醒时会发生什么》(2014 年 9 月 23 日),网址:https://medium.com/@ahawkinson/whathappens-when-the-world-wakes-up-c73a5c931c17。

⑦ 随车付费(PAYD)保险监控设备可以详细查看车辆的使用情况(位置、时间、距离、速度和其他参数),并影响保险费。了解与汽车相关的可能用途参见 Cunningham (2014),138。

⑧ 远程病人监护(RPM),也称为家庭护理远程健康,是一种门诊医疗保健,允许病人使用移动医疗设备执行常规检查,并将检查数据实时发送给医疗专业人员。参见 Terry (2016),347,探索这些新兴的健康物联网(IoHT)技术,这些技术将颠覆传统的医疗模式。

⑨ 智能电表能够识别、分析和传达从个人住宅到公用事业公司的用电情况。他们可以揭示一个人何时在家、做饭、洗澡、看电视或度假,这些信息可以用来推断居民是否富有、干净、健康或睡眠不足。Cf. Balough (2011),165;Stern (2011),158;Murphy (2015),191;Brown (2014),172。

⑩ 更有趣的例子参见 Kominers (2012),4;Barbry (2012),84;Robinson (2015),664;Kester (2016),207。

⑪ 这个短语似乎来源于思科的首席执行官约翰·钱伯斯(John Chambers),网址:http://www.inter-netofeverything.cisco.com。

⑫ Rose (2014),11;Thierer (2015),7。

⑬ 本文以一种开明和非常明智的方式讨论了物联网对产业结构的影响以及正在发生的竞争转型,参见 Porter/Heppelmann (2014)。

对于可以通过 APP 与这些设备交互的消费者来说,物联网技术将提供新的服务,使生活和工作变得更加轻松,例如物联网技术下的"可穿戴设备"。

广义上,物联网可以用于行业管控(包括监测员工的行为用于绩效的控制[14])以及提升工业机械性能。对于企业而言,物联网具备创造全新产业的巨大潜力,能够提高企业效率(增加利润和降低成本),同时提供卓越的定制化服务。

正如我们所能看到的 Google's acquisition of Nest 案(参见下文第 2.2 节)以及 Qualcomm's acquisition of CSR 案[15],市场参与者已经开始试图通过大宗交易激发物联网带来的巨大经济潜力。

1.2 行业影响和未来趋势

这一互联网络有望引领"第三次信息技术革命"[16]或"第四次工业革命"(或称为工业 4.0),[17]它将带来深刻的变化,而这一变化将能够与第一波互联网创新一争高下。[18]

2015 年,"物联网"设备数量只有几十亿台,但到 2020 年底,保守预测将有超过 200 亿—250 亿台设备互联以构成物联网。[19] 据估计,到 2025 年,物联网经济总量将达到每年 3.9 万亿—11.1 万亿美元,占世界经济总量的 11%。[20]

2 法律在物联网中的作用

然而,工程师开发的解决方案也需要符合现有法规。尽管法律界对物联网的研究兴趣与日俱增,但大多学术界对物联网的研究仍然基于技术、城市、环境和社会学等方面而非法律,研究重点主要为物联网的优势而非困境。原因在于,迄今为止这场技术革命的强度和规模大多不为人知。

在过去,互联网已经引导我们适应并重新思考法律体系的重构以解决互联网领域下

---

[14] 工作场所中的新数据设备可以捕捉和传达员工的位置、休息时间、完成任务的生产率等信息。Cf. Cunningham(2014),138.

[15] 有关更多示例,可参见 Computer Technical Support in USA(2014),《2014 年物联网领域十大并购》,2014 年 9 月 3 日,网址:https://com-putertechsupportinus.wordpress.com/2014/09/03/top-10-mergers-and-acquisitions-in-the-inter-net-of-things-space-2014-2/and Yoshida(2014),2014 年推进物联网的顶级收购,EE 时报(2014 年 11 月 12 日),网址:http://www.eetimes.com/document.asp?doc_id=1324935。

[16] 在 20 世纪 60 年代和 70 年代,信息技术的第一波浪潮使价值链中的个人活动自动化。20 世纪 80 年代和 90 年代,信息技术推动的第二波变革与互联网的出现不谋而合。这使得跨单个活动、与外部供应商、渠道和客户以及跨地域的协调和集成成为可能。然而,前两次浪潮使产品基本不受影响。现在,在第三次浪潮中,它正成为产品本身不可分割的一部分。可参见 Porter/Heppelmann(2014)。

[17] 这一术语源于德国政府高科技战略中的一个项目,德国总理默克尔(Angela Merkel)曾用它来确定"通过数字技术和互联网与传统工业的融合,实现整个工业生产领域的全面转型"。这一术语已被欧盟机构完全采纳。参见欧盟议会 2016 年关于工业 4.0 的研究,由政策部门 A 编制,网址:http://www.europarl.europa.eu/RegData/etudes/STUD/2016/570007/IPOL_STU(2016)570007_EN.pdf。

[18] Lee(2014),《万物相连:微型计算机如何改变我们的生活方式》,Vox(2014 年 8 月 13 日),网址:http://www.vox.com/2014/5/8/5590228/how-tiny-computers-could-change-the-way-we-live。

[19] 华为技术有限公司(2015),2015 年全球互联互通指数,网址:http://www.huawei.com/minisite/gci/en/index.html。

[20] 欧盟委员会的最终报告(2014b)24-26,61-62 对这些趋势进行了深入调查。麦肯锡全球研究所(2015)报告了其他估计。关于物联网对经济影响的更全面的参考书目参见 Thierer(2015),11.

的新问题(包括电商销售中的消费者保护、互联网服务提供商对网络诽谤侵权的责任以及侵犯知识产权的责任),随之而来的是,物联网也将带来新的法律问题。随着法律体系的日益成熟化与复杂化,其可能难以迅速应对适应物联网带来的新挑战。

2.1 对隐私的威胁:数据被动传输

智能设备引发的许多法律问题都涉及用户隐私和设备安全。

在未来几年里,我们将坦然接受能够持续获取数据的 APP 所带来的便利。现如今,电子阅读器已经知道你阅读到哪一页;导航系统能够显示汽车时速、驾驶方向和习惯,并且能够综合考虑交通拥堵情况、道路施工以及汽油价格、加油站位置及餐厅等因素以带来更好的驾驶体验。

欧盟数据保护法也是在《通用数据保护条例》(GDPR)生效后制定的,其关键在于向个人发送获取个人数据的通知,并在收集数据之前征得个人同意。然而,物联网往往在用户不知情的情况下收集数据(用户不知悉物联网获取的数据数量以及数据控制者及其数据收集目的)。[21]

随着技术的迅速发展和普及,对隐私权的保护变得越来越困难。这让一些人认为,如果我们不采取任何措施,人们将丧失隐私权。[22]

欧盟委员会在 2009 年的一份名为《物联网·欧洲行动计划》的文件中回应了这一问题。在其制定的 14 条行动方针中,探讨了"持续监控隐私和保护个人数据问题"的必要性。[23] 欧盟委员会警告称,如果未能对物联网采取积极主动的"隐私干预"[24]方法,可能会使欧洲陷入一种被迫采用与其核心价值观不符的技术的境地,如提供专门措施来保护隐私和个人数据。

后来,欧盟委员会于 2012 年发起了一次磋商,来征求利益相关者和广大公众对"需要什么样的框架来释放物联网的潜在经济和社会效益,同时确保对收集、处理和存储信息的设备进行充分管控"的意见。[25] 这次磋商的结果发布于 2013 年的咨询报告中。[26]

---

[21] Levin (2007),229 和 Willborn (2006),976,980,指出要求雇主在监控其位置、生产力和行为之前提供通知并获得同意的困难,并强调这种同意往往是虚幻的:没有同意,就没有工作。

[22] Garfinkel (2000); Holtzman (2006); O'Hara/Shadbolt (2008); Whitaker (2000); Schermer (2007), 2010,更具体地说,隐私权将在 20 年内不再存在,Froomkin (2000),1543,更乐观的观点是不会出现这种情况。

[23] European Commission (2009).

[24] 根据这一原则,隐私从设计阶段就应该被嵌入到系统中,这样隐私规则就会尽可能地自动执行,并且应该采用默认设置来限制数据收集、存储和共享到实现系统特定目的所必需的绝对最小值。这个概念是由加拿大安大略省的信息和隐私专员 Ann Cavoukian 博士提出的,他提出了隐私设计的 7 项基本原则,参见 Cavoukian (2013),175。欧洲议会和理事会 2016 年 4 月 27 日关于保护自然人处理个人数据和移动此类数据的第 2016/679 号法规(欧盟)(一般数据保护法规)[2016]OJ L 119/1,包含第 25 条中的"设计隐私"。对于各种挑战的概述,设计师可能需要参与到物联网的背景下。参见 Urquhart/Rodden (2016),5;Klitou (2014),50。

[25] 公众咨询于 2012 年 4—7 月举行,参见 European Commission, Press Release (IP/12/360):数字议程:2012 年 4 月 12 日,委员会就无线连接设备"物联网"规则进行咨询。此外,意大利隐私管理局最近就物联网开展了一项咨询活动,就如何监管物联网征求业界意见,网址:http://garanteprivacy.it/web/guest/home/docweb/-/docweb-display/docweb/3898743。

[26] 欧盟委员会公布了公众咨询的结果,网址:https://ec.europa.eu/digital-single-market/en/news/conclusions-internet-things-public-consultation。

根据欧盟委员会提供的信息，政策制定者和评论员将重点聚焦于如何准确充分地将数据获取消息通知到用户以及如何获取用户对个人隐私处理的同意。[27]

鉴于收集传统形式的用户同意存在困难，许多评论员不再将通知和同意作为认定数据收集是否合法有效的主要标准。在当前的网络环境中，用户没有资源、机会、倾向或动机给予有效同意。在物联网环境下，这似乎更为明显。[28]

其他学者认为，与其制定一部具有一般意义的隐私法来规定所有个人数据都值得保护，并且在数据收集之前需要通知用户并征得其同意，不如将隐私法重点聚焦于特定隐私侵权行为造成的特定损害上，并仅针对这些使用敏感数据的行为产生的特定风险进行监管。[29]

另外，美国联邦贸易委员会（FTC）提出了一系列更贴近新数字环境的方法征求用户同意[30]：例如，引导客户进入隐私设置页面或"管理门户"；在物联网设备上设置快速响应QR代码（二维码）[31]；提供不同的图标来传达隐私相关信息。[32]

各行业应对其所承担的义务有具体规定。全球隐私执法网络（Global Privacy exforcement Network）是为加强26家隐私管理机构之间的合作而建立的国际网络，该组织开展的一项调查得出的结论是，超过60%的受审物联网技术不完全符合《数据保护法》的规定。[33]

意大利数据保护局（Italian data protection authority）对调查结果发表了评论，认为物联网技术缺乏合规性将影响消费者对物联网的信任。[34] 同样，法律的不确定性可能会对供应方造成潜在的影响，并由于潜在的法律风险或当前隐私法规施加的过重负担而阻碍物联网技术的发展。[35]

2014年9月通过的物联网第29条工作组（以下简称"工作组"）意见是朝着法律规定

---

[27] 在"智慧城市"的背景下，在公共场合收集数据时，这个问题似乎备受争议。在这种情况下，困难来自隐私法适用于私人区域的传统观点，重点是身体、家庭和私人通信。越来越多的文献涉及智能城市环境下物联网对隐私造成的潜在威胁。参见 Koops（2014），para.3，重新定义"私人空间的边界"，认为"地方不是划定私人领域边界的有用替代物"；Weber/Weber（2010），39。

[28] 参见 McDonald/Cranor（2008），540；Arnold/Hillebrand/Waldburger（2015），64，考虑到阅读隐私政策所需的时间可能比与物联网设备交互的实际时间长，从而进一步降低了阅读的动机。

[29] 风险管理领域的这种"监管方法"是由 Spina（2014），248 和 Cunningham（2014），144 提出的，根据隐私法，开启个人信息，并且在数据收集前需要通知和同意，这很难反映技术状况，充其量也是不切实际的。隐私法应该关注数据的使用，而不是数据的收集。

[30] 参见 FTC（2015），48，它还就收集的消费者数据量以及保留时间提出了最小化数据的建议。报告还建议企业通知消费者，让他们选择如何使用自己的信息，特别是当数据收集超出消费者合理预期时。

[31] 二维码是一种二维矩阵，可以通过内置摄像头的智能手机转换为信息，这得益于1 500多个智能手机应用程序，使他们可以方便地访问隐私政策。

[32] 例如，物联网设备连接到互联网或不同级别的风险和/或不同类型的数据收集。参见 Edwards/Abel（2014），提出了可识别性、混乱、全球标准化和互操作性等问题。

[33] 这项行动是"隐私扫荡2016"的一部分。在300个被审查的设备中，59%没有提供关于如何收集、使用个人数据以及如何与第三方沟通的充分信息；68%没有提供关于数据存储方式的适当信息；72%没有向用户解释如何从设备中删除他们的数据；38%不保证为那些愿意了解隐私合规情况的客户提供易于使用的联系方式。

[34] 参见 http://www.garanteprivacy.it/web/guest/home/docweb/-/docweb-display/docweb/5443681。

[35] 有关这些新技术的隐私问题的更全面的概述参见 Thierer（2015）；Peppet（2014）；Edwards（2016）；Maras（2015）；Weber（2015）。比较美国联邦贸易委员会和第29条工作组的做法参见 Leta Jones（2015），648。

明确化方向迈出的第一步,该意见为利益相关者提出了一系列建议以符合当前欧盟数据保护法律框架。㊱ 该意见主体涵盖了可能参与处理物联网设备数据的各种利益相关者,包括设备制造商、设备出借者或租赁者、应用程序开发人员、社交媒体平台以及数据代理商。根据欧盟数据保护规则,这其中的任何一方都有可能成为数据控制者。㊲ 在这一意见中,工作组回顾了在开始数据处理之前通知用户数据特点和数据处理目的的义务,当收集与某一设备有关的数据时,这一通知义务客体不仅涵盖设备用户,还包括基于"地理或数据"搜索到的附近的人。有人对此提出批评并认为,个人本可以控制自己的数据,即便这种控制可能并非总是有效。㊳

依照数据保护影响评估(DPIA)要求制定的工作组指南也聚焦于物联网技术中涉及隐私的问题,其中明确提到"某些物联网应用"是运用"创新技术或组织解决方案"的实例,而这些物联网应用可能对个人的日常生活和隐私产生重大影响,因此需要执行 DPIA 的要求。

2.2 "大数据"的产权利益与基于数据所有权的市场力量:大数据与反垄断法的交集

另一个法律问题与物联网领域下的数据所有权有关。㊴

如前所述,互联产品也就是信息的收集器。大数据的发展推动实现对这些互联产品的控制,而大数据则指的是运用算法进行大量分析的巨大数字数据集。㊵

当物联网公司能够充分利用从用户那里收集的信息时,其可以通过优化产品、个性化营销和定价以及满足客户需求来创造经济价值并创造新的商业机会。㊶ 世界上许多有价值的公司之所以能够成功,很大程度上归功于他们所控制个人数据的数量和质量以及他们使用这些数据的创新方式。人们普遍认为,个人信息具有明显的经济价值,那么将其比作货币㊷或者信息经济时代的"新石油"也就不足为奇。

这些数据会对市场力量产生巨大影响,甚至通过创造或加强市场支配地位从而引发

㊱ Article 29 Working Party (2014)。
㊲ 更准确地说,一个或多个成员国的实施规定适用于"在该国境内数据控制机构的活动范围内"处理个人数据的情况,或数据控制机构在欧盟境外设立的所有情况,但使用位于该区域的"设备"。这意味着它们的应用范围非常广泛。
㊳ Eskens (2016),3;Manning (2016),3,警告称,尽管工作组对此充满信心,但大数据带来的挑战可能是现有法律框架无法克服的。
㊴ 参见 Ciani (2017)和(2018)。
㊵ 参见 Article 29 Working Party (2013),35. The European Commission (2014a),4,将术语"大数据"定义为"从大量不同类型的数据源高速生成的大量不同类型的数据"。根据 McKinsey Global Institute (2011),1,大数据是指"数据集的大小超出了典型数据库软件工具捕获、存储、管理和分析的能力"。
㊶ 这在很大程度上证明了搜索引擎等在线服务提供商是正确的,因为他们有能力使用可能获得的个人数据,即更相关的搜索结果和更有针对性的广告。对大多数主要互联网参与者来说,获取个人数据至关重要。参见 Geradin/Kuschewsky (2013),2。
㊷ 参见《欧洲议会和理事会关于数字内容供应合同某些方面的指令提案》(COM(2015)6434 final)第13段,其中指出:"在数字经济中,有关个人的信息往往越来越多地被市场参与者视为具有与金钱相当的价值。提供数字内容通常不是为了交换价格,而是为了对抗金钱以外的反性能,即通过允许访问个人数据或其他数据。对于纯粹从货币角度衡量个人数据价值的方法的调查(即不考虑使用个人数据对经济或社会的间接影响),参见 OECD (2013),18. Contra Lambrecht/Tucker (2015),158,认为如果不存在不可替代或不存在的大数据,那么大数据就不太有价值。"

反竞争担忧。㊸

为此,如何在个人信息控制与推动经济社会发展之间寻求平衡便成了一个具有挑战性的问题。通常情况下,委员会基于该公司的营业额,通过评估市场份额来推定市场影响力。然而,通过参考传统销售量或交易量的数据,却无法轻松计算出免费在线服务提供商所占的相关市场份额。

这种"纯经济学方法"㊹被应用于 Google-DoubleClick merger 案。㊺ DoubleClick 是一家在线广告公司,专门通过使用 cookies 来提供和追踪在线广告。委员会通过运用"纯经济学方法"得出的结论是:将这两家企业的客户搜索和网络浏览行为的数据库相结合不会创造"广告行业中的其他竞争者无法复制的竞争优势"。㊻

这一结论引发了人们对竞争与隐私之间关系的思考。委员会未能充分考虑合并能够使新的合并体具备更大潜力来追踪在线消费者行为,并且通过利用合并后数据库来瞄准目标消费者,许多人随即表示关切。㊼

在大西洋彼岸,数据垄断的问题将放在 Google's acquisition of Nest Lab 案中讨论,Nest Lab 是一家以中央空调控制器闻名的智能设备公司。尽管美国联邦贸易委员会(FTC)提前发出了终止合并的通知,但一些观察人士指出,Google 有可能通过处理收集到的数据,加强其在搜索广告市场的主导地位。㊽

对于如何解决大数据环境下的垄断问题,评论人士一般分为两大阵营:一派支持在大数据领域更积极主动地实施反垄断执法;另一派则反对这种干预,认为反垄断措施不适合大数据监管。㊾

欧洲数据保护监管机构(EDPS)在其 2014 年 3 月发布的《关于大数据时代规范隐私和竞争的初步意见》中认同加强监管机构之间的密切交流将推动更有效的监管。㊿

欧洲数据保护监管机构警告说,如果监管机构不承认作为无形资产的个人信息的重要性与日俱增,那么竞争规则适用范围将不包含依靠大数据提供的服务领域。因此,《关

㊸ 欧盟竞争法对个人数据的获取和处理规定了限制,解决这些限制的最初尝试之一可能是由于 Geradin/Kuschewsky(2013)。

㊹ 欧洲数据保护监管机构(2014 年)批评这种方法,因为它没有考虑合并实体是否应为不符合数据保护法的目的处理搜索和浏览数据。

㊺ European Commission,Case No.COMP/M.4731,Google/DoubleClick,11 March 2008.

㊻ 此外,联邦贸易委员会于 2007 年 12 月 20 日投票批准了这项合并,没有发现对竞争的担忧(cf. https://www.ftc.gov/enforcement/cases-proceedings/071 - 0170/pro-posed-acquisition-hellman-friedman-capital-partners-v-lp)。参见 Edwards (2008),31,指出需要将数据隐私/保护问题作为未来合并审查的一部分。

㊼ 这就是帕梅拉·琼斯·哈伯(Pamela Jones Harbour)委员在对此事的异议声明中的观点。参见 Hahn/Singer (2008),3:第一个担忧是,Google 可能会积累大量消费者数据,这些数据可以用来更有效地定位广告,从而可能会达到一个临界点,限制新进入在线广告市场的人。这种担心表明,新进入者将不会有可比的消费者信息,因此 Google 将开始展现显著的竞争劣势;Nathan (2014) 854,详细说明了如何理解数据挖掘和行为定位的动态,揭示了 Google 垄断在线搜索广告市场对消费者的明显伤害。Abramson (2008) 655,研究是否存在一个独特的"互联网市场",以及对这种市场的反垄断分析应如何不同于适用于更传统市场的平行分析。

㊽ 参见 https://www.ftc.gov/enforcement/premerger-notification-program/early-termination-notices/20140457。

㊾ 回顾有关大数据对竞争的影响的学术著作,参见 Sokol/Comerford (2016),271,批评大数据对竞争的潜在危害,并指出反垄断法不适合监管大数据及其被在线公司使用。Lerner (2014),46,同样认为,这表明现实世界的证据表明,对许多在线企业来说,这种担忧是没有道理的。参见 https://www.competitionpolicyinternational.com/may - 152/。

㊿ European Data Protection Supervisor (2014),33,37.

于大数据时代规范隐私和竞争的初步意见》为数据保护和竞争法的合作实施奠定了基础,也使隐私政策成为评估竞争的因素。

无独有偶,2016年5月10日,德国联邦最高法院和法国竞争法委员会[51]发表了一份关于竞争法和数据[52]的联合报告,要求对具有重大"数据优势"的公司造成的竞争法风险进行逐案评估。特别是在评估数据对市场影响力的贡献时,该联合报告明确了评估因素:该受审数据是否易于被竞争对手获得;数据的规模和范围对竞争市场是否意义重大。

第一个评估案例来自德国联邦调查局。2016年3月2日,德国联邦调查局开始对Facebook进行调查并指控Facebook滥用其市场支配地位,通过使用第三方网站(包括Facebook自有的WhatsApp或Instagram平台[53])对消费者设置不公平的交易条款来获取消费者数据。2017年12月,调查局初步评估推定Facebook在德国社交网络市场占据市场支配地位。德国联邦调查局针对Facebook的调查首次采用了"基于数据的方法"(即收集的用户数据量或用户数量)来推定大数据业务的市场影响力。[54]德国议会认同这一方法,并在《德国竞争法》第18(3a)条规定将个人数据的获取作为评估市场影响力的标准。

在2014年《关于大数据时代规范隐私和竞争的初步意见》的基础上,欧洲数据保护监管机构于2016年9月23日发布了《关于大数据时代基础性权利一致执行的进一步意见》。[55] 为了响应当前法律领域之间协同作用的趋势,该意见建议建立一个数字信息交换所:一个旨在相互促进各自的执法活动的国家监管机关和欧盟层面的网络。信息交换所将负责提出最合适的监管方案建议,这一建议可以运用于所有提交审查的案件中。

最后,在2016年9月29日的布鲁塞尔EDPS-BEUC大数据会议上,委员会成员维斯塔格(Vestager)重申了欧洲数据保护监管机构提出的一些观点。她证实,欧盟委员会"正在探讨尽管公司拥有合并数据库但营业额并不高,这种情况下是否需要开始监管涉及大数据的公司合并"。

她还指出,虽然制定竞争规则时并未考虑大数据因素,但欧盟明年将有可能提出一项关于新指令的提案。[56]

3 在知识产权背景下保护和实施物联网技术

物联网在提高效率、增加利润同时降低成本方面的巨大潜力引发了一个后果,即制造

---

[51] 在联合研究结果公布前一个月,法国竞争管理局主席宣布,将很快就大数据与竞争法之间的重叠展开部门调查,这可能导致对数据部门行为者提起诉讼。

[52] Autorité de la concurrence and Bundeskartellamt (2016).

[53] Bundeskartellamt,新闻稿:2016年3月2日,Bundeskartellamt对Facebook提起诉讼,指控其违反数据保护规则,滥用市场力量。

[54] 关于Facebook程序的更多信息参见网址:https://www.bundes-kartellamt.de/SharedDocs/Publikation/EN/Diskussions_Hinterdgrundpapiere/2017/Hintergrundpapier_Facebook.html;jsessionid=B070B6AEBD14686C7183C5A2C15F7570.1_nn=3600108。

[55] European Data Protection Supervisor (2016).

[56] https://ec.europa.eu/commission/commissioners/2014-2019/vestager/announcements/big-data-and-competition_en。

商希望保护其智能设备不被竞争对手盗用。当然,知识产权相关法律规则可以达到这一目的。智能设备可以通过申请专利、获取版权或以将其认定为商业秘密的方式进行保护。此外,版权和数据库保护可用于控制数据或数据结构在物联网应用中的使用。[57]

3.1 专利

物联网的核心技术涉及大量专利。潜在专利的范围包括智能设备、智能设备[58]之间的通信协议以及处理智能设备收集的数据并加以利用的智能软件。

三星已经申请了一项由手腕动作控制的可穿戴设备专利。[59] Google 已经获得了一项专利,该专利将"比心"与头戴式显示器(VR)相结合,通过识别"比心"手势,将显示器中展示的内容与"人们喜欢的图像"一起发布到社交媒体上。[60]

Google 还申请了一项驾驶员通过手势控制车辆功能的技术专利。该系统运用了安装在车顶的深度摄像头和激光扫描仪。如果司机想摇下车窗、调节收音机音量或更换电台,可以通过在车窗或收音机附近做滑动或转动动作来表达其想要摇下车窗或调节音量与电台的意愿。[61]

然而,计算机程序在专利保护清单(《欧盟专利公约》第 52(1)条)之外,此处规定的计算机程序仅适用于在缺乏技术支持的情况下对软件本身的保护。相反,如果该软件构成了易用于行业应用的发明,则可以授予专利。[62]

对物联网环境下专利的首次研究表明,截至 2009 年,该领域的专利申请数量稳步上升(2009 年共有 228 个专利申请者申请了 427 项专利)。从 2010 年开始,申请专利的数量急速上升至 1 036 项。

从物联网领域专利的地理位置分布可以观察到,大多数专利是在美国申请的,中国、韩国、加拿大和日本等也有大量的专利申请。LG 拥有 482 份专利申请,位居榜首,爱立信以 404 份专利申请位居专利申请数量榜第二。

专利的分布非常分散,申请数量最多的专利申请方申请量也仅占总申请量的 5% 左

---

[57] See Ciani (2017).
[58] 例如,6LoWPAN 是一种互联网协议,它优化了低功耗、低带宽设备的互联网。另一种被称为蓝牙低能量(BLE)的协议,旨在允许设备消耗少量能量并节省移动设备的电池寿命。
[59] http://appft.uspto.gov/netacgi/nph-Parser?Sect1 = PTO1&Sect2 = HITOFF&d = PG01&p = 1&u = %2Fnetahtml%2FPTO%2Fsrchnum.html&r = 1&f = G&l = 50&s1 = %2220140143785%22.PGNR.&OS = DN/20140143785&RS = DN/20140143785.
[60] 参见 Mead (2013),Google 获得了"心"手势和其他有趣的手势的专利(2013 年 10 月 16 日),网址:http://motherboard.vice.com/blog/google-patented-the-heart-gesture-and-other-fun-hand-moves。
[61] 参见 Strong (2013),Google 希望你在开车时做手势(但不是那种手势),NBC 报道(9 October 2013),网址:http://www.nbcnews.com/tech/innovation/google-wants-you-gesture-when-you-drive-not-gesture-f8C11363368。
[62] 参见 EPO Board of Appeal, T 258/03, Auction Method/Hitachi, ECLI: EP: BA: 200 4: T025803.20040421 and Guidelines for Examination in the European Patent Office, Part G, Chapter II - 3, section 3.6 "Programs for computers", 20 June 2012。在美国,法院一直非常谨慎地认为软件是有专利资格的。例如,最高法院认为,体现将二进制编码的十进制数转换为纯二进制数的算法的工艺要求不符合专利资格[Gottschalk v. Benson, 409 U.S. 63, 71 - 72 (1972)]。最高法院的测试是在 *Alice Corp. Pty. v. CLS Bank Int'l*,案中进行的,案号:134 S. Ct. 2347, 2355 (2014)。在本案中,最高法院驳回了针对中间和解概念的工艺索赔的专利保护,并明确指出,仅仅要求通用计算机实现该抽象概念并不能使该概念专利符合条件。

右。在大型企业中,一些非执业公司(NPE)[63]如 Interdigital 和 ETRI 在物联网领域也有大量的专利申请。[64]

这表明,在不久的将来,这一领域很有可能发生专利诉讼。[65] 最近在智能手机领域已经发生的一连串诉讼是由 Microsoft、苹果和 Google 三家公司引起的,引发诉讼的原因主要是许多 3G 和 LTE 专利的拥有者并不是制造商,而是像 Microsoft、苹果和 Google 等这样的巨头。[66]

3.2 软件

对软件应用程序的另一种保护是由《版权法》提供的。

近几十年来,学者们一直在争论,软件开发者应该从版权法中获得多少法律保护才能在开发计算机程序时既获得高水平的投资,同时又不违背有益的行业标准。[67] 这种微妙的平衡仍然难以掌握。

根据 2009 年 4 月 23 日第 2009/24/CE 号指令(软件指令)的规定,计算机程序可作为任意形式的文学作品受到保护,但须符合原创性要求。在功能限制和行业标准化的限制下,原创性要求很难满足。先前在 the SAS Institute, Inc. v. World Programming Ltd 案的判决[68]与 Softwarová 案[69]的裁决中似乎证实了这一观点,拒绝认同根据《软件指令》[70]编程语言、数据格式和图形用户界面可以得到保护的观点,因为他们并没有构成程序的表达形式。[71]

20 多年来,美国判例强烈地表达了一种共识,即互操作性所需的程序接口不受版权

---

[63] NPE 是指不生产商品,而是获得专利以授权给他人的公司。
[64] Lexinnova (2014)。
[65] 事实上,在美国,Jawbone 和 Fitbit 之间已经开始了一轮寻求维护知识产权的专利诉讼,这两家公司是日益增长的健康追踪者市场的领头羊。在特拉华地区法院,案件编号:1∶15-CV-00990,Fitbit 声称侵犯其三项专利,U.S. Patents No.8,920,332(可穿戴式心率监护仪);No.8,868,377(便携式监控装置及其操作方法);还有 No.9,089,760(基于身体活动记录激活设备的系统和方法)。根据投诉,Jawbone 的产品与其 UP 系列跟踪器的部件相关,间接侵犯了相关专利。两项较早的专利侵权投诉于 2015 年 9 月提交给特拉华地区法院和加利福尼亚北区地区法院。Jawbone 早些时候提出了三项诉讼,试图阻止 Fitbit 进口或销售其健身跟踪器。整个故事由 Spence (2016) 讲述。
[66] 专利巨魔不是创造新产品或提出新想法,而是从运气不佳的公司廉价购买专利,然后将其用作法律武器,开始提起诉讼,甚至威胁提起诉讼,目的是实现货币化。为了解释为什么 FRAND dis-putes 在智能手机领域特别一致,参见 Lim (2014),14。
[67] 有关计算机程序版权保护的大量文献已经发表。参见例如 Nimmer/Bernacchi/Frischling (1988),625;Ginsburg (1994),2559;Menell (1989),1045;Miller (1993),977;Reichman (1989),639;Samuelson/Davis/Kapor/Reichman (1994),2308。
[68] ECJ, SAS Institute, C-406/10, ECLI:EU:C:2012:259. 评论参见 Nickless (2012);Onslow/Jamal (2013);Barker/Harding (2012);Marly (2012)。
[69] ECJ, Bezpečnostní softwarová asociace, C-393/09, ECLI:EU:C:2010:816. 评论参见 Lindhorst (2011);Marly (2011);Smith, L. J. (2011)。
[70] 对于此结果参见 Samuelson/Vinje/Cornish (2012),166 解释为什么欧盟软件指令的文本和法律历史符合国际条约规定,应理解为仅为程序的文学方面提供保护,而不为其功能行为、编程语言和数据格式及接口提供保护,对于实现互操作性至关重要。
[71] 尽管如此,法院并没有排除传统版权保护对这些程序员选择的适用性。根据 Zingales (2015),11"虽然数据和用户界面与 API 有很大的不同,但这些情况似乎为达成以下结论提供了依据:源代码中包含的抽象思想的实现界面的选择可以是充分原创的,就像那些与语言或格式有关的选择一样"。

法保护。(72) 然而，最近联邦巡回上诉法院(CAFC)在 Oracle Am.，Inc. v. Google Inc.案中对这一共识提出了质疑。(73)

案件的争议焦点是 Google 在完成 Android 操作系统时复制了 Java 应用程序编程接口(74)是否侵犯 Oracle 的版权，而这意义重大。

最终判决 Oracle 公司对 Java 应用程序编程接口拥有版权，但这可能会对互操作性系统的开发产生不利影响。实际上，这将允许版权持有人推动公司开发与其他平台相兼容的程序。

联邦巡回上诉法院(CAFC)推翻了加州北区法官威廉 · 阿尔苏普(William Alsup)(75)关于应用程序编程接口不受版权保护的裁决。上诉法院将专利和版权保护视为对计算机程序创新的双重保护。美国最高法院决定不复审上诉法院的裁决(76)，从而使这一裁决生效。

然而，这起案件被发回到阿尔苏普法官所在的地方法院，由陪审团对 Google 的合理使用辩护进行审理。2016 年 5 月，陪审团一致同意 Google 使用 Java 应用程序编程接口“符合《版权法》规定的合理使用”。(77) 对此，Oracle 公司提出上诉申请。

2018 年 3 月 27 日，美国联邦巡回上诉法院(78)推翻了重审决定，认定 Google 使用 Java 应用程序编程接口不公平，侵犯了 Oracle 公司的版权。Google 对应用程序编程接口的商业化使用与合理使用情形相悖。Google 只是复制了这些代码，并将其原封不动地从一个平台转移到另一个平台，这并非创造性使用。上诉法院发回重审损害赔偿部分，但 Google 仍可以向最高法院上诉。

3.3 商业秘密

根据欧盟于 2016 年 5 月 27 日(79)批准的《商业秘密指令》(Trade Secrets Directive)，在

---

(72) 在 *Computer Associates Int'l*，*Inc. v. Altai*，*Inc.*案中，案号：982 F.2d 693 (2d Cir. 1992)，t 第二巡回上诉法院邀请法院在评估侵权索赔(所谓的抽象过滤比较，或 AFC 测试)之前，过滤掉程序中不受保护的元素，例如实现与其他程序的互操作性所必需的元素。阿尔泰的做法已经在许多其他巡回法院的判决中得到认可。更多参考资料参见 Lemley (1995)，12 把阿勒泰作为计算机程序著作权保护的龙头案例。另一标志性案件是 *Lotus Dev. Corp. v. Borland Int'l*，*Inc* 案，案号：49 F.3d 807，814 - 15 (1st Cir. 1995)，裁定电子表格程序的命令层次结构是操作方法的组成部分，法律明确将其排除在程序版权保护的范围之外，*Lexmark Int'l*，*Inc. v. Static Control Components* 案，案号：387 F.3d at 541 - 42，其中第六巡回法庭认定，一个嵌入利盟打印机墨盒中的计算机程序是不受版权保护的，而竞争对手必须安装该程序，才能使其墨盒与利盟打印机互操作。

(73) *Oracle America*，*Inc. v. Google Inc.*案，案号：872 F.Supp.2d 974 (N.D. Cal. 2012)，rev'd，750 F.3d 1339 (Fed. Cir. 2014)，cert. denied，S.Ct. (2015)。有关 *Oracle America*，*Inc. v. Google Inc* 案及其立法和法理背景的摘要，以及对联邦巡回法院判决的批评参见 Menell (2017)，31，42 以及 Samuelson (2015)，702。

(74) 了解 Java 的发展和成功参见 Menell (2017)，16。

(75) *Oracle America*，*Inc. v. Google Inc.*，810 F.Supp.2d 1002 (N.D. Cal. 2011). Judge Alsup none-theless 承认 Java API 包的整体结构是创造性和独创性的，并得出结论，它的功能是“一个命令结构、一个系统或操作方法——一个由 6 000 多个命令组成的长层次结构，用于执行预分配的功能”。

(76) *Google*，*Inc. v. Oracle America*，*Inc.*，135 S.Ct. 2887 (2015).

(77) 参见 Special Verdict Form (Document 1928 - 1，*Oracle America*，*Inc. v. Google Inc.* 3：10 - cv - 03561 - WHA)。

(78) 参见 Oracle America，Inc. v. Google，Inc.，no.17 - 1118 (Fed. Cir. 2018)。

(79) 它弥补了欧盟层面对商业秘密保护缺乏具体监管的缺陷。以前，《与贸易有关的知识产权协定》(TRIPs)第 39(2)条只在国际一级对世贸组织所有成员实施共同标准。该指令使整个欧盟采纳了商业秘密的共同定义。它基于各成员国共同的保护构成要素，具体而言：(i) 信息必须保密；(ii) 由于其保密性，因此应具有商业价值；(iii) 商业秘密持有人应尽合理努力对其保密。

满足保密标准、商业价值和合理保密措施的前提下，物联网可受到商业秘密相关法律法规的保护。

由于专利保护和版权保护所涵盖的范围很小，商业秘密对软件开发人员来说是一种更加直接的保护方式。

3.4 数据库保护

根据指令 96/9/EC(数据库指令)，物联网设备收集的数据集可以作为数据库(80)进行保护。

这些权利分为两类：指令第 4(1)条对那些由于内容的选择或安排而符合欧洲法院规定的最低原创标准的数据集给予数据库版权保护。(81)

第二种保护(称为“自成一格”的保护)赋予数据库制作者在表明其对数据的获取、核实以及表述进行大量投入后，有权阻止提取和/或重新利用(82)其全部或大部分(83)内容(指令第 7 条)。(84)

3.5 技术保护措施

由于以数字形式传输的信息易于复制，版权所有人经常采取例如加密等技术保护措施(TPM)，防止未经版权或其他相关权利持有人授权而进行的侵权行为发生。(85)

法律制度着重强调了技术保护措施的重要性，根据法律规定，不仅禁止任何规避技术保护措施的行为，(86)而且禁止制造和销售用于规避技术保护措施的设备。(87)

主机和电子游戏是互补商品产生锁定策略效果的典型例子：通过将受版权保护的软

---

(80) 《数据库指令》第 1.2 条将“数据库”定义为：“以系统或有条理的方式排列并通过电子或其他方式单独访问的独立作品、数据或其他材料的集合。”《数据库指令》第 17 条进一步规定，“数据库”一词应理解为包括文学、艺术、音乐或其他作品集或其他材料集，如“文本、声音、图像、数字、事实和数据”。

(81) ECJ, Infopaq International, C－5/08, ECLI:EU:C:2009:465.评论参见 Derclaye (2010).

(82) 《数据库指令》第 7(2)(a)条将“提取”定义为“通过任何方式或以任何形式将数据库的全部或大部分内容永久或临时转移到另一媒体”；反过来，“再利用”是指任何“通过分发副本、出租、在线或其他传输形式向公众提供数据库全部或大部分内容的形式”。

(83) 第 7(5)条将防止提取和再利用的保护范围扩大到超过实质性阈值，达到“重复和系统地提取和/或重新利用数据库内容的非实质性部分，暗示与数据库的正常利用相冲突或不合理地损害数据库制作者的合法利益的行为”。

(84) 在这方面，欧洲法院澄清说，在确定数据库是否存在“重大投资”时，必须忽略在创建构成数据库内容的材料方面的任何投资。见 ECJ，英国赛马局有限公司，C－203/02，ECLI：欧盟：C：2004：695。关于这个决定的有趣评论参见 Aplin (2005)；Masson (2006)。

(85) TPM 的定义在 2001/29/EC 号指令第 6(3)条中确立，该指令涉及信息社会中版权和相关权利某些方面的协调(InfoSoc 指令)，指“在其正常运行过程中，旨在防止或限制行为……而非由任何版权或与版权有关的任何权利的权利持有人授权”。

(86) InfoSoc 指令第 6(1)条规定，“成员国应提供充分的法律保护，防止规避任何有效的技术措施，相关人员在知道或有合理理由知道他或她正在追求该目标的情况下实施这些措施”。

(87) InfoSoc 指令第 6(2)条规定：“成员国应提供充分的法律保护，防止制造、进口、分销、销售、租赁、广告销售或租赁，或出于商业目的拥有设备、产品或组件，或提供以下服务：(a) 促进，为规避而宣传或营销，或(b) 仅具有有限的商业重要目的或用途，而非规避，或(c) 主要设计、生产、改编或执行，以实现或促进规避任何有效的技术措施。”此外，《软件指令》第 7.1(c)条规定：“成员国应提供……适当的补救措施，以防止有人……(c) 为商业目的而流通或占有，其唯一目的是促进未经授权移除或规避任何可能用于保护计算机程序的技术装置的任何手段。”

件安装到主机，生产商确保只能播放原始盒带（其中就包含特定游戏的代码）。(88) 这一策略致使电子设备（“modchips”）广泛发行，这些设备禁用了安装在主机中的加密技术，从而实现了未经授权开发人员制作或发行的电子游戏的互操作性。(89) 欧洲法院讨论了 modchips 是否应被视为于 Nintendo and Others v. PC Box.案(90)中用于规避的版权指令第6(2)条所禁止的设备的问题。该判决表明，成员国提供的法律保护必须符合比例原则，不应禁止具有重大商业意义的设备或活动，也不应禁止除为非法目的规避技术保护措施以外的用途。只要某一特定技术保护措施的主要目的是阻止第三方应用程序访问该平台，法院会允许被告证明该特定技术保护措施被滥用，而不仅仅用于防止“盗版”，但该证明的前提是提供侵入性较小的替代性保护措施，以保障相对有效的版权保护。

4 互操作性的价值与发展阻碍

与其他法律领域一样，为保护知识产权而设计的工具可能被滥用，特别是在扩大原保护范围的情况下。在物联网领域也同样存在这种担忧。(91)

如果物联网中的一个设备通过使用受版权或专利保护的计算机程序实现与物联网中另一设备的互联，则另一设备的制造商需要依赖该程序使其能够与其他技术建立沟通渠道，以便此方都能有效处理彼方数据（这就是所谓的互操作性）。(92)

因此，为了生产出与市场上已有技术相兼容的设备，竞争对手必须获得其打算复制的受保护内容的许可证，或者满足适用专有权豁免的条件，否则可能被判侵权。

然而，生产多种物联网设备的公司可能对防止第三方依赖其专有权来阻止竞争产品的潜在制造商进入市场抱有浓厚兴趣。

这一现象可能是由于许可人拒绝授予许可证或制定不合理的许可条款而产生的。(93)

通过限制自身技术与竞争对手生产设备的互操作性，一家公司可以成功地构建自己

(88) Zingales (2015)，深入探讨电子游戏业采用锁定策略。

(89) 一些司法管辖区承认拥有和出售 modchips 是一种犯罪。参见 Article 171 ter, para.1, lit. F bis Italian Copyright Law (Law of 22 April 1941 n. 633)。

(90) ECJ, Nintendo and others, C-355/12, ECLI: EU: C: 2014: 25.更深度的评论参见 Newton/Moir/Montagnon (2014), 456。在意大利，罗马法院 2010 年 10 月 10 日对任天堂有限公司、美国任天堂公司、欧洲任天堂股份有限公司诉 Inter-Media Trade Srl 的判决也确立了同样的原则。

(91) 知识产权法中这种横向过度保护主义趋势的演变，达到了“盗用爆炸”的程度，[Gordon (1992), cited]，Ghidini 进行了全面的描述，参见 Ghidini (1995), (2010), 19, and (2015), 32，显示了人们的反应主要是如何将知识产权与竞争联系起来的。参见 Reichman (1993), 119 警告称，知识产权体系“有可能因自身过度保护而崩溃”。

(92) 《软件版权指令》在第 10 段中，将互操作性定义为“交换信息和相互使用已交换信息的能力”。Zingales (2015) 6，区分两个级别的互操作性。虽然基础设施互操作性使物联网设备能够在通用网络协议下交换数据，但数据互操作性更直接地关系到物联网应用程序的用户和开发人员，使他们能够有意义地连接这些应用程序的接口。在基础设施层，互操作性是通过使用通用协议来实现的，这些协议用于在网络上传输的数据的转换、标识和逻辑寻址。这一层中最常见的标准是以太网和 TCP/IP。在应用程序（上层）层，互操作性是通过读取和复制计算机程序的特定部分[称为应用程序编程接口（API）来实现的，这些部分包含第三方应用程序以兼容格式运行程序所需的信息，且不损失功能]。与 api 不同，在 api 中，可互操作程序的连接和执行需要特定的互操作性信息，数据互操作性也可以通过导出程序的输出并将其转换为可读格式来事后获得。

(93) SEP 持有人要求超过其专利技术价值并试图获取标准本身价值的能力被称为专利“持有”。

的专有网络，并将用户锁定在一个封闭的品牌“生态系统”中。[94] 锁定策略也可以作为二级市场产品质量控制的一种机制。否则，第三方销售的可替代产品的低价值将有可能破坏间接网络效应[95]的“良性循环”，并使客户远离基础产品。

然而，由于物联网技术的本质是交互与协作，并且完全基于两个或多个智能设备之间的通信，因此锁定策略会导致消费者对无法兼容的产品产生不满。[96] 同时，潜在竞争者进入市场的动力减弱，因为他们无法吸引足够数量的用户。[97] 在此基础上，在这个不断发展的技术环境中，人们针对互联互通和互操作性对经济进步所发挥的基本价值达成了广泛共识。[98]

4.1 保障互操作性的工具

如上所述，法律可以通过规定针对滥用行为的法律规则来防止技术上的互操作性的滥用。这一系列保障互操作性的工具应与“有利于竞争的反垄断措施”[99]相平衡，反垄断措施可减少独占权的负面影响，并提升互操作性的消费者福利和创新效果。否则将会发生两种情形：市场参与者将通过运用竞争对手的技术来阻止技术的互操作性（横向互操作性）；防止第三方利用其技术建立互操作性（纵向互操作性），而法律规则只在受影响市场中出现垄断和投资不足的情况时适用。

基于这些理由，《知识产权法》建立了一个具体的框架，在这个框架下可以将福利因素纳入互操作性的考虑范围。

4.1.1 软件

《欧盟软件指令》(The EU Software Directive)对依赖软件保护以防止与其他计算机程序的互操作性进行了具体限制。第6条第(1)款规定了所谓反编译的例外条款，即复制和翻译代码的行为是非法的：

> 获得独立创建的计算机程序与其他程序的互操作性所必需的信息，必须满足以下条件：(a) 这些行为是由被许可人或有权使用程序副本的其他人实施的，或由被授权人员代表实施；(b) 实现互操作性所需的信息之前没有提供给(a)条中所涉及的人员；(c) 这些行为仅限于原始程序中实现互操作性所必需的部分。

此外，《欧盟软件指令》第5条第(3)款规定，计算机程序副本的合法所有人有权观察、

---

(94) 据说，当转换产品或服务的成本或劣势很高时，客户会被锁定在公司的产品或服务中，从而阻止客户改变。

(95) 如果每一个用户从采用一种商品中获得的收益，以及他采用这种商品的动机，随着更多其他用户采用这种商品而增加，就会产生直接的网络效应。例如，电信用户直接从更广泛的采用中获益，用户更多的电信网络对打算采用的非用户也更有吸引力。如果采用对相关市场的影响是互补的，则会产生间接网络效应。例如，当其他用户加入时，硬件用户可能会获益，这不是因为任何直接的好处，而是因为它鼓励提供更多更好的软件。

(96) Menell (2017)，4，指出“建立在广泛采用的软件平台之上并与之互操作是互联网时代计算和商业的命脉”。

(97) Gasser/Palfrey (2007)，12，得出结论认为，互操作性通常支持信息和通信技术领域的创新，但两者之间的关系非常复杂，而且是针对具体事实的。

(98) 这种对开放标准带来的经济、社会政治和技术利益的看法在工业界、学术界和政策制定者中得到了支持。参见 Berkman Center for Internet & Society (2005)。

(99) 这个表达已经被 Ghidini (2006)，7 非常有效地使用了。

研究或测试程序的功能，以确定构成程序要素的理念与原则（“黑盒测试”），但所有人只有在执行加载、显示、运行、传送或储存他有权执行的程序时可以进行“黑盒测试”。

4.1.2 专利

反向工程或反编译产生的互操作性信息有可能受到专利法的保护。在这种情况下，专利所有者仍然可以通过不使用他们的专利来阻碍互操作性的产生。因此，有人提议为专利引入互操作性例外，这与《软件版权指令》（Software Copyright Directive）中已经存在的例外情况类似。(100)

统一专利法院的司法解释已经根据《软件版权指令》第 27(k) 条规定了这种例外情况，根据该条司法解释，第 1257/2012 号法规（欧盟统一专利法规）下具有统一效力的欧洲专利所被赋予的权利不延伸至“根据指令 2009/24/EC 第 5 条和第 6 条允许的行为和所获得信息的使用”，特别是其关于反编译和互操作性的规定。

统一专利为互操作性问题提供了新的思路。该条例第 8 条进一步规定，“具有统一效力的欧洲专利的所有人可以向欧洲专利局提交声明，声明专利所有人允许任何人作为被许可人使用该发明，以换取适当的报酬”。

该条例第 11.3 条鼓励提交上述声明，并且规定在提交声明后可减少专利续期费用。

4.1.3 商业秘密

与《欧盟软件指令》类似，《商业秘密指令》第 8 条为“反向工程”提供了特定的剥离方式。这项规定指出，在任何情况下，国家立法机构都不能认定通过以下方式获取信息是非法的：独立发现或创造；观察、研究、拆卸或测试已公开提供或信息获取者合法拥有的产品或物体；根据工会和国家法律和/或惯例行使工人代表的知情权和咨询权；在这种情况下符合诚实商业惯例的其他情况。

第 39 条阐明，本规定不影响《欧盟软件指令》第 6 条的适用。这意味着，受版权法保护的软件反向工程只能用于上述条款允许的有限目的。(101)

4.2 实现有效互操作性的障碍

尽管通过反编译或黑盒测试授予了运用反向工程的权利，但当前欧盟法律体系提供的例外条款似乎远未被视为实现互操作性的有效方法。(102)

反编译的工作量、时间以及严格的要求令许多计算机程序编写者认为，计算机程序编写者所获得的回报与后续创新所需的投入不能达到平衡。(103)

此外，技术保护措施系统是防止非法提取数据以实现版权保护的有力工具，并且因此

---

(100) European Commission (2013).

(101) Knaak, R./Kur, A./Hilty, R. (2014), point 36，以这种方式对软件进行反向工程的可能性在很大程度上仍然是无效的。

(102) The European Commission (2013), 13，引用 Microsoft Windows Server 协议案例。由于协议的复杂性，开放源代码 Samba 项目进行了近十年的逆向工程，未能产生完全兼容的协议实现。Microsoft 对 WSPP 的强制许可是实现完全互操作性的必要条件。

(103) Van Rooijen (2010), 86 - 87; Zingales (2015), 11，概述了反编译异常语言的模糊性，它似乎授权“访问”而不是“使用”互操作程序中受版权保护的代码的相关部分。

阻碍了互操作性的实现,即便原则上用户对实现互操作性拥有合法权利。[104]

4.3 互联网互操作性:行业标准化背景下的竞争法问题

有鉴于此,如果知识产权法是规范企业行为的唯一法律体系,则可以鼓励这些企业放弃制定对市场竞争产生上述不利影响的行业标准。

这一担忧推动了反垄断法的干预,反垄断法本身并不妨碍知识产权的授予和享有,而是在实现促进创新创造活力和贸易特性的基本功能所需的最低限度层面对垄断行为加以限制。[105]

《欧洲竞争法》采纳了这样一种观点,即如果一项投入对于获取必要基础设施来说是必需的,只要该投入的撤回阻止了实际和潜在的竞争对手带来新产品或技术进步,那么对于该投入的分享要求极有可能是事后强加的。在美国和欧洲针对 Microsoft 的案例中,欧盟委员会认为 Microsoft 在 PC 操作系统市场上滥用市场支配地位的情形有两种:通过故意限制 Windows PC 和非 Microsoft 工作组服务器之间的互操作性;通过将其 Windows Media Player(WMP)与其 Windows 操作系统捆绑在一起。[106] 欧盟初审法院(the Court of First Instance of the EU)随后确认了欧盟委员会的这一认定。[107]

因此,对互操作性的限制可能导致欧盟委员会发现占市场支配地位的企业实施的限制或排除竞争的行为。

在其他情形下,欧盟委员会可以对接受相关企业承诺的行为加以规范,早在 1984 年,欧盟委员会就接受了 IBM 愿意向其竞争对手及时提供互操作性信息的承诺。[108]

最近,欧盟委员会已批准英特尔收购 McAfee,但后者有双重义务:确保依照合适的合同约定向端点安全软件供应商提供互操作性和优化信息;不主动运行或设计其处理器来降低所述设备的性能。[109]

根据欧盟关于滥用支配地位的条约规则(the EU Treaty rule on abuse of dominant

---

[104] 对 InfoSoc 指令和滥用反访问软件的批评,这可能会使访问和使用版权不包括的作品、数据和信息的自由受到威胁,参见 Ghidini (2010), 114。根据作者的观点,问题不仅仅是所有这些规定都过于宽泛,给任意行为留下了过多的余地。事实是他们缺乏力度。该指令没有提供任何有效的手段,通过适当的制裁和程序来防止和惩罚将 TPM 应用于非版权数据和信息的行为。

[105] Ghidini (2010), 15.

[106] European Commission, Case No.COMP/C-3/37.792-Microsoft,24 March 2004.作为补救措施,欧盟委员会命令 Microsoft 在 120 天内披露完整准确的接口文档,允许非 Microsoft 工作组服务器在 90 天内实现与 Windows PC 和服务器的完全互操作,向 PC 制造商提供不带 WMP 的 Windows 客户端 PC 操作系统版本。

[107] GC, Microsoft/Commission, T-201/04, ECLI:EU:T:2007:289. For remarks see Surblytė(2011), 5; Howarth/ McMahon (2008); Larouche (2008); Ahlborn/Evans (2009); Kuhn/VanReenen (2009).

[108] 参见 European Commission (1984), para.94-95。

[109] European Commission, Case No.COMP/M.5984-Intel/McAfee, 26 January 2011.意大利竞争管理局最近处理了由 Net Service 公司实施的所谓排他性策略的存在,Net Service 公司设计并专门运营技术基础设施,用于管理意大利民事诉讼(称为 PCT),针对一些活跃在生产中的公司,为 PCT 分发和销售软件应用程序。管理局声称,Net Service 参与了系统互操作性所需技术规范的迟交、不完整或缺失的通信,目的是阻碍下游市场的竞争。管理局发现,Net service 在上游市场的主导地位使其能够在下游市场的竞争对手之前了解改进软件应用所需的信息,并强调,基于这一地位,网络服务"有一项竞争责任,即迅速向竞争对手提供它所掌握的相同信息"。为了克服现有的信息缺口,Net Service 提出了不同的承诺,管理局在 2017 年 1 月 18 日的决定中接受了这些承诺,网址:http://www.agcm.it/concorrenza/concorrenza-delibere/open/41256297003874BD/E22642DE894AFBFCC12580B800544D4F.html。

position)(TFEU 第 102 条),欧洲法院在 Magill⑩ and IMS⑪ 案中指出,知识产权持有人可能被迫向其他公司授予标准基本专利许可证(SEP)(参见下文第 6 部分)。

这意味着符合产品标准的制造商有权从对认定产品标准具有重要影响的专利持有人处获得许可证,以促进设备或网络之间的互操作性。许可证的发放是为了换取专利使用补偿,补偿水平的制定应该是公平、合理和非歧视性的(FRAND),但实际上这是一个常常导致分歧和诉讼的复杂问题。⑫

5 个人数据保护法、竞争法和知识产权法:走向"三法同制"?

有鉴于此,本文所要探讨的研究问题似乎值得肯定。新的物联网商业模式依赖于连接性、互操作性和信息交换作为其基本属性,因此更适合采用整体或综合的法律方法。

实际上,本文所讨论竞争设备之间互操作性的问题很好地说明了如何在知识产权与竞争法的交叉点上求得消费者权益保护与扩大商业利益平衡的最优解。⑬

欧洲机构长期以来一直坚信采取这种行动是有道理的。⑭ 在行业标准化、知识产权和竞争法的多因素背景下的第一个重要贡献通常与欧盟委员会 1992 年《关于知识产权和标准化交流》(Communication on Intellectual Property Rights and Standardization)密不可分,⑮ 它强调了欧洲标准制定组织(SSO)及其成员国遵守欧盟竞争规则的必要性。

尽管如此,欧盟委员会已经在关于使用电视信号传输标准的第 95/47/EC 号指令(Directive 95/47/EC)的序言中指出互操作性在当前技术环境中的价值,提到"在广播电视信号时,必须按照步骤采用宽屏传输的通用形式"。⑯ 这一规定的目标在于"推动内部市场的正常运作"。

近 10 年后,欧盟委员会就 SEP 持有人(即总部位于美国的技术公司蓝铂世(Rambus)和高通公司(Qualcomm))的许可行为是否符合欧盟竞争法展开了首次调查,并指控这两家公司对其专利收取了过高的使用费。但对这两家公司都没有作出能够根据明确原则认

---

⑩ ECJ, RTE and ITP v Commission, C-241/91 P and C-242/91 P, ECLI:EU:C:1995:98, para.50. See Vinje (1995), The final world on Magill, Rivista di diritto industriale, I, 239.
⑪ ECJ, IMS Health, C-418/01, ECLI:EU:C:2004:257, para.35 and 52. See Drexl (2004) and Conde Gallego (2006).
⑫ 根据指南,评估许可条款是否符合这些要求"应基于费用是否与知识产权的经济价值有合理的关系",参考 ECJ, United Brands, C-27/76 开发的测试,ECLI:欧盟:C:1978:22,尽管一些评论员认为这种测试不适合确定非物质结构(如知识产权)的过渡性,参见 Geradin (2009),329。有关可采用的不同评估方法,请参见§289 中的指南。总的来说,《法国承诺》中"公平"和"合理"这两个术语的含义问题在过去几年中已经引起了法律和经济评论员的注意。参见例如 Swanson/Baumol (2005); Geradin/Rato (2007); Mariniello (2011); Carlton/Shampine (2013)。
⑬ "知识产权/竞争法交叉点"的概念是由 Ghidini (2010),210 提出的,解释了知识产权法和反托拉斯法之间的系统性区别"不应掩盖两者之间关系和功能的更复杂交织",并将这种关系定义为"两个法规的故事,其目标和基本监管原则不能保持一致"。全面讨论知识产权与竞争法之间的复杂关系,参见 Anderman (2001)。
⑭ 前竞争事务专员 Joaquin Almunia 说,我们从这些信息通信技术行业的执法中得到的教训是,这些行业是高度复杂的行业,具有互操作性需求和潜在的强大网络效应或锁定风险的特点。通常情况下,这些市场是由单一公司主导的,因此必须确保竞争优势,特别是通过创新,参见 Almunia (2010a), 4。
⑮ European Commission (1992)。
⑯ Ghidini (2015), 437。

定的实质性决定，⑰因此欧盟委员会决定提供指导，发布了《欧盟贸易法委员会第 101 条适用于横向合作协议的准则》（the Guidelines on the applicability of Article 101 TFEU to horizontal cooperation agreements.）。⑱

Google 和 Motorola Mobility Inc 的合并案、Microsoft 和 Nokia 的合并案⑲以及所谓的智能手机专利战（在这场战争中，几家主要的科技公司试图基于专利许可阻止竞争对手的产品进入市场），这些判例都表明了欧盟委员会的下一步行动。⑳ 欧盟委员会结合对三星㉑与摩托罗拉㉒的判决以及 2015 年 7 月㉓法院对华为针对其国内竞争对手中兴提起的专利侵权诉讼的判决制定了一个框架，该框架概述了专利许可持有人可在何种情形下寻求对标准实施者的禁令，以保障其专利不违反 TFEU 第 102 条。㉔

因此，在这 10 年到 20 年里，我们所看到的是，凡是技术上有突出进步的阶段（从 3G 到 4G 移动通信和智能手机出现之前），相应地旨在解决竞争问题的专利诉讼量就会激增。

物联网技术极有可能成为下一代新兴技术。对此，人们认为在上述案例中确立的原则应当不仅仅应用于智能手机领域。㉕

6 欧盟标准制定规范的政策框架

竞争法能够有效防止反竞争行为的发生，例如不应过度限制互操作性。实际上，如果一家公司不拥有市场支配地位，欧盟委员会就无法对该公司拒绝许可知识产权的行为采取相应措施，因为该知识产权持有人只是在行使其能够自主决定在何种条件下给

---

⑰ 欧盟委员会，案件号 COMP/38.636‐Rambus，2009 年 12 月 9 日。兰巴斯被初步认定参与了一场"专利伏击"，故意隐瞒自己拥有 SEP，随后又向这些 SEP 收取税收，如果没有自己的行为，这些 SEP 是无法收取的。委员会通过了一项"第 9 条承诺"决定，对兰巴斯承诺的五年期内符合相关标准的产品在全球范围内的特许权使用费上限具有法律约束力。相反，高通公司提前结束了调查，网址：http://ec.europa.eu/competition/elojade/isef/case_details.cfm?proc_code=1_39711。

⑱ European Commission (2011).准则规定了此类协议通常不属于第 101(1)条范围的条件：它们表明，当(i) 参与标准制定是不受限制的，以及(ii) 采用有关标准的程序是跨母体的时，标准化协议不包含遵守本标准的义务，也不提供按 FRAND 条款使用本标准的权利，通常不会限制第 101(1)条所指的竞争。1995 年，美国司法部反垄断司和联邦贸易委员会(FTC)也通过了关于知识产权许可的反垄断准则。2016 年 8 月 12 日，发布了更新指南的提案，但并未涉及关于标准基本专利的行为。

⑲ European Commission，Case No. COMP/M. 6381‐Google/Motorola Mobility，13 February 2012；European Commission，Case No.COMP/M.7047‐Microsoft/Nokia，4 December 2013.

⑳ 评论参见 Frank (2015)，81.

㉑ 欧盟委员会，案例号：39939‐三星‐实施 UMTS 标准基本专利，2014 年 4 月 29 日。据称的侵权行为包括向德国、意大利、荷兰、英国和法国法院申请对自愿的被许可方苹果公司的禁令，目的是禁止某些苹果产品进入市场，理由是三星公司曾承诺按照 FRAND 条款进行许可。三星承诺，在五年内，不会在欧洲针对同意接受特定许可框架(包括长达 12 个月的强制谈判期)的移动设备 SEP 潜在许可证持有人寻求禁令，如果谈判失败，第三方对 FRAND 条款的决定由法院判决(如果一方选择)或仲裁(如果双方同意)。

㉒ 欧盟委员会，第 39985 号案例——摩托罗拉——GPRS 标准基本专利的实施，2014 年 4 月 29 日。欧盟委员会认定，摩托罗拉以摩托罗拉的一项 SEP 为依据，寻求并执行针对自愿被许可方苹果的禁令，违反了欧盟竞争规则。

㉓ ECJ, Huawei Technologies, C‐170/13, ECLI:EU:C:2015:477. For further remarks see Alison (2014).

㉔ 对这些步骤进行完整的时间顺序分析，参见 Geradin (2017)。

㉕ 参见 Competition Directorate-General of the European Commission (2014)，1.

予对方许可的权利。⑫⑥ 此外，当竞争主管机构有理由干预时，竞争可能已经扭曲，与此同时，网络效应可能使恢复有效竞争变得困难。因此竞争法被视为一种事后的被动的制度。

因此，为了使其行动有效，欧盟委员会必须通过快速制定标准的程序来支持和完成行动。(127) 欧盟委员会2009年发布的《沟通》已经将“物联网技术的必要标准化”作为发展的主要行动路线之一。2013年，欧盟委员会发布了题为《可促使信息通信技术行业的重要市场参与者许可互操作性信息的对策分析》的文件。

欧盟委员会解决了本文概述的一些问题，如互操作性信息的专利、版权和商业秘密保护问题。欧盟委员会注意到关于这三个领域的法律现状，认为加强互操作性的非立法措施（通过《准则》评估互操作性信息的价值、在互操作性信息可用性方面制定最佳实践或起草互操作性示范许可规则(128)）应优先于立法。(129) 其理由是，这些措施将产生更直接的影响，并有助于形成“本着开放创新精神的许可和交流文化”氛围。

2014年，欧盟委员会联合研究中心（European Commission Joint Research Centre）的一项前瞻性研究强调了预期标准要求的需要，并认为应加快标准化在欧洲的发展。(130) 2015年，欧盟委员会和各主要物联网参与者发起了一个名为AIOTI（物联网创新联盟）的大规模联盟，旨在协助欧盟委员会实施创新和标准化政策。(131) AIOTI结构由董事会（指导委员会）和11个工作组（WG）组成，分别对应当前物联网环境下的重点发展领域。(132) 其中一个工作组完全致力于处理“物联网标准化”问题，其中涵盖了现有物联网标准的映射和差距分析，以及开发互操作性的策略和实例，并在建立协调物联网标准的私人组织方面取得了重大进展。(133)

(126) 在没有支配地位的情况下，欧盟委员会可根据欧盟贸易法委员会第101(1)条审议许可证的条款和条件。因此，一个或多个产品和地理市场的定义，以及在这种市场上的主导地位的确定是一个关键问题。

(127) Almunia (2010b)，2认识到，“事后逐案干预并不总是有效地解决结构性问题，竞争和行业监管需要携手合作，通过互补手段追求相同的目标”。Da Coreggio Luciano/Walden (2011)，16 and Posner (2001)，925，根据这一点，“真正的问题在于体制方面：执法机构和法院没有足够的技术资源，行动也不够迅速，无法有效应对变化非常迅速的非常复杂的商业部门”。参见Kester (2016)，217，认为物联网标准“对物联网设备和网络的成功和扩展至关重要”。

(128) 委员会有效地将互操作性任择条款纳入了地平线2020示范协定。

(129) 委员会审查了可在相关立法中实施的两个备选方案，以促进互操作性。第一个措施可能是强制授予涵盖FRAND条款下互操作性信息的专利许可证。这一措施将增加根据标准化机构知识产权政策中已有的FRAND条款授予SEP许可证的类似义务。

作为另一种选择，欧盟委员会还评估了一项基于欧盟第114条的互操作性指令，以解决市场参与者不愿意以合理条件许可权利的情况。该提案应反映2002/19/EC指令关于电子通信网络和相关设施的接入和互连（接入指令）。其第8(2)条规定了在电信领域具有重大市场力量的企业的连接义务。另一种方法是为专利引入互操作性例外，与软件版权指令中已经存在的例外情况相呼应(cf. para.4.1.2)。

(130) European Commission Joint Research Center (2014).成员国也在赞助这一领域的倡议。例如，意大利2017—2020年工业国家计划4.0提出了旨在支持工业4.0发展的措施之一“物联网标准通信协议定义的协作”。

(131) 参见https://ec.europa.eu/digital-single-market/alliance-internet-things-innovation-aioti。

(132) 参见https://ec.europa.eu/digital-single-market/aioti-structure。

(133) 例如，2013年12月成立的AllSeen联盟，由高通、思科、松下等公司特许成立；2014年7月由英特尔、三星、戴尔成立的开放互联联盟(OIC)，随后惠普和联想加入。最近，一个名为Avanci的新许可平台被引入。它基于专利池的传统理念，旨在为一系列标准的基本无线专利提供按FRAND条款计算的统一费率许可证，目的是消除谈判多个双边许可证的需要。其他组织情况参见Kester (2016)，218。

7 结论

总之,物联网商业模式是强调为确保市场具有竞争力而设计的各种公共规则必须具有协同性的重要实例。反垄断法、知识产权法、标准化制定的公共政策和数据保护法(不包括消费者法)仅分别构成竞争政策规范体系中的个别手段。[33] 因此,在2014年EDPS的意见中为解决并购中隐私问题而设计的"整体方法"在物联网领域中可能具有更广泛的适用性,这将加强监管机构之间的密切交流,以促进经济增长、技术创新以及消费者福利。

参考文献

Abramson, B. (2008), Are "Online Markets" Real and Relevant? From the Monster-Hotjobs Merger to the Google-Doubleclick Merger, 4 Journal of Competition Law and Economics, 655 – 662.

Ahlborn, C./Evans, D. S. (2009), The Microsoft Judgment and its implications for Competition Policy Towards Dominant Firms in Europe, 75 Antitrust Law Journal, 887 – 932.

Alison, J. (2014), Standard-essential Patents: FRAND Commitments, Injunctions and the Smartphone Wars, 10 European Competition Journal, 1 – 36.

Anderman, S.D. (2001), EC Competition Law and Intellectual Property Rights: The Regulation of Innovation, Oxford University Press, 1 – 392.

Aplin, T. (2005), The ECJ elucidates the database right, 2 Intellectual Property Quarterly, 204 – 221 Balough, C.D. (2011), Privacy Implications of Smart Meters, 86 Chicago Kent Law Review, 161 – 191 Barbry, E. (2012), The Internet of Things, Legal Aspects What Will Change (Everything)…, 87 Communications and Strategies, 83 – 100.

Barker, E./Harding, I. (2012), Copyright, the ideas/expression dichotomy and harmonization: dig-ging deeper into SAS, 7 Journal of Intellectual Property Law and Practice, 673 – 679.

Brown, I. (2014), Britain's Smart Meter Programme: A Case Study in Privacy by Design, International Review of Law, 28 Computers & Technology, 172 – 184.

Carlton, D. W./Shampine, A. (2013), An Economic Interpretation of FRAND, 9 Journal of Competition Law and Economics, 531 – 552.

Cavoukian, A. (2013), Privacy by Design: Leadership, Methods, and Results, in: S. Gutwirth/R. Leenes/P. de Hert/Y. Poullet (Eds.), European Data Protection: Coming of Age, Springer, 175 – 202.

Ciani (2017), Property rights model v. contractual approach: How protecting non-personal data in cyberspace?, Diritto del Commercio Internazionale, 4, 831 – 854.

Ciani (2018), Governing Data Trade in Intelligent Environments: A Taxonomy of Possible Regulatory Regimes Between Property and Access Rights, in Chatzigiannakis, I./Tobe, Y./Novais, P./Amft, O. (Eds.), Intelligent Environments, IOS Press, 285 – 297.

Conde Gallego, B. (2006), Die Anwendung des kartellrechtlichen Missbrauchsverbots auf "uner-lässliche" Immaterialgüterrechte im Lichte der IMS Health-und Standard-Spundfass-Urteile, 55 Gewerblicher Rechtsschutz und Urheberrecht, Internationaler Teil, 16 – 28.

---

[33] Hovenkamp (2008), 104.

Cunningham, M. (2014), Next Generation Privacy: The Internet of Things, Data Exhaust, and Reforming Regulation by Risk of Harm, 2 Groningen Journal of International Law, 115–144.

Derclaye, E. (2010), Wonderful or Worrisome? The impact of the ECJ ruling in Infopaq on UK Copyright Law, 32 European Intellectual Property Review, 247–251.

Drexl, J. (2004), IMS Health and Trinko‐Antitrust placebo for consumers instead of sound eco-nomics in refusal-to-deal case, International Review of Intellectual Property and Copyright Law, 788–808.

Edwards, L. (2016), Privacy, security and data protection in smart cities: a critical EU law perspective, 2 European Data Protection Law Review, 28–58.

Ferguson, A. G. (2016), The Internet of Things and the Fourth Amendment of Effects, 104 California Law Review, 805–880.

Frank, J. S. (2015), Competition concerns in Multi-Sided Markets in Mobile Communication, in: G. Surblytè (Ed.), Competition on the Internet, 23 MPI Studies on Intellectual Property and Competition Law, Springer, 81–99.

Froomkin, M. (2000), The death of privacy, 52 Stanford Law Review, 1461–1543.

Garfinkel, S. (2000), Database nation: the death of privacy in the 21st century, O'Reilly Media, 1–388.

Geradin, D. (2009), Pricing Abuses by Essential Patent Holders in a Standard-Setting Context: A View from Europe, 76 Antitrust Law Journal, 329–357.

Geradin, D. (2017), European Union Competition Law, Intellectual Property law and Standardization, in: J. L. Contreras (Ed.), The Cambridge Handbook of Technical Standardization Law, Cambridge University Press, forthcoming.

Geradin, D./Rato, M. (2007), Can Standard-Setting Lead to Exploitative Abuse? A Dissonant View on Patent Hold-up, Royalty-Stacking and the Meaning of FRAND, 3 European Competition Law Journal, 101–161.

Ghidini, G. (1995), Prospettive "protezioniste" nel diritto industriale, Rivista di diritto industriale, 73–98.

Ghidini, G. (2006), Intellectual Property and Competition Law: The Innovation Nexus, Edward Elgar, 1–176.

Ghidini, G. (2010), Innovation, Competition and Consumer Welfare in Intellectual Property Law, Edward Elgar, 1–304.

Ghidini, G. (2015), Profili evolutivi del diritto industriale, Giuffrè, 1–487.

Ginsburg, J. C. (1994), Four Reasons and a Paradox: The Manifest Superiority of Copyright over Sui Generis Protection of Computer Software, 94 Columbia Law Review, 2559–2572.

Gordon, W. J. (1992), On Owning Information: Intellectual Property and the Restitutionary Impulse, 78 Virginia Law Review, 149–281.

Holtzman, D. (2006), Privacy lost: how technology is endangering your privacy, Jossey-Bass, 1–352.

Hovenkamp, H. (2008), Innovation and the Domain of Competition Policy, 60 Alabama Law Review, 103–131.

Howarth, D./McMahon, K. (2008), Windows has performed an illegal operation: The Court of First Instance's Judgement in Microsoft v Commission, 29 European Competition Law Review, 117–134.

Kester, R. (2016), Demystifying the Internet of Things: industry impact, standardization problems, and legal considerations, 8 Elon Law Review, 205–227.

Klitou, D. (2014), Privacy-Invading Technologies and Privacy by Design, Springer, 1–330.

Knaak, R./Kur, A./Hilty, R. (2014), Comments of the Max Planck Institute for Innovation and

Competition of 3 June 2014 on the Proposal of the European Commission for a Directive on the protection of undisclosed know-how and business information (trade secrets) against their unlawful acquisition, use and disclosure of 28 November 2013, Com (2013) 813 Final, 45 International Review of Intellectual Property and Competition Law (IIC), 953 - 967.

Koops, B.-J. (2014), On Legal Boundaries, Technologies, and Collapsing Dimensions of Privacy, 2 Politica e Società, 247 - 264.

Kühn, K.-U./Van Reenen, J. (2009), Interoperability and Market Foreclosure in the European Microsoft Case, in: B. Lyons (Ed.), Cases in European Competition Policy: The Economic Analysis, Cambridge University Press, 50 - 72.

Lee, T. B. (2014), Everything's Connected: How Tiny Computers Could Change the Way We Live, Vox (13 August 2014), available at: http://www.vox.com/2014/5/8/5590228/how-tiny-computers-could-change-the-way-we-live.

Lemley, M.A. (1995), Convergence in the Law of Software Copyright, 10 Berkeley Technology Law Journal, 1 - 34.

Leta Jones, M. (2015), Privacy without Screens & the Internet of other People's Things, 51 Idaho Law Review, 639 - 660.

Levin, A. (2007), Big and Little Brother: The Potential Erosion of Workplace Privacy in Canada, 22 Canadian Journal of Law and Society, 197 - 230.

Lim, D. (2014), Standard Essential Patents, Trolls, and the Smartphone Wars: Triangulating the End Game, 119 Penn State Law Review, 1 - 91.

Lindhorst (2011), EuGH: Grafische Benutzeroberfläche genießt keinen Urheberrechtsschutz als Computerprogramm, Gewerblicher Rechtsschutz und Urheberrecht, 61.

Maras, M.-H. (2015), Internet of Things: Security and Privacy Implications, 5 International Data Privacy Law, 99 - 104.

Mariniello, M. (2011), Fair, Reasonable and Non-Discriminatory (FRAND) Terms: A Challenge for Competition Authorities, 7 Journal of Competition Law and Economics, 523 - 541.

Marly, J. (2011), Der Urheberrechtsschutz grafischer Benutzeroberflächen von Computerprogrammen, 3 Gewerblicher Rechtsschutz und Urheberrecht, 204 - 208.

Marly, J. (2012), Der Schutzgegenstand des urheberrechtlichen Softwareschutzes, Gewerblicher Rechtsschutz und Urheberrecht, 773 - 779.

Masson, A. (2006), Creation of database or creation of data: crucial choices in the matter of data-base protection, 17 European Business Law Review, 1063 - 1073.

McDonald, A. M./Cranor, L. F. (2008), The Cost of Reading Privacy Policies, 4 Journal of Law and Policy for the Information Society, 543 - 568.

Menell, P. S. (1989), An Analysis of the Scope of copyright Protection for Application Programs, 41 Stanford Law Review, 1045 - 1104.

Menell, P. S. (2017), API Copyrightability Bleak House: Unraveling the Oracle v. Google Jurisdiction Mess, Berkeley Technology Law Journal, forthcoming, available at: http://www.law.nyu.edu/sites/default/files/upload_documents/Menell%20-%20API%20Copyrightability%20Bleak%20House.pdf.

Miller, A. R. (1993), Copyright Protection for Computer Programs, Databases, and Computer-Generated Works: Is Anything New Since CONTU?, 106 Harvard Law Review, 977 - 1073

Murphy, M.H. (2015), The Introduction of Smart Meters in Ireland: Privacy Implications and the

Role of Privacy by design, 38 Dublin University Law Journal, 191.

Nathan, N. (2014), The Costs of Lost Privacy: Consumer Harm and Rising Economic Inequality in the Age of Google, 40 William Mitchel Review, 854 – 889.

Newton, H./Moir, A./Montagnon, R. (2014), CJEU increases burden on manufacturers of games consoles to prove the unlawfulness of devices circumventing technological protection measures and that their TPMs are proportionate, 9 Journal of Intellectual Property Law and Practice, 456 – 458.

Nickless, D. (2012), Functionality of a computer program and programming language cannot be protected by copyright under the Software Directive, 7 Journal of Intellectual Property Law and Practice, 709 – 711.

Nimmer, D./Bernacchi, R. L./Frischling, G. N. (1988), A Structured Approach to Analyzing Substantial Similarity of Computer Software in Copyright Infringement Cases, 20 Arizona State Law Journal, 625 – 656.

O'Hara, K./Shadbolt, N. (2008), The spy in the coffee machine: the end of privacy as we know it, Oneworld publications, 1 – 257.

Onslow, R./Jamal, I. (2013), Copyright Infringement and Software Emulation: SAS Inc v World Programming Ltd, 35 European Intellectual Property Review, 352 – 356.

Peppet, S. R. (2014), Regulating the Internet of Things: First Steps Towards Managing Discrimination, Privacy, Security & Consent, 93 Texas Law Review, 85 – 176.

Posner, R. A. (2001), Antitrust in the New Economy, 68 Antitrust L.J., 925 – 943.

Reichman, J. H. (1989), Computer Programs as Applied Scientific Know-How: Implications of Copyright Protection for Commercialized University Research, 42 Vanderbilt Law Review, 639 – 723.

Reichman, J. H. (1993), Beyond the Historical Lines of Demarcation: Competition Law, Intellectual Property Rights, and International Trade After the GATT's Uruguay Round, 20 Brooklyn Journal of International Law, 75 – 120.

Robinson, K.W. (2015), Patent Law Challenges for the Internet of Things, 15 Wake Forest J. of Bus. and Intellectual Property Law, 654 – 670.

Rose, D. (2014), Enchanted Objects: Design, Human Desire and the Internet of Things, Scribner, New York, 1 – 277.

Samuelson, P. (2015), Three Fundamental Flaws in CAFC's Oracle v. Google Decision, 37 European Intellectual Property Review, 702 – 708.

Samuelson, P./Davis, R./Kapor, M. D./Reichman, J. H. (1994), A Manifesto Concerning the Legal Protection of Computer Programs, 94 Columbia Law Review, 2308 – 2431.

Samuelson, P./Vinje, T./Cornish, W. (2012), Does Copyright Protection Under the EU Software Directive Extend to Computer Program Behaviour, Languages and Interfaces, 34 European Intellectual Property Review, 158 – 166.

Schermer, B. (2010), Privacy and singularity: little ground for optimism?, in: Laurens M., Franken H., van den Herik J., van der Klaauw F., Zwenne G. -J. (eds.), Het binnenste buiten: Liber amicorum ter gelegenheid van het emeritaat van Prof. Dr. Schmidt AHJ, Hoogleraar Recht en Informatica te Leiden, eLaw@Leiden, 305 – 319.

Smith, L. J. (2011), Whether Copyright Protects the Graphic User Interface of a Computer Program, 17 Computer and Telecommunications Law Review, 70 – 72.

Sokol, D. D./Comerford, R. (2016), Does Antitrust Have A Role to Play in Regulating Big Data?, in:

R. D. Blair/D. D. Sokol (Eds.), Cambridge Handbook of Antitrust, Intellectual Property and High Tech, Cambridge University Press, 271-292.

Spina, A. (2014), Risk Regulation of Big Data: Has the Time Arrived for a Paradigm Shift in EU Data Protection Law?, 5 European Journal of Risk Regulation, 248-252.

Stern, S. M. (2011), Smart-Grid and the Psychology of Environmental Behaviour Change, 86 Chicago Kent Law Review, 139-160.

Surblytė, G. (2011), The Refusal to disclose Trade secrets as an Abuse of Market Dominance-Microsoft and Beyond, Stämpfli, Berne, 1-264.

Swanson, D. G./Baumol, W. J. (2005), Reasonable and Nondiscriminatory (RAND) Royalties, Standards Selection, and Control of Market Power, 73 Antitrust Law Journal, 1-58.

Terry, N. P. (2016), Will the Internet of Things Disrupt Healthcare?, 19 Vand. J. Ent. & Tech. L., 327-353.

Thierer, A. (2015), The Internet of Things and Wearable Technology Addressing Privacy and Security Concerns without Derailing Innovation, 21 Richmond Journal of Law & Technology, 1-118.

Van Rooijen, A. (2010), The Software Interface between Copyright and Competition Law: A Legal Analysis of Interoperability in Computer Programs, Kluwer Law, 1-312.

Vinje (1995), The final world on Magill, Rivista di diritto industriale, I, 239.

Weber, R. H./Weber, R. (2010), Internet of Things: Legal Perspectives, Springer, 1-135.

Weber, R. H. (2015), Internet of Things: Privacy issues revisited, 31 Computer Law & Security Review, 618-627.

Whitaker, R. (2000), The end of privacy: how total surveillance is becoming a reality, New Press, New York, 1-195.

Willborn, S. L. (2006), Consenting Employees: Workplace Privacy and the Role of Consent, 66 Louisiana Law Review, 975-1008.

其他资料来源

Almunia, J. (2010a), New Transatlantic Trends in Competition Policy, 10 June 2010, available at: http://europa.eu/rapid/press-release_SPEECH-10-305_en.htm?locale=en.

Almunia, J. (2010b), Competition policy for an open and fair digital economy, 29 October 2010, available at: http://europa.eu/rapid/press-release_SPEECH-10-610_en.htm.

Arnold, R./Hillebrand, A./Waldburger, M. (2015), Personal Data and Privacy-Final Report-Study for Ofcom, WIK-Consult.

Article 29 Working Party (2013), Opinion 03/2013 on purpose limitation, (WP 203), available at: http://ec.europa.eu/justice/data-protection/article-29/documentation/opinion-recommendation/files/2013/wp203_en.pdf.

Article 29 Working Party (2014), Opinion 8/2014 on Recent Developments on the Internet of Things, (WP 223), available at: http://ec.europa.eu/justice/data-protection/article-29/documentation/opinion-recommendation/files/2014/wp223_en.pdf.

Ashton, K. (2009), That "Internet of Things" Thing, RFID J., available at: http://www.rfidjournal.com/articles/view?4986.

Autorité de la concurrence and Bundeskartellamt (2016), Competition Law and Data, available at: http://www.autoritedelaconcurrence.fr/doc/reportcompetitionlawanddatafinal.pdf.

Berkman Center for Internet & Society (2005), Roadmap for open ICT Ecosystems, available at:

http://cyber.law.harvard.edu/publications/2005/The_Roadmap_for_Open_ICT_Ecosystems.

Bundeskartellamt (2016), Press Release: Bundeskartellamt initiates proceeding against Facebook on suspicion of having abused its market power by infringing data protection rules, 2 March 2016, available at: https://www.bundeskartellamt.de/SharedDocs/Meldung/EN/Pressemitteilungen/2016/02_03_2016_Facebook.html;jsessionid=78963AD0F7CEC84B0E7EA553D2C6C201.1_cid387?nn=3591568.

Competition Directorate-General of the European Commission (2014), Standard-essential pat-ents, Competition policy brief, 8, available at: http://ec.europa.eu/competition/publications/cpb/2014/008_en.pdf.

Da Coreggio Luciano, L./Walden, I. (2011), Ensuring competition in the clouds: the role of competition law, available at: https://papers.ssrn.com/sol3/papers.cfm?abstract_id=1840547.

Edwards, E. (2008), Stepping Up to the Plate: The Google-Doubleclick Merger and the Role of the Federal Trade Commission in Protecting Online Data Privacy, available at: http://ssrn.com/abstract=1370734.

Edwards, L./Abel, W. (2014), The Use of Privacy Icons and Standard Contract Terms for Generating Consumer Trust and Confidence in Digital Services, CREATe Working Paper 2014/15, available at: http://www.create.ac.uk/blog/2014/10/31/create-working-paper-201415-the-use-of-privacy-icons-and-standardcontract-terms-for-generating-consumer-trust-and-confidence-in-digital-services/.

Eskens, S. J. (2016), Profiling the European Citizen in the Internet of Things: How Will the General Data Protection Regulation Apply to this Form of Personal Data Processing, and How Should It?, available at: http://ssrn.com/abstract=2752010.

European Commission (1984), XIV Report on Competition Policy, available at: https://publications.europa.eu/en/publication-detail/-/publication/3c93e6fa-934b-4fb9-b927-dc9fed71ccfe.

European Commission (1992), Communication on Intellectual Property Rights and Standardization, COM/1992/445 final.

European Commission (2009), Communication on Internet of Things: an action plan for Europe, COM/2009/0278 final, available at: http://eur-lex.europa.eu/LexUriServ/LexUriServ.do?uri=COM:2009:0278:FIN:EN:PDF.

European Commission (2011), Guidelines on the applicability of Article 101 of the Treaty on the Functioning of the European Union to horizontal co-operation agreements, C: 2011: 011: TOC, available at: http://eur-lex.europa.eu/legal-content/EN/TXT/PDF/?uri=OJ:C:2011:011:FULL&from=EN.

European Commission (2012), Press Release: Digital Agenda: Commission consults on rules for wirelessly connected devices-the "Internet of Things", 12 April 2012, available at: http://europa.eu/rapid/press-release_IP-12-360_en.htm.

European Commission (2013), Analysis of measures that could lead significant mar-ket players in the ICT sector to license interoperability information, SWD(2013)209 final, available at: https://ec.europa.eu/digital-single-market/en/news/analysis-measures-could-lead-significant-market-players-ict-sector-license-interoperability.

European Commission (2014a), Communication Towards a thriving data-driven economy, COM(2014) 442 final, available at: https://ec.europa.eu/digital-single-market/en/news/communication-data-driven-economy.

European Commission (2014b), Study on Definition of a Research and Innovation Policy leveraging Cloud

Computing and IoT combination (SMART 2013/0037), available at: https://ec.europa.eu/digital-single-market/en/news/definition-research-and-innovation-policy-leveraging-cloud-computing-and-iot-combination.

European Commission Joint Research Center (2014), How will standards facilitate new production systems in the context of EU innovation and competitiveness in 2025?, available at: https://ec.europa.eu/jrc/sites/jrcsh/files/jrc-foresight-study-web_en.pdf.

European Data Protection Supervisor (2014), Privacy and competitiveness in the age of big data: The interplay between data protection, competition law and consumer protection in the Digital Economy, available at: https://secure.edps.europa.eu/EDPSWEB/webdav/shared/Documents/Consultation/Opinions/2014/14-03-26_competitition_law_big_data_EN.pdf.

European Data Protection Supervisor (2016), The coherent enforcement of fundamen-tal rights in the age of big data, EDPS/2016/15, available at: https://secure.edps.europa.eu/EDPSWEB/webdav/site/mySite/shared/Documents/EDPS/PressNews/Press/2016/EDPS-2016-15-Press_Statement_Coherent_Enforcement_EN.pdf.

FTC (2015), Report on Internet of Things: Privacy and Security in a Connected World, available at: https://www.ftc.gov/system/files/documents/reports/federal-trade-commission-staff-report-november-2013workshop-entitled-internet-things-privacy/150127iotrpt.pdf.

Gasser, U. (2015), Interoperability in the Digital Ecosystem, Berkman Center Research Publication No. 2015-13, available at: https://dash.harvard.edu/handle/1/28552584.

Gasser, U./Palfrey, J. (2007), Breaking down digital barriers. When and How ICT Interoperability Drives Innovation, Berkman Publication Series, available at: http://ssrn.com/abstract=1033226.

Geradin, D./Kuschewsky, M. (2013), Competition Law and Personal Data: Preliminary Thoughts on a Complex Issue, available at: https://ssrn.com/abstract=2216088.

Kominers, P. (2012), Interoperability Case Study, Internet of Things (IoT), The Berkman Center for Internet & Society Research, available at: https://papers.ssrn.com/sol3/papers.cfm?abstract_id=2046984.

Lambrecht, A./Tucker, C. E. (2015), Can Big Data Protect a Firm from Competition, in: A. Ortiz (Ed.), Internet Competition and regulation of Online Platforms, 155-166, available at: https://www.competitionpolicyinternational.com/wp-content/uploads/2016/05/INTERNET-COMPETITION-LIBRO.pdf.

Larouche, P. (2008), The European Microsoft Case at the crossroads of competition policy and innovation, TILEC discussion Paper, available at: http://socrates.berkeley.edu/~scotch/DigitalAntitrust/Larouche.pdf.

Lerner, A. V. (2014), The Role of "Big Data" in Online Platform Competition, available at: https://ssrn.com/abstract=2482780.

Lexinnova (2014), Internet of Things, Patent Landscape Analysis, available at: http://www.wipo.int/export/sites/www/patentscope/en/programs/patent_landscapes/documents/internet_of_things.pdf.

Manning, C. (2016), Challenges Posed by Big Data to European Data Protection Law, available at: http://ssrn.com/abstract=2728624.

McKinsey Global Institute (2011), Big data: The next frontier for innovation, competition, and productivity, available at: http://www.mckinsey.com/business-functions/business-technology/our-insights/big-data-the-next-frontier-for-innovation.

McKinsey Global Institute (2015), The Internet of Things: Mapping the Value Beyond the Hype, available at: http://www.mckinsey.com/insights/business_technology/the_internet_of_things_the_value_of_digitizing_the_physical_world.

Noto La Diega, G./Walden, I. (2016), Contracting for the "Internet of Things": Looking into the Nest, 7 European Journal of Law and Technology, available at: http://ejlt.org/article/view/450.

OECD (2013), Exploring the Economics of Personal Data: a survey of methodologies for measur-ing monetary value, OECD Digital Economy Papers, No. 220, OECD Publishing, Paris, available at: https://doi.org/10.1787/5k486qtxldmq-en.

Porter, M. E./Heppelmann, J. E. (2014), How Smart, Connected Products Are Transforming Competition, Harvard Business Review, available at: https://hbr.org/2014/11/how-smart-connected-products-are-transforming-competition.

Samuelson, P. (2015), Functionality and Expression in Computer Programs: Refining the Tests for Software Copyright Infringement, UC Berkeley Public Law Research Paper No. 2667740, available at: https://ssrn.com/abstract=2667740.

See Hahn, R. W./Singer, H. J. (2008), An Antitrust Analysis of Google's Proposed Acquisition of DoubleClick, AEI-Brookings Joint Center Related Publication No. 07-24, available at: https://ssrn.com/abstract=1016189.

Spence, W. C. (2016), Fitbit alleges patent infringement in growing market for fitness tracking devices, IP Watchdog, available at: http://www.ipwatchdog.com/2016/01/06/fitbit-alleges-patent-infringement-fitness-tracking-devices/id=64310/.

Urquhart, L./Rodden, T. (2016), A Legal Turn in Human Computer Interaction? Towards "Regulation by Design" for the Internet of Things, available at: http://ssrn.com/abstract=2746467.

Zingales, N. (2015), Of Coffee Pods, Videogames, and Missed Interoperability: Reflections for EU Governance of the Internet of Things, TILEC Discussion Paper No. 2015-026, available at: https://ssrn.com/abstract=2707570.

第三部分

个人数据、民法、消费者保护

以民法的规范视角和原则看数字数据的所有权

Lennart Chrobak[*]

朱学峰[**] 译

摘要: 由于其在数字和模拟商业模式中具有极为重要的价值,以个人数据为表现形式的信息被认为是21世纪的"新石油"。然而,数字数据不仅可以构成重要的经济投入因素,还会影响法律科学和法理学。因此,本文以数字社会的持续发展为契机,从民法的不同领域研究(个人)数据,并讨论未来可能的法律和技术解决方案。

1 引言

因其自身的巨大价值,信息被吹捧为数字时代的"新货币"或"新石油"。因此,毫无疑问的是,在过去的30年中,以数字数据为表现形式的信息已经成为互联网业务最重要的经济投入因素之一。不仅仅是搜索引擎、社交网络、在线经销商,甚至是保险公司和其他"模拟"服务提供商,为了提升服务水平以及开发具有创新性和个性化的产品,都在试图收集、存储并分析自然人和法人的数据。颠覆性的信息和通信技术(ICT),例如大数据分析,已经被证明是此过程的驱动力之一。

为了全面、科学地评估信息和(个人)数据,有必要明确定义并厘清研究对象。据此,我们首先要从不同的学科视角来探究信息和(个人)数据的质量和影响。信息和(个人)数据的相关性并不仅仅作用于经济领域,也逐渐成了重要的法律投入因素。但是从法理学和法律研究的角度来看,信息和(个人)数据的法律分类到目前为止似乎仍不确定。此外,当今社会既定的法律秩序(现有模式)能否跟上迅速发展的技术革新,以及应对其他与数字数据相关的挑战是一个原则性问题。

本文以数字社会的持续发展为契机,从民法的不同领域对信息和数字数据的构成条件和法律分类进行详细分析。从概念上讲,生前(inter vivos)法律关系和死亡(post mortem)法律关系对于信息和数字数据的影响是不同的。因此,第一步中,在厘清民法中绝对权利和相对权利之间的界限之后,特别参考了财产法、知识产权法和债法领域的相关

---

[*] Lennart Chrobak,瑞士苏黎世大学彼得·乔治·皮希特教授的博士后研究助理。
[**] 朱学峰,法学硕士,北京浩天(上海)律师事务所。

概念。第二步中，着重描述了"数字遗产"的法律含义。在这些发现的基础之上展望未来，本文试图提出针对现有问题的可能对策，不仅考虑到新的法律途径，如"虚拟财产"或"数据可携带性"，还考虑了创新的技术解决方案，如区块链技术。

2 信息：理论基础

2.1 信息和数据分类

"信息"是一个非常宽泛、模糊，且不能被轻易理解或精确描述的概念。① 信息作为人际交往的前提和结果，至少从现存智能产品的意义上来说，可在（数字）社会中实现各种功能。② 为了克服其抽象特征并确保其交易能力，信息往往通过字符或符号来表示，这些字符或符号形成可以被其他人"解密"的代码。③ 在这种背景下，数据能被描述为可以通过 ICT 获取的信息的一种特殊容器或者表现形式。④ 类似于信息，数据并不是一个独立的客体，而应被视为一个集合术语，它包含了需要进行更详细分析的不同种类的数据。⑤ 首先，要在概念上区分数字数据和模拟数据。数字数据一词指的是由数字字符 0 和 1 表示的电子或磁信号，这些数字字符最终构成了连续的位元和字节序列。⑥ 模拟数据不仅是以非黑即白的方式区分 0 和 1，而且可以逐渐调整，也可以参考任何中间值。⑦ 其次，根据所述数字数据的存储位置划分，有必要区分保存在物理介质（例如 U 盘、硬盘驱动器或光盘）的本地存储数据和通常放置在虚拟云结构中的在线数据。⑧ 在这方面，必须在概念上将无形数据与有形载体分开。⑨ 为了完整性，需要考虑"元数据"，即关于用户数据的数据，以及"派生数据"，即通过对用户数据或"元数据"分析生成的数据。⑩

受数据保护法律框架约束的个人数据包括所有类型的（数字）数据，这些数据的特点是直接或间接地指向已识别或至少可识别的自然人或法人。⑪ 相反，如果缺少个人数据，我们会参考事实数据。目前的研究主要关注本地存储或保存在云端的数字数据的含义，而不仅限于个人数据。信息和通信技术还可以处理不在数据保护立法规定范围的数据。

---

① Weber（2003），20；对信息的不同概念见 Zech（2012），14 et seq.；Lessig（2001），23，将信息描述为通信系统中的"内容层"。
② Cf. Zech（2012），14，将信息定义为"与不确定性相反的内容"。v. Weizäcker（1971），51，认为信息是与物质和意识相对的第三种自主类别。
③ Zech（2012），24 et seq.
④ Cf. Eckert（2016a），246；Hess-Odoni（2004），1；Lessig（2001），23，111，该书中描述为代码层。
⑤ Cf. also Hürlimann/Zech（2016），90；Hess-Odoni（2004），1.
⑥ Weber/Chrobak（2015），6；Eckert（2016a），246 et seq.
⑦ Weber/Chrobak（2015），6.
⑧ 在这种在线数据的背景下，必须注意到，尽管数据被上传到虚拟云结构中，但它们最终会被存储在各在线服务提供商的一个或多个物理数据服务器上。
⑨ Lessig（2001），23，该书中描述有形载体为物理层。
⑩ Reed（2015），148.
⑪ 1Cf. e.g. Article 3 (a) Federal Act on Data Protection (FADP)；Eckert（2016a），247；Hürlimann/Zech（2016），90 et seq.

2.2 数据对经济的影响

信息和数据在网络世界中的经济相关性是毋庸置疑的。有些人甚至称信息为"21世纪的石油"。[12] 客观地看,信息和数据是电子和模拟业务的重要经济资源和投入因素。在线服务商(OSPs)全部或部分的服务是以实用性和商业化的数据为基础完成的。[13] 除了在线服务提供商(OSPs),例如在线网络(Facebook、Twitter 等)、搜索引擎(Google)或电子商务平台,还有虚拟服务提供商,如保险、医疗保健[14]或金融服务行业,以及科学研究领域,都可以作为数据支撑自身服务的例子。[15]

因此,创新技术和新的数据处理技术被证明是新商业模式的驱动力之一。[16] 在这种背景下,大数据分析的现象引起了人们的特别兴趣。大数据分析可以高速自动收集、存储和分析各种来源的大量非结构化数据。一方面,大数据分析优化 OSPs(在线服务提供商)的业务流程并提供个性化的产品和服务。[17] 另一方面,它可以得出关于未来消费者可能的偏好和经济发展趋势的结论。

2.3 数据对法律的影响

信息和数据各自的法律资格,以及随之而来的信息与数据的法定分配(是特定主体还是公众),不仅引出了哲学的基本问题,也给原有大陆法系法域的法律思维模式和教义方法带来了挑战。[18] 但是,无论是各国颁布的法案、法令,还是国际法的渊源,都没有直接明确回答谁有权获得以数字字符表示的物化电磁信号形式的数字数据的问题,以及以何种形式享有权利。[19]

首先,应审视信息与法律之间的一般关系。从概念上讲,与信息相关联的法律可以同时位于较高和较低的级别。一方面,信息是制定一般行为准则的法律规范的对象。[20] 另一方面,法律本身可以被视为上述意义上的信息。由于法律和信息这两个独立类别之间的复杂功能依赖关系,信息是否可以成为构成信息本身的法律规范的主题是值得怀疑的。但是,由于信息必须被视为一种自我参照,即这一信息可能是另一信息的主体,因此没有理由认为"一般"信息不能作为"特殊"信息的法律规范的主题。[21]

迄今为止,与数据有关的法律分析主要集中在基础性权利领域,特别是信息自决权、

---

[12] Wiebe (2016), 877; critical Hürlimann/Zech (2016), 90.
[13] Monopolkommission (2015), 48.
[14] 在电子健康数据方面,可以参考新兴的健康银行事业,它旨在提供一个"公民所有的健康数据交换平台"。见 https://www.healthbank.coop。
[15] Monopolkommission (2015), 49 et seq.
[16] Weber/Chrobak (2016a), 3 et seq.; Monopolkommission (2015), 50 et seq.
[17] Monopolkommission (2015), 48; Eckert (2016a), 245.
[18] Weber/Chrobak (2016b), 5.
[19] Weber/Chrobak (2016b), 5.
[20] Druey (1995), 29, 32.
[21] Druey (1995), 32.

被遗忘权,[22]以及与数据保护立法有关的问题。就法律保护而言,排在首位且最重要的是赋予了个人针对国家妨害的抗辩权,也在一定程度上赋予了针对个人妨害的抗辩权。[23]

但是,从科学的观点来看,数据的法律含义并不局限于抗辩权,尤其是民法不同领域中的"积极的"法律保护。以排他性权利或相对权[24]的方式向自然人或法人转让有形物和无形物的问题应当在关于信息和数据的一般性讨论中更多出现(在此背景下再讨论物化的问题)。

3　民法不同领域(个人)数据的法律处理

上述意义上的法律转让可以在民法的不同领域进行。从结构上来看,对生前和死后的法律情况作一个一般性的区分似乎是适当的。首先,在大陆法系法域区分绝对权和相对权的基础上,再依据财产法、知识产权法和债法审查数据的法律转让。其次,根据继承法审查"数字遗产"的法律含义。

3.1　生前法

3.1.1　财产法

行为经济学的研究结果支持这样的结论:个人倾向于将价值增加归因于他们认为属于自己的物品,而不是其他人拥有的物品。[25] 这种现象,通常被称为"禀赋效应",不仅适用于有形物体,如动产和不动产,也可以适用于无形物体,如思想、知识产权或数字数据。[26] 如果个人为获取附加价值而付出了时间或资本等成本,则这种效应甚至可以得到加强。[27] 作为一个合乎逻辑的结果,每个人都将寻求在数据上取得排他的法律地位。[28]

一般而言,在大陆法系法域内,法律标的物转让给特定的法律主体是根据国家的财产法规则进行的。[29] 由于所有权具有排他性和对世性,当事人只能参照法律规定的财产权的种类和内容(物权法定原则)。[30] 此外,根据公开透明原则,物权必须指向一个确切的客体(特定性),并且必须能为第三方承认(公示性)。[31]

在诸如瑞士[32]、德国[33]或奥地利[34]等大陆法系法域中,[35]物权如所有权,是最广泛的财

---

[22] Cf. ECJ, Google v Spain, C‑131/12, ECLI:EU:C:2014:317.
[23] Cf. Briner (2015), 7.
[24] Cf. Zech (2012), 63, 在这种情况下谈到具体化。
[25] Reed (2015), 139; Lastowka/Hunter (2004), 36.
[26] Reed (2015), 140; Lastowka/Hunter (2004), 36.
[27] Druey (1995), 99; Reed (2015), 139 et seq.
[28] Cf. Weber/Chrobak (2016b), 6; cf. also Hürlimann/Zech (2016), 92.
[29] Cf. Wiegand (2015), Vor Article 641 et seq. N 5.由于 TFEU 第 345 条禁止欧洲联盟损害成员国管理财产所有权制度的规则,到目前为止欧盟未通过二次立法协调国家财产法。Cf. Akkermans/Ramaekers (2010), 292.
[30] Van Erp/Akkermans (2012), 65, 67 et seq.在德国法律原则中,随后对类型强制和类型固定原则进行了区分。
[31] Van Erp/Akkermans (2012), 75 et seq.
[32] Van Erp/Akkermans (2012), 213.
[33] Cf. Article 641 ZGB.
[34] Cf. § 903 BGB.
[35] Cf. § 354 ABGB.

产权,能否就特定的法律对象有效地确立物权,取决于有关国家财产法的各自条件。在这方面,根据《瑞士民典》第641(1)条的措辞,瑞士私法以"物"的存在为前提。在缺乏法律定义或例证的情况下,㊱该术语已被法律理论证实,根据该条,只有"人类可控的非人身,有形和自主的客体"才可以是所有权的客体。㊲ 按照功能定义,一个物体是否被归入"物"的概念还取决于公众的看法。㊳ 因为数字数据仅包含物化的电磁信号,但是它们是否符合"物质性"的要求尚且值得怀疑,这是定义"物"的关键要素。㊴

在比较瑞士与周边大陆体系国家的法律状况时,似乎有一些格格不入。尽管德国财产法的规则以类似的方式规定,根据《德国民法典》第90条的规定,"只有有形的物品才是法律所定义的事物",相反,奥地利的法律框架却坚持奥地利民法典第353条所述的广泛的物的概念,声明"有形物和无形物"可以成为所有权的对象。㊵ 尽管有这一宽泛的定义,只有有形物才能被奥地利所有权规则完全涵盖。㊶

根据这些调查结果,瑞士财产法原则规定的上述标准现在将适用于不同类型的数字数据。㊷ 关于保存在私人有形数据载体(例如 USB 棒或硬盘)上的本地存储数据,显然只有存储设备满足实体性,才会分别受《瑞士民法典》第641(1)条和第713条的财产法制度制约;㊸如果拥有数字数据,只是间接地享有数据所有权的专有权而已。㊹ 然而,与数据载体相关的所有权是否可以简单地扩展到本地存储的数据,似乎是一个令人怀疑的问题。由于这种"衍生"所有权的排他性权利仅限于存储介质,并且对第三方不具有普遍效力,个人将以暂时控制的方式获得对介质上数据的占有,而不是有效的所有权。㊺ 相反,对数据载体的控制并不一定意味着拥有者也有权获得本地存储的数据。

相反,如果数字数据已作为在线数据上传到云结构,其效果是存储在各个在线服务提供商的数据服务器上,则无形数据既不直接也不间接受制于用户的个人财产权利。然而,由于私人终端用户设备和在线服务提供商们的云服务器之间的数据同步日益增加,大多数数字数据(或其副本)同时位于各种存储介质上,因此,对个人或第三方的法律领域进行明确分配并不容易。此外,如果采用所谓的大数据分析,分离不同的法律领域将变得更加复杂,因为构成分析基础的元数据是由终端用户生成的,而衍生数据是由在线服务提供商或其他第三方提供。㊻

尽管上述关于将数字数据归类为瑞士财产法意义上的物的阐述符合法律学说和文献

㊱ Eckert (2016a), 247.
㊲ Meier-Hayoz (1981), Vor Article 641 N 115; Hürlimann/Zech (2016), 91; Hess-Odoni (2004), 2.
㊳ Wiegand (2015), Vor Article 641 et seq. N 6.
㊴ Wiegand (2015), Vor Article 641 N 5; Briner (2015), 6; Hürlimann/Zech (2016), 92.
㊵ Briner (2015), 8; Kletečka/Koziol/Weber (2014), 103.
㊶ Kietaibl (2011) in: Fenyves/Kerschner/Vonkilch/Klang, § 354 N 1, 4; Kletečka/Koziol/Weber (2014), 103.
㊷ Cf. para.2.1.
㊸ Hess-Odoni (2004), 2.
㊹ Cf. Briner (2015), 6; Hess-Odoni (2004), 2; Reed (2010), 1.
㊺ Weber/Chrobak (2015), 5.
㊻ Cf. Wiebe (2016), 878 et seq.

中的主流观点,但仍可以发现有偏差的观点。一些作者,例如埃克特(Eckert),[47]认为无形的数据应被视为所谓的"数字化的物",[48]因为它们满足了瑞士财产法规定的可控性和物质性要求。[49] 参考《瑞士民法典》第713条法规规定,该条规定可供人类控制的自然力受制于所有权,他进一步怀疑是否必须从严格意义上解释物质性的条件,并呼吁对包括数字数据在内的物的概念进行扩展的目的论解释。[50]

虽然乍一看,埃克特提出的解释性方法可能令人信服,因为它参考了公认的财产法制度,并且据称通过《瑞士民法典》第713条的立法修正案得以简单实施,[51]但由于接下来阐述的与之不同的理由,它不得不被否决。[52] 由于数字数据的非竞争性、无形性和普遍性,建立对数字数据的所有权的尝试在上述两个财产法基本原则方面产生了问题。[53]

一方面,考虑到特定性原则,就数字数据而言,所有权的确切覆盖对象并不明确。[54] 一个主要问题是,几乎不可能区分数字数据和数字内容的"原始"和"复制"。[55] 例如,在所有权转让的情况下,受让人可能获得数字数据副本,而转让人仍对原始版本拥有"控制权"。因此,在行使这些所有权时,不可避免地会发生有关此类数字数据"特性"的复杂法律纠纷。

另一方面,是否符合公示原则值得怀疑,因为数字数据的物权至少在目前无法通过占有或登记为第三方进行有效识别。[56] 总之,目前的财产法体系不适合保障个人对数字数据的控制。

一种替代方法是在数字数据领域中创建一种新的所谓"虚拟财产权",[57]这将在下文更详细地讨论。[58] 至少在大陆法系,在物权中创造新权利的权力主要是由民主立法机关保留,[59]抛除这一事实不谈,虚拟财产权的实施可能有悖于物权法定原则的严格解释,特别是在德国。

3.1.2 知识产权法

在结构上与之前所讨论的物权概念相比较,知识产权法可以在满足必要的保护需求的情况下,将无形商品的绝对和排他性权利授予特定法人。[60] 对于数字数据的法律分配,

---

[47] Eckert (2016a), 247 et seq.
[48] Eckert (2016a), 246 et seq.; Eckert (2016b), 265.
[49] Critical Hürlimann/Zech (2016), 91 et seq.
[50] Eckert (2016a), 248;不同观点见 Nänni (2009), 133 et seq.; see also Kälin (2002), 48, 122,瑞士民法第713条意义上的自然力量不被视为物,但财产法的规则类推适用于它们; Hess-Odoni (2004), 6; cf. also Weber/Chrobak (2015), 23。
[51] Eckert (2016a), 249; Eckert (2016b), 273; dissenting opinion Hess-Odoni (2004), 6.
[52] 相同观点见 Hürlimann/Zech (2016), 92。
[53] Cf. para.3.1.1 at the beginning.
[54] Cf. also Wiebe (2016), 883.
[55] Merges (2008), 1247 et seq.
[56] Druey (1995), 104 et seq.; cf. Van Erp/Akkermans (2012), 87; Wiebe (2016), 881;不同观点见 Eckert (2016b), 265 et seq.。
[57] Cf. para.4.
[58] 概述观点援引自 Fairfield (2005), 1047 et seq.。
[59] Van Erp/Akkermans (2012), 67.
[60] Troller (2005), 16.

主要重点不在于工业产权,而是版权法和数据库权。[61] 此外,必须考虑知识保护(专门知识)领域。

首先,数字数据可被视为《瑞士版权法》(CopA)第2条第1款所指的作品,并在其具有一定程度的原创性和个人特征的条件下受版权法约束。[62]这里必须对计算机辅助作品和计算机生成作品进行一般区分,因为只有前者受版权法保护,而后者不受版权法保护。[63] 因此,如果涉及《瑞士版权法》第2条第1款中的"创造性",数字数据,如图片、音乐或视频,以及整个博客或网站,都有资格获得版权法的保护。[64] 在这种情况下,所讨论的数据是本地存储还是位于第三方的服务器上与此无关。

此外,在数字数据的背景下,计算机程序作为一种特殊的软件,必须加以考虑。[65] 根据《瑞士版权法》第2条第3款,计算机程序,特别是在线角色扮演游戏或虚拟环境,同样符合版权法意义上的作品。[66] 在计算机程序和版权法保护对象方面,有必要进行区分。《瑞士版权法》第2条第3款仅涵盖承载程序指令并构成此类环境基础的数字数据;除非另有规定,由用户创建的所有其他类型的数字资产,例如有价值的头像或虚拟土地和动产,作为《瑞士版权法》第2条第2款意义上的视听作品受到保护。总而言之,版权法仅选择性地将数字数据的知识产权授予生成该数字数据的终端用户。[67]

其次,数据库的法律框架,从系统收集独立作品、数据或其他材料[68]的意义上来说,可能会对数字数据的法律分配有意义。然而,与欧盟通过第96/6/EC号指令[69]第7(1)条引入保护数据库的特殊权利相比,《瑞士版权法》没有对数据库进行特别保护。[70] 如果满足《瑞士版权法》第4条第2款的条件,结构化收集的数据可被视为集成的作品。[71]

最后,在目前的背景下,专有技术作为制造和商业秘密的一种特殊表现形式,[72]在瑞士主要受到《不正当竞争法》(UCA)第4(c)条和第6条的保护,[73]这也激发了人们的兴趣。[74] 这里的"专有技术"一词是指尚未受到知识产权法保护、可用于商业目的的秘密信息和公共信息,例如生产货物或提供服务。[75] 一方面,专有技术可能具有物质性的表现形

---

[61] Cf. Reed (2015), 141; Hürlimann/Zech (2016), 91.
[62] Troller (2005), 129, 131; Cherpillod (2012), Article 2 CopA N 10; Hürlimann/Zech (2016), 91;有关英美法系规则见 Reed (2010), 10.
[63] Weber/Chrobak (2015), 6 et seq.
[64] Cf. Eckert (2016b), 273; Hürlimann/Zech (2016), 91; Wiebe (2016), 879.
[65] Troller (2005), 22 et seq., 153; Weber/Chrobak (2015), 7.
[66] Cherpillod (2012), Article 2 CopA N 65.
[67] Weber/Chrobak (2015), 8; cf. Reed (2015), 142.
[68] Cf. Article 1(2) Directive 96/6/EC.
[69] Wiebe (2016), 879.
[70] Reed (2015), 142; Weber/Chrobak (2016b), 11; Hürlimann/Zech (2016), 92.
[71] Weber/Chrobak (2016b), 11.
[72] Cf. Wiebe (2016), 879 et seq.
[73] Cf. also Article 162 Swiss Criminal Code; Mathys (2008), 92 et seq.; Druey (1995), 374; cf. Eckert (2016a), 245 Fn. 5.
[74] Cf. also Article 39(2) TRIPS; cf. Reed (2015), 143 et seq.
[75] Schlosser (1998), 269 et seq.; Ann (2010), in: Ann/Loschelder/Grosch, 5; Dorner (2013), 11 et seq., 24; Druey (1995), 366 et seq.

式,例如技术报告、公式和工程计划,以及资产负债表,客户和供应商的数据库或其他业务信息。[76] 另一方面,由于专有技术的物质性表现形式可以通过非物质性的数据对等地表达出来,[77]因此在目前的目的下,专有技术可以被视为数字数据的一种特殊子类型。[78] 然而,由于瑞士现行法律框架的范围有限,仅对具有商业价值的秘密信息适用,在许多情况下,对于作为专有技术的数字数据,没有有效的法律保护。[79]

3.1.3 债法

如果数字数据不受具有排他性法律地位的财产法或知识产权法的约束,将可以根据债法对数字数据进行约束,这是一种法律违约机制。合同法仅赋予相对权利,即合同产生的法律效力仅限于合同当事方,并不具有普遍效力。[80] 因此,合同法非常适合履行这些分配任务,因为它既适用于有形物也适用于无形物,包括无形的数据。[81]

从理论上讲,当事方能够按照合同自由的一般原则自由地协商个人对数字数据的权利。然而,在实践中,权利和义务的分配主要受预先制定的合同条款约束,[82]这些条款是由在线服务提供商强加给用户的,在线服务提供商通常具有更有利的谈判地位。[83] 因此,用户有权对其数据享有的权利程度取决于相应在线服务提供商采用的方法。[84]

尽管一些在线服务提供商(至少据称)向平台用户授予了广泛的权利,或是无视"信息所有权"的问题,[85]其他在线服务提供商或多或少地保留了广泛使用用户产生的所有或特定数字数据的权利。[86] 因此,此类"许可证"可以指代可能受知识产权约束或可能不受知识产权约束的数字用户数据。[87] 在这方面要提到的一个比较恰当的例子是 Dropbox,[88]它仅使用一个受限制的"许可证",允许提供服务所必需的数据的使用。相比之下,Google[89]需要更广泛的许可,使其不仅可以利用其用户的数字内容来运营和改善其现有服务,还可以开发新的服务。[90] 更为全面的是 Facebook 采用的所谓的 IP 许可证,[91]因为它几乎允许任何形式的用户数据使用。[92]

---

[76] Dorner (2013),44; slightly deviating Schlosser (1998),270.
[77] Cf. Dorner (2013),45,该文作者认为电子数据处理是技术的无形表现之一(未知形式)。
[78] Cf. Wiebe (2016),880.
[79] 德国和欧盟相关法律状况可见 Mathys (2008),95; cf. Dorner (2013),146 et seq.,163 et seq. and Wiebe (2016),880.
[80] Cf. Dorner (2013),117.
[81] Cf. Hess-Odoni (2004),3.
[82] 实践中通常称为"条款和条件"或"最终用户许可协议"。
[83] Reed (2015),151; Szulewski (2015),3 et seq.
[84] Reed (2015),151; cf. also Szulewski (2015),7 et seq.
[85] Reed (2015),143 with further examples; Brucker-Kley/Keller/Kurtz/Pärli/Schweizer/Studer (2013),14 et seq.; Weber/Chrobak (2015),10.
[86] Fairfield (2005),1082; Lastowka/Hunter (2004),50; Weber/Chrobak (2015),10.
[87] Reed (2015),143,151 et seq.如果知识产权或专有知识是与 OSP 签订的合同的标的物,则可以用绝对权利和相对权利区分开来。Dorner (2013),83 et seq. 更多证据见 Schlosser (1998),270 et seq.。
[88] Cf. Dropbox "Terms of Service", available at: https://www.dropbox.com/privacy#terms.
[89] Cf. Google "Terms of Service", available at: https://www.google.com/policies/terms/.
[90] Reed (2015),151 et seq.
[91] Cf. Facebook "Terms of service", available at: https://www.facebook.com/terms.
[92] Reed (2015),152.

根据对上述不同实例的分析，目前的法律状况不能认为是令人满意的。(93) 用户对其数字数据的权利差异很大，并且主要取决于各在线服务提供商合同条款的内容。而这些条款往往不平等且不明确。

3.2 死后法

数字数据的法律分配不仅是一个生者之间的问题。越来越多的人关注自然人的"数字财产"(94)在继承法方面的法律处理。(95) 如果我去世了，我宝贵的《魔兽世界》头像或《第二人生》中的财产会发生什么？谁有权阅读我的 Facebook 消息？我的 Instagram 图片、YouTube 视频或比特币是否会立即转移给我的继承人，还是需要我自己采取预备措施？(96) 这些问题下面将会详细讨论。

根据《瑞士民法典》第 560(1)条的一般规则，在死者去世时，遗产将全部依法归属继承人所有。(97) 例如，《瑞士民法典》第 560(2)条进一步规定，不仅债权、所有权、定限物权和占有权，而且死者的个人债务也自动转移给继承人。数字数据是否符合《瑞士民法典》第 560(1)条意义上的"遗产"，目前还没有全面确定。(98) 在这方面，必须特别注意的是：继承下去的不是财产客体，而是死者与其相关的法定权利。(99) 在此基础之上，生前和死后的法律状况之间的紧密联系显而易见：只要死者的合法权利不够明确，就很难对继承人获得数字遗产作出准确描述。(100)

与上述观察结果类似，(101)必须区分构成数字财产的三种不同类型的数字数据。由于在本地存储数据的情况下，数据载体直接受到《瑞士民法典》第 560(2)条所述的所有权的影响，因此继承人对数字数据获得源自并限于存储介质的数字数据的间接"所有权"。因此，从一开始就不排除数字数据相互竞争的权利。(102) 但是，实践证明数字数据与数据载体分别继承不可行。举个例子，我们可以想象一个可穿戴设备，如智能手表，被死者的近亲继承，而存储在智能手表上的数字数据(健康数据)由一个科学机构继承，用于研究目的。

就在线数据而言，法律情况因知识产权法是否适用而有所不同。根据《瑞士版权法》第 2(1)条规定，在有关数字资产(例如虚拟头像或创造性的数字、照片和视频)显示一定程度的创造性和个人特征的前提下，除非另有约定，死者对数字数据的版权可根据《瑞士

(93) 相关结果见 Reed (2015)，152。
(94) 对相关词语的可能定义之一，援引自 Deutscher Anwaltverein (2013)，93。
(95) 概述见 Weber/Chrobak (2015)，1 et seq. and Künzle (2015)，39 et seq.；德国相关法律情况见 Herzog (2013)，3745 et seq.。
(96) 更多有关数字遗产问题见 Künzle (2015)，48 et seq.，Szulewski (2015)，14 et seq. and Weber/Chrobak (2015)，17 et seq.。
(97) 追溯到 1922 年的 BGB，在德国继承法中，普遍继承原则同样适用。根据 ABGB 第 797 条，奥地利继承人通过权利下转继承死者的法律地位。
(98) 肯定性观点参见 Künzle (2015)，39 et seq.；德国的规定参见 Scherrer (2014)，§1 N30 and Deutscher Anwaltverein (2013)，5。
(99) Herzog (2013)，3747；cf. also Breitschmid/Eitel/Fankhauser/Geiser/Rumo-Jungo (2012)，185.
(100) Cf. Weber/Chrobak (2015)，13.
(101) Cf. para.3.1.1.
(102) Cf. Weber/Chrobak (2015)，13.例如，在同步过程中，可以在外部云服务器上生成相关数据的相同副本。

版权法》第16(1)规定给其继承人继承。[103] 如果有关的在线数据既不间接也不直接受到财产法或知识产权法的管辖,债法则决定数据的可继承性。根据《瑞士民法典》第560(2)条,除非另有协议,否则死者的债权将移交给继承人。因此,在线数据的继承,例如与在线账户相关的数据继承,间接地源于作为合法继承人的继承人能够继续死者与在线服务提供商们的合同关系。[104]

尽管许多服务条款都采取了限制性措施,使在线服务提供商与死者之间的合同无法被继承,[105]但主要在线服务提供商在数字财产的积极自律举措是可以确定的。[106] 为了为逝者数字数据的死后管理提供一个全面的工具,Google 推出了一个所谓的非活动账户管理器,该账户管理器可在第一步中确定谁应该获得访问用户 Google 账户的权限;在第二步要决定应该提供哪些信息和数据。[107] 与之类似的是,Facebook 允许确定所谓的"纪念账号代理人",即受信任的人,例如家庭成员或密友,如果账户所有者将来发生什么事情,他将被要求处理该 Facebook 账户。[108] 然而,纪念账号代理人的权利受到限制,除此之外,他或她不能访问账户、阅读消息或更改帖子。[109]

与此同时,至少就德国而言,判例已经创造了一定程度的法律确定性。柏林地方法院发布了关于数字遗产的第一份判决,认定线上合同里的所有权利,例如本案中与Facebook 签订的合同,根据《德国民法典》第1922条的规定完全可以继承,并且授予继承人访问这些数据的权限也符合数据保护法。[110] 但是,从全欧洲的角度来看,还应考虑采取与美国颁布的《数字资产信托存取法》相当的立法措施。[111]

4 小结与展望

数据的法定转让对特定法律主体而言是一个反复出现的重要议题,对于上文所述的民法不同领域而言都至关重要。回答这个主要问题构成了处理后续数据相关问题的基础,例如生前和死后数据的交易或转移。

上述分析的民法领域对数字数据的处理方式有所不同。由于法律原则对财产法的基本原则做了严格解释,例如物权法定原则、特定性原则或公示原则以及知识产权法对保护的要求。数字数据在大多数情况下受债法的约束。然而,由于谈判能力的不平衡,在线服务提供商们可以单方面调整一般条款和条件以使其自身受益。上述实例说明了缔约方之

---

[103] Weber/Chrobak (2015), 14 et seq.
[104] Weber/Chrobak (2015), 15; cf. Szulewski (2015), 5.
[105] Cf. Szulewski (2015), 12 et seq.有关雅虎的条款见 Bruckner-Kley/Keller/Kurtz/Pärli/Schweizer/Studer (2013), 14 et seq.; cf. also Kutscher (2015), 101.
[106] Cf. Weber/Chrobak (2016b), 8.
[107] Cf. https://support.google.com/accounts/answer/3036546?hl=en; Szulewski (2015), 10 et seq.
[108] 或者,用户可以规定将永久删除该账户。cf. also Szulewski (2015), 7 et seq.
[109] Cf. https://www.facebook.com/help/1568013990080948.
[110] LG Berlin, judgment of 17 December 2015 – 20 O 172/15.
[111] Cf. Szulewski (2015), 15 et seq.

间权利和义务的不平等分配。此外,数字数据的法律含义不限于生前领域。同样,也可以提出这样一个问题,即法律应如何处理特定个人的死后数字资产。本文所讨论的关于数字遗产的观点说明了现有的法律不确定性,这种不确定性可以通过在线服务提供商的自律在一定程度上得到补偿。

鉴于上述考虑,数据的法律资格和转让并不总是足够明确。数字数据在一定程度上避开了法律科学的传统思维模式和分类。因此,在保护个人权利方面可能出现漏洞。然而,由于这些结构上独立的法律领域之间存在着不同的参照,从长远角度来看,需要对数据的法律处理和转让采取一种更具整体性的方法。目标应该是跨学科发展一种新型法律框架或网络结构,包括相关的法律学科,例如民法、数据保护法、知识产权法或竞争法。[112]

实现这一目标的战略思想不应局限于法律的角度,还应考虑到信息和通信技术领域的迅速发展。因此,下文将更详细地研究与法律和技术领域相关的不同做法。

在欧洲大陆以及英美法系的法律理论中,所创设的虚拟财产权,是指对数字数据、计算机代码和其他虚拟资产,例如网址、电子邮件和其他在线账户或虚拟环境(的一部分)的所有权,[113]且已经被讨论了一段时间。[114]但是,直到现在,引入此类新的权利仅限于理论上的考虑。这不仅发生在可能与物权法定原则发生根本冲突的瑞士、德国或奥地利等大陆法系法域,还发生在美国等英美法系国家。[115]

相反,亚洲法律大家庭的代表们对数据采取了更为灵活的方法。中国的法院已经承认了个人在虚拟财产上的权利,即通过援引合同法(或刑法)的原则,[116]其中台湾甚至颁布了一项法规,保证虚拟物品受到财产法和刑法的有效保护。[117]在韩国,观察到的尝试不太成功。[118]

同时,通过次级立法,欧洲立法机构对正在进行的有关个人对数据的有效控制的讨论做出了回应。尽管仅适用于个人数据,但欧洲《通用数据保护条例》第20条规定了一般性的"数据可携带性权利",这将使受影响的个人能够将他或她的数据从一个在线服务提供商平台转移到另一个在线服务提供商平台。[119]尽管"数据可移植性"概念背后的思想具有革命性,旨在使个人能够有效地处理其数据,但仍有许多开放性问题需要回应,还有一些问题需要克服。

首先,从功能性的角度来看,尚不清楚的是,数据可移植性权是否要求在线服务提供商移交"原始"数据或其副本。其次,为了允许将个人数据从一个在线服务提供商传输到另一个在线服务提供商,需要解决不同平台之间的技术互操作性问题。最后,《通用数据

---

[112] Cf. also Weber/Chrobak (2016a),6.
[113] Cf. Fairfield (2005),1055 et seq.; Lastowka/Hunter (2004),30 et seq.
[114] 相关概述参见 Fairfield (2005),1049 et seq., Purtova (2009),508 et seq.。更多内容参见 Lastowka/Hunter (2004),29 et seq.。
[115] Fairfield (2005),1063.
[116] Fairfield (2005),1084 with further references; cf. also Weber/Chrobak (2015),22.
[117] Fairfield (2005),1086 et seq.; cf. also Weber/Chrobak (2015),22.
[118] Fairfield (2005),1088 et seq.
[119] Hürlimann/Zech (2016),94.

保护条例》第 20 条的适用范围仅限于"个人数据",[120]即所有其他类型的数据均不受未来欧洲法律框架的保护。

如上所述,分配数字数据的可能方法也应关注最新的技术发展。所谓的区块链技术可以提供一种更加全面和基于技术的解决方案,其在改善金融服务和公司治理方面的优势引发热议。[121]

"区块链"表示私有或公共的点对点网络,该网络为其内部进行的不同种类(数据)交易提供去中心化的数字分类总账。[122] 使用加密算法("散列"),这些正在进行的交易序列形成一个区块,然后,链接到前一个交易区块以提供分类总账的不变性。由于每笔交易的内容、当事人和数据都是由网络的每一个节点记录和验证的,充当中介和/或中央登记机构的第三方已经过时。[123] 因此,一项交易的单方面变更几乎变得不可能,因为它会以链中所有后续区块的变化为前提。[124]

区块链技术是在一个数字钱包中持有所有权和其他权利,例如数字货币"比特币"、公司股份或投票权的技术基础。然而,由于在理论上是由用户决定一个比特币的可单独识别和可编程单位代表什么,[125]其他类型的数字资产,例如虚拟世界中的头像或有价值的数据包,同样可以成为虚拟钱包的一部分。[126]

区块链技术被证明是一项有趣的创新,因为除了其他功能以外,它可以克服与上述数字数据的分配和控制有关的不同(法律)问题。作为一个说明性的例子,可以参考与财产法基本原则的潜在冲突。首先,通过区块链,可以明确规定应对其进行控制的数字数据或资产,满足特定性原则。其次,参考区块链技术进行数字数据的分配符合公示原则。区块链不仅允许验证自然人或法人对特定数字数据包的真正权利,而且还可以用作一种公共登记,使"数据所有权"随后转移给第三方可识别的另一方,第三方可以依靠点对点网络技术的(公共)记录功能。[127] 因此,区块链可以作为数据交易的技术基础。上面阐述的区块链的优势不仅限于生前领域,还可以应用于自然人的数字遗产,并可以作为对现有的在线服务提供商(如 Google 或 Facebook)现有自我监管举措的宝贵补充。

上述旨在有效分配信息和数据的法律和技术方法,揭示了个人和公众法律领域之间目标的根本冲突。[128] 排他性(法律上的)立场总是以有关法律标的物从公众的自由处置中脱离为前提。在当前情况下,构成互联网基石之一的信息和数据的自由流动可能受到严

---

[120] 有关个人数据的定义请参考第 2.1 段。
[121] 相关概述见 Yermeck (2015), 1 et seq.; Schroeder (2015) 1 et seq.。
[122] Yermeck (2015), 5; Schroeder (2015), 6; cf. http://www.pwc.com/us/en/technology-forecast/blockchain/definition.html; Roon (2016), 359 et seq.
[123] Roon (2016), 360; Yermeck (2015), 4 et seq.; Schroeder (2015), 6; cf. http://www.pwc.com/us/en/technology-forecast/blockchain/definition.html.与此同时,记录功能主要由所谓的矿工来完成;矿工是指资金充足的公司,他们处理必要的计算资源来维护区块链的分类账。
[124] Yermeck (2015), 5; Roon (2016), 360 et seq.
[125] Yermeck (2015), 7; cf. Roon (2016), 361 et seq.
[126] Roon (2016), 361, 合理地强调了存储过程所造成的高成本。
[127] Cf. Yermeck (2015), 1; cf. Roon (2016), 362.
[128] Cf. also Hürlimann/Zech (2016), 92 et seq.

重限制。因此,承认无形物的合法权利需要一个明确的正当理由。[129] 作为一个合乎逻辑的结果,需要定义一个"规制门槛"(Eingriffsschwelle),以确定在何种条件下,数据(在非竞争性商品的意义上)可以受制于个人法律地位的建立。如果不采取这样一个基本的"过滤器",以界定个人和公众的法律领域界限,就无法进行监管结构和数据分配的尝试。

作为一个结构起点,不应关注相关数据的"位置",即它们是存储在私有数据载体还是第三方服务器上。决定性的标准是可以归属于特定人或已经由特定人生成的数字数据的内容和/或价值。[130] 相应数据一旦能够创造经济价值,即如果可识别的(一揽子)数据可以由第三方货币化,就可以设想从公众的法律领域脱离并分配给特定法律主体。广义上讲,如果将数字数据视为21世纪的新石油,为什么法律没有以适当的方式加以规制?[131]

区分个人数据和公共领域数据的一般标准的定义似乎很复杂,必须考虑到相应案件的具体情况。此外,对数字数据的(法律)控制以透明性为前提,即用户需要知道他们的数据何时、何地和是由谁收集、处理和传播的。[132] 除此之外,还必须处理数字环境中自然人和法人的有效识别方法上的"数字身份"的后续问题。[133]

由于数字数据作为一种新型的法律标的物,法律科学的传统结构化方法很难行得通,在数字环境中,需要对经典的法律权利概念进行适当性解释。与法律理论和政策的一般趋势相一致,数字数据中的法律权利的转让和概念(目前类似于合同基础上的相对权利)并不一定要在绝对权利的意义上发生,例如大陆法系的所有权,代表了排斥任何第三人的能力;"数据所有权"可以采取一种提供基本保护,防止不正当利用,并确保在侵权情况下得到赔偿的形式。[134]

"数据所有者"的法律地位还可以包括债权或无形商品(例如专有技术或知识产权)的(强制)许可的要素,而不必一味地局限于这些法律领域。对"我的"和"你的"这两个真实概念的不断发展的理解将表明,在数字世界中也存在灰色地带,例如,在元数据和派生数据的背景下。为了确保第三方对数据使用的正确核算,可以参考区块链技术,该技术允许将数字数据明确分配给特定的人。在上述背景下,我们将对了解欧盟委员会将在"数字单一市场战略"以及最近的"欧洲数据自由流动倡议"过程中采取哪种方法产生兴趣。[135]

参考文献

Akkermans, B/Ramaekers, E. (2010), Article 345 TFEU (ex Article 295 EC), Its Meanings and Interpretations, available at: https://papers.ssrn.com/sol3/papers.cfm?abstract_id=1436478.

Ann,/Loschelder,/Grosch, (2010), Praxishandbuch Know-How-Schutz, Heymann (cited: Author in: Ann/Loschelder/Grosch)

---

[129] Cf. Dorner (2013), 141.
[130] Cf. also Hürlimann/Zech (2016), 94.
[131] In the same vein Briner (2015), 7 et seq.
[132] Reed (2015), 153.
[133] Cf. Roon (2016), 362.
[134] Cf. Dorner (2013), 119 et seq.
[135] Cf. also Wiebe (2016), 877 et seq.

Breitschmid, P./Eitel, P./Fankhauser, R./Geiser, T./Rumo-Jungo, A. (2012), Erbrecht, Second ed., Schulthess Verlag.

Briner, R. G. (2015), Big Data und Sachenrecht, Jusletter IT of 21 May 2015, available at: http://jusletter-it.weblaw.ch/issues/2015/21 – Mai – 2015/big-data-und-sachenr_cb093cbe37.html_ONCE.

Bruckner-Kley, E./Keller, T./Kurtz, L./Pärli, K./Schweizer, M./Studer, M. (2013), Sterben und Erben in der digitalen Welt – Von der Tabuisierung zur Sensibilisierung, vdf Hochschulverlag AG.

Cherpillod, I. (2012), in: B. K. Müller/R. Oertli (Eds.), Handkommentar Urheberrechtsgesetz, Stämpfli Verlag AG.

Deutscher Anwaltverein (2013), Stellungnahme zum digitalen Nachlass, available at: https://anwaltverein.de/files/anwaltverein.de/downloads/newsroom/stellungnahmen/2013/SN-DAV34 – 13.pdf.

Dorner, M. H. (2013), Know-how-Schutz im Umbruch: Rechtsdogmatische und informationsökonomische Überlegungen, Diss. München 2002, Carl Heymanns Verlag.

Druey, J. N. (1995), Information als Gegenstand des Rechts, Schulthess Verlag.

Eckert, M. (2016a), Digitale Daten als Wirtschaftsgut: digitale Daten als Sache, 112 Schweizerische Juristen-Zeitung 245.

Eckert, M. (2016b), Digitale Daten als Wirtschaftsgut: Besitz und Eigentum an digitalen Daten, 112 Schweizerische Juristen-Zeitung 265.

Van Erp, S./Akkermans, B. (2012), Cases, Materials and Text on Property Law, Hart Publishing.

Fairfield, J. A. T. (2005), Virtual Property, 85 Boston University Law Review 1047.

Fenyves, A./Kerschner, F./Vonkilch, A./Klang, H. (Eds.) (2011), §§ 353 bis 379 ABGB, Third ed., Verlag Österreich (cited: Author in: Fenyves/Kerschner/Vonkilch/Klang).

Herzog, S. (2013), Der digitale Nachlass – ein bisher kaum gesehenes und häufig missverstandenes Problem, 52 Neue Juristische Wochenschrift 3745.

Hess-Odoni, U. (2004), Die Herrschaftsrechte an Daten, Jusletter of 17 May 2004, available at: http://jusletter.weblaw.ch/juslissues/2004/277/_2889.html.

Honsell, H./Vogt, N. P./Geiser, T. (Eds.) (2015?), Basler Kommentar Zivilgesetzbuch II, Fiveth ed., Helbing & Lichtenhahn (cited: BSK ZGB-Author).

Hürlimann, D./Zech, H. (2016), Rechte an Daten, sui-generis 2016, 89.

Kälin, D. (2002), Der Sachbegriff im schweizerischen ZGB, Diss. Zürich 2002, Schulthesss Verlag.

Kletečka, A./Koziol, H./Weber, R. (2014), Grundriss des bürgerlichen Rechts, Band 1, Allgemeiner Teil, Sachenrecht, Familienrecht, Fourteenth ed., Manz.

Künzle, H. R. (2015), Der digitale Nachlass nach schweizerischem Recht, successio 2015, 1, 39.

Kutscher, A. (2015), Der digitale Nachlass, Diss. Göttingen 2015, V & tR unipress.

Lastowka, F. G./Hunter, D. (2004), The Laws of the Virtual Worlds, 1 California Law Review 3.

Lessig, L. (2001), The future of ideas: The fate of the commons in a connected world, First ed., Random House.

Mathys, R. (2008), Know-how-Transfer,-Erhaltung und-Sicherung beim ICT-Outsourcing, in: O. Arter/L. Morscher (Eds.), ICT-Verträge – Outsourcing, Stämpfli Verlag AG.

Meier-Hayoz, A. (1981), Kommentar zum Schweizerischen Privatrecht (Berner Kommentar), Das Sachenrecht, Bd. 4, 1. Abteilung, 1. Teilband, Das Eigentum, Article 641 – 654, Fifth ed., Stämpfli Verlag AG.

Merges, R. P. (2008), The concept of property in the digital era, 4 Houston Law Review 1240.

Monopolkommission (2015), Sondergutachten 68, Wettbewerbspolitik: Herausforderung digitale Märkte, Nomos Verlag 272 L. Chrobak.

Nänni, M. (2009), Märkte virtueller Welten, Diss. Zürich 2009, Schulthess Verlag.

Purtova, N. (2009), Property rights in personal data: Learning from the American discourse, 25 Computer Law & Security Review 507.

Reed, C. (2015), Information in the cloud: ownership, control and accountability, in: A. S. Y. Cheung/R. H. Weber (Eds.), Privacy and Legal Issues in Cloud Computing, Edward Elger Publishing.

Reed, C. (2010), Information "Ownership" in the Cloud, Queen Mary University of London, School of Law, Legal Studies Research Paper No.45/2010, available at: http://ssrn.com/abstract=1562461.

Roon, M. (2016), Schlichtung und Blockchain, Anwaltsrevue 2016, 359-363, Stämpfli Verlag AG.

Scherrer, S. (2014), Münchener Anwaltshandbuch Erbrecht, Fourth ed., C. H. Beck Verlag Schlosser, R. (1998), Der Know-how-Vertrag, 3 sic! 269.

Schroeder, J. L. (2015), Bitcoin and the Uniform Commercial Code, Cardozo Legal Studies Research Paper No.458, available at: http://papers.ssrn.com/sol3/papers.cfm?abstract_id=2649441.

Szulewski, P. (2015), A contractual perspective on succession of digital assets, Jusletter IT of 25 September 2015, available at: http://jusletter-it.weblaw.ch/issues/2015/24-September-2015/a-contractual-perspe_9fbc7525d8.html__ONCE#sectionb64258e4-f483-4170-80a4-d6080b1ce8c1.

Troller, K. (2005), Grundzüge des schweizerischen Immaterialgüterrechts, Second ed., Helbing & Lichtenhahn von Weizsäcker, C.F. (1971), Die Einheit der Natur: Studien, Carl Hanser.

Weber, R. H. (2003), Schweizerisches Bundesverwaltungsrecht, Band V: Informations-und Kommunikationsrecht, Second ed., Helbing & Lichtenhahn.

Weber, R. H./Chrobak, L. (2015), Der digitale Nachlass: Fragen der rechtlichen Zuordnung von Daten zu Lebzeiten und von Todes wegen, Jusletter IT of 24 September 2015, available at: http://jusletter-it.weblaw.ch/issues/2015/24-September-2015/der-digitale-nachlas_26cc785a00.html__ONCE.

Weber, R. H./Chrobak, L. (2016a), Online-Netzwerke als neue rechtliche Gemengelage, Jusletter IT of 25 February 2016, available at: http://richterzeitung.weblaw.ch/jusletter-it/issues/2016/IRIS/online-netzwerke-als_806b98eafd.html__ONCE.

Weber R. H./Chrobak, L. (2016b), Rechtsinterdisziplinarität in der digitalen Datenwelt, Jusletter of 4 April 2016, available at: http://jusletter.weblaw.ch/juslissues/2016/841/rechtsinterdisziplin_a921783932.html.

Wiebe, A. (2016), Protection of industrial data - a new property right for the digital economy?, GRUR Int. 2016, 877.

Wiegand, W. (2015), in: H. Honsell/N. P. Vogt/T. Geiser (Eds.), Basler Kommentar, Zivilgesetzbuch II, Article 457-977 ZGB, Article 1-61 SchlT ZGB, Fifth ed., Helbing & Lichtenhahn.

Yermeck, D. (2015), Corporate Governance and Blockchain, available at: http://papers.ssrn.com/sol3/papers.cfm?abstract_id=2700475.

Zech, H. (2012), Information als Schutzgegenstand, Mohr Siebeck.

采用综合方式探究数据主体死亡后的个人数据的基本特性

Mark-Oliver Mackenrodt*

刘　颖** 译

摘要：本文通过归纳法探讨综合处理个人数据方法的可行性特征，研究数据主体死后对个人数据的法律处理。更具体地讲，本文对继承人在遗嘱人死亡后要求访问社交媒体账户及其个人数据的最新案例进行分析，并将其作为讨论的重点。本文探究的主要问题是遗嘱人去世后如何处理其个人数据，分别从财产法、知识产权法、隐私法、人格权法、可移植性法律规定、合同法、继承法和电信法等多个领域进行分析。在这种研究背景下，可以发现各法在应对该问题时的缺点、共同特征和相互之间可能产生的协同效应，进而将其用于创设解决个人数据相关问题的综合性法律路径。

1　导论：数据主体死亡后对个人数据进行法律处理的方案示例

本文旨在探讨个人数据综合法律处理方式可能存在的特点。例如，从不同的法律领域分析数据主体死亡后对个人数据的法律处理。更狭义地说，继承人希望访问遗嘱人的社交媒体账户及其中的个人数据。

1.1　综合研究方法的归纳性特征

在继承法中没有如何直接解决这些问题的专门规定。[①] 相反，数据主体死亡后个人数据的法律处理基本上遵循不同法律领域的一般性规定。大多数规定只适用于不涉及个人数据的传统事实模式。因此，综合法律研究方法是在不同法律领域的相互影响下产生的，例如合同法、继承法、数据保护法、人格权法和电信保密条款。如果没有专门的规定，这些不同领域的法律规则就构成了遗嘱人去世后对个人数据的间接管理规定。

考虑到个人数据应用的场景和商业模式的动态性、多样性特征，另行起草一个关于数据主体死亡后综合处理其个人数据的条款似乎非常复杂，且为时过早，甚至是不可取的。在早

---

* Mark-Oliver Mackenrodt，德国马克斯·普朗克创新与竞争研究所高级研究员。
** 刘颖，法学硕士，北京安理（上海）律师事务所。
① There are, for instance, no special provisions in Belgium: Maeschaelck (2018), 37 or Germany: Mackenrodt (2018), 41.

期阶段,有必要采用归纳法进行讨论,即以特定的事实模式作为构建一般性原则的起点。

1.2 继承人在数据主体死亡后访问账户和个人数据的案例

最近的一个例子是,继承人正在寻求访问社交媒体账户和其中存储的个人数据的权利。这个话题已越来越多地成为学术文章、②著作③和法律评论的主题。④ 在许多领域也可以看到类似的讨论。⑤ 与此同时,德国第一个涉及继承人访问被继承人社交媒体账户和个人数据的案件已经宣判。在本案中,原告是一名女孩的父母,也是她的继承人,该女孩在15岁时因有轨电车事故死亡。这个未成年的女孩生前把她Facebook社交媒体账户的访问数据权交给了她的母亲。然而,女孩死后几天,一个匿名的第三者在互联网上发布了这个女孩过世的消息,并通过将其置于所谓的纪念状态来封锁这个账户。⑥ 在本案中,就意味着只有在死者生前登记为"朋友"的人才能继续访问该账户并继续发帖,而父母不属于这群人。这对父母起诉Facebook,以获取访问已故女儿的账户和账户内储存的信息的权利。通过访问已故女儿的Facebook账户,父母试图获得有关女儿可能自杀的信息,并避免电车司机可能提出的损害赔偿要求。

柏林地方法院⑦作为一审法院,通过讨论多个部门法的规定后得出结论:父母有权获得使用Facebook账户的权限。在上诉中,作为第二审法院的柏林高等法院⑧驳回了这一请求。柏林高等法院称,允许原始账户所有者的继承人访问Facebook账户将与电信保密性的规定相抵触。柏林高等法院利用电信法中的这一条款,在遗嘱人被其他法律宣布死亡之后,更大程度上进行了对社交媒体账户和个人数据的实质性处理。由于此案中所涉法律问题的重要性,柏林高等法院同意提交到德国最高法院⑨。

当然,本案只涉及数据主体死亡后个人数据在法律处理方面可能出现的一些问题。特别是,是否可以允许继承人访问账户的某些部分,而不是访问整个账户,法院尚未解决这一问题。不过,这个案例在一些方面可以作为一个参照点,以事例的方式进行讨论进而得到一个综合的方法。

---

② See for example Wellenhofer (2016), 653; Deusch (2016), 189; Gloser (2016a), 12; Salomon (2016), 324; Gloser (2015), 4; Herzog (2016), 173; Gloser (2016b), 548; Lange/Holtwiesche (2016a), 487; Podszun (2016), 37; Lange/Holtwiesche (2016b), 125; Mackenrodt (2018), 41; Bock (2017), 370; Alexander (2016), 301; Raude (2017), 17; Steiner/Holzer (2015), 262; Nemeth/Carvalho (2017), 253; Kuntz (2016), 398.

③ See for example Kutscher (2015); Katharina Seidler (2015); Bräutigam (2014), Anhang Digitaler Nachlass; Gebauer (2015).

④ See for example Müller-Christmann (2017), §1922 para.99 et seq; Leipold (2017), §1922 para.24 et seq; Preuß (2017), §1922 para.375 et seq; Kunz (2017), §1922 para.594 et seq.

⑤ See for example Nemeth/Carvalho (2017), 253; with a focus on the UK law: Harbinja (2017), 253; with a focus on Belgium: Maeschaelck (2018), 37; with a focus on the Netherlands see Berlee (2017), 256; with a focus on Austria see: Gebauer (2015). See also the consultation paper of the UK Law commission on making wills: Law Commission UK (2017).

⑥ The features of the memorial status are subject to change. A recent description of its properties can be found with Harbinja (2017), 254, 255.

⑦ LG Berlin, judgment of 17 December 2015 – 20 O 175/15.

⑧ KG Berlin, judgment of 31 May 2017 – 21 U 9/16, 24.

⑨ BGH, judgment announced for 12 July 2018 – III ZR 183/17.

从更广泛的角度来看,继承人访问账户和个人数据的方式在一系列完全不同的事实模型中发挥着不同作用。从广义上讲,提出的问题涉及死者与数字资产有关的所有法律关系。[10] 例如,这包括访问云存储或云软件、访问电子邮件或有关网站的权利、有关加密货币的权利、访问在线音乐库、访问一般平台以及有关在线作品的许可协议。[11]

这些定位不仅仅带有个人或感情的特征。相反,它们可能代表着可观的经济价值。这一点在数字货币、音乐会的在线门票、支付服务(如贝宝)的信用余额以及 ebay 等平台的信用余额方面表现得尤为明显。对企业而言,持续访问互联网平台也至关重要,[12]并构成企业的核心。公司越来越多地通过平台组织销售和分销,并将核心业务部门和基本业务数据转移到云系统中。

2 财产法与数据主体死亡后个人数据的处理

一般而言,物权法使继承人能够交出遗嘱人所拥有的物权法意义上的所有"物"。如果个人数据存储在由遗嘱人拥有的硬件上,根据继承法,该硬件的所有权将在遗嘱人去世后移交给继承人。这种实体物品所有权转移给继承人的同时,也转移了存储在硬件设备上的数字物品,例如电子邮件、数字图片、文件和个人数据。[13]

如果个人数据没有存储在遗嘱人所拥有的硬件上,则会产生一个问题,即财产法与继承法的结合是否将使继承人获得遗嘱人的法律地位,也就是享有遗嘱人个人数据方面的法律地位。这样的数据没有任何实质性特征,因此,就物权法而言,它们不属于"物"。因此,根据一般原则,无论遗嘱人死亡之前还是之后,财产法均不适用于个人数据。

3 知识产权法与数据主体死亡后个人数据的处理

即使财产法不适用于个人数据,此类数据也可能成为知识产权(尤其是版权)的客体。例如,死者在电子照片、绘画、诗歌或博客中的帖子之类的书面作品上可能具有版权,该版权保存在文件或社交媒体账户中。

版权就受版权保护的作品而言是一项绝对权利,是独立于保存数据的硬件而存在的财产权。与实体数据载体的所有权地位无关,版权拥有数据和数字内容的独立和附加法律地位。[14] 如果受版权保护的数据不是保存在遗嘱人拥有的硬件上,而是保存在云上,遗嘱人仍然对受版权保护的数据拥有绝对权利。德国版权法在第 28 条中明确规定版权是可继承的。但是,就个人数据而言,现有版权的适用范围有限,原因如下:

---

[10] Raude (2017), 19; Bräutigam (2014), Anhang Digitaler Nachlass, para.3; Deusch, (2014), 2; Maeschaelck (2018), 38.
[11] Further examples can be found in Alexander (2016), 302; Gebauer (2015), 69 et seq; Berlee (2017), 256.
[12] Raude (2017), 17.
[13] Alexander (2016), 303; Raude (2017), 19.
[14] Stresemann (2017), § 90 para.25.

版权授予所有权人，其后继者继承某些对世权，例如复制或许可作品使用的权利，并赋予作者阻止他人进行侵犯的权利。因此，继承人只有在版权法意义上将这些行为限定为侵害行为时，才能够阻止互联网公司的行为。因此，在访问数据或账户以及消除数据或账户方面，仅存在版权是相当弱的。德国版权法第 2 章 25 条明确指出，拥有受版权保护作品的人没有义务将其作品或作品的副本移交给版权持有人。仅在德国版权法第 25 条规定的某些条件下，版权持有者才能访问该作品，例如为了制作副本。

此外，个人数据想要获得版权必须满足法律要求，特别是一定程度的独创性。在许多情况下，个人数据将不符合这些条件，因此，个人数据很少是版权保护的客体。

但是，版权只是知识产权的一种。对于此类数据，欧洲委员会在学术文章[15]和最近的论文[16]中讨论了立法机关创建特定知识产权的问题。但是，目前，数据本身并不是绝对权利的主体[17]，而且，在欧洲委员会最近的来文中，似乎已经将讨论的重点转移到访问规则上，而不是建立一个就数据本身而言的特殊产权。[18] 知识产权法的一个基本原理是将无形商品分配给特定的人。关于将知识产权保护扩展到此类数据的讨论表明，在某些方面，该原理也适用于数据。但是，这种权利也可能产生不利影响，并且无法弥补市场失灵。

总之，个人数据中的知识产权将转移给继承人。但是，版权很少会适用于个人数据，并且目前还没有针对个人数据的绝对知识产权。

4　数据保护法与数据主体死亡后个人数据的处理

个人数据是数据保护法的主体。然而，欧洲《通用数据保护条例》（GDPR）在其序言部分的第 27 条和 158 条中明确声明，该条例不适用于死者的个人数据。

此外，该条例明确规定，在数据主体死亡后，个人数据的法律处理由成员国负责。[19] 例如，在德国[20]、英国[21]和比利时[22]，数据保护法只适用于活着的个人。这可以用数据保护法保障个人计划和追求生活自主性的目标来解释。这种传统隐私法的基本原理不适用或者不完全适用于死者。在这一概念中，隐私权是基本人格权的一个子类，随着人死亡而终止，不可继承。[23] 尽管如此，即使不适用隐私权规则，个人在死后也会受到诸如死后人格

---

[15] An overview of this debate on the creation of an ownership in data and a critical assessment can for example be found in Drexl (2017), 340 et seq.

[16] Communication from the Commission to the European Parliament, the Council, the European Economic and Social Committee and the Committee of the Regions "A Digital Single Market Strategy for Europe" COM (2015) 192 final, 15, 20. The European Commission is announcing to (among other topics) address the emerging issue of data ownership. See also Zech (2015), 1151.

[17] Maeschaelck (2018), 37, 38 with regard to the Belgian law.

[18] Communication from the Commission to the European Parliament, the Council, the European Economic and Social Committee and the Committee of the Regions "Building a European data economy" COM (2017) 9 final, 8.

[19] GDPR, recital 27.

[20] Bock (2017), 398.

[21] Harbinja (2017), 255.

[22] Harbinja (2017), 255.

[23] Berlee (2017), 259.

权等方面的保护。㉔但要使这项权利适用，必须具备的前提是死者生前的个人形象遭到了破坏。

条例中规定了被遗忘权。GDPR已经构成了传统隐私法的延伸。据报道，一些国家已将其国家隐私规则的适用范围扩大到了死者㉕，或者已提议进行此类变更。㉖在这种情况下，传统的隐私法的适用范围也得到了扩展。但是，仍需要讨论在数据主体去世后由谁来管理这种权利。近亲可能比互联网公司更适合担任这一职务。无论如何，近亲通常就是继承人，并且为了行使权利，他们可能需要了解数据主体的个人数据。

总之，根据德国法律，有利于死者的数据保护不会妨碍继承人使用遗嘱人的账户和个人数据。㉗此外，互联网账户还可以包含活着的第三人的个人数据。然而，在许多情况下，这并不妨碍继承人访问账户。根据 GDPR 第 2 条第 2 款（c），数据保护规则不适用于在私人环境中处理个人数据。此外，根据《继承法》第 29 条㉘，继承人有权对所拥有物品（遗产的一部分）进行放弃。因此，必须将载有第三人个人数据并由遗嘱人以外的人拥有的纸质遗嘱通讯簿移交给合法继承人。对于在线通讯簿，法律评估应当相同。

最后，即使将个人数据交给继承人被解释为互联网公司对数据的处理，结果也不会有什么不同。根据第 6 条第 2 款（c），如果它遵守必要的法律义务，数据处理是合法的。由于继承法要求将所有资产移交给继承人，因此继承法可以作为 GDPR 意义上的充分法律依据。㉙

无论如何，如果继承人以损害名誉的方式使用第三人的个人数据，则第三人的人格权受到保护。

5 人格权与数据主体死亡后个人数据的处理

个人数据可以受到人格权的保护。根据德国法律原则，人格权具有双重特征。首先人格权具有商业要素，例如商业上利用图片或声音的权利，是可继承的，没有宪法特征。㉚相反，它的非商业要素（例如，保护一个人的荣誉）具有宪法相关性。由于其高度的个性化特征，它会随着人的死亡而失效，并且是不可继承的。㉛然而，人格权㉜也得到了认可。在过去的十年内，它可以保护死者的记忆不被删除。这项权利由死者指定的受托人管理，或者在没有亲属的情况下由死者指定。此类受托人可以根据侵权法寻求救济。㉝

㉔ For a discussion see 5.
㉕ With regard to France and Hungary reported by Harbinja (2017), 255; with regard to France see also Chrobak (2017), recital 10.
㉖ A proposal with regard to Swiss law is reported by Chrobak (2017), recital 10.
㉗ Bock (2017), 402.
㉘ A discussion of inheritance law and personal data can be found below 8.
㉙ For a discussion of inheritance law and the relationship to privacy issues see below 8.3.
㉚ Preuß (2017), recital 352, 360; Bock (2017), 387.
㉛ Preuß (2017), recital 353, 367.
㉜ Bock (2017), 389; Preuß (2017), recital 353, 368.
㉝ Bock (2017), 389; Preuß (2017), recital 353, 368.

处理死者的个人数据会影响人格权的商业性特征。只有人格权的商业化可以传给继承人。相比之下，只有在使用数据造成毁损的情况下，才能援引死后人格权。允许继承人访问死者的个人数据和社交网络账户并不侵犯死后的人格权。[34] 此外，继承人通常就是近亲，近亲在大多数情况下是行使这种死后权利的受托人。

总之，继承人仅仅感知个人信息并不构成对遗嘱人或第三人人格的损害，因此也不侵犯其人格权。

6 数据可携带权与数据主体死亡后个人数据的处理

数据携带权的目的是，当用户与互联网平台终止合作时，用户可以随身携带数据离开，并鼓励用户切换平台。例如，可以在《通用数据保护条例》第 20 条和关于数字内容供应合同的某些提案中找到数据可携带权。[35] 这些规定有助于提高用户的地位，维护其数据自主权，并通过降低转换成本来促进平台之间的竞争。GDPR 并不直接适用于死者的个人数据，尤其不直接适用于拟议的数字内容指令，以及当继承人（作为在世者）希望将账户转移到其他平台，或评估协议导致账户变成孤立账户，并继续被互联网公司进行商业开发。更为普遍的是，数据可携带性条款的原理是专门针对特定的市场条件和数据经济中的潜在危险量身定制的。因此，在综合方法内，应将数据可携带性的目标确定为高度优先级。

7 合同法与数据主体死亡后个人数据处理

数据主体死亡后个人数据的法律处理应当遵循合同法。毕竟，只有在遗嘱人死亡时属于遗产的物品才能真正由继承人继承。继承法没有为继承人设立新的法律地位[36]，只规定继承人继承遗嘱人的某些法律地位。根据契约自由的法律原则，遗嘱人在其有生之年可以自由处分其财产。[37] 例如，关于社交媒体平台，遗嘱人和社交媒体平台之间通常有合同协议，这些协议涉及账户以及账户持有人去世后账户中的个人数据。根据继承法，这种协议实际上可以排除将资产传给继承人的可能性。

7.1 有关主体死亡后个人数据的示范性条款

在一般条款和条件中，平台运营商以不同的方式对账户和数据进行事后法律处理。[38] 例如，某一个社交网络平台规定，数据和内容一经发布就成为平台的财产，在账户持有人

---

[34] Bock (2017), 395.
[35] Proposal for a Directive of the European Parliament and of the Council of 9 December 2015 on certain aspects concerning contracts for the supply of digital content COM(2015) 634 final.
[36] Chrobak (2017), recital 3.
[37] Lange/Holtwiesche (2016b), 128.
[38] Examples can be found in Lange/Holtwiesche (2016a), 488; Raude (2017), 21. Willems (2016), 496; Harbinja (2017), 254.

死亡后,他们将永远留在网络中,而不可能被删除。乍一看似乎存在问题,通过合同的方式,平台试图使其成为数据账户所有者,并且拥有账户的财产,即使这样的财产权可能不存在,即使当前的讨论更倾向于通过创建数据知识产权来加强数据主体而不是平台所有者的权利。另一个例子是,大型云存储提供商的条款和条件声明存储的内容是不可传输的,截止日期是死亡时。此外,还可以提供死亡后个人数据自动删除服务。另一个大型电子邮件服务平台的一般条款和条件试图确定账户的不可转让性和所有权的终止。一些通用条款和条件为电子邮件提供商或信使服务保留了在请求取消账户或删除邮件时的自由裁量权。在这种情况下,互联网公司的条款将取代遗嘱人及其继承人的遗嘱。

合同试图为继承人设置很高的形式障碍,从而使继承人不愿意采取行动或主张自己的权利。例如,大型电子邮件供应商需要提交继承证书,有的电子邮件供应商要求出示死亡证明,此外,还要求出示法院命令,该命令必须由爱尔兰法院签发,并明确写给电子邮件提供者。在这种严格的形式要求下,继承人不太可能成功地获取遗嘱人的数据或账户,不被允许删除数据和内容,直至账户被关闭。

7.2 有关数据的协议中可能存在的利益和议价能力的失衡

互联网平台的合同标准协议往往具有利益失衡的特点。应该注意的是,在起草一般条款和条件时,互联网公司和合同的每一方一样,都是以自身利益为导向的。例如,如果死者的个人数据或账户没有被删除或不能被删除,那么即使账户处于纪念状态,社交网络仍然可以通过这些数据继续产生收入。一个账户甚至可以独立产生互联网流量,从而获得盈利。事实上,以纪念逝者为例的数字网站有很多。㊴ 在那里,可以发表朋友甚至死者生前自己写的帖子。

社交网络的一般条款和条件的效力是,死者的个人数据和账户仍然在事实上默认永久分配给社交网络,并且可以出于自身商业化利益使用账户和数据。此外,死者和继承人不仅可能被排除在获取个人数据的权限之外,而且也可能被排除在删除个人数据的权限之外。

当互联网平台单方面将其一般条款和条件强加于用户时,往往拥有市场主导性的议价地位。数据持有者则没有机会进行必要的谈判,这导致了市场失灵。为了弥补这一市场失灵,合同法应对一般条款和条件进行审查。根据德国法律,一般条款和条件须接受基于§§305 ff的法律审查。这些条款促进了欧洲不公平合同条款指令93/13的实施。㊵ 这一审查机制的立法目的与互联网平台具有高度紧密性。

7.3 关于数据的一般性合同条款的法律评估标准

在特殊情况下,格式条款并不常见,以致合同相对方并不会直接预料到合同中会存在此类条款,因此BGB格式条款不会成为合同的一部分。此外,根据德国民法典第307条,

---

㊴ An overview of this industry is provided by Martini (2015), 35.
㊵ Directive (EEC) 93/13 of the Council of 5 April 1993 on unfair terms in consumer contracts OJ L95/29, 21 April 1993.

如果格式条款违反诚信原则，不合理地使另一方处于不利地位，则格式条款无效。如果该条款不符合法律规定的初衷，或者基本权利受到限制，从而危及合同目的的实现，则应假定条款无效。

在评估与个人数据相关的协议时，会出现一个问题，即使用哪种类型的合同作为基准。在大多数情况下，这类合同不容易进行单一归类。它们包含多种要素，这些要素符合多种类合同的特征。例如，云存储服务展示了租赁协议和服务协议的要素。就电子邮件服务而言，不仅信息的存储，而且信息管理服务也是合同的主体。制定评估的法律标准混合类型的合同非常复杂，需要对合同确立的权利和义务进行规范和客观的平衡。[41] 如果合同条款直接涉及个人数据的处理，例如同意、透明度和正当理由等问题，则 GDPR 可作为审查这些合同协议的基准。[42]

另一个有争议的问题涉及个人死亡后数据处理协议的重要意义。标准化合同的法律评估涉及合同当事人利益的平衡。由于继承人原本不是协议的当事方，因此在审查合同条款时是否可以或必须考虑他们作为第三方的利益？通常认为，在平衡过程中不应直接考虑第三方和非直接参与合同人员的利益。[43] 然而，如果第三方的间接利益与合同一方的利益相一致，则第三方的间接利益受到保护。[44] 对于遗嘱人来说，可以是对其财产的保全，也可以是对其数据控制权的保全。

如果标准化协议导致互联网公司自动删除数据[45]或账户，或者导致存在孤立的个人数据或孤立的账户，则标准化协议无效，原因有多种。[46]在租赁协议中，在合同终止时归还所存储的货物将是一项必不可少的合同义务。在数字环境之外，还必须授予继承人访问银行账户和存储空间的权限。同样，平台或云合同的目的在于存储数据并具有访问权限。

此外，将孤立数据永久地分配给互联网公司将与数据经济的新兴一般法律原则相冲突。从数据可移植性条款[47]得出结论，立法者希望用户保留对其数据的控制权，而不是赋予互联网公司。此外，鉴于在商业平台存在纪念性行为，数据可移植性规定的适用有这样一种意义，即此类平台之间的竞争由于数据可移植性比率的降低而进一步加剧。从对数据所有权引入的讨论中也可以得出类似的论点。[48] 这种权利的预期受益人不是互联网公司。最后，这样一项合同条款将是无效的——根据该条款，社交媒体账户可以根据第三方的简单通知进入纪念领域。[49] 在这种情况下，如果约定任意第三人可以决定账户持有人

---

[41] For further details see for example Fuchs (2016)，§ 307 para.239.
[42] For a thorough discussion see for example Wendehorst/Graf von Westphalen (2016)，Graf von Westphalen (2017).
[43] Fuchs (2016)，§ 307 para.133.
[44] Wurmnest (2017)，§ 307 para.50.
[45] An agreement which provides for an automatic deletion of an account considered as invalid by many authors, see Gloser (2016a)，13；Alexander (2016)，306；Raude (2017)，20；Lange/Holtwiesche (2016b)，128；Gloser (2016b)，548；Herzog (2013)，3751
[46] A legal assessment of different standardized agreements can be found with Seidler (2015)，143 et seq；Kutscher (2015)，116 et seq.
[47] For data portability see 6.
[48] For the discussion on a possible data ownership see 3.
[49] Leipold (2017)，para.29.

或其继承人是否可以继续使用账户,则该合同条款是无效的。

7.4 关于继承人合法化的合同规定

互联网平台的一般条款和条件通常要求继承人在获取个人数据或遗嘱人账户时证明其作为继承人的法律地位。[50] 关于继承人的合法化要求,可以援引德国联邦最高法院关于银行账户的判例法。[51]

在一个案例[52]中,银行和遗嘱人之间的一般合同协议要求,在遗嘱人死亡后,继承人只有出示继承证书才能进入账户。即使继承人可以提出遗嘱人的公开遗嘱,即使他作为继承人的地位毫无疑问,银行的一般条款和条件也只允许法院签发的继承证书作为证明文件,德国联邦最高法院在一般条款和条件中宣布此类协议无效。

与此类似,要求继承人提交爱尔兰法院颁发给该平台的命令的在线平台的一般条款也可能是无效的。[53] 这种要求实际上会使继承人更难获得继承权,并削弱遗嘱人和继承人决定继承权命运的能力。然而,这项权利是宪法对财产保障的一部分。

在由柏林地方法院决定的 Facebook 案件中,一般条款和条件规定,任何第三者都可以向 Facebook 报告账户所有者的死亡,然后将该账户置于纪念状态。因此,即使继承人可以确立其账户继承人的身份,也将无法撤销被继承人的账户。柏林地方法院宣布,这一规定不足以确保遗嘱人或继承人可以决定账户的命运。[54]

7.5 基于合同法和死亡后个人数据的结论

但是,一般条款和条件需要经过法律审查。关于继承人的合法性要求,可以援引与银行账户有关的条款,但是许多问题仍然悬而未决,特别是在许多情况下很难确定使用平衡利益相关者的规范基准。

一般条款和条件的法律控制由以下事实证明是合理的:格式条款通常不进行协商,而是由一方单方面强加,而且很可能没有充分注意细节。当涉及在互联网上缔结并处理个人数据的合同时,这种理由尤为重要。因此,个人数据的性质并不妨碍对合同义务的审查。相反,对个人数据进行这样的审查更为必要。这一事实在以下方面得到了支持:《通用数据保护条例》就透明度和数据主体同意的有效性施加了特殊规则。因此,在整体方法上,合同法和数据保护法的这一共同目标应得到重视。

8 继承法和死亡后个人数据的处理

特别是从继承法的角度来分析死后数据的法律处理。

---

[50] For further examples see 1.
[51] See also Deutscher Anwaltsverein (2013), 62 et seq.
[52] BGH, IX ZR 401/12, 8 October 2013.
[53] Lange/Holtwiesche (2016a), 489; Raude (2017), 23.
[54] LG Berlin, judgment of 17 December 2015 – 20 O 175/15B. II. 2. e.

8.1 普遍继承原则与形式要求

多数国家的继承法,例如德国[55]、比利时[56]和荷兰[57]一般坚持普遍继承的基本原则。普遍继承是指死者的遗产作为一个整体自动地传给继承人。一般来说,不需要将个人资产单独转让给继承人。相反,继承人通过法律的操作拥有遗嘱人的法律地位。继承人对遗产享有放弃的权利。[58]

继承的一个基本前提是,特定资产在死亡时构成遗产。因此,如果遗嘱人在其有生之年对某一特定资产进行了具有法律效力的合同处分,则该资产不会以普遍继承的方式传给继承人。然而,如上所示,关于数据的合同受到某些要求的约束。此外,如果此种处分被限定为死亡后处分[59],则可以适用继承法的形式要求。如果正式要求适用但未得到遵守,则处置无效。目前还没有认识到数字技术能够满足固有法的形式要求。[60] 在继承法中,形式要求起到了警示作用。他们试图使遗嘱人意识到其行为的范围和重要性,并创造法律保障。这一目标尤其适用于个人数据。因此,在综合方法中,这一基本原理应该有空间。

关于对个人数据适用继承法的整体方法,需要讨论三个主要问题:个人数据的无形特征、个人特征以及潜在合同关系的可能定制特征。

8.2 个人数据的可继承性与无形性

第一个问题是,数据或社交媒体账户的无形性是否构成了可继承性的障碍。

物权法意义上的物质,也就是"东西",可以指诸如继承人继承数据载体。如上所述[61]根据德国版权法第28条,版权也是可继承的。[62] 因此,法律明确规定,版权的无形性并不排除其继承性。

然而,数据所有权地位的存在不是数字资产可继承的先决条件。继承法的普遍继承原则不仅适用于所有权地位,也适用于死者的合同权利。[63] 对保存在账户、平台或云存储中的数据的访问是基于服务提供商和遗嘱人之间的合同关系。[64] 这包括死者为获得通行权而提出的合同要求。这种法律地位构成了德国民法典第1922条第1款所指的"遗产"的一部分,因此根据普遍继承原则传给继承人。[65] 应当指出的是,关于建立数据所有权的讨论并不局限于一个人死亡前的时间。[66] 很明显,访问社交媒体账户或个人数据的可继

---

[55] See § 1922 BGB.
[56] See Maeschaelck (2018), 40.
[57] See Berlee (2017), 256.
[58] Lange/Holtwiesche (2016b), 162.
[59] The distinction between a disposition during lifetime and a disposition upon death is in general discussed by for example Müller-Christmann (2017), § 1937 para. 3.
[60] Harbinja (2017), 254; Maeschaelck (2018), 41.
[61] For a discussion on personal data and intellectual property law see 3.
[62] For the inheritability of the author's right in Belgium see Maeschaelck (2018), 39.
[63] Leipold (2017), § 1922 para. 20.
[64] For the UK Harbinja (2017), 254.
[65] For a similar solution under Belgian law see Maeschaelck (2018), 40.
[66] Chrobak (2017), recital 1.

承性可以在不创建数据所有权的情况下实现。然而,在某些情况下,财产法可能提供比合同债权更强有力的法律保障,例如在破产的情况下。[67]

总而言之,数据或社交媒体账户的无形特征并不构成可继承性的障碍。此外,构成数据访问基础的契约关系是可继承的。

8.3 个人数据的可继承性和私有性

需要进一步分析的是,个人数据或社交媒体账户的私人性质是否构成了普遍继承的继承法原则适用的障碍。有些法律权利由于其高度的个人性质而无法继承,例如人权、领取失业救济金的权利或人格权的个人因素。[68] 相比之下,人格权的商业要素是可继承的。此外,还存在一项保护死者记忆的人格权。

关于社交媒体账户,因为该账户可能包含个人性质的内容,所以讨论了是否应拒绝继承人访问该账户及其数据。

一些作者认为,这样的账户、数据和电子邮件不应该被继承,[69]否则将与遗嘱人的死后人格权发生冲突。相反,此类内容应转发给管理死者死后人格权的近亲。[70] 这种观点会带来严重的实际问题,[71]例如电子邮件需要根据其内容分为不同的类别。具有商业性质的电子邮件必须转发给继承人,而更具个人性质的电子邮件则需要转发给近亲。此外,如果委托互联网公司甚至分包商对个人和非个人电子邮件进行这种分离,也不一定有助于保护遗嘱人生前的人格权。

根据主流观点,数字资产的可继承性不取决于数据的内容或其可能的私有字符。[72]在某些情况下,德国继承法未对具有个人特色的物品做特殊规定。相反,法律明确规定将个人财产作为遗产的一部分,并将其转移给继承人。例如,根据德国民法典第2047条Ⅱ款继承人在继承财产中的分配规定,涉及遗嘱人个人情况的文件是继承人的共同财产。因此,法律以普遍继承的原则为前提,尽管它们具有很高的个人性,但仍适用于此类文件。此外,关于全部遗产的出售,德国民法典第2373条Ⅱ款规定,在有疑问的情况下,家庭文件和家庭图片不视为已出售,而是由继承人保留。因此,数字资产的可继承性在这两部法律中都得到了体现,甚至将高度个人化的内容也转移给继承人。[73] 因此,例如,纸质的信件和日记本将被移交给继承人,且不受任何限制。[74] 没有理由对数字信件和数字日记进行不同的处理。这种观点与死后的人格权并不矛盾。死后人格权由死者的近亲管理。如

---

[67] Maeschaelck (2018), 40.
[68] For dual character of the right to personality consisting of a personal element and a commercial element see 5.
[69] Hoeren (2005), 2114.
[70] Hoeren (2005), 2114.
[71] Deutscher Anwaltsverein (2013), 52.
[72] See for example Solmecke/Köbrich/Schmitt (2015), 291; Salomon (2016), 326; Klas/MöhrkeSobolewski (2015), 3474; Raude (2017), 19; Lange/Holtwiesche (2016b), 126.
[73] Steiner/Holzer (2015), 263; Herzog (2013), 3748; Gloser (2016a), 16; Raude (2017), 19; Alexander (2016), 303.
[74] Leipold (2017), para.24.

果近亲不是继承人,遗嘱继承人发布个人信息,例如,遗嘱人的生活图片被毁,近亲仍然可以(并且仅)采取法律行动。

在所讨论的案例中,柏林高等法院留下了一个悬而未决的问题,即 Facebook 账户的继承能力是否因其可能的个人特征而被排除在外。[75] 在本案中,父母不仅是继承人,而且是已故女儿的法定监护人。因此,他们也在行使已故女儿死后的人格权。

8.4 特殊合同的继承性

访问个人数据和访问社交媒体账户通常基于合同。如果合同关系是个性化的,并且是专门针对遗嘱人的,则可以排除合同义务的继承性。德国民法典第 399 条第一个例子排除了权利转让,如果合同方进行变更,合同履行的内容将发生重大变化。

例如,这一规则并不排除使用特定域名的合同权利的继承性。[76] 法院还裁定,这一论点并不排除社交媒体账户的继承性。[77] 社交网络的合同履行包括提供通信平台的技术基础设施。这项服务不是专门为遗嘱人修改的。此外,社交平台的会员资格不包括身份检查。此外,在柏林地方法院和柏林高等法院决定的案件中,继承人不寻求账户的延续,而是寻求账户内容的获取。[78] 在一个关于银行账户的案件中,德国法院区分了继承人获得这笔钱和继承人继续履行银行账户合同。[79] 只有后者可以被银行拒绝,因为这种情况带有个人性质。同样,对于社交媒体账户,一方面需要区分对账户和其中的个人数据的访问,另一方面需要区分合同的延续。只有以服务合同是为遗嘱人专门定制而被拒绝的情况下,合同才有可能延续。

8.5 基于继承法和死亡后个人数据的结论

综上所述,德国继承法的一般原则允许对综合方法的可能性特征进行一些深入了解。继承法的若干目标和立法者的若干决定与个人数据是相关的:

个人数据的无形性不排除数字资产的可继承性。此外,形式要求的比率更适用于个人数据和数字资产,两者都可能具有相当大的经济价值。继承法关注的是继承人的经济地位转变为继承人的继承。因此,人格权的商业要素是可以继承的。关于个人信件和家庭照片的可继承性,继承法表明,资产的个人特征不构成可继承性的障碍。当且仅当这些个人信息被用来破坏遗嘱人的记忆时,遗嘱人才受死后人格权的保护。第三方也受到人格权的保护,以防继承人滥用其数据。

储存数据的合同关系一般不针对遗嘱人。因此,不排除可继承性。即使存在专门定制的合同,也必须区分合同的延续和继承人对个人数据的访问。

---

[75] KG Berlin, judgment of 31 May 2017 – 21 U 9/16, 24.
[76] For the legal situation in Belgium Maeschaelck (2018), 40.
[77] KG Berlin, judgment of 31 May 2017 – 21 U 9/16, 20; Lange/Holtwiesche (2016b), 129 who point to the fact that the social network business is aimed at a high number of people in a standardized way.
[78] This distinction is also made by Herzog (2013), 3749; Gloser (2016a), 14.
[79] The comparison with banking accounts is made by Bräutigam (2014), Anhang Digitaler Nachlass, para. 5.

9 电子通讯的保密性和死亡后个人数据的处理

个人数据通常不保存在遗嘱人的硬件上,而是保存在服务提供商拥有的硬件上,或者例如保存在云存储中。访问这些数据需要传输数据。在许多情况下,在社交媒体账户或电子邮件账户的示例中,第三人与服务提供商和遗嘱人之间涉及传输。即使继承法和合同允许继承人使用遗嘱人的账户和个人数据,但电信保密规则可能会阻止这一点。在这种情况下,对电信通信秘密的保护将凌驾于继承法和合同法的目标。

然而,关于电信保密的规定在保存个人数据的社交媒体账户上是否适用以及在多大程度上适用尚存在争议。在德国 Facebook 一案中,柏林地方法院没有将电信保密视为在数据主体死亡后发放个人数据的障碍,继承人可以访问社交媒体账户和个人数据。[80] 相比之下,作为二审法院的柏林高等法院驳回了该判决,认为有关电信保密的规定确实适用。[81] 柏林高等法院承认已向德国最高法院提出上诉,此案仍在审理中。

9.1 电子通讯保密性的基本原理及其在 OTT 服务方面的三层延伸

在德国,电信的保密性受宪法第 10 条和德国电信法第 88 条(T)的保护。然而,对于社交媒体账户或通过互联网平台保存的个人数据,这些规则只有通过解释,进行三步延伸才能适用。

首先,德国宪法第 10 条中的权利最初是作为反对政府措施的保障。然而,这一规定被解释为在私人之间也有直接的横向影响。因此,德国宪法第 10 条和德国电信法第 88 条适用于互联网公司与继承人之间。

电信保密条款的第二次扩展具有这样一个意义,即不要求公司本身传输信号。之所以保护电信保密,是由于信号传输的技术过程特别容易受到秘密或公开行为的干预。因此,关于电信保密的规定此后一直保持不变,以防止国家对技术传输基础设施的干扰。

像社交网络或电子邮件服务这样的互联网平台被归类为所谓的 OTT 通信服务(over-the-top 通信服务)。[82] OTT 公司仅向其客户提供软件服务,而不是通过他们自己拥有的电信基础设施传输信号。相反,互联网平台及其客户利用独立公司(如互联网提供商或传统电信企业)的传输线。然而,在先前的一个案例中,德国联邦宪法法院[83]裁定,关于电信保密的规定也适用于 OTT 服务公司。在本案中,作为刑事诉讼的一部分,国家没收了保存在电子邮件服务公司服务器上的电子邮件。

对电信保密条款的扩大解释体现在第三种意义上。根据德国联邦电信局的规定,这些规则的应用并不局限于保护正在进行的电信过程。[84] 相反,如果已经被收件人接收和

---

[80] LG Berlin, judgment of 17 December 2015 – 20 O 175/15 B. II. 2. e.
[81] KG Berlin, judgment of 31 May 2017 – 21 U 9/16, 45.
[82] On OTT services and the German telecommunications law see Deusch/Eggendorfer (2007), 96 et seq.
[83] BVerfG, judgment of 16 June 2009 – BvR 902/06.
[84] BVerfG, judgment of 16 June 2009 – BvR 902/06, para.47.

读取的消息被保存在OTT公司的服务器上,那么即使已经完成了对收件人的传输,这些消息也会受到保护。相反,如果电子邮件保存在计算机存储器中,对于用户来说电信保密规则将不适用。

9.2 有关继承人可能存在的电子通讯保密的例外情况

在继承人寻求使用社交媒体账户的法庭案件中,这三种扩大解释电信条款的方式同时发挥作用。作为扩大解释的结果,柏林地方法院[85]和柏林高等法院[86]规定电信保密条款适用于OTT服务提供商,如社交网络。[87]

然而,电信法是否完全适用于社交媒体并非毫无争议。例如,德国联邦网络局(Bundesnetzagentur)自2012年起就假定电子邮件提供商受其监管权的约束,该监管权基于德国电信法和欧洲基本法律。然而,2018年,一家名为OVG Münster的德国法院将这一问题提交给了欧洲法院,即电信条例是否适用于电子邮件提供商。

即使德国电信法及其关于电信保密的规定被视为适用,法定例外情况也可能适用于寻求访问社交媒体账户和其中存储的数据的继承人。

柏林地方法院与柏林高等法院在二审中的判决相反,它发现在允许继承人访问社交媒体账户时,存在一个例外。根据TKG第88条Ⅲ款,为提供电信服务需要,电信服务提供商可以将通信内容告知自己或他人。柏林地方法院认为,这一例外是适用的,因为根据继承法,公司由于其业务关系,负有将账户中的数据传给继承人的法律义务。[88]

柏林高等法院[89]驳回了这一理由,根据TKG第88条Ⅲ款。该条款包含了对某些特别严重刑事犯罪的电信保密例外。如果能够找到这些信息,电信公司有法律义务将这些信息转交检察机关。德国政府的结论是,只有TKG明确规定的这一法定义务才有资格获得例外。相比之下,对于履行其他法律义务,如将遗嘱人的财产移交给继承人的义务,TKG也不例外。该解释将由德国最高法院审查。

10 结论

关于遗嘱人死亡后个人数据法律处理的讨论揭示了在示范性案件方面,以及从整体角度来看,对个人数据采取整体办法的可能特点。

10.1 典型的案例和综合可行的方法

关于继承人在遗嘱人死亡后使用互联网账户和个人数据的问题,目前存在许多未解

---

[85] LG Berlin, judgment of 17 December 2015 – 20 O 175/15 B. II. 2. e.
[86] KG Berlin, judgment of 31 May 2017 – 21 U 9/16, 30 et seq.
[87] OVG Münster – 13 A 17/16 see Press Release 26 February 2018.
[88] LG Berlin, judgment of 17 December 2015 – 20 O 175/15 B. II. 2. e.
[89] KG Berlin, judgment of 31 May 2017 – 21 U 9/16, 30 et seq.

决的法律问题,不同法域的缺点和分歧也逐渐显现。[90] 然而,确定的是可以适用不同法律领域的一些准则。

数据保护法根据其传统原理不适用于死者。关于活人的个人数据,隐私规则在许多情况下是适用的。例如,将通讯簿交给继承人在大多数情况下不受隐私法的约束。毕竟,如果遗嘱人和其他活着的人的数据被继承人以损害其名誉的方式使用,他们的(死后)人格权将受到保护。因此,数据保护法[91]和死后人格权[92]一般不被视为继承人获取个人数据或社交媒体账户的障碍。财产法和知识产权法不适用于或仅在少数情况下适用于遗嘱人死亡前后的个人数据。在数据上设定特殊的知识产权本身并不是适用继承法的先决条件,因为获取数据的合同是可继承的。有关个人数据的合同是可以接受的,并可能影响个人数据的事后处理。然而,像一般条款和条件这样的标准化协议需要接受法律审查。关于个人数据,进行这种审查的理由特别相关。根据继承法的目的,个人数据的无形性并不妨碍继承法的适用。此外,立法者决定明确规定包含个人数据的模拟信件也具有可继承性,这表明立法者认为隐私法不妨碍继承法的适用,但不保证对数字信息进行特殊处理。获取数据访问权的合同声明通常不会以使访问权声明不可继承的方式定制给遗嘱人。正如银行账户的例子一样,人们必须区分继承人要求进入的权利和要求继续履行合同的权利。一般来说,只有后者是不可转让的。

关于电信保密,在继承人访问遗嘱人的社交媒体账户和存储在其中的个人数据时,德国规则的适用范围和例外情况存在争议。德国最高法院作为第三审法院,或者更广泛地说,立法机构需要作出澄清。柏林高等法院目前对电信保密条款的解释与其他法律领域的根本目的以及其他法律领域对个人数据采取的做法相冲突。此外,电信保密本身的理由并不支持这种解释。即使继承法和合同法的原则要求允许这种访问,即使其他法律领域不妨碍允许访问,但它对允许继承人访问账户和个人数据具有阻止作用。这些法律领域的目标将被有关电信保密的规则所叠加和消除,而没有起到良好的效果。在那里有几条反对柏林高等法院解决方案的论据。

10.1.1 与普遍继承原则的冲突

对电信保密条款的解释似乎与继承法的普遍继承原则相矛盾。根据 BGB 第 1922 条的规定,继承人依法取代遗嘱人,并接管遗嘱人的所有法律地位和义务。[93] 当继承人要求获得遗嘱人的财产时,将继承人视为电信保密规定意义上的"其他人"似乎是矛盾的。[94]

10.1.2 作为电信保密固有限制的立法比例

还应考虑到,电信保密原则受到自身目标的固有限制。电信的保密性保护了通信过

---

[90] Chrobak (2017), recital 1.
[91] See for example Bock (2017), 397 et seq; Klas/Möhrke-Sobolewski (2015), 3473; Deusch (2016), 194; Knoop (2016), 969.
[92] See for example Bock (2017), 397 et seq; Klas/Möhrke-Sobolewski (2015), 3473; Deusch (2016), 194; Knoop (2016), 969.
[93] Alexander (2016), 303.
[94] Steiner/Holzer (2015), 264; Leipold (2017), para.27.

程的机密性,因为通信伙伴本身只能在有限的程度上控制这个过程。相比之下,电信保密并不保护收件人对信息的保密处理。电文的发送者不能援引电信保密规则来阻止电文的接收者将电文传递给第三人。同样,在模拟信息领域,信件的发送者不能援引邮政服务秘密来阻止信件的接收者将信件传递给第三方。[95]

在柏林高等法院裁定的案件中,未成年女儿生前将其账户的登录数据传递给了她的母亲,而母亲是她的法定监护人。这种情况的处理方式不应与遗嘱人本人或以普遍继承的方式将电文保存在本地数据驱动器或打印出来并传给母亲的情况有所不同。

如果遗嘱人不想让继承人知道信件的内容,他必须销毁信件。在电子信息的情况下,遗嘱人可以自由删除或加密信息。特别是,如果遗嘱人没有表示这种意图,则《电信保密规则》的目的不是承担加密装置的作用。

10.1.3 与数据经济新目标的冲突

柏林高等法院对德国电信保密规则的解释与新兴的数据经济法律原则和目标不符。这种解释将使继承人无法删除立遗嘱人的数据或账户。这将有系统地导致无主社交媒体账户和无主个人数据激增,将防止继承人和近亲删除账户。互联网公司无权删除账户,或许也没有兴趣这样做。最终,无主数据和无主账户的数量将持续增长,这种情况将归因于互联网平台并且这些资产以后可能会被无限期地利用。

以上表明,应避免出现事实上永久归属于互联网平台的孤立个人数据,并且如上所述,[96]孤立数据实际上归属于互联网公司的行为将与新兴的法律政策背道而驰。数据经济原理新创建的有关数据可移植性的规则[97]明确寻求创设权利,使用户可以从 Internet 平台检索其数据。此外,当前有关在数据中引入所有权的讨论并不试图将这种权利分配给平台提供商。而是执行数据主体的角色和自主权。此外,死后人格权由近亲来管理,在许多情况下,近亲与继承人相同。因此,作为默认规则,删除账户或个人数据应该是继承人的任务,而不是互联网公司的任务。

10.1.4 平衡不同宪法权利的必要性

监督女儿在线活动的法律义务。德国法院对父母施加了非常严格的监督职责,甚至命令他们定期学习专业文章,以便更好地监督未成年子女的在线行为。[98] 因此,可以认为,将在线消息发送给未成年人的人可能被推定为同意将消息传递给法定监护人并认为他们可以阅读。[99] 在具体情况下,已故的未成年女儿的账户被匿名第三方停用,并且人们

---

[95] Herzog (2013), 3750.

[96] See 7.3.

[97] See Article 20 Regulation (EU) 2016/679 of the European Parliament and the Council of 27 April 2016 on the protection of natural persons with regard to the processing of personal data and on the free movement of such data, and repealing Directive 95/64/EC (General Data Protection Regulation).

[98] AG Bad Hersfeld, judgment of 20 March 2017 – F 111/17 EASO; AG Bad Hersfeld, judgment of 14 May 2017 – F 120/17 EASO.

[99] A general presumed consent not only for communications with minors is assumed by Steiner/Holzer (2015), 264. The KG Berlin rejects the idea of presumed consent arguing that many but not all minors would their access data on to their parents, see KG Berlin, judgment of 31 May 2017 – 21 U 9/16, 43.

担心该女儿的死亡可能是自杀导致的,则信息的发送者不能期望受到电信保密规则的保护。

总而言之,德国现行的 TKG 中关于电信保密的规定几乎没有让法官们可以在宪法利益之间取得平衡的余地。

10.1.5 需要调整现有条款以适应以前未知的商业模式

必须指出的是,德国现行的电信保密法及其例外在本质上自 1996 年以来就没有改变,最初并不是针对 OTT 服务而设计的,OTT 服务是一种相对较新的现象。关于将这一规定适用于 OTT 的困难的一个解释可能是法院在扩展该规定方面存在不对称性。如上所述,关于适用范围,法院已将原始规定扩大了三倍。相比之下,电信保密例外的措辞则几乎没有解释和适应 OTT 服务的空间。因此,立法机关需要澄清电信保密在 OTT 服务方面的作用,更具体地说,是在数据当事人去世后对个人数据的法律处理方面的作用。德国律师协会最早于 2013 年提出了一项提案,以修改德国关于电信保密的规定。⑩ 拟议的 TKG 第 88 条 V 款将规定继承人电信保密的例外。

10.2 综合方法的可行性特征

从整体方法可能特征的更普遍的角度来看,遗嘱人去世后对个人数据的法律处理通常不受一套固有规则的约束,而是由各个领域的法律所决定。不同法律领域追求不同的目标。将这些规则以累积的方式应用于特定场景,可以确保为不同的法律领域留出空间以实现其目标。因此,一种整体方法试图从一开始就确保并可以考虑各个法律领域的目标。由此,为调和不同的关注点创造了基础。将不同法律领域的一般规则应用于个人数据构成了包含不同关注点的间接法规。相比之下,仅应用单个法律领域的规定将忽略其他法律领域可能的合法目标。对一个法律领域的关注很可能是不完整的,并且没有充分考虑到可能受到其他法律领域的保护。

通常情况下,不同法律领域的规定不会专门设计成适用于个人数据的情况。⑪ 但是,在很多情况下,单项规定对专门为其创建的案件的排他性应用可能无法从整体方法的意义上达成令人满意的解决方案。没有单一类型的数字资产。⑫ 更笼统地说,几乎没有单一类型的业务模型使新的业务模型起作用的关注需要与其他受影响的法律关注相平衡。但是,应归功于使业务模型发挥作用的权重因不同的业务模型和不同的法律问题而有所不同。此外,两个服务于相同目的的竞争商业模式可能会在不同程度上影响法律问题。在某些情况下,最好不要搁置顾虑,并因此不允许业务模型,以维持建立类似业务模型的动机,这种动机在较小程度上损害了受保护的利益。相反,在案例中仅存在个人数据并不意味着一般可以忽略其他法律领域的目标。总而言之,不可能将所有不同的业务模型以及如此广泛的差异都包含在单个条款中。因此,整体方法并不一定意味着单个或专门定

---

⑩ Deutscher Anwaltsverein (2013), 6.
⑪ Alexander (2016), 307; Lange/Holtwiesche (2016b), 131.
⑫ Berlee (2017), 256.

制的规定已被创建或可以被应用。与应用单个专门定制的规范相比,适用不同法律领域的规定可能会产生更细微的差别。当然,如果可以实现令人满意的单个条款的设计,这将增强法律安全性。

在适用不同法律领域的规定时,必须确定其目标。在涉及个人数据的情况下,需要检查是否需要应用这些规定才能实现其目标。应当避免即使一项规定的目标不需要再次经过规定,也应予以适用。在这种情况下,该规定仅会偶然适用,并且可能会由于意料之外的后果而阻碍建立有益的商业模式,因为先前的立法者并未考虑到这种商业模式。如果某条规定的目的不适用,但必须要求该条规定适用,则应由立法者对法规进行审查。例如,根据上面的讨论,必须检查将电信保密条款应用于OTT服务是否真的限制继承人和父母的宪法权利。而且,应该更加仔细地研究与模拟世界规则的协调,即与职位保密性的协调。

同样,可能会出现相反的情况。特定法律领域试图实现的目标可能适用于涉及个人数据的特定情况,但该规定可能无法适用有关案件。在这种情况下,由于立法者没有考虑到这种特殊的新商业模式,因此手头的案件会意外地逃脱了条款的适用。在这种情况下,应考虑修改法院或立法者的规定,以避免案件的结果是偶然决定的。通常,只有在发现市场失灵的情况下,才应进行法律改革。不同法律领域的目标可能会相互冲突,或者担心会给新的商业模式造成不必要的负担。在某些情况下,有可能确定一些规定,在这些规定中,立法者(例如在模拟案件方面)已经决定对冲突给予何种重视。在这种情况下,必须检查该决定是否可以转移到涉及个人数据的情况下,或者是否由于存在个人数据而需要特殊对待。例如,继承法明确规定,信件的私密性不会妨碍将其移交给继承人。同样,有关职位保密性的规定也明确指出,这种保密性对指定可以接收信件的受托人不构成障碍。

如果现有法律中没有迹象表明如何平衡不同的法律关注点,那么,立法机关和法院必须权衡不同的目标和对隐私的关注以及不给新的商业模式造成负担。尽管如此,整体方法的归纳式发展过程可以帮助识别以更简单的方式找到解决方案的情况,从而可以促进学习过程。可以发现缺点和共同特征,并且作为一种可能的协同作用,在一个领域中采取的特定方法可以启发或补充其他法律领域的解决方案。这种整体方法将需要时间来发展,因为需要考虑的场景是复杂且性质不同的。此外,通过对其他司法管辖区的案件进行分析并进行法律比较,可以丰富这种学习过程。

参考文献

Alexander, C. (2016), Digitaler Nachlass als Rechtsproblem, K&R 2016, 301.
Berlee, A. (2017), Digital Inheritance in the Netherlands, EuCML 2017, 256.
Bock, M. (2017), Juristische Implikationen des digitalen Nachlasses, AcP 2017, 370.
Bräutigam, P. (2014), in: Burandt, W./Rojahn, D. (Eds.), Erbrecht, 2nd ed., C. H. Beck.
Chrobak, L. (2017), Digital Estate Revisited, Jusletter IT Flash 11 Dec 2017.
Deutscher Anwaltverein (DAV) (2013), Stellungnahme Nr. 34/2013 zum Digitalen Nachlass, 52, available at: https://anwaltverein.de/files/anwaltverein.de/downloads/newsroom/stellungnahmen/

2013/SN-DAV34-13.pdf.

Deusch, F. (2016), Digitaler Nachlass- Vererbbarkeit von Nutzerkonten in sozialen Netzwerken, ZEV 2016, 189.

Deusch, F./Eggendorfer, T. (2007), Das Fernmeldegeheimnis im Spannungsfeld aktueller Kommunikationstechnologien, K&R 2007, 93.

Drexl, J. (2017), Neue Regeln für die Europäische Datenwirtschaft?, NZKart 2017, 339.

Fuchs, A. (2016), in: Ulmer, P./Brandner, H. E./Hensen, H.-D. (Eds.), AGB-Recht, § 307 para. 220, 12th edition, Dr. Otto Schmidt M.-O. Mackenrodt.

Gebauer, J. (2015), Digitale Verlassenschaft, Akademiker Verlag.

Gloser, S. (2015), "Digitale Vorsorge" in der notariellen Praxis, DNotZ 2015, 4.

Gloser, S. (2016a), "Digitaler Erblasser" und "digitale Vorsorgefälle"- Herausforderungen der Online-Welt in der notariellen Praxis- Teil I, MittBayNot 2016, 12.

Gloser, S. (2016b), Digitaler Nachlass, DNotZ 2016, 545.

Graf von Westphalen, A. (2017), Nutzungsbedingungen von Facebook- Kollision mit europäischemund deutschem AGB-Recht, VuR 2017, 323.

Harbinja, E. (2017), Digital Inheritance in the United Kingdom, EuCML 2017, 253.

Herzog, S. (2016), Der digitale Nachlass ist in der Rechtswirklichkeit angekommen, ErbR 2016,173.

Herzog, S. (2013), Der digitale Nachlass - ein bisher kaum gesehenes und häufig missverstan-denes Problem, NJW 2013, 3745.

Hoeren, T. (2005), Der Tod und das Internet - Rechtliche Fragen zu Verwendung von E-Mail undWWW-Acounts nach dem Tode des Inhabers, NJW 2005, 2113.

Klas, B./Möhrke-Sobolewski, C. (2015), Digitaler Nachlass - Erbenschutz trotz Datenschutz, NJW 2015, 3473.

Knoop, M. (2016), Digitaler Nachlass- Vererbbarkeit von Konten (minderjähriger) Nutzer in Sozialen Netzwerken, NZFam 2016, 966.

Kuntz, W. (2016), Zugang der Erben zum Facebook-Nutzerkonto, FuR 2016, 398.

Kunz, L. (2017), in: Staudinger Kommentar zum BGB, § 1922 para. 594 ff, 13 th ed., Sellier-deGruyter.

Kutscher, A. (2015), Der digitale Nachlass, V&R unipress.

Lange, K. W./Holtwiesche, M. (2016a), Das digitale Erbe - eine rechtstatsächliche Bestandsaufnahme, ErbR 2016, 487.

Lange, K. W./Holtwiesche, M. (2016b), Digitaler Nachlass - eine Herausforderung für Wissenschaft und Praxis (Teil 1), ZErb 2016, 125.

Leipold, D. (2017), in: Münchener Kommentar zum BGB, § 1922 para. 24 ff, 7th edition, C. H. BeckMackenrodt, M.-O. (2018), Digital Inheritance in Germany, EuCML 2018, 41.

Maeschaelck, B. (2018), Digital Inheritance in Belgium, EuCML 2018, 37.

Martini, M. (2015), Trauer 2.0 - Rechtsfragen digitaler Formen der Erinnerungskultur, GewArch Beilage WiVerw 2015, 35.

Müller-Christmann, B. (2017), in: BeckOK BGB, § 1922 para.99 ff, 42nd edition, C. H. Beck.

Nemeth, K./Carvalho, J. M. (2017), Digital Inheritance in the European Union, EuCML 2017, 253.

Podszun, P. (2016), Rechtsnachfolge beim digitalen Nachlass, GWR 2016, 37.

Preuß, N. (2017), in: BeckOGK BGB, § 1922 para.347 ff., 375 ff., C. H. Beck.

Raude, K. (2017), Der digitale Nachlass in der notariellen Praxis, RNotZ 2017, 17.

Salomon, P. (2016), "Digitaler Nachlass"-Möglichkeiten der notariellen Vorsorge, NotBZ 2016, 324.

Solmecke, C./Köbrich, T./Schmitt, R. (2015), Der digitale Nachlass – haben Erben einen Auskunftsanspruch? Überblick über den rechtssicheren Umgang mit den Daten von Verstorbenen, MMR 2015, 291.

Seidler, K. (2015), Digitaler Nachlass, Wolfgang Metzner Verlag.

Steiner, A./Holzer, A. (2015), Praktische Empfehlungen zum digitalen Nachlass, ZEV 2015, 262.

Stresemann, C. (2017), in: Münchener Kommentar zum BGB, § 90 para.25, 7th edition, C. H. Beck.

Wellenhofer, M. (2016), Erbrecht: Digitaler Nachlass, JuS 2016, 653.

Wendehorst C./Graf von Westphalen, A. (2016), Das Verhältnis zwischen Datenschutz-Grundverordnung und AGB-Recht, NJW 2016, 3745.

Willems, C. (2016), Erben 2.0 – zur Beschränkung der Rechtsnachfolge in das "digitale Vermögen", ZfPW 2010, 494.

Wurmnest, W. (2017), in: Münchener Kommentar zum BGB, § 307 para.50, 7th edition, C. H. Beck.

Zech, H. (2015), Industrie 4.0 – Rechtsrahmen für eine Datenwirtschaft im digitalen Binnenmarkt, GRUR 2015, 1151.

《通用数据保护条例》与民事责任

Emmanuela Truli*

黄 媛** 译

摘要：《通用数据保护条例》(GDPR)生效于 2018 年 5 月 25 日,同日第 95/46/EC 号指令*** 被废止。《通用数据保护条例》在一定程度上加强了对个人数据的保护,扩大了数据主体权利,因数据泄露遭受损失的原告可以根据第 82 条详尽的赔偿责任条款请求损害赔偿。该条款的修订和阐明旨在：一是将已废除的《数据保护指令》第 23 条纳入国内法。二是对这些规则进行补充。该修正案取得了良好的社会反响。例如明确规定了精神损害赔偿、数据处理者与其他共同侵权人的连带责任以及监管机构对数据主体的代表权。****

1 引言

1.1 新数据保护法法律框架

直至目前,欧洲的个人数据保护法仍受第 95/46/EC 指令(《数据保护指令》)的管辖,该指令由一些部门指令加以补充,① 并被所有欧盟成员国以及欧洲经济区(EEA)国家② 纳入国内法。③ 然而,自从 95/46/EC 指令颁布以来,④ 数据保护领域发生了相当大的变化：首先,过去几年科技的飞速发展扩大了数据收集和共享的规模,给个人数据保护带来了新

---

* Emmanuela Truli,希腊雅典大学民法助理教授。
** 黄媛,法学硕士,贵州省毕节市能源局。
*** 第 95/46/EC 号指令全称是《关于涉及个人数据处理的个人、保护以及此类数据自由流动的指令》,以下简称《数据保护指令》(DPD)。——译者注
**** 《通用数据保护条例》第 26、80、82 条,如果一个以上的数据控制者、处理者涉及侵权,则共同承担连带责任,除非其能证明对损害的产生没有责任。上述司法救济的权利可以由消费者协会代表数据主体行使。——译者注
① 参见欧洲议会和欧洲理事会 2002 年 7 月 12 日颁布的第 2002/58/EC 号指令；关于处理个人数据和保护电子通信部门隐私的第 OJ L 201/37 号指令；欧洲议会和理事会 2006 年 3 月 15 日发布的关于保留与提供公共电子通信服务或公共通信网络的第 2006/24/EC 号指令,以及第二次修订通信网络的第 2002/58/EC 号指令；OJ L 105/54 号指令(数据保留指令)。
② 成员国花了几年时间来执行该指令；参见欧盟委员会关于第 95/46 号指令执行状况的网站：http://ec.europa.eu/justice/data-protection/law/status-implementation/index_en.htm.关于数据保护指令实施的信息,参见 Robinson/Graux/Botterman/Valeri (2009)；Korff (2002)；关于欧洲委员会 2003 年 5 月 15 日数据保护指令实施情况的第一份报告,参见案例号 COM/2003/0265。
③ 欧洲经济区：冰岛、挪威和列支敦士登。
④ 关于第 95/46/EC 号指令颁布十年后的总体评估,参见 Poullet (2006)。

的挑战;⑤其次,欧盟机构在它们之间引入了数据流通机制,将数据处理作为打击跨境犯罪和恐怖活动的一部分,从而进一步增强了欧盟在数据保护上建立确保一致性机制的必要性;⑥最后,与上述密切相关的,对个人数据重要性的认识有所提高,《里斯本条约》将个人数据权利作为欧盟宪法法律下的一项基本权利予以保护。⑦

因此,欧盟早在2009年就开始了对《数据保护指令》的修订也就不足为奇了,经过公众意见征询,欧盟委员会在2010年底发布了相关报告。⑧ 随后,这一进程的所有主要参与者理事会、⑨议会、⑩欧洲数据保护监督机构⑪和第29条工作组⑫就委员会报告和指令修订发表了意见。⑬

2016年4月,欧盟最终通过了数据改革方案,该方案包括:

其一,2016年4月27日颁布的《通用数据保护条例》(EU)2016/679(GDPR)。⑭

其二,基于执法目的处理个人数据时保护数据安全的指令,⑮通常被称为新的《警察和刑事司法合作数据保护指令》,旨在不同司法机构之间建立更有效的数据流通机制。⑯

《通用数据保护条例》生效于2018年5月25日,⑰同日第95/46/EC号指令被废除,⑱国内法与之相冲突的条款不再适用。有人认为,欧盟发布一项取代《数据保护指令》的条例而不是一项新指令,可能会给数据保护界造成冲击,但这种批评是不合理的,因为欧盟委员会在来文中着重列举了由于欧盟成员国之间缺乏协调而给欧盟数据保护带来的阻碍。⑲

在任何情况下,《通用数据保护条例》都表明,其目标一方面是为所有欧盟成员国公民

---

⑤ 参见欧盟理事会,条例COM(2012)11最终版,2012年1月25日,SEC(2012)72最终版,SEC(2012)73最终版。解释性备忘录,参见2016/679/EU序言第6条。关于数据保护随着技术的发展面临的新挑战,参见Final Report (2010) LRDP Kantor Ltd.

⑥ 参见欧盟理事会网页上的信息,网址为:http://www.consilium.europa.eu/en/policies/data-protection-reform/。

⑦ 参见《欧盟条约》第6条第1款,2000年12月7日《欧盟基本权利宪章》(2007年12月12日在斯特拉斯堡修订)和《欧盟基本权利宪章》第8条规定的权利、自由和原则。参见《欧盟运行条约》第16条和《欧洲人权公约》第8条。

⑧ 参见欧盟委员会《欧盟委员会致欧洲议会、理事会、经济和社会委员会以及地区委员会的函件——关于欧盟个人数据保护的全面方针》,COM(2010) 609 final, 4 November 2010.

⑨ 参见欧洲理事会《欧盟理事会关于委员会致欧洲议会和理事会的函件的结论——关于欧盟个人数据保护的全面方针》,2011年2月24日和25日在布鲁塞尔举行的第3071号司法和内政理事会会议。

⑩ 参见2011年3月15日欧洲议会公民自由、司法与内政委员会《关于欧盟全面保护个人数据的工作文件(1和2)》。

⑪ 参见2011年1月14日关于欧盟委员会关于"对个人数据保护采取全面方针"的来文的意见。

⑫ 参见第29条工作组给副主席雷丁的信,关于第29条工作组对2011年1月14日欧盟委员会"全面保护个人数据"的来文的回应。

⑬ See De Hert/Papakonstantinou (2012), 130, 131 et seq.

⑭ 2016年4月27日欧洲议会及欧洲理事会第2016/679号,在个人数据的处理及其自由流动方面对自然人的保护,以及废除指令95/46/EC(《数据保护指令》),[2016] OJ l 119/1。

⑮ 2016年4月27日欧洲议会和理事会关于保护自然人的第2016/680号指令(欧),主管部门为了预防、调查、侦查或起诉刑事犯罪,执行刑事处罚以及数据自由流动的目的来处理个人数据。主管部门废除了理事会2016年5月4日第2008/997/JHA号框架决定、OJ l 119/89号指令(《警察和刑事司法数据保护指令》)。该指令必须在2018年5月6日之前由成员国转化。

⑯ 参见2016年4月14日欧盟委员会《新闻稿》(IP 16-1403)《关于最终通过欧盟个人数据保护新规则的联合声明》。关于届时待定的数据保留,改编参见Robinson (2012), 394 et seq.。

⑰ 参见《通用数据保护条例》第99条。

⑱ 参见《通用数据保护条例》第94条。

⑲ 参见De Hert/Papakonstantinou (2012), 132,详情参见欧盟委员会来文2.2。

提供充分的保护,[20]另一方面是为企业提供便利,同时减轻额外的行政负担。[21] 因此,《通用数据保护条例》作出了一些修改,包括明确提出了"被遗忘权"、[22]个人信息处理情况的查询权、[23]数据泄露时的知情权、[24]数据设计和默认保护,[25]废除了一般通知义务[26]并以"数据保护影响评估"取而代之,[27]加大了对违约者的罚款等。[28]

1.2 数据泄露案例

当今信息社会中,个人数据可以被各种组织出于各种目的收集和管理(例如客户关系管理、人力资源管理、服务需求、医疗与供给行为分析等)。个人数据的概念及保护需求的核心是数据主体。[29] 根据《数据保护指令》规定,数据主体是指与该数据相关的任何个人,只要这个人是已识别或可识别的。以下是数据主体可能遭受数据泄露损害的情形:[30]个人数据泄露可能实际发生在当前意想不到的情形下。个人数据的来源可能是数据主体主动提供或数据控制者非法获取,也可能是数据主体与数据控制者存在合同关系。为了明确起见,接下来将对以上内容作进一步说明:

案例1:某电子邮件用户或者互联网公司的客户遭到黑客攻击。在关闭网站前,包括其信用卡在内的所有信息在互联网网页上被自由地访问了将近24小时。他担心自己可能成为身份欺诈的受害者,不得不冻结自己的信用卡账户。[31]

案例2:有个人的姓名被无正当理由地储存在记录雇员欺诈的数据库中,他无意中发现自己被列入了欺诈名单,理应要求删除自己的名字。此时删除信息可能出现两种情况:

其一,有关他的数据在申请新工作前已被删除,他就能免受经济损失(财产损失),只有精神损害。

其二,有关他的数据在未来雇主访问后才被删除,则会阻碍他获得新工作。[32]

---

[20] 参见《通用数据保护条例》序言第10条及法律条文第1条。
[21] 参见《通用数据保护条例》第1条、第9条。关于新规对企业的影响,例如参见欧盟委员会(2016),从便利企业跨国扩张,降低成本,创造公平竞争环境等方面给予优惠。
[22] 参见《通用数据保护条例》序言第65—66条,第156条和法律条文第17条。参见欧盟法院通过冈萨雷斯诉Google及西班牙分支机构案(CJEU, Google Spain SL, Google Inc. v Agencia Espanola de Protectión de Datos, Mario Costeja Gonzàles),案例号:C-131/12, ECLI:EU:C:2014;317 and Kranenborg, *EDPL* 1/2015, 70。
[23] 参见《通用数据保护条例》序言第39条以及法律条文第15条。
[24] 参见《通用数据保护条例》序言第8—87条和第30条和第31条。关于美国黑客攻击频率的大量真实案例,参见Foresman (2015), 344 et seq.。
[25] 参见《通用数据保护条例》序言第78条以及法律条文第25条。
[26] 参见《通用数据保护条例》序言第89条。
[27] 参见《通用数据保护条例》第35条。目前生效的《数据保护指令》没有关于影响评估的规定。该指令作为数据保护影响评估要求的先行者,规定了事先检查;该指令第17条也可以为这种影响评估提供法律依据。关于数据保护影响评估的新颖性的资料,参见Dijk/Geller/Rommetveit (2016), 287 et. seq.。关于"数据保护影响评估"一词的定义,参见Wright/De Hert (2012), 5"评估项目、政策、计划、服务、产品或其他举措对个人隐私的影响,处理个人信息时,与利益相关者协商采取必要的补救措施,以避免或尽量减少负面影响"。
[28] 参见《通用数据保护条例》序言第148—152条和法律条文第82条。
[29] 参见《通用数据保护条例》序言第89条。
[30] 参见《数据保护指令》第2条第(a)款。
[31] 参见英国数据保护机构的案例,网站地址:https://ico.org.uk/for-organisations/guide-to-data-protection/principle-6-rights/compensation/。
[32] 同上注。

案例3：有个人在其注册的网络平台账号上发布个人照片并发表政治言论，且指定部分人可见。但网络平台却意外地将这些信息公之于众，导致所有人都能看到她的个人照片和政治评论，这令她感到难堪，也可能导致她被解雇。

个人因数据泄露导致的精神损害或财产损失，有损害赔偿请求权，可以请求法院判决，以行使其访问个人数据、阻止处理或公开数据，以及更正、屏蔽或删除不准确的个人数据的权利。直至目前，这些诉讼的法律依据是将《数据保护指令》纳入成员国（欧盟和欧洲经济区）法域内，或者是基于一般合同性和非合同性的国内法。首先，本文介绍了在已废除的《数据保护指令》下，受害人可以向数据控制者或第三方采取不同的民事措施（合同性和非合同性、补偿与否）。其次，本文试图预测《通用数据保护条例》对个人数据保护制度的影响。㉝ 同时，《通用数据保护条例》明确分析了电子商务侵权可能引发的诉讼请求、㉞ 违法内容的托管责任以及显失公平的合同条款，不在此列，需予以特别关注。

2 根据已废除的《数据保护指令》提出的民事权利主张及其他权利主张

2.1 第 95/46/EC 指令及其转化的国内法第 23 条

第 95/46/EC 号指令要求成员国授予数据主体司法救济的权利，㉟ 特别是针对数据控制者的司法救济。第 23 条（责任）条款规定：

1. 各成员国应规定，任何因违反本指令或根据本指令转化的国内法的处理行为而遭受损害的人都有权向数据控制者请求赔偿。
2. 若数据控制者能证明其对损害没有过错，可以全部或部分免除责任。

显然，这是一项非合同/侵权条款，因为它不要求受害人与数据控制者之间有合同关系，所以同样适用侵权的有关规定。数据主体向法院提起诉讼时也不要求与数据控制者之间有违约行为。

2.1.1 损害赔偿请求权的权利人

根据上述关于非合同/侵权行为的理解，就原告而言，《数据保护指令》第 23 条允许任何因数据泄露而遭受损害的人主张权利，理论上也就允许数据被滥用的人以外的第三人主张权利。一个人的个人数据被泄露的同时也会造成其他人的损害，㊱ 例如，父母一方或

㉝ 欧洲议会和欧洲理事会 2000 年 6 月 8 日关于信息社会服务，特别是电子商务在内部市场法律层面的第 2000/31/EC 号指令（《电子商务指令》）(OJ L 178, 17.7.2000, 1)。对托管服务提供商实行特别责任保护，即在服务提供商对非法活动不知情的情况下，对"包含"非法数据存储的服务不承担任何责任，但在获取非法数据时有删除或阻止（"通知并关闭"）该非法数据的义务，参见第 12—15 条。值得注意的是，《通用数据保护条例》的规定不影响上述第 2000/31/EC 号指令规则的适用，参见《通用数据保护条例》法律条文第 2(4)条和序言第 21 条。关于电子商务指令与数据保护规则之间的相互作用，参见 Sartor (2013)，4 et seq.。
㉞ 参见理事会 1993 年 4 月 5 日关于消费者合同显失公平条款第 93/13/EEC 号指令 OJ L 95, 21.4.1993, p. 29)。
㉟ 参见《数据保护指令》95/46/EC.序言第 55 条。
㊱ 参见 also Christodoulou (2013), para. 232, 以及雅典一审法院判决 2516/2004, *DiMEE* 2006, 74。参见 Kanellopoulou-Mboti (2016), 416, 以及希腊法院的两项判决 1257/2005 Athens Court of Appeals, *Nomiko Vima* 205, 289 and 1434/2005 Athens First Instance Court, *DiMEE* 2005, 75。

双方的DNA数据被泄露时，其子女的个人数据就可能被泄露。在这个例子中，如果其他赔偿责任要件（例如数据控制者的侵害和过失）都具备，㊲受害人就可以根据由《数据保护指令》第23条转化的国内法请求赔偿，而不考虑数据泄露时是否涉及其他数据主体的数据。但情况并不总是如此。以德国为例，《联邦数据保护法》第7条㊳将原告限于因自己的个人数据泄露而受损害的人，从而排除了第三人的权利。㊴

此外，《数据保护指令》第23条并不必然排除法人的权利。具体来说，法人可能因违反与自然人相关的数据保护规则而受到损害。在这种情况下，依据《数据保护指令》第23条的表述，法人可以向数据控制者主张权利并获得赔偿，当然，需要同时满足其他要件。但转化后的国内法对这一点并不明确，以德国为例，法院并未对此问题作出裁判，法学理论届的主流观点认为：《数据保护指令》保护对象只针对自然人，故排除了法人这种可能性。㊵ 这种观点难以令人信服，因为它并未考虑到惩治泄露数据的行为也有预防效果。㊶ 如果在一个或多个法域，以上述方式限制国内转化条款的范围，就可能造成《数据保护指令》第23条的次优转化。

2.1.2 损害赔偿责任人

第95/46/EC号指令第23条提出了针对数据控制者的索赔。第2款(d)将"数据控制者"定义为"单独或与他人共同决定个人数据处理目的和手段的自然人、法人、行政机关、组织机构或其他非法人组织"。值得注意的是，鉴于实践中数据控制者经常将部分业务外包给第三方代为处理个人数据，第94/46/EC指令将"数据处理者"定义为"代表数据控制者处理个人数据的自然人、法人、行政机关、组织机构或其他非法人组织"。㊷ 根据《数据保护指令》的规定，数据处理者不对数据泄露承担责任；只有数据控制者承担责任——同时对数据处理者的数据泄露行为承担责任。㊸ 不论是数据控制者还是数据处理者在责任分配上具有重大影响。㊹ 有人批评该指令没有规定两者间的连带责任，也没规定豁免条款。可以想象，数据处理者可能超越其授权范围，不遵从数据控制者的指

㊲ 参见1988年和2003年《爱尔兰数据保护法》第7章，柯林斯诉FBD保险案（Irish DPA *Collins v. FBD Insurances*），在该案中，法院判决在证据没有实际损毁灭失的情况下，不能以转化的规定主张赔偿。

㊳ 参见原文"如果负责机构根据本法或其他有关数据保护的立法，向他人强制推送或不正确地收集、处理或使用他人的个人数据而对他人造成损害，则该机构或其运营商有责任向受害人支付赔偿金。如果负责机构已根据案件情况采取了必要的善管注意措施，则不承担赔偿责任。"

㊴ 参见BeckOK DatenSR/Quaas（2013），《德国联邦数据保护法》§7 para.7。参见联邦劳工法院案（德语 *Bundesarbeitsgericht*），该裁决指出，雇主无权向工会主张权利，因为这些电子邮件被视为工会的个人数据。BAG NJW 2009, 1990.

㊵ 同上注，para.7.1。另参见同上注，para.35。

㊶ 引入民事责任风险的目的在于确保因非法处理造成的任何损害均能获得适当的赔偿：参见第29条数据保护工作组，关于"数据控制者"和"数据处理者"概念的第1/2010号意见，WP169, 16 February 2010, 5。德国的判例有时忽略了损害的预防性质：参见BeckOK DatenSR/Quaas（2013），《德国联邦数据保护法》§7 para.2。

㊷ 参见（已废止的）《数据保护指令》第2(e)条。

㊸ 双方之间的合同可以约定"责任分担"条款，确定最终由谁承担赔偿问题；参见BeckOK DatenSR/Quaas（2013），《德国联邦数据保护法》§7 para.40。如果该条款缺失，则适用违约条款，并根据各自的管辖权规则分担责任。因此数据处理者一般仅对第95/46/EC号指令项下的合规义务承担间接责任。

㊹ 关于适用法律和遵循《数据保护指令》的实质性规定来确定责任，参见Van Alsenoy（2012），26。关于数据控制者和数据处理者的概念如何应用，参见第29条数据保护工作组关于"数据控制者"和"数据处理者"概念的第2010号意见，WP169, 16 February 2010。

令。在这种情况下，由数据处理者承担责任似乎更为合理，而不应该由数据控制者承担。㊺

《数据保护指令》规定：受害人对数据控制者的损害赔偿请求权并未规定诉讼时效。可能在大多数法域里，依据其转化后的数据保护法都不会保留这样的条款。诉讼时效是一项适用于各法域民事责任法的一般规则，因此可以推定，由《数据保护指令》第23条转化后的国内法适用本国侵权法中的一般诉讼时效规则。㊻

2.1.3 侵权行为、因果关系和过错

只有发生数据泄露时才能适用《数据保护指令》第23条及其转化的国内法，即侵犯了《数据保护指令》中关于个人数据合法处理的权利。这些侵权行为包括：以非法目的收集个人数据；除特殊情况，未征得数据主体同意擅自收集个人数据；未事先通知数据保护机构处理数据；未经数据主体同意传播和使用数据；存储或传播虚假数据等。

该指令在因果关系上没有对数据控制者作出不利的规定，因此可以推断，在大多数转化条款中，权利人需要承担举证责任，证明数据泄露与他/她的损害之间有直接因果关系。实践中是很难证明的，因为受害人可能难以获得证据。例如，他可能由于控制人收集、存储或传播错误信息而没有获得工作机会或信贷，㊼也可能这种损害不是立即发生的。㊽ 无论如何，国内法院都适用了他们自己的内部规则，以满足因果关系的要求。

但就过错而言，第23条第2款规定："数据控制者如果能证明自己对损害没有过错，则可免除其全部或部分责任。"这一规定清楚地表明，在发生数据泄露时推定数据控制者存在过错，㊾但如果数据控制者提出抗辩证明其已采取了必要的预防措施，并且对损害没有过错，则可以免除其责任。这点在成员国之间存在分歧。例如，在比利时和葡萄牙，数据控制者有过错推定责任，除非他能证明对损害没有过错；另外，丹麦法律规定："数据控制者应对违反本法规定处理数据而造成的任何损害承担责任，除非这种损害无法通过善管注意义务避免。"㊿在芬兰、法国和卢森堡适用了民事责任的一般规则。(51) 因此，第23条转化后的国内法法域也必然将其与国内对过错的适用理解联系起来。(52)

值得注意的是，对第23条第2款的理解存在分歧。比如解读"如果数据控制者证明他对损害没有过错，则可免除其全部或部分责任"这一句。那么即使"他对损害没有过错"，有时也要承担部分责任。根据这种不正确的解读，法官即使认识到数据控制者对损害没有过错，也只能对其部分免责。当然，这种解读显然是不正确的。正确的解读是，这

㊺ 参见 indicatively BeckOK DatenSR/Quaas (2013)，《德国联邦数据保护法》§7 para.41。

㊻ 参见 Gola/Klug/Körffer (2015)，《德国联邦数据保护法》§7 para.20。

㊼ 参见 ErfK/Franzen (2016)，《德国联邦数据保护法》§7 para.1。索赔人未能证明其损害与数据泄露之间的因果关系的德国案件，参见 LG Bonn NJW-RR 1994，1392。

㊽ 参见 Clifford/Van Der Sype (2016)，277。证明行为和损害之间存在因果关系的困境，参见欧盟基本权利机构(2013年)，《欧盟成员国获得数据保护补救措施》，28等。

㊾ 参见 for Germany indicatively Gola/Klug/Körffer (2015)，《德国联邦数据保护法》§7 para.9。

㊿ See Korff (2002)，179 et seq.

(51) 同上注，180。

(52) 参见例如 the German approach，考虑到特殊情形下对预期的注意标准，信息越敏感，注意标准越高，也可考虑是否存在认证和质量把控机制。参见 BeckOK DatenSR/Quaas (2013)，《德国联邦数据保护法》§7 para.63 et seq.。

句话只是规定,法院只能将部分责任分配给数据控制者:只要他可以为自己免除部分责任,那他就只对损害承担部分责任。

2.1.4 实质性损害的要求

《数据保护指令》中没有清晰界定"损害"的概念,所以各成员国将第 23 条转化为国内法时,对损害的定义也不一致。例如,希腊 2472/1997 号令第 23 条援引了《数据保护指令》的赔偿责任条款,其规定了赔偿任何损害,即包括由数据泄露造成的非物质或精神损害。㊳ 而另一方面,《德国联邦数据保护法》(BDSG)第 7 条也援引了《数据保护指令》的赔偿责任条款,但似乎只适用于物质损害或经济损失,不能单独适用于精神损害。㊴

在其他法域,如英国,仅主张精神损害也受到质疑。1998 年《数据保护法》第 13 条第 (1) 款规定个人有权因违反《数据保护法》的行为请求赔偿损失,第 13 条第 (2) 款指出,如果个人因违反《数据保护法》的行为受到损害,则只有在个人出于新闻、文学或艺术目的等特殊目的的工作也遭受损害时才有权获得赔偿。这里的损害以前被解释为经济损失。㊵ 然而在维达尔(Vidal)诉霍尔(Hall)案中,情况却有变化。三名英国人声称,Google 在他们不知情或未经同意的情况下,通过他们的苹果 Safari 浏览器收集了他们使用互联网的私人数据,然后将这些数据作为商业广告产品提供给客户。㊶ 受害人主张精神损害赔偿,但没有主张赔偿经济损失。㊷ 上诉法院坚持认为,受害人可以请求精神损害赔偿,不必证明(遭受)经济损失。"《数据保护指令》保护的是隐私,不是财产权利,如果该指令不能保护因数据控制者侵犯数据隐私而遭受精神损害(但不是经济损失)的个人,则会引发争议";这不符合《欧盟基本权利宪章》第 47 条规定的有效救济权,因此拒绝适用英国《数据保护法》第 13 条第 2 款。㊸

㊳ 参见 Article 23 L. 2472/1997: 1. 任何违反本法的自然人或者法人,造成物质损害的,应当承担全部损害赔偿责任。造成非物质损害的,也应当承担赔偿责任。即使该自然人或法人不知道可能造成这种损害,2. 根据《民法典》第 932 条,对违反本法造成的非物质损害应支付的赔偿额至少 200 万德拉马克,除非原告要求赔偿的数额较小或该违约是由于疏忽大意造成的。无论哪种损害赔偿主张,都应当得到支持。希腊数据保护法,参见 Mitrou (2010), Country Studies, A.5. Greece, 3 et seq.。

㊴ 参见 Gola/Klug/Körffer (2015),《德国联邦数据保护法》§ 7 para.12;BeckOK DatenSR/Quaas (2013),《德国联邦数据保护法》§ 7 para.55,其他观点参见 Tremml/Karger/Luber (2013), para.1047;相反的观点参见 Wächter (2014), para.1053 和 Scheja/Haag (2013), 5 para.366。

㊵ 参见 Palmer (2015);原告需要证明财产损失是提起诉讼的先决条件,这在过去需要承担很大的举证责任,参见约翰逊诉医疗保护联盟案(*Johnson v MDU* [2006] EWHC 321),在此案中,原告根据 1998 年《数据保护法》第 13 条,就显失公平地处理其个人数据一案向其原保险公司提起赔偿诉讼,原告对准备材料供风险管理小组审议的风险管理人提出了控诉:据称该风险管理人选择这些材料时显失公平,致使原告的保险终止,并造成了巨大的经济损失。法院认为,风险管理人编写的材料是依据 1998 年《税务条例》DPA 1(1) 条进行的,但显失公平的处理因素并没有导致原告丧失互助社的成员资格。

㊶ See *Vidal-Hall v Google Inc*, [2014] EWHC 13 (QB), Judgment of 16 January 2014.

㊷ 有趣的是,上诉法院还裁定,浏览器生成的信息(BGI)(如 cookies)构成"个人数据"。Google 辩称,BGI 是匿名信息。上诉法院首先审查了 BGI 是否单独识别了个人数据:根据第 29 工作组就个人数据概念发表的意见和欧洲法院在 Lindqvist 的裁决,法院指出,正确的做法可能是考虑数据是否被"个人化"(使他与其他人不同),而且数据没有必要透露诸如个人真实姓名之类的信息。由于 BGI 告诉 Google 这样的信息,如索赔人的唯一 IP 地址,所访问的网站,甚至大致的地理位置,上诉法院判决,个人数据有极强的个体特性,BGI 本身构成"个人数据"。参见 Palmer (2015)。

㊸ See para.91 et seq. in the decision *Vidal-Hall v Google Inc*, [2014] EWHC 13 (QB); see also the court's referral to the ECJ, *Leitner v. TUI Deutschland Gmbh & Co KG*, C‑168/00, ECLI:EU:C:2002:163.

2.2 其他侵权损害赔偿请求权

在欧盟(和欧洲经济区)大多数(如果不是全部的话)成员国法域内,违反国内数据保护法规时按照一般侵权规则请求损害赔偿。对该权利主张的要求虽然是国内的,但它们也与数据泄露的定义密切相关,㊷即违反了国内数据保护法规中所规定的收集和处理规则,该法规在每个成员国中都是基于《数据保护指令》转化的。

但在一些法域内,也可适用附加的、具体的、非合同的条款,例如保护个人人格权的条款。法国和希腊就属于这种情况,㊸其民法典包含了针对侵犯"隐私权"或"人格权"的特别条款。㊹ 值得注意的是,德国法理学也把对人格权的侵犯认定为一种特殊的侵权行为,㊺在这类特殊人格权的诉讼请求中,原告通常需要举证证明其人格权受到侵害(系因违反各国数据保护法的规定所致),且要符合其他侵权诉讼请求的要件。显然,在这种情况下,举证责任并不存在倒置,例如,如果损害赔偿请求是根据已废止的《数据保护指令》第 23 条转化后的国内法而提出的,举证责任并不存在倒置。㊻ 此外,这些规定不仅适用于数据控制者(如第 23 条),也适用于任何其他侵权行为人或侵犯人格权的人。例如,在不久前爆出的皮帕·米德尔顿(Pippa Middleton)的云账户照片被盗的案件中,米德尔顿(Middleton)可以对云服务提供商/数据控制者主张损害赔偿,也可以对侵犯其账户的黑客主张侵权损害赔偿。如果满足所有要件,她可以基于由已废除的《数据保护指令》第 23 条转化的国内法向数据控制者主张损害赔偿,还可向黑客主张一般侵权损害赔偿(或对人格权的侵犯损害赔偿,只要英国支持这种权利主张)。

最后,在一些法域内,如希腊和德国,承认了一项关于前合同责任的主张(针对谈判过程中处理的行为——缔约过失责任)。㊼ 这是一项非合同责任主张,涉及在谈判过程中故意或过失违反注意义务(信赖利益)。例如,当数据主体在合同谈判过程中向另一人提供个人数据时,与数据泄露有关的前合同责任可以被确认。㊽

2.3 违约赔偿请求权

但在许多情况下,数据控制者确实与数据主体订立了合同关系。上述提到的例 1 和例 3 就涉及此问题。皮帕·米德尔顿照片案就是一个例子:米德尔顿女士与云服务提供商订立了合同;只有米德尔顿女士的服务提供商/数据控制者对数据泄露负有责任

㊷ 这种行为有时也会受到刑事处罚。在某些法域中,如希腊,刑事条款被认为具有保护个人的目的,因此可以与欧洲一般侵权条款结合使用(即与希腊民法典第 914 条一起使用)。
㊸ 参见《法国民法典》第 9 条,Loi 1803-03 08(经修订,目前生效):"人人有权尊重自己的私生活。法官可在不造成损害的前提下,规定适用于预防或停止侵犯隐私权的措施,例如隔离、扣押和其他措施;紧急情况下,请立即停止。"
㊹ See Article 57 of the Greek Civil Code. See also Christodoulou (2013), para.224.
㊺ 根据德国民法典(BGB)第 823(2)条的要求,《德国联邦数据保护法》(BDSG)被视为一项"保护条款"。
㊻ 参见 indicatively for Germany ErfK/Franzen (2016),《德国联邦数据保护法》§7 para.1;BeckOK DatenSR/Quaas (2013),BDSG 7 para.1.
㊼ 参见《希腊民法典》第 197—198 条。
㊽ 参见 indicatively for Germany Gola/Klug/Körffer (2015),《德国联邦数据保护法》§7 para.18。

（比如该服务提供商/数据控制者有义务保护其数据，但因过失没有为此采取必要措施）。服务提供商/数据控制者承担责任不仅可依据由已废止的《数据保护指令》第23条转化的国内法规定，还可依据相关法域的一般违约规则及其条件。

在大多数情况下，基于违约规则有权请求损害赔偿的人是数据主体，但情况也不完全如此。比如，数据泄露行为（例如被盗）或其他错误信息也会侵犯数据主体以外的第三人（或数据主体和第三人）。例如，在合同基础上，信贷信息服务方向银行提供关于向其提交贷款申请的人的信贷信息。由于不准确地列出了某一特定人（信用度不高的人）的信贷清单，银行提供了信贷。贷款服务停止，银行遭受了经济损失。在这种情况下，不准确的列名给银行造成了损害，而不是给数据主体本身造成了损害（数据主体实际上从不准确的信贷列名信息中受益，因为他获得了他所要求的信贷）。

2.4 对损害赔偿请求权的进一步探讨

当然，所有这些（合同性的和非合同性的）权利主张并不相互排斥。⑯ 就此而言，在例1中，如果黑客侵犯了某一特定人的个人数据（信用卡信息），且假定黑客攻击的目标有过失，则可能存在大量的权利主张：数据主体向互联网邮购公司主张违约，以及数据控制者（即邮件公司）基于已废除的《数据保护指令》第23条的国内法向黑客主张侵权。显然，数据主体和互联网邮购公司均有权对被盗信用卡信息的黑客主张侵权。

除了上述权利主张外，在德国和希腊等一些法域，诉讼获胜的原告还可主张诉讼费和律师费。⑰

此外，在许多法域有连带责任规则，这些规则适用于一个以上的数据控制者导致的数据泄露事件。⑱ 例如，数据被一个数据控制者非法收集、传输后，又被另一个数据控制者非法处理。⑲

最后，在这一类权利主张（合同和非合同）中，数据泄露可能归因于故意（而非过失）；许多数据泄露是故意的，通常因为数据控制者可以从非法使用个人数据中获得实质性的经济利益：人们只需想到一家为了直接营利目的而向集团公司或第三方公司提供患者信息的医院，⑳或者一家基于同一目的的云服务提供商窥探数据主体的存储文档。㉑

---

⑯ 参见 for Germany indicatively Gola/Klug/Körffer (2015),《德国联邦数据保护法》§7 para.16。
⑰ 参见 for Germany BeckOK DatenSR/Quaas (2013),《德国联邦数据保护法》§7 para.4 with reference to the case OLG Zweibrücken, Decision of 21.2.2013 - 6 U 21/12, JAmt 2013, 414。
⑱ 因此在德国参见 Gola/Klug/Körffer (2015),《德国联邦数据保护法》§7 para.15。
⑲ 参见上文 2.1.3. 与下文 3.4 进行比较。
⑳ 尤其是对于患者的个人数据，参见欧洲议会和欧洲理事会于2011年3月9日发布的关于患者权利在跨境医疗保健中适用的指令 2011/24/EU (OJ L 88, 4.4.2011, p.45)，特别是第4(2)(f)条："为了确保护理的连续性，已接受治疗的患者有权获得此类治疗的书面或电子病历，并至少可以获取该病历的副本，以符合并遵守实施欧盟有关个人数据保护规定的国内法，特别是第95/46/EC号指令和2002/58/EC号指令。"
㉑ 对于某些云服务提供商而言可能就是这种情况：参见 Stylianou/Venturini/Zingales (2015), 11 et seq.。关于许多针对 Google 的欧盟数据保护机构的案例，参见 Voss (2014/2015)。关于云计算及其隐私风险的概念，另参见 Svantesson/Clarke (2010), 391 et seq.。

2.5 诉讼请求权

虽然有时因数据泄露而遭受损害的人可以请求赔偿,但在其他情况下,在发生损害(或更大损害)之前,人们首先需要预防或阻止自己违反已废除的数据保护指令规则(因为这些规则已纳入国内法)。当然,在其他情况下,一个人可能同时主张上述所有内容,即针对数据控制者和第三方的赔偿和法院命令/禁令救济。

关于禁令救济主张的内容,(数据主体)可以要求数据控制者遵守《数据保护指令》被废除前关于数据主体的权利规定,因为该指令被转化为了国内法。例如在英国,[72]法院可以要求数据控制者遵守数据主体的权利规定:个人数据访问权;[73]限制处理权;[74]反对权;[75]自主决策权。[76]法院还可以判决更正、阻止、删除和销毁不准确的个人数据。[77]

在德国,违反数据保护规定的非合同权利主张很少见,根据先前的德国联邦数据保护法[78]第6条、第20条和第35条,受害人通常主张对个人数据进行修正、删除和屏蔽的禁令救济。禁止令的主张可以依据国内法,有时也可以基于非合同权利主张侵权或人格保护规则。[79]

3 《通用数据保护条例》下的民事责任

3.1 概述

《通用数据保护条例》生效于2018年5月25日。[80]同日,第95/46/EC号指令被废除,[81]所有成员国将《数据保护指令》转化为国内法,如果与《通用数据保护条例》发生冲突,则不再适用。成员国应及时废除国内数据保护法中的相关规定,以避免国内法律规范和《通用数据保护条例》的法律规范产生冲突,给律师、法官、监管者、数据主体和公众造成

---

[72] 参见 Franet Contractor,特别信息报告,数据保护:补救机制及其使用,英国(2012),诺丁汉大学人权法中心。
[73] 参见《英国数据保护法案》第7条。
[74] 参见《英国数据保护法案》第10条。另参见 2011年最高法院审理的律协诉柯道斯基案(Law Society v. Kordowski [2011] EWHC 3184 (QB)),该案裁定被告在其网站上处理原告的个人数据违反了数据保护原则。根据英国《数据保护法》第10条(防止数据处理),永久性禁令得以批准,责令被告停止处理索赔人的个人数据。
[75] 参见《英国数据保护法案》第11条。
[76] 参见《英国数据保护法案》第12条。
[77] 参见《英国数据保护法案》第14条。在上述法律协会诉柯道斯基一案中(Law Society v. Kordowski [2011] EWHC 3184 (QB),法院还根据《英国数据保护法案》第14条发布了一项命令,要求被告屏蔽、删除和销毁所有侵权数据。
[78] 参见 BeckOK DatenSR/Quaas (2013),《德国联邦数据保护法》§ 7 para.3。
[79] 同上注,参见 § 11 and 11.1。参见 BAG NJW 2009, 1990, 1996,其中引用了基于第7条的终止命令。
[80] 同上注。
[81] 参见第2016/679号条例第94条。另参见该法规的第171条进一步说明:自本法规生效之日起已经进行的处理应当自本法规生效后的两年内与本法规保持一致。如果处理是根据指令95/46/EC进行的,且数据提供者的同意方式符合本法规的条件,则数据主体无须再次给予同意。为了便于数据控制者在本法规生效之后继续进行此类处理。这条规定在修改、替换或废止之前,委员会根据指令95/46/EC通过的委员会决定和监督机构的授权一直有效。

混乱和不确定性。㉒此外,成员国可能需要制定一些新的国内法规,以便遵守《通用数据保护条例》的相关规定,并明确其在《通用数据保护条例》中提出的优先适用原则。提供更高程度数据保护的国内法㉓是否可以保持与《通用数据保护条例》并行适用,答案可能是双重的:如果《通用数据保护条例》规定可以选择适用不同规则,成员国可以自由选择;如果《通用数据保护条例》条文中没有规定可以选择适用不同规则,鉴于《通用数据保护条例》的目的是在整个欧盟实行统一的保护,㉔则可以推定这种不同或是更高的保护规则不再适用。

无论如何,《通用数据保护条例》对数据泄露责任提出了一项确定的民事赔偿规定,要求成员国绝对适用。《通用数据保护条例》第82条的标题是"赔偿请求权",由6款组成(在已废除的《数据保护指令》2款的基础上增加了4款),引入了更全面的赔偿责任制度。有趣的是,《通用数据保护条例》新的民事责任条款的增加和修正似乎直接解决了上述各国不同规则的困境。

3.2 物质或非物质损害

具体来说,《通用数据保护条例》从一开始就阐明了任何类型的损害都可以得到赔偿,无论财产上的或精神上的。第82条第(1)款规定:"任何因违反本条例而遭受物质或非物质损害的人都有权获得赔偿。"这一规定平息了关于精神损害的分歧意见和不同措施,现已明确纳入损害的概念,在数据泄露之后必须给予赔偿。

3.3 数据控制者的责任:数据处理者的责任

《通用数据保护条例》第82条第(1)款进行了合理的修改:"有损害赔偿义务的一方可以是数据控制者,也可以是数据处理者。"第82条第(2)款继续说明:"对违反本条例的处理行为造成的损害,由数据控制者承担责任。但是,如果数据处理者未履行本条例专门针对数据处理者的义务,或者其行为超出或违反了数据控制者的授权范围,则应对其造成的损害负责。"因此,数据处理者不再免责,数据控制者也不是数据泄漏的唯一赔偿责任主体。数据处理者超出授权范围或不执行(数据控制者)的指令时,对数据控制者是不公平的。修正案针对这一争议作了解释,㉕也在一定程度上限制了作为数据控制者或数据处理者对于赔偿责任分配的重要性。㉖

㉒ 参见 Eickelpasch (2016),22,赞成对《德国联邦数据保护法》(以及联邦州法律)的国家规定进行修订,该规定与《通用数据保护条例》相抵触。

㉓ 对于《通用数据保护条例》的众多选择至关重要,这些选择为成员国及其数据保护机构提供了较大的回旋余地,参见 Piltz (2016),557。考虑到这一点,《通用数据保护条例》是"法规与指令之间的非典型混合体",参见 Kühling/Martini (2016),449。

㉔ 参见 Piltz (2016),560 和 2014 年 10 月 24 日欧洲理事会第 14732/14 号文件,网站地址为: http://data.consilium.europa.eu/doc/document/ST-14732-2014-INIT/en/pdf。关于"最低限度统一"条款(欧洲理事会提议的第 1 条第(2a)款)的建议,其中允许成员国引入更高的保护规则,但这些规则未纳入最终文本中。

㉕ 对于德国,参见 indicatively BeckOK DatenSR/Quaas (2013),《德国联邦数据保护法》§7 para.41。当然,尽管在实践中,数据控制者和数据处理者可以根据他们的合同协议在他们之间分配责任。

㉖ See also Van Alsenoy (2012), 26.

3.4 连带责任和追偿权

因此,请求恢复原状的主张必须针对造成数据泄露的责任人;该责任人可以是数据控制者或数据处理者;[87]而且他们可以是两者中的一个或多个。第82条第(4)款解释道:"当数据控制者或数据处理者一方为两个以上,或者一个数据控制者和一个处理者同时参与同一处理行为时,若其对处理行为造成的损害存在过错,则每个数据控制者或数据处理者均应承担责任"。[88]实际上,这一条款进一步说明了在这种情况下,上述人员应对"全部损害"承担责任。因此,《通用数据保护条例》引入了所有对损害负责的人的连带责任规则。

如上所述,在包括德国[89]和希腊在内的许多法域,对于共同侵权行为人来说,连带责任的内涵是一致的。然而,基于已废除的《数据保护指令》第23条转化的国内法提起的诉讼请求却与连带责任条款相抵触。这是因为已废除的《数据保护指令》第23条第(2)款规定:如果数据控制者证明其对损害没有过错,则数据控制者可以全部或部分免责。如上所述(在第2.1.3条项下),对本条规定的正确解读涉及数据控制者仅对损害承担部分责任,而这种部分免责条款与连带责任条款不能协调。

无论如何,《通用数据保护条例》现在在整个欧盟引入了连带责任规则,这既有助于保护受害人,又有助于统一适用第82条。在同一条款中,第82条第(5)款进一步解释道:"根据第4款,数据控制者或数据处理者已就损害进行了全部赔偿,该数据控制者或数据处理者则有权向参与同一处理行为的其他数据控制者或数据处理者追偿其应承担的部分责任。"这也是连带责任机制中的一项基本规定,其不仅保证了法律适用的确定性(对于已经遵循这一规则的法域而言),还对尚未制定这一规则的其他法域创新性地引入追偿机制。

最后,该条款解释道:"追偿应根据第2款规定的条件适用。"如前所述,该条款规定:数据控制者参与处理的,应当对其参与处理过程中违反本条例所造成的损害承担责任。数据处理者只有在没有履行本条例专门针对数据处理者的义务,或在其行为超出或违反数据控制者授权范围的情况下,才须对处理过程中造成的损害承担责任。

因此,对法官来说,责任分配以及确定每个相关行为人(数据处理者/数据控制者)在多大程度上对数据泄露负有责任(被告的责任百分比)是一个事实问题——总而言之,这是一项充满挑战的工作。

3.5 损害赔偿请求权的权利主体

虽然第82条第(1)款明确规定"因违反本条例而遭受物质或非物质损害的人有权获得赔偿",但第82条第(4)款进行了较小改动,因此可能包括《通用数据保护条例》赔偿责任条款的范围。此前分析,该规定主要是在多人负有责任时引入连带责任条款。首先,该

---

[87] 参见《通用数据保护条例》第26条关于"数据控制者"的规定。
[88] 参见《德国民法典》§§830和§§840,§421。
[89] 参见《希腊民法典》第926—927条、第481条。

条款规定"每个数据控制者或数据处理者应当对全部损害负责",然后继续解释,"应确保对数据主体进行有效赔偿"。这一条文引起了关于《通用数据保护条例》赔偿责任条款适用范围的争议。根据已废除的《数据保护指令》的赔偿责任规则,向数据控制者请求损害赔偿的权利主体不限于数据主体。相反,如上所述,第三人也可能因数据控制者对处理他人数据行为而受到损害,而第三人根据由已废除的《数据保护指令》转化而来的国内法,有起诉权。《通用数据保护条例》生效后,由于第 82 条第(4)款的规定,各自的立场受到严重削弱。因此,尽管具体提到第 82 条很可能是偶然的,但国内法院有可能拒绝给予第三人保护。如果共同体立法机关打算限制第 82 条的范围,它可以很容易地将这一条文列入第一款中。作为注意规定,该条文规定的是"任何因违反本条例而遭受损害的人应有权获得赔偿",而不规定"任何遭受损害的数据主体"。不幸的是,现在成员国的法院可能在这个问题上采取不同的立场,不能排除在某些法域,第三人将被列入该条款的保护范围,而另一些法院则不列入保护范围,除非欧洲法院通过国内法院请求作出初步裁决最终解决这个问题。

3.6 过错推定

第 82 条第(3)款又重复说:"[a] 数据控制者或数据处理者如果能证明其对损害没有过错,应当免除赔偿责任。"虽然该条款与已废除的《数据保护指令》第 23 条(2)项中的条文有相似之处,但也有一些显著的区别。两者对数据控制者的过错推定上是相同的。但也有两个不同之处:第一,第 82 条第(3)款表明了过错推定不仅会给数据控制者带来负担,也会给数据处理者带来负担。如何在实践中应用也是一件有趣的事情——原告对数据控制者主张权利,数据控制者必须通过举证数据处理者有责任才能免责。如果原告知道数据处理者的存在,他也可以对两者主张权利。

第二,我们可以在第 82 条第(3)款中看到另一处有趣的修改:数据控制者或数据处理者只有在证明他们对损害"没有过错"的情况下才能免责。已废除的《数据保护指令》第 23 条第(2)款规定:"如果数据控制者证明对损害没有过错,则可以全部或部分免除责任。"如果解读正确,之前的免责条款要求法院只能将部分责任分配给数据控制者,只要他对损害承担部分责任,也只有对原告承担部分赔偿的义务。《通用数据保护条例》修改后排除了这种可能性。鉴于《通用数据保护条例》第 82 条第 4 款和第 5 款引入了连带责任规则,与已废除的《数据保护指令》第 23 条第 2 款产生矛盾,必须对其进行修改。因此,一旦适用《通用数据保护条例》,如果对部分损害负有责任的责任人之一被起诉要求损害赔偿,该人必须支付全部赔偿。然后,他可以对同样负有(部分)责任的其他责任人进行追偿。但是,该条款不应被视为限制被告提出要求和证明原告本人对损害负有部分责任并据此为自己开脱罪责的权利。

3.7 违反《通用数据保护条例》的举证责任制度

《通用数据保护条例》第 5 条第(2)款规定,数据控制者应对合法、公平和透明的数据处理规则负责并证明其遵守规定。这项规定产生了一个问题,即根据《通用数据保护条例》第 82 条，被告数据控制者是否对其遵守《通用数据保护条例》规则并且没有导致数据泄露负有举证责任。如果这一解读正确，则《通用数据保护条例》将举证责任转移，有利于原告提出诉讼请求。然而，另一种解读认为，《通用数据保护条例》第 5 条第(2)款规定的问责要求仅适用于监管机构，不适用于原告，以减轻被告承担数据泄露的举证责任。因此，将第 82 条连同第 5 条第(2)款一起解读对争议各方至关重要，这无疑成为欧盟法院审查的对象。尤其注意，鉴于《数据保护指令》的一些官僚程序被废除，如果后一种解读正确，那在某些情况下数据泄露的举证责任确实可能增加，从而损害原告的利益。即根据《通用数据保护条例》，数据控制者很少有义务在程序上证明其数据处理适当。因为此后数据控制者不需要向监督机构办理申请手续，例如在没有数据保护官(DPO)或影响评估的情况下。数据控制者的程序疏忽本身并不容易证明数据被泄露，因此，一般情况下应当推定数据处理是适当的，除非受到数据主体或监管机构的(成功地)质疑。[90] 一方面，这意味着被告地位有所提高，而原告在证明《通用数据保护条例》侵权方面的地位有所降低。另一方面，《通用数据保护条例》中规定的严格同意要求在某种程度上抵消了这种影响。

3.8 诉讼时效和其他程序规则

《通用数据保护条例》第 82 条最后一款对行使损害赔偿权的适用规则提供了指导：第(6)款明确规定："行使损害赔偿权的诉讼应当根据第 79 条第(2)款向该成员国法律规定有管辖权的法院提起。"[91]这项规定如果能用"法律适用"条款予以补充，则在《数据保护指令》和《通用数据保护条例》中许多尚未解决的问题上极为有益——最具代表性的是诉讼时效或集体诉讼。例如，如果会员国在由《数据保护指令》转化的国内数据保护法中没有列入关于时效的规则，那这种时效规则的适用可能存在不确定性。在这方面，可能需要对第 82 条第(6)款进行补充，可以在国内立法中加以补充，以便完全适用《通用数据保护条例》。

最后，《通用数据保护条例》扩大了基于数据保护规则寻求私力救济的主体范围。第 80 条赋予数据主体有权委托由成员国法律依法设立，符合法定的公共利益目的，并积极参与保护数据主体权利和自由的非营利组织、机构或协会代表其行使第 82 条获得赔偿的权利。鉴于很多时候违反数据保护的行为对多数人造成的损害有限，这些人可能缺乏动机和资源去起诉，这一规定确实可能会增加提起数据保护诉讼的频次，特别是在拥有积极消费者、人权或数据主体权利保护机构的法域。

3.9 《通用数据保护条例》的其他影响

3.9.1 《通用数据保护条例》对诉讼请求权的影响

《通用数据保护条例》第 79 条第(1)款重申了针对数据控制者进行有效司法救济的权

---

[90] See De Hert/Papakonstantinou (2012)，142.
[91] "针对数据控制者或数据处理者的诉讼应提交给数据控制者或数据处理者所在地的成员国法院。另外，除非数据控制者或数据处理者是行使其公共职能的成员国的权力机构，否则也可以将此类诉讼提交给数据当事人经常居住的成员国的法院。"

利,现在包括数据处理者。[92] 此处的引用将这种权利行使主体限制于数据主体:这种把数据限制在一定程度上的条款是合理的,因为设想的司法补救措施主要涉及数据主体的权利。[93]

《通用数据保护条例》加强了对数据主体的保护力度,数据主体可以向法院请求命令(一种禁令救济)。数据主体有被告知权、[94]知情权、[95]更正权、[96]删除权[97]等等。

《通用数据保护条例》还扩大了代表数据主体的可能性。[98] 第 80 条第(1)款规定:数据主体有权委托由成员国法律依法设立,符合法定的公共利益目的,并积极参与保护数据主体权利和自由的非营利机构、组织或协会代表其行使第 77 条、第 78 条和第 79 条规定的权利。[99]

鉴于数据主体往往因为诉讼费用而不行使其权利,这一规定就非常受用。

最后,如上所述,条例包含了关于法院管辖权的规定:根据第 79 条第(2)款对数据控制者或者数据处理者提起的诉讼,可以向数据控制者或者数据处理者所在营业地的法院提起诉讼,也可以向数据主体有经常居住地的法院提起(前者是行使公共职能的权力机构除外)。[100]

3.9.2 《通用数据保护条例》对国内其他民事诉求的影响

《通用数据保护条例》虽然不直接影响其他国家的民事条款,不论是合同条款还是非合同条款,但可能会产生以下间接影响:第一,对第 82 条第(6)款的管辖权规定及其第 79 条第(2)款依据同一责任条款提起诉讼的管辖法院具有影响;也可能会影响法院对其他国家民事诉讼的管辖权(以同一诉讼请求提出)。第二,数据控制者义务的改变(一方面,这种改变已变得不那么程序化和官僚化。另一方面,规定数据控制者有在监管部门监管下合法、公平和透明地处理数据的责任)确定了违约行为的方式。第 5 条第(2)款及第 82 条的现行解释,间接影响原告和被告对数据泄露的举证责任,也影响国内其他民事诉讼。第三,对于依据国内普通合同和适用侵权法规的案件的诉讼请求,《通用数据保护条例》数据主体权利的扩大影响了请求权人可能援引的数据违约的法律依据(或禁令)。第四,《通用数据保护条例》第 82 条新的赔偿责任条款似乎更加全面和连贯,还增强了国内民事条款

---

[92] 将《数据保护指令》的第 22 条与标题为"补救措施"的内容进行比较:"在不妨碍第 28 条除其他行政补救措施的情况下,监管机关移交司法机关之前,各国应规定对于他人侵犯国内法保障的适用于相关处理的权利时,任何人均有权获得司法救济。"

[93] 该规定并不直接适用第 82 条的赔偿权利,从第 82 条第(6)款明确提及第 79 条第(2)款也适用于《通用数据保护条例》第 82 条这一事实可以看出这一点。

[94] 参见《通用数据保护条例》第 12 条及其后条。

[95] 参见《通用数据保护条例》第 15 条。

[96] 参见《通用数据保护条例》第 16 条。

[97] 参见《通用数据保护条例》第 17 条(所谓的"被遗忘权")。

[98] 数据保护指令中仅对监管机构规定了这种权利,参见第 28 条第(4)款:"监管机构应当支持个人以及代表协会代表该个人在处理数据方面的权利和自由提起的诉讼。并应当将判决结果通知有关人员。"

[99] 有趣的是,第 80 条第(2)款继续为成员国提供了法律依据,即"提供本条第(1)款所指的任何机构、组织或协会独立于数据当事人的授权而有权提出以下要求:成员国向主管机构提出申诉,该申诉依据第 77 条具有管辖权,并在认为处理过程中侵犯了本法规所规定的数据主体的权利时,行使第 78 条和第 79 条所述的权利"。

[100] 参见《通用数据保护条例》第 79 条第(2)款。

的重要性。(如第80条第(1)款所规定的)对扩大第82条中的代表数据主体的可能性起到了一定作用,特别是在这些组织积极履责或其他公力救济机制相当薄弱的法域。

4 结论

《通用数据保护条例》在一定程度上加强了对个人数据的保护:扩大了数据主体权利,因数据泄露遭受损失的原告可以根据第82条详尽的赔偿责任条款请求损害赔偿。该条款的修订旨在阐明:其一,将已废除的《数据保护指令》第23条纳入国内法。其二,对这些规则进行补充。该修正案取得了良好的社会反响。例如:明确规定了精神损害赔偿、数据处理者与其他共同侵权人的连带责任以及监管机构对数据主体的代表权。因此,《通用数据保护条例》第82条新的赔偿责任条款有望对数据保护规则的私法实施产生积极影响;《通用数据保护条例》第82条虽然还没达到完全的协调效果,但也取得了有效的进展。

参考文献

Christodoulou, K. (2013), Data Protection Law (Dikaio Prosopikon Dedomenon), 2013 Nomiki Vivliothiki.

Clifford, D./Van Der Sype, Y.S. (2016), Online dispute resolution: Settling data protection disputes in a digital world of customers, 32 Computer Law & Security Review 272, Elsevier.

De Hert, P./Papakonstantinou, V. (2012), The proposed data protection Regulation replacing Directive 95/46/EC: A sound system for the protection of individuals, 28 Computer Law and Security Review 130, Elsevier.

Van Dijk, N./Gellert, R./Rommetveit, K. (2016), A risk to a right? Beyond data protection risk assessments, Computer Law & Security Review 32 (2016), 286, Elsevier.

Eickelpasch, J. (2016), Die neue Datenschutzgrundverordnung, 9/2016 Kommunikation & Recht 21, Fachmedien Recht und Wirtschaft.

Foresman, A.R. (2015), Once More Unto the [Corporate Data] Breach, Dear Friends, 41:1 The Journal of Corporation Law 343, The University of Iowa.

Franzen, M. (2016), BDSG § 7 Schadensersatz, in: T. Dieterich/P. Hanau/G. Schaub/R. MüllerGlÖge/U. Preis/I. Schmidt (Eds.), Erfurter Kommentar zum Arbeitsrecht, 16. Auflage 2016, C. H. Beck (cited: ErfK/author).

Gola, P./Klug, C./Körffer, Barbara (2015), BDSG § 7, in: P. Gola/R. Schomerus (Eds.), Bundesdatenschutzgesetz, 12. Aufl. 2015, C. H. Beck.

Kanellopoulou-Mboti, M. (2016), Data protection breach sanctions (Kiroseis apo tin prosboli prosopikon dedomenon), in: Kotsalis, L. (Ed.), Personal Data (Prosopika Dedomena), 403–419, Nomiki Bibliothiki 2016.

Korff, D. (2002), EC Study on Implementation of Data Protection Directive – Comparative Study of national laws, Human Rights Centre, University of Essex, available at: http://194.242.234.211/documents/10160/10704/Stato＋di＋attuazione＋della＋Direttiva＋95－46－CE Kranenborg, H. (2015), Google and the Rights to Be Forgotten, 1 European Data Protection Law Review, 70.

Kühling, J./Martini, M. (2016), Die Datenschutz-Grundverordnung: Revolution oder Evolution im europäischen und deutschen Datenschutzrecht? Europäische Zeitschrift für Wirtschaftsrecht 2016, 448.

LRDP Kantor Ltd, Centre for Public Reform (2010), Comparative Study on different approaches to new privacy challenges in particular in the light of technological development, Final Report (20 January 2010), available at: http://ec.europa.eu/justice/data-protection/document/studies/files/new_privacy_challenges/final_report_en.pdf.

Mitrou, L. (2010), Comparative Study on Different approaches to new privacy challenges, in particular in the light of technological developments, Country Studies, A.5. Greece, Final edit-.

May 2010, 3 et seq., available at: http://ec.europa.eu/justice/data-protection/document/studies/files/new_privacy_challenges/final_report_country_report_a5_greece.pdf.

网络中的儿童保护：个人数据保护法与消费者保护法的基本原理与具体规则

Milda Mačėnaitė*

江青梅** 译

摘要： 欧盟近期通过的《通用数据保护条例》(GDPR)明确规定，相较于成年人，儿童在网络上应得到更多保护。然而，由于 GDPR 中的儿童专项保护制度在欧洲是一个全新制度，其基本逻辑及实施路径尚未明晰。欧盟消费者保护法已经考虑到儿童是消费者中的弱势群体从而规定了特殊保护，本文主要探讨其能够在多大程度上为落实新通过的 GDPR 提供参考。本文分析的重点是设立儿童专项保护制度的正当性、与儿童保护有关的原则（公平原则、透明度原则）和一些基本概念（普通儿童和儿童专用服务）。

1 引言

儿童和年轻人往往能够最先抓住互联网所提供的新的、令人兴奋的机会，例如娱乐、交流、建立人际关系、获得身份认同、学习、创造和表达自己。[1] 儿童既是互联网早期的用户也是互联网中积极的用户，因此作为消费者特别是数字内容市场中的消费者，他们的影响力越来越大。[2] 尽管缺少欧盟近期关于儿童在数字商品和服务上支出的可靠数据，但仍可观察到人们越来越喜欢在网上而不是去实体店购物。在网上购物的年轻人数量大幅度增加。[3] 2016 年，欧洲 16—24 岁的互联网用户中近 70% 的人在网上购买过商品或服务。[4]

儿童对网上购物的认知能力和态度各不相同，并且会受到许多因素的影响，如年龄、家长指导、社交网络和同龄人。[5] 虽然年幼的儿童由于商品多样性和即时满足性可能更喜欢实体商店，[6] 但毫无疑问，儿童已成为对商家而言非常具有吸引力的消费者群体。一

---

* Milda Mačėnaitė，荷兰蒂尔堡学院法律、技术与社会研究所。
** 江青梅，法学硕士，苏州市中来光伏新材股份有限公司。
[1] Livingstone/Carr/Byrne (2015).
[2] Helberger/Guibault/Loos/Mak/Pessers/Van der Sloot (2013).
[3] 例如，大量儿童购买应用程序软件。欧盟委员会（引用 Bitkom 的一项外部研究）提出，2012—2013 年，仅仅在德国应用程序内购买就翻了一倍达到 2.4 亿欧元。其中超过 100 万的用户年龄在 10 岁到 19 岁之间。European Commission (2014b).
[4] Eurostat (2016).
[5] Thaichon (2017).
[6] Boulay/de Faultrier/Feenstra/Muzellec (2014).

般将儿童市场分为三类:一是儿童基于零用钱或其收入从而自身享有购买力的初级市场;二是儿童影响父母购买模式的影响力市场;三是儿童持续到成年的购买习惯和品牌偏好的未来市场。⑦

因此越来越多的儿童在成为消费者的同时,也成为网络活动中的数据主体。数据驱动的信息经济和物联网的快速发展,使几乎所有"智能"服务或产品都伴随着个人数据的收集,很难想象在不成为数据主体(个人数据被处理的自然人)的情况下可以成为消费者。⑧正如赫尔博格(Helberger)等人指出:"随着消费产品逐渐涉及数据,许多数据保护问题也成为消费者保护问题,反之亦然。"⑨因此,越来越多的人倾向于研究消费者权利而不是个人数据权利,⑩并试图通过诸如"消费者数据保护法"⑪的综合解决办法以加强数据主体和消费者在数字环境中的密切关联。

数据是可用于开发现代服务、对消费者进行分类并影响消费者的经济资产,⑫消费者和数据主体的角色相互交织导致很难察觉两者之间的转变并明确界定两者的角色。消费者虽然每天都签订协议并同意网站收集其数据,但不一定能完全意识到在网站上点击"我同意"或改变设备设置就意味着允许网站收集和使用其数据。例如为了在社交网站上创建一个账户,用户必须接受使用条款(该条款可视为用户作为消费者签署的一份具有法律约束力的合同)和网站隐私政策进而授权网站处理其个人数据(作为数据主体)。⑬

将用户同意与合同结合即"捆绑同意"(consent bundling)是普遍存在的商业行为,⑭消费者除了接受网站提供的主要"商定"服务("agreed"service)之外,同时还许可了网站收集和分析其个人数据,导致进一步模糊了消费者和数据主体之间的界限,并提高了持续和不透明地收集消费者个人数据的"数据化"(datafication)。⑮儿童网络活动的数据化正成为热门的研究领域,研究人员主要聚焦于数字市场的数据监控(dataveillance)行为以及该行为对儿童及其权利⑯的潜在影响,并批判性地分析了针对儿童的游戏和应用程序中的广告、品牌和营销。⑰

尽管欧盟在第 2005/29/EC 号关于内部市场中商家对消费者不公平商业行为指令(以下简称《不公平商业行为指令》)中已经关注到儿童作为消费者时处于弱势地位,⑱但儿童隐私

---

⑦ Buckingham (2000).
⑧ 消费者的定义是"为其贸易、业务或职业以外的目的而行事的任何自然人",参见 Article 2(b),Directive 93/13/EC。
⑨ Helberger/Borgesius/Reyna (2017),1428.
⑩ Leczykiewicz/Weatherill (2016).
⑪ Helberger/Borgesius/Reyna (2017),1429.
⑫ Helberger/Borgesius/Reyna (2017),1430.
⑬ Wauters/Lievens/Valcke (2015).
⑭ Article 7(4) and Recital 43 of the General Data Protection Regulation (2016/679)创建一个假设,即同意捆绑将使同意无效,因为同意不是"无限制给予的"。
⑮ Mayer-Schönberger/Cukier (2013).
⑯ Lupton/Williamson (2017).
⑰ Grimes (2015).
⑱ 欧洲议会和理事会 2005 年 5 月 11 日关于在欧洲内部市场商家对消费者不公平商业行为 2005/29/EC 号指令以及欧盟理事会 84/450/EEC 指令的修订,欧洲议会和理事会 97/7/EC 指令、98/27/EC 指令、2002/65/EC 指令以及 2006/2004 条例(即《不公平商业行为指令》),L149/22。

信息的保护仍与成年人的混为一谈。自 1995 年以来,虽然规范层面上承认儿童的隐私权需要与成年人的隐私权分开考虑,但是 95/46/EC 指令(《数据保护指令》)的数据保护条款并未根据年龄制定差异保护,即使涵盖了未成年人也未特别关注儿童数据的处理行为。[19]

欧盟近期通过的 GDPR[20] 显著改变了现状,该条例反对采取"忽视年龄"的方式保护数据主体。它第一次明确承认了在网络上儿童比成年人需要更多的保护,因为"他们可能较少意识到处理个人数据的风险、后果、保障措施及其权利"(序言第 38 条)。[21] 由于 GDPR 的儿童专项保护制度在欧洲是一个全新制度,[22] 其基本逻辑及实施路径尚未明晰。例如与儿童相关的概念性问题(普通儿童和儿童专用服务)和原则(公平原则、透明度原则)均缺乏明确性。

欧盟消费者保护法将儿童视为消费者群体中的弱势群体,本文的目的是探讨 GDPR 在哪些方面可以借鉴欧盟消费者保护法,并缩小两者之间在相关概念和原则上的差距。

本文首先对当今数据驱动的网络环境下的消费者和数据主体进行界定,并探讨涉及儿童的案件中这两种角色的法定资格。其次分析设立专项儿童数据保护制度的正当性,该制度并不在 GDPR 规定的明显且明确的知识缺失标准范围之内。并进一步分析社会学关于儿童特殊弱势性及其需求的研究结果以及消费者保护法的弱势群体标准。最后探讨消费者保护法如何通过以下方式为数据保护法的实施提供参考:改进适合儿童具体需要和年龄的数据收集信息透明度;加强数据处理的公平性;界定儿童专用服务;界定普通儿童以及明确儿童可以为处理其个人数据提供有效同意的情形。

2 作为数据主体和网络消费者的儿童:界定角色和责任

在大多数关于消费者的规范性法律文件中,"消费者"被定义为签订了一份不属于其商业或职业范围内合同的自然人。[23] 该定义对成年人来说可能存在争议。从狭义上理解,消费者可能包括使用网络服务的个人(无论是出于私人目的还是职业目的),例如从其私人电子邮件账户发送职业电子邮件、在云存储服务上存储与工作有关的文件等。该定义对于很少从事职业活动或商业行为的未成年人来说则基本不存在争议。

然而对儿童来说,一个更密切的区别是消费者和生产者之间、数据主体和数据控制者之间的区别。积极参与合作经济或共享经济的儿童特别是青少年已成为数字产品和服务

---

[19] 例如 Livingstone/Carr/Byrne (2015),主张"需要采取更多步骤,因为儿童的人权需要有特别规定(特别保护措施、儿童的最大利益、不断发展的能力、参与权等),应对儿童的权利是否得到满足给予关注,即使儿童和成年人的权利一样。这是因为损害侵权通常会对弱势群体产生不成比例的影响,因此适合任何年龄的方法(可以说是不分年龄的方法,通过类比不分性别或不分残疾的方法)不太可能满足要求"。
[20] 欧洲议会和理事会 2016 年 4 月 27 日关于个人数据的处理和自由流动个人保护的欧盟 2016/679 号条例,该条例废除了 95/46/EC 号指令,OJ L 119, 4 May 2016, 1-88。
[21] 关于 GDPR 两级儿童专项保护制度参见 Mačėnaitė (2017)。
[22] 这对欧盟来说是新的监管举措,但美国近 20 年前就依据《儿童在线隐私保护法案》(COPPA)对收集儿童信息的运营商采取了详细规定。参见 Children's Online Privacy Protection Act of 1998, 15 U.S.C. 6501-6505。对 COPPA 和欧盟新规中的相关要求的进一步比较,参见 Mačėnaitė/Kosta (2017)。
[23] 《不公平合同条款指令》第 2 条(b)项、《不公平商业行为指令》第 2 条(a)项、《消费者权利保护指令》第 2 条(1)项。

的共同创造者。儿童不仅可以玩电子游戏,还可以在与游戏相关的亲和空间(affinity spaces)里创造出实物,[24]不仅可以观看视频等数字内容,还可以通过在 YouTube 上投放广告或在博客上代言或推广产品、创造视频等数字内容盈利。随着技术的发展和进步如开放设计、3D 打印、众包*和开放数据,用户同时成为生产者和消费者,"产消合一者"(prosumer)作为一个法律概念模糊了明确的法律定义并导致相关权利和责任的法律不确定性。举例来说,当第三者(例如众包平台)出售共同创造的产品而产消合一者获得部分利润时,个人可能会被认为与该平台的贸易或业务有关(作为生产者),因此没有必要在所有案件中得到消费者保护法的保护。[25] 同时由于消费者、生产者和产消合一者之间法律上的区别并不明确,法院在裁定某个人是否具备消费者资格时客观事实起关键作用,"营业额、产品数量、产消合一者参与某个活动的频率或时间均有助于确定某个人行为的性质"。[26] 另外,由于消费者共同创造产品或服务的事实,导致了潜在事故的保险范围不清或消费者的资格认定困难等问题。[27]

类似的角色转变同样发生在互联网用户从数据主体转变为数据控制者的情况下,此时数据主体就不再享有数据保护法所授予的权利。与 GDPR 的前身一样,GDPR 也包含"家庭例外"原则(household exception)(第 2(c)条)。它明确指出 GDPR"不适用于自然人在与职业或商业活动无关的纯粹个人或家庭活动过程中处理个人数据的情形",例如在私人通讯范围内进行的网络社交等网络活动(序言第 18 条)。然而"个人或家庭活动"的确切含义并不完全清晰。欧盟法院(CJEU)在 Lindqvist 案[28]中认为,当"数量不限的人"可以获得信息时就不适用家庭例外原则,但"数量不限的人"的确切含义并不明确。依据《数据保护指令》第 29 条设立的保护个人数据处理工作组(以下简称"工作组")也认为,某一用户"可以获得大量的第三方联系人并且可能并不认识其中一些人",这表明"在该情形下并不适用家庭例外原则"。[29] 因此向大量或不确定数量的人披露个人数据的网络行为的用户可能会被视为数据控制者,并有义务遵守 GDPR 规定的所有义务。

上述条款已经不能反映当今数据驱动型的网络环境和广泛的业余爱好者的数据处理能力,而且可能会对社交网络用户产生意想不到的后果。[30] 学者们认为,将数据保护规则适用于私人活动过于烦琐[31]以至于监管部门无法确保所有数据控制者均遵守此类规定,[32]并且个人的基本隐私权可能也会受到干扰。[33]

---

[24] Wu (2016).
* 众包是指利用互联网分配工作、发现创意或解决技术问题(《汉语新语新词年编》)。——译者注
[25] Weitzenböck (2014).
[26] Valant (2015), 16.
[27] Valant (2015), 16.
[28] ECJ, Criminal proceedings against Bodil Lindqvist, C-101/01, ECLI:EU:C:2003:596, para.46-58.
[29] Article 29 Data Protection Working Party, Opinion 5/2009 on Online Social Networking, WP163, 2009, 6.
[30] Helberger/Van Hoboken (2010); Xanthoulis (2014).
[31] Garrie/Duffy-Lewis/Wong/Gillespie (2010).
[32] Wong/Savirimuthu (2008); Xanthoulis (2014).
[33] Article 29 Data Protection Working Party (2013),工作组关于当前数据保护改革方案讨论结果的声明——附件二 关于个人或家庭活动的豁免的修订提案。

另外，被排除在数据保护法保护范围之外的受害者将失去作为数据主体提出申诉的可能性，从而必须向法院提起民事诉讼才能保护自己的权利(诽谤、侵犯个人肖像权)。㉞ 可能行之有效的解决办法是综合使用五项标准来决定家庭例外原则是否适用于某一特定的处理活动(但尚未在 GDPR 中规定)：公开披露的数据、涉及的数据主体类型、处理的规模和频率、处理活动是单独进行还是集体进行、不利影响。㉟ 数据保护当局参照这些标准再决定是否在特定情况下采取行动时，可以更加客观并且能将自由裁量权限定在一定范围内。

在考虑网络行为时，即使没有必要，理论上也可以对作为数据控制者的儿童适用数据保护规则。实证研究表明，青少年在社交网络上的联系人比成年人或年轻人多，在联系人名单上添加更多的陌生人只是因为儿童想了解他们或者因为他们非常受欢迎或很出名。㊱ "网络朋友"往往在高中时期增长到大约 500 个联系人。㊲ 鉴于对数据保护框架的传统理解，明确排除儿童作为数据控制者的情况不太可能发生。但是正如下文所讨论的，将儿童定位为合格的数据主体颇具挑战性和争议性，因此分配给数据控制者复杂的职责和义务可能更成问题。

数据保护法即使不适用家庭原则，从理论上探讨如何将儿童视为数据控制者也很有意义。更具体地说，儿童在使用社交网络时是否可以从艺术或文学表达豁免原则中受益？如何在言论自由和隐私权之间取得平衡？此外，如果儿童被视为数据控制者，如何理解 GDPR 第 6(1)(f)条中的"合法利益"作为合法处理数据的条件？以及实践中依据"合法理由"如何拒绝执行数据主体权利？这些抽象问题也具有实际意义，因此只能通过判例法和欧盟法院的解释才能明确。与此同时，对抽象的法律推理仍存在探讨的空间，因此需要在该领域进一步研究。

2.1 消费者的"免费"服务

消费者保护通常涉及以货币交换产品和服务的市场。传统上，消费者权利可以在销售和服务合同中得以保障。消费者以货币、付款凭单、礼品卡或具有特定货币价值的忠诚积分支付对价，而不是现在商家所宣传的"免费"服务。㊳ 然而在当前数据驱动的信息社会中，区分付费和"免费"的网络服务在理论上和实践中都已过时。目前消费者获取数字服务和内容时，不仅可以用金钱支付，还可以用个人数据作为支付对价进行讨价还价。

这种讨价还价在年轻的互联网用户中特别流行，因为欧洲㊴和北美洲㊵各种研究报告

㉞ Article 29 Data Protection Working Party (2013)，工作组关于当前数据保护改革方案讨论结果的声明—— 附件二. 关于个人或家庭活动的豁免的修订提案。
㉟ 同上。
㊱ Steijn (2014)。
㊲ Mantelero (2016)。
㊳ 2011 年 10 月 25 日，欧盟委员会就欧洲议会及理事会关于消费者权利的文件、修订欧盟理事会 93/13/EEC 号指令、废除欧盟理事会 85/577/EEC 指令以及欧洲议会和欧盟理事会 97/7/EC 指令，颁布了关于 2011/83/EU 指令的司法指导性文件(以下简称"关于 2011/83/EU 指令的指导性文件")。
㊴ Livingstone/Haddon/Görzig/Ólafsson (2011)。
㊵ Steeves (2014b)。

表明，儿童最喜欢的网站是那些不要求用户为其服务付费的网站如 YouTube、Facebook 和 Google。

虽然免费服务的隐性成本[41]及其对消费者的损害[42]早已得到学术界的承认，但是关于消费者为某种产品或服务以个人或其他数据向提供者"支付"费用的合同监管却要落后得多。[43] 欧盟委员会在其最近起草的关于数字内容供应合同方面的指令（以下简称《数字内容指令》提案"）[44]旨在监管数字内容合同例如下载电影、在网页上观看电影，以及云存储或社交媒体等数字服务的相关合同，欧盟委员会扩大了对传统合同法的理解，明确规定合同的对等履约是指在同等的基础上支付价格，包括"消费者以个人数据或任何其他数据的形式积极提供金钱以外的其他对等履约行为"（《数字内容指令》提案第3(1)条）。在明确承认个人数据是真正的网络货币之前，与消费者相关的欧盟部分指导文件只是零星提到该问题。欧盟委员会关于不公平商业行为的指导文件中提到应提高对消费者偏好、个人数据和其他用户生成内容相关信息经济价值的认识。[45] 它强调透明原则的重要性，规定商家应告知消费者其偏好、个人数据和用户生成内容将被如何使用的有关信息。[46] 如果消费者没有得到通知，那么利用用户个人数据"免费"交换的产品营销可能是一种误导行为。[47] 最近，社交媒体的消费者保护合作网络（Consumer Protection Cooperation Network）强调，欧盟第 93/13/EC 号指令《不公平合同条款》（Directive 93/13/EC on Unfair Contract Terms）适用于消费者与商家之间所有类型的合同，并明确提及"消费者生成内容和数据画像属于合同中对等履约的一种方式"。[48]

消费者权益的第 2011/83/EU 指令（《消费者权益指令》，Consumer Rights Directive）[49]没有明确提及个人数据，但是并未完全将"免费"在线服务排除在其规制范围之外。它区分了销售和服务合同与在线数字内容供应合同。[50] 与销售和服务合同的规定相反，该指令并没有提及数字内容供应合同的支付。因此根据欧盟委员会的说法，该指令似乎也适用于在线数字内容供应合同，即使这些合同不涉及支付，比如从应用程序商店免费下载游戏

---

[41] Bradshaw/Millard/Walden（2011）；Helberger/Guibault/Loos/Mak/Pessers/van der Sloot（2013）；Loos/Luzak（2016）。
[42] Hoofnagle/Whittington（2016）。
[43] 欧洲议会和理事会2000年6月8日关于内部市场信息社会服务，特别是电子商务法律问题的2000/31/EC 指令（《电子商务指令》），OJ L 178, 2000 年7月17日, 1–16, 并没有将由广告资助的信息社会服务排除在其范围之外："信息社会服务并不仅仅局限于引起在线签约服务，也包括无须报酬就能获得的服务，如提供的网络信息或商业通信服务，或者提供搜索、访问、恢复数据的工具的服务，只要它们代表了一种经济活动就可以"（序言第18条）。
[44] 欧洲议会和理事会关于提供数字内容合同的指令的提案，2015/0287（COD）。
[45] 2016年5月25日，欧盟委员会、欧盟委员会工作组颁发的关于《不公平商业行为指令》的2005/29/EC 指令的实施及应用的文件及指南，SWD（2016）163 final, 97。
[46] 同上。
[47] 同上。
[48] Consumer Protection Cooperation Network（2017），3.
[49] 2011年10月25日，欧盟委员会就欧洲议会及理事会关于消费者权利的第 2011/83/EU 号指令，修订了欧盟理事会 93/13/EEC 号指令、废除了欧盟理事会 85/577/EEC 指令以及欧洲议会和理事会 97/7/EC 指令，颁布了 2011/83/EU 指令，OJ L 304, 2011 年11月22日, 64–88。
[50] 目前尚未完全明确某些在线服务应如何界定：例如社交网站（SNSs）应被视为服务还是数字内容？当用户注册一个社交网站时，他就同意了使用条款或服务条款——一份具有法律约束力的服务提供合同。《数字内容指令》提案认为，社交网站应适用于数字内容合同条款。

的合同。[51] 然而仍需要在消费者和商家之间达成明确的合同，仅仅访问一个网站并不一定就是成立了合同。[52] 因此通过默示协议签订的合同（以数据作为交换条件获得数字内容）规避了《消费者权益指令》的适用。[53]

尽管目前尚不清楚上述论证如何与《电子隐私指令》(ePrivacy Directive)第5(3)条[54]保持一致，第5(3)条要求在储存和获取用户终端设备上的信息时须事先获得用户知情的"选择加入"同意。如何将基于商业目的通过cookies收集个人数据的行为视为默示协议尚未明确。在这方面，可以参考欧洲数据保护监管机构(European Data Protection Supervisor，EDPS)对《数字内容指令》提案的批评，其认为该指令忽略了《电子隐私指令》的规定从而将数据收集行为划分为主动和被动。[55] 因此如何解释用户同意及其与合同的关系、合同保护存在着巨大争论和困惑。

GDPR似乎也暗示其适用范围应扩展至免费网络服务，即在欧盟境内向数据主体提供产品或服务时处理个人数据的，无论数据主体是否需要付款均应适用GDPR的相关规定（GDPR第3条）。然而，第8条在确定儿童接受信息社会服务的适用条件时，GDPR明确提到了有偿服务，因为信息社会服务被定义为"通常在远距离、通过电子方式并且在服务接受者的个人要求下提供的任何有偿服务"（2015/1535号指令第1(1)(b)条[56]）。因此基于获得报酬目的而提供的电子服务似乎要求用户直接支付报酬。但在实践中支付的"报酬"(remuneration)通常被赋予了广泛含义。欧盟法院解释了在不同案件中报酬的具体含义，它规定其重要的考虑因素是服务提供者而不是支付报酬的服务接受者。在Belgium诉Humbel一案中欧盟法院认为"报酬的基本特征应考虑本案争议中的服务"。[57] 在Bond van Adverteerders诉Netherlands一案中，欧盟法院认为报酬可能来自外部如广告，因此并不一定是从服务接受者处获得。[58] 欧盟法院解释了在欧盟内提供的服务中报酬的含义。但是鉴于合同法中关于合同格式的要求仍然根据成员国的合同法调整，是否应区分服务中的报酬与服务合同中的报酬尚未明晰。[59]

2.2 消费者民事行为能力与合同有效性

在欧盟消费者保护法中没有明确定义儿童的概念。《不公平商业行为指令》中旨在保护儿童免受不公平商业行为伤害的条款也未明确界定儿童。欧盟委员会发布的关于该指令的指导文件提到儿童和青少年都是消费者弱势群体，但同样没有明确他们的年

---

[51] 欧盟委员会，关于2011/83/EU指令的指导性文件，8。
[52] 欧盟委员会，关于2011/83/EU指令的指导性文件，64。
[53] Helberger/Borgesius/Reyna (2017)，1444.
[54] 欧洲议会和理事会关于个人数据的处理和电子通信的隐私保护的2002/58/EC指令（《电子隐私指令》），OJ L 201，2002年7月31日，37-47。
[55] EDPS (2017).
[56] 欧洲议会及理事会2015年9月9日就提供技术规范及信息社会服务规则制定程序颁布了2015/1535 EU指令，OJ L 241，2015年9月17日，1-16。
[57] ECJ，Belgium v Humbel，C-263/86，ECLI:EU:C:1988:451，para.17.
[58] ECJ，Bond van Adverteerders v Netherlands State，C-352/85，ECLI:EU:C:1988:196，para.16.
[59] See Clifford/Van Der Sype (2016)，279-280.

龄范围。⑩ 但《玩具安全指令》(Toy Safety Directive)⑪将"儿童"与"玩具"的概念相联系，其规定该指令适用于"为14岁以下儿童玩耍或使用而设计的产品（以下简称玩具）（第2.1条），无论是否完全由儿童玩耍或使用"。

在某些具体情形下国家层面的监管或行业自我监管填补了这一空白。例如英国广告标准局(UK's Advertising Standard Authority)通过的《英国非广播电视广告、促销和营销准则》(UK Code of Non-broadcast Advertising, Sales Promotion and Direct Marketing)将儿童定义为16岁以下的自然人。⑫ 该准则的基本原则规定"儿童对营销传播的认知和反应受其年龄、经验和信息传播背景的影响"，因此在审查具体的营销传播是否符合该准则时应考虑这些因素。依照该准则，成为数据主体的年龄门槛进一步降低，其允许广告商在没有父母同意的情况下收集12岁以上儿童的个人数据。⑬

消费者保护法中定义"儿童"与合同法确定儿童何时可以订立合同具有相关性，但即使是合同法也无助于对如产品销售或其他商业行为等合同缔约前法律关系的规范。在大多数国家中儿童在法律上不具备签订有效合同的行为能力，或者在没有父母许可的情况下不具备签订合同的权利能力。此类禁令是基于未成年人不能完全理解其行为性质和法律后果的假设。然而在不同的法域，14—18岁的儿童可以在没有法定代理人参与的情况下同意与其收入或日常生活有关的小型日常活动（例如购买食物、衣服、支付交通费）。⑭ 例如在芬兰，15岁以下的儿童可以使用零花钱购买普通物品而无须父母同意。⑮

网络行为中的民事行为能力限制并未如此明确。根据沃特斯(Wauters)等人的主张，社交网络中未成年用户的行为如果可以被定性为"日常行为"并且该未成年用户能够理解他们行为的范围（已达到具备认知能力的年龄），则他们的行为就具备法律效力。⑯ 未成年人未达到可辨认其行为的年龄所订立的契约将被视为无效。

未成年人在网上签订的如网络服务合同等协议是否有效，应依据成员国的合同法确定。例如在比利时，若用户已知晓并认可合同的内容则签订的合同就有效。⑰ 合同条款的可获得性、可见性和可理解性很重要，但是否已知晓必须由法官在具体案件中确定。⑱

2.3 合格数据主体

认定儿童具有同意处理其个人数据的"法律能力"是一项复杂的任务。GDPR授权成员国可以规定明确的年龄阈值（成员国可在13—16岁之间确定精确的年龄），因此不同成

---

⑩ 2016年5月25日，关于《不公平商业行为指令的》2005/29/EC指令的实施及应用的欧盟委员会工作组颁发的文件及指南，SWD (2016) 163 final。
⑪ 欧洲议会及理事会2009年6月18日就玩具安全颁布了2009/48 EC指令，OJ L 170, 2009年6月30日,1。
⑫ UK Advertising Standard Authority (2010).
⑬ UK Advertising Standard Authority (2010).
⑭ 概述合同法中关于未成年人的法律能力，参见Loos/Helberger/Guibault/Mak/Pessers/Cseres/van der Sloot/Tigner (2011), 138–141。
⑮ Finnish Competition and Consumer Authority (2015).
⑯ Wauters/Lievens/Valcke (2015).
⑰ Wauters/Lievens/Valcke (2015).
⑱ Wauters/Lievens/Valcke (2015).

员国在规制数据主体给予有效同意的数据处理权时设置了不同的年龄门槛(或基于成员国法律在实践中默认了不同的年龄门槛)。[69] 一般来说,许多欧洲国家认为 14 岁以上、15 岁以上或 16 岁以上的未成年人有权同意数据处理。[70]

在 GDPR 被通过之前,欧盟部分成员国的数据保护法明确规定了具有法定资格担任数据主体的未成年人年龄。[71] 部分成员国的法律则没有具体规定,而是根据未成年人的民事行为能力进行确定或根据个案进行分析确定。[72] 对个案进行评估时应将儿童最大利益的一般标准、道德和心理发展水平、对同意的后果和具体情况的理解能力等(儿童年龄、数据处理目的、所涉及的个人数据类型等)考虑在内。[73] 评估数据主体能力应具体情况具体分析,并不适用单一的评估方法,但在判例法、法律原则或数据保护当局的指导文件中通常会确定预设的示范性年龄阈值。[74]

3 设立专项个人数据保护制度的必要性和正当性

GDPR 制定专门针对儿童的条款是因为儿童对收集和使用其数据相关的风险和保障措施的认知能力较低。但如果保护儿童和年轻人的唯一原因是他们的认知能力不足,那这个问题可以通过提高他们的认知能力加以解决,并非必须通过立法解决。[75] 以下各节旨在探讨促使设立专项儿童数据保护制度的其他各种因素。

3.1 GDPR 与认知缺失标准

GDPR 将儿童认知能力较低作为设立专项儿童保护制度的正当理由。儿童和青少年缺乏知识、缺乏对复杂的个人数据收集行为及其影响的充分理解,尤其是在网络中的儿童和青少年,这对于许多成年人来说也是一个不可否认的问题。研究表明,即使是经验丰富的用户也很难理解部分先进的数据收集和跟踪技术(如指纹识别和持久性 cookies)及其可能产生的影响。[76] 受儿童欢迎的网站采用越来越复杂的方式在儿童娱乐、通信或在线浏览时收集数据并持续监控。正如蒙哥马利(Montgomery)指出的那样,许多网站上实施

---

[69] Mačėnaitė/Kosta (2017).
[70] Dowty/Korff (2009).值得注意的是,考虑到即将实施的 GDPR 第 8 条和正在修订的国家数据保护法,可以同意的年龄门槛预计将改变。受美国的影响,许多欧盟成员国可能会改变目前 14、15、16 岁的现状,将年龄门槛降低到 13 岁。
[71] 在 GDPR 通过之前,在西班牙处理 14 岁以下儿童的个人数据需要得到父母的同意(Article 13 of the Spanish Royal Decree 1720/2007 of 21 December),在荷兰和匈牙利则是 16 岁〔Article 5 of the Dutch Personal Data Protection Act (25 892) of 23 November 1999〕和〔Section 6(3) of the Hungarian Act CXII of 2011 on the Right of Informational Self-Determination and on Freedom of Information〕。
[72] Mačėnaitė/Kosta (2017).
[73] Belgian Privacy Commission (2002);工作组关于保护儿童个人数据的意见(Opinion 2/2009), WP 160; Dowty/Korff (2009)。
[74] Mačėnaitė/Kosta (2017).
[75] 应当承认,有效增强意识并进而长期改变行为并不是一个容易实现的目标。参见 Jones/Mitchell/Walsh (2013) for the analysis of online child safety education in the US。
[76] Acar/Eubank/Englehardt/Juarez/Narayanan/Diaz (2014).

监控行为的目的是通过微定位"点对点"营销和传播策略进而在儿童和网站之间建立一种认同感、情绪和行为的关联。[77] 一些学者也针对网络中关于儿童的商业监控及其可能产生的后续影响提出了类似担忧。[78]

对于年轻人来说,隐私政策冗长复杂并且难以获取,同时往往与其年龄认知不匹配。[79] 一些使用最广泛的社交网站如Facebook和Twitter等的隐私政策很容易通过"分享"(sharing)和"控制"(control)来误导用户,尽管这些网站无处不在地收集、使用和公开数据。[80] 即使有些儿童可能精通技术并了解详情,但这并不代表他们就能充分认识到在线数据收集行为难以估量的后果。例如儿童并不能直观认识到其网络行为已经被持续监控。[81] 在学术文献中部分儿童被定位为"数字土著"(digital natives)[82]或者"网络一代"(the Net generation)[83],引起了广泛争论。[84] 实证研究表明在某些情况下,在定义一个人为"数字土著"时其他因素如使用广度、经验和受教育水平比代际差异更具决定性。[85]

3.2 不同的网络行为、需求和隐私观

GDPR只提到与儿童有关的某些能力(或缺少某些能力)而没有提到作为儿童特别是青少年的个人具体特征。发展心理学提供的证据表明,青少年具有特殊的需求和利益,例如形成身份认同、发展能动性、培养自主性以及建立同伴关系。[86]

随着年龄的增长,结交朋友和建立同伴关系变得越来越重要,甚至可能影响青少年的心理、社交和学术发展。[87] 青少年渴望结交新朋友[88]并且往往比成年人建立更多的友谊。[89] 相比之下,年轻人更倾向于使现有关系更加亲密和令人满意。[90] 成年人花在朋友上的时间比青少年少。[91] 这些说法在社交媒体背景下得到了来自欧洲和其他地方一些学者的证实。在荷兰,斯丹(Steijn)和斯考滕(Schouten)的研究表明,年轻的社交媒体用户往往更容易建立新关系,而年长的用户往往会加强与现有朋友的联系。[92] 同样,曼特尔(Mantelero)发现,随着意大利青少年年龄的增长,他们认为在社交网络上寻找新朋友不再那么重要,而

---

[77] Montgomery (2015).
[78] Grimes (2015); Montgomery (2015); Rooney/Taylor (2017).
[79] Micheti/Burkell/Steeves (2010); Grimes (2013).
[80] Steeves (2017).
[81] Savirimuthu (2016).
[82] Prenksy (2001).
[83] Tapscott (1998).
[84] Jones/Shao (2011), Helsper/Eynon (2010).
[85] Helsper/Eynon (2010).
[86] Greenfield/Gross/Subrahmanyam/Suzuki/Tynes (2006); Subrahmanyam (2008); Subrahmanyam/Garcia/Harsono/Li/Lipana (2009).
[87] Blieszner/Roberto (2004); Savin-Williams/Berndt (1990).
[88] Boneva/Quinn/Kraut/Kiesler/Shklovski (2006).
[89] Hartup/Stevens (1999); Blieszner/Roberto (2004).
[90] Erikson (1968).
[91] Hartup/Stevens (1999); Blieszner/Roberto (2004).
[92] Steijn (2014), Steijn/Schouten (2013).

更重要的是与现有朋友或家人的交流。[93] 帕拉特(Third)等人在 16 个国家的儿童调查中也证实存在同样的趋势。[94]

寻找和建立身份认同是青春期的重要需求。[95] 青少年花大量时间与同龄人在一起,这些同龄人成为建立青少年身份认同感的重要圈子。[96] 博内法(Boneva)等人指出"青少年需要与朋友密切、频繁交流——花大量时间在一起……并且展现自己"。[97] 瓦尔肯堡(Valkenburg)和 彼得(Peter)表明,互联网已经成为青少年展示和体验他们身份认同感的新舞台。[98] 与儿童相比,年长的人已经形成了自己的身份认同[99],成年人"不太需要体验和展示自己的身份认同"。[100] 作为发展需要,身份认同的形成和人际关系的建立无形中与用户在社交网络上添加联系人和披露个人信息等网络行为密切相关。[101]

学术界已经确立了青少年发展阶段和网络行为之间的联系,实证研究也阐明了儿童、青少年和成年人对隐私的看法和关注存在差异。[102] 正如斯丹所主张的,发展心理学视角可以帮助理解并证明社交媒体上不同年龄段对隐私不同的关切和行为。[103] 斯丹的依据是对荷兰 16 000 人的研究结果,他们被分为 3 个年龄组:青少年(12 至 19 岁)、年轻人(20 至 30 岁)和成年人(31 岁及以上)。斯丹指出,个人在社交媒体上的行为可能与青少年、年轻人和成年人在其生活各个阶段的典型特征有关(例如拥有越多联系人就越频繁地发布信息)。[104] 因此发展人际关系和形成身份认同的发展特征与用户在社交媒体上的行为关联,可以在某种程度上解释青少年对隐私的较低关注度。

3.3 特殊的弱势性和不成熟性

在过去十年,神经技术尤其是磁共振成像为比较青少年和成年人大脑的不同结构和功能提供了神经学方面的证据。让·皮亚杰(Jean Piaget)认为,青少年到 15 岁时理解、欣赏和作出决定的认知能力与成年人相当。[105] 但科学家已证明青少年的大脑中存在结构性和功能性的不成熟。[106] 这导致了对让·皮亚杰主流推论的质疑。人们承认青少年可能具有像成年人一样的推理能力,但由于情绪波动、冲动、缓解朋辈压力的能力较弱等原因,他们的推理能力并非完全一致。[107]

---

[93] Mantelero (2016).
[94] Third/Bellerose/Dawkins/Keltie/Pihl (2014).
[95] Erikson (1959).
[96] Brown (1990),179.
[97] Boneva/Quinn/Kraut/Kiesler/Shklovski (2006),618.
[98] Valkenburg/Peter (2008).
[99] Waterman (1982).
[100] Steijn (2014),51.
[101] boyd (2008); Boneva/Quinn/Kraut/Kiesler/Shklovski (2006); Peter/Valkenburg (2011).
[102] Peter/Valkenburg (2011).
[103] Steijn (2014).
[104] Steijn (2014).
[105] Cited in Preston/Crowther (2014),454 – 455.
[106] Giedd (2008); McAnarney (2008); McCreanor/Barnes/Gregory/Kaiwai/Borell (2005); Steinberg (2007,2008).
[107] Preston/Crowther (2014),451.

由于控制抑制力的大脑部分只有在成年早期才会完全成熟,青少年评估危险情况的能力较低而且可能很容易被误导。[108] 他们不太可能考虑其行为的长期后果反而更倾向于承担风险。[109] 普勒斯顿(Preston)和克劳瑟(Crowther)总结道:"虽然关于青少年能力及其需要尊重和自主权的研究越来越多,但发展心理学表明,除了这些积极的品质外未成年人仍然是冲动的,会比成年人更爱冒险,控制情绪的能力也更弱"[110]"这些不成熟的行为表明,未成年人在做出长期决定时与成年人处于不同的位置,尤其是当他们的身边有同龄人的时候",并进一步指出,"在互联网时代未成年人总是处在同龄人之中,同时利用社交媒体向其他同龄人征求每一个决定"。[111]

这些具体的发展特征可能会影响他们的网络行为,增加同龄人在网上受害的可能性以及商业化利用个人数据的可能性,其程度高于涉及年幼儿童或成年人的情况。例如在后一种情况下,网络市场经营者可以采用特殊策略,利用青少年的弱势地位,因为他们知道"由于青少年具有情绪波动和冲动行事的倾向,因此比成年人更容易受到如实时竞价、地理定位(特别是当其接近购买点时)和依据其个人账号信息和行为模式量身定做的'动态创造性'广告等技术的影响"。[112]

网络服务通过操纵性技术和不公平技术满足并强烈迎合青少年需求的突出特征已经引起了学者和政策制定者的关注。[113] 因此,对儿童有潜在负面影响的部分数据收集行为,例如侵犯性数据画像或情感操纵是否属于不公平的并应在法律上明确加以禁止的行为,下文将对此进行讨论。

3.4 参考消费者保护法:以保护弱势群体作为立法基准

欧盟消费者保护法与数据保护法相比,区分了一类特殊的"弱势消费者"并为保护他们提供了正当理由。据《不公平商业行为指令》第5(3)条规定,部分消费者因其自身因素如年龄、生理或心理缺陷,易轻信或易受到某些商业行为或者潜在产品的影响,若商家的商业行为以可合理预见的方式模糊了本可清晰界定的某消费者群体的经济行为,则应从该消费者群体中的普通消费者角度来评估该商业行为。

基于"可以推断弱势消费者需要得到比普通消费者更多的保护",《不公平商业行为指令》为弱势消费者设立了专项保护制度,[114]其提高了消费者保护水平,舍弃不公平商业行为中保护消费者的一般标准即平均水平、"合理谨慎"(reasonably circumspect)的消费者标准。马克(Mak)称这种方法为有针对性的差异化,创造了一种以消费者特定需求为基础的保护标准。[115]

---

[108] Giedd (2008); McAnarney (2008); McCreanor/Barnes/Gregory/Kaiwai/Borell (2005); Steinberg (2007, 2008).
[109] Giedd (2008); McAnarney (2008); McCreanor/Barnes/Gregory/Kaiwai/Borell (2005); Steinberg (2007, 2008).
[110] Preston/Crowther (2014), 454.
[111] Preston/Crowther (2014), 454.
[112] Montgomery (2015), 777.
[113] Montgomery (2015).
[114] Mak (2010), 14.
[115] Mak (2010), 13-14.

《不公平商业行为指令》中的弱势性概念基本上与人的弱势地位有关,即可能是由于其身体或群体特征而处于弱势地位。⑯ 欧洲消费者协商小组(The European Consumer Consultative Group)称之为弱势消费者的"个人维度或水平方法"(the personal dimension or horizontal approach)。⑰

虽然各界尚未达成统一的、普遍接受的弱势消费者定义,但学术文献对这一概念的理解要比《不公平商业行为指令》宽泛得多。除了消费者的个人特征之外,在评估弱势性时还包含了消费者的自身因素。这些因素可以分为内源性(内部)因素和外源性(外部)因素。⑱ 内源性因素是指消费者的身体或精神状况(儿童、青少年、老年人、残疾人等)所固有的,⑲包括暂时性(如疾病)或永久性(如伤残)。⑳ 外源性因素包括缺乏语言知识、缺乏一般或特定的市场知识或需使用未知的新技术。㉑ 沃丁顿(Waddington)声称,产品的性质如复杂的金融和投资产品,或"服务和销售安排"如与免费礼物或特殊营销相结合的销售,也应被视为弱势性的外源性因素。㉒

在政策制定层面,有人主张结合"情景弱势性"(situational vulnerability)或"行业分类法"(sectoral approach)扩大弱势消费者的定义。㉓ 该定义认为,在某一市场的消费者是普通消费者即消息灵通、细心谨慎,但在其他市场却是弱势消费者即不能做出明智理性的选择。

实践证明,内源性因素和外源性因素都很重要。最近一项关于弱势性的实证研究表明,复杂的市场环境是弱势性的重要考虑因素,但临时性或永久性的消费者特征也起着重要作用。㉔ 弱势性可以是一种永久或长期的状况,往往与消费者的内部因素如年龄、缺乏经验或残疾有关;弱势性也可以是动态的和相对的,在与市场和服务的相互作用中产生。因此任何消费者随时都有可能成为弱势群体,这取决于个人情况和特征,以及所使用的产品或服务和营销方式。㉕ 根据欧盟委员会最近对弱势性概念的解释,"弱势性并非静态,消费者可能随时会在弱势地位与普通地位之间转变,他们可能在某类交易中处于弱势地位而在其他类交易中不处于弱势地位。应将弱势看作是一个范围而不是一个二元状态"。㉖

最近欧盟的一项研究试图提供一个有依据的弱势消费者定义,用于更新和完善现有的弱势性定义。根据该项研究,"弱势消费者"是:由于社会群体特征、行为特征、个人情

---

⑯ 例如,欧盟委员会认识到:"向青少年推销特别有吸引力的产品,可能会利用他们缺乏关注或思考的特点,以及他们由于不成熟和轻信而冒险的行为。"2016 年 5 月 25 日,欧盟委员会、欧盟委员会工作组颁发的关于《不公平商业行为指令》的 2005/29/EC 指令的实施及应用的文件及指南,SWD (2016) 163 final, 45。
⑰ European Consumer Consultative Group (2013).
⑱ 2012 年 5 月 8 日,欧洲议会关于加强弱势消费权利保护的报告(2011/2272(INI))。
⑲ 同上。
⑳ 同上。
㉑ 同上。
㉒ Waddington (2014).
㉓ European Consumer Consultative Group (2013).
㉔ 2016 年 1 月,欧盟委员会关于特定市场弱势消费者保护的最终报告。
㉕ Waddington (2014).
㉖ 2016 年 1 月,欧盟委员会关于特定市场弱势消费者保护的最终报告,xvii。

况或市场环境而产生;在出现负面结果风险较高的市场中;能力受限以至于无法最大化提高其福祉;难以取得或理解信息;较难购买、选择或接触合适产品;较易受某些市场营销影响。⑫

这一定义全面描述了弱势性参考因素以及由此产生的消费者经济行为中的消极后果或限制。其不仅考虑到群体特征如年龄和市场环境,而且还考虑到行为特征。关于儿童,行为特征是一个常常被忽视却又很重要的参考因素。

个人因素即年龄较小并因此缺乏经验是弱势性的主要原因。年龄较小是弱势消费者永恒的特征。儿童比其他类型的消费者更容易受到伤害。虽然其他消费者群体通过学习可以摆脱外源性弱势因素从而改变其弱势地位,但儿童往往同时拥有内源性和外源性弱势因素。儿童的个人情况很可能导致他们永远是弱势消费者,而且由于产品、服务和营销模式,他们往往更易受到伤害。

3.5 批判性理解能力和敏感性

从消费者保护法的角度来看,作为消费者的儿童和青少年可能更容易受到伤害,其原因不仅是他们缺乏知识和技能,而且他们更容易受到他人影响(部分原因是由于缺乏知识和技能而导致的)。⑬

消费者社团化的研究涉及儿童和青少年消费技能、知识和态度的发展。⑭ 该项研究表明随着经济增长,消费者能力日益提高。关于理解广告能力的研究表明,年幼的儿童不能识别、批判性地评估和理解广告的劝诱性目的。⑮ 7—8岁的儿童可以识别出劝诱性目的并意识到广告可能具有欺骗性或偏见。⑯ 从11岁开始,儿童对广告及其意图和策略变得更加怀疑。⑰ 罗曾达尔(Rozendaal)等人专门研究了儿童(8—12岁)和成年人(18—30岁)在识别广告能力上的差异。⑱ 研究表明9—10岁左右的儿童可以像成年人一样识别广告,但即使到了12岁仍然不能像成年人一样理解广告的销售性和劝诱性意图。⑲ 对广告销售意图的识别比对劝诱性意图的理解发展得更早。⑳ 然而这些对广告的识别和理解的年龄门槛并非绝对。奥兹(Oates)等人主张并非所有10岁的儿童都能理解广告商的劝诱性目的。㉑ 利文斯敦(Livingstone)和黑尔斯佩尔(Helsper)展示了关于广告影响力和年龄之间更为复杂的关系:"可以对不同年龄段的人进行不同的劝诱,因为读写能力随着年龄的不同而有所差异。"㉒

---

⑫ 2016年1月,欧盟委员会关于特定市场弱势消费者保护的最终报告,xx.
⑬ Duivenvoorde (2013).
⑭ John (2008).
⑮ Martin (1997);Rozendaal/Lapierre/van Reijmersdal/Buijzen (2011).
⑯ John (2008).
⑰ John (2008).
⑱ Rozendaal/Buijzen/Valkenburg (2010).
⑲ Rozendaal/Buijzen/Valkenburg (2010).
⑳ Rozendaal/Buijzen/Valkenburg (2010).
㉑ Oates/Blades/Gunter/Don (2003),69.
㉒ Livingstone/Helsper (2006),560.

关于年龄范围的研究结果往往是基于传统广告背景如在电视或报纸上,并不能直接转化为网络背景下的研究成果。相比传统媒介,关于儿童对新媒介复杂的广告技巧的识别研究要少得多。例如关于儿童对社交媒体或广告游戏中嵌入式广告的反应研究十分有限,并且由于商业内容和娱乐元素内在交织使嵌入式广告更加令人困惑。[138] 即使是年龄更大的儿童也难以将广告游戏归类为娱乐或劝诱行为。[139] 即使他们已经接触广告很长时间,广告商也能通过各种隐蔽手段诱使他们发生理解偏差。[140] 植入性营销、主机营销、品牌网站和名人效应,都使得他们更难理解市场营销的劝诱目的。欧盟最近的一项研究证实了上述结论,该研究表明尽管大多数流行的网络游戏(25 种被研究的游戏中,包括所有的广告游戏、所有的社交媒体游戏、一半的通过主流应用平台提供的游戏)都包含嵌入式广告或上下文广告,但儿童难以识别这些内容的营销意图、难以保护自己、难以做出决定。[141] 嵌入式广告对儿童的影响相当大,因为在潜意识里改变了他们的行为和购买决定。[142]

英国最近的实证数据表明,在日益复杂的新媒体环境中儿童缺乏批判性理解能力。批判性理解能力被定义为"一个广泛的知识和技能,包括判断信息的出处以及分辨真假的能力、意识到广告的存在和理解广告内容的能力"。[143] 该术语描述了儿童需要理解、质疑和管理网络信息和服务的技能和知识。例如在接受调查的儿童中,12—15 岁的只有小部分人能够将 Google 上的赞助链接识别为广告(8—11 岁儿童的比例为 24%,12—15 岁儿童的比例为 38%)。[144]

4 个人数据保护制度与消费者保护制度对儿童保护的协同作用

在 GDPR 中引入儿童保护专项制度对已生效的未区分年龄的数据保护原则(如公平原则和透明度原则)带来了挑战。例如实践中必须明确数据控制者如何以一种有效的方式向儿童提供其收集数据的相关信息。[145] GDPR 对儿童专项保护规则也提出了概念性问题,例如如何定义普通儿童和儿童专用服务。鉴于消费者保护法已将儿童视为易被侵权的消费者,该法能否为数据保护在商业环境中的适用提供参考?

上述问题的答案很大程度上取决于一个共识,即消费者保护法和数据保护法之间虽然存在差异但是在法律框架内可以协同发挥作用。[146]

---

[138] Rozendaal/Lapierre/van Reijmersdal/Buijzen (2011); Verdoodt/Clifford/Lievens (2016).
[139] Fielder/Gardner/Nairn/Pitt (2008).
[140] Fielder/Gardner/Nairn/Pitt (2008).
[141] 2016 年 3 月,欧盟委员会通过社交媒体、网络游戏以及移动应用程序研究市场对儿童行为的影响报告。
[142] 同上。
[143] OFCOM (2016).
[144] OFCOM (2016).
[145] Savirimuthu (2016).
[146] 对消费者保护法与数据保护法的协同作用及其积极方便和现存困难进行了全面探讨,参见 Helberger/Borgesius/Reyna (2017)。

消费者保护和数据保护制度的结合似乎相当可行。因为这两种制度在实践中、在欧盟政策和法律中已经发生了趋同。如上所述,在数字环境中消费者和数据主体的角色相互交织,因此保护消费者的个人数据是保障消费者权益不可分割的一部分。[147] 在欧盟政策层面,数字经济中的数据保护、竞争法、消费者权益保护的相互关系已经成为 EDPS 重点关注的内容。[148]《数字内容指令》提案指出,实际上消费者经常用个人数据而不是金钱来支付服务费用。GDPR 在其序言第 42 条中明确提到了《不公平条款指令》,[149]要求数据控制者在没有不公平条款的情况下提供易于理解和易于获取的预先制定的同意声明,并明确了与消费者保护密切相关的其他问题如数据可携带权。除了上述趋同性,数据保护和消费者保护还存在诸多共性:均已在《欧盟基本权利宪章》(Charter of Fundamental Rights of the European Union)中得到承认[第八条(保护数据权)和第三十八条(消费者保护原则)];[150]均根植于成员国法律并从自下而上的欧盟次级法律中发展为权利。[151] 一般而言这两个领域的法律都旨在保护弱势群体(消费者、数据主体),弱势群体通常被视为拥有不对称的信息并在固有的权利不平衡环境中活动。

然而,消费者保护法和数据保护法之间的协同作用存在许多挑战,关于这些挑战的辩论与研究仍处于萌芽阶段。[152] 消费者保护法通过调整消费者与产品或服务提供者的关系,在经济转型中赋予消费者特定权利,实质上保护了消费者的经济利益。相反,数据保护法保护个人的基本权利,在处理个人数据时力求公平合法。简而言之"消费者保护法涉及公平合同;数据保护法涉及公平处理"。[153] 这种目标上的差异性也产生了更多复杂性。在数据保护法和消费者保护法中部分基本概念如公平、损害赔偿或数据并不等同。[154]

最后也是最重要的一点,从概念上讲,消费者保护法和数据保护法的结合存在一些基本障碍。源于范围差异的主要规范问题之一是:结合这两个领域的规则必须假设个人数据可以被视为财产,从而以货币价值来衡量个人数据的价值。然而正如赫尔博格等人所言"基本权利如隐私权和个人数据保护权必须放在整个社会中考量,而不应将其限制为仅仅是为了保护消费者个人利益"。[155] 因此,"无论是法律还是政策都不应该鼓励或支持人们以放弃自身权利从而换取服务"。[156] 在将消费者保护法的基本原理和具体规则扩展到

---

[147] Svantesson (2017).
[148] EDPS (2014).
[149] 1993 年 4 月 5 日颁布的关于消费者合同中的不公平条款 93/13/EEC 指令 (不公平条款指令),OJ L 95, 21 April 1993, 29 – 34。
[150] 消费者保护与数据保护不同,系欧盟次级法律的基本实体权,更多的是公共机构应遵守的原则,通过欧盟或成员国的立法或行政行为来实施,并由法院在解释某一行为时得以明确。TFEU 第 169 条明确规定了欧盟消费者保护政策的目标:保护消费者的健康、安全和经济利益,促进他们获得信息和受教育的权利以及为保护其利益成立社团的权利。虽然有学者力争消费者权利应属(软性)人权,但实际上消费者权利并非严格意义上的人权。参见 Deutch (1994)。
[151] Svantesson (2017).
[152] Svantesson (2017),Helberger/Borgesius/Reyna (2017).
[153] Helberger/Borgesius/Reyna (2017),1427.
[154] Helberger/Borgesius/Reyna (2017),1460.
[155] Helberger/Borgesius/Reyna (2017),1463.
[156] Helberger/Borgesius/Reyna (2017),1463.

数据保护法领域之前，必须解决上述问题或至少要作出明确解释，在基本人权中个人数据远远不只是一种商品。

虽然承认消费者保护和数据保护之间存在差异，以及相关概念也存在不同，但不可否认的是这两个领域的结合可以提供一些信息，并有可能加强在数据驱动的数字环境中作为数据主体和消费者的儿童保护。否认个人数据的经济意义会产生矛盾后果，这一点可以从《数字内容指令》提案扩大消费者保护的动机中得到证明。更具体地说，尽管 EDPS 批评将提供个人数据定位为对等履约，[157]但数字内容供应合同中唯一支付的"价格"就是个人数据，如果不将提供个人数据视为对等履约那么就无法适用提案中的合同保护，进而对数据主体的消费者权利和保护产生负面影响。虽然 EDPS 建议用其他办法取代以提供数据作为对等履约，[158]但并没有提出明确的解决办法。

4.1 适合儿童的透明度

GDPR 要求数据控制者在收集所有数据主体的个人数据时，应以清晰、适合受众的语言提供相关信息。数据控制者应根据儿童情况调整有关数据收集的信息，因为 GDPR 序言第 58 条要求以"儿童易于理解的、明确的、简单的语言"提供信息。为了正确实施这一要求，应将智力因素考虑在内，数据控制者应考虑数据主体的年龄、认知发展、需求和能力。正如丹纳索（Danoso）等人指出的那样：应从更适合儿童需求、儿童权利及其尚未充分发展的认知能力的角度重新思考使用条款（Terms of Use）和隐私政策（Privacy Policies）等法律文件，这至关重要。在儿童保护问题上提高透明度意味着应以不同的方式传达信息，但必须是公开的并明确界定网站允许的内容和禁止的内容，最重要的是要尽可能将隐私政策规定的内容与儿童的世界观和经历联系起来使其真正具有意义和吸引力。儿童不是成年人，在隐私政策传递方面不应该以对待成年人的方式对待儿童。[159]

在考虑实施适合儿童的透明度原则的可行性时，下文将个性化信息、符号和参与式透明度作为暂行解决办法。

4.1.1 个性化信息

消费者保护法基于这样一种假设：服务提供者和消费者之间存在信息不对称，而强制服务提供者提供特定信息的法律义务可以纠正这种信息不对称。[160] 因此，如果商家向消费者提供清晰、准确和可靠的信息，消费者就能做出明智和有效的选择。自 20 世纪 70 年代以来，信息不对称的假设构成了"欧盟消费者保护法的标志"。[161]但近年来，基于行为经济学、心理学和神经学的研究，这种依赖于理性选择模型的方法因为不再有效而受到了

---

[157] EDPS（2017）.
[158] 为了不必以提供数据作为对等履约的参考进而定义《数字内容指令》提案的适用范围，EDPS 建议：1) 使用与《电子商务指令》一致的"服务"广泛定义；或 2) 以只要提供了商品和服务而无论是否需要付款为参考（如 GDPR 所规定的那样）。EDPS（2017），10-11.
[159] Donoso/van Mechelen/Verdoodt（2014），54.
[160] Micklitz/Reisch/Hagen（2012），272.
[161] Busch（2016）.

挑战,它既不能反映消费者行为也不能反映数字经济的真实情况。以普通消费者作为衡量标准的理论与实证研究相矛盾,并且即使提供标准化信息也仍然不能恢复商家与消费者之间的信息对称性。[162] 因此,"信息监管"已经过时,新的挑战是"合理监管",或更简单的说法是帮助消费者克服可能会被商家利用的认知偏差。[163] 有学者提出了取代信息范式的替代方法,适用范围从简单接触(nudging)[164]到个性化信息的披露。[165] 后一种说法是由布施(Busch)首先提出,尽管它仍处于学术辩论的早期阶段,但在儿童案例中很有研究价值。该方法建议使用大数据分析向消费者提供个性化信息,而不是欧盟消费者保护法目前规定的前合同义务中的标准信息。[166]

理论上提供个性化信息非常有用,因为它不仅考虑到像儿童等此类消费者的具体需求、行为和弱势性,而且可以根据其年龄、性格和认知能力量身定制信息。例如根据过去的网络行为、浏览历史和个人背景特征,算法可以将用户识别为儿童甚至是某个具体年龄和性别的儿童,进而提供适合该儿童的信息。行为广告行业向用户提供有针对性的增值服务时也采用了同样的逻辑和机制,那么它们能否转化为消费者的福利呢?

尽管从消费者保护法的角度来看,个性化信息很有前景,但作为一种透明机制,个性化信息很难与核心的数据保护要求保持一致。该机制的实现需要事先潜在持续地收集儿童的个人数据并对其进行数据画像。[167] GDPR 规定获得成年人明确同意的情况下可以对其进行数据画像,相反,虽然 GDPR 的正式条款并未禁止对儿童进行数据画像,但是限制了其可能性。GDPR 序言第 38 条规定,当儿童数据被用于创建个性化档案或用户档案时应给予特定保护。GDPR 序言第 71 条指出,具有法律影响或类似重大影响的自动决策包括禁止对儿童进行数据画像。但是序言既没有法律约束力也不能创造立法文件中没有提到的权利和义务。[168] 由于 GDPR 缺乏明确规定,因此对于是否应完全禁止上述自动决策存在讨论空间。禁止基于定向广告目的创建儿童的个人档案或用户账号,这与工作组主张的行为广告"不属于儿童的理解范围因此超过了合法的处理边界"的观点一致。[169] 即使 GDPR 允许涉及儿童的数据画像,其第 22 条也应被严格解释使其利于儿童的保护,例如在认定哪些决定可能对儿童产生重大影响时应作出有利于儿童的解释。[170]

但是就作为实现透明度原则工具的个性化信息而言,基于数据画像的旨在增加儿童利益和增强其权利保护的(即不产生重大负面影响)行为(包括自动决策)是否应被允许,

---

[162] Sibony/Helleringer (2015).
[163] Sibony/Helleringer (2015).217.
[164] Sunstein (2014); Alemanno/Sibony (2015).
[165] Busch (2016).
[166] Busch (2016).
[167] 除了不成比例的数据收集和处理,EDPS 还指出以下从用户行为可以推断用户年龄的自动决策之潜在问题:"根据该行为系统分析识别用户年龄可能存在错误,尤其是儿童的成熟度存在差异并且其行为会随着他们的成长而改变。"EDPS (2012), 7-8.
[168] Mendoza/Bygrave (2017).
[169] 2013 年 2 月 27 日工作组发布的关于在智能设备上的移动应用程序的意见(Opinion 02/2013), WP 202, 27 February 2013, 26。2010 年 6 月 22 日工作组发布的关于在线行为广告的意见(Opinion 2/2010), WP 171, 22 June 2010。
[170] Mendoza/Bygrave (2017).

这是存疑的。如果上述行为符合 GDPR 规则，那么相关数据处理的法律依据是什么？是否要求儿童明确同意对其进行数据画像？儿童是否可以理解这种同意？如果可以，在什么年龄段？如果允许商业数据画像，即使是为了所谓的积极目的，还有什么额外的保障措施可以保证与数据画像相关的主要问题已被考虑在内？例如数据画像的失控、使用和滥用可能性或不透明地操纵消费者的选择等问题。⑪

4.1.2 符号信息

《消费者权益指令》要求以"清晰易懂的方式"提供信息。该指令的序言尤其关注弱势消费者，主张商家应考虑"由于精神、身体或心理疾病、年龄以及易受骗性而处于特别弱势地位的消费者的特殊需求，且商家可以合理预测上述需求"（序言第 34 条）。信息的内容很重要并且其表达和可视化也很重要。⑫ 提供给用户的法律信息不仅要尽可能清晰而且要易于理解并能引起他人注意。事实上已经有人提出了"多层次"的（multi-layered）隐私通知⑬或直观的（visceral）隐私通知⑭，以提高提供给用户信息的可理解性和可读性。为了给消费者展示更直观的隐私通知，可以使用直观、熟悉的视觉信号，而不是简单通知消费者何时收集了数据。

虽然 GDPR 是首次使用符号来提高信息透明度，但是各个行业长期以来一直使用图标向消费者介绍产品。网络数字产品也不例外，因为《关于消费者权益指令的指南》(Guidance on the Consumer Rights Directive)规定应利用图标以统一和可比较的方式向消费者提供信息。⑮ 其附件一提供了一套图标来说明相关的信息类别，例如《消费者权益指令》第 8(2)和(4)条规定了关于展示给消费者网络数字产品的前合同义务信息的模板，鼓励商家使用其附件中的图标来展示相关的信息类别。但是按照《消费者权益指令》的要求以图标的形式提供前合同义务信息的优势并不确定。最近一项行为研究的结果表明，图标的存在几乎不会影响前合同义务信息的展示，也不会促进（在某些情况下甚至降低）成年消费者对信息的理解。⑯ 因此并不建议强制使用带图标的示范模板，但在自愿的基础上如在商家自行和共同监管下在特定行业和产品类别推广方面使用图标可能具有优势。⑰

GDPR 还主张，为了向互联网用户传达隐私政策可以使用标准化图标作为易于看到的、直观的符号。然而在通过的条例文本中并没有编写此类隐私政策图标的清单。欧洲议会在初审时提供了一份图标清单和相关细节附件。⑱ 然而 GDPR 在进一步审议中并未将该清单纳入其中，在实践中由于其影响广泛且引起了争议，因为隐私保护措施并不容易

---

⑪ Van der Hof/Prins (2008)；Hildebrandt (2008).
⑫ John/Acquisti/Loewenstein (2009).
⑬ 工作组发布的关于进一步协调信息条款的意见(Opinion 10/2004)，WP 100；Noain-Sánchez (2015)。
⑭ Calo (2012)，1033.
⑮ 工作组发布的关于进一步协调信息条款的意见(Opinion 10/2004)，WP 100；Noain-Sánchez (2015)。
⑯ 2017 年 5 月，欧盟委员会发布的支持欧盟消费者和营销法复核的消费者市场研究报告。
⑰ 2017 年 5 月，欧盟委员会颁布的《消费者权利指令》(2011/83/EU 指令)适用研究报告。
⑱ 欧洲议会和理事会关于个人数据的处理和自由流动的个人保护条例提案（《通用数据保护条例》）于 2014 年 3 月 12 日通过了欧洲议会的立法决议，(COM(2012)0011 - C7 - 0025/2012 - 2012/0011(COD))，P7_TA(2014)0212.

量化为某一指标如营养标签中的维生素和卡路里或汽车贴纸上的英里/每加仑。[179] 研究表明,用图标代表隐私很困难,用户不仅需要注意到图标也需要理解图标的含义,因此使用图标的同时也需要对用户进行教育。[180] 生产企业和学术界已经研发出了各类图标但作用有限。[181] 例如在线广告行业采用的 AdChoices 图标一直被视为是失败案例,因为用户很难理解。[182] 标准的信息机制仍有存在的必要,虽然单独使用并不足够,但是该机制有助于更快地找到信息并为产品和服务之间的比较提供便利。[183] 研究发现,隐私"营养标签"——一种受食品生产使用的真正的营养标签启发的标签,与传统的隐私政策相比,能帮助用户更准确、更快地获得信息。[184] 虽然在学术上很有研究意义,但是该标签在实践中还没有被广泛采用。

对于 GDPR 的实施,图标、象形符号和其他传递信息的非语言方式是否有效、可行,以及在多大程度上有效仍存在争议。实证研究表明图标确实可以为儿童提供更直观、更可读的隐私通知,但同时也应确保儿童可以查看传统的隐私通知。[185] 视觉通知的设计和布局可能不仅包括图像、图标,还包括文本或所有这些元素的组合,这些会影响用户对通知的注意力和理解。[186] 由于年龄较小的儿童比较和选择产品的能力较差,在做决定时处理大量信息的能力也较差,[187]图标可能会在他们寻找信息和比较信息时发挥作用。

尽管缺乏有效的解决方案,消费者保护法的经验仍对数据保护法的制定有所启发。例如了解《消费者权益指令》下网络数字产品的前合同义务信息与图标的相关性所存在的问题,可以避免数据保护法产生同样的错误或有利于讨论数据保护法在哪些方面需要修订。

但与此同时,不仅应当提高视觉机制向个人传达信息的作用,而且还应当制定充分的激励措施以便所制定的解决办法被采纳和落实。这种方法也许可以更好地发挥学术研究的积极成果,以及调节诸如 AdChoices 图标等自我监管透明机制完全失败之间的不匹配。此外,可以通过数据保护当局合作制定的透明度机制建立一个行业标准和通用图标清单,从而提高数据主体意识并将用户对图像含义的识别问题考虑在内。

4.1.3 "参与"提高透明度

即使隐私政策适合儿童、简单易读,在不同用户之间仍然可能存在差异,尤其是"用户认为条款应当包含什么和实际包含什么之间的差距",以及用户认为隐私条款和政策"是保护他们权益的而不是由法律义务和责任组成的合同"。[188] 关于儿童的实证研究数据表

---

[179] Electronic Privacy Information Center (2012).
[180] Schaub/Balebako/Durity/Cranor (2015).
[181] See e.g., Disconnect Privacy Icons (available at: https://disconnect.me/icons) or A. Raskin's Privacy icons (参见网址: http://www.azarask.in/blog/post/privacy-icons/); Holtz/Zwingelberg/Hansen (2011).
[182] Leon/Cranshaw/Cranor/Graves/Hastak/Ur/Xu (2012).
[183] Cranor (2012).
[184] 隐私"营养标签"以标准形式总结隐私政策的主要元素。参见 Kelley/Cesca/Bresee/Cranor (2010)。
[185] Mantelero (2016).
[186] Choe/Jung/Lee/Fisher (2013); Schaub/Balebako/Durity/Cranor (2015).
[187] John/Cole (1986).
[188] Dreyer/Ziebarth (2014), 532.

明了这些认知偏差的存在。例如68%的加拿大儿童认为"如果一个网站存在隐私政策，那意味着它不会与他人共享我的个人信息"。[188] 同样，意大利的许多青少年认为"仅仅存在一个公开的隐私政策本身就足以证明保护水平"。[189]

与其认为服务提供者会根据特定用户调整其复杂的隐私政策并帮助用户克服上述偏见，倒不如提高用户的认知能力和政策制定参与度，这似乎才是提高透明度的关键。德雷尔（Dreyer）和齐八思（Ziebarth）建议依靠用户的直接参与度来提高社交媒体服务和平台提供给用户信息的透明度和可读性。[190] 更具体地说，他们建议采用参与式透明度方法即"利用第三方用户的自治机构提出针对特定众包平台的改进建议，并将相关术语和规定转化为实用指南"。[191]

参与式透明度方法使用户能积极向其他用户解释和传播关于隐私政策和使用条款的知识，而不是让用户被动接受信息。具体来说，根据这种方法，用户可以有不同的组织形式包括正式制度化的用户委员会和理事会以及非正式的用户论坛和行动小组。具体的设想是通过阐明使用条款和隐私政策的内容和法律后果，发现存在的问题和认知偏差，解释难以识别和不明确的规定，使条款与用户期望和社会规范相一致并提供关于众包的改进建议，从而促进使用条款和隐私政策的具体落实。[192] 正如丹纳索等人所建议的，实现该想法的具体机制可以是"为儿童发送新规则或协议的制定建议、现有规则的修订建议提供一个'创意盒'"，或者"为儿童积极互动、讨论、提出建议并最终就现有的和新的规则进行表决设计一个'众包'专题"。[193]

参与式透明度办法不仅使数字服务和产品的隐私政策更加全面，提高用户意识并使隐私政策得到完善，而且与儿童权利内容保持一致。正如《联合国儿童权利公约》(UN Convention on the Rights of the Child)第12条所规定的那样，这将使儿童能够发表意见并被考虑在内，尊重他们对影响到他们一切事项自由参与和表达意见的权利。儿童参与意味着"持续的过程，包括儿童和成年人在相互尊重的基础上分享信息和对话，在此过程中，儿童可以了解到他们和成年人的观点是如何被考虑进去及其对隐私政策的影响"。[194] 互联网儿童用户的有效参与及陈述可以展示其观点和价值观并为设计具体规则做出贡献，从而使具体规则更好地与其观点产生共鸣。

通过让儿童参与进去从而提高透明度的做法已被学者[195]和公共机构[196]用于研究儿童群体内隐私政策的可读性和可理解性，以及通过青年陪审团（youth juries）探讨网络隐私

---

[188] Steeves (2014a).
[189] Mantelero (2016), 174.
[190] Dreyer/Ziebarth (2014).
[191] Dreyer/Ziebarth (2014).
[192] Dreyer/Ziebarth (2014).
[193] Donoso/van Mechelen/Verdoodt (2014), 54.
[194] UN Committee on the Rights of the Child, General Comment No.12: The Right of the Child to be Heard, UN Doc. CRC/C/GC/12, 20 July 2009.
[195] Micheti/Burkell/Steeves (2010); Donoso/van Mechelen/Verdoodt (2014).
[196] UK Children's Commissioner (2017).

和透明度。[198] 事实证明，儿童的参与在确定透明度问题、测试适合儿童的隐私政策以及审议和传授有关含义的知识方面具有重要作用。

4.2 公平

除了向个人提供信息的义务之外，数据保护法和消费者保护法均规定了公平原则。尽管由于范围和含义上存在潜在差异，将两个领域的公平概念结合起来颇具挑战，下文的分析对促进相关政策议程的协调一致很有必要。

4.2.1 数据保护中的公平

与95/46/EC号指令类似，GDPR也要求数据控制者公平地处理个人数据。这项原则通常拥有广泛含义，有的学者认为个人数据应以透明的方式处理如应明确谁是数据控制者并向数据主体公开关于如何以及为何收集、使用其数据的信息。除此之外，有的学者主张公平应解释为附加要求即只能以个人合理预期的方式处理个人数据，最重要的是不能以不合理的方式使用个人数据从而对个人造成负面影响。[199] 拜格雷福（Bygrave）声称："公平基本的概念无疑意味着，在努力实现数据处理目标的过程中数据控制者必须考虑数据主体的利益和合理期望；数据控制者不能对数据主体为所欲为"。[200] 数据保护当局达成的共识是，"导致数据主体遭受非法侵害或任意歧视的任何个人数据处理行为，应被视为不公平"。[201]

一些学者认为区分隐性公平含义和显性公平含义具有广泛作用。需要明确的是显性公平在这里指的是透明度，而不是与隐性公平相关的利益平衡和数据主体的合理期待。[202] 在评论该主张时，鉴于GDPR就公平性问题提出了修改意见，克利福德（Clifford）和奥斯鲁斯（Ausloos）提出了程序公正和实体公平（fair balancing）之间的区别。[203] 简而言之，鉴于数据控制者在执行相关要求方面所起的作用，克利福德和奥斯鲁斯提出了由三个因素（即透明度、及时性和注意义务）组成的程序公平。[204] 而实体公平要素涉及比例原则和必要性原则，并在特定情况下适用这些要素平衡权利和利益。[205]

由于含义丰富的公平原则令人难以确切理解其含义，因此这一原则是否可以通过消费者保护法中的公平原则（《不公平条款》和《不公平商业行为指令》的规定）得到启发尚存争议。

4.2.2 消费者权利保护中数据的公平收集和使用

数据保护是一种综合制度，在消费者保护法中公平原则更为具体，因为它仅适用于商

---

[198] Coleman/Pothong/Perez Vallejos/Koene (2017).
[199] ICO, the Guide to Data Protection (2016).
[200] Bygrave (2002), 58.
[201] International Conference of Data Protection and Privacy Commissioners (2009).
[202] Bygrave (2002), 58.
[203] Clifford/Ausloos (2017).
[204] Clifford/Ausloos (2017).
[205] Clifford/Ausloos (2017).

家对消费者的情况。消费者保护法中的公平不仅指信息的透明度,而且还调整劝诱消费者同意合同条款的方式和合同条款本身的内容。简言之,公平主要规定在两个指令中即《不公平条款指令》和《不公平商业行为指令》。

《不公平条款指令》规定如果"违背了诚信要求导致合同各方根据合同产生的权利和义务显著不平衡进而损害消费者的",那么在合同或同意声明中的格式条款是不公平的。[206] 因此,在认定不公平时所有的合同条款应被考虑在内而不仅仅限于处理个人数据的相关条款。[207]

《不公平条款指令》的公平性测试可用于评估与个人数据相关条款和条件的公平性(例如过度收集数据、与第三者无限制共享数据)以及消费者在商业环境中的地位是否公平。合同条款的公平性还可以通过数据保护要求作为评估标准进行认定,例如如果一项合同违反了默认要求下的数据最少化、安全性或数据保护,那么就可能被认为不公平。[208]

消费者社会团体已经援引消费者保护法来确定关于收集个人数据的合同条款和条件是否公平。例如通过将数据保护和消费者保护相结合审查拼接玩具的使用条款和隐私通知。[209] 同样,在社交网络背景下,消费者保护合作网络已经将《不公平条款指令》应用于消费者与商家之间所有类型的合同。[210]

此外,《不公平商业行为指令》也保护消费者免受不公平商业行为的影响,商业行为包括商家"在产品交易之前、期间、之后"与促销、销售或提供产品相关的任何行为。[211] 如前所述赫尔博格等人主张的,鉴于个人数据处理的同意可以被认为是商业交易决定,《不公平商业行为指令》可以帮助"用户在同意服务提供者收集和使用个人数据时评估条件的公平性——如接受或离开选项、若用户不同意则告知的服务功能可能有误"。[212]

如果"违反了职业的注意要求并实质扭曲或可能实质扭曲普通消费者与商家之间的经济行为",那么该行为不公平。[213] 因此,即使数据主体同意了相关的数据处理行为,但是可能会对普通数据主体产生不利影响的仍可以被视为违反了《不公平商业行为指令》的公平原则。

利用消费者公平测试可能对儿童存在潜在好处,因此应允许该测试基于儿童对行为或潜在产品的弱势性来评估公平性。如前所述,由于特定的特征、需求和偏好,作为消费者的儿童可能特别容易受到伤害。例如某些技术(如广告游戏)的使用会产生操纵效果,这些技术通常会将收集个人数据作为商业产品的一部分。[214] 鉴于个人数据收集的游戏化,这种技术是否违反《不公平商业行为指令》中的公平测试尚存争议。但广告游戏本身

---

[206] Article 3 of the Unfair Terms Directive.
[207] Wauters/Lievens/Valcke (2013),64.
[208] Helberger/Borgesius/Reyna (2017),1451.
[209] Forbrukerrådet (the Norwegian Consumer Council) (2016).
[210] Consumer Protection Cooperation Network (2017),3.
[211] Article 2(k) and 3 of the Unfair Commercial Practices Directive.
[212] Helberger/Borgesius/Reyna (2017),1545.
[213] Articles 5(2) and 6(1) (a) of the Unfair Commercial Practices Directive.
[214] Verdoodt/Clifford/Lievens (2016).

（除了数据收集方面）是否违反了《不公平商业行为指令》的公平测试也值得怀疑，因为广告游戏整合了商业和非商业内容并具备将这些内容个性化的能力。

事实上，使用个性化营销"公司就可以自动调整广告以适应（推断出的）个体消费者的特征、偏好和弱点"。[215] 因此公司可以充分利用儿童的特征和发展特性，操纵他们的行为和决定。据说 Facebook 具有利用青少年情感脆弱性的能力，"公司可以实时监控帖子和照片以确定年轻人什么时候感到'压力大''挫败''不知所措''焦虑''紧张''愚蠢''无用''失败'"，[216]并允许广告商据此投放广告。

消费者保护法及其公平原则也许能解决这一问题。依靠消费者保护法，GDPR 的规则可以被解释为禁止推理的、不公平的、非必需的数据收集和使用行为（例如个性化）。消费者保护法还规定即使在儿童或其法定代表人同意处理的情况下也可以认定为违反了公平原则。此外，可以参考攻击性、不同年龄组儿童的特点和背景等因素对《不公平商业行为指令》附件一所载的黑名单进行更新，以便将不公平商业数据处理行为列入其中从而禁止他们使用具有误导性或攻击性的语言。这一思路与美国《儿童网络在线保护法案》（COPPA）实施近 20 年后形成的经验相契合。蒙哥马利和切斯特（Chester）认为，收集儿童数据的行为如数据画像、行为广告、跨平台跟踪和地理定位等，即使有父母的许可也应被法律所禁止。[217]

但上述建议的参考价值应当根据《联合国儿童权利公约》（UN Convention on the Rights of the Child）加以认真考虑，该公约在参与度和合同条款方面为儿童提供了更严格的保护。[218] 生硬地禁止具体的数据收集行为可能会被视为对大龄儿童的过度保护，他们（如果可以获得适当通知）很有可能可以自行决定是否同意此类行为。在成年人中已经明显体现出同意规则的局限性和不足，更不用说儿童了。[219] 此外，许多数据处理行为并不能简单地归类为仅具有消极影响的行为，因为它们也可能给儿童带来部分利益，但是这些利益很容易因采取过于家长式的做法而被削弱。尽管如此，必须承认许多数据处理行为的目的就是为了操纵消费者。

因此，依靠消费者保护法中对公平的理解，可以使数据保护的重点从程序保障（例如父母同意数据处理）转移到对数据处理行为和合同条款进行基本和全面的公平性评估。[220]

4.3 儿童专用服务

GDPR 要求直接向 16 岁以下儿童提供网络服务的必须获得父母的同意（除非成员国

---

[215] Helberger/Borgesius/Reyna（2017），1458.
[216] 2017 年 5 月，Facebook 告知广告商它能识别出那些感到"没有安全感"或"觉得自己没有价值"的青少年。
[217] Montgomery/Chester（2015）.
[218] Article 12 (the right to be heard) and Article 17 (the right to have access to media) of the UN Convention on the Rights of the Child.
[219] Van der Hof（2016）.
[220] 基于欧盟关于儿童同意规则对儿童提供保护的限制，参见 Van der Hof（2016）。

的法律规定了 13—16 岁之间较低的年龄门槛）。然而，并非专门为儿童创建的网站而是那些受众混合的网站才是引起重大隐私问题和担忧的主体。欧洲[21]和北美洲[22]的各种研究报告表明，从目前儿童使用的大量网站来看，最受欢迎的网站往往不是针对儿童的（至少不是 13 岁以下的儿童）如 YouTube、Facebook 和 Google。即使此类网站上活跃的人很大一部分为低龄儿童，但在其使用条款中仍声称其服务的适用人群系满 13 岁及以上的自然人。有充分证据证明，并非直接或明确吸引儿童的服务如不包含卡通人物的服务也在被儿童使用。[23]

由于 GDPR 最近已被通过，在书写本文时尚未有欧盟层面的官方指南规定一般受众或混合受众的服务和网站应适用父母同意规则。因此，许多不确定性的问题仍然存在：如何界定直接提供给儿童的信息社会服务与一般受众服务？该服务的用户中哪些年龄段的儿童受到 GDPR 中父母同意规则的保护？如果该服务的主要受众不是儿童该如何适用？若适用，GDPR 应在何种情形下适用于混合受众网站？数据控制者是否需要"实际了解"儿童正向他们提供个人数据？[24]

《不公平商业行为指令》在区别直接针对儿童的商业行为与直接针对其他消费者的商业行为上也存在类似困难，[25]而这可能成为 GDPR 实施进程中的有用参考。为了认定某一商业行为是否直接针对儿童，欧盟委员会要求进行个案评估而不是局限于商家对目标群体的定义。[26]

在解释《不公平商业行为指令》第 5(3) 和 (5) 条和附件一第 28 条对游戏的适用，以及欧洲成员国的国家消费者保护部门通过消费者保护合作网络执法时，承认《不公平商业行为指令》不仅适用于"专门或特别针对儿童"的游戏，而且包括"可能会吸引儿童"的游戏。[27] 商家应能合理预见其服务可能会吸引儿童。[28]

---

[21] Livingstone/Haddon/Görzig/Ólafsson (2011).
[22] Steeves (2014b).
[23] Consumer Protection Cooperation Network (2013).
[24] 在美国 COPAP 中的 The Federal Trade Commission 考虑以下因素以确定网站或在线服务是否针对儿童：网站主题、视觉内容、动画角色的使用或儿童导向的活动和奖励、音乐或其他音频内容、年龄模型、童星或吸引儿童的明星、语言或网站或者在线服务的其他特点、广告宣传或出现在网站或者在线服务的内容是否针对儿童。如果没有以儿童作为其主要受众并通过一个过滤器确保在收集用户个人数据时并未确定他们的年龄的服务不会被联邦贸易委员会认为是儿童专用服务，因此可以防止被收集了个人信息的用户年龄低于 13 岁。参见 FTC, A Guide for Business and Parents and Small Entity Compliance Guide, 参见网址：https://www.ftc.gov/tips advice/business-center/guidance/complying-coppa-frequently-asked-questions.
[25] 在不公平商业行为指令附件一第 28 条"直接对儿童的劝诱"中禁止的范围内很难区分针对儿童的营销和针对其他消费者的营销。2016 年 5 月 25 日，欧盟委员会、欧盟委员会工作组颁发的关于《不公平商业行为指令》的 2005/29/EC 指令的实施及应用的文件及指南, SWD (2016) 163 final。
[26] 2016 年 5 月 25 日，欧盟委员会、欧盟委员会工作组颁发的关于《不公平商业行为指令》的 2005/29/EC 指令的实施及应用的文件及指南, SWD (2016) 163 final。
[27] Consumer Protection Cooperation Network (2013), 2.（它指出：在附件一第 28 条的含义下，一个应用程序或游戏是否可以被认为是针对儿童的，UCPD(不公平商业行为指令)没有给出明确的指示。UCPD 的其他条款包含有用的标准，经必要修改后可用于解决这一问题。例如，第 5 条第 (2) 款 (b) 项提到了一种会影响消费者经济行为的扭曲行为。同样根据第 5(3) 条，如果一个明确可识别的消费者群体特别容易受到一种行为的影响，而该行为是商家可以合理预期到的，则该行为应由该群体的普通成员来评估）。
[28] Consumer Protection Cooperation Network (2013), 2.

部分国家当局已采纳了相关标准以确定是否有可能吸引儿童。例如在网络游戏方面,英国公平交易办公室(Office of Fair Trading)将"是否知晓儿童使用这款游戏"和"是否面向儿童营销这款游戏"作为两个决定性因素,并建立了以下与游戏内容、风格和预览相关的公开标准清单:儿童喜欢的角色、卡通般的图形、鲜艳的色彩、简单化的语言、吸引儿童或受儿童欢迎的活动、无年龄限制的下载、在应用商店儿童区的可获得性。[29]

数据控制者指南中关于直接向儿童提供信息社会服务的定义可以参考《不公平商业行为指令》中直接针对儿童的商业行为的解释,即儿童专用服务不仅包括明显的儿童专用服务如 YouTube Kids,而且包括可能吸引儿童的服务。即使服务提供商使用了不同的目标群体定义,也可以根据服务的具体特征(内容、风格和表现形式)以及服务实际上是由儿童使用的这一事实(例如基于受众构成的实证证明)来认定是否属于可能吸引儿童的服务。此外,在某些情况下消费者保护法可能有助于认定某服务是否属于直接向儿童提供的信息社会服务。根据《不公平商业行为指令》的规定,如果在网站或服务上宣传或展示的广告是针对儿童的,则整个信息社会服务可被视为属于GDPR规定的儿童专用服务。

4.4 普通儿童

当商业行为专门针对某一特定群体的消费者例如儿童时,《不公平商业行为指令》建议从该群体普通成员的角度评估商业行为的影响。尽管普通消费者的标准被批评为不精确,[30]但却是灵活的。国家法院和当局必须行使其自由裁量权和审判权以确定普通消费者在特定案件中的典型反应。马克主张"广告的'不公平'是从消费者的角度认定的,而'消费者混淆'风险是是否应适用《不公平商业行为指令》的试金石"。[31]

如果某种商业行为针对的是某一特定群体的消费者,而此类消费者并不十分知情和谨慎,则应以该群体的普通成员(而不是所有消费者中的普通成员)作为评估标准。例如在儿童广告方面,所针对的消费者可能不具有批判性也不太了解该行为的影响,因此应对所涉广告作出更严格的评估。[32]

《不公平商业行为指令》隐含地要求应审查商业行为所针对的儿童群体年龄,并确定这一年龄群体是否容易受到当前行为的影响。GDPR通过父母同意规则向作为数据主体的儿童提供保护时还规定了一个普通儿童标准。但GDPR并不是评估特定目标年龄群体的普通儿童,而是选择设定一个被认为有能力同意处理其个人数据的儿童年龄。法定的年龄限制并不考虑特定群体年龄、该群体对特定数据收集行为的弱势及其看法。

因此数据保护法可以在广泛研究和可靠实证研究证明的基础上,根据不同的数据收集情形定义普通儿童。在所有网上数据处理行为中确定同意的单一年龄限制并不是最合适的解决办法,因此对不同的行业、数据收集行为和年龄跨度可能需要进行详细的审查和

---

[29] Office of Fair Trading (2014).
[30] Incardona/Poncibò (2007), 21.
[31] Mak (2010).
[32] Duivenvoorde (2013).

研究。

根据《不公平商业行为指令》的逻辑，GDPR可以开始在儿童中寻找一个普通数据主体，并探索儿童中某些年龄群体的特征与其在具体商业数据收集行为中易受伤害可能性之间的相互关系。[23]

5 结论

在试图解决关于GDPR儿童专项保护制度新的数据保护挑战时，欧盟数据保护法不应试图创造一个新制度，而应与消费者保护法相结合。对这两个领域的基本原则和具体规则采取整体视角，不仅可以从将儿童视为弱势群体的消费者保护法中得到启发，也反映了当今网络娱乐中数据主体和消费者的双重角色。

作为数据主体中特殊群体的儿童应与成年人分开，因为他们可能较少意识到网络上处理个人数据的风险、后果、保障和权利。基于各种其他因素需要对这些弱势群体给予更多保护，但这些因素显然没有促使欧洲委员会采取行动。本章旨在加深制定针对儿童两级数据保护专项制度正当性的理解。由于儿童易受商家和营销人员广告推销的影响和操纵，欧盟消费者保护法将他们定义为弱势消费者。内源性（例如年龄）和外源性（例如复杂的产品和数据驱动的市场）因素都可能导致此类弱势地位。尚未达到生理、心理和智力成熟并需要自由发展为成年人的未成年人的具体利益更重要。发展心理学强调特定的发展特征例如情绪波动和冲动、身份认同的建立和自主意识的形成，会增加网络中儿童受害的可能性及其个人数据的商业利用。

本文表明，GDPR可以从消费者保护法中学习如何实现适合儿童的透明度原则，例如通过参与式透明度和符号、扩大对公平原则的理解，从而避免违背诚信的并可能对儿童数据主体产生不利影响的数据收集行为。消费者保护法可以就如何解释直接向儿童提供的信息社会服务的定义提供参考意见，使其不仅包括儿童专用服务而且包括那些因其内容、风格和表现形式而可能吸引儿童的服务。最后，根据《不公平商业行为指令》的逻辑，GDPR可以参考普通数据主体，在不同的数据收集情景中确定儿童的平均年龄，并探索儿童年龄群体的特征与其易受特定商业数据处理行为伤害可能性之间的相互关系。

参考文献

Acar, G./Eubank, C./Englehardt, S./Juarez, M./Narayanan, A./Diaz, C. (2014), The Web Never Forgets: Persistent Tracking Mechanisms in the Wild, In Proceedings of CCS 2014, available at: https://securehomes.esat.kuleuven.be/~gacar/persistent/the_web_never_forgets.pdf.

Alemanno, A./Sibony, A. L. (2015), Nudge and the Law: a European Perspective, Hart Publishing.

Blieszner, R./Roberto, K. A. (2004), Friendship across the life span: reciprocity in individual and relationship development, in: F. R. Lang/K. L. Fingerman (Eds.), Growing together: personal

---

[23] Stuyck/Terryn/van Dyck (2006).

relationships across the lifespan, 159, Cambridge University Press.

Boneva, B.S./Quinn, A./Kraut, R.E./Kiesler, S.,/Shklovski, I. (2006), Teenage communication in the instant messaging era, in: R. Kraut/M. Brynin/S. Kiesler (Eds.) Computers, phones, and the Internet: Domesticating information technology, 201, Oxford University Press.

Boulay, J./de Faultrier, B./Feenstra, F./Muzellec, L. (2014), When children express their preferences regarding sales channels: Online or offline or online and offline?, 42 (11/12) International Journal of Retail & Distribution Management 1018boyd, d. (2008), Taken out of context: American teen sociality in networked publics. PhD thesis, University of California.

Bradshaw, S./Millard, C./Walden, I. (2011), Contracts for clouds: Comparison and analysis of the terms and conditions of cloud computing services, 19 International Journal of Law and Information Technology 187.

Brown, B. B. (1990), Peer groups and peer cultures, in S. S. Feldman/G. R. Elliott (Eds.) At the threshold: The developing adolescent, 171, Harvard University Press.

Buckingham, D. (2000). After the Death of Childhood, Cambridge, Polity.

Busch, C. (2016). The Future of Pre-Contractual Information Duties: From Behavioural Insights to Big Data, in: C. Twigg-Flesner, T. (Ed.), Research Handbook on EU Consumer and Contract Law, 221, Edward Elgar Publishing.

Bygrave, L. A. (2002), Data Protection Law: Approaching its Rationale, Logic and Limits, Kluwer International.

Calo, R. (2012), Against Notice Skepticism In Privacy (And Elsewhere), 87 Notre Dame Law Review 1027.

Choe, E./Jung, J./Lee, B./Fisher K (2013), Nudging people away from privacy-invasive mobile apps through visual framing, In Proc. INTERACT'13, Springer.

Clifford, D./Ausloos, J. (2017), Data Protection and the Role of Fairness, CiTiP Working Paper 29/2017, available at: https://papers.ssrn.com/sol3/papers.cfm?abstract_id=3013139 Clifford, D./Van Der Sype, Y.S. (2016), Online dispute resolution: Settling data protection disputes in a digital world of customers, Computer 32(2) Law & Security Review 272.

Coleman, S./Pothong, K./Perez Vallejos, E./Koene, A. (2017), Internet On Our Own Terms: How Children and Young People Deliberated About Their Digital Rights, available at: http://casma.wp.horizon.ac.uk/casma-projects/5rights-youth-juries/the-internet-on-our-own-terms/Cranor, L. F. (2012), Necessary But Not Sufficient: Standardized Mechanisms for Privacy Notice and Choice, 10(2) Journal on Telecommunications and High Technology Law 307.

Deutch, S. (1994), Are consumer rights human rights?, 32(3) Osgoode Hall Law Journal 537.

Donoso, V./van Mechelen, M./Verdoodt, V. (2014), Increasing User Empowerment through Participatory and Co-design Methodologies, Emsoc project deliverable D1.3.1c, available at: http://emsoc.be/wp-content/uploads/2014/09/D1.3.1c_ICRI1.pdf.

Dowty, T./Korff, D. (2009), Protecting the virtual child – the law and children's consent to sharing personal data, Study prepared for ARCH (Action on Rights for Children) and the Nuffield Foundation, available at: http://www.nuffieldfoundation.org/sites/default/files/Protecting%20the%20virtual%20child.pdf.

Dreyer S./Ziebarth L. (2014), Participatory Transparency in Social Media Governance: Combining Two Good Practices, 4 Journal of Information Policy 529.

Duivenvoorde, B. (2013), The protection of vulnerable consumers under the Unfair Commercial.

Practices Directive, 2 Zeitschrift für Europäisches Unternehmens-und Verbraucherrecht 69.

Erikson, E.H. (1959), Identity and the life cycle. Norton.

Erikson, E.H. (1968), Identity: youth and crisis. Norton.

Fielder, A./Gardner, W./Nairn, A./Pitt, J. (2008), Fair Game? Assessing commercial activity on children's favourite websites and online environments, UK National Consumer Council.

Garrie, D.B./Duffy-Lewis, M./Wong, R./Gillespie, R.L. (2010), Data Protection: the Challenges Facing Social Networking, 6 Brigham International Law and Management Review 127.

Giedd, J.N. (2008), The Teen Brain: Insights from neuroimaging, 42 Journal of Adolescent Health335.

Greenfield, P.M./Gross, E.F./Subrahmanyam, K./Suzuki, L.K./Tynes, B. (2006), Teens on the Internet: Interpersonal connection, identity, and information, in: R. Kraut (Ed.), Information technology at home, 185, Oxford University Press.

Grimes, S.M. (2013), Persistent and emerging questions about the use of end-user licence agreements in children's online games and virtual worlds, 46 UBC Law Review 681.

Grimes, S.M. (2015), Playing by the Market Rules: Promotional Priorities and Commercialization in Children's Virtual Worlds, 15 Journal of Consumer Culture 110.

Hartup, W.W./Stevens, N. (1999), Friendships and adaptation across the life span, 8(3) Current Directions in Psychological Science 76.

Helberger, N./Borgesius, F.Z./Reyna, A. (2017), The perfect match? A closer look at the relationship between EU consumer law and data protection law, 54(5) Common Market Law Review 1427.

Helberger, N./Guibault, L./Loos, M./Mak, C./Pessers L., Van der Sloot, B. (2013), Digital Consumers and the Law. Towards a Cohesive European Framework, Kluwer Law International.

Helberger, N./Van Hoboken, J. (2010), Little Brother Is Tagging You – Legal and Policy Implications of Amateur Data Controllers, 4 Computer Law International 101.

Helsper, E.J./Eynon, R. (2010), Digital natives: where is the evidence?, 36 British Educational Research Journal 503.

Hildebrandt, M. (2008), Defining Profiling: A New Type of Knowledge?, in: M. Hildebrandt/S. Gutwirth (Eds.), Profiling the European citizen Cross-disciplinary perspectives, 17, Springer Science.

Holtz, L.E./Zwingelberg, H./Hansen, M. (2011), Privacy Policy Icons, in: J. Camenisch, S. Fischer-Hübner, K. Rannenberg (Eds.) Privacy and Identity Management for Life, 279, Springer.

Hoofnagle, C.J./Whittington, J. (2016), The Price of 'Free': Accounting for the Cost of the Internet's Most Popular Price, 61 UCLA Law Review 606 Incardona, R./Poncibò, C. (2007), The average consumer, the Unfair Commercial Practices Directive, and the cognitive revolution, 30 Journal of Consumer Policy 21.

John, L./Acquisti, A./Loewenstein, G. (2009), The Best of Strangers: Context Dependent Willingness to Divulge Personal Information, available at: http://ssrn.com/abstract=1430482.

John, R.D. (2008), Stages of consumer socialization, in: C.P. Haugtvedt/P. Herr/F.R. Kardes (Eds.), Handbook of consumer psychology, 219, Taylor & Francis.

John, R.D./Cole, C.A. (1986), Age Differences in Information Processing: Understanding Deficits in Young and Elderly Consumers, 13 Journal of Consumer Research 297.

Jones, C./Shao, B. (2011), The net generation and digital natives: implications for higher education, Higher Education Academy.

Jones, L.M./Mitchell, K.J./Walsh, W.A. (2013), Evaluation of Internet Child Safety Materials Used by ICAC Task Forces in School and Community Settings, NIJ Evaluation Final Technical Report.

Kelley P. G./Cesca, L./Bresee, J./Cranor L. F. (2010), Standardizing Privacy Notices: An Online Study of the Nutrition Label Approach, CYLAB, available at: http://www.cylab.cmu.edu/research/techreports/2009/tr-cylab09014.html .

Leczykiewicz, D./Weatherill, S. (2016), The Images of the Consumer in EU Law: Legislation, Free Movement and Competition Law, Hart Publishing.

Leon, P. G./Cranshaw, J./Cranor, L. F./Graves, J./Hastak, M./Ur, B./Xu, G. (2012), What do online behavioral advertising privacy disclosures communicate to users?, In Proc. WPES'12. ACM.

Livingstone S./Helsper, E. J. (2006), Does advertising literacy mediate the effects of advertising on children? A critical examination of two linked research literatures in relation to obesity and food choice', 56(3) Journal of Communication 560.

Livingstone, S./Carr, J./Byrne, J. (2015), One in Three: Internet Governance and Children's Rights, Global Commission on Internet Governance Paper Series No.22, Centre for International Governance Innovation.

Livingstone, S./Haddon, L./Gorzig, A./ólafsson, K. (2011), Risks and safety on the internet: the perspective of European children: full findings and policy implications from the EU Kids Online survey of 9–16 year olds and their parents in 25 countries, EU Kids Online, Deliverable D4, EU Kids Online Network.

Loos M./Helberger, N./Guibault, L./Mak, C./Pessers, L./Cseres, K. J./van der Sloot, B./Tigner, R. (2011), Final report Comparative analysis, Law & Economics analysis, assessment and development of recommendations for possible future rules on digital content contracts, available at: http://ec.europa.eu/justice/consumermarketing/files/legal_report_final_30_august_2011.pdf.

Loos, M./Luzak, J. (2016), Wanted: A Bigger Stick, On Unfair Terms in Consumer Contracts with Online Service Providers, 39(1) Journal of Consumer Policy 63.

Lupton, D./Williamson, Ben. (2017), The datafied child: The dataveillance of children and implications for their rights, 19(5) New Media & Society 780.

Mačėnaitė, M. (2017), From universal towards child-specific protection of the right to privacy online: dilemmas in the EU General Data Protection Regulation, 19(5) New Media and Society 765.

Mačėnaitė, M./Kosta E. (2017), Consent for processing children's personal data in the EU: following in US footsteps?, 26(2) Information & Communications Technology Law 146.

Mak, V. (2010), Standards of Protection: In Search of the "Average Consumer" of EU Law in the Proposal for a Consumer Rights Directive, TISCO Working Paper Series on Banking, Finance and Services No.04/2010, June 2010.

Mantelero, A. (2016), Children online and the future EU data protection framework: empirical evidences and legal analysis, 2(2-4) International Journal of Technology Policy and Law 169.

Martin, M.C. (1997), Children's understanding of the intent of advertising: A meta-analysis, 16 Journal of Public Policy and Marketing 205.

Mayer-Schonberger, V./Cukier, K. (2013), The Rise of Big Data: How it's Changing the Way We Think about the World, 92 Foreign Affairs 28.

McAnarney, E. R. (2008), Adolescent Brain Development: Forging New Links?, 42 Journal of Adolescent Health 321.

McCreanor, T./Barnes, H. M./Gregory, M./Kaiwai, H./Borell, S. (2005), Consuming identities: Alcohol marketing and the commodification of youth experience, 13 Addiction Research &

Theory 579.

Mendoza, I./Bygrave, L. A. (2017), The Right Not to Be Subject to Automated Decisions Based on Profiling, in: Synodinou, T./Jougleux, P./Markou, C./Prastitou T. (Eds), EU Internet Law: Regulation and Enforcement, Springer.

Micheti, A./Burkell, J./Steeves, V. (2010), Fixing Broken Doors: Strategies for Drafting Privacy Policies Young People Can Understand, Bulletin of Science, 30 Technology & Society 130.

Micklitz, H. W./Reisch, L./Hagen, K. (2012), An Introduction to the Special Issue on "Behavioural Economics, Consumer Policy, and Consumer Law", 34 Journal of Consumer Policy 272.

Montgomery, K. C. (2015), Youth and surveillance in the Facebook era: Policy interventions and social implications, 39 Telecommunications Policy 771.

Montgomery, K. C./Chester, J. (2015), Data protection for youth in the digital age: Developing a rights-based global framework, 1 European Data Protection Law Review 291.

Noain-Sánchez, A. (2015), "Privacy by default" and active "informed consent" by layers: Essential measures to protect ICT users' privacy, 14(2) Journal of Information, Communication and Ethics in Society 124.

Oates, C./Blades, M./Gunter, B./Don, J. (2003), Children's understanding of television advertising: a qualitative approach, 9 Journal of Marketing Communications 59.

Peter, J./Valkenburg, P. (2011), Adolescents' online privacy: toward a developmental perspective, in: S. Trepte/L. Reinecke (Eds.), Privacy online, 221, Springer.

Valant, J. (2015), Consumer protection in the EU Policy overview, September 2015, available at: http://www.europarl.europa.eu/ReData/etudes/IDAN/2015/565904/EPRS_IDA(2015)565904_EN.pdf.

Valkenburg, P.M./Peter, J. (2008), Adolescents' identity experiments on the internet: consequences for social competence and self-concept unity, 35(8) Communication Research 208.

Van der Hof, S. (2016), I Agree, or Do I: A Rights-Based Analysis of the Law on Children's Consent in the Digital World, 34 Wis. Int'l L.J. 409.

Van der Hof, S./Prins C. (2008), Personalisation and its Influence on Identities, Behaviour and Social Values, in: Hildebrandt M./Gutwirth S. (Eds.) Profiling the European Citizen: Cross-disciplinary perspectives, 111, Springer.

Verdoodt, V./Clifford, D./Lievens, E. (2016), Toying with Children's Emotions, the New Game in Town? The Legality of Advergames in the EU, 32 Computer Law & Security Review 599.

Waddington, L. (2014), Reflections on the Protection of "Vulnerable" Consumers under EU Law, Maastricht Faculty of Law Working Paper No.2013-2.

Waterman, A. S. (1982), Identity development from adolescence to adulthood: an extension of theory and a review of research, 18(3) Developmental Psychology 341.

Wauters, E./Lievens, E./Valcke, P. (2013), A legal analysis of Terms of Use of Social Networking Sites, including a practical legal guide for users: "Rights & obligations in a social media environment", EMSOC-User Empowerment in a Social Media Culture No. D1.2.4, iMinds-ICRI.

Wauters, E./Lievens, E./Valcke, P. (2015), Children as social network actors: A European legal perspective on challenges concerning membership, rights, conduct and liability, 31 Computer Law & Security Review 351.

Weitzenbk, E. M. (2014), Crowdsourcing and user empowerment: a contradiction in terms?, in: A. Savin/J. Trzaskowski (Eds.), Research Handbook on EU Internet Law, 461, Edward Elgar

Publishing.

Wong, R./Savirimuthu, J. (2008), All or Nothing: this is the Question? The Application of Art.3(2) Data Protection Directive 95/46/EC to the Internet, 25(2) The John Marshall Journal of Information Technology and Privacy Law 241.

Wu, H.-A. (2016), Video Game Prosumers: Case Study of a Minecraft Affinity Space, 42 Visual Arts Research 22.

Xanthoulis, N. (2014), Negotiating the EU Data Protection Reform: Reflections on the Household Exemption, in: Sideridis A./Kardasiadou Z./Yialouris C./Zorkadis V. (Eds.) E-Democracy, Security, Privacy and Trust in a Digital World, 135, Springer Article 29 Working Party, Opinion 10/2004 on more harmonised information provisions, WP 100, November 2004.

Article 29 Data Protection Working Party, Opinion 2/2009 on the protection of children's personal data (General Guidelines and the special case of schools), WP 160, 11 February 2009.

Article 29 Data Protection Working Party, Opinion 5/2009 on Online Social Networking, WP 163, 12 June 2009.

Article 29 Data Protection Working Party, Opinion 2/2010 on online behavioral advertising, WP171, 22 June 2010.

Article 29 Data Protection Working Party, Opinion 02/2013 on Apps on Smart Devices, WP 202, 27 February 2013.

Article 29 Data Protection Working Party, Statement of the Working Party on current discussions regarding the data protection reform package—Annex 2 Proposals for Amendments regarding exemption for personal or household activities, 27 February 2013.

Consumer Protection Cooperation Network (2013), Common position of national authorities within the CPC on online games, available at: http://ec.europa.eu/consumers/enforcement/crossborder_enforcement_cooperation/docs/common_position_on_online_games_en.pdf.

Consumer Protection Cooperation Network (2017), Common position of national authorities within the CPC Network concerning the protection of consumers on social networks, available at: http://ec.europa.eu/newsroom/just/item-detail.cfm?item_id=55999.

Belgian Privacy Commission (2002), Advice No.38/2002 of 16 September 2002 concerning the protection of the private life of minors on the Internet, available at: https://www.privacycommission.be/sites/privacycommission/files/documents/advies_38_2002_0.pdf (Dutch); https://www.privacycommission.be/sites/privacycommission/files/documents/avis_38_2002_0.pdf(French).

EDPS (2012), Opinion on the Communication from the Commission to the European Parliament, the Council, the European Economic and Social Committee and the Committee of the Regions—"European Strategy for a Better Internet for Children", 17 July 2012.

EDPS (2014), Privacy and competitiveness in the age of big data: The interplay between data protection, competition law and consumer protection in the Digital Economy, 14 March 2014.

EDPS (2017), Opinion 4/2017 on the Proposal for a Directive on certain aspects concerning contracts for the supply of digital content, 14 March 2017.

Electronic Privacy Information Center (2012), In Short: Advertising and Privacy Disclosures in a Digital World, available at: https://epic.org/privacy/ftc/FTC-In-Short-Cmts-7-11-12-FINAL.pdf.

European Commission (2017), Study on the application of the Consumer Rights Directive 2011/83/EU, Final report, May 2017, available at: https://ec.europa.eu/newsroom/document.cfm?doc_id=44637.

European Commission (2017), Consumer Market Study to support the Fitness Check of EU consumer and marketing law, May 2017, available at: https://ec.europa.eu/newsroom/just/itemdetail.cfm?item_id=59332.

European Commission (2016), Commission Staff Working Document, Guidance on the Implementation/Application of Directive 2005/29/EC on Unfair Commercial Practices, 25 May 2016, SWD(2016) 163 final.

European Commission (2016), Consumer vulnerability across key markets in the European Union, Final report, January 2016, available at: http://ec.europa.eu/consumers/consumer_evidence/market_studies/docs/vulnerable_consumers_approved_27_01_2016_en.pdf.

European Commission (2016), Study on the impact of marketing through social media, online games and mobile applications on children's behavior, March 2016, available at: http://ec.europa.eu/consumers/consumer_evidence/behavioural_research/docs/final_report_impact_marketing_children_final_version_approved_en.pdf.

European Commission (2014), DG JUSTICE Guidance Document concerning Directive 2011/83/.

EU of the European Parliament and of the Council of 25 October 2011 on consumer rights, amending Council Directive 93/13/EEC and Directive 1999/44/EC of the European Parliamentand of the Council and repealing Council Directive 85/577/EEC and Directive 97/7/EC of the.

European Parliament and of the Council, 13 June 2014, available at: http://ec.europa.eu/justice/consumer-marketing/files/crd_guidance_en.pdf.

European Commission (2014b), Commission and Member States to raise consumer concerns with app industry, Press Release, 27 February 2014, available at: http://europa.eu/rapid/press-release_IP-14-187_en.htm.

European Consumer Consultative Group (2013), Opinion on Consumers and Vulnerability, 7 February 2013, available at: http://ec.europa.eu/consumers/empowerment/docs/eccg_opinion_consumers_vulnerability_022013_en.pdf.

European Parliament (2012), Report on a strategy for strengthening the rights of vulnerable consumers, 8 May 2012 (2011/2272(INI)), available at: http://www.europarl.europa.eu/sides/getDoc.do?type=REPORT&reference=A7-2012-0155&language=EN.

European Parliament (2014), Legislative resolution of 12 March 2014 on the proposal for a regulation of the European Parliament and of the Council on the protection of individuals with regard to the processing of personal data and on the free movement of such data(General Data Protection Regulation) (COM(2012)0011 - C7 - 0025/2012 - 2012/0011(COD)), P7_TA(2014)0212.

Eurostat (2016) E-commerce statistics for individuals, available at: http://ec.europa.eu/eurostat/statistics-explained/index.php/Ecommerce_statistics_for_individuals#Proportion_of_e-shoppers_growing_steadily.2C_with_the_biggest_increase_among_young_people.

Finnish competition and Consumer Authority (2015), Facts and Advice: A child needs a parent'sconsent to make purchases, available at: http://www.kkv.fi/en/facts-and-advice/buying-and-selling/children-as-consumers/children-as-shoppers/Forbrukerrådet (the Norwegian Consumer Council) (2016), #Toyfail: An analysis of consumer and privacy issues in three internet-connected toys, available at: https://fil.forbrukerradet.no/wp-content/uploads/2016/12/toyfail-report-desember2016.pdf.

ICO (2016), The Guide to Data Protection, 11 May 2016, available at: https://ico.org.uk/media/for-organisations/guide-to-data-protection-2-4.pdf.

International Conference of Data Protection and Privacy Commissioners (2009), International Standards on the Protection of Privacy with regard to the processing of Personal Data (theMadrid Resolution),

5 November 2009.

OFCOM (2016), Children and parents: media use and attitudes report, available at: https://www.ofcom.org.uk/__data/assets/pdf_file/0034/93976/Children-Parents-Media-Use-Attitudes-Report-2016.pdf.

Office of Fair Trading (2014), The OFT's Principles for online and app-based games, available at: https://www.gov.uk/government/uploads/system/uploads/attachment_data/file/288360/oft1519.pdf.

The Guardian, Facebook told advertisers it can identify teens feeling "insecure" and "worthless", 1 May 2017.

UK Advertising Standard Authority (2010), UK Code of Non-broadcast Advertising, Sales Promotion and Direct Marketing, edition 12.

UK Children's Commissioner (2017), Growing up Digital: A Report of the Growing Up Digital Taskforce, available at: https://www.childrenscommissioner.gov.uk/wpcontent/uploads/2017/06/Growing-Up-Digital-Taskforce-Report-January2017_0.pdf.

UN Committee on the Rights of the Child, General Comment No.12: The Right of the Child to be Heard, UN Doc. CRC/C/GC/12, 20 July 2009.

个人数据保护与消费者保护之共性探究

Matilde Ratti*

邹叶婷** 译

摘要: 欧洲立法机构在处理个人数据保护及消费者保护的两种方法上存在较多共通之处。无论是欧洲关于个人数据处理的法律,抑或是有关 B2C 合同的法律,均侧重于弱势主体保护,两者的法律保护手段似乎都具有相似性:交易商必须满足的信息合规要求、承认消费者和数据主体的特定权利(尤其是撤销权)以及为弱势方提供有利的诉讼规则。本文探究了当前立法为确定权利保护程度所采用的管理规范与是否存在解决该困局的可行性综合路径。

1 引言

欧洲消费者权益保护法和个人数据保护法的目的均是为从事市场经济活动的消费者①及数据主体②等自然人提供最低限度的保护,因而它们提供的是类似的法律解决路径。在电子商务领域中,这两个主体行为模式非常类似:他们是在电脑上而不是在物理空间中互动,他们与比其掌握更多信息的相对方签订合同,并且具有大量与在线主体交易的经验。③ 此外,在大多数法律关系中,消费者和数据主体实际上是同一个人。

在这种情况下,似乎有必要以整体方法考究和分析关于消费者保护和个人数据保护的法律,以确定这两个学科之间是否存在相似之处,目前的立法是否提供了有效的保护,是否可以采用不同或额外的法律规范,以及是否需要采取整体方法。

---

* Matilde Ratti,意大利博洛尼亚大学私法系研究员、副教授。
** 邹叶婷,法学硕士,上海融和电科融资租赁有限公司。
① 2011 年 10 月 25 日欧洲议会和理事会关于消费者权利的第 2011/83/EU 号指令,于 2011 年 11 月 22 日在《欧盟官方公报》第 L304/64 号上公布,第 2 条第 1 款规定,"消费者"是指在本指令所涵盖的合同中,为其贸易、商业、工艺或职业以外的目的从事市场经营活动的任何自然人。
② 1995 年 10 月 24 日,欧洲议会和理事会关于在处理个人数据方面和数据自由流动的第 95/46/EC 号指令第 2 条(《欧盟官方公报》L281,1995 年 11 月 23 日)提到了数据主体。第 95/46/EC 号指令第 2(a)条规定,个人数据是指"与已识别或可识别的自然人(数据主体)有关的任何信息;可识别的人是指可以直接或间接识别的人,特别是通过识别号码或与其身体、生理、心理、经济、文化或社会特征有关的一个或多个因素可识别的人"。
③ 关于使用电子通信订立合同所涉法律问题的分析,参见 Finochiaro (2014), 605; Finochiaro/Delfini (2014); Smedinghoff (1999), 140 和 Smedinghoff (1996); Finochiaro (1997); Gambino (1997); Edwards/d (1997); Caprioli/Sorieul (1997), 323; Smedinghoff (1996)。

2 受保护的弱势主体

在试图分析欧洲的个人数据保护立法和消费者保护立法之间的现有关系时,应当考虑到有关消费者权利的第 2011/83/EU 号指令④、关于个人数据处理的第 95/46/EC 号指令⑤以及第 2016/679/EU 号的《通用数据保护条例》⑥。

首先,似乎有必要强调,这三部法律规范旨在保护弱势主体。事实上,在大多数情况下,数据主体和消费者被认为比其合同相对方即数据控制者和交易者要弱得多。众所周知,商人采用 B2C 合同以从事贸易、商业、手工艺或专业为目的。⑦ 事实上,商人可依靠其专业经验,而消费者仅为了个人目的而从事市场活动。同样,数据主体通常没有意识到自己掌控着数据,也没有意识到数据控制者正在分析或处理其个人数据。⑧

3 数据主体与消费者保护的相似管理规范

一般而言,欧洲关于个人数据处理和有关 B2C 合同的法律的目的在于透明化、对弱势方赋予权利,对交易商和数据控制者施加义务。准确地说,《消费者权利指令》规定,交易商有义务将合同条款和交易的商品准确地告知数据主体。⑨ 第 2011/83/EU 号指令第 9 条至第 16 条专门规定撤销权、未能提供关于该权利的所有必要信息的后果以及撤销合同时各方的义务。⑩ 此外,在诉讼中,2012 年欧洲关于民商事判决的管辖、认可和执行的第 1215 号条例⑪确立了有关消费者合同的具体规则。因此,似乎可以确定,为保护消费者合法权益,欧洲关于 B2C 合同的立法至少提供了三种不同的法律手段:交易商必须满足的信息要求、消费者撤销权(以及其他权利)和管辖权保护。

---

④ 2011 年 10 月 25 日欧洲议会和理事会关于消费者权利的第 2011/83/EU 号指令,修正了欧洲议会和欧盟理事会第 93/13/EEC 号指令和第 1999/44/EC 号指令,并废除了《欧盟官方公报》上公布的欧洲议会和理事会第 85/577/EEC 号指令和第 97/7/EC 号指令 L304/64,2011 年 11 月 22 日。关于该指令,参见 Luzak(2015);Luzak/Mak(2013)。关于该指令在欧洲消费者合同法背景下的分析,参见 Halls/Howells/Watson(2012),151;Micklitz(2012),6;Hesselink(2007),323。在意大利消费者合同法背景下的应用分析,参见 Falce(2011),327。

⑤ 1995 年 10 月 24 日欧洲议会和欧盟理事会关于在处理个人数据方面保护个人及个人数据自由流动的第 95/46/EC 号指令,发布于 1995 年 11 月 23 日《欧盟官方公报》L281。关于 95/46/EC 指令在意大利场景中的应用分析,参见 Finochiaro(2012),关于意大利对欧洲隐私法的看法,请参阅 Macario(1997)。

⑥ 2016 年 4 月 27 日欧洲议会和理事会关于在处理个人数据和自由移动此类数据方面保护自然人的第 2016/679 号条例,以及废除 2016 年 5 月 4 日《欧盟官方公报》L119/1 公布的第 95/46/EC 号指令。关于《通用数据保护条例》的分析,请参见 Twigg-Flesner(2012)。在意大利消费者合同法背景下的应用分析,参见 Finochiaro(2017)。

⑦ 《消费者权利指令》第 2 条第 2 款将"交易商"定义为"任何自然人或任何法人,不论是私人还是公共所有,为了与本指令所涵盖的合同有关的贸易、商业、工艺或职业的目的,包括通过以他的名义或代表他从事市场经济活动的任何其他人"。

⑧ 《通用数据保护条例》第 4 条第 7 款将"数据控制者"定义为"自然人或法人、公共机构、机构或其他单独或与他人共同决定处理个人数据的目的和手段的机构"。

⑨ 此外,当在网上缔结合同时,该指令第 6 条和第 8 条规定了具体的补充形式和信息要求。

⑩ 第 2011/83/EU 号指令第四章进一步确立了消费者权利:第 18 条规定了交货时间的规则,第 20 条规定了商品灭失或损坏的风险,直到消费者实际拥有商品为止。第 21 条规定了与 B2C 合同有关的消费者电话费率限制。第 22 条确认了产生任何额外费用之前应通知消费者的权利。

⑪ 2012 年 12 月 12 日欧洲议会和理事会关于民商事案件管辖权以及判决的承认和执行的第 1215/2012 号条例,发布于 2012 年 12 月 20 日《欧盟官方公报》L351/1 第四部分,规定了 B2C 合同的具体规则。

在个人数据保护方面,似乎也存在类似的管理规范。个人数据的处理现时(直至2018年5月)受第95/46/EC号指令规制,该指令阐明了合法处理个人数据的一般原则。数据控制者处理数据时必须征得数据主体的同意。[12] 与《消费者权利指令》一样,指令95/46/EC规定了数据控制者在收集数据时必须提供必要信息(第10条和第11条),并承认数据主体的其他权利及访问个人数据的权利(第12条)、反对数据处理的权利和撤销其同意的权利(第14条)。此外,即将取代第95/46/EC号指令的《通用数据保护条例》也采取了同样的做法。处理个人数据以知情同意为基础,数据主体意识到其具有诸如撤销权之类的具体权利[13],同时,数据主体在遭受数据控制人侵害时获得有效司法救济的权利。[14]

这一概述似乎证实,欧洲关于消费者保护的立法和个人数据保护的立法至少采纳了三项类似的法律手段,以保护消费者和数据主体的合法权益。事实上,《通用数据保护条例》和《消费者权利指令》给数据控制者和交易商强加了信息要求,赋予了弱势主体以具体权利(特别是撤销权),并向他们提供有利的诉讼规则。

4 合同缔结及数据处理的信息要求

为了核实上述法律规范之间的相似程度,并确定这些手段在向弱势主体提供保护方面是否同样有效,这些手段将被逐一分析。

关于信息要求,根据《通用数据保护条例》和《消费者权利指令》,数据控制者和交易商在处理个人数据和订立合同之前都必须提供所有必要的信息。

数据控制者应当向数据主体提供《通用数据保护条例》第13条和第14条规定的信息。[15] 准确地说,第13条是指从数据主体处收集的个人数据,而第14条适用于没有从数据主体处收集或获得个人数据的情况。在这种情况下,数据控制者必须在获得个人数据后的合理时间内提供信息。合理时限可视处理个人数据的具体情况而定,但提供有关信息的合理时限不得超过取得后一个月。[16] 因此,一般规则包括在直接向数据主体收集个人数据时,向他们提供一切所需的信息。如果个人数据是从不同的来源收集的,数据控制者应在合理的时间内提供信息。例如,在双方当事人订立合同的情况下,可能也是消费者的数据主体在将其个人数据提供给另一方时应收到所有必要的信息。[17]

---

[12] 此外,第95/46/EC号指令第7条规定,在特定情况下即使未经同意,个人数据也可以合法处理。例如,如果这是履行合同或履行法律义务所必需的,数据控制者可能会处理个人数据。
[13] 《通用数据保护条例》第12至14条规定了获得透明信息的权利,并规定了数据控制者在收集数据时必须提供哪些信息。第15条和第16条规定数据主体有权查阅其个人数据并予以纠正。此外,《通用数据保护条例》还引入了一些新的权利,如第17条的被遗忘权和第20条的数据可携带权。
[14] 参见《通用数据保护条例》关于管辖权规则的第八章。
[15] 参见指令95/46/EC关于处理个人数据的第10条和第11条。
[16] 第14条第3款还规定,如果要使用个人数据与数据主体沟通,数据控制者必须至迟在第一次与数据主体沟通时提供信息,或者如果设想向另一接收人披露,最迟在首次披露个人数据时提供信息。
[17] 第14条第5款规定,数据控制者在进行不成比例的努力时,特别是如果处理工作是为了公共利益的存档目的、科学或历史研究目的或统计目的,则数据控制者没有义务提供信息。在这种情况下,数据控制者必须采取适当措施,保护数据主体的权利和合法利益,包括公开提供信息。

根据《通用数据保护条例》第13条和第14条，所有数据主体都应获得有关数据控制者和数据保护机构的身份和联系方式等准确信息。数据主体亦应获知处理个人数据的目的、处理个人数据的法律依据，以及个人数据的收件人或收件人的类别。如果数据控制者意图将个人数据转移给第三国或国际组织，应通知数据主体。[18] 在《通用数据保护条例》第13条和第14条所列的信息中，数据控制者表明数据存储期[19]的义务以及是否存在查阅、纠正或删除权也值得提出。数据控制者还应当提到数据主体有权反对处理其个人数据，有权反对数据的可携带性，有权撤销同意，并有权向监管机构提出申诉。此外，数据主体应获知提供个人数据是法定或约定，还是订立合同所需的规定，以及数据主体是否有义务提供个人数据，以及不提供该等数据可能引致的后果。

与《通用数据保护条例》一样，《消费者权利指令》规定了交易商向消费者提供信息的义务。[20] 具体言之，交易商应遵守一套最低限度的信息要求，并向消费者提供其他信息来源，例如提供一个超文本链接，连接到可直接获得相关信息的商户的网页。为此，关于远程合同[21]，《消费者权利指令》第8条明确规定，商家必须"以适用于远距离通信手段使用的浅白易懂语言的方式"[22]提供所有必要信息。《消费者权利指令》第6条列出了必须提供的信息。[23] 例如，交易商必须提供关于商品和服务的特点以及关于交易商的身份和地址的

---

[18] 还应使他们了解委员会是否作出了适当的决定。如果处理是数据控制者的合法利益所必需的，则应向数据主体通报数据控制者或第三方所追求的合法利益。就未能向数据主体取得个人数据的个案，《通用数据保护条例》第14条亦明确规定，数据主体应获告知处理所涉及的个人数据类别（第14条第1款和第4款）、个人数据的来源，以及该数据是否来自公开查阅的来源（第14条第2款和第6款）。

[19] 确定个人数据存储的期限，如果不可能确定存储的具体期限，则确定该期限的标准。

[20] 信息应以浅白易懂的方式提供，使合同透明化以保护处于弱势地位的消费者。交易商向消费者提供的信息具有强制性，不得更改。

[21] 根据第 2011/83/EU 号指令第2条第7款，"远程合同"是指在有组织的远距离销售或服务提供计划下，在没有交易商和消费者同时在场的情况下，交易商和消费者之间订立的任何合同。同时在合同订立之前和包括订立时间之前，可排除性地使用一种或多种远程通信手段。关于"远程合同"的定义，欧洲委员会工作人员工作文件《消费者权利指令》提案的附件指出，成员国目前对远程合同的定义存在分歧。委员会注意到："如果销售过程的全部或仅部分必须通过远距离通信的方式进行，则合同就被视为远程合同，则会产生不同的意见。此外，以远距离通信方式谈判达成的合同是否应被视为远距离销售或场外销售的不确定性也随之产生。"

[22] 第二章，远程或场外合同以外的合同的消费者信息；第三章，远程和场外合同的消费者信息和撤销权，第 2011/83/EU 指令为各类合同建立了信息要求。有关信息需求的完整分析，参见 Mankowski(2005)，779。

[23]《消费者权利指令》第6条规定：

1. 在消费者受远程或场外合同或其他类似合同的要约约束之前，交易商必须以清楚易明的方式向消费者提供下列资料：

（1）在对于通讯手段以及商品或服务来说的适当范围内，告知商品或服务的重要特性。

（2）经营者的身份，比如其商号。

（3）经营者开业的通讯地址（如果有的话），还应告知其电话号码、传真号码、电子邮件地址，以便消费者能够快速与经营者建立联系并进行有效沟通，以及委托该经营者从事业务的经营者的地址和身份。

（4）供消费者提起投诉的经营者的营业地址或是其代理经营者的营业地址（如果这一地址与第（3）项不一致的话）。

（5）包括所有税收与费用在内的商品与服务的总价；如果商品或服务的价格因其特性而无法事先计算，应告知价格计算的方式以及可能产生的运输、发货或邮寄费用以及其他所有费用；如果这些费用无法事先计算，则需要告知可能产生这些费用的事实。在无期限合同或是长期预订合同中，总价包括每一个时间段内发生的总费用；如果合同中明确了固定费用的话，则总价同样包括每月的全部费用；如果总价无法事先预估，则告知价格计算的方式。

（6）使用为签订合同而运用的远程通讯技术的费用，如果这一费用不是根据基本电信费率计算的话。

（7）支付、发货或给付条件，经营者最迟发送商品或提供服务的期限，以及可能存在的经营者受理投诉的程序。

（8）当存在撤回权时，第11条第1款以及附件一第2部分中的撤回模板表格中关于这一权利行使的条件、期限和程序。

（转下页）

信息。商品或服务的总价格,包括税款,应清楚地表明所有附加运费、递送或邮政费用。付款、交货、履约的安排,以及交易商承诺交付商品或提供服务的时间,也应予以说明。与《通用数据保护条例》一样,《消费者权利指令》第6条第1款和第8款规定,交易商有义务告知消费者,其享有撤销合同的权利,以及行使这一权利的条件、时限和程序。此外,交易商应当提醒人们注意商品是否符合法律保证和合同期限是否存在。合同期限未确定或者自动延长的,还应当说明终止合同的条件。

《通用数据保护条例》和《消费者权利指令》都规定在订立合同和处理个人数据之前(如果可能的话)必须满足信息要求。然而,这种法律规定的有效性可能会引起怀疑,因为在这两种情况下,消费者和数据主体通常都不会阅读所提供的信息。㉔

5 撤销合同与撤销合意是否基于同一理论基础

对于《通用数据保护条例》和《消费者权利指令》规定的撤销权,也可以作出类似的考虑。根据《消费者权利指令》第9条,在远程合同及场外合同中,消费者确实享有期限为

(接上页)(9) 提示消费者,其在撤回时需要承担将商品寄回的费用;在远程销售合同中,告知消费者,如果商品根据其特征无法通过普通邮寄途径寄回,由消费者承担寄回商品的费用。

(10) 如果消费者在根据第7条第3款或第8条第8款提出了提供服务的请求后,又行使了撤回权,应提示消费者其有义务根据第14条第3款,向经营者支付适当的价款。

(11) 在根据第16条不存在撤回权的情形,告知消费者其不拥有撤回权,或是告知消费者其丧失撤回权的情形。

(12) 关于商品存在法定担保权的信息。

(13) 关于是否存在客户服务以及商业担保及其条件的信息。

(14) 关于目前是否存在根据欧盟2005/29/EG指令第2条第(6)项制定的相关的行为规则的存在,以及如何可以获得这些文件的信息。

(15) 合同期限,以及无期限合同或自动延期合同的终止条件。

(16) 消费者订立合同后要受到合同约束的最短期限。

(17) 提示关于经营者或许可以向消费者收取一定数额的押金或是其他资金担保及其条件的信息。

(18) 数码内容的使用方法,包括对这些内容可适用的技术保护措施的信息。

(19) 经营者明知或应知的、数码内容与硬件和软件之间重要的兼容关系。

(20) 采取对经营者有约束力的庭外投诉程序和法律救济程序的可能性,以及采取这些途径的前提条件。

2. 第1款还应适用于提供不能以特定容量或确定数量进行销售的水、气或电,以及不能以有体载体提供的远程供热或数码内容。

3. 在公开拍卖的情形,以拍卖人提供的信息取代上述第1款第(2)项、第(3)项和第(4)项中的信息。

4. 第1款第(8)项、第(9)项和(10)项中的信息可以通过附件一的第1部分中的撤回权告知模板来提供。只要经营者正确填写这一信息表并交给消费者,即视为经营者履行了第1款第(8)项、第(9)项和(10)项中所规定的信息义务。

5. 第1款中的信息是远程销售合同或营业场所外订立的合同的固定组成部分,除非双方有明确的特别约定,否则这些部分的内容不得改变。

6. 如果经营者并未就第1款第(5)项中的附加费用及其他费用或是第1款第(9)项中关于寄回商品的费用的信息进行告知,则消费者不必承担这些附加费用和其他费用。

7. 成员国可以在其内国法中保留或规定关于合同信息的语言要求,以确保消费者能够理解这些信息。

8. 此外,本指令中所规定的信息义务还对2006/123/EG指令以及2000/3/EG指令中规定的信息义务补充适用,并且不阻碍成员国根据这些指令规定其他的信息义务。如果2006/123/EG指令或2000/31/EG指令中关于信息内容以及信息告知的方式方法方面与本指令存在冲突,在不影响本条第1款的情况下,本指令的规定优先。

9. 经营者就本章中所规定的信息义务的履行承担举证责任。

㉔ 当提供了大量信息时,如果人们已经阅读了这些信息,人们就可能(或者甚至有可能)不会阅读它们,或者不会理解它们。在隐私政策方面,Turow/Feldman/Meltzer (2005)和Cranor/Reidenberg (2002)对此给予了高度重视。

14天的撤销权。而且根据《通用数据保护条例》第14条，数据主体可随时撤销其对处理个人数据的同意。消费者和数据主体都无须证明撤销的正当性。

因此，撤销权似乎是欧洲立法机关为维护弱势主体地位而选择的第二种法律手段。然而，从系统上分析，交易商与消费者之间以及数据控制者与数据主体之间存在的法律关系是不同的。事实上，在订立合同（对于服务合同）的第14天之后，或者在取得商品的实际占有权之日（对于销售合同）之后，[25]消费者是与交易商订立具有约束力的合同相对方。另外，数据主体亦可撤销其对处理个人数据的同意。这种区别与两种情况下受保护的权利的性质有关。事实上，消费者缔结具有约束力的合同，而数据主体对个人数据的保护权利属于基本权利的范畴。

个人数据保护的确得到《欧联基本权利宪章》第8条所承认。[26] 个人数据必须为特定目的，在征得数据主体同意或其他法律规定的合法基础上，予以公平处理。这种权利被归类为基本权利，因此不能成为任何合同的主体。基于此，《通用数据保护条例》中规定的数据主体的撤销权不适用于诉讼时效。

6 管辖权规范：基于国际场景

欧洲有关消费者保护和个人数据保护立法之间的另一个相似之处在于对处于病态阶段的弱势主体保护上。事实上，在诉讼案件中，欧洲有关民商事案件的管辖、承认与执行的第1215/2012号条例[27]和《通用数据保护条例》都倾向于将弱势主体一方的经常居住地或住所认定为法律关系发生地。

《管辖权条例》在第四节（从第17条到第19条）中确立了消费者合同的适用管辖规则。确切地说，《管辖权条例》第18条规定，消费者可以在合同的另一方当事人居住的成

---

[25] 就销售合同而言，如果消费者一次订购多种商品，但这些商品是分别交付的，则14天期限是指从消费者（或消费者指明的承运人以外的第三方）取得最后一种商品的实际占有权之日起算。同样，对于由多批商品组成的商品，14天期限从消费者获得最后一批商品的实际占有权之日起算。就正常交付商品的合同而言，撤销期从消费者取得第一件商品的实际占有权之日起算。如果供水、供气或供电合同，如果这些合同没有限定销售量和销售数量，则14天期限从合同订立之日起算。关于计算撤回权期限的进一步具体说明，参见欧盟委员会、司法总局、欧洲议会和欧洲理事会2011年10月25日关于消费者权利的第2011/83/EU号指令，修订了欧洲议会第93/13/EEC号指令和欧洲理事会2014年6月第1999/44/EC号指令，并废除了欧洲理事会第85/577/EEC号指令和欧洲议会和欧洲理事会第97/7/EC号指令，2014年6月，37。

[26] 《欧盟基本权利宪章》（2000年12月18日发表于《欧洲联盟（共同体）官方公报》2000/C364/01）第8条规定：
    1. 人人均有权享有个人信息之保护。
    2. 此等信息应仅用于特定目的，且于信息所有人同意或法律规定的其他合法依据下，公平地被处理。人人均有权了解其个人信息，并有权要求销毁其个人信息。
    3. 应由独立之主管机关监督这些原则之切实遵守。
  有关《宪章》法律价值的分析，参见 LordGoldsmith (2001)，1204 和 Eeckhout (2001)，947。关于《里斯本条约》之后欧洲人权状况的研究，参见 Douglas-Scott (2011)，645。他强调，在《里斯本条约》生效后的头两年，欧洲法院已多次提到《宪章》，现在它是欧盟人权的主要来源。在意大利的场景中，参见 Manzella/Melograni/Paciotti/rodotà (2001)。

[27] 2012年12月12日欧洲议会和理事会关于民商事案件管辖权及判决的承认和执行的第1215/2012号条例，2012年12月20日发表在欧盟官方公报L351/1号上。

员国法院或消费者的居住地法院㉘对另一方当事人提起诉讼。换句话说,消费者可以选择向其所在地法院或交易商所在地法院提起诉讼,而不管对方的住所在哪里。此外,该条款还确保消费者有不在其住所以外的任何其他法院被起诉的权利(第18条第2款)。㉙

上述规定可由B2C合同的当事方予以减损,但只能在争议发生之后,并在随后达成协议,允许消费者在《管辖权条例》第18条所述法院以外的法院提起诉讼之后才可减损。如果在订立合同时同一成员国境内居住或经常居住地的当事方之间订立了这种协定,则该协定应确立该成员国法院的管辖权。

因此,与B2C合同管辖权有关的规则允许消费者选择向哪个法院提出申诉,并保护他们不受交易商选择不利管辖权的影响。

《通用数据保护条例》似乎赋予了数据主体类似的权利。实际上,《通用数据保护条例》第79条第2款规定,对数据控制者或数据处理者的诉讼必须提交数据控制者或数据处理者设有主要营业地的成员国法院。㉚否则,也许应当向数据主体经常居住地所在的成员国法院提起诉讼,除非数据控制者或数据处理者是在会员国拥有执法权的公共机构。

适用于由B2C合同或个人数据处理所引发的争议的管辖权规则之间的差异有必要进行强调。虽然消费者可以向其住所所在的成员国法院提起诉讼,但《通用数据保护条例》是指数据主体的经常居住地。此外,如果数据控制者或数据处理者是在处理个人数据

㉘ 还应当指出,根据《管辖权条例》第17条第2款,分支机构、代理机构或其他机构设在成员国之一的交易商,与该交易商的分支机构、代理机构或设立机构引起的争端有关,被视为住所在该成员国。《管辖权条例》第17条第2款明确规定,"如果消费者与不在成员国设有住所但在成员国之一设有分支机构、代理机构或其他机构的当事方订立合同,该当事方应在分支机构、代理机构或机构的业务活动引起的争端中被视为在该成员国设有住所"。

㉙ 《管辖权条例》第18条规定:
  1. 消费者可以在合同的另一方当事人居住的成员国的法院对该另一方当事人提起诉讼,也可以不论另一方当事人的居住地在消费者居住的地方的法院提起诉讼。
  2. 合同另一方只能在消费者居住的成员国的法院对消费者提起诉讼。
  3. 本条不影响向法院提出反诉的权利,因为根据本条,原诉正在审理中。
  应当强调的是,根据《管辖权条例》第17条,第18条规定的规则只有在以下情况下才适用:合同是与在消费者住所所在成员国从事商业或专业活动的商人订立的,或者商人将活动指示给该成员国(或包括该成员国在内的若干国家),而且合同属于这种活动的范围。第18条还适用于分期付款的商品销售合同、分期偿还贷款合同或为商品销售融资而提供的任何其他形式的信贷。然而,这条规则不适用于除合同以外的其他运输合同,合同中规定了包括旅行和住宿在内的费用。

㉚ 这些年来,对建立的概念有各种各样的解释。在个人数据保护领域,这一概念对于确定指令95/46/EC对个人数据处理的适用性也至关重要,因为指令95/46/EC的第4条第1款规定:在下列情况下,每个成员国应将其根据本指令通过的国家规定适用于个人数据的处理:
  (1) 处理工作是在会员国境内设立监督员的活动范围内进行的;如果在几个会员国境内设立了同一个监管机构,则必须采取必要措施,确保每一个监管机构履行适用的国家法律规定的义务;
  (2) 财务主任不是在会员国境内设立,而是在其国内法根据国际公法适用的地方设立;
  (3) 管制人员不是在共同体领土上设立的,而且,为了处理的目的个人数据使用该成员国领土上的自动或其他设备,除非这些设备仅用于通过共同体领土过境的目的。
  关于指令95/46/EC的适用性,见Kuner(2007);Moerel(2011),92;Colonna(2014),203。最近,欧洲法院在Weltimmo s.r.o.诉nemzeti Adatvédelmi és információ.ószabadság Hatóság,c.230/14,ECLI:EU:c:2015:639中表达了对"建立"概念进行广泛解释的必要性。在Weltimmo案裁决第29、30和31节中,法院指出:"正如检察长在其意见第28和32至34点中所指出的,这实际上导致了对'营业'概念的灵活定义,这种定义背离了一种形式主义的做法,即只在企业登记地确立企业。因此,为了确定数据控制人公司是否在其注册的成员国或第三国以外的成员国设有第95/46号指令所指的机构,必须根据经济活动的具体性质和所提供的服务来解释该安排的稳定程度和该另一成员国有效开展活动的情况。应当认为,第95/46号指令意义内的'营业所'概念延伸到任何真正和有效的活动——即使是最低限度的活动——通过稳定的安排来实施。"

方面拥有执法权的公共机构,数据主体向其经常居住地成员国法院提起诉讼的权利将受到限制。这种限制似乎是为了避免国家法官对影响另一会员国公共当局的事项作出裁决。但是,消费者和数据主体都有权选择将诉讼提交其经常居住地或住所所在成员国的法院。

7 全球市场上的数据处理及 B2C 缔约

关于管辖权的规定是在数据交换和网上缔约的背景下制定的,即便在不同国家的当事方之间也是如此。在这种情况下,似乎也应当审查和比较欧洲关于法律适用的起草规范。关于合同义务[31]适用法律的第 593/2008 号条例(《罗马一号条例》)规定,与消费者签订的合同必须遵守消费者经常居住国的法律。[32] 为适用这一规则,合同必须属于交易商的专业活动范围,而且这些活动必须在消费者有其经常居住地的国家或至少必须指向该国或包括该国在内的若干国家进行。[33]

当事人也可以选择合同的适用法律,但这种选择不得剥夺消费者在其未作出任何选择的情况下本应适用的法律所享有的保护。《罗马一号条例》通过这样一项规定,为消费者规定了最低限度的保护,而不论其是否选择了适用的法律。[34]

《罗马一号条例》第 6 条似乎采用了与《通用数据保护条例》第 3 条相同的逻辑。事实上,如果数据处理是由欧盟的数据控制者实施,或者对于某些数据服务平台而言,即使数据控制者不是在欧洲注册的,但数据主体在欧洲,那么《通用数据保护条例》也是适用的。

根据《通用数据保护条例》第 3 条相关规定,该法适用于通过在欧盟注册数据控制者或数据处理者来处理个人数据,而不论处理行为是否发生在欧洲。此外,如果数据主体处于欧盟辖区内,且该数据处理涉及向欧盟数据主体提供商品或服务,或涉及监测其在欧盟

---

[31] 2008 年 6 月 17 日欧洲议会和理事会关于合同义务适用法律的第 593/2008 号条例(罗马一号条例),2008 年 7 月 4 日在《欧盟官方公报》第 L177/6 号上公布。

[32] 第 593/2008 号条例第 6 条第 1 款规定:"在不妨碍第 5 条和第 7 条的情况下,自然人为了可被视为不属于其行业或专业(消费者)的目的而与另一个从事其行业或专业(专业)的人订立的合同,应受消费者经常居住地所在国的法律管辖,但该专业人员:
(1) 在消费者经常居住的国家从事商业或专业活动,或
(2) 以任何方式将这种活动指示给该国或包括该国在内的若干国家,而且合同属于这种活动的范围。"

[33] 根据《罗马一号条例》第 6 条第 4 款,有些合同不受该条所确立的规则的约束,例如服务供应合同,服务只能在消费者有经常居住地的国家以外的其他国家提供给消费者;运输合同,与 1990 年 6 月 13 日理事会指令 90/314/EEC 含义范围内的包价旅行有关的合同除外;包价旅行、包价假期和包价旅行;与房地产物权有关的合同;或与第 94/47/EC 指令含义范围内的分时不动产使用权有关的合同除外的房地产租赁合同。

[34] 在这个问题上,《通用数据保护条例》采取了与指令 95/46/EC 不同的方法。第 95/46/EC 号指令目前规定,如果处理是在成员国境内设立管理员的活动范围内进行,则可适用成员国的法律。欧洲公共关系委员会对欧洲领土内数据项目适用欧洲法律的原则似乎受到欧盟法庭裁决的影响,例如欧洲法院、GoogleSpainSL 和 GoogleInc.诉 AgenciaEspañoladeProteccióndeDatos (AEPD)和 MarioCostejaGonzález,C - 131/12,ECLI:EU:c:2014:317 和 ECJ, MaximillianSchrems 诉数据保护专员,C - 362/14,ECLI:EU:c:650。关于 GoogleSpainSL 和 GoogleInc.诉 AgenciaEspañolaDeProtecciónDeDatos (AEPD)和 MarioCostejaGonzález 一案,另见 2014 年 11 月 26 日通过的第 29 条数据保护工作组《关于执行 ECJ、GoogleSpain 和 GoogleInc.诉 AgenciaEspañolaDeProtecciónDeDatos(AEPD)和 MarioCostejaGonzález,C - 131/12,ECLI:EU:c:2014:317》(14/ENWP225)。关于这两项决定的司法分析,参见 Finochiaro (2015),787。

的行为,该条例甚至适用于在欧洲未经注册的数据控制者或数据处理者。㉟

因此,欧洲的《通用数据保护条例》和《消费者权利指令》适用于与在欧洲或其经常居住地在欧洲的数据主体或消费者有关的纠纷。

8 两个亟待解决的关键问题

从整体角度审视《消费者保护法》和《个人数据保护法》,对于揭示消费者和数据主体的弱势地位以及突出这两个学科之间存在的共性至关重要。所进行的分析表明,欧洲关于消费者权利的立法和关于个人数据保护的立法均采用了相同的手段,以保护弱势主体。

《消费者保护法》和《个人数据保护法》规定了在意欲与消费者或数据主体缔结法律关系之前,交易商和数据控制者必须满足的信息要求,或在提供该信息要求确实缺乏可能时,交易商和数据控制者必须满足的时间限制。然而,考虑到该措施的效率因素,人们可以观察到消费者和数据主体往往注意不到所提供的信息。

《消费者保护法》和《个人数据保护法》都规定了撤销权,即消费者可以撤销其所签订的B2C合同,而数据主体原则上可以拒绝数据处理者在任何时候处理他们的个人数据。但是,为履行合同或者根据法律规定或《通用数据保护条例》规定的其他情形,需要办理撤销手续的,合同撤销权仅在理论上可以适用。

最后,可以发现,数据主体和消费者都享有允许在其经常居住地或住所所在的成员国法院提起诉讼的管辖权规则。

这里提出的关于欧洲《消费者保护法》和《个人数据保护法》中的管理规范的分析概述了两个亟待解决的关键问题。虽然欧洲在这两个立法领域实际上采取了同样的法律手段来保护弱势主体,但不应忘记,《消费者权利指令》旨在平衡合同双方的合同利益,而关于处理个人数据的《通用数据保护条例》和第95/46/EC号指令保护一项基础权利。采用同样的法律手段来处理这两种不同的情况,可能会得出一个至关重要的结论,即一项基础权利可以通过合同来处理。㊱

审查法律手段所提供的保护的有效性是第二个新出现的问题。㊲ 欧洲立法机构的做法往往流于形式,似乎并未为弱势主体提供重要保护,因为数据主体和消费者很少阅读所提供的信息,也几乎不知道自身享有撤销权。

参考文献

Caprioli, E. A./Sorieul, R. (1997), Le commerce international électronique: vers l'émergence de règles

---

㉟ 该公约第3条还规定了导致适用某一欧洲成员国法律的法律冲突情况。为此目的,第3条第3款规定,该条例适用于"未在联盟内设立,但根据国际公法适用成员国法律的地方数据控制者处理个人数据"。
㊱ 另一种隐私和数据保护法的起草技术可以基于社会学家尼森鲍姆阐述的反文本隐私理论。在尼森鲍姆(2011),尼森鲍姆(2010)和尼森鲍姆(2004a,b,119)中很好地描述了文本中的隐私理论。
㊲ 关于个人数据保护,一些作者强调,同意为数据当事人处理个人数据,往往是基于"接受或者放弃"的机制[参见5Nissenbaum(2011),35],而另一些作者则强调选择的实例不充分,参见Cate(2006)。

juridiques transnationales, 124 Journal du droit international, 323.

Cate, F. H. (2006), The Failure of Fair Information Practice Principles, in: J. K. Winn (Ed.), Consumer Protection in the Age of the "nformation Economy", Ashgate Publishing.

Colonna, L. (2014), Article 4 of EU Data Protection and the Irrelevance of the EU-US Safe Harbor Program? International Data Privacy Law, 203.

Cranor, L. F./Reidenberg, J. (2002), Can User Agents Accurately Represent Privacy Notices?, The 30th Research Conference on Communication, Information, and Internet Policy, Alexandria, Virginia.

Douglas-Scott, S. (2011), The European Union and Human Rights after the Treaty of Lisbon, Human Rights Law Review, 11: 4, 645.

Edwards, L./Weald, C. (1997), Law and the Internet: Regulating Cyberspace, Hart Publishing.

Eeckhout, P. (2001), The EU Charter of Fundamental Rights and the Federal Question, 39 Common Market Law Review 947.

Falce, V. (2011), La disciplina comunitaria sulle pratiche commerciali sleali. Profili ricostruttivi, in: A. M. Gambino (Ed.), Rimedi e tecniche di protezione del consumatore, 327, Giappichelli.

Finocchiaro, G. (2017), Il nuovo Regolamento europeo sulla privacy e sulla protezione dei dati personali, Zanichelli.

Finocchiaro, G. (2015), Da Google Spain a Schrems, 787, Diritto dell'informatica.

Finocchiaro, G. (2014), I contratti ad oggetto informatico. Problematiche generali, in: F. Delfini/G. Finocchiaro (Eds.), Diritto dell'informatica, 605 – 614, Utet.

Finocchiaro, G./Delfini, F. (2014), Diritto dell'informatica, Utet.

Finocchiaro, G. (2012), Privacy e protezione dei dati personali. Disciplina e strumenti operativi, Zanichelli.

Finocchiaro, G. (1997), I contratti informatici, in: F. Galgano (Ed.), Trattato di diritto commerciale e diritto pubblico dell'economia, XXI, Cedam.

Gambino, A. (1997), L'accordo telematico, Giuffrè.

Halls, E./Howells, G./Watson, J. (2012), The Consumer Rights Directive—An Assessment of its Contribution to the Development of European Consumer Contract Law, European Review of Contract Law, 2, 151.

36 An alternative drafting technique for privacy and data-protection law could be based on the contextual privacy theory elaborated by the sociologist H. Nissenbaum. The theory of privacy in context is well described in Nissenbaum (2011); Nissenbaum (2010) and Nissenbaum (2004a, b), 119.

37 In relation to personal-data protection, some authors have highlighted that the consent to personal data processing for the data subject is often based on a "take it or leave it" mechanism (see Nissenbaum (2011), 35), while others have underlined the weak instantiation of choice. See Cate (2006). Personal-data and Consumer Protection: What Do They Have in Common? 392.

Hesselink, M. (2007), European Contract Law: a Matter of Consumer Protection, Citizenship or Justice?, European Review of Private Law, 15, 323.

Kuner, C. (2007), European Data Protection Law-Corporate Compliance and Regulation, Oxford University Press.

Lord Goldsmith, Q.C. (2001), A Charter of Rights, Freedoms and Principles, Common Market Law Review, 38.

Luzak, J. (2015), Passive Consumers vs. The New Online Disclosure Rules of the Consumer Rights

Directive, Centre for the Study of European Contract Law, Working Paper Series 2.
Luzak, J./Mak, V. (2013), The Consumer Rights Directive, Working paper, available at: www.csecl.uva.nl.
Macario, F. (1997), La protezione dei dati personali nel diritto privato europeo, in: V. Cuffaro/V. Ricciuto (Eds.), La disciplina del trattamento dei dati personali, Giappichelli.
Mankowski, P. (2005), Information and Formal Requirements in EC Private Law, European Review of Private Law, 6, 779.
Manzella, A./Melograni, P./Paciotti, E./Rodotà, S. (2001), Riscrivere i diritti in Europa. Introduzione alla Carta dei diritti fondamentali dell'Unione europea, Mulino.
Micklitz, H. W. (2012), Do Consumers and Businesses Need a New Architecture of Consumer Law?, EUI Working Paper law, 32, 266–367.
Moerel, L. (2011), Back to basics: When Does EU Data Protection Law Apply?, International Data Privacy Law, 2, 92–110.
Nissenbaum, H. (2011), A Contextual Approach to Privacy Online, Dœdalus.
Nissenbaum, H. (2010), Privacy in Context: Technology, Policy, and the Integrity of Social Life, Stanford University Press.
Nissenbaum, H. (2004a), Academy & the Internet, Monroe E. Price.
Nissenbaum, H. (2004b), Privacy as Contextual Integrity, 79 Washington Law Review, 119.
Smedinghoff, T. J. (1999), Electronic Contracts and Digital Signature: an Overview of the Law and Legislation, Practicing L. Inst. 125, 140–150.
Smedinghoff, T. J. (1996), Online Law: the Legal Guide to Doing Business On The Internet, Addison-Wesley Developers Press.
Turow, J./Feldman, L./Meltzer, K. (2005), Open to Exploitation: American Shoppers Online and Offline, Annenberg Public Policy Center, University of Pennsylvania, available at: http://www.annenbergpublicpolicycenter.org/Downloads/Information_And_Society/Turow_APPC_Report_WEB_FINAL.pdf.
Twigg-Flesner, C. (2012), A Cross-Border-Only Regulation for Consumer Transactions in the EU—A New Approach to EU Consumer Law, Springer.

其他资料来源

Article 29 Data Protection Working Party, Guidelines on the Implementation of the Court of Justice of the European Union Judgment on Google Spain And Inc V. Agencia Española De Protección.
De Datos (Aepd) And Mario Costeja González, C-131/12, adopted on 26 November 2014 (14/EN WP 225).
European Commission, DG Justice, DG Justice Guidance Document Concerning Directive 2011/83/EU of the European Parliament and of the Council of 25 October 2011 on consumer rights, amending Council Directive 93/13/EEC and Directive 1999/44/EC of the European.
Parliament and June 2014 of the Council and repealing Council Directive 85/577/EEC and Directive 97/7/EC of the European Parliament and of the Council, June 2014, 37, available at: http://ec.europa.eu/justice/consumermarketing/files/crd_guidance_en.pdf M. Ratti393.
European Commission, Commission Staff Working Document Accompanying the Proposal for a Directive on Consumer Rights Impact Assessment Report, available at: http://ec.europa.eu/consumers/archive/rights/docs/impact_assessment_report_en.pdf.

European Commission, Commission Staff Working Document, Accompanying Document to the Proposal for a Directive On Consumer Rights, Annexe, available at: http://ec.europa.eu/consumers/archive/rights/docs/proposal_annex_en.pdf.

European Commission, Special Eurobarometer 359, Report on Attitudes on Data Protection and Electronic Identity in the European Union, June 2011, available at: http://ec.europa.eu/public_opinion/archives/ebs/ebs_359_en.pdf.

第四部分

个人数据、不正当竞争和规制

数据可移植性权利与云计算消费者法

Davide Mula*

杨慧玲** 译

摘要： 本文探讨了云计算服务合同法规与数据保护法规之间的关系，以突出数据保护法规在保护消费者中所起到的作用。本文旨在分析欧洲立法机关主张整体性方法而出台的《通用数据保护条例》是否以及在多大程度上影响了云计算服务的监管。

1 云计算服务

远程信息处理和计算机设备的进步，特别是移动终端例如笔记本电脑、台式机电脑和智能手机，其具有体积小、容量大的特点，但由于内部存储容量有限，用户最初主要出于专业原因，后来也因个人原因而改为使用系统的数据管理信息技术，该技术能够不受地域限制，通过网络远程存储和处理信息。

这些技术的进步促进了云服务市场的增长，即对计算机资源的共享系统（如网络、服务器、存储、应用程序和服务）进行异地和按需访问需求的增长，通过这些系统可以实现快速共享数据和功能。[1]

欧洲法律还没有对云计算进行标准定义，尽管 2012 年 1 月欧洲经济和社会委员会（EESC）[2]的意见中确定了云计算的主要技术特征如下：

——非实体化（Dematerialization）：无论是个人或企业用户，IT 资源的配置、位置或维护几乎是不可见的。

——易于访问（Ease of access）：只要可以访问互联网，用户就可以在任何地方通过任何其乐意的方式（通过计算机、台式机电脑、智能手机）使用数据和应用程序。

——动态可扩展性（Dynamic scalability）：提供商根据用户需求实时调整计算机容量。这意味着用户可以承受需求高峰加载，而无须对两个高峰时刻之间未充分利用的计

---

* Davide Mula，意大利罗马欧洲大学数据保护和生物技术法、法律信息学讲师。
** 杨慧玲，法学硕士，河南国基（北京）律师事务所。
[1] 参见 National Institute of Standard and Technology，USA Department of Commerce (2011)，6："云计算是一种能够使广泛的、方便的、按需的网络访问共享实现的可配置的计算资源共享池（如网络、服务器、存储、应用程序和服务）的模式，使得这些资源能够以最少的管理成本或提供商的互动得以快速提供和发布。该云模型由五个基本特征、三个服务模型和四个部署模型组成。"
[2] 欧洲经济和社会委员会，(2012)，3。

算机资源进行投资。

——池化(Pooling)：提供商可以通过在各个用户之间池化计算机资源来确保动态可扩展性。因此，提供商可以使用由数千台计算机组成的大型服务器场来实现最大和最佳的池化。

——按需付费(Pay-on-demand)：用户只为实际使用的计算机资源付费，即根据不断变化的计算机容量需求付费。这种合同的条款通常还是临时的；但是，它们正变得越来越标准化。

云服务的通常分类为③：

——软件服务(SaaS)。提供给用户的功能是用户在云基础设施上运行的应用程序。不同的用户设备可以通过一个小的用户界面(如 Web 浏览器或者基于 Web 的电子邮件等)或一个程序接口访问应用程序。除了有限的特定用户的应用配置设置外，用户不对底层的云基础设施(包括网络、服务器、操作系统、存储，甚至个别的应用程序能力)进行管理或控制。

——平台服务(PaaS)。提供给用户的功能是部署在云基础设施或用户创建或获取的应用程序上。该应用程序是采用编程语言、库、服务以及提供商支持的工具创建。用户不对网络、服务器、操作系统或存储等底层云基础设施进行管理和控制，但是可以控制应用程序以及应用程序托管环境的配置设置。

——基础设施服务(IaaS)。提供给用户的功能是处理、存储、网络和其他基础性计算资源，使用户能够部署和运行任意软件，这些软件包括操作系统和应用程序。用户不对底层的云基础设施进行管理或控制，但可以控制操作系统、存储和部署的应用程序；以及可能对选择的联网组件(如主机防火墙)进行有限控制。

2 云计算服务合同

云计算服务合同是这样一种法律关系：作为主体的供应商或提供商，通过电子链接向用户提供服务，用户可以远程存档和管理数据、文档。

从法律的角度看，这种新技术是以其使用的方式为基础的，它已经从传统的专有模式转变为以提供服务为基础的新模式；从上述描述的措辞中可以清楚地看到，其中"作为一种服务"在每一个术语中都出现。④

云服务的使用是通过一个以访问为中心的机制来实现的，这种机制遵循一种在经济文献中已经明确确定的模式，被称为"访问文化"。

在缺乏一个概述云服务市场中提供商和用户权利的法律框架的情况下，当事人之间签订的合同是了解如何规范提供商所提供的云服务的唯一来源。

---

③ Nist (2011), 2.对服务的进一步分类，特别是 Bradshaw, S./Millard, C./Walden, I. (2010)关于软硬件基础设施拥有量和平台可访问性条件。根据这个参数将其分为私有云、公共云、社区云和混合云。

④ See Hon/Millard/Walden (2012b), 85.

云计算服务合同的一般结构包含四个文件：服务条款（ToS）；服务等级协议（SLA）；可接受使用策略（AUP）；隐私策略。⑤

第一个文件（ToS）界定了合同的一般条款，如期限、费用、提供服务的方式、终止和退出条款等。⑥

第二个文件（SLA）具体规定了供应商有义务提供和维护服务的质量和数量水平，且用户必须付费。

第三个文件（AUP）包括用户可以访问的基础设施，以及供应商可以终止或暂停提供服务的所有情形。

最后一个文件（隐私政策）描述了提供商使用和保护用户个人资料的方式。

这些文件中最重要的无疑是 SLA，因为它定义了合同的对象和所提供服务的质量，并给出了客观可测量的技术参数，如上下班时间长度或等待时间。

3 云计算服务合同条款的规范流程

如上所述，对双方在提供云服务方面的权利没有明确的法律规定，合同是界定和规范提供的服务方式的主要工具，同时考虑到服务的跨地域性质，如在许多情况下，合同的签订双方国籍不同。

在此背景下，2013 年 2 月，⑦欧盟委员会通信网络、内容和技术总局（DG CONNECT）成立了一个由所有利益相关方组成的工作组，旨在确定云服务供应合同中必须存在的标准条款。⑧ 工作组的成果是出版了《云服务等级协定标准化准则》（以下简称《准则》）。该文件为根据欧洲法律适用于合同的合同义务提供了框架，同时规范了（尤其是）将要使用的技术词汇。⑨

由于云计算的全球性以及不同法域合同当事人的介入，使得合同条款亟须标准化，进一步引发了对合同关系适用不同法律规制的问题，尤其是对个人数据的保护问题。⑩

在构成云计算合同的各种文件中，工作组特别侧重于 SLA 所载的条件，因为这被认

---

⑤ 关于云计算提供商提供的条款和条件的详细调查和分析，见 Bradshaw/Millard/Walden (2010)。
⑥ 云服务协议经常由不同国籍的缔约方签署，在第一份文件中包含有关合同适用的相关法律条款。参见 Mantelero (2012)，1221。
⑦ 欧盟委员会决定（2013），第 5 条："欧盟委员会打算促进利益相关者协议，促进云计算服务提供商与消费者和小企业在云计算合同中使用安全、公平的条款和条件。"委员会应该在利益相关者的积极参与下，借鉴他们在云计算领域的专长和经验，朝着这个目标努力。为此，委员会认为宜在云计算服务提供商与消费者、小企业之间设立云计算合同专家组。该小组的任务应与委员会关于云提供商与专业用户之间合同云计算服务水平协议范本条款的工作相辅相成。
⑧ 欧盟委员会在其 2012 年的会议中宣布了工作组的组成："欧盟委员会将在 2013 年底前成立一个专家组：……为此目的设立一个包括行业在内的专家小组，在 2013 年底前为消费者和小企业确定安全、公平的合同条款和条件，并基于类似的可选择的文件，处理那些超出《欧共体销售法》的云相关问题。"
⑨ 选择产业群——服务等级协议子群（2014）。
⑩ 正如《准则》所强调的那样："如果 SLA 的标准化是在国际层面进行的，而不是在国家或地区层面进行的，那么这一举措将产生最大的影响。国际标准，如 ISO/IEC 19086，为实现这一目标提供了很好的场所。考虑到这一点，C-SIG SLA 小组作为欧盟委员会专家组，与 ISO 云计算工作组建立联络，给予物质的支持，代表了欧洲在国际层面的立场。SLA 标准化指南将作为 C-SIG SLA 进一步工作的基础，并为 ISO/IEC 19086 项目作出贡献。"

为是规范用户与云提供商之间合同关系的最重要的文件。

工作组还审查了服务水平问题,提出了各类合同中使用的技术定义。⑪ 由于服务质量的概念因服务类型的不同而具有不同的特征,因此,对于服务提供商准确履行合同而言,云合同所规定的服务性质还存在诸多问题。

尽管使用了度量单位作为质量的衡量标准,但服务质量的概念仍然没有明确的定义,因为这既可以在交货时也可以在使用时进行度量。⑫ 规范云服务提供商必须遵守的服务水平有助于提高清晰度,增加对 SLA 的理解,特别是在这些文件中突出显示并提供了实践中规范的关键概念的信息。⑬

但是,在概述其适用范围时,《准则》在序言中特别提到"云服务客户(不是消费者)",因此排除了与消费者签订的合同对所载原则的直接适用性。

在这一点上,应该强调的是,在任何其他欧盟法律文本中都找不到"客户"的定义。事实上,欧洲法只承认其中的"消费者"与"用户"。前者是指为购买某种产品以满足个人需要而与其所从事的任何专业无关的自然人,被视为消费者加以保护;后者是指"用户",即为购买某种商品或使用某种服务以满足自己的个人或专业需要的自然人,受所购买商品或服务的特殊性质的保护。⑭

拟订《准则》的工作组似乎也没有考虑到,由于云计算服务的性质,这些服务的使用属于《电子商务指令》(2000/31/EC)⑮的适用条例,而不是保护消费者的规范框架。

事实上,第 2000/31/EC 号指令的序言第 18 条阐明了"信息社会服务涉及广泛的在线经济活动",在此背景下特别值得注意的是,"信息社会服务还包括通过通信网络传输信息的服务、提供访问通信网络机会的服务或托管服务接收者提供的信息的服务"。

从上述第 18 条的清晰措辞可以明显看出,云服务可以与信息社会的服务并列,它与消费者或"顾客"无关,而是与用户的观念有关,用户不是凭借购买服务的行为受到保护,而是因为服务自身的特定性质使消费者和专业人员处于同一水平上。

也就是说,2000/31/EC 号指令将消费者规则的适用扩展到了承包商缺乏单独的沟通渠道而处于合同弱势地位的情况,如通过访问互联网网站订立合同。⑯

鉴于上述情况,应区分云服务的最终用户和中间用户;后者是指利用 IaaS 和 PaaS 的服务来提供自己的服务的主体。⑰

---

⑪ 《标准化指南》强调:"保持服务水平目标的定义清晰、明确,对于确保云 SLA 的有效标准化以及云服务提供商与云服务客户之间的清晰沟通至关重要。随着技术的发展和新术语的开发,确保定义的更新和不断发展的云服务环境保持一致也是很重要的。"参见欧盟委员会(2012),Mula (2016a)。

⑫ 参见 Mula (2016b),148 and note 52。

⑬ 参见 Hon/Millard/Walden (2012b),113。

⑭ 参见 2011 年 10 月 25 日通过的欧洲议会和欧洲理事会第 2011/83/关于消费者权利的指令第 2 条第 1 款,根据理事会指令 93/13/EEC、欧洲议会和理事会 1999/44/EC 指令修订,被理事会指令 85/577/EEC、欧洲议会和理事会的 97/7/EC 废除。

⑮ 欧洲议会和理事会 2000 年 6 月 8 日关于内部市场信息社会服务,特别是电子商务的某些法律方面的第 2000/31/EC 号指令("电子商务指令"),OJ (2000) 178。

⑯ 参见 Parisi (2012),397,Clarizia (2012),361,Gentili/Battelli (2011),347,Minervini/Bartolomucci (2011),360。

⑰ 正如 Papi (2013),3 所指出的,提供的服务越完备,例如 SaaS,用户修改云服务的可能性越小。

此外,《准则》适用范围的缩小,可能危及已经完成的工作。然而,考虑到该文件的性质,无论如何其都应适用于消费者。事实上,对于这些消费者来说,使用工作组批准的定义是该倡议最好的结果。

《准则》所规定的监管指示适用于消费者的可能性也表明了其有用性,特别是关于工作组认为必不可少的条款清单。这些条款涵盖了协助的条款和时机,以及用户在退出合同时对平台上安装的资源进行数据移植。

在云服务存储和处理数据的管理条款中,《准则》特别强调了在合同关系终止后用户能够将其数据转移到另一地点的重要性。

4 锁定效应和数据可移植性权利

云计算的主要特征之一是信息技术资源的非本地化,这也是其区别于以往的技术使用模式之处。换句话说,用户根本无法访问基础设施和数据。这意味着,即使用户有权在任何时候访问基础设施,甚至是数据的唯一所有者,但不通过提供商,用户既不能自己存储数据,也不能自主访问数据——即便访问数据通常是自动进行的。因此,提供存储数据服务的云供应商是唯一拥有实质性访问权限的一方。

这是用户通常对这项新技术持不同态度的主要原因之一,对于用户而言,这意味着失去对数据的实质性访问权,并且如果他们决定恢复数据的内部管理,则可能会遇到技术问题。[18]

数据物理上的非占有性以及数据只有云提供商才拥有格式存档的情形,使用户面临所谓的技术锁定现象。[19] 每当面临技术选择时,用户总是被迫使用相同的技术持续运用所购买的计算机或者是创建或建构的数据,除非他们愿意承担巨额费用以使计算机或数据适应另一种技术,否则这种情况会经常发生。[20]

这些情形意味着,在撤回或终止合同的情况下,将数据转移给其他供应商在经济上是不可行的,或者说,用户在行使利用其他供应商提供的更便宜的报价的权利方面受到了限制。由于这些原因,锁定现象对消费者构成了巨大威胁,对供应商而言具有巨大的优势,但也增加了其成本。[21]

通过使用一种允许将数据在不同操作者之间传输的系统,可以避免锁定风险,且不会给用户带来巨大的成本。这可以通过实施开放标准即摆脱专有机制的束缚,从而使数据和处理系统能够持续互相操作。[22]

但是,这种选择有悖于个别提供商的利益,特别是那些具有更好的谈判能力和更大的

---

[18] Marchini 突出这方面:Marchini (2010),101。
[19] 最著名的锁定案例是 Bell Atlantic - AT & T 和 Computer Associates - IBM,见 Shapiro/Varian (1999),106 和 Miller (2007),351。
[20] 参见 Troiano (2011)、242-243 和 Rizzo (2013)、101。
[21] 参见 Open Cloud (2010),6。
[22] 参见 Maggio (2016),462。

市场份额的提供商,他们对自己的系统与竞争对手系统间的互相操作的行为没有兴趣。[23]

因此,风险就是缺乏契约权力的用户将成为这种商业行为的受害者——在经过仔细的研究后可以发现,考虑到《准则》代表的非约束性机制,这些公司自己也可能面临此种风险。[24]

然而,保护私人权利的来源可以在保护自然人处理个人数据和自由使用个人数据的条例 2016/679(GDPR)所包含的最新个人数据保护条例中找到,[25]这一条例将于 2018 年生效。

实际上,GDPR 第 20 条涵盖了利害关系方的"数据可移植性"权利,或在不受数据控制者阻碍的情形下,将个人数据从一个电子系统传输到另一个电子系统的权利。GDPR 规定:"数据主体应有权接收其提供给控制人的结构化、常用且机器可读的格式的有关他或她的个人数据,这一规定作为前提条件并旨在改善数据主体对他们自己的个人数据的访问权限。"

显然,欧洲立法机关在 GDPR 中引用的"数据"是个人数据[26],而不是计算机数据。但是,我们应该注意到,通常被称为计算机数据的数据实际上包含大量的个人数据,尤其是在云计算问世的新情况下,计算机数据不能排除在后一种保护形式之外。[27]

GDPR 第 68 条也可以在此处引用,"该权利应适用于根据数据当事人同意提供个人数据或为履行合同而必须进行处理的情况,不适用于当事人同意或合同之外的法律依据进行处理的情况"。[28]

GDPR 第 20 条以这种方式规定了无论使用哪种类型的计算机服务,用户都具有数据可移植性的权利。因此扩大了新条例中处理个人数据的范围,实践中产生的效果仅仅是《准则》中的一种假设,该假设在理想情况下只受限于公司的利益,且还忽略了坚持在合同中插入上述条款的特定权利。因此,第 20 条在规范个人数据的处理的同时,通过要求提供商将该条款引入 SLA,从而产生一项超出上述《准则》的条款。

5 通过一个整体立法方法保障消费者福祉

综上所述,云服务合同中关于涉及数据可移植性的消费者保护显然不是通过消费者法规来实现的,而是在探求其他不同的保护方式。

---

[23] 参见 Maggio (2016), 468。
[24] 参见 Mula (2016b), 148。
[25] 2016 年 4 月 27 日欧洲议会和理事会通过保护自然人处理个人数据和自由使用个人数据的条例(欧盟)2016/679,并废除第 95/46/EC 号指令(《通用数据保护条例》即 GDPR), OJ (2016) 119。
[26] Finocchiaro (2012)、passim 和 Swire/Lagos (2013)、343 接受这一论点,而 Hon/Millard/Walden (2011)、213 则部分反对。
[27] Reding(2011)指出:"我想给公民更好的数据可移植性权利。这意味着,如果用户请求他们的信息,应该以广泛使用的格式提供给他们,这使得在其他地方的传输变得简单。我坚信用户不会仅因为不方便将自己的信息从一个服务转移到另一个服务而被绑定到一个服务提供商。"
[28] 本条款消除了对 Hon/Millard/Walden (2011), 213 的批评。

如果说欧盟立法机关对个人数据处理的规范方法最初是定义一个允许数据自由流通以鼓励其用于经济目的[29]的规范框架的话,那么在上述例子中可以看到相反的过程。

事实上,欧盟一直被视为主要基于经济目标成立的组织。这使得人们更加关注和关心最基本的经济自由。其逻辑后果是,一些基本权利比如隐私权[30],由于其可用于经济目的而获得了最重要的保护。[31]

随后在 2000 年颁布并于 2009 年生效的《欧盟基本权利宪章》[32],使欧盟立法机关更多地关注到欧盟法律规定的基本权利,其中最受人关注的是分别由第 7 条和第 8 条规定的要求尊重私人和家庭生活以及尊重个人数据。[33]

这种方式的转变,使得《欧盟运作条约》中可以引入旨在明确保护个人数据的条款。[34]因此,TFEU 第 16 条为处理个人数据以及引入条例进行规制提供了规范性框架和法律基础。

这种新的办法还显示出它在保护个人数据另一个层面上的好处。

上述规范性演进实际上是在不断变化的技术情景中发挥作用的,尽管欧盟做出了努力,但在提供服务的自然环境与提供商所在地并不相干的情况下,美国运营商被视为真正的主角,承担着全球技术和经济层面的责任。[35]

云服务的去地域化实际上导致了合同层面具有国际性,这限制了消费者保护规制的实际范围。[36]

因此,对个人/用户采用整体性保护方法,也使得个人数据保护成为云服务用户权利的工具。对于坚持将这一条款纳入云服务供给合同这一目的而言,数据可移植性权利对于缺乏强大契约权利的公司也是有利的。事实上,合同中专门为订约公司雇员提供的"私人"空间的条款要求提供商同意数据可移植性。因此,提供商将有一个激励机制,允许公司所有信息资产的可移植性,并从锁定技术中找出替代工具,以便留住客户。

这项规定的重要性还源于它直接适用于所有向欧盟公民提供云服务的运营商,即使这些运营商并不在欧盟领土内设立。

鉴于第 95/46/EC 号指令已被证明无法应对市场全球化带来的需求以及信息和知识经济的挑战,立法机关改变了对新条例的态度,用共享、明确和可预测的集中模式取代了分布式权限模式。[37]

GDPR 将案例法的方向转移到概念的确立上,该概念适用于分公司、数据控制者或数据处理者处理个人数据的每一项活动,而不论这些处理是在欧盟境内进行的,还是在分支

---

[29] 参见 Pizzetti (2009),83,Ferrari (2012),19,Panetta (2006),passim,Busia (2000),476,Cerri (1995),passim。
[30] 隐私权源于 Warren/Brandeis (1890),193 所描述的"孤独的"权利。
[31] 参见 Niger (2006),passim and Alo (2014),1096。
[32] 《欧盟基本权利宪章》,OJ (2000) 364。
[33] 数据保护权的发展由意大利互联网法典学院(2015)描述。
[34] 隐私权与数据保护权之间的区别见 Stazi/Mula (2013)。
[35] 参见 Hon/Millard/Walden (2012a),4。
[36] 参见 Hon/Hörnle/Walden (2012),135。
[37] 参见 Balducci Romano (2015),1619。

机构或子公司的法域中进行的。㊲

关于第一个提案中提出的拓宽欧盟法律适用领域的愿望——GDPR 也适用于不在欧盟设立的数据处理机构,当该活动与向上述数据主体提供的货物和服务相关时,不论是否有任何付款行为皆与此有关。㊳

根据 GDPR,如果处理者试图在欧盟领土上提供服务,即使在仅限于提供这些服务的情况下,也应理解为向欧盟公民提供"服务"。为了评估不在欧盟境内设立的经营者的行为,必须注意网站的语言和作为服务付款接收的货币。例如,考虑这些货币是否在运营商成立的第三方国家的领土上使用。㊴ 欧盟立法机关提出的评估参数显然容易受到许多因素评估的影响,以至于法院很可能在这一点上会被一些初步的问题所困扰。

6 结论

考虑到上述情况,立法机关显然大大扩大了 GDPR 的适用范围,将所有情况包括在内。即便运营商不是在欧盟境内成立的,它也可以处理在欧盟境内的数据主体的数据。

这种范围的扩大显然在消费者保护方面带来了特别的好处。事实上,如果欧盟立法机关在消费者保护的监管框架内通过一项与第 20 条内容相同的规范,那么在任何情况下,都会形成一种个人与运营商之间的限制:通过保护个人权利,哪些内容可以对非欧盟运营商实施,哪些内容不可以对非欧盟运营商实施。

尽管如此,所选择的立法工具对云服务提供商也有好处。通过一项条例引入数据可移植权的选择使得欧盟法律能够在所有成员国统一适用,这反过来又使提供商有可能与单一的当局进行互动。GDPR 的另一个特点是重新界定国家监管当局的角色以及它们之间的关系,在有一个以上的成员国主体运作的情况下,通过设定牵头监管当局的特征,以确认所谓的一站式机制。

这种机制只能在重大跨国行为的情况下运作,要么是静态的与公司多个地点相联系的,要么是动态的导致了超越国界的活动和特定的影响。因此,如果有根据将运营商的行为定性为跨国行为,即能够对不止一个成员国的主体产生重大影响,也会触发这种机制。

此外,很明显,随着一个协调一致的法律框架的到来,我们不能忽视这样一种期望:对个人数据保护的基本权利实施本身必须符合各国实践之间的趋同、一致和不矛盾的原则。

事实上,当数据处理机构建立在一个以上的欧盟成员国,或当数据处理程序即使设立在一个国家,也处理属于一个以上成员国的国民的个人数据时,数据处理机构主要建立国的监督机构或唯一建立国的监督机构承担监管机关的作用。㊶

㊲ 参见 GDPR,Recital 22。
㊳ 参见 GDPR,Recital 23。
㊴ 参见 GDPR,Recital 23。
㊶ 参见 GDPR,Recital 124。

由于数据处理者子公司的存在，或者由于其公民参与处理操作，或者在接到对操作员的投诉后，该机构有权利与其他相关机构合作。此外，牵头机构是与处理器就数据的跨界处理进行对话的唯一机构。

根据GDPR第68条设立的欧洲数据保护委员会将取代第29条工作组，其工作是为解决GDPR应用所产生的任何问题提供准则。

鉴于上述情况，本文所考虑的整体性方法，显然不仅对消费者，而且对云市场的所有经营者都有很大的好处。

参考文献

Alo, E. R. (2014), EU privacy protection: a step towards global privacy, 22 Michigan State International Law Review 1096.

Balducci Romano, F. (2015), La protezione dei dati personali nell'Unione europea tra libertà di circolazione e diritti fondamentali dell'uomo, Rivista Italiana di Diritto Pubblico Comunitario, 1619, Giuffrè.

Bradshaw, S./Millard, C./Walden, I. (2010), Contracts for Clouds: Comparison and Analysis of the Terms and Conditions of Cloud Computing Services, Queen Mary School of Law Legal Studies Research Paper No.63/2010, available at SSRN: http://ssrn.com/abstract=1662374.

Busia, G. (2000), Riservatezza (diritto alla), Digesto delle discipline pubblicistiche, 476, Utet.

Cerri, A. (1995), Riservatezza (diritto alla), Enciclopedia giuridica, 26, Treccani.

Clarizia, R. (2012), Contratti e commercio elettronico, in: M. Durante/U. Pagallo (Eds.), Manuale di informatica giuridica e diritto delle nuove tecnologie, 361, Utet.

Cloud Select Industry Group—Subgroup on Service Level Agreements (2014), Cloud Service Level Agreement Standardisation Guidelines, 24th June 2014, available at http://ec.europa.eu/information_society/newsroom/cf/dae/document.cfm?action=display&doc_id=6138.

European Commission (2012), Communication "Unleashing the Potential of Cloud Computing in Europe", COM(2012) 529 final.

European Commission (2013), Decision of 18 June 2013 on setting up the Commission expert group on cloud computing contracts (2013/C 174/04).

European Economic and Social Committee (2012), Opinion of the European Economic and Social Committee on "Cloud computing in Europe" (own-initiative opinion)-(2012/C 24/08).

Ferrari, G.F. (2012), La tutela dei dati personali dopo il Trattato di Lisbona, in: G.F. Ferrari (Ed.), La tutela dei dati personali in Italia 15 anni dopo. Tempo di bilanci e di bilanciamenti, 19, Egea.

Finocchiaro, G. (2012), Privacy e protezione dei dati personali. Disciplina e strumenti operativi, passim, Zanichelli.

Gentili, A./Battelli, E. (2011), I contratti di distribuzione del commercio elettronico, in: R. Bocchini/A. Gambino (Eds.), I contratti di somministrazione e di distribuzione, 347, Utet.

Hon, W. K./Hörnle, J./Walden, I. (2012), Data Protection Jurisdiction and Cloud Computing—When are Cloud Users and Providers Subject to EU Data Protection Law? The Cloud of Unknowing, Part 3, 26 International Review of Law, Computers & Technology 129.

Hon, W. K./Millard, C./Walden, I. (2011), The Problem of "Personal Data" in Cloud Computing—What Information is Regulated? The Cloud of Unknowing, Part 1, 1 International Data Privacy

Law 211.

Hon, W. K./Millard, C./Walden, I. (2012a), Who is Responsible for 'Personal Data' in Cloud Computing? The Cloud of Unknowing, Part 2, 26 International Data Privacy Law 3.

Hon, W. K./Millard, C./Walden, I. (2012b), Negotiating Cloud Contracts—Looking at Clouds from Both Sides Now, 16 Stanford Technology Law Review 79.

Italian Academy of the Internet Code (2015), Position Paper "Criptazione e sicurezza dei dati nazionali", available at: www.iaic.it.

Maggio E. (2016), Access to cloud distribution platforms and software safety, 14th International Conference of Global Business and Economic Development (SGBED), Montclair State University.

Mantelero, A. (2012), Il contratto per l'erogazione alle imprese di servizi di cloud computing, Contratto e impresa, 1221, Cedam.

Marchini, R. (2010), Cloud Computing. A Practical Introduction to the Legal Issues, 101, BSI.

Miller, L. (2007), Standard Setting, Patents, and Access Lock-In: RAND Licensing and the Theory of the Firm, 40 Industrial Law Review 351.

Minervini, E./Bartolomucci, P. (2011), La tutela del consumatore telematico, in: D. Valentino (Ed.), Manuale di Diritto dell'Informatica, 360, ESI.

Mula, D. (2016a), Il trattamento dei dati nel territorio dell'Unione e il meccanismo "one stop shop", in: S. Sica/V. D'Antonio/G. M. Riccio (Eds.), La nuova disciplina europea della privacy, 271 – 288, Cedam.

Mula, D. (2016b), Standardizzazione delle clausole contrattuali di somministrazione di servizi cloud e benessere del consumatore, in: C. G. Corvese/G. Gimigliano (Eds.), Profili interdisciplinari del commercio elettronico, 133 – 150, Pacini.

National Institute of Standard and Technology, U. S. Department of Commerce (2011), The NIST Definition of Cloud Computing, available at: http://nvlpubs.nist.gov/nistpubs/Legacy/SP/nistspecialpublication800 – 145.pdf.

Niger, S. (2006), Le nuove dimensioni della privacy: dal diritto alla riservatezza alla protezione dei dati personali, Cedam.

Open Cloud (2010), Cloud Computing Use Cases, 6, available at: http://opencloudmanifesto.org/Cloud_Computing_Use_Cases_Whitepaper – 4_0.pdfPanetta, R. (2006), Libera circolazione e protezione dei dati personali, Giuffrè.

Papi, M. Jr. (2013), Configurable Services in SaaS Environments Using Rules Engines, available at SSRN: http://ssrn.com/abstract=2339074.

Parisi, A. G. (2012), Il commercio elettronico, in: S. Sica/V. Zeno-Zencovich (Eds.), Manuale di diritto dell'informazione e della comunicazione, 397, Cedam.

Pizzetti, F. (2009), La privacy come diritto fondamentale al trattamento dei dati personali nel Trattato di Lisbona, in: P. Bilancia/M. D'Amico (Eds.), La nuova Europa dopo il Trattato di Lisbona, 83, Giuffrè.

Reding, V. (2011), Building trust in the Digital Single Market: Reforming the EU's data protection rules, available at: http://ec.europa.eu/commission_2010 – 2014/reding/pdf/speeches/data-protection_en.pdf.

Rizzo, G. (2013), La responsabilità contrattuale nella gestione dei dati nel cloud computing, Diritto Mercato Tecnologia, 101, Italian Academy of the Internet Code.

Shapiro, C./Varian, H. R. (1999), Information Rules: A Strategic Guide to the Network Economy,

106，Harvard Business Press.

Stazi, A./Mula, D. (2013)，Le prospettive di tutela della privacy nello scenario tecnologico del cloud e dei big data, available at: http://e-privacy.winstonsmith.org/2013we/atti/ep2013we_03_mula_stazi_tutela_privacy_cloud.pdf.

Swire, P./Lagos, Y. (2013)，Why the Right to Data Portability Likely Reduces Consumer Welfare: Antitrust and Privacy Critique, 72 Copyright Maryland Law Review 335.

Troiano, G. (2011)，Profili civili e penali del cloud computing nell'ordinamento giuridico nazionale: alla ricerca di un equilibrio tra diritti dell'utente e doveri del fornitore, Ciberspazio e Diritto, 242 - 243，Mucchi Editore.

Warren, S. D./Brandeis, L. D. (1890)，The right to privacy, 4 Harvard Law Re.

数据保护与知识产权法的衔接

——以市场营销中的商业秘密数据库专有权与大数据分析原始数据所有权为例

Francesco Banterle[*]

窦美慧[**] 译

摘要：数据被称为"新石油"。个人数据的价值改变了基于数据分析的营销策略和商业模式。本文分析了为商业利用而收集的个人数据集是否可以成为知识产权的标的物，特别是商业秘密和数据库专有权。一是简要分析了欧盟数据保护法和为商业目的处理数据的要求。二是审查了客户名单和分析数据是否可以作为欧盟商业秘密法下的商业信息加以保护，同时回顾了意大利的判例法经验（意大利是一个独特的例子，整个知识产权体系完全由商业秘密构成）。三是分析了由用于营销和分析目的的个人数据组成的数据库是否可以从数据库专有权制度中获益。四是研究了大数据环境下的数据所有权案例，特别是与云平台相关的案例。这一部分阐述了数据保护与知识产权法重叠部分所规定的所有权制度内容。五是讨论了哪种所有权制度适用于不受隐私权或知识产权约束的原始数据，特别是原始数据是否可以成为一般财产权保护的对象这一问题。

1 引言

信息是数字时代的货币，客户数据已经成为大数据市场中的重要资产。尽管这一事实经常被忽略，但人们还是通过"支付"其数据来获得免费的数字服务。反映客户喜好的数据使公司能够预测趋势并为客户提供量身定制的产品和投放更具吸引力的广告。新兴且快速增长的商业模式为了收集数据和使数据货币化，越来越依赖于获取海量客户及其行为模式的数据。

这些信息中的很大一部分是与可识别个人有关的个人数据。在这种情况下，对数据的利用必须遵守隐私法。欧盟的隐私法允许出于商业目的收集和使用客户数据。但是这些活动是具有高度侵入性的，公司必须遵守一系列严格的规则，往往意味着高昂的成本。

---

[*] Francesco Banterle，米兰大学，知识产权法博士。
[**] 窦美慧，法学硕士，极兔速递有限公司。

当出于商业目的处理个人数据时,从简报组到高级用户画像和行为广告计划,公司创建的客户数据集可能因处理活动的复杂程度而有所不同。毫无疑问,这类信息是具有经济价值的无形资产,收集和处理它们需要经济投入。因此,它可能是与知识产权(IPRs)有关的事项。特别要说明的是,为保护欧盟知识产权框架内的数据而设计的知识产权(IPRs)制度是以商业秘密和数据库权利为核心内容的。

学者们根据隐私权和知识产权之间的交叉点建立数据集的所有权制度。一方面,从隐私法的角度来看,数据主体(即客户)对其数据拥有隐私权,而数据控制者(即处理数据的公司)则通过对数据的处理具有了法律上的控制权。另一方面,受某些特殊情况的限制,数据集可能存在知识产权(IPRs)问题。此外,知识产权还涉及数据主体的隐私权(例如反对数据处理和携带的权利)。个人数据的特殊性降低了该信息中蕴含的知识产权(IPRs)绝对性(因为个人在使用其数据时保留了隐私权)。

最后,当隐私和知识产权的概念不适用时,确定数据的所有权就具有挑战性。这一问题在大数据市场中尤为重要,在大数据市场中,分析和知识提取技术甚至使原始数据成为有价值的信息源。尤其是在云平台上,云提供商对分析其客户活动(可能没有适当的分析策略)生成的数据十分感兴趣。在这方面有一个涉及"商务即服务"解决方案(电子商务云服务)的有趣案例,其中云提供商和云客户端都对分析客户的行为感兴趣。在没有合同的限制来规范这些数据的所有权的情况下,出现了一个问题:谁拥有数据?

2 基于商业目的的个人数据处理

欧盟处理个人数据主要受 95/46/EC 指令(《数据保护指令》)和 2002/58/EC 指令(《电子隐私指令》)规范。最近,《通用数据保护条例》(GDPR,EU/2016/679 条例)替代了《数据保护指令》。这些条例被统称为"欧盟隐私法"①。

欧盟隐私法承认客户数据的价值及其在营销策略中的至关重要性,允许企业对客户获取进行商业开发,但要遵守一系列旨在保护数据主体权利的条件(诸如公平处理)。为了商业目的处理个人数据可以分为三个主要模式(操作文中用的 operations):直接营销,即处理数据以发送商业报价;进行概要分析,即自动分析客户的习惯以提供量身定制的服务;将客户的数据分配给第三方以供其进行营销和使用。每种模式 operations 都具有不同的目的。②

2.1 直销

为了直销而处理数据主要与未经请求的通信有关,通常需要数据主体的同意(所谓的

---

① 为与《通用数据保护条例》(GDPR)更好地联系,欧盟委员会计划对电子隐私指令进行修订。参见欧洲议会和理事会关于尊重电子通信中的私生活和保护个人数据的法规提案,并废除 COM 于 2017 年 1 月 10 日发布的指令 2002/58/EC(《隐私和电子通信法规》)/2017/010 最终-2017/03(COD)。
② Article 29 Working Party (2016),20.

选择加入机制)。营销还扩展到"托管"通信,在该通信中,组织代表其他方发送未经请求的通信。③

数据主体有权对营销进行即时、免费处理。因此,对营销处理感兴趣的数据控制者必须实施适当的取消订阅或异议机制,以更新数据主体的偏好。

2.2 分析

分析是对个人数据的自动处理,旨在评估用户个性并创建用户个人资料的数据集。《通用数据保护条例》第24条解释了通过在线监视进行配置的概念,即在互联网上追踪自然人,尤其旨在做出有关她或他的决定、分析或预测个人喜好、行为和态度的行为。这种分析具有两个特点:一是可预测性。通常是根据对个人和集体用户行为的分析和匹配(例如,通过监视他们查看的内容)推断得出的。二是明确性。由个人数据(例如,通过网站注册提供的数据)创建并与特定个人相关联。④ 显然可以将这两个类别的数据结合起来,并且在之后与其他识别数据联系起来(例如,在创建账户之后)。⑤

《通用数据保护条例》第22条专门规范了自动决策流程中的操作方式。⑥ 由于在许多情况下,分析是在数据主体不知情的情况下进行的,因此《通用数据保护条例》加强了"同意"制度作为其主要法律依据之一;这与在线隐私跟踪的《电子隐私指令》(第6条和第9条)规定相符。⑦ 同意必须是明确的,并且与其他目的的同意分开。⑧ 如果未给予有效同意,数据主体有权不受基于对其有"重大影响"分析决定的约束。⑨ 但是,由于交易不再被视为用户"同意"的充分保证,《通用数据保护条例》采取了进一步的措施:降低风险、增加透明度以及加强对数据主体的控制。实际上,数据控制者必须实施"适当措施"⑩以维护个人权利,并向数据主体告知分析标准和可能产生的后果。⑪ 最后,数据主体可以在任何时候基于他们的同意反对分析活动。⑫

---

③ 同上。《电子隐私指令》提出了一个例外,引入了仅在以下情况下才允许的退出机制(即取消订阅未来的营销消息):(1)使用产品销售过程中数据控制者已经获得的电子邮件地址/服务;(2)直接销售其自己的类似产品或服务(第13条)。《通用数据保护条例》补充说,可以根据组织的合法利益对客户的数据进行直接营销处理,作为数据主体同意的替代法律依据。实际上,该规定的范围不应与上述的退出机制有很大不同。Article 29 Working Party (2014a) and Banterle (2016).第29条工作组(2014a) and Banterle (2016).
④ Article 29 Working Party (2010a),7.
⑤ Article 29 Working Party (2007),18-21.
⑥ 如果基于(1)数据主体的明确同意,则允许进行可能会严重影响个人的分析。(2)合同关系,或(3)法律条款。不会严重影响个人的配置文件的可以基于其他法律依据,例如合法权益。
⑦ 根据《数据保护指令》,第15条限制了在以下情况下自动进行个人决定的可能性:(1)履行合同所必需;(2)法律规定。《电子隐私指令》第6条和第9条规定,用于营销或提供增值服务的配置文件必须基于用户的同意。
⑧ 参见 Recital 32 of the GDPR;这也被称为"颗粒"同意。
⑨ 但是"重大影响"一词听起来much晦涩难懂,需要进一步释明。它似乎暗示了一个最低门槛,不包括需要同意进行外观设计操作,这不会对个人产生重大影响,因为营销决策可能是这种情况(除非存在歧视的风险)。参见2017年10月3日第2016/679号法规第29条工作组关于个人自动决策和分析的指南草案,17/EN WP 251,11.
⑩ Article 29 Working Party (2013a),他解释说,适当的措施应包括使用友好数据保护技术和标准默认设置,数据最小化、匿名化或假名化、数据安全性以及人为干预。
⑪ See Article 13 of the GDPR.
⑫ See Article 21 of the GDPR.

2.3 客户的数据分配

数据控制者可以将客户的数据传输给第三方从而进行自己的营销。这种处理始终要经过数据主体的同意,这与数据控制者营销的同意是分开的。⑬ 第三方的分类将在隐私信息中进行特别规定。

最后,《通用数据保护条例》大大提高了对不遵守数据保护法行为的制裁(目前,罚款高达全球年均营业额的 4%——第 83 条)。因此,处理数据(特别是出于商业目的)会使控制者面临严重的风险和责任。

3 将用于商业目的的个人数据作为商业秘密保护

3.1 欧盟内部商业秘密的法律制度

商业秘密的概念传统上是指技术知识和商业信息。但是,对商业秘密保护的性质尚有争议。⑭

商业秘密在国际上受到保护,尤其是《与贸易有关的知识产权协议》(TRIPS)第 39 条规定了作为知识产权的商业秘密的最低保护标准,并规定了受保护信息的定义,重点是以下三个要求:秘密性;商业价值;采取合理保密措施。⑮

尽管有这项国际协议,商业秘密制度在欧盟还是有很大差异,各成员国采用了不同的法律保护模式。其一,商业秘密受到特别立法的管制(瑞典);其二,被认为是知识产权的一部分(意大利、葡萄牙和法国的一部分地区);其三,与不正当竞争紧密联系(奥地利、德国、波兰和西班牙);⑯此外,所有司法管辖区都依赖合同法。⑰ 许多成员国并未采用财产法方法,这显然是因为采用这种方法会导致过度保护的风险。⑱

为了减少这种冲突,商业秘密制度的施行受到指令(EU)2016/943("商业秘密指令")的监管。但是,该指令的目的不是引入完整的欧盟商业秘密制度,而是通过最低限度的保护标准实现部分协调,为成员国提供更深远的保护留有进步空间。⑲ 诚然,《商业秘密指令》中并未就商业秘密提供所有权形式的权利。知识产权保护路径需要对信息本身进行保护,但《商业秘密指令》仅保护信息免遭盗用。⑳ 实际上,该指令允许成员国只要执行关

---

⑬ Article 29 Working Party (2016),20.
⑭ See Aplin (2015),研究商业秘密是否像《欧洲人权公约》和《欧盟基本权利宪章》一样是其他形式的知识产权的财产形式。Aplin 认为,《商业秘密指令》拒绝采用稳健的财产方法,而采用了更为平衡的不公平竞争模型,因而对此表示欢迎。有关以 IPR 形式存在的商业秘密概念的更多信息,请参见 Bronckers/McNelis (2012)和 Bently (2013)。
⑮ See Burri/Meitinger (2014)。
⑯ Baker & McKenzie (2013),4.
⑰ Torremans (2015),28.
⑱ Aplin (2014),8.将商业秘密提升为知识产权状态的风险是,专利及其相关的促进竞争的作用将被商业秘密所取代。
⑲ 参见《商业秘密指令》第 10 条和第 1 条。
⑳ See Recitals 14 and 16.

于统一标准措施、补救措施和例外的要求就可以符合所需的保护标准。

3.2 客户信息数据集作为受保护的商业秘密

由于缺乏通用的法律框架,因此在欧盟范围内没有统一的商业秘密定义。许多国家的商业秘密法规未能提供对保护范围内信息的定义。[21] 商业秘密的正式定义只能在少数司法管辖地区找到,而在大多数情况下,该概念是从判例法得出的。[22] 因此,尽管某些同领域标准的定义各不相同,但基本与《与贸易有关的知识产权协议》第39条相符。司法管辖区采用不同标准将信息视为商业秘密。[23] 在这种情况下,《商业秘密指令》旨在创设统一的商业秘密定义。因此,《与贸易有关的知识产权协议》第39条中出现了有关未公开信息的概念,主要包括以下几点:任何信息,包括专有技术、商业信息和技术信息;秘密性;具有商业价值;在特定情况下已采取合理的保密措施。[24]

《商业秘密指令》并未具体定义"商业信息"的概念。但是,该指令在解释商业秘密保护范围时,将"商业数据"定义为商业计划、市场研究、策略信息以及有关客户和供应商的信息。[25] "信息"是指有组织的数据。[26]《商业秘密指令》正式发布后的影响评估文件明确指出,商业秘密可能包括客户或客户名单、包含研究数据的内部数据集或任何可能包括个人数据的信息。[27] 事实上,商业信息的概念非常广泛,几乎涵盖了所有商业信息数据的种类。[28]

基于同样的理由,欧洲数据保护监管部门强调了与个人(以及个人数据)相关的信息和商业秘密概念的相关性,[29]并将客户数据列表视为一种商业信息,认为商业秘密指令中的隐私权需要得到更广泛的考虑和保护。

总之,客户信息(如客户联系人列表或客户行为信息数据集)可以作为商业信息进行保护。

3.3 《商业秘密指令》中的商业秘密要求和意大利判例法下的商业信息保护

在《商业秘密指令》涉及的成员国中,意大利和其他国家的法律规定不同,它将商业秘

---

[21] Baker & McKenzie (2013), 4.
[22] Ibid, 5. 根据作者的说法,具体的法律定义可以在瑞典商业秘密法中找到。意大利和葡萄牙工业产权法典中;保加利亚、捷克共和国、希腊、波兰和斯洛伐克共和国的不正当竞争法;在匈牙利和立陶宛的民法典中;以及斯洛文尼亚公司法。商业秘密的概念取而代之的是奥地利、比利时、塞浦路斯、丹麦、爱沙尼亚、芬兰、法国、德国、荷兰、爱尔兰、拉脱维亚、卢森堡、马耳他、共和国、希腊、波兰和斯洛伐克共和国的判例法;在匈牙利和立陶宛的民法典中;以及斯洛文尼亚公司法。商业机密的概念依赖于奥地利、比利时、塞浦路斯、丹麦、爱沙尼亚、芬兰、法国、德国、荷兰、爱尔兰、拉脱维亚、卢森堡、马耳他、罗马尼亚、西班牙和英国的判例法。例如,德国BGH将商业秘密定义为"与不明显但仅为少数人所知,持有人希望保持秘密并且具有经济重要性的任何与商业有关的事实"(例如:在客户数据计划GRUR[2006]1044、1046)中,参见:Sousa e Silva (2014)。
[23] Baker & McKenzie (2013), 5.
[24] See Article 2 of the Trade Secrets Directive.
[25] See Recital 1 of the Trade Secrets Directive.
[26] Sousa e Silva (2014), 10.
[27] See Annex 21 of the Impact Assessment of the Trade Secrets Directive, 254.
[28] EDPS (2013), 3.
[29] Scuffi/Franzosi/Fittante (2005), 450.

密作为知识产权保护的一部分。2005年,《意大利工业产权法》发布,该法采用了商业秘密这一定义,该定义与《与贸易有关的知识产权协议》第39条中未披露信息的概念以及《商业秘密指令》中的规定相符。

根据意大利判例法,商业秘密的保护范围很广,其中涉及各类公司信息[30]。具体而言,商业信息可能包括:客户名单[31],无论是实际的还是潜在的客户名单都包括其中[32];介绍客户的营销技巧和数据集[33];价格和折扣政策[34];与产品促销和销售有关的数据[35];更笼统地说,是传统意义上客户[36]和供应商[37]的关系。学界长期以来争论能否将电子邮件名单视为商业机密加以保护。第一种观点认为,要触发商业秘密保护这一行为,客户名单必须包含联系人和有关客户的更多详细信息[38],因此将简单的电子邮件名单排除在保护之外。然而,最近的判例强调了数字营销技术的重要性和客户个人数据的价值,并对单纯的电子邮件组给予保护。[39] 对私密信息的界定应该是动态的,并应取决于经济因素和社会因素。值得注意的是,社交媒介的信息是否可以构成商业秘密目前仍在争论中。[40]

《商业秘密指令》规定,信息不应当被一概或者轻易地视为商业秘密,或者作为一个整体或者精确配置的信息,在特定领域不得被普遍知晓或容易获取。意大利法院对商业秘密的概念做相对而非绝对的理解。[41] 这意味着,尽管第三方可能会重新创建保密信息,但

---

[30] Scuffi/Franzosi/Fittante(2005),450.
[31] 威尼斯法院,2015年7月16日的判决,Riv. Dir. Ind 指出"即使竞争者可以通过参考前几年的事件轻松发现一个或多个客户的数据,也可以将客户列表作为商业秘密进行保护"。
[32] 博洛尼亚法院,2011年3月8日的判决,Giur. ann. dir. ind.,2011,861。
[33] 都灵法院,2012年7月6日的判决,Giur. ann. dir. ind,2013,1,591,有关客户表中包含的信息包括姓名、地址、电话号码,表明其购买葡萄酒的意愿、产品偏好(根据先前订单的内容推导)以及购买时的波动。
[34] 威尼斯法院,2015年7月16日的判决,前注31;佩鲁贾法院,2008年1月23日的判决,Giur. ann. dir. in,2008,1,675,指出挪用完整的客户清单"带有相关的识别和敏感数据、向客户收取的价格、供应商的数据、未决谈判的报价"(——作者译)违反了商业秘密权。同样,请参见摩德纳法院,2005年4月20日的判决,Giur. ann. dir. Ind,2005年第861号法律,涉及"与客户有关的商业信息,包括名称、位置和合同条件。当竞争对手通过市场调查访问数据时,也应予以保护"。
[35] 博洛尼亚法院于2008年5月27日在Leggeplus案中作出判决,指出"工业产权法典第98条所指的任何事物都可能属于专有技术的概念;技术或商业性质的信息(无论其性质如何,不管是技术工业公司的经验还是具有商业性质的信息,或者是有关组织的信息,或者是财务、管理或营销信息);这些信息必须与技术生产或分销过程或组织的经济活动有关,其价值是由企业家通过使用其所获得的节省来赋予的;的确,这样的信息也可以无须任何创造性就可以让公众单独获得,因为它的结合才赋予了它价值,并使它对第三方具有吸引力"。
[36] 米兰法院,2014年5月21日的第6579号判决,giurisprudenzadelleimprese.it;布雷西亚法院,2004年4月29日的判决,Giur. ann. dir. ind,2004,1079;"秘密既是技术性质的,也是商业性质的,即该组织与其客户和供应商建立的'惯例'。"
[37] 博洛尼亚上诉法院,1993年6月5日在Giur. ann. dir. ind中的判决,1994年,359;关于供应商的清单,其中包括名称和经济信息。
[38] 米兰法院,2015年6月26日的判决,案卷号13999/2015,giurisprudenzadelleimprese.it。
[39] 请参阅佛罗伦萨上诉法院,Iusexplorer 于2011年5月9日作出的第035号判决,其中指出:"客户名单的重要性取决于其独有的特征:在涉及大量客户的情况下,即使是简单的电子邮件名单也可能成为一种重要的资产。电子邮件名单可以方便地被商家用于根据对某种产品或者某类产品的偏好将客户进行分组,如果商家通过自主收集信息做这样的工作,不仅困难而且成本高昂"(——作者译);威尼斯法院,2015年7月16日的判决,前注31;米兰法院,2014年3月21日的判决,第3958号,giurisprudenzadelleimprese.it;博洛尼亚法院,Iusexplorer,2008年7月4日的判决;佛罗伦萨法院,2008年11月26日的判决,Giur. ann. dir. ind,2008,1,1167。
[40] 瑟布利特(2016)。参见美国,Cellless Accessories For Less, Inc.诉Trinitas LLC,案号CV 12 - 06736 D,DP(SHx),2014年WL 4627090(C.D. California)2014年9月16日。
[41] Guglielmetti(2003a)。

必须在时间和经济资源上作出努力,[42]例如通过搜索或反向工程操作,保密仍然存在。[43]

关于商业价值,《商业秘密指令》指出,它是实际的或潜在的,并且可能存在于非法使用损害权利持有人利益(例如商业利益、战略地位或竞争能力)的地方。[44] 因此,经济价值的概念极为笼统。同样,意大利判例法对此概念的解释也相当广泛。信息不一定需要在市场上具有价值,也不必授权给第三方。取而代之的是,经济价值对于信息持有人而言具有重大的效用,因为创建此信息需要经济投资。[45] 许多法院倾向于将这一价值确定为竞争优势,但是这种影响对集体运作发挥积极作用,更易使公司在市场上运作,这要归功于其在创建此类信息方面的投资,[46]即获得这些数据可以使公司节省时间和金钱。

针对步骤的合理性问题,《商业秘密指令》没有提供任何特定的指示。然而,评估是事实性的并将根据具体情况进行。"合理"一词使人想起对称性的概念。[47] 这种评估应相应地考虑到案件的所有情况(例如公司规模和雇员人数、业务活动和商业类型、文件标记等)。这一要求应保持到何种严格程度值得商榷。意大利法院认为,安全措施的设计必须符合充分性原则,以防止信息在业务过程中或由于公司合理预期的非法行为而被披露给第三方。[48] 安全措施可以是内部的,即实际的安全措施;也可以是外部的,即针对第三方的法律措施。[49] 内部措施可以是逻辑措施或技术措施。[50] 前者涉及组织方面,例如在不同或有限的准入标准下,在不同领域对信息进行职能划分。后者涉及限制访问信息的技术措施,例如密码。在这方面,使用个人凭据或其他身份验证来访问客户端管理软件通常是足够的。[51] 就法律措施而言,它们主要与可能访问机密信息的第三方的合同保密义务

---

[42] 米兰法院,2012年2月14日的判决,Giur. ann. dir. ind, 2012, 5859:"保密并不要求竞争者以其他方式无法获得该信息,只要竞争者盗用与自主获取相比节省了成本与时间就够了。"

[43] 都灵上诉法院,2010年1月28日的判决,Giur. ann. dir. ind, 2010, 368。

[44] See Recital 14 of Trade Secrets Directive.

[45] 博洛尼亚法院,2006年5月16日的判决,Galli (2011),906。法院裁定,商业秘密是进行生产或分配有用或必要的信息。它们的价值是由节省和因使用而产生的相应效用得出的;布雷西亚法院,2004年4月29日在Giur判决。in Giur. ann. dir. ind., 2004, 1079,认为客户惯例是"具有明显的经济价值的知识,在某种程度上,获得这些知识的竞争对手可能会节省大量钱";米兰法院,2012年2月14日的判决,朱尔。Giur. ann. dir. ind., 2012, 5859,指出必须考虑到创建该信息所需的时间以及人力和经济资源,以及一组信息的可用性在市场上产生的优势。

[46] 博洛尼亚法院,2008年5月27日的判决,前注35,指出"有必要采取经济努力来获取信息"(——作者译)。

[47] Sousa e Silva (2014), 20.

[48] Guglielmetti (2003a), 129.同样意义上的博洛尼亚法院,2008年3月20日,in Giur. ann. dir. ind., 2009, 1, 367,指出"必须通过采取经证明有效的监督措施并构成适当的屏障来防止可以合理预见和应对的违规行为,来对商业信息进行保密"。

[49] 博洛尼亚法院,2008年5月27日的判决,前注35,指出商业秘密必须"受制于隔离措施,特别是通过适当的保护制度确保的实物保护,以及通过充分告知保护措施而确保的法律保护。与商业机密的机密性质及其保存需要联系的第三方"。

[50] 威尼斯法院,2015年7月16日的判决,前注31,指出:"关于采取被认为是足以合理地保守信息秘密的措施,此类措施中任何行为都与企业家明确地使信息可获取性不相容有关。向公众公开,例如预先确定允许与之进行交流的公司圈子(在这种情况下,只有在活动组织中工作的销售代理商),以及建立直接措施以防止信息泄漏。在这种情况下,使用个人密码访问营销和会计部门使用的公司计算机和软件。"

[51] 威尼斯法院,2015年7月16日的判决,前注31;同样,请参见博洛尼亚法院,2008年7月4日的判决,Iusexplorer。佛罗伦萨法院,2008年11月26日的判决,Giur. ann. dir. ind. 2008, 1, 1167,它对"访问管理软件以及更广泛地访问所有商业广告(客户名单和相关销售状况)和技术信息的访问进行了积极的评估,并充分受到用户名和密码的保护。(此外,该管理程序具有附加保护)"。

有关。㊷

3.4 客户的个人数据作为商业秘密

基于商业目的处理的个人数据的特殊性质应在评估商业秘密要求中发挥作用。

客户基于商业目的的处理数据应严格保密。首先,欧盟隐私法对数据控制者施加了一般性保密义务。㊙ 实际上,披露个人数据(尤其是出于商业目的而处理的数据,例如个人资料和个人详细信息)会损害个人的隐私权。㊾

在商业价值方面,出于商业目的处理数据会产生 IT 基础设施、人力资源和时间投入(例如,征得数据主体同意)方面的成本。因此,合法获取个人数据集和与之对应的处理能力构成了宝贵的资产。此外,得益于分析技术及其强大的预测能力,在新的数据驱动经济中,客户数据的价值正在增强。

从步骤的合理性角度来说,数据个人处理是一项冒险的活动。因此,欧盟隐私法要求必须遵守安全措施。《通用数据保护条例》提高了处理数据的安全性标准。它的要求如下:进行风险评估;采取一系列安全措施,如仅限授权员工访问个人数据;㊿采用密码或进一步的访问限制;㊱分离处理用于商业目的的数据。此外,《通用数据保护条例》鼓励通过设计解决方案和进一步的安全性机制来实现隐私权保护,以防止数据泄漏,例如数据加密。㊲ 以上所有都是内部安全措施。

此外,《通用数据保护条例》规定了与代表控制器(所谓的数据处理方)处理数据的外包商或第三方执行数据处理协议。㊳ 在这种情况下,可以防止处理器使用任何超出范围的个人数据控制器的说明。此外,这些协议通常还包括其他保密措施。㊴ 因此它们可以被视为法律措施。

由此可见,采用按设计保密的体系结构或正确执行欧盟隐私法要求的安全措施应有助于遵守商业秘密保护的要求。

4 根据数据库专有权保护用于商业目的的个人数据

指令 9/69/EC(数据库指令)㊵引入了新的数据库权利,即所谓的特殊权利。这是一项完全产权,㊶它保护数据库生产者在获取、验证和呈现数据库内容方面的投资,并增加

㊷ 博洛尼亚法院,2008 年 5 月 27 日的判决,前注 35。
㊙ See Recital 39 of the GDPR.
㊾ 例如,披露概要分析数据会损害个人,因此被禁止。
㊿ See Article 29 of the GDPR.
㊱ See Recital 39 of the GDPR.
㊲ See Article 34 of the GDPR;数据加密免除数据控制者在数据泄露情况下的通知义务。
㊳ GDPR 将处理者定义为"代表控制者处理个人数据的自然人或法人、公共当局机构或其他机构"。
㊴ See Articles 28 and 30 of the GDPR.
㊵ Directive 96/9/EC of the European Parliament and of the Council of 11 March 1996 on the legalprotection of databases, OJ [1996] L 77/20.
㊶ 参见 Article 7 of the Database Directive,确认可以许可和转让数据库权利。

了数据库的版权保护。⑥²

《数据库指令》旨在规范信息市场中的专有权益。该指令赋予数据库以任何形式保护数据收集的权利，无论是电子形式、纸质形式、在线形式还是混合形式。《数据库指令》对数据库进行了广泛的定义，即"以系统或有条理的设置并通过电子或其他方式分别访问的独立作品、数据或其他材料的集合"。⑥³ 数据的内容是上述条款所列举的独立作品、数据或其他材料最广义上的信息。⑥⁴ 其实数据的本质含义是无关紧要的，因为它可以通过各种形式表现，例如测试、声音、图像、数字和数据。术语"数据库"是根据其功能定义的，即用于存储和处理信息。⑥⁵ 因此，《数据库指令》要求以系统或有条理的方式安排内容。数据必须有条理，可检索且彼此独立。⑥⁶ 作为数据库的一部分，也为需要查阅内容的索引系统提供了保护。⑥⁷

如果是一项重大的投资，就会出现数据库的权利问题。⑥⁸ "重大"要求可以是定性和定量的，或者定性、定量任选其一。⑥⁹ "投资"可以是金融的也可以是专业的，指的是任何类型的投资，无论是人力、技术和财务上的投资，⑦⁰ 重大的投资可以是对数据库的获取、验证或可访问性（presenting）。"获取"是指收集数据，"验证"是指检查和更新数据库，"可访问性"是指对数据的访问（communicating data），并且可能涉及设计用户界面。⑦¹

数据库权利的范围存在一些不确定性。各国法院争论的一个关键问题是涉及创建数据的数据库是否应受到保护。欧洲法院判决了一系列有关"获取"一词的解释案例。⑦² 所有这些案例都与体育活动数据库相关（例如用于投注的足球比赛）。这些案例的共同点是，欧洲法院回应了部分附带条款，⑦³ 并且在投资涉及数据"创造"的情况下拒绝了数据库权利保护。相反，在获取数据库内容方面的投资必须用于收集现存的材料纳入数据库这一事项中，也就是说必须对数据的形成具有直接的贡献。换句话说，如果数据库是数据库

---

⑥² 专有权保护着数据收集方面的投资，而数据库的版权保护则基于数据库的原创性，涉及内容的选择或编排，因此使数据库具有作者的智力创造的资格。本文不分析数据库的版权保护，因为它并不与用于个人数据处理的经典数据库严格相关，尽管不能排除个人信息的数据集可以进行这种保护（特别是在大数据操作中）。特定的数据库结构或设计或数据选择可以是原始的。

⑥³ See Article 1 of the Database Directive; see also Derclaye (2008) and Davison (2003).

⑥⁴ Hugenholtz (1998).

⑥⁵ Derclaye (2005).

⑥⁶ 内容的独立性意味着任何信息都是完整且可分离的，而不会影响其价值。参见 Stamatoudi (2002)。

⑥⁷ 参见 Recital 20，尽管这种保护不考虑软件。

⑥⁸ 该数据库权利自完成数据库年度的年末起持续了 15 年。如果对数据库内容进行了重大更改并且有新的投资，则可以更新该术语。因此，定期更新的动态数据库应该享有无限期的保护。

⑥⁹ 见 ECJ, Fixtures Marketing Ltd v Oy Veikkaus Ab., C-46/02, ECLI:EU:C:2004:694, para.38,指出"定量评估是指可以量化的任何手段，而定性评估是指无法量化的努力，例如智力上的努力或能源的浪费"。

⑦⁰ See Recitals 7, 39 and 40 of the Database Directive.

⑦¹ Hugenholtz (1998).

⑦² ECJ, Dataco Ltd and others v Yahoo! UK Ltd and others, C-604/10, ECLI:EU:C:2012:115; ECJ, Fixtures Marketing Ltd v Organismos etc., C-444/02, ECLI:EU:C:2004:697; ECJ, British Horseracing Board v William Hill Organisations, C-203/02, ECLI:EU:C:2004:695; ECJ, Fixtures Marketing Ltd v Oy Veikkaus Ab, C-46/02, ECLI:EU:C:2004:694; ECJ, Fixtures Marketing Ltd v Svenska Spel AB, C-338/02, ECLI:EU:C:2004:696. For an analysis of these cases, see Derclaye (2005).

⑦³ 根据在荷兰法院和评论员中流行的衍生理论，数据库权利仅在直接归因于数据库生产的投资中产生。Davison/Hugenholtz (2005); Derclaye (2005); Falce (2009).

制造商主要活动的副产品,并且投资专门用于经营活动(而不是用于收集现有数据),则不享有数据库专有权。投资创建数据并不排除对数据库权限的保护。但是,有必要对进一步的、独立的活动进行大量的独立投资用于安排和处理这些数据(至少要核实并提供这些数据)。[74] 因此,欧洲法院驳回了对未经处理的单一来源数据收集的保护,并引入了类似于版权法中的表达二分法,通过创建或者获得这两个条件作为区别来形成一种保护机制。[75] 目前仍然存在一些不确定性,因为通常很难将创建和获取数据区分开来。

在这些情况下,尽管欧洲法院的裁决确实提出了一般性的门槛:投资不应为"最低"水平,但欧洲法院没有解释实质性投资的构成问题。[76]

因此,欧洲法院的一般态度为:避免对数据库专有权的过度保护。但是,尽管倾向于对合格数据库采用更严格的规则,但是一旦满足保护要求,欧洲法院就会选择对专有权的强力保护。数据库权利可防止实质性提取或重新利用部分内容。提取是一个宽泛的概念,指以任何方式或形式永久或临时、直接或间接地转移内容,欧洲法院已认可这一广义解释。[77]

4.1 客户个人数据中的数据库权限

数据库权利保护适用于客户的个人数据集。实际上,由《数据库指令》提出的数据库定义包含任何类型的数据。《通用数据保护条例》序言第 48 条规定,数据库保护不影响数据保护法,因此承认数据库包括个人数据的可能性。实际上,数据库权利不应扩展到受任何现有权利约束的内容[78],因此它可以与所收集信息的隐私权共存。一些国家法院已经确认,客户数据所依赖的数据库可以被保护。[79]

特别是,出于商业目的处理的数据集似乎可以满足数据库保护的所有要求。需要系统地组织客户名单,联系信息和行为概况(例如在电子邮件名单、个人或组织概况等内容),以及通过数据管理软件进行访问和检索。客户的数据是独立的,具有自主的商业价值。但是必须在收集、验证和维护数据上进行特定的实质性投资。

对出于商业目的处理的个人数据数据库,投资的主要目的是建立数据库本身还是收集数据加以利用目前都是不明确的问题。从技术上讲数据控制者不会创建个人数据。相反的是他们从个人那里收集数据。[80] 个人联系人确实是由客户直接提供的。因

---

[74] 欧洲法院判决 Oy Veikkaus Ab 案第 44 条(见前注 69)认为:查找和收集构成足球比赛清单的数据不需要职业联赛做出任何特殊努力。这些活动与创建这些数据密不可分,在这些数据中,联赛作为负责组织足球联赛固定装置的人直接参与其中。因此,获得足球装备清单的内容不需要任何投资,而无须进行创建该清单中包含的数据所需的投资。

[75] Davison/Hugenholtz (2005).

[76] 在英国赛马委员会一案(前注 72)中,欧洲法院裁定,获取、验证和展示内容的投资(相对于内容创建的投资)是最小的,因此该数据库不符合保护规定。在三个"灯具营销"案例中也有类似的推理(见前注 72)。

[77] ECJ, Football Dataco v Sportradar, C‑173/11, ECLI:EU:C:2012:642.

[78] See Recital 18 and Article 7(4) of the Database Directive.

[79] 见英格兰和威尔士高等法院,英国天空广播诉数字卫星保修盖有限公司[2011] EWHC 2663(Ch),2011 年 10 月 27 日,法院裁定天空在其客户数据库中拥有特殊的财产权;另见米兰法院,2014 年 5 月 21 日的判决,第 6579 号,giurisprudenzadelleimprese.it.

[80] Derclaye (2005),10.

此，客户和电子邮件组的名单（为直接营销目的处理的数据）是由数据控制者（data controller）"收集"的数据，而不是"创建"的数据。[81] 此外，收集客户数据通常需要验证收集的信息和程序，处理信息并使之可用于市场营销。最重要的是，经国家法院确认：处理用于营销的数据需要征得用户的同意并提供退订机制，这些机制与获取、验证和更新数据有关。[82]

行为分析可能会带来一些不确定性。分析是一个自动化过程，其中软件分析客户的行为并生成分析数据。在大多数情况下行为信息是不存在的，客户一旦采取行动数据便会自动生成并被收集到数据库中。因此，数据的创建和收集是同时发生的。然而将投资放在创建还是收集数据上还是有争议的。在大多数情况下，出于商业目的处理数据是数据控制者的附带活动，旨在促进其主要业务。实际上，行为分析可能涉及两个方面：客户如何与服务交互；客户的购买历史。在第一种情况下，数据并非源自数据控制者的主要活动。此外，数据在技术上由客户创建并由数据控制者最终获得。在第二种情况下，尽管客户的购买数据来自数据控制者的主要活动，但是在创建此类数据上没有任何投资。至少可以看到通过分析软件有效收集数据的投资。此外，这些数据的处理阶段至关重要，如果不进行任何收集行为，分析数据将毫无用处。最后，建立分析系统需要：根据客户的行为或隐私偏好有条不紊地更新数据；演示这些数据，以便在营销活动中加以利用。事实上，在出于商业目的处理数据时，欧盟隐私法要求控制者建立记录个人选择的系统。处理体系结构应反映具体的同意请求，更新消费者的选择，登记、撤回同意或选择退出等请求。因此，无论在收集数据时所花费的软件、IT 设备、人力资源还是时间方面，就会产生组织与安排上的投资。[83] 该《数据库指令》原始建议的解释性备忘录指出，在许多情况下数据库中数据的排列是数据管理软件的产物。[84] 因此，获取和运营相关的投资与用于输入数

---

[81] 《欧盟隐私法》在收集个人信息时是指数据的"收集"。
[82] 参见英国天空广播诉数字卫星保修盖有限公司，同注 79，法院在该案中裁定：天空索赔数据库直接存在于三个主要数据库中，即 Chordiant 数据库（它是英国天空广播的中央客户数据库 FMS 和 IFS 数据库。截至 2009 年 12 月 31 日，已有约 970 万订户的记录。daccess-ods.un.org daccess-ods.un.org 每个订户持有的详细信息包括姓名、地址、电话号码、电子邮件地址，他们的英国天空广播设备的详细信息和安装日期。英国天空广播的证据表明，他们已投资超过 2.5 亿英镑开发 Chordiant。此外，他们每年花费超过 3 亿英镑来获取和验证数据库中的客户详细信息。daccess-ods.un.org daccess-ods.un.org 这笔钱中的大部分都花在了呼叫中心上，而英国天空广播每年还花费大量的额外费用来维护其数据库系统及其所包含的数据。当他们将客户的详细信息输入到 Chordiant 数据库中时，英国天空广播不会创建新信息，它们只是系统地记录先前存在的信息。可能有人争辩说安装日期是由英国天空广播创建的，但是即使正确，它也无法帮助人身被告提供有关客户姓名、地址和电话号码等信息。人身被告的辩护律师将大大剥夺许多数据库的内容的保护，这与《数据库指令》的整个目的背道而驰。另请参阅英格兰和威尔士高等法院，英国 Flogas 有限公司诉 Calor Gas 有限公司[2013] EWHC 3060(Ch)，2013 年 10 月 16 日："Flogas 数据库是类似的信息收集案例，其中包括先前存在的信息，例如作为客户的名称和地址，以及 Flogas 员工可能在系统的 Memopad 功能中发表的评论。在英国天空广播之后，至少永远不能将以前一直存在的信息视为已创建的信息，因此受到数据库权利的保护。因此，作者得出结论，确实存在一个能够被侵犯的数据库权利。"
按照同样的思路，英格兰和威尔士高等法院，法医电信服务有限公司诉西约克郡警察与安那[2011]EWHC 2892 (Ch)，2011 年 11 月 9 日："在确定地址并将其整理到 PM Abs List 中所花费的技能、判断力和劳力并不是吸引版权的正确技能和劳动力。然而，正如本段中正确承认的被告律师所言，这是对获取数据的一项投资，该数据对数据库权利的生存至关重要。我要补充一点，也有证据证明数据得到了验证。"
[83] 参见 Lavagnini (2016) and Cogo (2005)，认为收集数据主体同意所必需的活动可能等于对获取数据的投资。
[84] 欧洲委员会，关于数据库法律保护的理事会指令的提案，COM (92) 24, final, 13 May 1992, 20.

据的软件是相关的。⑧⑤

由此可见,分析活动中的争议点在于,应将投资直接用于创建数据库并系统地处理此类数据而不是创建数据。因此客户信息数据集应受数据库专有权的保护。

5　数据保护与知识产权之间的接口

我们可以合并客户个人数据集中的数据库和商业秘密权利,从而建立起强大的保护机制。但是,它们也可能受到数据特殊(个人)性质的限制,并且必须与隐私权共存。

尽管有人争辩说隐私权不是典型的财产权,⑧⑥但数据保护法无疑要追求公共/社会利益⑧⑦(即对个人数据的公平处理)。因此,欧盟隐私法规定了个人权利以及处理个人数据的监管规定,例如一般需要获得详尽的同意、访问和更新数据的权利,反对出于营销目的处理数据的权利以及数据可移植性等。

另一方面,欧盟隐私法允许数据控制者出于商业目的利用个人数据。只要满足所有数据保护要求(并遵循问责制原则),数据控制者就拥有这些数据的使用权。因此,控制权需要某种排他性的数据专有权,这也可能带来竞争性后果。⑧⑧另外,一些评论家认为,这种控制权实际上是由于市场失灵而增强的,因为市场失灵使公司和用户之间的信息不对称。关于实际数据处理的问题,消费者将面临高昂的监控成本。⑧⑨

因此,数据保护法和知识产权法就数据创建了一个复杂的所有权制度。这两个区域之间存在相互作用,但是这并不涵盖所有情况,其余情况目前还正在研究。

6　大数据中原始数据的所有权

当前数据所有权在经济领域面临的挑战是大数据问题。"大数据"这一术语是指大规模收集和重新聚合数据。它由实证查询方法组成,从本质上讲是一种从汇总的非结构化和结构化信息中提取独到见解的新方法。⑨⑩大数据的概念通常包含以下三个特征:数量、速度和多样性。⑨①依赖电子设备的大数据分析从不同来源来获取大量数据,这些数据与日常生活中的对象相连,并揭示用户的内在个性,例如互联网浏览、智能手机使用情况、社

---

⑧⑤ 见米兰法院,2013 年 3 月 4 日的判决,Iusexplorer 的 Ryanair 案第 7825 号和第 7808 号,该案裁定:Ryanair 用 New Skies 和 Open Skies 软件进行的投资(金额超过 5 000 万欧元)不仅与数据生成有关,也与它们的外部表示有关,以允许这一形式进行保留、签到等,这是专门保护的目的之一(——作者译)。

⑧⑥ Ubertazzi(2014);Purtova(2011);Corien(2006).实际上,财产权包括两种权利:使用商品的权利和将他人排除在这种使用之外的权利。隐私权不包括使用个人数据的权利(存在于图像权、名称权等),而是排除其他人使用它们的权利。

⑧⑦ Sholtz(2001),从社会成本角度解决了违反数据保护的问题。

⑧⑧ EDPS (2014).

⑧⑨ Sholtz (2001).

⑨⑩ Mattioli (2014),539.

⑨① ENISA (2015),8.

交媒体连接和帖子、在线购买商品、用户位置等。此外,物联网(IoT)㉜极大地提升了设备之间的连接性,并将增加数据源,从而增加了大数据的分析潜力。

大数据可同时用于科学研究和市场研究目的。大数据的两个最大价值在于其自动监视人类行为的能力及其可预测的潜力。实际上,大数据可以检测数据的总体趋势和相关性,还可以分析或预测个人的偏好、态度和购买倾向。大数据分析不需要将数据连接到特定个人,而是匿名进行的。这些分析创建了将客户归为一般行为类别的数据集。公司购买大数据集并将客户分类,以研发高级市场营销策略。

基于明确个人信息的大数据可能会更有效,因此大数据会严重影响隐私。它可能会导致侵入性分析,并增加基于数据分析而受自动决策约束的风险(即所谓的"数据独裁")。㉝ 同时,此功能可提高大数据集的价值。

但是,大数据方法可以通过来自不同来源的数据聚合为旧数据增加价值。数据重复利用是数据价值的主要来源之一,㉞因此从多个来源丰富数据的能力将变得至关重要。在这种情况下,即使是原始数据也具有从中提取信息的价值。因此,信息所有权起着核心作用。

7 云(Cloud)和商业云平台(CaaS)解决方案的案例

数据所有权在云服务领域变得越来越重要,例如外包的电子商务平台,也称为"商业云平台"解决方案。这些平台从基于云端服务演变而来,允许公司在没有足够的IT基础架构和经验的情况下在线销售其产品。在大多数情况下,提供商将为许多公司提供其CaaS解决方案,并且有兴趣对最终用户的行为进行大数据分析以改善其服务和营销策略,以及出售该营销数据分析。但是,云提供商是否有权收集其客户的数据并将其用于自己的大数据分析是一个具有争论性的话题。同样,云客户端可能反对该处理并声称对这些原始数据拥有所有权的依据有时可能并不清晰。在云协议中没有正式分配的情况下,答案可能取决于各种因素,主要与隐私和知识产权方面有关。

7.1 数据保护方面

适用于客户信息的所有权制度可能取决于其是否属于个人数据,从而影响欧盟隐私法的适用。㉟

7.1.1 个人数据的概念

个人数据受法律保护。个人数据是有关已识别或可识别个人的任何信息。相反,匿

㉜ 物联网是一项创新技术,"通过与网络中的其他对象/成员共享信息,并'识别'事件和更改以适当的方式自主地作出反应,使对象成为可能"。参见欧洲委员会(2016a)。欧盟委员会估计,2020年欧盟物联网的市场价值应超过一万亿欧元。
㉝ EDPS (2015),8;在这种情况下,将根据哪些数据表明他们可能采取的行动来判断个人。
㉞ Mattioli (2014),545.
㉟ See Recital 26 of the GDPR.

名数据不受欧盟隐私法的约束。⁹⁶ 个人数据的概念很宽泛。⁹⁷ 在这方面,《通用数据保护条例》指出,要确定个人是否可识别,应使用所有可能合理使用的手段,比如达到直接或间接地识别特定人的效果。⁹⁸ 实际上,即使一条信息不能直接识别一个特定的人,只要数据丰富它也可以间接地指代他或她,从而成为个人数据。⁹⁹

传统上,在 Web 平台上监视客户行为是基于在线标识符,例如 IP 地址、¹⁰⁰MAC 地址¹⁰¹和移动广告。¹⁰² 这些数据是标识正在使用的设备的序列号。尽管它们不能立即识别拥有或操作设备的个人,但这些数据可以显示某些用户行为模式。但是在与其他信息(例如个人账户)相关联的情况下,它们也可以直接或间接识别用户。因此,数字指纹可能是个人数据,可能会触发欧盟隐私法的适用。¹⁰³

在其他情况下,分析程序基于假名数据。假名化是用代码或数字替换直接标识符(例如,名称或用户账户)的过程,其目的是在无须知道其身份的情况下收集与同一个人有关的其他数据。但是,如果假名数据有可能被重新追踪,则等同于个人数据。¹⁰⁴

关于潜在的间接标识符是否可以视为对个人的评估,传统上被认为是动态评估而不是静态评估。它通常取决于案件的情况,例如是否将识别包括正在处理的最终目的中或

---

⑯ 参见 Recital 26 of the GDPR,其中规定:"因此,数据保护原则不应适用于匿名信息,即与已识别或可识别的自然人或与匿名数据无关的信息,以这种方式、主题无法识别或不再可识别。因此,本条例不涉及处理此类匿名信息,包括出于统计或研究目的。"

⑰ GDPR 将个人数据定义为"与已识别或可识别的自然人("数据主体")有关的任何信息;可识别的自然人是指可以直接或间接识别的人,特别是通过参考诸如姓名、识别号、位置数据、在线标识符或一个或多个特定于身体,该自然人的生理、遗传、精神、经济、文化或社会身份"。

⑱ GDPR 序言第 26 条指出:"要确定一个人是否可识别,应考虑所有可能,合理地由控制者或任何其他人用来识别该人的手段。"根据当时可用的技术,"合理地"这一术语是指客观因素,例如识别所需的成本和时间。

⑲ Article 29 Working Party (2013b),30,完全匿名是困难的,并且现代技术允许重新识别个人。但是,在完全匿名化实际上不可行的情况下,另一种适当的解决方案可能涉及"部分匿名化"或假名化(即只有在拥有解码"密钥"的情况下,数据才可以链接到个人)。部分匿名化或取消标识是否足够取决于上下文。为此,有必要用进一步的保障措施来补充匿名技术以确保充分的保护,其中包括数据最小化以及适当的组织和技术措施。

⑳ "Internet 协议地址"(IP 地址)是一串二进制数字,用于标识连接到使用 Internet 协议进行通信并由网络分配的设备。IP 地址可以是"静态"或"动态"的。动态 IP 地址是为每个 Internet 连接临时分配的,并在随后的每个连接中更改。动态 IP 地址本身不足以允许服务提供商识别用户。为此,必须与其他附加数据组合。相反,"静态"或"固定"IP 地址是不变的,并且可以连续标识设备。见 Patrick Breyer v Bundesrepublik Deutschland 案中的总法律顾问 CamposSànchez-Bordona,C‐582/14,ECLI:EU:C:2016:339。

㉑ "媒体访问控制"(MAC)地址是制造商分配给连接到网络的设备的字母数字。它用作网络地址(或接口),尤其是 Wi-Fi、以太网或蓝牙标识符。它是唯一的设备标识符,因为每个设备都有唯一的 MAC 地址。位置分析程序通常通过公共"热点"和 Wi-Fi 网络在各个位置(小城市、机场等)使用移动设备的 MAC 地址,主要用于创建包含汇总信息的统计报告。请参阅 2013 年隐私未来论坛,该论坛发布了移动位置分析行为准则,网址为:https://fpf.org/wp-content/uploads/10.22.13‐FINAL-MLA-Code.pdf. Cormack (2013)。

㉒ 移动广告标识符是由与移动设备相关联的现代移动操作系统随机生成的字母数字代码。这些标识符的名称取决于操作系统(例如,适用于安卓系统的"Google 广告 ID",适用于苹果系统的"Advertisers for Advertisers"和适用于 Facebook 的"Facebook App User ID")。移动广告标识符可避免使用永久设备标识。

㉓ Article 29 Working Party (2007),第 17 条。要确定某条信息是否与个人有关,除其他因素外,必须考虑到处理目的。如果处理 IP 地址的目的是识别用户,并且是否存在可能合理使用的其他方式来识别该人,例如在要求法院下令披露个人详细信息的情况下与 IP 地址相关的 IP 地址被视为个人数据(请参阅 ECJ,Patrick Breyer 诉德国联邦公开发行书,C‐582/14,ECLI:EU:C:2016:779)。在其他情况下,出于技术或组织方面的原因,如果 IP 地址不允许以合理的方式识别用户,则该 IP 地址不是个人数据。

㉔ Article 29 Working Party (2007),第 18 条,以及 Polonetsky/Tene/Kelsey (2016)。在这种情况下,尽管根据欧盟隐私法,该活动相当于对个人数据的处理,风险很小,并且可以灵活地应用隐私规则。关于匿名化,在欧盟一级有不同的解释,请参见欧洲委员会(2012 年)。

取决于数据控制者(或第三方)⑩⑤合理地使用适当的手段。识别用户(例如,选择用户、跨设备的数字数据收集和链接、假名密钥、组合社交网络上等公开可用的信息)。⑩⑥

但是,鉴于识别个人身份的可能性越来越大,《通用数据保护条例》的规定加强了这种可能性。学者们已经认识到,包括IP地址在内的在线标识符与唯一标识符结合使用时,可能会标识用户并创建配置文件。⑩⑦ 因此,《通用数据保护条例》目前在个人数据定义中包括了在线标识符。最近由于可以通过IP地址识别个人的风险越来越高,欧洲法院和总检察长都认可了类似的方法。⑩⑧ 因此,欧洲数据保护监管部门认为,即使大数据也应被视为"个人的",⑩⑨因为真正的匿名数据集很难创建。⑩⑩

7.1.2 数据控制者与数据处理者的关系

欧盟隐私法实施的影响是巨大的。各方的立场在确定对个人数据的法律控制中起着关键作用。尽管在云服务中这方面存在很多争议,但控制的主要位置通常归因于云客户端,⑪⑪而提供商应仅充当"数据处理者"。⑪⑫ 这意味着提供商在法律上无权处理数据,尤其是未经客户同意而处理云客户的客户数据。⑪⑬

这方面严重影响了对客户行为进行大数据分析的可能性。根据《通用数据保护条

---

⑩⑤ "可能合理"一词不包括访问补充数据(在与IP地址结合使用时可以间接识别个人的信息),从人和经济角度讲,这是非常昂贵的,或者实际上或技术上是不可能的,或者是法律禁止的。从这个意义上讲,请参见CamposSànchez-Bordona司法部长的意见,见前注100,第68段。

⑩⑥ 参见Recital 26 of Data Protection Directive and Recital 26 of the GDPR,这是控制者"可能合理地使用"手段的重要性的基础。如果处理的目的不是识别个人,并且实施了防止识别的技术措施,则可能不会将数据视为个人信息。参见Article 29 Working Party (2007),17。

⑩⑦ See Recital 30 of the GDPR.

⑩⑧ 参见ECJ, Patrick Breyer v Bundesrepublik Deutschland,前注103,以及CampoSànchez-Bordona代言人的意见,前注100,并指出如果有实际可能,管制员为了识别用户可以获得补充信息以与在线标识符数据结合。在线标识符将被视为个人数据。数据可以与补充数据本身合理组合的可能性会将IP地址转换为个人数据。据欧洲法院称,可以肯定地认为有可能要求法院下令披露与IP地址有关的个人详细信息。

⑩⑨ EDPS (2015),7.

⑩⑩ Article 29 Working Party (2014b),3.

⑪⑪ GDPR将控制者定义为"自然人或法人,公共权力机构、其他机构,这些机构单独或与他人共同确定处理个人数据的目的和方式"(参见第4条)。

⑪⑫ Article 29 Working Party (2012),8,以及电子数据处理系统(2012),10。用抽象的术语来说,云客户端是数据控制器,因为它确定了处理的最终目的并决定了外包。第29条工作组和电子数据处理系统都认为,在某些情况下,由于云环境中使用的技术手段的复杂性,云客户端可能不是唯一能够单独确定处理目的的实体。确实,确定手段的基本要素并不在云客户端手中。因此,电子数据处理系统建议将提供商和客户之间的关系限定为共同控制权,尤其是当云客户端无法协商云协议的合同条款时。但是,此评估不是静态的,如果云客户端可以协商云协议,则在这种情况下可以将其视为数据控制者。实际上,the Article 29 WorkingParty (2010b and 2012) appears似乎支持提供者作为数据处理者的资格作为一般规则,仅在客户无法协商合同条款的剩余情况下才有资格将其作为控制者。但是,即使提供者有资格担任共同控制人,情况也不会改变,其控制位置仅指处理手段。这意味着提供者无权自动确定处理目的。此外,电子数据处理系统的意见(建议采用共同控制计划)还基于以下事实:《通用数据保护条例》以前的提案在数据控制者的定义中增加了"条件"的新要素(即数据控制者是自然人或法人)由谁来决定处理的目的、条件和手段,而最终未包含在《通用数据保护条例》的最终版本中(请参阅《通用数据保护条例》第4条)。另请参阅欧洲云基础设施服务提供于2017年1月27日发布的"云基础设施服务提供商的数据保护行为准则",使云提供商有资格成为处理器。

⑪⑬ Article 29 Working Party (2012),11,声明提供商不能将云客户的客户个人数据用于其他目的。因此,云提供商的目的仅限于提供存储服务和数据安全措施。Article 29 Working Party (2015),9;"数据处理者必须'仅根据控制者的指示行事'(第17条第3款),因此应将其角色配置为仅由控制者掌握的杠杆作用,不涉及处理的语义,也没有对任何进一步处理进行回旋的余地。"

例》,大数据分析尤其可以基于以下任一理由:同意;次要目的例外;合法权益。[114]

7.1.3 次要目的例外

抛开第一点不说,[115]我们所说的解决方案涉及匿名化的客户数据可能会引起争议,从而排除欧盟隐私法的适用性。但是,匿名化本身构成了进一步的处理操作,并且必须满足二次处理的"兼容性"要求。[116] 实际上,《通用数据保护条例》允许用于与原始目的兼容的第二个目的。这种可能性要根据兼容性因素进行测试,例如:双方之间的关系;数据主体的期望;可能的后果。[117] 这些要求对于云提供商而言将很难满足,特别是考虑到其与最终用户之间不存在关系[118]以及商业性质。[119] 此外,兼容性例外似乎仅对负责确定初始处理的数据控制者适用。

此外,《通用数据保护条例》规定了一项研究和统计的例外,即可以将出于这些目的而处理的数据视为与初始目的兼容。[120] 尽管该例外可能适用于科学研究的大数据,但似乎仅部分适用于营销大数据。基本上,它适用于大数据仅仅预测未来趋势时而非针对个人用户画像。[121] 显然,该要求可以在云环境中得到满足,因为云提供商主要针对创建客户集群。然而在这种情况下,例外似乎也与数据控制者直接执行的统计分析有关。[122]

7.1.4 合法权益

在合法权益基础上处理个人数据的可能性[123]受制于控制人利益与数据主体权利之间的平衡测试。[124] 实际上,应用平衡测试时要考虑的关键因素是兼容性测试的结果是否有显著差异,并且它们通常允许大数据用于通用趋势(限制个人分析)。但是再次追求合法利益的决定完全取决于控制者。

---

[114] 见 ICO (2014)。
[115] 见 ICO (2014)。
[116] Article 29 Working Party (2014b), 3.
[117] See Recital 50 and Article 6(4) of the GDPR, and Article 29 Working Party (2013b)。
[118] 此外,数据主体可能希望由统计员而不是由处理器为统计目的处理他或她的数据。如果由云提供商执行功能分离并因此进行匿名化则风险更大,因为云提供商可以访问不同云客户端的大量数据。出于类似的原因,大数据提供商可能不遵守"必要性"和"数据最小化"原则。实际上,他们的大数据分析是通过从各种来源访问尽可能多的数据来执行的,因此,考虑到将来的需求,可以方便地收集比实际需要更多的数据。
[119] Esayas (2015)。
[120] See Recital 50 and Article 5(b) of the GDPR。
[121] GDPR 第 162 条规定"统计目的"是指"进行统计调查或产生统计结果所需的任何收集和处理个人数据的操作。这些统计结果可进一步用于不同目的,包括科学研究目的"。但是,"统计目的意味着不使用统计数据或个人数据的处理结果来支持针对任何特定自然人的措施或决定"。Article 29 Working Party (2013b)第 29 条规定统计目的的涵盖了不同的处理活动,包括"商业目的(例如,针对市场研究的网站分析工具或大数据应用程序)"。因此,尽管统计学上的例外情况在理论上可以适用于大数据,但是在分析(1)是否旨在检测信息中的总体趋势和相关性方面存在区别。(2)对个人感兴趣。确实,第二种情况涉及数据主体的配置文件,这可能需要选择同意(《通用数据保护条例》第 22 条规定的例外)。因此,仅在第一种情况下,统计例外可以适用。但是在这种情况下,例外情况是否适用于大数据也要经过兼容性测试的严格和平衡的应用。实际上,为了使统计目的具有相容性,必须采取进一步的保障措施,特别是所谓的"职能隔离"。该原则意味着不得将用于统计目的的数据用于"支持针对有关个人采取的措施或决定"。为此,完全或部分匿名化特别重要。
[122] 如上所述,如果提供者充当数据处理器,则不允许其开始新的处理操作。
[123] 利益是数据控制者(或第三方)在数据处理中拥有的利益。与《数据保护指令》(参见第 7 条 f 款)类似,当被数据主体的利益或基本权利凌驾时,《通用数据保护条例》排除了控制者利益的合法性。
[124] Article 29 Working Party (2014b)。

总之,欧盟隐私法倾向于防止云提供商对其客户进行大数据分析。仅在两种有限的情况下云提供商才有权分析其客户的客户数据:被视为共同控制者;分析的数据最初是匿名的(尽管这种可能性将受到 GDPR 的影响)。[125]

7.2 知识产权方面

如上所述,云客户端可以受益于对与商业秘密和数据库专有权相关的为商业目的而处理的客户数据集的保护。但是在没有任何合同条款的情况下,必须评估这些权利在多大程度上可能阻止云提供商自动收集客户的数据。

商业秘密和数据库权利均应仅保护"已处理"数据。数据库权限仅在数据收集之后才对其进行保护。实际上,数据库指令旨在刺激处理系统的开发,而不是数据的创建。因此,特殊权利将数据库内容作为一个有组织的集合来保护。[126] 这种保护是广泛的且适用于任何形式的提取,即使是间接提取也可以导致整个数据库的重构,或者至少是对数据库的重构。[127] 它也适用于以不同形式或与不同材料组合使用的提取内容的再利用。[128] 例外情况是专门为科学研究提供的,或者在不实质性提取可用数据库的情况下提供的向公众公开(第8条和第9条)。

由于保护一词尚未明确定义,因此数据库权利是否可以扩展到原始数据尚有争议。数据库权利不构成"仅对事实或数据的保护"的扩展。但是,欧盟委员会已经承认"专有权非常接近于保护基本信息"。[129] 一些评论者证实了这样的观点,即数据库权利不会扩展到原始数据,[130]除非这些数据的复制是实质性的或重复[131]的。[132] 在这最后一点上,如果无法从其他来源获取信息,或者无法处理收集到的信息,当原始数据和处理后的数据重合时,[133]保护原始数据实际上是可能的。

尽管云平台可能是一个特定客户数据的唯一来源,但大数据具有不同的处理方法。[134] 每个平台都采用各自的标准,使用软件和算法进行自主细化,并创建不同的模式集(通常将来自不同出处)。因此,由云提供商和云客户端分别处理的相同原始数据可能会产生不同的结果,从而可能进一步限制数据库对原始数据的保护。

同样由于某些秘密信息需要被采取合理的保密措施,因此对某些"处理过的"数据也

---

[125] Article 29 Working Party (2013b),30.
[126] Koo (2010).
[127] ECJ, Directmedia Publishing GmbH v Albert-Ludwigs-Universität Freiburg, C‐304/07, ECLI:EU:C:2008:552.
[128] Guglielmetti (2003b),1237.
[129] European Commission (2005),24.
[130] Lavagnini (2016),1906 and Cogo (2009),1255.
[131] Lavagnini (2016),1906.
[132] Colston (2001);欧洲委员会(1992年)也表达了相同的观点,该观点指出:"如果可以从其他来源获得有关信息,则该信息没有专有权,有利于数据库的创建者。另一方面,如果数据库的创建者是此类信息的唯一来源,则必须以公平和非歧视性的条件授予对信息进行商业性再利用的许可。"
[133] Bertani (2000),353.然而对原始数据的阐述应该产生一种自主的独特权利。
[134] 例如,目的可能不同(趋势分析或个人分析)。可以实时(例如用于欺诈检测)、接近实时或以批量处理模式(用于趋势分析)进行分析。该技术可以预测、分析、即时查询、报告等。参见 Mysore/Khupat/Jain (2013)。与此类似,参见 ENISA (2015),8,释明大数据系统的三个主要部分:"数据本身、数据分析以及分析结果的反应。"

授予了商业秘密保护。但是在没有访问限制机制的情况下,不应保护数据。大数据分析的结果通常存储在受保护的数据库中,而原始数据则由平台自动生成,并且由于功能原因无法从云提供商处隐藏。因此,在对云提供商具有约束力的原始数据没有保密规定的情况下,商业秘密保护只能授予处理后的数据。在任何情况下,商业秘密保护都不是绝对的,它不能阻止第三方自主获取此类信息。如果原始信息不受安全措施的约束(至少是法律性质的)且其访问在理论上是合法的,云提供商可以自由处理。

7.3 建立原始数据的所有权制度

接下来的假设关注的是客户信息所有权,是隐私法和知识产权法均无法适用的领域。(例如,在线行为数据是匿名且尚未处理的情况)。

大数据和物联网刺激了从不同来源访问数据并将其用于检测数据相关性的二次使用的需求。因此,即使是原始数据也具有经济价值(实际上,数据的价值在于可以从中提取的信息和见解)。鉴于此,主要问题在于原始数据是公共物品还是私人物品以及是否可以成为一般产权的主体。

数据中的财产权挑战了传统的民法概念。[135] 数据是非财产,不属于传统财产范围。[136] 相反,非物质资产的所有权传统上是在知识产权中确定的。[137] 然而,信息本身具有公共物品的属性且知识产权法倾向于排除创建信息过程中的产权。通常情况下,商业秘密(可以保护原始信息)很少被认为是财产权。甚至数据库的专有权利也并非是为保护数据的创建而设计的。

此外,商品的产权要遵守数字原则,以防止经营者创造不存在的产权。[138] 该原则也适用于知识产权,在这种情况下,法律必须确定相关的客体。[139] 因此,公司权益只能得到有限的保护,不包括现有的产权收益,其特点是没有排他性。[140]

在这一方面,为了对在私人物品和公共物品之间的类似"灰色地带"提供保护,笔者建议的解决方案依赖于有形物品的"物质可用性"。该可用性来自产生非物质商品(例如电子商务服务)的活动中的财产(或其他权利),并确定有权享受相关非物质利益(包括原始利益)的所有者的特权地位。[141] 另外,原始数据的保护可以通过法院确认的一般原则推断出来,根据该原则经济活动的任何结果都构成一种商品,其商业利用仅限于产生该商品的实体。[142]

---

[135] Schneider (2015).
[136] Zeno-Zencovich (1989),452.
[137] Van Erp (2009),12,指出"在许多法律制度中,财产法的经典模式着眼于有形物品,而不是债权和知识产权";Pereira Dias Nunes (2015)。
[138] Purtova (2011),
[139] Resta (2011),22.知识产权受《欧洲联盟基本权利宪章》第17条第2款的保护。欧洲法院在Promusicae(ECJ,西班牙产电公司(Promusicae)诉TelefónicadeEspañaSAU,C-275/06,ECLI:EU:C:2008:54,第62段)中确认"财产的基本权利……包括知识产权"。
[140] Zeno-Zencovich (1989),460.
[141] Resta (2011),41,阐述与商品形象有关的解决方案。
[142] Resta (2011),45, referring to a judgment of the Court of Rome, First instance, of 31 March 2003, Foro it., 2003, I, 1879, in relation to sport events; and the judgment of the BGH, of 25 January 1955, in BGHZ, 16 (1955), 172, 该判决裁定不可保护的专有技术可以受到一般业主的绝对权利和不正当竞争法保护。

实际上，对原始信息的有效替代保护适用于不正当竞争法，该法通常保护不受商业秘密或特殊权利保护的信息。⁽¹⁴³⁾

但是，该框架与现代新兴方法相冲突，后者被认为是一种"自然"概念，具有经济价值的私人活动所产生的任何公用事业的所有权。⁽¹⁴⁴⁾ 鉴于非物质资产的作用越来越大，许多关于财产的概念足够灵活，我们可以将其扩展到新的客体和权利，⁽¹⁴⁵⁾并最终允许对数据进行商品化处理。⁽¹⁴⁶⁾

解决方案并不简单，主要依赖于立法干预。因此，欧盟委员会最近在欧盟立法框架内开展了有关数据"所有权"的讨论。⁽¹⁴⁷⁾

但是，人们对通用信息的专有方法提出了批评。它有可能限制对知识的获取，从而扼杀创新和进步。⁽¹⁴⁸⁾ 建立原始数据法律垄断的风险会导致过度保护。⁽¹⁴⁹⁾ 实际上，大数据环境下，数据重用、数据扩展以及获取多渠道信息至关重要。特别是在科学研究领域，应鼓励采用开放数据机制。在当前阶段，无法预测数据将在何处创造价值。因此，我们应保证对数据的访问和知识的创造。⁽¹⁵⁰⁾ 因此，应认真评估在数据中引入强有力的专有权。

如上所述，由知识产权与数据保护法之间的相互作用所确定的所有权制度并非基于绝对的利用权。数据的所有权与占有的形式有关，这种形式的占有来自对数据的控制状态，这种状态可能是不稳定的，必须与个人权利加以平衡。⁽¹⁵¹⁾ 但是，可以采用其他保护形式来满足业务需求。实际上，原始数据可以受到物理/技术访问限制或合同的保护。欧洲法院已经确认，合同自由可以规范对不受版权或数据库权利保护的数据库（即原始数据）的访问。⁽¹⁵²⁾ 因此，由合同、知识产权和隐私法确定的所有权制度已经建立了强有力的数据保护机制。

一些评论者提出了一种潜在的不太积极的替代方案来规范对原始数据的访问。他们主张采取一种更加平衡的解决方案，由不正当竞争法规范，并在某些情况下引入一种收费制度，以获取用于商业目的的信息的访问系统。⁽¹⁵³⁾ 根据集体责任规则，⁽¹⁵⁴⁾至少在存在开放数据需求的部门，数据所有者将获得公平的报酬，同时保证获得信息。此外，该系统似乎

⁽¹⁴³⁾ 例如，参见 Article 99 of the Italian Industrial Property Code，该条文规定，不受保护的商业秘密可以从不正当竞争法保护中受益。

⁽¹⁴⁴⁾ Resta（2011），28.

⁽¹⁴⁵⁾ Fairfield（2005）；Schwartz（2004）；Prins（2006）.

⁽¹⁴⁶⁾ Purtova（2011），56.

⁽¹⁴⁷⁾ 例如，参见欧洲委员会致欧洲议会、理事会、欧洲经济和社会委员会以及各地区委员会建立欧洲数据经济的来信，COM（2017）9 final, Bruxelles, 10 January 2017,支持在原始机器生成的数据中引入新权利。

⁽¹⁴⁸⁾ Reichman/Samuelson（1997）.

⁽¹⁴⁹⁾ See European Commission（2016b）.

⁽¹⁵⁰⁾ Bambauer（2014）.

⁽¹⁵¹⁾ 《欧盟隐私法》是指对数据进行控制的概念。商业秘密指令并没有将商业秘密权的持有者定义为"合法控制"该信息的实体（第2条）。商业秘密保护不是绝对的，而是仅适用于盗用或滥用。数据库权利保护创建者的利益和投资风险。保护仅限于数据收集和数据库的创建，不包括信息本身及其创建中的权利。

⁽¹⁵²⁾ ECJ, Ryanair Ltd v PR Aviation BV, C-30/14, ECLI:EU:C:2015:10.

⁽¹⁵³⁾ Ghidini（2015），285.一个建设性的例子是意大利版权法第99条规定的模型，该模型规范了对非保护性技术数据的访问。有关详细说明参见 Reichman（1994），2477.

⁽¹⁵⁴⁾ Calabresi/Melamed（1972）and Bertani（2011），210.

与针对数字单一市场中的版权指令的新提案保持一致。⑮ 实际上,该提案引入了数据挖掘的新例外,其目的是在版权保护与获取信息的公共利益之间取得平衡。⑯

8 结论

本文展示了在知识产权与隐私法之间的相互作用下如何建立对客户数据的所有权制度。由于数据具有个人属性,这种所有权制度并非基于绝对的利用权利,相反,数据所有权与控制形式相关。对于原始的非个人数据,仍然存在一个"灰色地带",该数据大多不在该保护范围之内。这些数据的所有权以及其公共或私有性质受到质疑。尤其对原始数据(如经济活动产生的商品)的属性存在争议。但是,对原始数据建立法律垄断会带来过度保护的风险。此外,合同自由、技术访问措施、知识产权和隐私法已经配置了适当的机制来规范大数据市场中的数据所有权。确实,大数据需要具有数据重用、数据丰富以及访问多种原始信息源的能力。因此,我们应采用灵活的数据处理方法。至少在某些需要鼓励开放数据方法的行业中,可以基于对商业使用数据的有偿访问,研究一种补偿机制。

参考文献

Aplin, T. (2014), A Critical Evaluation of the Proposed EU Trade Secrets Directive, King's College London Law School Research Paper No. 2014 - 25, available at: http://papers.ssrn.com/sol3/papers.cfm?abstract_id=2467946.

Aplin, T. (2015), Right to Property and Trade Secrets, in: C. Geiger (Ed.), Research Handbook on Human Rights and Intellectual Property, Edward Elgar 421 - 437 (also available at: http://ssrn.com/abstract=2620999).

Article 29 Working Party (2007), Opinion No 4/2007 on the concept of personal data, 01248/07/EN WP 136.

Article 29 Working Party (2010a), Opinion 2/2010 on online behavioural advertising, 00909/10/EN WP 171.

Article 29 Working Party (2010b), Opinion 1/2010 on the concepts of "controller" and "proces-sor", 00264/10/EN WP 169.

Article 29 Working Party (2012), Opinion 5/2012 on Cloud Computing, 01037/12/EN WP 196 Article 29 Working Party (2013a), Opinion 03/2013 on purpose limitation, 00569/13/EN WP 203 Article 29 Working Party (2013b), Advice paper on essential elements of a definition and provision of profiling within the EU General Data Protection Regulation, available at: http://ec.europa.eu/justice/data-protection/article-29/documentation/other-document/files/2013/20130513_advice-paper-on-profiling_en.pdf Article 29 Working Party (2014a), Opinion 06/2014 on the notion of legitimate interests of the data controller under Article 7 of Directive 95/46/EC, 844/14/EN WP217.

Article 29 Working Party (2014b), Opinion 5/2014 on Anonymisation Techniques, 0829/14/EN WP216.

---

⑮ 关于欧洲议会和理事会关于版权保护的指令的提案数字单一市场,COM (2016) 593, 14 September 2016。

⑯ 该提案特别指出:(1) 可以仅对未经版权保护的事实或数据进行未经授权的数据挖掘(第8条);(2) 出于研究目的而对受版权保护的材料进行数据挖掘,则无须支付任何赔偿(第13条)。

Article 29 Working Party (2015), Opinion 02/2015 on C‐SIG Code of Conduct on Cloud Computing, 2588/15/EN WP 232.

Article 29 Working Party (2016), Opinion 03/2016 on the evaluation and review of the ePrivacy Directive (2002/58/EC), 16/EN WP 240.

Baker & McKenzie (2013), Study on Trade Secrets and Confidential Business Information in the Internal Market, study prepared for the European Commission, Publication Office of the European Union, available at: http://ec.europa.eu/internal_market/iprenforcement/docs/trade-secrets/130711_final-study_en.pdf.

Bambauer, J.R. (2014), Is Data Speech?, 66 Stanford Law Review 57 (also available at: http://ssrn.com/abstract=2231821).

Banterle, F. (2016), Personal data processing for marketing purpose under the new GDPR: con-sent v legitimate interest and Recital 47‐first thoughts, IPlens.org, available at: https://iplens.org/2016/07/12/personal-data-processing-for-marketing-purpose-under-the-new-gdpr-con-sent-v-legitimate-interest-and-recital‐47‐first-thoughts/Bently, L. (2013), Trade Secrets: "Intellectual Property" But Not "Property"?, in: H.R. Howe/J. Griffiths (Eds.), Concepts of Property in Intellectual Property Law, CUP, 60‐93.

Bertani, M. (2000), Impresa culturale e diritti esclusivi, Giuffrè.

Bertani, M. (2011), Diritto d'autore europeo, Torino.

Bronckers, M./McNelis, N. (2012), Is the EU obliged to improve the protection of trade secrets? An inquiry into TRIPS, the European Convention on Human Rights and the EU Charter of Fundamental Rights, 34 European Intellectual Property Review 673.

Burri, M./Meitinger, I. (2014), The Protection of Undisclosed Information: Commentary of Article 39 TRIPS, in: T. Cottier/P. Veron (Eds.), Concise International and European IP Law: TRIPS, Paris Convention, European Enforcement and Transfer of Technology, Kluwer Law International (also available at: http://ssrn.com/abstract=2439180).

Calabresi, G./Melamed, A.D. (1972), Property Rules, Liability Rules, and Inalienability: One View of the Cathedral, 85 Harvard Law Review 1089.

Cogo, A. (2005), Note to Corte di Giustizia UE 9 novembre 2004, Case C‐444/02, Fixture Marketing v. OPAP, 14 AIDA 415 The Interface Between Data Protection and IP Law: The Case of Trade Secrets... 441.

Cogo, A. (2009), Note to Corte di Giustizia UE 9 ottobre 2008, Case C‐304/07, Directmedia Publishing GmbH v Albert-Ludwigs-Universitat Freiburg, 18 AIDA 374.

Colston, C. (2001), Sui Generis Database Right: Ripe for Review?, 3 The Journal of Information, Law and Technology 1361‐1369, available at: https://www2.warwick.ac.uk/fac/soc/law/elj/jilt/2001_3/colston.

Corien, P. (2006), Property and Privacy: European Perspectives and the Commodification of Our Identity, in: P.B. Hugenholtz/L. Guibault (Eds.), The future of the public domain, Kluwer Law International, 223‐257 (also available at: http://ssrn.com/abstract=929668).

Cormack, A. (2013), Bins, MACs and Privacy Law, 15 August 2013, Jisc community, available at: https://community.jisc.ac.uk/blogs/regulatory-developments/article/bins-macs-and-privacy-law (last accessed: December 2016) Davison, M.J. (2003), The Legal Protection of Databases, Cambridge: Cambridge University Press Davison, M.J./Hugenholtz, P.B. (2005), Football fixtures, horse races and spin-offs: the ECJ domesticates the database right, 27 European

Intellectual Property Law Review 113.

Derclaye, E. (2005), The European Court of Justice Interprets the Database Sui Generis Right for the First Time, 30 European Law Review 420 (also available at: http://ssrn.com/abstract=1133637).

Derclaye, E. (2008), The Legal Protection of Databases: A Comparative Analysis, Edward Elgar Esayas, S.Y. (2015), The role of anonymisation and pseudonymisation under the EU data privacy rules: Beyond the 'all or nothing' approach, 6(2) European Journal of Law and Technology (also available at: http://ejlt.org/article/view/378/569).

European Commission (2005), DG Internal Market and Services Working Paper: First evaluation of Directive 96/9/EC on the legal protection of databases, Brussels, 12 December 2005, available at: http://ec.europa.eu/internal_market/copyright/docs/databases/evaluation_report_en.pdf European Commission (2012), Evaluation of the Implementation of the Data Protection Directive, Annex 2, available at: http://ec.europa.eu/justice/data-protection/document/review2012/sec_2012_72_annexes_en.pdf.

European Commission (2016a), Definition of a Research and Innovation Policy Leveraging Cloud Computing and IoT Combination—Final Report, available at: https://ec.europa.eu/digital-sin-gle-market/en/news/definition-research-and-innovation-policy-leveraging-cloud-computing-and-iot-combination.

European Commission (2016b), Synopsis Report On The Contributions To The Public Consultation Regulatory Environment For Data And Cloud Computing, available at: https://ec.europa.eu/digital-single-market/en/news/synopsis-report-contributions-public-consultation-regulatory-environment-data-and-cloud.

European Data Protection Supervisor (EDPS) (2012), Opinion on "Unleashing the potential of Cloud Computing in Europe", available at: https://secure.edps.europa.eu/EDPSWEB/webdav/shared/Documents/Consultation/Opinions/2012/12-11-16_Cloud_Computing_EN.pdf.

European Data Protection Supervisor (EDPS) (2013), On the proposal for a directive of the European Parliament and of the Council on the protection of undisclosed know-how and business information (trade secrets) against their unlawful acquisition, use and disclosure, available at: https://secure.edps.europa.eu/EDPSWEB/webdav/site/mySite/shared/Documents/Consultation/Opinions/2014/14-03-12_TRADE_SECRETS_EN.pdf.

European Data Protection Supervisor (EDPS) (2014), Report of workshop on Privacy, Consumers, Competition and Big Data 2 June 2014, available at: https://secure.edps.europa.eu/EDPSWEB/webdav/site/mySite/shared/Documents/Consultation/Big%20 data/14-07-11_EDPS_Report_Workshop_Big_data_EN.pdf.

European Data Protection Supervisor (EDPS) (2015), Opinion 7/2015 Meeting the challenges of big data, available at: https://secure.edps.europa.eu/EDPSWEB/webdav/site/mySite/shared/Documents/Consultation/Opinions/2015/15-11-19_Big_Data_EN.pdf.

European Union Agency For Network And Information Security (ENISA) (2015), Big Data Security Good Practices and Recommendations on the Security of Big Data Systems, available at: https://www.enisa.europa.eu/publications/big-data-security/at_download/fullReport.

Fairfield, J. (2005), Virtual Property, 85 Boston University Law Review 1047 (also available at: http://ssrn.com/abstract=807966).

Falce, V. (2009), The (over)protection of information in the knowledge economy. Is the Directive 96/9/EC a faux pas?, 4 Dir. aut. 602–628.

Galli, C. (2011), Codice Commentato della proprieta industriale e intellettuale, Utet.

Ghidini, G. (2015), Profili Evolutivi del diritto Industriale, Giuffrè.

Guglielmetti, G. (2003a), La tutela del segreto, in: C. Galli (Ed.), Le nuove frontiere del diritto dei brevetti, TorinoGuglielmetti, G. (2003b), Commento all'art. 5, in: P. Auteri (Ed.), Attuazione della Direttiva 96/9 relativa alla tutela giuridica delle banche dati, CEDAM Hugenholtz, P. B. (1998), Implementing the European Database Directive, in: J. J. C. Kabel/.

G. J. H. M. Mom (Eds.), Intellectual Property And Information Law, Essays In Honour Of Herman Cohen Jehoram, Wolters Kluwer, 183 – 200 Information Commissioner's Office (ICO) (2014), Big data and data protection, available at: https://ico.org.uk/media/1541/big-data-and-data-protection.pdf (last accessed: December 2016).

Koo, A. K. C. (2010), Database Right Decoded, 32 European Intellectual Property Review 313 – 319 Lavagnini, S. (2016), Sub art. 102 – ter l.a., in: L.C. Ubertazzi (Ed.), Commentario Breve alle leggi su Proprieta Intellettuale e Concorrenza, CEDAM.

Mattioli, M. (2014), Disclosing Big Data, Maurer Faculty Paper, 99 Minnesota Law Review 535 (also available at: http://www.repository.law.indiana.edu/facpub/1480).

Mysore, D./Khupat, S./Jain, S. (2013), Introduction to big data classification and architecture, available at: www.ibm.com (last accessed: December 2016).

Pereira Dias Nunes, D. (2015), The European Trade Secrets Directive (ETSD): Nothing New Under the Sun?, Lex Research Topics on Innovation No.1/2015, available at: http://ssrn.com/abstract=2635897.

Polonetsky, J./Tene, O./Finch, K. (2016), Shades of Gray: Seeing the Full Spectrum of Practical Data De-Identification, 56 Santa Clara L. Rev. 593 (also available at: http://ssrn.com/abstract=2757709).

Prins, C. (2006), When personal data, behavior and virtual identities become a commodity: Would a property rights approach matter?, 3: 4 SCRIPTed 270, available at: https://script-ed.org/wp-content/uploads/2016/07/4-4-Prins.pdf.

Purtova, N. N. (2011), Property in Personal Data: Second Life of an Old Idea in the Age of Cloud Computing, Chain Informatisation, and Ambient Intelligence, in: S. Gutwirth/Y. Poullet/P. de Hert/R. Leenes (Eds.), Computers, Privacy and Data Protection: an Element of Choice, Springer.

Reichman, J. H. (1994), Legal Hybrids Between the Patent and Copyright Paradigms, 94 Columbia Law Review 2432 – 2558.

Reichman, J. H./Samuelson, S. (1997), Intellectual Property Rights in Data?, 50 Vand. L. Rev. 49 Resta, G. (2011), Nuovi beni immateriali e numerus clausus dei diritti esclusivi, in: G. Resta (Ed.), Diritti esclusivi e nuovi beni immateriali, Utet.

Schneider, I. (2015), Big Data, IP, Data Ownership and Privacy: Conceptualising a conundrum, presentation in the themed session "IP Governance, Big Data, Data Ownership and Privacy" at the EPIP Conference "Intellectual Property in the Creative Economy", Glasgow, UK, 2 – 3 September 2015, available at: http://www.epip2015.org/big-data-ip-data-ownership-and-privacy-conceptualising-a-conundrum/.

Schwartz, P.M. (2004), Property, Privacy, and Personal Data, 117 Harv. L. Rev. 2055 (also avail-able at: http://ssrn.com/abstract=721642).

Scuffi, M./Franzosi, M./Fittante, A. (2005), Il Codice della proprieta industriale, 450, CEDAM Sholtz, P. (2001), Transaction costs and the social costs of online privacy, First Monday 6/5, available at: http://firstmonday.org/ojs/index.php/fm/issue/view/133Sousa e Silva, N. (2014), What

Exactly is a Trade Secret Under the Proposed Directive?, 9 (11) Journal of Intellectual Property Law & Practice 923 (also available at: http://ssrn.com/abstract=2427002).

The Interface Between Data Protection and IP Law: The Case of Trade Secrets... 443.

Stamatoudi, I. (2002), To what extent are multimedia works films?, in: F. Dessemontet/R. Gani (Eds.), Creative ideas for intellectual property, The ATRIP Papers 2000 – 2001, CEDIDAC Surblyt, G. (2016), Data Mobility at the Intersection of Data, Trade Secret Protection and the Mobility of Employees in the Digital Economy, 65 GRUR Int. 1121; Max Planck Institute for Innovation & Competition Research Paper No.16 – 03 (May 13, 2016), available at: http://ssrn.com/abstract=2752989.

Torremans, P. L. C. (2015), The Road Towards the Harmonisation of Trade Secrets Law in the European Union, 20 Revista La Propiedad Inmaterial 27 (also available at: http://ssrn.com/abstract=2719015).

Ubertazzi, L. C. (2014), Proprieta intellettuale e privacy, Foro it., 3 – 16.

van Erp, S. (2009), From "Classical" to Modern European Property Law?, in Essays In Honour Of Konstantinos D. Kerameus, Sakkoulas/Bruylant, 1517 – 1533 (also available at: http://ssrn.com/abstract=1372166).

Zeno-Zencovich, V. (1989), Cosa, in: Digesto delle discipline privatistiche, Vol. IV, 438, Utet.

可将数据视为数字资产

——以定向广告为切入点

Guido Noto La Diega*

江青梅** 译

摘要：得益于云计算、人工智能技术（例如机器学习）和大数据（例如预测分析技术）的快速发展，新的追踪技术和画像技术发展得更加成熟，并进一步推动了定向广告的兴起，即根据特定用户的偏好和习惯向他们投放其很可能会浏览的广告。如果定向广告是基于大数据向特定用户投放的，则应当受到数据保护法的规制。大多数法规也是从数据保护角度规范定向广告，但本文主张应寻求多个法规全面规范定向广告。知识产权法、竞争法和消费者权益保护法在这一方面发挥了重要作用。本文的总体思路是可以将用户知识产权库中的数据视为数字资产，从而使用户更加关注其数据的处理、共享和出售方式。第一部分内容是欧洲对定向广告的规制框架，特别是《电子隐私指令》（ePrivacy Directive）的相关规定。第二部分批判性分析国际和欧洲的部分行业自律规范，并进一步研究分析与Facebook相关的案例以及性取向数据的使用，通过举例子解释实践中"意大利广告监管协会"（Istituto di Autodisciplina Pubblicitaria，IAP）如何运转。第三部分比较《数据保护指令》（Data Protection Directive，95/46 EC）和《通用数据保护条例》（General Data Protection Regulation，GDPR），重点比较"直接营销"部分的内容。鉴于Google是世界上定向广告的主要参与者，因此第四部分将以Google为例分析平台的运作原理及其隐私政策，以探究这种形式的广告应如何处理数据。第五部分从知识产权和竞争法角度，以Facebook和WhatsApp的并购为例评析定向广告。在排除其他因素影响的前提下，尤其是在WhatsApp的隐私政策允许Facebook使用前者用户某些数据的情况下，评析该案中欧盟委员会同意并购的授权决定在如今是否会有所改变。换言之，该部分主要是评析是否可以通过不正当商业行为制度（unfair commercial practices regime）防止或规范定向广告。第六部分得出结论并提出建议，即赋予用户权利，在用户和广告网络商（ad networks）、广告发布者（publishers）、广告商（advertisers）利益和权利之间取得平衡。总而言之，应该认识到定向广告公司并未实施某些规制机构要求的选择加入机制，也没有采取措施落实如《电子隐私指令》规定的通知和同意条款。因此本文建议应规定公司要采用

---

* Guido Noto La Diega，英国诺森比亚大学网络法律和知识产权高级讲师。
** 江青梅，法学硕士，苏州中来光伏新材股份有限公司。

更合理的选择退出机制,但前提是:用户异议权实际有效(而不是目前的做法,绕过广告屏蔽工具或类似工具)并且信息是以透明、简短、交互、游戏化的方式提供。用户利益必须是数据保护制度设计的核心,但是数据保护法并不因此就是保护用户利益最好的法律。

1 引言

在保持互联网免费使用方面,广告起着至关重要的作用。广告能催生许多新类型的商业模式,这些商业模式能灵活、及时地满足在线用户不断变化的需求。① 以"免费增值"(freemium)模式*为例,服务商可以向用户投放广告进而收取第三方的广告费以此支持其向用户提供的免费服务。② 正如最近关于《数字化单一市场版权指令》(《欧盟版权指令》)(Copyright Directive)新提案所言,"'免费'供用户登录和使用,但直接或间接地从广告和用户数据中获取收入"。③

近年来,得益于云计算、人工智能技术(例如机器学习)和大数据(例如预测分析技术)的快速发展,新的追踪技术④和画像(profiling)技术⑤发展得更加成熟,并进一步促进了定向广告或者行为广告⑥的发展。定向广告就是根据特定用户的偏好和习惯从而向他们提供其很可能会浏览的广告。⑦ 用户可能会期待平台对他们的浏览行为进行分析以便为他们提供广告,因此,即使在访问亚马逊时显示的第一件商品与之前查看过的相似,他们也并不会感到惊讶。但是用户也许不会意识到平台也利用面部识别技术来攫取他们的照

---

① Cf. European Commission, Case No.M.7217 – Facebook/WhatsApp, 3 October 2014, para.47,参考"绝大多数的社交网络服务都是免费提供的,但它们可以通过其他方式获得盈利,如广告费或高级服务费"。

* Freemium 最早由贾里德·卢金提出,因风险投资家弗雷德·威尔逊的博客文章而流行,伴随著名学者克里斯·安德森、奥斯特瓦德以及皮尼厄对其进行系统介绍,而逐渐进入学者研究视野。免费增值是指有大量基础用户可以享受没有任何附加条件的免费产品和服务,大部分免费用户永远不会变成付费用户,只有不超过 10%的用户会订阅收费的增值服务,用付费用户补贴免费用户,其本质是基础部分免费,增值部分收费。——参考亚历山大·奥斯特瓦德,伊夫·皮尼厄.商业模式新生代[M].北京:机械工业出版社,2016:1-36.转引自王东升,朱兆慧,代亚梦. Freemium 商业模式如何实现企业价值创造?——基于奇虎 360 科技有限公司的案例分析[J]会计之友,2020 (11):19-26。——译者注

② Spotify 是"免费增值"模式中最有名的网络服务提供商,Amazon, LinkedIn 和 Badoo 也是值得注意的研究对象。

③ European Commission (2016d), part 1/3, para.5.2.1.这一部分指的是在线平台上用户生成的内容,但适用于部分(本文作者认为是大多数)在线"免费"服务。

④ 使用高频声音来秘密地跟踪一系列设备,参见 Calabrese et al. (2015)。基于半监督机器学习方法的解决方式,参见 Díaz-Morales (2015)。cookie 技术可能无法直接用于移动应用程序。因此广告商可以将用于在移动应用程序上投放广告的标识符链接到同一设备上的广告 cookie,以便协同移动应用程序和移动浏览器之间的广告。当你使用一个免费的移动应用程序(通常是应用程序内购买)时,你会看到一个广告占据了屏幕,如果你不经意点击它,它就会在移动浏览器中打开一个网页。需要指出,flash cookie 不能通过传统的浏览器隐私设置删除。据报道,它们被用作精确恢复"被数据主体拒绝或删除的 cookie"的一种工具。(Soltani et al. (2009), 1-8)与此类似,参见 Bauer et al. (2015)。

⑤ See Pandey/Mittal (2016), Fan et al. (2016), Kanoje et al. (2014) and Cufoglu (2014)。

⑥ 定向广告有时也被称为行为广告,但严格来说这两个词不是同义词。前者可被认为是属,后者可被认为是种。有几种方法可以定位到潜在客户:分析用户以往的行为(行为广告);用户显示的页面或内容(内容广告);数据主体的已知特征(年龄、性别、位置等)或数据主体在注册阶段提供的信息(分阶段广告)。尽管行为广告可能更具侵入性并可能收集更多的个人数据,但不同类型的定向广告引起的问题却是相似的。因此本文将主要涉及定向广告的概念。最近学界又倾向于将定向广告称为基于兴趣的广告,名称的改变会带来实际的后果。

⑦ 投放定向广告的方式有很多,但是为简洁起见,本文不做详细介绍。推荐阅读 Yan et al. (2011), 213。

片。例如最近北加州地方法院⑧认为,伊利诺伊州制定的《生物识别信息隐私法案》(Biometric Information Privacy Act)适用于Facebook,这很可能意味着该社交网络公司违反了法律,因为Facebook没有要求面部识别活动必须获得用户明确的同意。⑨近期Facebook强迫用户下载"朋友圈"(Moments)这一单独的应用程序以同步其私人照片,⑩证实了用户照片对于Facebook的重要性。普通服务条款(Terms of Service,以下简称"ToS")和隐私政策同样适用于"朋友圈",这意味着Facebook还将此类数据作为杠杆来进一步使用"用户信息,改善我们的广告和测试系统以便向您展示相关广告"。⑪

利用Google的搜索引擎搜索某件事或某个物品后,再登录Facebook就会看到相关广告,这经常发生。人们很少意识到被追踪以及被追踪的程度,但是类似LightBeam等附加组件可以增强此类意识。对此笔者进行了实验。笔者于格林尼治标准时间(本文所述时间均为格林尼治标准时间)2016年8月12日16点45分安装了此插件后,在Firefox浏览器搜索YouTube上的视频"The Chainsmokers—Don't Let Me Down ft. Daya"(《烟鬼——别让我失望,Daya》)。让笔者意外的是,这个20秒的简单操作让笔者与19个第三方网站互动,这些网站主要由Google拥有或控制(如google.com,googlevideo.com,google.co.ukcontent,googleapis.com,googlesyndication.com,googleusercontent.com等)。LightBeam显示每秒钟激活0.5个Cookies。经过两个小时访问32个网站的正常活动后,作者与其他229个第三方网站产生了互动,其中44个网站来自adform.net,44个来自smh.com.au,38个来自Google的DoubleClick,34个来自adnxs.com。这些结果令人惊讶,因为笔者从未(十分肯定)访问过Adform或Adnxs,前者是全球数字媒体广告技术公司,后者是供广告发布者到Nexus在线拍卖、出售广告位的一个门户网站。而关于DoubleClick的业务运作方式,笔者无从得知。

这个实验也让笔者发现是哪些广告商通过Facebook锁定了自己,有11个是"掌握你联系信息的广告商"(Advertisers with your contact info),还有5个是"你使用过他们的网站或应用程序的广告商"(Advertisers whose website or app you've used)。⑫第一类是通过购买获得用户数据的广告商。⑬目前还不完全清楚Facebook可以向广告商出售哪些

---

⑧ 参考Facebook生物识别信息隐私诉讼,Case 3:15-cv-03747-JD。
⑨ 意大利的个人数据保护机构已经认可,在银行希望对其客户进行分析以防止欺诈的情形中,若已获得了数据主体明确的同意,可以基于数据画像目的收集个人生物信息。参见Garante per la protezione dei dati personali, Verifica preliminare. Trattamento di dati personali e biometrici basato sull'analisi comportamentale dei clienti di una banca in occasione della loro navigazione nell'area privata del sito web, 9 June 2016 n.256。
⑩ Cf. Gibbs (2016). For the use of faces for advertising purposes see, for instance, Kopstein (2016).
⑪ Facebook的数据政策,参见https://www.facebook.com/policy.php。关于Facebook的营销策略,其认为下列是常见情形:(1)新的WhatsApp隐私政策暗含着将允许Facebook访问WhatsApp的用户数据;(2)"Moments"与母版应用中的"Messenger"是独立的;(3)引入Facebook的"Live"功能;(4)在Instagram上介绍"Your Story";(5)Instagram视频现在最多可录制60秒(不同于最初的15秒)。此类功能激励用户产生更多数据,使Facebook可以(主要)用于实现广告目的。
⑫ 找到这些信息并不简单,来源网址:https://www.facebook.com/ads/preferences/。
⑬ 第二类,例如《卫报》,用户就不会被分析,所以其不那么令人担忧,一个人很可能会被与他有过互动的网站和应用程序跟踪。

数据,因为其只声明不会分享用户的姓名和联系方式,⑭但可以肯定的是,Facebook 可以获取用户敏感数据如性别。自行车销售者希望把目标消费者缩小到所有居住在悉尼,并且对自行车感兴趣的 18 岁到 35 岁之间的女性;制药行业想要收集某家医院附近所有人的相关信息。即使后者不涉及个人数据只涉及位置数据,但位置数据仍然具有侵入性,因为人们可以从位置数据中轻松推断出敏感的健康数据。以堕胎诊所里的妇女为例,她们的定向广告就是反堕胎广告。⑮ 不过 Facebook 提供给我们的信息表明,我们可以通过一个用户友好型工具来控制广告。⑯ 在广告偏好设置页,笔者发现自己已被精确画像,其活动和兴趣被分解为 683 种受众*(audiences)(如平台所称呼),从伦敦国际电影节(BFI London Film Festival)到意大利社会运动党(Italian Social Movement),与笔者真实的政治信仰完全不一致。⑰ 基于选择退出机制,笔者已经被追踪和记录,并且 Facebook 提供的机制是从每种单独受众的广告商中选择退出。⑱ 此外,用户应有权知道陌生的人和公司在哪些基础上向他们投放广告。笔者用一个下午时间浏览了大量的网页之后,终于找到了更有用的信息。⑲ 笔者发现其当前的(从未自主选择)广告偏好设置允许向自己展示 Facebook 公司或者与 Facebook 公司无关的应用程序和网站上的广告。笔者决定在这一天结束时关掉所有的广告。但是流行社交网站宣称——选择退出的用户仍将会看到"相同数量的广告,但它们可能与您不太相关"来挽留想要选择退出的用户。即使选择了退出,用户"所看到的广告是基于您在 Facebook 上的活动"。如果选择退出行为广告,用户依然会收到基于其所做的事情如行为而投放的广告,他们所做的事情与他们的行为很难区分,因此选择退出行为广告并没有多大意义。Facebook 的定向广告似乎无法退出——他们巧妙地将其名称更改为"基于兴趣的广告"。当涉及法律时,更名也许会产生实际后果——但是将玫瑰改为其他名字并不能使其闻起来更香。⑳

　　大多数调查结果显示,即使定向广告可以使消费者受益,㉑消费者还是会反对平台提供此类广告。㉒ 甚至对这种广告采取积极态度的调查结果也显示,大多数用户认为这侵犯了他们的隐私。㉓ 如 Pew 调查结果显示,73%的搜索引擎用户中"不同意追踪您的搜索

---

⑭ https://www.facebook.com/about/basics/facebook-and-advertising/on-facebook/.
⑮ See Coutts (2016).
⑯ https://www.facebook.com/ads/preferences/.
* 受众,指的是广告商对个人数据进行拆分,可以将个人拆分为羽毛球爱好者、年轻女性、火锅爱好者、居住在上海的人等等,从而对其投放不同的定向广告。每一种分类就是一种受众。——译者注
⑰ Facebook 宣称本文作者喜欢一个与意大利社交活动有关的网页,但并不会给他推荐他可能会喜欢的网页。
⑱ 存在一个事后救济机制,即当用户看到广告时,他们可以选择"为什么我会看到?",也可以选择隐藏所有广告商投放的广告。然而这是一个选择退出机制。用户本应有权一开始就阻止广告投放,因为看到广告本身就已经带来了痛苦。
⑲ https://www.facebook.com/settings/?tab=ads.
⑳ 该实验在 2016 年 9 月 11 日进行。禁用所有基于兴趣的广告后,作者再次访问 https://www.facebook.com/ads/preferences/,发现尽管 5 个"[a]dvertisers whose website or app you've used"已经消失,但还是有 11 个其他联系信息的广告商。如果不是基于他所谓的兴趣(或受众),他们是基于什么为他提供广告服务,目前尚不清楚。——旁注
㉑ As pointed out by the European Commission (2016b), para.3.5.5.1, with reference to Liem/Petropoulos (2016). "当网络平台通过启用基于用户个人数据和人口特征的以兴趣为基础投放的广告从而减少无关广告时,互联网定向广告在理论上扮演着对消费者有用的角色,因为他们可以看到与其潜在的个人兴趣相关的广告。"
㉒ See, e.g., Turow et al. (2009), 1-27; Marshall (2014).
㉓ Ask Your Target Market (2011).

并使用该信息在未来提供个性化的搜索结果,因为他们认为这是对隐私的侵犯"。[24] 此外,68%的互联网用户对"定向广告感到不满意,因为我不喜欢对我的在线行为进行追踪和分析"。[25] 互联网的免费仅仅是表面的。实际上,广告主不仅需要向广告商(尽管不是最终用户)支付价格,还可能会产生非财务成本,如违反个人隐私保护规定,违反竞争法、知识产权法和消费者保护法。正如上述实验所示,尝试禁用 Cookies 和广告的用户将发现他们不能再访问大多数在线服务。这证明了(显然)免费服务实际上是使用其数据作为支付价格并且默认被追踪和被画像。正如当下流行的真实场景游戏 Pokémon Go,"即使玩家在应用程序内购买中(in-app purchases)或者提升技能上从来不花一分钱,仍然可以有效地产生信息,而这些信息就会成为 Niantic 公司的商品"。[26]

定向广告本质上与其他不可忽视的问题相关,例如 Cookies、数据画像、直接营销等问题。定向广告不再仅仅是使用"通过 Cookies 链接的信息创建用户个人资料以便投放可能会让其感兴趣的广告"。[27] 因为数字指纹的概念显然超越了 Cookies,而且新的追踪技术(例如跨设备追踪)[28]每天都在改进。

如果定向广告是基于大数据向特定用户投放,则应适用数据保护法和隐私法来规范。如果能够通过某一个数据识别某个人,那么该数据就应属于这个人的数据,无论是否能识别出这个人的真实姓名。为了使定向广告有效,广告商必须能够挑选出一个用户并为其量身定制商业讯息。如果某个用户被挑选出来则应适用数据保护法保障该用户的相关权利。[29]

数据保护只是研究定向广告的一个方面。定向广告还展示了个人数据如何成为优秀广告商的知识产权库中关键的数字资产。[30] 一方面,可以利用这些数字资产进行潜在的不公平的商业竞争;另一方面,将用户变成"数字劳动者"实行区别定价的歧视性政策。如

---

[24] Purcell et al. (2012),1-42.
[25] Purcell et al. (2012),1-42.
[26] Iveson (2016),他进一步指出:"这个数据可能会被卖给对定向广告有兴趣的第三方。"Pokémon Go 在 2016 年 7 月 1 日更新的隐私政策中对定向广告的规定并不清晰,其只规定"我司雇佣的一些第三方服务提供商(包括第三方广告商)也可能在您的硬盘上放置他们自己的 cookies"。此外,"我司可能使用 Web 来交付或与 cookie 通信,以跟踪和评估我司的服务,以及监测浏览我司服务的访客数量和广告成效"。参见网址:https://www.nianticlabs.com/privacy/pokemongo/en/。比这个规定更清晰的是,Pokémon 隐私政策在 2016 年 4 月 19 日的更新,"我司可能会收集并存储您设备的源 IP 地址,该 IP 地址可能会在您访问服务时泄露您设备的位置。广告和某些内容可能是基于该数据而为您制定。此外,如果您选择启用该功能,在某些情况下这些服务可以根据您的当前位置提供内容"。其还表明位置数据将被用于"使您收到个性化广告,包括您在我司网站上的活动或在第三方网站和应用程序上的活动而投放的广告"。参见网址:http://www.pokemon.com/uk/privacy-policy/。值得注意的是,Pokémon Go 系 Niantic 和 Pokémon 的所有者 Nintendo 合作开发的。目前尚不清楚这两家公司是否会共享用户数据。此外,Niantic 于 2015 年脱离 Google,但 Google 提供了大量的资金支持,且 Niantic 是 Google 内部的一家初创公司,Niantic 被 Google 间接控制或至少受到 Google 的影响也不足为奇。
[27] Information Commissioner's Office (2011). ICO 区分了非定向广告、内容广告和行为广告。尽管在某种程度上可以考虑内容广告,但定向广告、行为广告仍是本文的重点。
[28] 跨设备跟踪在物联网世界中至关重要。例如,考虑使用高频声音来秘密地跟踪一系列设备。本章将介绍 Google 更新的隐私政策,该政策使用户同意通过"我的账户"在不同设备(和服务)之间被跟踪。在广告领域(尤其是移动广告),Rocket Fuel 等公司正在开发跨设备解决方案(Moment Scoring)。
[29] Cf. Zuiderveen Borgesius (2016),256.
[30] 知识产权与定向广告的相关性是多方面的。如除了作为资产的数据本身(可以从数据主体转移到数据控制者和第三方)之外,用于分析用户行为的算法通常也被商业机密或相关概念所涵盖。机器学习算法决策中的问责问题,参见 Reed, Kennedy, and Nogueira Silva (2016).

今欧盟委员会在数字单一市场战略的背景下已经对上述行为进行规制。㉛ 解决上述问题的方法是，将数据视为消费者知识产权库中的数字资产，引导他们理解数据的重要性，那么就无须预防广告商对这些数字资产进行任何形式的有意识的经济利用。数据转换为数字资产有几个要素。一是隐私不是一项人权（静态和不可转让），而是一项财产权（动态和可转让）——这种认识加强了数据作为资产的理解。GDPR㉜所引入的数据可携带权是这种发展最明显的证明。因此数据控制者（例如 Facebook）有义务以"结构化，常用且计算机可读的格式"将个人数据转移给提供数据的数据主体。㉝ 数据主体享有"将这些数据转移给另一个数据控制者的权利"。㉞ 最近关于在线内容服务系统跨境转移的规定证实了数据转变为数字资产的可能性。㉟ 该规定禁止将个人数据许可、传播、转移、共享、传送和披露给在线内容服务提供商㊱（例如一个德国用户临时在英国访问 Netflix 时）。二是除了上述情形，个人数据可以像任何其他知识产权一样进行授权。㊲ 如何使用数据必须得到用户许可而不是让用户接受隐私政策，这样用户才可以更好地意识到个人数据的价值。在 2017 年 9 月的相关条例草案中，㊳欧盟委员会最后认可了非个人数据的自由转移。但同时也指出阻碍数据自由流动违反了服务自由流动原则，数据价值链的基础在于"数据分析，营销和分销"。㊴

本文将抛开其他研究视角，包括政治竞选团队通过社交媒体平台提高竞选能力，如"向选民名单上选定的选民投放定向广告"。㊵

依据《数据保护指令》第 29 条㊶设立的保护个人数据处理工作组（以下简称"工作组"）明确指出，定向广告目的合法的法律基础是同意，规范的唯一机制就是遵守生效的《数据保护指令》中的硬性"选择加入"机制。㊷ 部分法官㊸认同该观点，因此认为软性"选择加入"机制是违法的，比如用户必须点击事先标记好的标记框才能取消数据处理的授权。

㉛ 欧盟委员会向欧洲议会、理事会、欧洲经济社会委员会和地区委员会传达"欧洲数字单一市场战略"，COM/2015/192 final。

㉜ 2016 年 4 月 27 日，欧洲议会和理事会完成了关于个人数据处理和此类数据自由流动的个人保护条例（GDPR）的制定，并在生效后废除了 95/46/EC 指令。OJ[2016]L 119/1。

㉝ GDPR，Article 20（1）。

㉞ GDPR，Article 20（1）。

㉟ 2017 年 6 月 14 日，欧洲议会和理事会关于内部市场在线内容服务跨境可携带性的 2017/1128 条例（欧盟），OJ[2017]L 168/1。

㊱ 2017 年 6 月 14 日，欧洲议会和理事会关于内部市场在线内容服务跨境可携带性的 2017/1128 条例（欧盟），OJ[2017]L 168/1，Article 8(2)。

㊲ On data licensing, cf. Kilian (2012), 169 and Joung et al. (2005). 人们应该认识到，"由于对数据主体人格权利的任何侵犯都存在上下文敏感（context-sensitive），因此此类数据合同（数据授权合同）的有效性存在不确定性，从而使其成为高风险交易"。Sattler (2018)。

㊳ 欧洲议会和理事会关于欧盟内非个人数据自由流动条例框架的提案，COM/2017/0495 final - 2017/0228 (COD)。

㊴ Ibid.

㊵ European Commission (2016b)，para.3.4.4。

㊶ Article 29 Working Party (2010).根据《数据保护指令》第 29 条设置的工作组已经被 GDPR 第 68 条设置的欧洲数据保护委员会所取代。

㊷ Directive 95/46/EC。

㊸ See, e.g., John Lewis v. Roddy Mansfield, unpublished, analysed by Groom (2014)。

在 Vidal-Hall 诉 Google 案例中，[44]一方面，定向广告是研究数据保护、竞争、知识产权、消费者保护交集的理想模型；另一方面，它提出了一项原则，即数据保护制度不要求一定要有经济上的损失，即使只有精神上的痛苦也可以请求相应赔偿金。这确认了定向广告涉及的利益性质不仅是经济上的，还包括用户作为一个人的权利。此外 Vidal-Hall 诉 Google 案还确立了：即使采取了强制的技术手段也并非一定能成为抗辩事由。在该案例中，用户将苹果的 Safari 浏览器设置为阻止第三方 Cookies，但是当 Safari 浏览器使用的是 Google 搜索引擎时，是允许其基于广告服务目的记录和使用用户信息的。

机器使用复杂的算法来更好地了解我们[45]，并推销我们想要的东西（有时甚至是我们不知道我们想要的东西）。但我们不应倾向于（完全）将责任分配给人工智能主体（autonomous artificial agents）。如最近的 Facebook"热门列表"案例所示，人是以非中立的方式选择所显示的帖子的，因此不能将这些平台的策略普遍归咎于算法。优秀的定向广告规范框架应是在人工智能主体全责和人类完全免责之间取得平衡。

本文的结构如下。第一部分，通过工作组和欧洲数据保护监管机构（European Data Protection Supervisor）来阐明欧洲的规制框架，特别是关于《电子隐私指令》。[46] 第二部分，广告商在网络空间倾向于（有时可以理解这种倾向）忽视自上而下的监管，因为他们更喜欢遵守与自己处于同等地位者制定的规则，如国际商会（International Chamber of Commerce，ICC）、欧洲广告标准联盟（European Advertising Standards Alliance，EASA）、和美国互动广告局（Interactive Advertising Bureau，IAB）联合制定的国际和欧洲行业自律规范，批判性分析此类规范。第三部分，是关于 Facebook 和性取向数据利用的案例研究——一个假想的意大利用户向 IAP 投诉，并比较《数据保护指令》和 GDPR，重点比较"直接营销"部分的内容，但也涉及数据画像和算法决策。第四部分，鉴于 Google 是世界上主要的定向广告参与者，将以 Google 为例解释平台运作、数据分析原理、专业术语、隐私政策和设置选项，以探究该种广告形式应如何处理数据。第五部分，在得出结论之前，将从知识产权和竞争法的视角来分析定向广告。此处选择的案例是 Facebook 与 WhatsApp 的并购案。评析该案中同意并购的授权在如今是否会有所改变，尤其是在 WhatsApp 的隐私政策允许 Facebook 使用前者用户某些数据的情况下。总而言之，主要是评析是否可以通过不正当商业行为制度防止或规范定向广告。第六部分，在结论中提出务实建议即"在线广告行为合作章程"，旨在赋予用户权利，平衡用户和广告网络商、广告发布者、广告商等的利益。实践中，定向广告公司并未实施规制机构要求的选择加入机制，也没有实施如《电子隐私指令》规定的通知义务和同意条款。因此应要求公司实施更

---

[44] Vidal-Hall & Ors v. Google Inc [2014] EWHC 13 (QB) (2014)；Google Inc v. Vidal-Hall & Ors [2015] EWCA Civ 311 (2015). 2016 年 6 月 30 日，Google 向最高法院撤回了上诉。例如，参见：Evans (2015) 80；Chamberlain (2015) 93；Flint (2016) 38。

[45] 自动决策并不总是有效的。例如，2016 年 8 月 29 日 Facebook 屏蔽了许多 LGBT 倡导者的账户，因为他们的帖子被认为是"恐同"。

[46] 2002 年 7 月 12 日，欧洲议会和理事会关于处理个人数据和保护电子通信部门隐私的 2002/58/EC 指令（关于隐私和电子通信的指令，或电子隐私指令），OJ [2002] L 201/37。

合理的选择退出机制,但前提是:用户异议权实际有效(而不是目前的做法,绕过广告屏蔽工具或类似工具),并且信息是以透明、简短、交互、游戏化的方式提供。用户利益必须是数据保护制度设计的核心,但是数据保护法并不因此就是保护用户利益最好的法律。

至于研究方法,包括对立法、条例、行业规范、法律和欧洲文献(集中在英国和意大利但也不排除其他的)的梳理以及几个实验,目的是理解:用户是如何被追踪以及被多少网站追踪,从而向其投放定向广告;用户使用的技术工具是否能有效避免成为此类广告的目标;用户是否知道被追踪以及他们是否知道"定向广告"的含义。实验结果令人十分惊讶。

2 定向广告的欧洲法律规制

从数据主体的隐私权和数据保护的角度看,数据无疑属于基本人权的保护范围。但是诸如定向广告之类的社会现象也体现了数据的另一面:用户数据正成为一些公司知识产权库中的重要资产。因此必须平衡各方利益冲突。

相较于其他方面,欧洲规制机构倾向于利用隐私权和数据保护法进行规范。第一个也是最重要的规定就是——工作组对"在线行为广告"(OBA)的"意见"。[47]

虽然会在下文重点阐释"意见"的部分内容,但有必要简要回顾一下历史。

相关简史可以追溯到 1993 年开始生效的欧盟理事会《欧洲跨国广播电视公约》[48](European Convention on Transfrontier Television)(以下简称"公约"),但鉴于当时相关技术的发展,定向广告被理解为仅针对一个国家或地区的受众群体的广告。根据公约第 16 条第(1)款,为了避免扭曲竞争和危害公约缔约方的电视系统,"除了传输方(transmitting Party)以特定频率直接投放给受众的广告和电视购物广告外的各个缔约方(single Party),不能规避公约中对特殊缔约方关于广告和电视购物广告的规定"。

两年后出台了一份针对欧盟理事会《电视无国界指令》(Television without Frontiers Directive)的修正案,即《电视广播指令》(Television Broadcasting Directive)[49],协调成员国法律、法规所规定的或政府行为所涉及的电视广播活动。欧盟委员会强调,为了使广播组织和国家规制机构有效组织其活动,《电视广播指令》和公约应尽可能协调一致。但这两个文件有着本质区别,即公约第 16 条规定的定向广告"并不是《电视无国界指令》中规定的定向广告(因为公约的定向广告不符合下述条约第 59 条的规定)"。[50] 欧洲经济区(European Economic Area,EEA)条约规定,"对在欧洲经济区成员国内提供的免费服务的限制应当被取消"。[51]

多年来已经出台了若干修正案,最终《视听媒体服务指令》(Audiovisual Media Services

---

[47] Article 29 Working Party (2010).
[48] 文本来源网址:https://www.coe.int/en/web/conventions/full-list/-/conventions/rms/090000168007b0d8。
[49] See Commission of the European Communities (1995).
[50] Ibid., para.3.1.
[51] 1957 年初始文本来源网址:http://www.ab.gov.tr/files/ardb/evt/1_avrupa_birligi/1_3_antlasmalar/1_3_1_kurucu_antlasmalar/1957_treaty_establishing_eec.pdf。

Directive，AMSD)取代了《电视广播指令》[52]，从前者序言的第41和第42条中可以推断出，定向广告(被理解为在一个国家中直接向用户投放的广告)符合欧盟法律。因此，公约关于定向广告的规定已不再适用于同属欧洲理事会和欧盟的成员国。[53] 公约第27条第(1)款规定，作为欧盟成员的缔约方在彼此关系中应适用《电视广播指令》的规则，仅在欧盟没有对正在处理的特定问题采取措施的情况下才适用公约的规则。

如今人们可以通过互联网观看电视(通过多种设备访问互联网)，并且考虑到智能电视的发展，《视听媒体服务指令》在近期修订中不仅应将定向广告的受众考虑在内，还应包括特定用户。在数字单一市场战略[54]的背景下，欧盟委员会于2016年5月25日通过了一项新的修订《视听媒体服务指令》的提案。但是这个提案并没有考虑上述建议。如果在所有媒体[55]的广告收入中电视占有最高的份额，那么就会倾向于通过该渠道(电视)增加定向广告。

欧盟委员会已经描述了一个到目前为止最新的网络平台愿景，尽管定向广告可能仅限于搜索引擎平台。部分搜索引擎使用的是用户网络行为的分类数据(disaggregated data)来提供定向广告。[56] 欧盟委员会委员指出，Cookies只有在征得用户同意后才可以在用户设备上运行。监管机构(Institution)注意到，"用户在事前信息利益和事后风险之间权衡时陷入了困境"。[57]

工作组的"意见"指出，制定的法律框架应将《电子隐私指令》纳入其中。以下是《电子隐私指令》的第5条第(3)款：

> 根据95/46 EC指令，成员国应确保数据控制者只有给订阅户或者用户提供了透明、全面的信息并且提供了拒绝数据控制者进行此类处理的权利，才能允许使用电子通信网络存储信息或访问订阅户或用户终端设备中存储的信息，尤其是基于处理信息目的进行上述操作。但是不应阻止仅出于执行或促进利用电子通信网络、传输通信目的而进行的任何技术性存储或访问，或应订阅户或用户明确要求而提供的信息社会服务。

因此，只有在用户知情同意的情况下网络广告提供商才可以在用户的终端设备上启用Cookies或类似设备，或通过该设备获取信息。

欧盟委员会为修订《电子隐私指令》组织了一次公众咨询会，[58]其初步研究结果于

---

[52] 欧洲议会及理事会在2010年3月10日关于协调成员国法律、条例或行政行为有关视听媒体服务若干条文的2010/13/欧盟指令(视听媒体服务指令)，OJ[2010]L95。

[53] 例如，德国、意大利和英国。详情名单见网址：https://www.coe.int/en/web/conventions/full-list/-/conventions/treaty/132/signatures?p_auth=DyuOx8C9。

[54] 根据不断变化的市场，欧洲议会和理事会对于关于协调成员国法律、条例或行政行为有关视听媒体服务若干条文的2010/13/欧盟指令提出了修订提案，COM/2016/0287 final-2016/0151 (COD)。

[55] PwC (2015)，as cited by the European Commission (2016d)，para.56。

[56] European Commission (2016b)，para.3.3.4.7 refers to Eggers/Hamill/Ali (2013)，19。

[57] Ibid.，with reference to Martens (2016).

[58] 2015年5月6日，欧盟委员会通过了《数字单一市场战略》(DSM)，该战略宣布，在《通用数据保护条例》通过后还将对保密规则进行修订。因此2016年4月11日，欧盟委员会发起了一项公共咨询会寻求利益相关者对当前的《电子隐私指令》的意见，改变现有法律框架，以确保其可以适应最新的数字领域的挑战。本次咨询会于2016年7月5日结束。

2016年8月发表。㉙ 其中有两点是关于定向广告的。

第一个是关于Cookies。77%的公民和民间团体以及70%的公共部门认为,如果用户拒绝使用标识符(identifiers),比如存储在终端设备中的Cookies,信息服务提供商应无权阻止用户访问其服务。但是有四分之三的公司不同意该说法,正如下面Google案例所证实的,这是一个争议焦点。一旦禁用Cookies就不能再登录Facebook。Facebook没有解释原因,仅声明Cookies是访问Facebook的必要条件。Facebook阻止禁用Cookies的用户访问。㉖ 在某种程度上Twitter相较而言比较透明,Twitter阻止禁用Cookies的用户访问,但进一步解释说Twitter及其合作伙伴需要使用Cookies进行统计、个性化和广告宣传。用户用来防止Cookies和广告的方法似乎只是形式上的,而实际上并不能发挥作用。

第二个是采用选择加入机制还是选择退出机制。虽然这是关于市场营销的问题,但概念是相同的,因为定向广告是有针对性市场营销的前提。所有答复者都认为,成员国不应保留在事先同意(选择加入)机制和拒绝(选择退出)机制之间进行选择的可能性。不出所料,利益相关者群体对应适用哪一机制分为两类:接近90%的公民、民间组织和公共机构支持选择加入机制,73%的行业团体支持选择退出机制。

咨询会还报告了部分《电子隐私条例》㉛(ePrivacy Regulation)草案的内容,修改了部分相关规定如(不再强制)Cookies通知。2017年9月,在欧盟理事会通过的版本中提出了一个三步战略(threefold strategy)。㉜ 首先,浏览器设置将取代Cookies通知。其次,对同意的例外情况进行了解释和扩展。积极的方面是欧盟理事会主席增加了一段声明,称浏览器"应以明确的方式为终端用户提供便捷方式使其可以在使用的任何时间改变他们已经同意的隐私设置"。㉝ 最后,一个(迟来的)从同意权到退出权的转变。普遍认可第一步,因为它有助于克服浏览器设置能否视为传递了用户知情同意的不确定性。㉞ 如果三步战略的提议被通过,将改变欧洲议会的部分立场,即OBA构成"对消费者隐私权的严重侵害当OBA……未得到消费者自由和明确的同意时"。㉟

工作组认为选择退出机制原则上并不能表明数据主体的同意。只有在非常具体的个案中才可以争论是否暗含同意。㊱ 因此欧洲数据保护当局(European data protection

---

㉙ European Commission (2016a). 全文报告可见网址:https://ec.europa.eu/digital-single-market/en/news/full-report-public-consultation-eprivacy-directive。
㉚ 结果,作者无法访问通过Facebook登录已经注册的所有服务,如Spotify和Academia.edu。
㉛ 欧盟委员会,"欧洲议会和理事会关于在电子通信中尊重私人生活和保护个人数据的条例和废除2002/58/EC指令的提案"(Regulation on Privacy and Electronic Communications),COM(2017)10 final - 2017/03(COD),10 January 2017(以下简称电子隐私指令)。
㉜ 欧盟理事会主席,note n. 11995/17, 2017/0003 (COD), 8 September 2017。
㉝ Ibid., Art. 10(2a)。
㉞ 这个问题也与隐私政策的不透明有关,参见Commission,"欧盟个人数据保护的综合方法"(communication) COM(2010) 609 final, para 2.1.5。
㉟ European Parliament (n 15) para.I (see also ibid para 20)。
㊱ 对于敏感数据存在不同的适用规则,例如健康和性数据。处理这些数据的唯一合法依据是明确的、独立的事先选择加入同意(没有选择退出、浏览器设置)。

authority)要求网络广告提供商为了实现提供定制广告(tailored advertising)的目的应采取积极的行动,通过数据主体表明他们愿意接受 Cookies 或同意其他类似设备对他们网上行为的监控,优先建立选择加入机制。为了满足《电子隐私指令》第 5 条第(3)款的要求,并不需要每个阅读了 Cookies 用户的同意,但是为了让数据主体意识到被监控,网络广告提供商应该:

其一,及时限定同意的范围;

其二,提供轻易撤回同意的可能性;

其三,在进行监控的地方创建可见工具。

这些原则似乎并没有被国际社会主要网站参与者所采纳。

在欧洲规制机构看来,"因为标识符可以创建非常详细的用户资料,在大多数情况下这些资料可以被视为个人数据,而行为广告是通过标识符来实现的,所以可以适用 95/46EC 指令进行保护"。⑥⑦ 网络广告提供者和广告发布者都应履行相关义务,他们都可以被认为是数据控制者。⑥⑧ 工作组认为透明度是个人同意数据控制者收集和处理个人数据并能有效选择的关键条件。重要的不是信息而是实际上拒绝的可能性,但这种可能性通常不存在。⑥⑨ 因此我们应该回到之前的版本,即 2009 年⑦⑩修订的《电子隐私指令》第 5 条第(3)款,旧的条款承认"有权拒绝数据控制者对此类数据的处理"。

对用户进行数据画像主要有两种方法,即预测画像和精准画像,前者是在一段时间内通过观察单个用户的集体行为而创建,后者是通过数据主体自己提供给网站服务商的个人数据而创建。这两种情况下的隐私需求并不相同。对于预测画像而言,用户可能没有意识到他们正在被观察。因此透明度和易于理解的信息至关重要,鉴于人工智能和预测性分析技术的快速发展,预测画像的作用将以指数性扩大。⑦⑪ 因此我们必须保持警惕。对于精准画像,反家长式的方法应避免给数据主体施加过多的信息负担。只要隐私政策可读,⑦⑫用户就可在任何时候自由选择删除账户或数据从而减轻数据主体或数据控制者与数据保护有关的义务。英格兰和威尔士的高等法院在 Spreadex 诉 Cochrane 一案⑦⑬中已经证明,这种冗长的隐私政策条款并不符合相关法律所规定的不公平条款制度⑦⑭。

---

⑥⑦ 根据工作组的说法,这有两个原因:一方面,行为广告通常涉及 IP 地址的收集和唯一标识符的处理;另一方面,在行为广告中收集的信息与一个人的特征或行为有关,并被用来影响这个人。

⑥⑧ 正如工作组所阐明的那样,发布者的责任不包括提供行为广告所必需的所有处理活动,例如由网络广告提供商所进行的处理,包括创建资料库,然后用于提供定制广告。但是发布者的责任应包括第一个阶段,即数据处理的最初部分,即个人访问其网站时发生的 IP 地址的转移。

⑥⑨ Cf. Hoofnagle et al. (2012),273.

⑦⑩ 欧洲议会和理事会 2009 年 11 月 25 日基于 2002/22/EC 指令关于一般服务和用户有关电子通信网络和服务的权利修订的 2009/136/EC 指令,2002/58/EC 指令是关于在电子通讯行业处理个人数据和隐私保护的,2006/2004 号条例是关于国家当局负责消费者保护法实施的,OJ[2009]L 337/11.

⑦⑪ Cf. Neelam et al. (2015),51;Kerr and Bornfreund (2005),647.

⑦⑫ Noto La Diega (2016a),建议使用一个实用工具克服隐私政策不透明的问题:"awareness by design"的应用程序。

⑦⑬ Spreadex LTD v. Cochrane [2012] EWHC 1290.根据法院的说法,"如果被告读过某一条款的某一特定句子,甚至已经理解其意义或含义,这简直是奇迹。或者假设被告已经读过类似条款,这也是非常不合理的"。(Judgment at para.19)

⑦⑭ 该法院适用了 1999 年《消费者合同条例》中的不公平条款,该条例现已被 2015 年消费者权益保护法案取代。

工作组明确了网络广告提供者、发布者对数据主体提供信息的义务。网络广告提供商存储或获取用户终端设备中的信息，必须满足两个条件。第一，是否按照 GDPR 的规定为用户提供了清晰、全面的信息尤其是处理数据的目的信息。第二，提供了上述信息后是否获得了用户对数据控制者存储或获取用户终端设备中信息的同意。

根据 95/46EC 指令第 2 条（h）项对有效同意的定义和要求，工作组进一步解释，"不能仅仅因为数据主体使用了默认能够收集和处理其信息的浏览器或其他应用程序就被视为已经同意"。这得到了 GDPR 的证实。GDPR 序言第 32 条："沉默、预选框和不作为均不应……构成同意。"GDPR 第 4 条第 11 款进一步规定：数据主体的"同意"是指数据主体依照其意愿自愿作出的、具体的、知情的及明确的确认意思表示。其通过声明或明确肯定的行为作出的这种意思表示，表明其同意对其个人数据进行处理。因此 LinkedIn 和 Facebook 采用的方法——使用该网站就等于同意 Cookies 政策，不符合法律。

工作组的"意见"还明确了法律所规定的义务，即浏览器的设置应能够传达知情同意，不应回避用户在设置浏览器时所作的选择。我们已经展示了选择禁用 Cookies 根本不起作用。被删除的 Cookies 可能会被 Flash Cookies"恢复"[75]，从而使网络广告提供商能够继续监控用户。新的追踪载体不断出现，如 HTML5 的本地储存和利用 eTags 的 Cache Cookies。后者是"即使所有的 Cookies 已被用户屏蔽并且'无痕浏览模式'（Private Browsing Mode）已被启用也能够进行独立追踪"。[76]

最后，工作组的"意见"认为浏览器设置批量同意 Cookies 无效，因为这意味着用户可能在不知道 Cookies 用途或目的情况下就同意了未来的数据处理。

在上述"意见"提出后不久，欧洲数据保护监管机构（the European Data Protection Supervisor）发表了同样的演讲，呼吁欧盟委员会确保《电子隐私指令》第 5 条第（3）款得到充分遵守，并指出"系统地追踪消费者网络行为具有高度侵扰性，现在更应该严格要求。提高透明度和消费者对网络环境的控制度是普遍接受的方案，同时不应限制消费者的权利"。[77] 该演讲批评欧盟委员会支持的 EASA 和 IAB[78] 联合制定的《最具操作性建议》[79]（Best Practice Recommendation）、《行为广告框架》[80]（Framework on behavioural advertising）以及美国主导的"请勿追踪"（do-not-track）倡议[81]，因为上述规范均不采用同意原则。这使人们对欧盟委员会在这个问题上的立场产生了怀疑（这个怀疑被证明是毫

---

[75] See Ayenson et al.（2011），1.
[76] Ibid，14. HTML5 may be used as well to enhance privacy.
[77] European Data Protection Supervisor (2011a).全文参见 Hustinx (2011).
[78] European Advertising Standards Alliance and Interactive Advertising Bureau.
[79] European Advertising Standards Alliance (2011).
[80] Interactive Advertising Bureau (2011).
[81] 参考的是网络广告倡议（NAI）的自我监管框架。2013 年，NAI 通过其更新的行为准则取代了该框架（2015a）。Cf. also NAI (2015b) and Federal Trade Commission (2009).基于兴趣广告概念的美国广告自律框架将不会被分析。然而对目前的制度，我们感到失望，（§II.C.1 of NAI (2015a)），公司应提供选择退出机制收集和使用非个人身份信息以投放基于兴趣的广告，而使用敏感数据和精确位置数据时则要求提供选择加入机制。

无根据的)。本文将接着分析欧洲和国际上的行业自律规范,[82]因为其对公司和用户行为的影响甚至超过法律、条例等强制性规范文件。[83]

3 定向广告的欧洲和国际行业自律

欧洲有关 OBA 的公开讨论是关于 2009 年《电子隐私指令》修正案一般性辩论的衍生品。数字议程专员(Digital Agenda Commissioner)尼莉·克罗斯(Neelie Kroes)在 2010 年就要求广告业通过信息透明度、同意原则、用户方便性和其他有效措施赋予欧洲公民更多权利。[84] 尼莉·克罗斯在演讲中强调:必须在个人数据保护和促进广告创新之间保持平衡,"价值真空中不存在隐私规制"[85](privacy regulation does not exist in a values vacuum)*。因此必须考虑法规对某一特定行业的影响并"考虑数字环境的长期健康发展状况"。[86] 她呼吁采取一种自律监管的解决方案,"这种方案必须明确符合欧盟立法"。但是相关评析表明,尽管已经采取了部分措施,但该行业采取的选择退出机制并未完全符合欧洲的法律框架。

IAB 是一个面向互动广告和营销公司的全球非营利组织。该组织于 2011 年 4 月制定了关于 OBA 的欧洲自律监管框架(European self-regulatory framework,下文简称"框架")。该框架为规范广告业良好营运奠定了基础并建立了相关原则,以增加广告业在 EU/EEA 中的透明度和网站用户的选择,作为 IAB 成员的公司和组织受这些原则的约束。

该框架的主要内容包括通知、用户选择、数据安全、敏感信息类别、培训(education)、合规性和强制执行以及审查。第一个原则是为了提升基于网络用户的偏好或兴趣所投放的广告效益,应以对消费者友好的标准去要求和规范收集网络用户数据的行为和 OBA。[87]

第二个原则是关于用户对 OBA 的选择。仅当公司收集和使用"通过特定技术或操作来收集数据——这些数据是来自特定计算机或设备在多个网站域中遍布的 URL,并将这些数据用于 OBA 时"[88]才需要获得用户明确同意。如果是"基于敏感的个人信息而创建或使用 OBA 分类",也需要获得用户明确同意。至于其他情况,第三方"应给网络用户提供一种机制,在收集和使用数据以实现 OBA 目的时以及将这些数据转移给第三方时行使他们的选择权"。

这种选择应以两种方式提供。第一,第三方"应在其网站上清楚完整地说明 OBA 的

---

[82] 不分析国家对上述规定的执行情况。Istituto di Autodisciplina Pubblicitaria (IAP) (2015), for the Italian regulation.在网上可以将投诉提交给 IAP 的监察委员会,该机构会对是否符合 EASA/IAB 自律规定进行审核。如有必要,IAP 会采用 EASA 跨境投诉系统。
[83] 鉴于互联网运行在一个精确的物理位置之外,很难执行法律,而且往往不清楚应该由哪个国家或地区机构管理和规范相关活动,因此通过独立于地理边界和通过同行压力机制,自律管制的主动性可能更有效。
[84] 值得注意的是,EASA 对 Kroes 的观点有不同的解读,他将其定义为"透明、选择和控制"(参见网址:http://www.easa-alliance.org/issues/oba)。
[85] Kroes (2010).
* 换句话说,不能为了无限保护用户隐私而遏制了广告创新。一旦没有了广告,也就不存在任何保护用户隐私的问题了,"消灭广告"并不是规范定向广告的初衷,我们的目标是在广告创新与隐私保护之间取得平衡。——译者注
[86] 同上。
[87] 对网络广告的内容和投放的监管超出了该框架的规制范围。
[88] 根据该框架的原则 II.C,"依据框架 II.B 获得用户明确同意的公司应提供一种易于使用的机制,使用户可以撤回他们对 OBA 收集和使用这些数据的明确同意"。

数据收集和使用惯例"。㉘ 第二,可参考该网站 YourOnlineChoice.eu website(也称"OBA User Choice Site",以下简称"UCS")。

笔者于 2016 年 8 月 19 日 10 点 43 分访问了该网站,进入"您的广告选择"(Your Ad Choice)窗口,弹出一条消息:"您的 Chrome 浏览器禁用了用于行为广告目的的 Cookies,若要关闭行为广告就需启用这些 Cookies"。我们必须启用 OBA Cookies 来禁用定向广告。系统复核(double-checked)了笔者被 109 家公司跟踪的状态。笔者发现尽管一直在屏蔽第三方 Cookies 并且安装了 AdBlock Plus,仍有 3 家陌生的公司(Delta Projects、Captify、Atlas Solution)一直向自己投放定向广告。此外,没有任何公司发布弹窗声明,表明"本公司不是根据您的兴趣投放广告"。㉙

值得称赞的是 UCS 网站采用了一个用户友好型的图标(见图1),该图标包含一个到 UCS 首页的超链接和第三方的通知,并且可以关闭部分或所有公司的 OBA。

但是 UCS 网站也存在不足,因为它没有显示大多数公司的用户状态并且显示的大多数公司都遇到技术问题,因此阻碍了状态的检索。㉚ 评估该工具的可靠性并不容易。该实验于 2016 年 8 月 20 日 10 点 28 分再次进行,结果显示只有 8 家公司(而不是 49 家)获得了结果。这次向笔者投放定向广告的仅有一家公司即 Accordant Media,有 4 家公司遇到了技术问题,还有 3 家公司没有建立 Cookies 但将来可能会根据其兴趣定制广告。在同一天 10 点 45 分进行了第三次实验,结果还是不一样。这一次显示了 18 家公司的结果,只有 ADEX 为笔者提供了定向广告,3 家公司没有设置 Cookies 但可能会在将来根据笔者兴趣定制广告,14 家公司遇到了技术问题。Accordant Media 是遇到技术问题的公司之一,因此无法检索用户的相关状态。

图 1 在线行为广告图标

IAB 的规制框架以有限例外的选择退出机制为基础,并以 EASA 参与制定的涉及 OBA 的《最具操作性建议》(以下简称"建议")为补充而制定。EASA 是一个负责处理广告行业自律监管问题的非营利性组织,并汇集了 34 个全国性的广告自律监管组织和 16 个广告业代表组织。

建议提供了"一个全欧洲、全行业的 OBA 自律监管标准,赋予全欧洲消费者相关权利"。㉛ 建议对行业成员提出:明确支持采纳符合当地发展水平的有关 OBA 的规则;明确支持采纳符

㉘ 该通知应包括:(1)第三方的身份和联络资料;(2)为提供 OBA 而收集及使用的资料类别,包括标明任何资料是否属于"个人资料"或"敏感的个人资料";(3)处理 OBA 数据的目的,以及该等数据可能向哪些接收者披露;(4)设立易于使用的机制,以便就为 OBA 目的收集和使用该等数据,以及为 OBA 将该等数据转让给第三方作出选择;(5)公司遵守这些原则的声明;(6)链接到以消费者为中心的教育门户网站。
㉙ 有 28 家公司"遇到技术问题……无法检索你的状态"(Google 和 Facebook 就是其中之一),还有 18 家公司"没有设置 cookie,但可能会在未来发送根据你的兴趣定制的广告"。其余 60 家公司没有显示结果。
㉚ 笔者试图检索自己关于 Google 的状态,截至当天格林尼治时间为 16:43。
㉛ http://www.easa-alliance.org/issues/oba.

合当地发展水平的新的职权范围和规则以通过自律监管机构处理对 OBA 的投诉;就广告自律监管机构处理非技术性投诉事项与网络广告提供商订立明确协议;确保业界和消费者对 OBA 有足够的认识;确保与消费者控制页面建立必要连接,以建立消费者反馈和投诉的一站式服务;对反复违反规定者或流氓交易者(repeat offenders or rogue traders)制定强有力的制裁措施。

该建议从 IAB 框架中确定了它的原则,但遗漏了数据安全性和培训,EASA 采用与 IAB 相同的选择退出机制并附加有限例外情形,明确当"网络用户拒绝该公司基于 OBA 目的收集其数据时,该公司就不应该再利用 OBA 程序协助将 OBA 投放到用户的浏览器中"。㉝

该建议中关于强制力的部分值得讨论:"消费者可以直接向公司、第三方或网站运营者、监管当局、自律组织或者类似的当地争议解决机构(ADR)(如消费者协会)反馈或投诉。这些可以形成不同的解决路径,所有的这些不同路径最终都是传送到一个一站式服务机构里。该机构设置了用户可以反馈或投诉的网页,相关程序启动后反馈或投诉就被传送到相关组织那里。"㉞此时必须区分两种情况:一是消费者关于 OBA 技术问题的反馈(例如提供 OBA 服务的主体是谁)将由该行业网络接口(industry web-based interface)处理。二是消费者如对该行业网络接口处理其初步反馈或投诉的方式感到不满,或对较一般的隐私问题或与广告内容有关的问题提出投诉则由广告自律监管机构负责处理。

具体过程如下所示。假设情景为未经用户明确同意将用户的性取向数据用于 OBA 目的。笔者于 2016 年 8 月 20 日 12 点 30 分进行了一项实验以评估关于性取向的敏感数据是否会被用来投放定向广告,因此在 Google 上搜索了"gay.com""gay dates"和"Grindr"(一个受欢迎的同性恋约会手机应用),然后刷新了自己的 Facebook 动态,短时间内没有出现任何与同性恋有关的信息。Facebook 在下午 14 点 45 分推荐关注一个公众号(group)"Sicilian gay bears"。然而这不能被认为是广告,因为该公众号并不销售产品或服务。笔者在往下滚动页面时发现了一个有女性照片的赞助页面"meetic.it"。因此可以推断 Google 和 Facebook 并没有(直接)利用有关性取向的敏感数据,但它们可能会从搜索词推断出用户正在寻找约会之类的信息。实验需要重复并进行更长时间的观察才能给出更可靠的结果。在晚上 9 点 22 分笔者用智能手机访问 Facebook 时看到了"Mrb&b"的广告,这可能并不是巧合。"Mrb&b"是一款为寻找对同性恋友好临时住所的人设计的应用(和服务)。作者在第二天凌晨 0 点 2 分看到了西部生育所(Western Fertility Institute)的广告:为同性伴侣提供代孕服务。

如果可以确定 Facebook㉟在未经用户明确同意(或出于其他非技术原因)的情况下

㉝ European Advertising Standards Alliance (2011), Principle II.A.
㉞ 同上,27.
㉟ 实际上,如果作者以法律顾问的身份代表在这个案件中想要提出诉讼的客户,实际上他会起诉 Facebook Ireland Limited 和 SFO84, Inc. (the owner of Mrb&b)。然而,前者似乎才是真正的被告,因为它才是用户数据的实际控制者。如果阅读更多欧盟委员会的案例 No. M. 7217 - Facebook/WhatsApp, 3 October 2014, para 70, on the Facebook - WhatsApp merger, 就会注意到,就其在线广告活动而言,"Facebook 收集其社交网络平台用户的数据,并对其进行分析,以便代表广告商尽可能地'针对其社交网络平台的每个特定用户'投放广告。然而,Facebook 既不出售它收集的任何用户数据,也不作为独立于广告空间本身的独立产品从而向广告商或其他第三方提供数据分析服务"。这意味着 SFO84, Inc.公司没有访问 Facebook 用户数据的权限,因此它不对任何非法使用这些数据的行为负责。

利用了该用户的性取向数据,该用户可以按照下面的程序进行操作。首先,应该向本国自律监管机构或组织如 IAP 求助,⁹⁶IAP 将评估用户是否有能力处理此事,或者是否需要根据 EASA 跨境投诉规则⁹⁷(EASA CrossBorder Complaint rules)将投诉移交给相关的自律机构(例如,可以移交给 Deutsche Datenschutzrat Online-Werbung 或者是英国的 Advertising Standards Authority)。⁹⁸ 称职的 IAP 将决定是否对这个投诉进行实质审查。⁹⁹ 如果根据 IAB 的《最具操作性建议》的规定,投诉中没有提出任何问题,IAP 将通知用户其投诉无法处理。如果认为应提起投诉,IAP 将与有关公司(在这个案例中为 Facebook)联系或将投诉人转送给后者。在 IAP 进行调解或不进行调解的情况下,Facebook 将有机会非正式地解决这个问题(投诉)并同时将结果告知 IAP。如果 Facebook 拒绝解决该投诉或者未令人满意地解决该投诉或者未做出回应,IAP 将发起正式调查。IAP 可能会咨询专家以确定公司是否违反了相关规定。随后 IAP 的监察委员会(Comitato di Controllo,可参照 Giurì)¹⁰⁰将对投诉做出裁决。该裁决将传达给当事方(主要是颁布禁止令,要求公司停止该行为),然后将其列在 IAP 网站及其数据库中并列出当事人的名称。如果 Facebook 不执行该裁决,则监察委员会将重申原判并将其刊登在报纸上,费用由 Facebook 自行承担。如果 Facebook 持续并故意违反规则,IAP 将采用其他制裁措施如行业制裁或相关的法定转介(statutory referral)。¹⁰¹

鉴于欧洲之外的广告公司日益增长,下文将梳理国际上的广告行业自律规范。EASA 促成了 ICC 行为准则关于广告和营销传播实践¹⁰²的修订。当论及 ICC 行为准则最重要的修改时,ICC 给出的第一个例子就是"该行为准则首次涉及在广告投放中使用 OBA 的责任"。与 IAB 和 EASA 制定的行业规范相似,行为准则第 7 条规定的"OBA 条款"也是将重点放在通知机制上,规定第三方和网站运营商应在其网站上给出"明确和明显的通知,说明 OBA 的数据收集和使用惯例"。¹⁰³ 这并非建议性——"通过设置一种或多种机制来清楚地向互联网用户披露和告知数据收集和使用惯例"。¹⁰⁴ 但这可能导致信息过载。明确同意仅限于"通过特定技术或操作利用特定计算机或者跨设备网站从几乎所有的网站中收集数据,并将这些数据用于 OBA"的情形。¹⁰⁵ 需要特别提及行为准则的两项

---

⁹⁶ 有关表格可在该网址获取:http://www.iap.it/le-attivita/per-i-cittadini/pubblicita-comportamentale-online/。

⁹⁷ Reviewing European Advertising Standards Alliance (2015a),已被报告的投诉中 100%属于"关于 OBA 的隐私和数据保护"类别。其他类别包括误导性广告、社会责任、品位和得体。在总共 26 份投诉中,有 6 份是关于"隐私和数据保护",也就是关于 OBA 的,占总数的 23%以上。

⁹⁸ 必须核对传播广告的媒体所在的国家;就直接发送邮件和数字营销传播而言,指广告商的总部所在国家;就 OBA 而言,主要指决策者所在国家。European Advertising Standards Alliance (2014),II。

⁹⁹ 自我监管机构和组织(如 IAP)通常会建议用户在投诉前直接联系相关公司。

¹⁰⁰ 监察委员会可以参考 Giurì 案件中的违反 Codice di autoregulation ina della Comunicazione Commerciale(广告自律准则,2016 年 3 月 22 日更新)的做法。它可以通过邀请广告公司编辑广告或附带信息来进行道德劝说。它还可以发布禁令迫使公司停止违法行为并遵守 Codice(ingiunzione di desistenza)。禁令也可以由 Giurì 发布,如果监察委员会提交它或应 istanza 提出投诉。用户可以非正式地向监察委员会(segnalazione)投诉和正式地向 Giurì(istanza)投诉。

¹⁰¹ 行业转介会导致其他制裁,比如丧失 B2B 印章的使用权(即禁止使用 B2B 商业模式——译者注)。

¹⁰² International Chamber of Commerce (2011)。

¹⁰³ Art. D7.1 of the ICC Code of Conduct。

¹⁰⁴ Ibid., italics added。

¹⁰⁵ Art. D7.2 of the ICC Code of Conduct。

规定：第一是第 8 条，"参与到包括 OBA 在内的数字营销传播的计划、创建或执行的任何人都有一定程度的责任……以确保会影响他人或可能受他人影响的人遵守行为准则"。该条款该具有足够的灵活性以适应复杂的广告供应链（主要责任是由广告网络商、广告商和广告发布者共同承担）。第二，"数据信息收集和使用的透明度，以及用户和消费者是否愿意为 OBA 目的共享其数据的选择能力至关重要"。⑯

国际和欧洲行业自律监管体系的基础是选择退出机制，这似乎与法律不一致，特别是与《电子隐私指令》⑰和 GDPR 不一致。上述对行业规范的分析"造成了错误的假设，即在上网时可以选择不被追踪"。⑱ 选择退出工具有时是无效的。例如一份关于跨境投诉的报告⑲所示，所有涉及 OBA 的例子用户都在抱怨选择退出机制，⑳因为"他们一直无法退出基于 OBA 目的的数据收集和使用"，㉑或者"尽管可以选择'关闭'模式但网站会重新回到'打开'模式"。㉒ 即使同意的权利至关重要仍应首先确保异议的权利，因为在目前同意权不具有强制性的情况下并没有真正的效果。尽管点击 OBA 图标㉓的用户比例似乎在增加，但没有证据表明用户确实知道和理解 OBA 是什么。相反，作者在 Facebook 上进行了一项小范围的投票。其结果是，46 个用户不知道什么是定向广告，10 个用户知道（其中一个是广告商），还有 1 个没有投票。尽管调查范围很小，却只有 17.5% 的人知道定向广告，如此低的百分比令人担忧，特别是考虑到投票者是年轻人和受过高等教育的人。㉔

4 GDPR 中的数据画像、直接营销和算法决策

欧洲议会的一名成员于 2013 年向欧盟委员会咨询了一个与定向广告有关的问题，即他们是否可以解释"为什么 Facebook 声明，它不在私人邮件但是在公共邮件中会通过关键词搜索数据，似乎无论如何用户都会被收集数据"。㉕ 这种做法很普遍，如 2016 年 8 月 20 日 11 点 50 分作者登录 Gmail 账户看到了一个关于"MIT 大数据课程"的广告。在点击"了解更多细节"后被告知由于其邮件内容和 Google 账户的基本信息，他已经被投放定向广告了。

欧盟委员会回应说，当时的 GDPR 提案"明确并加强了网络行为中数据主体的权利如社

---

⑯ Art. D7 of the ICC Code of Conduct.
⑰ This is the main conclusion of Article 29 Working Party (2011).
⑱ Ibid.
⑲ 在之前的报告中，European Advertising Standards Alliance (2015b)，关于 OBA 的唯一案例与选择退出机制有关，因为用户"一直无法选择退出基于 OBA 目的收集和使用数据"。公共管理委员会（The Autorité de Régulation Professionnelle de la Publicité）非正式地解决了这个投诉。
⑳ European Advertising Standards Alliance (2015a).
㉑ 2914 - 5 Rubicon Project；2916 - 7 Audience Science；2922 - 3 Xaxis，2920 - 1 Infectious Media，2918 - 9 Captify. The Advertising Standards Authority 支持了这些投诉。
㉒ 2969 Eyeota Ltd. The Deutsche Datenschutzrat Online-Werbung 认为问题在于申诉人的技术设备、隐私设置或互联网连接。
㉓ European Interactive Digital Advertising Alliance 和 TRUSTe 在 2015 年的调查显示，四分之一的用户使用了 OBA 图标。
㉔ 2016 年 8 月 21 日，作者对 Facebook 上的一些朋友进行了为期一天的调查。他们的年龄在 18—40 岁之间，大多数人 30 多岁。除了一名 18 岁的用户和一名没有上过大学的用户外，其余用户至少拥有硕士学位（其中 20 人有法律背景），7 人拥有博士学位（其中 2 人是教授）。
㉕ Tarabella (2013).

交网络提供商必须考虑到数据保护的'默认保护数据'原则",⑯并进一步指出,"公司有义务尽可能清楚、易于理解和透明地告知个人,他们的个人数据将如何被使用以便他们对分享什么数据作出最佳决定"。⑰

这一答复并没有真正解决与定向广告有关的问题。因此应仔细阅读 GDPR 以探讨该问题是否已被纳入具体的考虑中。

《数据保护指令》的修订程序始于 2009 年,⑱而启动该程序的驱动性因素就是技术发展。"如云计算、行为广告、社交网络、公路养路费收集(road toll collecting)和地理定位设备等技术深刻改变了数据处理方式并给数据保护带来了巨大挑战"。⑲ 欧洲数据保护监管机构建议引入"保护儿童免受行为广告侵害的特殊规定"。⑳ 即使如此,显然问题不仅仅在于条款本身而主要在于条款的执行。当强调某些领域"需要监视和强制执行以达到完全合规化"时,㉑欧洲数据保护监管机构特别提到了针对英国的委员会诉讼,理由是英国涉嫌违反了包括涉及行为广告电子通信保密性要求的各种数据保护规定。㉒

这一主张源于 2010 年的一个观点,当时欧洲数据保护监管机构肯定了隐私的重要性,认为浏览器的默认设置确保了用户知情并同意接收广告。"实践中很少有人选择退出,不是因为他们知情并同意接收行为广告,而是因为他们没有意识到可以通过选择退出不接收广告,事实上他们正在接收广告"。㉓ 对现有规范的解释并不能解决问题。作为解决方案,应通过默认设置强制保护隐私,即如果用户愿意接收定向广告则必须更改浏览器设置。默认情况下应将浏览器设置为拒绝第三方 Cookies,而新的立法应"要求用户在首次安装或更新浏览器时必须经过隐私向导(privacy wizard)"。㉔

经过多次辩论,欧盟委员会公布了 GDPR 提案㉕,有别于欧盟议会㉖和欧盟理事会㉗

---

⑯ Reding (2013).
⑰ 同上.
⑱ 法律制定过程参见 de Hert/Papakonstantinou (2016),181.
⑲ European Data Protection Supervisor (2011b),para 14. This opinion elaborated on Article 29 Working Party and Working Party on Police and Justice (2009),是 GDPR 通过的一个里程碑。但是这项贡献仅限于指出,在具体情况下,应采取隐私设计概念的具体立法措施(第 56 段)。这被认为是 RFID 技术、社交网络和行为广告典型。鉴于向数据主体提供信息的责任并不总是适当地落实,为了提高透明度,一个新的法律框架应提供替代的解决办法。如"可以就行为广告拟订向数据主体提供信息的新方法"(第 63 段)。
⑳ 同上,para 94.
㉑ 同上,para 162.
㉒ 参见"Phorm"案例。欧盟委员会于 2009 年 4 月 14 日对英国采取法律行动,案件于 2009 年 10 月 29 日进入第二阶段。2010 年 9 月 30 日,欧盟委员会决定将该案件移交给欧洲法院。英国修改了国家立法,不允许未经用户同意就拦截用户的电子通讯并建立了一个额外的制裁和监督机制来处理违反保密义务的电子通讯公司,在此之后,欧盟委员会终止了该案例的审查,对 Regulation of Investigatory Powers Act 2000 (RIPA)进行了修订,删除了默示同意的提法并对非法拦截确立了一项新的制裁措施,修订之前,非法拦截不在 RIPA 的范围之内。On the Phorm case see Bernal (2012); Bray/Griffiths (2008),24; Linkomies (2008),12; Graham/Anderson (2008),10.
㉓ European Data Protection Supervisor (2010),para 96.
㉔ 同上,§116(c).
㉕ 就个人数据的处理和自由流动的个人保护,向欧洲议会和理事会提出一项条例提案(General Data Protection Regulation) COM (2012) 11 final—2012/011 (COD)。
㉖ 欧洲议会 2014 年 3 月 12 日关于欧洲议会和理事会就个人数据处理和此类数据自由流动的个人保护条例提案的立法决议(General Data Protection Regulation)(COM(2012)0011 - C7 - 0025/2012 - 2012/0011(COD))。
㉗ 就个人数据的处理和自由流动的个人保护,欧洲议会和理事会提出了关于《通用数据保护条例》的提案,9565/15。

的版本,更多的是来自 2016 年 4 月 27 日通过的最终文件,该提案将于 2018 年 5 月 25 日生效。

经济和社会委员会(Economic and Social Committee,ESC)仍在欧盟委员会的提案中强调,应将搜索引擎纳入监管的范围,"这些公司的大部分收入来自定向广告,这要归功于他们收集的有关其网站访问者的个人数据或者对这些访问者进行的数据画像"。[128]

《数据保护指令》第 14 条第(1)款规定,成员国应授予数据主体"无偿拒绝数据控制者基于直接营销目的处理与他有关的个人数据的权利;或在个人数据首次向第三方披露或代表第三方用于直接营销前被告知的权利;以及无偿拒绝类似的披露和使用个人信息行为的权利"。鉴于定向广告通常基于预测画像和算法决策,《数据保护指令》第 15 条("自动化的个人决策")也应被适用于规范定向广告。《数据保护指令》第 15 条第(1)款规定,"仅通过自动化处理数据从而评估与他或她有关的某些个人方面,如其工作绩效、信用度、可靠性、行为操守等,由此产生法律影响或重大影响的,成员国应赋予每个人不受上述影响制约的权利"。这项规定与定向广告相关度很高,因为它不限于直接营销(定向广告本质上虽然与直接营销有联系,但也可能被认为是与之不同的),可以对自动化决策对用户影响的规范起到参考作用(不一定是罚款角度),对规范定向广告有关键作用。

虽然条款中并没有明确提及广告,但由于它们是内在联系的且有时很难区分,所以基于定向广告和直接营销所执行的数据处理都应适用相同的规则。尽管如此,值得肯定的是 GDPR 还是提到了在线广告。GDPR 序言第 58 条强调了遵守透明度原则的重要性,即应以准确、易于取得、易于理解、清晰的语言告知用户相关信息并在适当时附有可视化信息。"参与者激增和操作技术复杂性大幅度提升导致数据主体难以知晓和理解与其有关的个人数据是否被收集、被谁收集以及收集目的为何,在此情况下"尤其应适用透明原则。

再看实体法,关于拒绝权的规定与《数据保护指令》的规定并无根本区别。根据 GDPR 第 21 条第(2)款,"数据主体应有权在任何时候拒绝基于营销目的进行的个人数据处理,包括与直接营销有关的数据画像"。一方面,存在部分因素似乎降低了对用户的保护。例如 GDPR 不再提及下述规定:在向第三方披露个人数据或代表第三方将个人数据用于直接营销之前应告知数据主体,并且数据主体可以无偿拒绝。[129] 此外也没有提及保障用户意识到其享有异议权的义务。另一方面,值得肯定的是至少有四项证据表明保护数据措施有所加强。第一,有一个从主观方法到客观方法的转变。在《数据保护指令》的规定中重要的是数据控制者预期的营销目的。在 GDPR 的规定中重要的是营销本身,与是否有预期无关,因此不允许数据控制者以他们没有预见到所使用的数据会被用于营销

---

[128] 欧洲经济和社会委员会关于欧洲议会和理事会就个人数据处理和自由流动的个人保护的《通用数据保护条例》提案的意见,COM (2012) 11 final—2012/011 (COD),§1.10。

[129] 然而国家立法者、监管机构和法官应澄清这方面的问题,例如 Information Commissioner's Office (2016),23,指出"你必须随时无偿处理拒绝行直接营销的投诉"。

为由进行抗辩。第二,数据画像明确包含在 GDPR 中的拒绝权内容里(《数据保护指令》中没有涉及数据画像)。第三,根据 GDPR 第 21 条第(3)款,"数据主体拒绝为直接营销目的而处理个人数据的,数据控制者应停止为该种目的处理个人数据"。该条款十分罕见。如果数据主体拒绝了基于直接营销目的而处理他或她的数据,那么为营销目的进一步处理数据自然就应当是违法行为。因此这项条款有两种可能的解释:一种是立法者意识到这是规避禁止追踪工具的普遍操作;另一种是为数据控制者出于其他目的持有并使用个人数据提供后门。在第二种情况下,基于"与收集个人数据初始目的兼容的其他目的",[130]数据控制者即使没有用户的同意也可以继续使用数据。第四,《数据保护指令》规定可以基于"请求"实现用户的拒绝权。GDPR 规定数据主体"可以通过使用技术规范(事先设置的拒绝权,如 adblockers)以自动化方式行使拒绝权"。[131] 即使这种"可以"削弱了该规定,但它仍可成为广告屏蔽公司对抗企图规避广告屏蔽程序的公司的依据。

GDPR 还存在其他不明确的条款。如拒绝直接营销的权利应"明确提请数据主体注意,并清晰、独立于其他任何信息将该权利介绍给数据主体"(GDPR 第 21 条第(4)款)。这很有可能导致信息过载。每个网站是否应该向用户展示 Cookies 和直接营销的说明、单独通知?这取决于《电子隐私指令》的修订是否考虑到了这些问题。[132]

关于个人自动化决策的新规定是否向前迈进了一步是有疑问的。根据 GDPR 第 22 条第(1)款的规定,"若某个仅基于自动化处理作出的决定包括数据画像,将对数据主体产生法律后果或类似重大影响的,则数据主体有权不受该决定的限制"。与以前的措辞相比,这个"类似"可能会缩小规定的范围。但是有两项创新值得称赞。首先,原则上不能基于敏感的个人数据作出自动决策。其次,即使在不适用拒绝权拒绝自动决策的情况下,"数据控制者也应采取适当措施维护数据主体的权利、自由和合法权益,至少是可以人为干预数据控制者的权利以表达数据主体的观点并质疑该决定"。对于那些认为人类决策仍然比自动化决策更好的人来说,这是一个胜利。

欧洲立法机构特别关注儿童权益的保护。GDPR 序言第 38 条,"……使用儿童的个人数据进行营销、创建个性化或用户档案,以及在直接向儿童提供的服务中收集有关儿童的个人数据的,应适用特殊保护"。但是这种特殊保护如何构建?若儿童未满 16 岁,"当且仅当在取得该儿童监护人同意或授权的情形下,上述数据处理方为合法"(GDPR 第 8 条第(1)款)。很难想象一个 15 岁的男孩会在每次 Facebook 或 Google 处理他的数据时打电话给他的父母并要求他们授权。然而本文针对的不是这个相当可笑的条款,而是 GDPR 第 8 条第(2)款,数据控制者"在考虑到现有技术水平的前提下应作出合理努力以核实在此种情况下相关同意是否由相关儿童监护人作出或者授权"。该条款可能会成为数据控制者在未经用户同意的前提下就使用生物识别技术(如人脸识别、步态识别等)的

---

[130] 参见 art. 6(4) GDPR 处理活动并非基于个人数据被收集时的目的并且未经数据主体的同意。
[131] GDPR, Article 21(5).
[132] 依据 European Commission (2016b),3.5.5.2,在 GDPR 通过后,"其中包括关于个人拒绝的权利,包括直接营销的条款,还有对《电子隐私指令》的审查使其与新的数据保护规则相一致"。

法律依据，因为数据控制者可以辩称是基于验证用户年龄方才使用生物识别技术。GDPR 第 8 条第(2)款比第 8 条第(1)款规定更不合理。⑬ 补救措施比侵权行为本身更糟糕。

正如欧盟委员会指出，重要的不是（必要的）同意权而是异议权。最后一个值得强调的新条款是，直接营销现在已经被视为数据控制者或第三方的"正当利益"，为实现直接营销目的在没有用户同意的情况下也可以处理用户的个人数据（参见 GDPR 序言第 47 条）。⑭ 这可能被解释为是数据保护和公司自由之间平衡的结果。如果在进行定向广告和直接营销之前必须征得用户的同意确实有可能限制竞争。

有些条文并不直接着重于直接营销，但仍然会影响它。⑮ 与《数据保护指令》不同，GDPR 规定即使不在联盟中的数据控制者或数据加工者对联盟中数据主体的个人数据进行处理的，不论何时都将适用 GDPR：数据处理行为与商品或服务的提供有关，无论该商品或服务是否免费提供；数据处理行为与对数据主体行为的监控有关，只要数据主体行为是发生在联盟内部。⑯

总之，GDPR 虽然增加了对数据主体的保护，但也存在一些缺陷。除了上面所涉及的，还有比如采用定向广告而不是直接营销会更好。公民可以阻止公司向他们出售产品，但却无法避免定向广告来影响他们的投票偏好，* 这似乎相当不公平，因此很大程度上取决于法院如何解释 GDPR。

5 "这是 Google 的市场"：Adsense，Google 隐私政策的最新更改和相关详细信息

"广告是 Google 的市场"，⑰ 并且排行榜前 100 名中有 97 个 Cookies 都由 Google 控制。⑱

---

⑬ 参见 BioPay 生物识别支付系统，核实零售商店顾客的年龄。然而根据 Woodward (2000)，"根本就没有验证年龄的生物识别技术。"

⑭ 即使基于合法利益处理数据也不能侵犯数据主体的基本权利，包括数据保护和隐私。合法利益与"数据主体的利益或基本权利和自由并非至上"的但书是一致的。(参见 GDPR 序言第 47 条和正文第 6 条第(1)f 被数据保护和隐私视为基本权利，参见《欧盟基本权利宪章》第 7—8 条、TFEU 第 16 条第(1)项、ECHR 第 8 条、GDPR 第 1 条第(2)项、《数字保护指令》第 1 条第(1)项。在判例法中，欧洲法院案例 C‐553/07, College van burgemeester en wethouders van Rotterdam v M. E. E. Rijkeboer, 7 May 2009, ECLI:EU:C:2009:293, para.47；欧州法院案例 C‐293/12 和 C‐594/12, Digital Rights Ireland Ltd v Minister for Communications, Marine and Natural Resources, Minister for Justice, Equality and Law Reform, The Commissioner of the Garda Síochána, Ireland and the Attorney General, and Kärntner Landesregierung, Michael Seitlinger, Christof Tschohl and Others, 8 April 2014, ECLI:EU:C:2014:238, para.53. 以欧洲法院案例 C‐362/14, Maximillian Schrems v Data Protection Commissioner, 6 October 2015, ECLI:EU:C:2015:650 para.38 为例，"95/46 号指令规定处理个人数据可能会侵犯个人的基本自由，尤其是私人生活安宁权，因此必须根据《欧盟基本权利宪章》规定的基本权利来解释上述规定"。

⑮ 关于其他方面参见 Bauer/Eickmeier (2016)。

⑯ European Commission (2016c), 148‐149.

* 投票偏好不属于直接营销，但是定向广告仍会影响用户的投票偏好，若采用直接营销的概念，则影响投票偏好的定向广告就不会落入规制范围。——译者注

⑰ 此为 Nexage 的总裁及首席执行官 Ernie Cormier 对 Rowinski (2011) 的陈述。与此同时，Nexage 已被 Millennial Media 以 1.08 亿美元的价格收购。Millennial Media 最近被 AOL 以 2.38 亿美元收购。

⑱ Ayenson et al. (2011), 1.

2015年Google的广告收入超过670亿美元,占互联网公司总收入的大部分,[13]Google在广告市场的位置稳步提升。[14]

许多用户已经惊讶地发现Google存储他们的语音并且用户可以播放Google所存储的语音。[15] Google通过他们的设备(就是我们所担心的物联网)[16]、利用Google相关服务(Search、YouTube、Maps)所收集到的用户数据、所存储的搜索记录和浏览历史以及地理位置,来追踪用户并且对用户进行数据画像,从而使Google及其合作伙伴能够全面了解用户是谁以及用户想要什么。

搜索引擎服务对Google在定向广告市场占据领先地位发挥了关键作用,正如最近欧盟委员会在涉及网络平台的工作文件中[17]提到的那样,Google的搜索引擎是欧盟大部分成员国使用最频繁的搜索引擎,它处理了大约90%的搜索查询。然而Google的搜索引擎一家独大的情况似乎很难改变,因为创建网络索引、开发搜索算法和建立计算中心都需要巨大成本。[18] 用户的搜索查询让搜索引擎提供商(主要是Google)可以从大量历史数据中提取珍贵信息,这些信息来自用户在很多平台(电子邮件、地图、视频、操作系统、互联网浏览器)上的搜索查询以及其他类型的活动。"关于搜索查询的论证也适用于定向广告"。[19] 法院在Google与Spain案件中只谴责Google,因为法院认为"广告为搜索引擎带来经济效益,而搜索引擎同时又是使这些广告活动得以实施的工具,广告与搜索引擎之间有着千丝万缕的联系"。[20]

Google展示的广告是基于:用户访问的网站类型及其设备上的移动应用程序;用户浏览器上的Cookies和Google账户中的设置;用户访问过的属于利用Google做广告的公司的网站和应用程序;用户在另一个设备上的活动;用户之前与Google广告或广告服务的互动;用户的Google账户活动及信息。[21]

从广告设置页面[22]看,可能会觉得该平台采取的是选择加入机制。Google会询问你是否同意定向广告。然而再细看就会发现,"目前,广告个性化设置允许Google使用您账户中的数据,来定制出现在Google产品以及与Google合作的网站和应用中的广告"。这意味着即使你不同意也会收到广告。定向广告"选择退出"机制的合法性确实存在争议。[23]

---

[13] 有关统计数字摘要载于:http://www.statista.com/statistics/266249/advertising-revenue-of-google/。
[14] 2015年和2016年相比,增长了18%;https://abc.xyz/investor/news/earnings/2016/Q3_alphabet_earnings/。
[15] 作者通过访问下列网址听到了自己录制的声音:https://myactivity.google.com/myactivity?restrict=vaa&utm_source=help. 值得注意的是,Google录了好几次他的声音,但他并没有说"OK Google"。
[16] 一方面,设备之间的互动创造了极具价值的、潜在的个人大数据;另一方面,这些设备越来越多地配备了能够收集数据的新类型传感器。这是Google's Advertising页面确认的:"我们也可以根据您的电脑或设备的信息选择广告,比如您的设备型号、浏览器类型或您设备中的传感器,比如加速计。"参见网址:https://www.google.it/intl/en-GB/policies/technologies/ads/。
[17] European Commission (2016b)。
[18] 以2014年为例,Google在房地产采购、生产设备和数据中心建设上花费了大约110亿美元,在研发上花费了105亿美元。
[19] European Commission (2016b),§3.3.3.1。
[20] 欧洲法院案例C-131/12, Google Spain SL and Google Inc. v. Agencia Española de Protección de Datos (AEPD), Mario Costeja González, date of the judgment, ECLI:EU:C:2014:317, para.56。
[21] 关于Google Ads,参见网址:https://support.google.com/adsense/troubleshooter/1631243。
[22] https://www.google.com/settings/u/0/ads/authenticated。
[23] 这不能从广告设置页面推断出来,但可以从DoubleClick cookie页面的底部推断出来。提高透明度将是更好的选择。

有时用户可以使用一些工具来删除他们的个人信息以防止这些信息被收集。[150] 然而这些工具并不总是对用户友好,更重要的是,正如 Vidal-Hall 诉 Google 案例所显示的那样,数据控制者可以规避这些工具。除了删除个人信息,用户还希望不要收到侵扰性的广告。有几个浏览器扩展(如 Adblock plus)和产品(如 eBlocker)可以用于此目的。但是一旦安装了该扩展,很多网站就无法访问了(除非你把网站放在白名单或订阅它)。如《福布斯》杂志网络版的 ToS 的 1.5 部分,"由于本网站上投放的是付费广告,因此您可以免费访问网站上提供的内容。没有此广告,我们将无法免费为您提供内容。作为对您免费访问此内容的交换,您必须同意您不会、也不允许任何第三方删除、阻碍、修改或以其他方式干扰网站上广告的投放或显示"。[151]

Facebook 和 Adblock Plus 之间的争斗已经证实了浏览器扩展或相应工具屏蔽定向广告的重要性。Facebook 于 2016 年 8 月 9 日推出了一个规避屏蔽广告程序的版本并提供了退出定向广告的选择权。仅两天后,Adblock Plus 就推出了一个名为 FB-reblock 的应对程序。当天这家受欢迎的社交网络平台就更新了代码以禁用 Adblock Plus 的应对程序。[152] 我们正处于一场战争的开端,立法者和监管者却像往常一样干预得太晚以至于无法规范这一行为。[153]

Google 通过 DoubleClick 的 Cookies 在发布者网站上显示 AdSense[154] 以实现内容广告的投放。[155] 理论上,"DoubleClick 的 Cookies 不包含个人身份信息"。[156] 但如上所述,通过重组多种设备上的用户信息和使用 Google 及其合作伙伴提供的服务的相关数据,很容易使非个人信息成为个人信息,因此重组信息行为也应适用数据保护法进行规范。对 Google 这些政策的同意很难被认为是有意义的,因为用户很少意识到其数据正在被收集。当服务器发送广告内容时它也会发送一个 Cookie。但是"广告页面并不一定要显示 DoubleClick 的广告才会发生这种情况;它只需要含有 DoubleClick 广告标识(ad tags)即可,该广告标识可能会加载一个点击追踪器(click tracker)或印象像素(impression pixel)"。[157] 所有广告发布者必须清晰展示隐私政策通知网站访问者其使用了 Cookies,但是广告发布者可能会拒绝遵守此规定。通常的经验是接受或者离开:你可以接受 Cookies 政策继续浏览网站或者离开不再使用这个网站。例如我在 2016 年 8 月 12 日首先屏蔽了所有 Cookies,然后尝试访问 Google 上的搜索设置偏好,结果收到了如下自动消息(见图 2)。

---

[150] Caddy (2015).
[151] FORBES® Website Terms of Service, Revised and posted as of 5 November 2015, emphasis added,参见网址:http://www.forbes.com/terms.
[152] This is what a source close to Facebook told Constine (2016).
[153] 该现象被称为"法律滞后"(legal hysteresis)(Noto La Diega (2016b))。
[154] AdSense 是一个广告放置服务,网站发布者通过显示定向 Google 广告在他们的网站上赚钱。反过来,企业也可以使用 AdWords 为自己做广告。目前的分析将集中在 AdSense。但是,应该知道 Google 也提供 AdWords、Google Analytics 和一系列的 DoubleClick-branded 服务。
[155] AdSense 项目政策于 2016 年 6 月 21 日更新,参见网址:https://support.google.cm/adsense/answer/48182?utm_source=aso&utm_medium=link&utm_campaign=wwww-et-asfe_&hl=en-GB。
[156] DoubleClick cookies,参见网址:https://support.google.com/adsense/answer/2839090。
[157] 同上。

> Your cookies seem to be disabled.
> Setting preferences will not work until you enable cookies in your browser.
> How do I enable cookies?

图 2　在访问搜索设置时显示的消息

类似的后果不仅发生在 Google 提供的其他服务（例如 Gmail）上，[158]还会发生在其他网站上，比如上文在讨论《电子隐私指令》的修订过程时有所提及。

当公众谈论隐私时存在着一种对同意权的痴迷。然而控制数据并不是仅存在一个正当理由。[159]同意权只是其中之一但不是唯一，它要求每一种数据处理程序都需要同意很麻烦且会阻碍透明度落实和用户意识形成的条款。用户理应了解的几份文件之一就是 Google 对欧盟用户的同意政策。[160]该政策要求欧洲用户对每个网站或应用上的每次收集、共享和使用的数据表示同意。这样的规定看起来更像是对侵犯隐私的粉饰，而不是认真落实对隐私的保护。

但应当注意的是，Google 要求所有的广告发布者不许使用 AdSense，"在没有明显通知并且没有用户事先确认同意（即选择接受）的情况下，为个人身份信息与先前收集的非个人身份信息的合并提供便利"。[161]这个政策虽然值得肯定，但没有证据表明它被实际执行。更重要的是，被 Google 控制的大数据仍然能够使公司重新组合个人数据和非个人数据以挑选出特定用户。计算机科学家和工程师强调，虽然许多工具可以帮助用户控制他们是否同意以及何时被定向广告追踪，[162]但"通过使用这些工具，用户是否能有效地控制追踪和 OBA 尚不清楚"。[163]

为了增加复杂性，除了 AdSense 程序政策，对特定产品还有附加政策，如适用于移动设备的 AdMob，它的"行为政策"值得关注。AdMob 要求对广告进行测试以避免无效点击和展示。如果 Google 发现某一账户存在无效点击或展示等无效活动时，它将对该账户进行封号处理。Google 会分析所有的点击率和展示率以确定它们是否符合一种可以人为抬高广告商成本或广告发布者收入的使用模式。然而人工智能（如机器学习）的发展将使区分机器或机器人和人类行为变得越来越困难。该政策还规定"Google 可以使用来自所投放广告的设备上的广告 ID 来获得用户的兴趣和人口统计特征（比如"体育爱好者"）"，并进一步阐明了"兴趣、人口统计数据和其他数据可以用来为用户提供定向广告"。目前还不清楚这些"其他数据"是哪些数据。它可能指的是与定位有关的特征即能够将手

---

[158] 作者在 2016 年 8 月 12 日试图访问他的 Gmail 账户，但是被重新导向可以打开 cookie 的页面（https://support.google.com/accounts/answer/61416?hl=en）。

[159] 如上所述，依据电子隐私指令（如第 5 条第 3 款），有些活动需要获得用户的知情同意。

[160] https://www.google.com/about/company/user-consent-policy.html.

[161] AdSense 项目政策，programme policies，其中引用了一个单独的文件，名为"避免发送个人身份信息的最佳做法"。它旨在为符合用户标识政策提供指导。参见网址：https://support.google.com/adsense/answer/6156630?ref_topic=6162392&rd=1。

[162] For a privacy-preserving tool see Pang et al. (2015), 1-8.

[163] Cranor (2012), 93.

机广告范围缩小到特定受众的信息。AdMob 在广告发布者列表中名列前茅,它拥有最多的定向服务选项,即国家、地区、运营商、连接类型、移动平台、操作系统版本、设备、受众(用户账号数据)。

AdSense 计划政策、特定产品政策和服务条款(ToS)[164]构成了广告发布者和 Google 之间的协议。ToS 参考了 Google 通用隐私政策,[165]除非另有说明,通用隐私政策适用于 Google 提供的所有服务。[166]后者保证"在显示定向广告时不会将 Cookies 或类似技术中的标识符与敏感类数据(例如基于种族、宗教、性取向或健康状况)相关联"。[167]然而这些数据(敏感数据)很容易推断出来,如通过分析用户在 Google 上的搜索记录。如果用户搜索用于治疗肾病的药片的信息,他的社交网络页面上很快就会显示相关的广告。[168]此外还有数据重组的问题。"为了提高 Google 的服务和投放广告,您在其他网站上和应用程序的活动可能会与您的个人信息相关联"。[169]虽然广告本不应收集用户的个人信息,但 Google 却可以利用其控制的个人信息实现定向广告的目的。Google 要求"共享敏感个人数据采用选择加入机制",[170]然而工作组要求的是对所有个人数据(不仅是敏感数据)采用选择加入机制。

Google 不是一个孤岛,而是一个非常复杂的团体结构中的一部分,并且与几家公司都有合作。从隐私政策的另一部分内容可以推断出这很可能会危及隐私,"我们的隐私政策不包括其他公司和组织的信息活动,但是这些公司和组织宣传我们的服务可能会使用 Cookies、像素标签(pixel tags)和其他技术来提供服务和相关广告"。Google 是世界上行为广告领域最强大的参与者,因为它可以通过多种设备和服务监控用户,系统自给自足。换句话说,如果大多数广告商都使用 Google 的广告服务,那么他们也在进一步向 Google 提供数据。即使用户每次浏览的网站不属于 Google,也可以通过用户正在使用的 AdSense、Google+的+1 按钮或 Google Analytics"自动发送特定信息给 Google"。[171]当使用与 Google 合作的应用程序时也会出现同样情况。

Google 在 2016 年 9 月 13 日通知用户其账户有一些新功能。介绍的目的是让用户"对 Google 收集的数据及其使用方式有更多的控制权,同时让 Google 展示更多相

---

[164] Google AdSense 的线上服务条款,参见网址:https://www.google.com/adsense/localized-terms?hl=en_GB。Google 和发行商之间的合同由(至少)三个文件组成:Google AdSense 线上服务条款、AdSense 计划政策、Google 品牌指南。AdSense 计划政策由欧盟同意政策、从收入中扣除常见问题解答、网站管理员质量指南、广告实施政策、内容政策、特定产品政策和识别用户政策一致的指南补充完成。其中一些政策更加琐碎。例如,特定产品政策被分为行为政策、视频和游戏广告政策和搜索广告政策(AFS)。参见 Custom Search Engine Terms of Service。

[165] 2016 年 6 月 26 日更新的隐私政策,参见网址:https://www.google.it/intl/en-GB/policies/privacy/。

[166] Chrome and Chrome OS、Play Books、Payments、Fiber、Project Fi 和 Google Apps Education Edition 都有具体的隐私政策。

[167] 2016 年 8 月 29 日更新的 Google 隐私政策,参见网址:https://www.google.com/policies/privacy/。

[168] 2016 年 8 月 12 日,作者在 Google 上搜索"肾脏疾病",Adblock Plus 屏蔽了两个相关广告。一般而言,敏感的个人数据所获的保障是很高的。参见上文实验。

[169] Google 隐私政策。

[170] 同上。

[171] 当您使用 Google 合作伙伴的网站或应用程序时,Google 如何使用数据,参见网址:https://www.google.it/intl/en-GB/policies/privacy/partners/。

关广告"。⑫

根据该通知可知,用户在 Google 账户中更多的数据将会被使用。这些数据包括用户搜索的内容、在 YouTube 上观看的视频、在 Chrome 浏览器上浏览的历史,⑬以及与 Google 合作的网站和应用程序⑭(包括展示 Google 广告的那些)的活动情况。一方面,这是海量信息,上述通知因为新的设置将适用于所有已登录的设备和所有的 Google 服务。⑮另一方面,Google 可以全部重新组合用户所使用的不同服务产生的数据。该通知表明用户现在可以单独查看和控制个人数据。Google 对使用这些数据的方式保持透明(因此隐含着政策更新存在的理由)——提供更多的定制广告。

Google 还希望增强其市场实力。虽然现在它"只能"使用"我的账户"(My Account)中的数据来定制出现在 Google 产品中的广告,但是随着政策的更新,Google 将被允许利用这些大数据在"与 Google 合作的网站和应用程序上"投放定向广告。

这是一个巨大的数据量。但是 Google 通过"Web & App 活动"(Web & App Activity)和"广告个性化"(Ads Personalisation)为用户控制和审查 Google 活动提供了相应权利。

如果更新政策的用户想"了解更多"(Learn more),他们会发现更新背后真正的改变是:Google 将停止使用 Cookies。"这一改变使下述情形成为可能:在 Google 产品和网站上使用与您的账户关联的统一标识符",而不是提供基于每个设备的 Cookies ID(在物联网时代这已经变得毫无用处了)。

最后,值得称赞的是,它没有预先勾选框(不像 WhatsApp 上次的政策更新)。用户可以在"我同意"(I agree)和"其他选项"(Other options)之间做出选择,这看起来非常简单(见图3)。

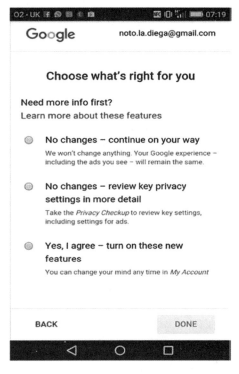

图3　Google 在用户接受隐私政策更改时显示的屏幕

---

⑫ 该通知仍可查看:https://accounts.google.com/signin/newfeatures?chstate=1&cbflow=promo-2-EN。
⑬ 关于 Chrome 的改变,Google 指出:"如果您不想个性化你的 Google 产品,您仍然可以使用 Google's 云来存储和同步您的 Chrome 数据,而不让 Google 读取您的任何数据。"要添加额外的加密层,请设置同步密码。参见网址:https://support.google.com/chrome/answer/165139?p=personalization&visit_id=1-636098212979690973-579754209&rd=1#personalization。
⑭ 例如,如果第三方应用程序使用了 Google 的一项服务,比如 Analytics,该应用程序将向 Google 发送有关用户行为的信息,包括"应用程序的名称和一个标识符,帮助我们确定我们为您设备上的其他应用程序提供了哪些广告"。
⑮ 使用"我的账户",Google 实际上是克服了物联网的碎片化,它可以轻松地重新组合来自多个设备的数据,从而识别出一个用户,而不考虑访问点。

6 利用数字资产限制竞争，Facebook 和 WhatsApp：将后者用户数据转移到前者的知识产权库中

公司（广告网络商、广告发布者、广告商）可以利用其知识产权库（IP portfolio）中的数据实施不公平的商业行为，更清楚地说是利用其知识产权库中的数据危害竞争。[176]

例如在未经用户同意（甚至知情）的情况下使用用户数据，或者更普遍地说，非法使用用户数据，这不仅会损害消费者的利益，还会损害竞争对手的利益。建立在数据画像基础上的价格歧视和动态定价（从一个你以前使用过的电脑而不是苹果手机，访问同一个网站就会被提供不同的价格）似乎是一种不公平的做法，但欧盟委员会指出，在《不公平商业惯例指令》[177]（Unfair Commercial Practices Directive）中"商家已经适时地告知消费者价格或他们如何计算价格的，则可以自由决定他们的价格"。[178] 然而《不公平商业惯例指令》的一些规定并不真正符合实践中的定向广告。根据第 5 条第（3）款的规定，"商业惯例很可能会在实质上扭曲特定消费者群体（即很容易受到惯例或者潜在利益影响的消费者）的经济行为……在某种程度上商家是可以预见的，因此商业惯例应从特定群体的角度进行考虑和确定"。在目前追踪和画像技术下，公司预见目标消费者的脆弱性可能并不现实，因此我们不应关注群体中的普通成员，而是应该关注单个用户。不公平商业行为的定义参照的是普通消费者，所以应相应地进行改变。考虑到这类广告的固有特征，在定向广告中假定脆弱性可能是一种解决方案。[179]

另一问题是持续不断的不必要定向广告（unwanted targeted advertisements）。《不公平商业惯例指令》附件的第 26 条涵盖了这一点（在"任何情况下都被认为是不公平的商业行为"部分，明确规定：禁止向消费者持续发送不必要的商业通信，如"垃圾邮件"）。[180] 最后"过度使用个人数据会相应地过度提高价格"，[181]因此等同于滥用市场支配地位。

---

[176] 欧洲广告竞争规制仍然将定向广告定义为针对特定成员国的广告，而不是通常根据用户的行为将其挑出来的广告。例如，欧洲法院指出，特定成员国的社会、语言和文化特征可能导致该成员国的消费者对用于商业实践的产品描述有不同的解释（欧洲法院案例 C - 220/98, Estée Lauder Cosmetics GmbH & Co. OHG v. Lancaster Group GmbH, 13 January 2000, ECLI:EU:C:2000:8, para.29）。2016 年 5 月 25 日，欧盟委员会通过了《2009 年不公平商业行为指令适用指南》的更新版本。这似乎扩大了定向广告的范围，委员会指出，"我们设计他们的商业信息，交易员有时根据产品的具体性质，需要一定的社会、语言和文化特性考虑对于目标产品哪些是典型的普通消费者"。European Commission (2016c)，45.

[177] 欧洲议会和理事会 2005 年 5 月 11 日关于在欧洲内部市场商家对消费者不公平商业行为 2005/29/EC 指令以及欧盟理事会 84/450/EEC 指令的修订，欧洲议会和理事会的 97/7/EC 指令、98/27/EC 指令、2002/65/EC 指令以及 2006/2004 条例（即《不公平商业行为指令》），OJ[2005]L 149.《不公平商业行为指令》已被修订，关于企业之间的关系，由《误导行为和比较广告指令》（Misleading and Comparative Advertising Directive）调整。

[178] European Commission (2016c)，148.

[179] 就英国普通消费者而言，对于该系统的功能有一个清晰的解释，Department of Business Innovation & Skills (2014)，para.26 ff.

[180] 不公平的商业行为主要有两类：误导行为和侵略性行为。定向广告有误导性，因为它是基于对消费者的深入了解，因此公司可以利用他们的弱点来误导他们。定向广告也可能具有攻击性。但是《不公平商业行为指令》第 8 条的措辞相当严格，指的是"严重损害或可能严重损害普通消费者选择或行为自由的骚扰、胁迫，包括使用武力或不正当的影响力"。

[181] Gebicka/Heinemann (2014)，165.然而，正如 Surblytė (2015)，174 所指出的那样，"尽管数据可以视为数字经济的货币，但它不能精确地等同于'价格'的概念"。

正如最近在制药行业第一起支付延期案件中[182]欧盟普通法院（General Court）重申的那样，竞争法可成为防止知识产权享有者滥用知识产权的工具。下文将评析最近发生的WhatsApp用户数据转移到Facebook事件。

借助Facebook（直接或通过其子公司）控制的大数据，这个流行的社交网络平台被认为是定向广告领域最强大的参与者之一，尤其是考虑到它在网络数据收集市场上的份额。[183] Facebook 2015年的广告收入为170.8亿美元。[184] 为研究定向广告我们可以从多个角度分析Facebook，本文焦点将集中在一个通常被忽视的角度——竞争。从竞争法的角度来看，欧盟委员会关于Facebook/WhatsApp的并购决定[185]从很多方面提供了一个与定向广告[186]有关的样本。鉴于Facebook在2016年8月已经开始利用WhatsApp的用户数据投放定向广告，现在应重新审查该并购决定。[187]

简要回顾事实，欧盟委员会于2014年夏季收到了根据《并购条例》第4条提出的拟议集中的申请，并根据《并购条例》第4条第5款进行了转介（referral）。根据《并购条例》第3条第1款（b）项的含义，Facebook公司以190亿美元的价格收购WhatsApp公司的股份（以下简称"交易"），获得了对后者的控制权。

Facebook和WhatsApp之间的一个主要区别是，前者提供在线广告服务而后者不提供。此次交易使人惊讶，因为Facebook已经有了自己的即时通讯应用Messenger。然而在评析两者的相互替代性时（In assessing the closeness to competition），欧盟委员会解释说，Messenger是一个独立的应用程序，是根据Facebook社交网络最初提供的功能开发出来的。根据欧盟委员会的观点，Facebook和WhatsApp存在一些不同之处，其中之一就是Facebook与WhatsApp相反，"Messenger能够使Facebook收集用户数据并用于广告活动"。[188] WhatsApp在2015年8月25日更新"隐私政策"后就不存在这种区别了。[189] Facebook将使用WhatsApp账户信息用于定向广告。更糟的是WhatsApp：所选择的机

---

[182] General Court，H. Lundbeck A/S and Lundbeck Ltd v. European Commission，T-572/13，ECLI:EU:T:2016:449. 丹麦Lundbeck制药公司的畅销抗抑郁药物西酞普兰的基本专利已经过期，因此一些仿制药生产商正在准备生产更便宜的西酞普兰仿制药。为了防止竞争，Lundbeck付钱给他们，不让他们进入市场从而对病人和医疗系统造成伤害。这使得Lundbeck将其重磅产品西酞普兰的价格人为地保持在高位。因此欧盟普通法院坚持委员会的决定，认为这些协议消除了来自仿制药公司的竞争压力，是"对竞争的一种限制"。利用竞争法限制知识产权的例子不胜枚举，但最经典的方法是用尽办法。

[183] 正如Surblytè（2015），174所指出的，数据的数量可以变成质量，因为"当涉及到搜索结果的质量时，数据的数量会随着规模经济的发展而提高"。

[184] 有关统计数字的摘要，参见网址：http://www.statista.com/statistics/234056/facebooks-average-advertising-revenue-per-user/。

[185] European Commission，Case M.7217 - Facebook/WhatsApp，3 October 2014.

[186] 该决定主要是指一般的在线广告，但考虑到所涉及的公司主要进行定向广告，笔者认为委员会2014年的决定是一个很好的例子，通过它可以观察定向广告的竞争影响。

[187] https://www.whatsapp.com/legal/#key-updates.

[188] European Commission，Case M.7217 - Facebook/WhatsApp，3 October 2014，para.102.

[189] https://www.whatsapp.com/legal/#terms-of-service、https://www.whatsapp.com/legal/#privacy-policy.之前的版本，参见网址：https://www.whatsapp.com/legal/?doc=termsofservice&version=20120707、https://www.whatsapp.com/legal/?doc=privacypolicy&version=20120707. 在前一个版本的条款中，没有提到广告（无论是Facebook还是WhatsApp）。而在之前的隐私通知中，声明是："我们（不喜欢广告）。WhatsApp目前是无广告的，我们希望能永远保持这种状态。我们无意在该产品上投放广告，但如果有的话，我们会更新这部分内容。"

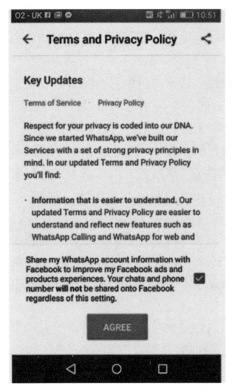

制是一种选择退出机制(见图4)⑩;选择退出程序并非直截了当;⑪用户在更新后只有30日可以选择退出;新用户没有权利选择退出。尤其是最后一条使用户几乎不可能退出。

目前还不清楚Facebook能够使用WhatsApp的哪些信息。在"重要更新"(key updates)的概述中仅包括WhatsApp账户信息,WhatsApp新的ToS声明:

> Facebook和Facebook集团中的其他公司也可能会使用我们提供的信息来改善您在其服务中的体验,如提出产品建议(如朋友或人脉关系或有趣的内容)以及显示相关优惠和广告。但是您的WhatsApp消息不会共享到Facebook上供其他人查看。Facebook不会将您的WhatsApp消息用于协助我们运营和提供服务之外的其他任何目的。

这一措辞表明WhatsApp用户的消息不会被共享,但其他所有信息包括电话号码、账号名称和照片都可以被使用(和共享)。

图4 WhatsApp在传达隐私政策更改(包括与Facebook共享数据)时显示的屏幕

欧盟委员会认为Facebook和WhatsApp不属于直接竞争对手,因此授权集中。如果今天将上述交易通知欧盟委员会,则结论可能有所不同。当时的欧盟委员会认为Facebook与Twitter或Google Hangouts直接竞争但与WhatsApp没有直接竞争,后者更接近Viber。⑫如果Facebook的Messenger和WhatsApp之间的主要区别之一是,后者的数据不用于前者的广告活动,那么现在就不是这样了。显然欧盟委员会的预测失败了。

消费者可以免费使用的其他通信应用程序通过投放广告、应用程序内购买(in-app purchases)和贴纸(stickers)来获得盈利,"Messenger目前尚未实现盈利:它是通过Facebook网络平台的广告来提供资金的"。⑬因此可以认为,Messenger可以创建数据库并进一步利用是此应用程序存在的主要原因。这可能会受到批评,因为用户几乎不知道他们的私人对话被用于定向广告目的。这并不是偶然,而是提交给欧盟委员会书面文件的主题。⑭

---

⑩ 2016年8月26日8:51,这个预选框出现在了笔者的手机屏幕上。
⑪ Cf. Lomas (2016).
⑫ European Commission, Case M.7217 - Facebook/WhatsApp, 3 October 2014, para.106 - 107.
⑬ Ibid., fn 42.
⑭ Tarabella (2013).

总之有三个相关的市场：消费者通信服务、社交网络平台和在线广告。这里主要关注的是在线广告。

Facebook 在广告领域的活动包括在 Facebook 的核心社交网络平台和 Instagram[195]（也就是其子公司）上通过计算机和移动设备提供的在线（非搜索）广告服务。如上述 Facebook 与 Mrb&b 的案例，Facebook（也通过其子公司[196]）收集用户数据并进行分析以便代表广告商投放定向广告。

欧盟委员会研究了有关广告市场的定义。产品市场的定义非常简单。根据先例评析，[197]欧盟委员会将线上和线下的广告市场区分开。在 Facebook/WhatsApp 案中进行的市场调查发现，线上广告市场存在搜索和非搜索广告之间的进一步细分。实际上大多数广告主将搜索广告和非搜索广告视为不可替代的，因为它们具有不同的功能（搜索广告主要是吸引直接用户访问商家网站的用户而非搜索广告主要提升品牌知名度）。[198]

从本文角度来看，更重要的是是否有必要不断细分相关市场。欧盟委员会研究了是否应该将在社交网站上提供的在线非搜索广告服务定义单独的产品市场。许多受访者认为其他形式的非搜索广告的效果不如在社交网站上，以及"特别是在 Facebook 上，因为 Facebook 的受众众多且互动程度高，并且它的广告有可能具有针对性"。[199]尽管如此，欧盟委员会仍决定将此问题搁置，"因为无论产品市场定义多么狭窄，[200]该交易都不会引起对欧盟内部市场兼容性的严重怀疑，即该交易并不会限制竞争"。[201]

因此从产品的角度来看相关的市场是在线广告。至于地域市场，欧盟委员会市场调查的大多数受访者表示，广告商通常购买在线广告空间并在不同国家（或语言）进行广告活动。[202] 因此在 Google/DoubleClick 和 Microsof/Yahoo! Search Business 一案的决定中，欧盟委员会的结论是在线广告市场及其可能的产品细分市场的地理市场应定义为 EEA 范围内的国家或单独的语言边界。[203]

欧盟委员会采取了相当于形式主义的方法僵硬地区分竞争法和隐私法的规制方法[204]使自己受到批评，而整体适用才是适当的。欧盟委员会暗示并购可能会引发隐私问题但

---

[195] 参见"权利"一节。§2 of Instagram Terms of Use, effective as of 19 January 2013，参见网址：https://help.instagram.com/478745558852511："本服务的一部分是由广告收入支持的，可能会显示广告和促销，您在此同意 Instagram 可能会将此类广告和促销放置在本服务上或在您的内容上或与您的内容同时放置。该等广告和促销的方式和范围可在不另行通知的情况下作出更改。"
[196] Facebooks 拥有 Instagram、WhatsApp、PrivateCore 和 Oculus VR。
[197] European Commission, Case M.5727 - Microsoft/Yahoo! Search Business, 18 February 2010, para.61; European Commission, Case M. 4731 - Google/DoubleClick, 11 March 2008, paras 45 – 46; 56.
[198] European Commission, Case M.7217 - Facebook/WhatsApp, 3 October 2014, para.76.
[199] 同上，para.77.
[200] 另一个悬而未决的问题是关于在不同平台（主要是在电脑或移动设备上）上的在线广告的区别可能性。
[201] European Commission, Case M.7217 - Facebook/WhatsApp, 3 October 2014, para.79.
[202] 然而，许多受访者也指出，根据活动的类型，跨国公司也可能在更广泛的（有时是全球）地理范围内获取广告空间。
[203] European Commission, Case M.7217 - Facebook/WhatsApp, 3 October 2014, para.83.
[204] "该交易导致 Facebook 控制范围内的数据越来越集中，由此引发的任何隐私担忧都不属于欧盟竞争法规定的范围，而是属于欧盟数据保护规定的范围"。European Commission, Case M.7217 - Facebook/WhatsApp, 3 October 2014, para.164.

与竞争法无关,因为竞争法只处理数据集中提升Facebook在线广告市场地位的可能性。一般来说,考虑到数据成为商品的重要性日益增长,并不是每一个威胁隐私的并购都是反竞争的,因此不应该采取这种形式主义的认定方法。欧盟委员会应在个案基础上评估是否有重叠。2014年的案子应如此,2016年8月25日服务条款更新后更应如此。显然Facebook从这次授权的并购中获利的主要方式之一就是获取曾经由WhatsApp控制的海量数据。无论如何,即使欧盟委员会继续采用上述的形式方法并且不得不在今天就此案作出决定,可以预见并购也不会得到批准。"交易不会增加Facebook潜在获得的用于广告目的的数据库"这一说法已不再正确。[205]

欧盟委员会也评析了今后的可能性,即Facebook开始使用WhatsApp用户的数据从而在社交网络平台上投放定向广告的可能性。但欧盟委员会最终还是支持了Facebook的主张:其一,"对于Facebook的广告目的而言,WhatsApp所能获得的数据最多只能算是边际效应,并不会增加Facebook在其服务上投放定向广告的能力"[206];其二,"Facebook公开明确表示目前没有修改WhatsApp收集和使用用户数据的计划"[207];其三,WhatsApp的首席执行官评论说隐私存储在其公司的DNA中,"如果与Facebook合作意味着我们必须改变我们的价值观,我们不会这么做"[208];其四,Facebook指出从技术上"将每个用户的WhatsApp个人账号与她/他的Facebook个人账号相匹配"[209]几乎是不可能的;其五,没有使用WhatsApp用户数据的动机,因为这将导致他们放弃这款著名的应用转而支持更注重隐私的竞争对手Telegram。这些声明中有一部分或全部是错误的。例如最后一个声明忽略了一些基本概念如锁定效应和网络效应。尽管Google(同样)在线上广告市场处于领先地位,唯一可能不会被批准的并购是Google和Facebook的并购。

该案例的结果如下:欧盟竞争事务专员玛格丽特·韦斯塔格尔(Margrethe Vestager)于2016年9月宣布,她向Facebook提出了一些与WhatsApp隐私政策变化有关的后续问题。该专员声明:"当并购被批准时他们不合并数据并不是关键因素,但它仍然是决定的一部分。"[210]我们还不知道这个故事将如何结束,该专员也不知道,"即使我们获得了答案,但如何去做仍然是个悬而未决的事情"。[211]

7 结论:数据作为数字资产与《在线行为广告合作章程》的平衡

定向广告可以产生积极效果,因为它有助于减少不相关广告对用户的打扰。另一方面,对消费者来说可能会有几个问题,如价格歧视、对投票偏好的影响、(有充分根据的)感到无

---

[205] European Commission, Case M.7217-Facebook/WhatsApp, 3 October 2014, para.166.
[206] 同上,para.181.
[207] 同上,para.182.
[208] http://blog.whatsapp.com/529/Setting-the-record-straight.
[209] European Commission, Case M.7217-Facebook/WhatsApp, 3 October 2014, para.185.
[210] White/Levring (2016).
[211] 同上。

法真正摆脱广告网络的苦恼。在利害攸关中原则是最重要的：自治原则[212]（autonomy）和自决原则[213]（self-determination）。最好的消费者是最可预测的消费者，公司正竭尽全力以越来越微妙的方式影响我们现在和未来的行为，特别是通过用户无法察觉的潜意识信息[214]和机器学习算法。因此不能说定向广告与数据保护、隐私权和消费者保护之间冲突就禁止它。如果定向广告是基于大数据向特定用户投放，数据保护法就应被适用，因为其目的非常明确就是挑选出特定消费者。完全禁止定向广告将违背竞争和公司自由的原则，并将损害许多公司知识产权库中最大的资产之一。

欧洲采取的数据保护方法远远不够。撇开基础性权利和人权的华丽辞藻，显然大多数规制机构只是从隐私权和数据保护的角度来考虑数据，这说明他们没有理解数据作为数字资产的作用。[215] 如果公民意识到他们数据的经济价值将其视为他们的知识产权，[216]也许他们就会更关心他们所分享的信息。[217] 立法者和监管机构在数据保护伞下引入的法律工具证明，在线中介（online intermediaries）、公共机构和黑客很容易绕过上述规制。定向广告的发展证实了这一观点。因此为了在线上和线下都赋予公民权利，本文呼吁立法者、规制者、法官和学者转变思考模式。大量事实证明遵守数据保护规则是不可能的或者是虚构的（《电子隐私指令》及其对 Cookies 的机制提供了可靠的证据）。数据保护法应该简化并以数据保护、知识产权、消费者保护和竞争法的整体作用相互补充。这样做至少有两个原因：一是在一个经济全球化、空间虚拟的世界里，所有国家都不可能要求业务遍布全球的互联网公司遵守各个国家的规则（有时甚至完全不同）；[218]二是数据已经成为众多市场和无数公司的重要商品。

选择加入机制将为用户提供更有力的保护，但国际和欧洲的自律监管框架已经明确证明公司不可能自愿采用选择加入机制。与此同时，《电子隐私指令》显示仅赋予用户同意权的法律责任的类似规定是多么无用。因此可以采取一种近似的方法试图使选择加入机制奏效。

---

[212] 尤其是当我们试图忽略这些广告时，所谓的情感作用的效果就会增强。我们选择一种产品不是因为它是最好的，而是因为广告把它与积极的商品搭配在一起，进而制造出对一种产品的虚假欲望而不管它的内在特征。根据 Dempsey/Mitchell（2010），622，即使消费者有动机和机会回忆产品属性信息，这种情况也会发生。

[213] 这个问题不局限于定向广告，也适用于我们日常生活中更普遍的网络方面，尤其是物联网方面。用迈克尔的话来说就是"我们正在失去为自己做决定的能力，失去根据自己的喜好而不是由计算机系统强加的选择的能力"。

[214] Cf. Merikle（2000），497.

[215] 关于其他主题，Mik（2016）也提出了类似的结论。

[216] 有人可能会反对这一提议，因为数据不容易归入传统的知识产权类别（版权、设计、专利、商标）。然而许多发展显示了知识产权范式是如何演变的，变得更简单和更全面。例如在英国，商业秘密通过违反保密规则（breach-of-confidence rule）得到保护，通常还与合同法相结合。Vidal-Hall v Google 的案例提醒我们，在数据保护、违反商业秘密与滥用私人信息（首先是侵权的，但尚不完全清楚它是否与合同、财产、侵权、或衡平法相关，或者是一个独一无二的行为）。此外知识产权局（2016）18 表明，英国最流行的非物质资产保护手段是保密协议，它并不真正适合任何传统的知识产权类别。

[217] 尽管如此，Drexl 等人（2016）对创建新的数据专有权表示担忧，"这甚至可能妨碍数据驱动经济的运行"。然而作者担心的主要原因是，数据的知识产权只是从商业利用用户数据的人的角度来看的。本文从用户的角度出发，将数据的所有权委托给用户。人们认为，数据实际上已经被视为数字资产：该建议的主要目的是扩大数据所有者的受众及其内容。

[218] Cf. Reed（2016）提出了一个新的合法性概念。

因此本文作者提出《在线广告行为合作章程》。

第一条 用户有权选择退出所有的在线[219]广告,也可以选择退出单一类型广告,[220]若规避该项规定将违反《电子隐私指令》《不公平商业惯例指令》以及一般侵权法。如果规避是基于合同,消费者合同中有关不公平条款的指令应被适用,防止公司与消费者交易(business-to-consumer transactions)。

第二条 用户有权知道哪些公司在追踪他们、对其进行数据画像并向他们提供广告。他们有权知道展示广告的依据、[221]使用数据的目的、存储时间以及为遵守法律而采取的措施。所有信息均要以简短、清晰、游戏化[222]的方式提供。

第三条 公司应对所提供的服务中涉及的算法决策负责并且负有说明人工智能推理决策的义务。

第四条 个人数据是数据主体知识产权库中的数字资产。用户可以发布数据许可证也可以随时终止许可。禁止以合同方式分配个人数据、排除相关救济措施。

第五条 负责在线行为广告的公司(主要是广告网络公司、广告发布者、广告商)应诚实守信。[223]诚实守信和透明度原则尤其强调要以简短、清晰、互动的游戏化方式提供相关信息(包括但不限于本章程第二条所规定的方式)。

第六条 如果涉及的技术开发可行,公司应利用所收集到的与在线行为广告相关的数据落实法律规定的合规形式。在用户不知情的情况下进行在线行为广告是非法的。开发这些技术的目的还在于提高人们的认知度。[224]

第七条 公司提供在线纠纷解决方案[225]以避免强制性有约束力的仲裁。

在处理私人信息时可以(并且必须)要求透明度、问责制和诚实守信,但是关闭所有阀门只会让大坝决堤。

在无处不在的监控环境中,有一些技术和法律工具可以增强隐私保护,定向广告要想蓬勃发展就必须有这样的工具。互联网公司可以很容易地规避(见 AdBlock Plus 诉 Facebook 一案)其中一些工具,或者只是表面上保护了隐私(见关于阻止所有的 Cookies

---

[219] 网络广告的特点使得"换渠道"的补救办法往往行不通。
[220] 例如用户应该意识到,退出基于兴趣的广告可能仍然允许某种形式的 OBA。
[221] 例如何时何地他们已经同意哪些数据被用于服务等。
[222] 游戏化的隐私似乎是让用户认真对待隐私的关键。考虑到人们倾向于不去阅读隐私政策,游戏化可以提高交互性从而提高警觉性。Centre for Democracy and Technology "The Gamification of Privacy"(2011),https://cdt.org/blog/the-gamification-of-privacy/.一些作者区分了严肃游戏和游戏化互动(Rottondi and Verticale (2017),14221)。前者指的是为了娱乐以外的目的而设计的游戏,后者指的是"在非游戏语境中使用游戏设计元素"。在本文中,我们认为在隐私政策的起草和呈现中使用游戏设计元素可以很好地提高用户的意识,从而使其更有可能产生隐私保护行为。不同于 Rottondi and Verticale (2017),14221,该文更关注的是利用游戏来保护隐私而不是网络游戏的隐私风险。
[223] 这意味着,首先要确保异议的权利,例如禁止绕过阻止 OBA 的广告拦截器和浏览器设置。见最近修订的第 L.111-7(Ⅱ)条《信息交换法》,它规定:"所有在同一平台上的操作都是为了信息的真实和透明而进行。"
[224] 例如提供商应该在"我没有阅读或我没有理解"框前打钩,而不是预先勾选"我已经阅读或我已经理解"框。"设计感知"的概念已经在 Noto La Diega (2016a),24 被介绍了。它被广义地定义为"使用技术(特别是设计)来使用户能够意识到风险、权利和义务"。
[225] 网络纠纷的主要问题之一是,网络平台和其他强大的中介机构试图通过强制替代纠纷解决方式来阻碍公共司法的实现。这是一个超越 OBA 的问题,但这可能是解决这个问题的机会。

的实验结果)。㉖ 然而追踪和数据画像并不都是坏的。作者有一段时间使用了以不追踪用户而闻名的搜索引擎 DuckDuckGo，但搜索的结果却毫无用处。为了获得一些音乐建议，我们可以在 YouTube 享受音乐，可以看到我们感兴趣的新闻，或者可以看到精确地回答我们问题的搜索结果，虽然有时表述有些糟糕。但机器学习和预测、基于算法决策的分析学确实可以改善我们的生活质量。㉗ 即使是定向广告，如果是用户自由、积极主动的选择并且有随时撤回同意的可能，那么也可以降低我们的搜索成本，从而使我们的生活更轻松。让用户了解他们的数据是公司知识产权库中的关键数字资产，是一种提高知名度并提高数据流量和市场参与者整体满意度的好方法。在保护用户的隐私时，法院和规制机构应保持利弊意识，在隐私权和知识产权、自由竞争和消费者保护之间寻求平衡。

与《数据保护指令》相比，GDPR 是向前迈出了一步，但是很大程度上取决于对《电子隐私指令》的修订以及对《在线广告行为合作章程》的采用。希望算法问责制和透明度原则、异议权、游戏化互动方式和断连权将成为互联网公司保护用户权利和利益的基本原则。㉘

8 后记：巧克力片和薰衣草花蕾

最近我遇到了一个值得分享的故事，它提醒我们要避免任何形式的简化主义，并建议我们采取更细致的方法来适应我们的网络生活。

艾米和她的丈夫长期备孕但一直没有成功。因此当洋红色加号出现在验孕棒上时他们非常高兴。在怀孕测试呈阳性的那天，艾米用她的经期追踪器来分享这个好消息。追踪器建议艾米下载一款怀孕应用程序。这款非常有趣和甜蜜的程序展示了胎儿的发育过程，最初是薰衣草花蕾般大小。可惜的是当婴儿达到了巧克力片的阶段时艾米流产了。从诊所回家后艾米按下按钮终止了她的虚拟妊娠。这款程序给她发来了一封安慰性的邮件并清理了她的数据。之后她的日子并不好过。有一天她收到了一个包裹——流产七个月后的艾米收到了一盒婴儿配方奶粉，上面写着："也许我们做父母的方式都不一样，但为人父母的快乐是我们都能分享的。"这是一款她从未打算使用的来自一个她从未告诉过她怀孕了的人寄来的产品，而这个人所在的公司她也从未听说过。经期追踪器把她的数据分享给了为母亲提供产品的供应商。当在阅读这个故事时，读者本能的反应可

㉖ 如 Hoofnagle et al. (2012)，273 所言，"伪装的追踪技术、无效选择技术和诱使消费者暴露数据的模型的结合表明，广告商并没有把个人看作是自主的个体"。

㉗ 有很多缺点，其中之一就是社交网络同质性，即我们在网络上只和志同道合的人交流，有"过度自信、极端主义、蔑视他人，有时甚至是暴力"的风险[Sunstein (2007)，10]。同样，有人认为用于对搜索结果和社交媒体帖子进行排名的算法会产生"过滤气泡"，其中只有在意识形态上有吸引力的内容才会出现[Pariser (2011)]。Bakshy et al. (2015)，1-4，已经有证据表明人们会接触到来自持相反观点朋友的大量内容。

㉘ 这种解决方案赋予了用户权利，而大多数解决方案侧重于公共机构的作用和监管。例如，沿着这些思路，见 Klein (2016)，19，根据该文章，鉴于公司没有真正的激励来保护隐私，"是时候考虑由合法的民主机构运行或提供的独立的、国际的、公共资金的帮助了。或者对如社交网络和消息传递应用程序等我们依赖的低水平数字基础设施提供财务帮助或监督"。前提是可以接受的，但自上而下的解决方案就不行。

能是一种排斥和谴责追踪、数据画像以及直接营销。然而如果追踪、画像和直接营销都是在法律规范的轨道内运行,这个不幸的事件就不会发生。故事的结局那一定是一阵苦笑。艾米收到盒子时笑了,一方面,她"很庆幸,像互联网这样依赖数据的公司虽然紧密地参与我们生活的各个琐碎方面但并没有获知我们生活中最重要的消息"。[229] 另一方面,更重要的是她意识到她的"小巧克力片早就删除了,在网络空间中漂泊,在互联网中无休止地游荡"。[230]

参考文献

Article 29 Working Party(2011),Opinion 16/2011 on EASA/IAB Best Practice Recommendation on Online Behavioural Advertising, adopted on 8 December 2011,02005/11/EN WP 188,European Commission.

Article 29 Working Party(2010),Opinion 2/2010 on online behavioural advertising, adopted on 22 June 2010,00909/10/EN WP 171,European Commission.

Article 29 Working Party and Working Party on Police and Justice(2009),The Future of Privacy. Joint contribution to the Consultation of the European Commission on the legal framework for the fundamental right to protection of personal data, adopted on 1 December 2009,02356/09/EN WP 168,European Commission.

Ask Your Target Market(2011),Targeted Advertising Survey:Many Worried About Privacy Violations,Aytm.com of 20 December 2011,available at:https://aytm.com/blog/daily-survey?results/targeted-advertising-survey/#sthash.3rEVQvsg.dpbs.

Ayenson, Mika, Dietrich Wambach, Ashkan Soltani, Nathan Good, and Chris Hoofnagle."Flash cookies and privacy II:Now with HTML5 and ETag respawning."(2011).

Bakshy, E./Messing, S./Adamic, L.(2015),Exposure to ideologically diverse news and opin? ion on Facebook, in:SciencExpress of 7 May 2015,available at:http://cn.cnstudiodev.com/uploads/document_attachment/attachment/681/science_facebook_filter_bubble_may2015.pdf.

Bauer, C./Eickmeier, F.(2016),GDPR:What's Relevant for the Use of Cookies & Identifiers in Online Marketing, ExchangeWire of 24 May 2016,available at:https://www.exchangewire.com/blog/2016/05/24/gdpr-whats-relevant-for-the-use-of-cookies-identifiers-in-online-marketing/.

Bauer, C./Breuer, M./Diebold, D./Eickmeier, F./Klekamp, J./Maucher, S.-A./Neuber, N./Rackwitz, G./Wegmann, T.(2015),Browsercookies und alternative Tracking-Technologien:technische und datenschutzrechtliche Aspekte, BVDW Whitepaper of September 2015,available at:http://www.bvdw.org/medien/browsercookies-und-alternative-tracking-technolo? gien-technischeund-datenschutzrechtliche-aspekte?media=7007.

Bernal, P.(2012),Phorm—A chapter closes?, Blog post of 28 January 2012,available at:https://paulbernal.wordpress.com/2012/01/28/phorm-a-chapter-closes/.

Bray, O./Griffiths, S.(2008),Information Commissioner's Office opinion on Phorm's targeted advertising technology, World Data Protection Report 2008,8(6),24-26.

Caddy, B.(2015),Google tracks everything you do:here's how to delete it, Wired of 15 October 2015,

---

[229] Pittman(2016).
[230] 同上。

available at: http://www.wired.co.uk/article/google-history-search-tracking-data-how-to-delete.

Calabrese, C./McInnis, K.L./Hans, G.S./Norcie, G. (2015), Comments for November 2015 Workshop on Cross-Device Tracking, Letter of the Center for Democracy & Technology to the Federal Trade Commission of 16 October 2015, available at: https://cdt.org/files/2015/10/10.16.15-CDT-Cross-Device-Comments.pdf.

Chamberlain, P. (2015), Misuse of private information: Google Inc v Vidall-Hall & Ors [2015] EWCA Civ 311, 20(3) Communications Law 93.

Commission of the European Communities (1995), Report on application of Directive 89/552/EEC and Proposal for a European Parliament and Council Directive 89/552/EEC on the coor? dination of certain provisions laid down by law, regulation or administrative action in Member States concerning the pursuit of television broadcasting activities, COM(95)86 final 95/0074 (COD).

Constine, J. (2016), Facebook rolls out code to nullify Adblock Plus' workaround, TechCrunch of 12 August 2016, available at: https://techcrunch.com/2016/08/11/friendblock/.

Coutts, S. (2016), Anti-Choice Groups Use Smartphone Surveillance to Target 'Abortion-Minded Women' During Clinic Visits, Rewire of 25 May 2016, available at: https://rewire.news/arti? cle/2016/05/25/anti-choice-groups-deploy-smartphone-surveillance-target-abortion-minded?women-clinic-visits/.

Cranor, L. F. (2012), Can Users Control Online Behavioral Advertising Effectively?, 2 IEEE Security & Privacy, 2012, 93.

Cufoglu, A. (2014), User Profiling—A Short Review, International Journal of Computer Application 2014, 3, 1-9, Foundation of Computer Science.

De Hert, P./Papakonstantinou, V. (2016), The new General Data Protection Regulation: Still a sound system for the protection of individuals?, 32(2) Computer Law & Security Review 179.

Dempsey, M. A./Mitchell, A. A. (2010), The Influence of Implicit Attitudes on Choice When Consumers Are Confronted with Conflicting Attribute Information, Journal of Consumer Research 2010, 37, 4, 614-625.

Department of Business Innovation & Skills (2014), Misleading and Aggressive Commercial Practices—New Private Rights for Consumers. Guidance on the Consumer Protection (Amendment) Regulations 2014, August 2014, available at: https://www.gov.uk/government/uploads/system/uploads/attachment_data/file/409334/bis-14-1030-misleading-and-aggres? sive-selling-rights-consumer-protection-amendment-regulations-2014-guidance.pdf.

Díaz-Morales, R. (2015), Cross-Device Tracking: Matching Devices and Cookies, 2015 IEEE International Conference on Data Mining Workshop (ICDMW), 2015, 1699-1704.

Drexl, J./Hilty, R./Desaunettes, L./Greiner, F./Kim, D./Richter, H./Surblytė, G./Wiedemann, K. (2016), Data Ownership and Access to Data—Position Statement of the Max Planck Institute for Innovation and Competition of 16 August 2016 on the Current European Debate. Max Planck Institute for Innovation & Competition Research Paper No.16-10, available at: https://ssrn.com/abstract=2833165.

Eggers, W./Hamill, R./Ali, A. (2013), Data as the new currency: Government's role in facilitating the exchange, Deloitte Review 2013, 13, 19-29.

European Advertising Standards Alliance (2015a), Cross-Border Complaints Quarterly Report no. 68 April-June, available at: http://www.easa-alliance.org/sites/default/files/2015%20EASA%20Cross-Border%20Complaints%20Report%20No.%2068.pdf.

European Advertising Standards Alliance (2015b), Cross-Border Complaints Quarterly Report no. 67

January - March, available at: http://www.easa-alliance.org/sites/default/files/2015%20EASA%20Cross-Border%20Complaints%20Report%20No.%2067.pdf.

European Advertising Standards Alliance (2014), Cross Border Complaints Report, available at: http://www.easa-alliance.org/sites/default/files/2014%20EASA%20Annual%20Cross?Border%20Complaints%20Report.pdf.

European Advertising Standards Alliance (2011), Best Practice Recommendation on Online Behavioural Advertising, 13 April 2011, available at: http://www.edaa.eu/wp-content/uploads/2012/10/EASA_BPR_OBA_12_APRIL_2011_CLEAN.pdf.

European Interactive Digital Advertising Alliance and TRUSTe (2015), European Advertising Consumer Research Report 2015. Consumer Awareness & Impact of European Self-Regulatory Programme for OBA, available at: https://www.dropbox.com/s/2wueligxquyn5mm/EDAA?tRUSTe_2015%20Consumer%20Research%20Report.pdf?dl=0.

European Commission (2016a), Summary report on the public consultation on the Evaluation and Review of the ePrivacy Directive, 4 August 2016, available at: https://ec.europa.eu/digital?single-market/en/news/summary-report-public-consultation-evaluation-and-review-eprivacy?directive.

European Commission (2016b), Commission Staff Working Document on Online Platforms, Accompanying the document Communication on Online Platforms and the Digital Single Market {COM(2016) 288 final}, SWD(2016) 172 final.

European Commission (2016c), Commission Staff Working Document "Guidance on the imple?mentation/application of Directive 2005/29/EC on unfair commercial practices". Accompanying the document Communication from the Commission to the European Parliament, the Council, the European Economic and Social Committee and the Committee of the Regions "A compre?hensive approach to stimulating cross-border e-Commerce for Europe's citizens and businesses {COM(2016) 320}", SWD(2016) 163 final.

European Commission (2016d), Commission Staff Working Document "Impact Assessment on the modernisation of EU copyright rules". Accompanying the document "Proposal for a Directive of the European Parliament and of the Council on copyright in the Digital Single Market" and "Proposal for a Regulation of the European Parliament and of the Council laying down rules on the exercise of copyright and related rights applicable to certain online transmissions of broad?casting organisations and retransmissions of television and radio programmes" {COM(2016) 593} {COM(2016) 594} {SWD(2016) 301}, SWD(2016) 302 final.

European Data Protection Supervisor (2011a), EDPS calls on the European Commission to ensure that safeguards for online behavioural advertising are respected, Press release of 11 July 2011, available at: https://secure.edps.europa.eu/EDPSWEB/webdav/shared/Documents/EDPS/PressNews/Press/2011/EDPS-2011-08_Behavioural%20advertising_EN.pdf.

European Data Protection Supervisor (2011b), Opinion of the European Data Protection Supervisor on the Communication from the Commission to the European Parliament, the Council, the Economic and Social Committee and the Committee of the Regions—"A comprehensive approach on personal data protection in the European Union", 2011/C 181/01, Official Journal of the European Union of 22 June 2011 C 181/1.

European Data Protection Supervisor (2010), Opinion of the European Data Protection Supervisor on Promoting Trust in the Information Society by Fostering Data Protection and Privacy, 2010/C 280/01, Official Journal of the European Union of 16 October 2010 C 280/1.

Evans, K. (2015), Vidal-Hall and Risk Management for Privacy Breaches, 13(5) IEEE Security & Privacy 80.

Fan, Y. C./Chen, Y. C./Tung, K. C./Wu, K. C./Chen, A. L. P. (2016), A Framework for Enabling User Preference Profiling through Wi-Fi Logs, IEEE Transactions on Knowledge and Data Engineering, 3, 592–603, IEEE.

Federal Trade Commission (2009), Self-Regulatory Principles for Online Behavioral Advertising, FTC Staff Report of February 2009, available at: https://www.ftc.gov/sites/default/files/docu?ments/reports/federal-trade-commission-staff-report-self-regulatory-principles-online-behav?ioral-advertising/p085400behavadreport.pdf.

Flint, D. (2016), Computers and Internet: what is the value of personal data? 37(1) Business Law Review (UK) 38.

Gebicka, A./Heinemann, A. (2014), Social Media & Competition Law, 37(2) World Competition 149.

Gibbs, S. (2016), Facebook will delete your backed-up photos if you don't install Moments app, The Guardian of 13 June 2016, available at: https://www.theguardian.com/technology/2016/jun/13/facebook-delete-photos-moments-app.

Graham, N./Anderson, H. (2008), Phorm: the legality of targeted advertising, 10(4) E-Commerce Law & Policy 1.

Groom, S. (2014), Spam judgment against John Lewis highlights limits of soft opt-in and ICO Guidance, but questions remain, Osborne Clarke Marketing Law of 18 June 2014, available at: http://marketinglaw.osborneclarke.com/data-and-privacy/spam-judgment-against-john-lewis?highlights-limits-of-soft-opt-in-and-ico-guidance-but-questions-remain/Hoofnagle, C. J./Soltani, A./Good, N./Wambach, D. J./Ayenson, M. D. (2012), Behavioral Advertising: The Offer You Cannot Refuse, 6 Harvard Law & Policy Review 273.

Hustinx, P. (2011), Do not track or right on track? —The privacy implications of online behavioural adver?tising, Speech of 7 July 2011, available at: https://secure.edps.europa.eu/EDPSWEB/webdav/shared/Documents/EDPS/Publications/Speeches/2011/11-07-07_Speech_Edinburgh_EN.pdf.

Information Commissioner's Office (2016), Overview of the General Data Protection Regulation (GDPR), 7 July 2016.

Information Commissioner's Office (2011), Personal Information Online Code of Conduct, v. 2.0 Intellectual Property Office (2016), Intellectual Property Awareness Survey 2015, available at: https://www.gov.uk/government/uploads/system/uploads/attachment_data/file/500211/IP_awareness_survey_2015.pdf.

Interactive Advertising Bureau (2011), Europe EU Framework for Online Behavioural Advertising, April 2011, available at: http://www.edaa.eu/wp-content/uploads/2012/10/2013-11-11-IAB?Europe-OBA-Framework_.pdf.

International Chamber of Commerce (2011), Advertising and Marketing Communication Practice Consolidated ICC Code, Document No. 240-46/660 of August 2011, available at: http://www.codescentre.com/media/2083/660%20consolidated%20icc%20code_2011_final%20with%20covers.pdf.

Istituto di Autodisciplina Pubblicitaria (2015), Regolamento sulla Pubblicità Comportamentale Online—OBA, November 2015.

Iveson, K. (2016), How Pokemon Go will make money from you, The Sydney Morning Herald of 3 August 2016, available at: http://www.smh.com.au/comment/how-pokemon-go-will-make?

money-from-you-20160802-gqj457.html.

Joung, Y.-J./Yen, C./Huang, C.-T./Huang, Y.-J. (2005), On personal data license design and negotiation, 29th Annual International Computer Software and Applications Conference, 2005. COMPSAC 2005, IEEE.

Kanoje, S./Girase, S./Mukhopadhyay, D. (2014), User Profiling Trends, Techniques and Applications, International Journal of Advance Foundation and Research in Computer 2014, 1, 1–6, IJAFRC.

Kerr, I. R./Bornfreund, M. (2005), Buddy Bots: How Turing's Fast Friends Are Undermining Consumer Privacy, Presence 2005, 6, 647–655, MIT Press.

Kilian, W. (2012), Personal Data: The impact of Emerging Trends in the Information Society. How the marketability of personal data should affect the concept of data protection law, 13(6) Computer und Recht International (Cri) 169.

Klein, W. E. J. (2016), Can We Trust For-Profit Corporations to Protect Our Privacy?, September, IEEE Technology and Society Magazine 17.

Kopstein, J. (2016), Brands Want To Predict Your Behavior By Mining Your Face From YouTube Videos, Motherboard of 24 May 2016, available at: http://motherboard.vice.com/read/facial-recognition-brands-mattersight.

Kroes, N. (2010), Towards more confidence and more value for European Digital Citizens, European Roundtable on the Benefits of Online Advertising for Consumers, Speech of 17 September 2010, available at: http://europa.eu/rapid/press-release_SPEECH-10-452_en.htm.

Liem, C./Petropoulos, G. (2016), The economic value of personal data for online platforms, firms and consumers, Blog post of 14 January 2016, available at: http://bruegel.org/2016/01/the-economic-value-of-personal-data-for-online-platforms-firms-and-consumers.

Linkomies, L. (2008), BERR approves of Phorm's targeted-advertising techniques, Privacy Laws & Business United Kingdom Newsletter 2008, 38(Oct), 12.

Lomas, N. (2016), WhatsApp to share user data with Facebook for ad targeting—here's how to opt out, TechCrunch of 25 August 2016, available at: https://techcrunch.com/2016/08/25/whatsapp-to-share-user-data-with-facebook-for-ad-targeting-heres-how-to-opt-out/.

Marshall, J. (2014), Do Consumers Really Want Targeted Ads?, The Wall Street Journal Blog of 27 April 2014, available at: http://blogs.wsj.com/cmo/2014/04/17/do-consumers-really-want-targeted-ads/.

Martens, B. (2016), An economic policy perspective on online platforms, JRC/IPTS Digital Economy Working Paper 2016-05, available at: https://ec.europa.eu/jrc/sites/default/files/JRC101501.pdf.

Merikle, P. M. (2000), Subliminal perception, 17, 497, in: E. Kazdin (Ed.), Encyclopedia of Psychology, Oxford University Press.

Michael, M.G. (2016), The Paradox of the Uberveillance Equation, IEEE Technology and Society.

Magazine 2016, September 2016, 14, IEEE.

Mik, E. (2016), A Contractual Perspective on Consent and Notification Requirements in Privacy Legislation, Paper presented at the Society of Legal Scholars Conference of 6–9 September 2016, Oxford.

Neelam, S./Sood, S./Mehmi, S./Dogra, S. (2015), Artificial intelligence for designing user profiling system for cloud computing security: Experiment, 2015 International Conference on Advances in Computer Engineering and Applications (ICACEA) 2015, 51–58, IEEE.

Network Advertising Initiative (2015a), Code of Conduct, May 2015, available at: https://www.networkadvertising.org/sites/default/files/NAI_Code15encr.pdf.

Network Advertising Initiative (2015b), Guidance for NAI Members: Use of Non-Cookie Technologies for Interest-Based Advertising Consistent with the NAI principles and Code of Conduct, 18 May 2015, available at: http://www.networkadvertising.org/sites/default/files/NAI_BeyondCookies_NL.pdf.

Noto La Diega, G. (2016a), Uber law and awareness by design. An empirical study on online plat? forms and dehumanised negotiations, 2015/2 European Journal of Consumer Law 383.

Noto La Diega, G. (2016b), In light of the ends. Copyright hysteresis and private copy exception after the British Academy of Songwriters, Composers and Authors (BASCA) and others v Secretary of State for Business, Innovation and Skills case, in: C. Franchini (Ed.), Studi giuri? dici europei 2014, 39–60, Giappichelli.

Pandey, K./Mittal, A. (2016), User profiling on Tumblr through blog posts, 2016 International Conference on Computational Techniques in Information and Communication Technologies (ICCTICT), 85–89, IEEE.

Pang, Y./Wang, B./Wu, F./Chen, G./Sheng, B. (2015), PROTA: A Privacy-preserving protocol for real-time Targeted Advertising, 2015 IEEE 34th International Performance Computing and Communications Conference (IPCCC) 1–8, IEEE.

Pariser, E. (2011), The Filter Bubble: What the Internet Is Hiding from You, Penguin Press.

Pittman, A. (2016), The Internet Thinks I'm Still Pregnant, The New York Time of 2 September 2016, available at: http://www.nytimes.com/2016/09/04/fashion/modern-love-pregnancy-mis? carriage-app-technology.html.

PwC (2015), Global entertainment and media outlook, PricewaterhouseCoopers.

Purcell, K./Brenner, J./Rainie, L. (2012), Search engine survey 2012, Pew Research Centre Survey of 9 March 2012, available at: http://www.pewinternet.org/2012/03/09/search-engine-use-2012/.

Reding, V. (2013), Answer given to the question for written answer E-000850/13 by Mrs Reding on behalf of the Commission, 8 April 2013, European Commission.

Reed, C./Kennedy, E./Nogueira Silva, S. (2016), Responsibility, Autonomy and Accountability: legal liability for machine learning, Paper presented at the 3rd Annual Symposium of the Microsoft Cloud Computing Research Centre, 8–9 September 2016, Cambridge499.

Reed, C. (2016), Why Judges Need Jurisprudence in Cyberspace, Paper presented at the Society of Legal Scholars Conference 2016 of 6–9 September 2016.

Rottondi, C./Verticale, G. (2017), A Privacy-Friendly Gaming Framework in Smart Electricity and Water Grids, IEEE Access, 5, 14221–14233.

Rowinski, D. (2011), Mobile Advertising Explosion: Nexage Hits 8 Billion Impressions Per Month, in ReadWrite of 20 August 2011, available at: http://readwrite.com/2011/08/10/mobile-advertising-explosion-n/.

Sattler, A. (2018), From Personality to Property? Revisiting the Fundamentals of the Protection of Personal Data, in: M. Bakhoum, B. Conde Gallego, M.-O. Mackenrodt, G. Surblytė-Namavičienė (Eds.), Personal Data in Competition, Consumer Protection and Intellectual Property Law. Springer, Heidelberg.

Soltani, A./Canty, S./Mayo, Q./Thomas, L./Hoofnagle, C. J. (2009), Flash Cookies and Privacy, 10 August 2009, available at: http://ssrn.com/abstract=1446862.

Sunstein, C.R. (2007), Republic.com 2.0, Princeton University Press.

Surblytė, G. (2015), Competition Law at the Crossroads in the Digital Economy: Is it All About

Google? 4 EuCML 170.

Tarabella, M. (2013), Question for written answer E‑000850/13 to the Commission, Marc Tarabella (S&D), 28 January 2013, European Commission.

Turow, J./King, J./Hoofnagle, C. J./Bleakley, A./Hennessy, M. (2009), Americans Reject Tailored Advertising and Three Activities that Enable It, Paper of 9 September 2009, available at: http://ssrn.com/abstract=1478214.

White, A./Levring, P. (2016), Facebook Grilled by EU's Vestager Over WhatsApp Merger.

Turn, Bloomberg of 9 September 2016, available at: http://www.bloomberg.com/news/articles/2016‑09‑09/facebook-grilled-by-eu-s-vestager-over-whatsapp-merger-u-turnWoodward, J.D. (2000), Is Biometrics an Age Verification Technology?, Santa Monica, RAND.

Yan, J./Shen, D./Mah, T./Liu, N./Chen, Z./Li, Y. (2011), Behavioral targeted online advertising, in: X.-S. Hua, T. Mei, A. Hanjalic (Eds.), Online multimedia advertising, 213‑232, Information Science Reference.

Zuiderveen Borgesius, F. J. (2016), Singling out people without knowing their names—Behavioural targeting, pseudonymous data, and the new Data Protection Regulation, Computer Law & Security Review 2016, 2, 256, Elsevier.

标准合同条款
——数据传输中数据保护的新概念

Bianka Maksó*

应 航** 译

摘要： 从采用对公共开放的、纸质印刷的电话号码登记册到实现劳登有关个人数据数字信息市场的乌托邦式构想，只用了几十年的时间。而在数据保护过程中，必将面临技术发展以及域外法等管辖权和立法方面的挑战。本文拟简要剖析个人数据的经济构成，阐述其实际商业价值和战略价值。此外，文章的另一重点在于标准合同条款这一新兴法律规则的概念、程序和适用性等内容，介绍该规则是如何另辟蹊径，以确保公司在向第三国传输数据和一般商业利益情形下其利益都能得到充分保护。

1 引言

从劳登（Laudon）在印刷登记册时代提出买卖个人数据的数字市场构想到现在的数字化在线世界，技术发展、数据保护管辖权和立法层面都面临着挑战，其中具有代表性的案例如富有争议的 Google（西班牙）公司、Google 公司诉西班牙数据保护局和西班牙公民冈萨雷斯案[①]和施雷姆斯（Schrems）诉爱尔兰数据保护委员会案的安全港（Safe Harbor）裁决***[②]。

---

* Bianka Maksó，密斯科尔茨大学法学博士。
** 应航，法学硕士，上海市教育科学研究院。
[①] 根据 2014 年欧盟法院在"Google（西班牙）公司和 Google 公司诉西班牙数据保护局和西班牙公民冈萨雷斯"一案的判决，欧盟普通公民对其个人隐私拥有"被遗忘权"，并可以此要求 Google 等相关搜索引擎删除涉及个人隐私的数据，因此 Google 必须按照当事人要求从其搜索引擎结果中"取消引用"或删除包含有关当事人的"不充分、不相关或不再相关"的信息。该规则只适用于人名搜索。2015 年，法国监管机构国家信息与自由委员会（CNIL）曾要求 Google 在全球范围内删除敏感个人信息。在 Google 拒绝执行其命令后，CNIL 对 Google 处以 10 万欧元的罚款。2016 年，Google 向法国国务委员会提起诉讼。Google 仅同意取消引用或删除与欧盟成员国相对应的域名网站的有关列表。法国国务委员会将此案移交欧盟法院。
　　欧盟法院于 2019 年 9 月 24 日作出裁决，即其 2014 年命令仅对基于欧盟域名的 Google 搜索引擎有效。欧盟法院在裁决中强调，许多国家不承认"被遗忘权"或者"对该权利持有不同的态度"。该裁决指出，目前还不清楚欧盟的立法者是否曾考虑将"被遗忘权"应用于非欧盟域名搜索引擎的搜索结果。但在最新发布的声明中，法院要求搜索引擎运营商必须"采取措施阻止欧盟成员国的互联网用户访问出现在欧盟之外的搜索引擎中的'问题'链接"。详见：http://tradeinservices.mofcom.gov.cn/article/zhishi/anlijq/202003/100347.html。
*** ECJ, Maximillian Schrems v. Data Protection Commissioner, C‑362/14, ECLI:EU:C:2015:650.——译者注
[②] 马克斯·施雷姆斯是奥地利律师、隐私活动家。2013 年，前美国中情局雇员斯诺登揭露美国"棱镜门"计划，爆料显示，美国政府通过调取 Microsoft、Google 等平台的数据窃听欧洲多国领导人。当时，仍是法学院学生的（转下页）

人们身处庞大的数字经济和灵活的信息社会之中,由于个人数据的传输不受国界或其他任何限制,要想意识到提供个人数据和控制信息自决*需要在日常生活中做出切实的努力。

数据被认为是新时代的石油,③因此,必须具备全面、有效和灵活的法律环境以适应技术发展和瞬息万变的国际经济和社会程序之需要。

为了强化在线隐私权并促进欧洲数字经济,④欧盟于 2016 年 5 月 4 日发布了新的《通用数据保护条例》(GDPR)⑤。该条例作为全面改革的一部分,旨在为成员国引入现代化规则,并将国家和私营实体部门作为数据控制者或数据处理者纳入规制范围。配套的法律是成功协作的基石,而一些专家之所以声称这些规则为域外立法,不是因为《通用数据保护条例》的适用范围而是因为其效力(尤其是在国际数据传输领域)。⑥ 鉴于个人数据可作为财产权、精神权利或个人身份的一部分,甚至可作为商业秘密,⑦其被赋予了极高价值,公司必须确保对数据主体权利和自身商业利益的保护。这就需要将隐私保护问题纳入商业考量,尤其是涉及向第三国传输数据时,跨国公司应当如何应对这一挑战成为当下亟待解决的问题。针对私营部门面临(部分)极高的数据泄露风险的问题,欧盟和匈牙利的立法都倾向于采用自我监管的方法。

适当的法律保护是国际数据传输的关键所在,《通用数据保护条例》第 46 条第 2 款(b)项将标准合同条款(BCRs)规定为提供适当保护的主要法律手段。该条例第 47 条细化了标准合同条款的具体内容并以法律形式确定了授权的程序规则,第 29 条提及的数据保护工作组还发布了一些为创建和应用标准合同条款提供指导的文件。这些法律文件可以被视为实现隐私权的行为准则或条款,但迄今为止尚无令人信服的论据、观点或实践来证明其法律性质。本文试图通过一些现有文献研究及近年来的应用实践对标准合同条款这一概念进行学术性介绍,并分析其优缺点。

(接上页)施雷姆斯向 Facebook 欧洲总部所在地爱尔兰的数据保护委员会进行投诉,称美国情报机构访问其个人数据的行为未践行美国法律及惯例所声称的相应保护,并要求停止对其个人数据进行跨境传输。当时"隐私盾"协议尚未出台,欧美遵循的还是 2000 年 11 月签订的"安全港"协议。案件被移交至欧盟法院后,经裁决,"安全港"协议因未能确保美国对欧盟个人数据采取充分保护,且将个人数据隐私保护受制于国家安全等因素被判无效。此后,Facebook 开始改用标准合同条款作为将欧洲个人数据传输至美国的合法依据。2015 年底,施雷姆斯第二次向爱尔兰数据保护委员会投诉,以相同理由要求暂停 Facebook 使用标准合约条款。在第二案审理期间,欧美重新签订了"隐私盾"协议。

2020 年 7 月 16 日,欧盟法院做出一项重磅裁决,宣布欧盟与美国之间的"隐私盾"协议无效。欧盟法院在裁决时认为,美国政府机构对个人数据的访问权没有限制在"必要"和"成比例"的范围内,欧盟用户也缺乏在美国获得司法救济的有效途径,所以在"隐私盾"协议下对欧盟用户数据的保护依然不足。但是,法院并未裁定标准合同条款无效。——译者注

* 信息自决权的精髓在于信息主体对自身信息的控制与选择,即自我决定的权利,由公民基于其内心自由地决定其自身信息何时、何地、以何种方式被收集、储存、处理以及利用的权利。——译者注

③ Moorhead (2011).
④ European Commission (2015).
⑤ 欧洲议会和理事会在 2016 年 4 月 27 日颁布了在处理个人数据以及此类数据的自由传输方面保护自然人的第(EU)2016/679 号条例,并废除第 95/46/EC 号指令。
⑥ Kuner (2015).
⑦ Samuelson (2000).

2 个人数据的经济构成

2.1 理论背景[8]

数据控制者可以通过客户代码、电子邮件地址、合同编号等因素描述一个人,个人隐私正在变得越来越虚拟化[9]。根据划分隐私的七种类型,此种情形应被视为数据(和图像)隐私类型。[10] 无论是人们自身还是其个人数据都不是市场上的免费商品,然而日常生活中的很多例子却打破了这一认知,例如直销商能够买卖按照年龄或偏好排序的不同个人数据清单。

隐私悖论概念(the concept of the privacy paradox)强调,[11]数据主体有时需承担数据控制者的侵权违约责任。根据这一理论,数据主体无须事先作出任何(经济)投资便可要求保护其个人数据和合法使用,但为获得哪怕是再微小的利益,他们都得时刻准备着提供所要求的各项数据。考虑到上述现象,比起赋予数据主体针对侵权行为所能行使的若干权利,使数据控制者有动力解决数据保护问题似乎更为重要和有效。

数据保护的历史可以追溯到 19 世纪 90 年代,沃伦(S. D. Warren)和布兰代斯(L. D. Brandeis)[12]所提出的"将隐私权作为一项独立权利"理论具有里程碑式的意义。财产概念向非物质载体的延伸引出了这样的结论:对人的保护中需要增加人格保护这一因素。作为法律先驱的沃伦和布兰代斯声称,保护隐私已是刻不容缓,可将其视为保护财产和行使财产权的一种特殊方法,而保护的标的则是所谓的家事,即不受干涉的权利。他们确立了隐私保护目标下的一般原则并针对每个人进行个性化设置,还指出了公众人物和非公众人物之间的区别在于前者放弃了部分不受干涉的权利。公众人物生活在大众视野范围内,这必然涉及一些个人信息的公开。这是信息自决的首次出现,也标志着它的起点。

2.2 示例

为了将卢曼(Luhmann)的理论[13]应用于数据保护,可以先对下列数据保护的示例进行检验:数据主体要求数据控制者在征得其同意的情况下,依照事先确定的目的收集和处理数据,同时假设存在欺骗的可能性。在此示例中,欺骗即代表着侵权事实和个人数据泄露的发生,随之而来的是强制执行权和赔偿请求权将成为数据主体的新要求。这些便是法律对(未)满足需求而设定的标准应对路径。

---

[8] 值得注意的是,目前仍然存在有关道德权利和利益平衡的科学辩论。
[9] Szabó (2005),pp.44 - 54.
[10] Finn/Wright/Friedewald (2013).
[11] Acquisti (2013).
[12] Warren/Brandeis (1890).
[13] Luhmann (1979);进一步的说明请参见:Csegödi, T.L. (1979): A jog pozitivitása mint a modern társadalom feltétele, in: Jog és szociológia. pp.123 - 142, Válogatott tanulmányok KJK.

以赢利为导向的企业业务需求或经营维护常常会打破上述详细要求。只要数据控制者能从剖析个人数据甚至是出售个人数据中获利,他们便愿意去处理个人数据,但所有的这些活动均受到(绝大多数国家)法律的禁止。因此,在多数情况下法律所宣扬的规则并不符合经济理性主义。

波斯纳(Posner)对个人数据的真实价值持另一种态度。根据他的幸福最大化理论,法律规则的价值在于确保全社会绝大多数成员尽可能获得最大的幸福。经济程序充斥着对立的利益,市场参与者在做出决策之前应当进行成本—效益分析。⑭ 假设一个商品的价格是 80 个单位,致力于数据保护的买方将以 100 个单位的价格购买,如果买方对交易期间的数据保护有任何顾虑,就有可能取消合同;但在卖方采取了数据保护措施的情况下⑮(这些措施为卖方增加了 15 个单位的成本),买方将需要为该商品支付 105 个单位。由此,交易可以分为下列几种形式:

第一种是买方注意到卖方未采取数据保护措施。买方将不会购买该商品并省下 105 个单位的支出,卖方将不会得到其想要的 80 个单位,且从长远来看买方不会使用其服务。

第二种是买方没有注意到卖方未采取数据保护措施。当将卖方利润考虑在内时,交易可按 90 个单位的价格成交,双方在短期内都对该笔交易感到满意。但从长远看,卖方能够使用买方的个人数据甚至出售这些数据牟利,与此同时买方很容易受到数据控制者的攻击。如果这一侵权行为被发现,买方很有可能会对卖方提起诉讼。

第三种是卖方以 15 个单位的成本对交易采取了数据保护措施,并将该商品的价格提高(即 90+15)到了 105 个单位。买方购买该产品后双方都将在短期内对此次交易感到满意,买方将来也会选择从提供了数据保护措施的卖方处购买,并形成长期稳定的交易关系。人们倾向于从现有的选项中选择自己喜欢的。在这个例子中,买方在购买商品的同时确保了其个人数据受到保护。卖方提高成本的行为虽然导致价格上涨,但却能够吸引并留住新客户。这一复杂系统有利于整个社会,可以被称为帕累托效率(Pareto-efficient):双方地位都有所改善,或是一方有所改善而另一方也不会变得更糟。

除了赢利目标外,道德和社会规范、对未来和经常性交易的期望、现有合同的持续性以及市场声誉等其他因素也影响着以赢利为导向的企业。

在此基础上,采用价格歧视有助于保持市场主体的竞争力并留住其客户。上述示例虽然经过简化,但足以说明数据保护措施的重要性。此外,数据控制者采用不良数据安全措施所带来的数据被盗和损坏的高风险,将导致其承担损害赔偿责任以及行政处罚。总而言之,从长远来看,采用数据保护措施比规避这些措施更有利可图。

根据劳登的理论,解决数据保护问题的关键不是制定强制性规则或设立监管机构,而是维持(maintaining)一个强大的个人数据数字市场。⑯ 在此市场中,数据主体和数据控

---

⑭ Posner (2011); or Tóth (2004).
⑮ 美国人会愿意为采用数据保护措施的企业提供的商品多付 50 美分[Acquisti (2013)]。
⑯ 批评人士称这将导致一个完全没有隐私的世界且歧视将加剧贫富差距。

制者的利益将得到平衡。[17] 每个数据主体都有个人账户，数据主体或者其代理人以自己设定的价格或与买方协商的价格出售个人数据。数据主体将能够追踪其出售的数据，并从买方用这些数据进行的进一步交易中获得相应比例的利润。在这样的市场中，法律是满足社会需求的工具。但正如上文所述，法律并不完全适用于这一目的。强制性规则的法律属性和经济属性必须尽可能地紧密结合，而实现这一目标的潜在方法是构建自我监管规则。

随着欧盟许多成员国呈现出支持自我监管的立法趋势，自我监管在商业实体中越来越流行。法律提出的自我监管规则和保障措施将由公司根据最适合其活动的情形进行优化，并在保持强制性和合法性的同时保证其具有现实可操作性，其中一个办法便是适用标准合同条款。这些具有约束力的公司具体规则不需要经过立法机构同意，但需要得到国家数据保护局（the national data protection authoriy，下文简写为 DPAs）的必要授权，以确保数据主体拥有获得司法救济的权利。

2.3 合同层面

本文的这一部分将从理论经济学的角度探讨个人数据作为一种商品的实际意义。波斯纳[18]的研究表明，作为消费品的隐私是一种有价值的产品。他建立了个人数据与商业之间的理论结构：人们在求职面试等场景中将自己作为商业产品进行推销。如果他们不提供与某种情况有关的所有个人信息，就可能隐藏真正的不利因素和品质以误导对方。波斯纳强烈反对允许隐藏或保护个人数据的法律，在他看来这会扭曲市场和实际竞争。但是他承认只有在其有权保留个人信息和禁止他人寻求敏感数据或监视某人的情况下，才能避免不利交易。这项权利的重要性也在欧盟关于数据保护的最新调查中得以体现，[19]根据这项调查，人们对在线服务的提供商和电话运营商抱怨最多。值得一提的是，人们在日常生活中似乎没有这些顾虑，因为提供在线服务的应用数量和个人数据量每天都在增加。根据欧盟调查，人们对有关金融和健康问题的数据最为敏感，其次是地址和指纹。然而对于商业部门而言，为了提供最适合消费者的服务，其优先考虑的不是财务数据而是与客户利益有关的数据。

以在线邮件系统为例，该系统中的元数据和完整邮件内容可供提供者使用，唯一需要深思熟虑的是邮件服务是否值得人们用这些数据来进行交换。波斯纳认为，[20]隐私作为个人数据的总和，是一种中间产品而非最终产品，因为人们可以利用其数据来实现或得到某些东西，例如在一个简单交易过程中，消费者数据是该交易天然的中间产品。[21]

通常认为，隐私和数据保护等同于独处权（the right to be alone）。这就是为什么绝大

---

[17] Laudon (1996), pp.92-104.
[18] Posner (1978).
[19] European Commission (2011).
[20] Posner (1978).
[21] Huang (1998).

多数潜在的侵权行为并不会因为其非法活动(即不合理和无故的干扰)而被提出索赔,直到这些行为在经济上产生了恶意软件的效果。常见的无故干扰的例子是卖家散布垃圾邮件。基于经济学方法的基本原则"需求即为供给",如果卖方了解买方的实际需求和偏好,交易将更容易管理。如果卖方准确地知道买方真正想要的是什么以及其心理价位,那么交易成本就会因合同、议价和其他成本的下降而降低。[22] 而买方的优势在于其避免了市场调查带来的必要支出。这有助于个性化服务的开展:判断趋势、需求,并在最大程度提高营销成本效率的同时将交易风险最小化。但是,若卖方不知道买方因敏感性而选择不披露的信息,这对于卖方而言是极其不利的。在人寿保险合同的协商过程中,个人数据越敏感,就越有可能带来损害并严重影响合同的最终细节。绝大多数隐私问题的产生是由于当事人在获取信息方面存在差异,导致信息不对称,从而造成隐私侵权和市场扭曲。

然而范里安(Varian)[23]认为隐私权的某些要素可受合同约束,例如在数据主体知情同意的情况下,可以基于特定目的在一定时期内出租处理某些个人数据的权利。下一个要解决的问题是数据清单创建者是否拥有这些清单的知识产权,以及这些清单是否受制于进一步的销售合同或租赁协议?如果这两个问题的答案都是肯定的,那么也应当考虑数据主体的信息自决权。此过程将创建一个二级市场,个人数据作为其中的商品可创造利润。但从长远看,利润将不会流向数据主体(理想状态下其有权决定使用)而是流向真正具有决定权的数据控制者。数据主体可以在短期内获得一些额外的好处,比如免费开设电子邮件账户,但在今后的绝大多数时间里他将容易受到攻击且丧失其个人数据用途的决定权。数据主体被市场"小兄弟"(the 'little brothers' of the market)监视的损失可被视为主观伤害。[24]

在数字时代,市场"小兄弟"不能受到技术因素或国界的限制。因数字化是经济增长的保证,欧盟为促进数字化作出了若干努力,使单一市场现代化以适应新的挑战和需要。该进程的一项主要目标是构建一个新的法律框架,以确保个人数据在欧盟[25]得到高标准保护、欧盟公民作为数据主体有权在欧盟管辖范围外[26]得到适当程度的保护。这种双层结构不仅将电子通信和服务规则包括在内,还涵盖了关于收集、控制、处理和传输个人数据的全面规范性背景,使得数据主体在受到侵权时有权采取补救措施。

3 数据跨境传输的法律背景

欧盟作为早期的经济合作一体化组织,致力于在许多一体化领域建立普适的法律环境。在20世纪90年代初期,立法者创建新一代数据保护法规的重要性愈发凸显。除了

---

[22] Huang (1998).
[23] Varian (1996).
[24] Acquisti (2010).
[25] European Commission (2016).
[26] 在数据保护方面,EU代表欧洲经济区(EEA)。——原文注

纸质的国家登记册外，私营部门的数据控制者和自动化数据处理都亟须得到法律规制。事实证明，《里斯本条约》(the Treaty of Lisbon)[27]和《欧盟基本权利宪章》(the Charter of Fundamental Rights of the European Union)[28]的出台将隐私权和数据保护问题上升到了基本法的高度。欧盟数据保护法规可划分为四个方面[29]：通用数据保护、与欧盟机构相关的数据保护、电子领域的数据保护和其他领域（如犯罪数据或环境数据）的数据保护。现如今这些分支都在发展，但重心已逐渐转移到电子领域。1995年《数据保护指令》(the Data Protection Directive)[30]的批准标志着个人数据保护法律框架的创建。该指令允许成员国自其生效之日起三年内将其规则转化为国家措施，[31]截至目前，该指令在28个成员国和3个欧洲经济区(EEA)国家具有约束力。由于该指令仅为成员国留下了很小的操作余地，基本可以视为具有较为统一的规制模式，然而在此基础上产生的数据保护法规非但不一致，更是存在着28种不同的样式。

2012年启动的改革程序体现了数据主体和数据控制者的诉求并带来了重大变化。尽管GDPR才于2016年5月24日生效并从2018年5月25日起适用，但不得不承认的是2016/680号指令[32]和GDPR的出台产生了重大影响。公约是普遍和直接适用的立法文件，无须转化为任何国家的法律即对成员国具有约束力。这一立法性质将产生两个主要结果：成员国无权在相关领域不完整地适用公约或将内容移植到本国法律制度中；成员国将放弃部分法规的立法主权，废除相关立法行为。同时，欧盟立法者也将承担起制定法律的重任，这对于像数据传输和推广网络(WEB)解决方案等技术快速发展领域而言也是一项艰巨的挑战。

本文讨论了国际数据传输规则，这是因为在第三国设有附属公司和在欧盟注册了办事处的跨国公司，若想成为欧盟公民个人数据的数据控制者就必须遵守这些规定。然而当前规则并未界定"向第三国传输"的概念。此外，由于相关数据信息并不会自动发送，将数据上传到网站等同于将数据传输给世界各地连接互联网的任何人而非特定第三国，因此"上传"不能被视为向第三国传输数据。[33]

欧盟统计局(Eurostat)2015年春季进行的最新调查显示，有81%的被调查者认为无论数据控制者处理其个人数据的司法管辖权如何，对他们而言更为重要的是享有相同的权利和保护。[34]欧盟立法者必须认真考虑这些诉求，才能建立一个令人满意的法律框架，

---

[27] 修正《欧洲联盟条约》和《建立欧洲共同体条约》的《里斯本条约》(OJ[2007]c 306/1)于2007年12月13日在里斯本签署。

[28] 《欧洲联盟基本权利宪章》(OJ[2016]C 202/389)。

[29] Oros/Szurday (2003).

[30] 欧洲议会和理事会于1995年10月24日颁布的关于在处理个人数据和自由移动个人数据方面保护个人的第95/46/EC号指令(OL[1995]L 281/31)。

[31] 同上，Article 32(1)。

[32] 2016年4月27日，欧洲议会和理事会关于保护自然人的第2016/680号指令，涉及主管当局为预防、调查、侦查或起诉刑事犯罪或执行刑事处罚的目的处理个人数据及其自由传输，并废除了理事会第2008/977/JHA号决定。

[33] ECJ, Criminal proceedings against Bodil Lindqvist, C-101/01, ECLI:EU:C:2003:596, paras 56, 59, 60, 70.

[34] Special Eurobarometer 431/Wave EB83.1: Data protection, Fieldwork: March 2015, Publication: June 2015 http://ec.europa.eu/public_opinion/archives/eb_special_439_420_en.htm#431.

以确保欧盟公民享有保护个人数据和隐私的基本权利。这项工作的困难之处在于,在虚拟经济中使用的个人数据不会被欧盟成员国的地理或管辖边界所阻拦。数据控制者在管理欧盟公民的数据时无论属地管辖权或属人法如何,都必须遵守在第三国提供适当程度保护的规则,这也是一些专家和知名学者认为该指令具有域外性质和效力(GDPR 必然具有域外效力)的原因。然而如果数据控制者在欧盟没有设立机构、资产或其他联系,执行起来将很困难。㉟

3.1 数据保护指令的现行规则

国际数据传输规则可以分为三大主题(three major topics)。首先,第 25 条提出了一项默认规则,即只有在确保第三国提供适当程度的保护时才允许传输个人数据,该条第(2)款细述了"适当性"的定义。欧盟委员会有权与相关国家进行谈判以避免损害的发生,委员会也有权在正式决定中确定第三国是否确保了适当的保护水平。根据第 25 条第(6)款,委员会可以认为第三国㊱根据其有效的国内法或国际协定提供了适当程度的保护。其次,第 26 条允许在六种情况下将减损了默认规则的个人数据传输到未能提供适当保护的第三国。最后,第 26 条第(2)款规定了在没有适当保护的情况下向第三国传输数据的解决方案,究其根本在于数据控制者也可以提供充分保障。

上述规则的核心在于"适当程度的保护",而指令中未能明确其概念和内容。应当围绕数据传输的所有情况对第三国的保护水平加以评估,并重点考虑:数据的性质;拟定处理操作的目的和持续时间;数据起源国和最终目的地国;在有关第三国内实行的一般和部门法以及该国采取的安全保护措施。

只有判例法㊲提出适当程度的保护,这意味着"不能强制要求第三国确保提供与欧盟法律秩序所保障的相同水平的保护程度",但"必须理解为要求第三国事实上根据其国内法或其国际协定确保一定程度的保护"。这意味着各国保护水平可能存在差异,但必须都是实践中行之有效且能确保高水平的保护措施。施雷姆斯诉爱尔兰数据保护委员会案㊳这一判例中显示,美国的安全港原则无法提供适当程度的保护。此外,缺乏独立的监管机构、缺乏法律和执法程序的保障以及数据控制者的不当行为共同导致了这一结果。欧盟委员会完成了审批程序并引入了所谓的隐私屏蔽,以确保在向美国传输数据时能获得足够的保护。在该案中,欧盟和美国的谈判代表很快达成了一项非法律性的政治协议,并作出"依照欧盟议会和欧盟理事会关于欧盟——美国隐私保护是否充分的第 95/46/EC 号指令,欧盟委员会于 2016 年 7 月 12 日执行该决定"的指示。对于跨国公司和拥有跨大西洋分支机构的数据控制者而言,标准合同条款是一种有效的、可长期适用的法律工具。然而,许多公司将自我认证视为负担,其有效性仍然值得怀疑,因此,欧盟委员会在 2017 年

㉟ Ryngaert (2015).
㊱ 此处涉及的国家列表可在下述链接中查询:http://ec.europa.eu/justice/data-protection/document/international-transfers/adequacy/.Note:Hungary was declared among these countries before its accession to the EU.
㊲ ECJ, Maximillian Schrems v. Data Protection Commissioner, C - 362/14, ECLI:EU:C:2015:650, para 73.
㊳ ECJ, Maximillian Schrems v. Data Protection Commissioner, C - 362/14, ECLI:EU:C:2015:650, para 29.

秋季对此进行了审查并认真考量了 GDPR 的适用性。

在大多数情况下,数据控制者会采用适当的合同条款:其中的标准条款已通过欧盟委员会的核准,[39]而特别条款则必须事先得到国家数据保护局的批准,以实现数据传输获得适当保护的合法化。但这种方法很难应用于海量数据定期重复传输的情形。

自我监管,特别是适用标准合同条款,是确保适当保护的第三种重要方式。指令中并未明确提出这一法律手段,且少有成员国[40]承认其为向第三国传输的法律依据。[41] 值得注意的是,虽然美国在 20 世纪 90 年代初期便开始实行自我监管,但并未总结出成功的经验。这一手段之所以被推广而不是被应用,是因为包括审计和认证在内的详细自我监管方法被视为数据控制者的负担。[42]

3.2 《通用数据保护条例》和国际数据传输

GDPR 序言(101)强调,数据传输对于扩大国际贸易和国际合作是必要的,并提出了相应的要求。GDPR 保留了国际数据传输的主要概念结构和规则(包括为数据主体提供适当保护的因素),以保障欧盟公民和受 GDPR 约束的每个数据主体的基本权利。该条例第 49 条引入了一项新的减损条款,根据该条款,若数据传输不具有重复性且涉及的数据主体十分有限时,保障数据控制者在评估了所有情况后主张进行数据传输的合法权益是有必要的。这一规则源于公司合法利益的要求,但由于其性质复杂,从业者认为它"在实践中使用有限"。[43] 第 3 条将规则所覆盖的领域范围(或称适用范围)扩大到了欧盟以外,该条明确了其亦适用于非欧盟境内的控制者或处理者处理的欧盟数据主体的个人数据。第 15 条第 2 款强调,数据当事人有权在数据传输到第三国的情况下被告知适当的保护措施。此外根据第 30 条,数据控制者有义务记录向第三国传输数据的若干细节。

GDPR 在适当保护方面按照第三国、第三国领土或第三国内的部门规章进行了区分。指令和 GDPR 中的保障措施作为代替适当保护程度的术语,应被视为目标国家亟待建立的保障措施。而在起到重要作用的适当性认定方面,序言(104)界定了适当保护的特征:尊重法治、诉诸司法、符合国际人权规范和标准,以及在一般法和部门法中,第三国必须确保提供与欧盟内部所保障的基本相同的适当保护。GDPR 第 45 条还规定至少每四年对适当性进行一次审查。有关数据传输适当性的法律依据已经得到详尽说明,包括委员会的适当性决定和第 46 条涵盖的标准数据保护条款、核准的行为守则或认证机制等其他适

---

[39] 委员会基于与 EEA 有关的第 95/46/EC 号指令,在 2001 年 6 月 15 日作出关于向第三国传个人数据的标准合同条款的决定;2004 年 12 月 27 日委员会决定修正关于向第三国传输个人数据标准合同条款草案的第 2001/497/EC 号决定;委员会根据欧洲议会和欧盟理事会第 95/46/EC 号指令,于 2010 年 2 月 5 日作出关于向第三国传输个人数据的标准合同条款的决定。
[40] 详见第 29 数据保护工作组:数据控制者将标准合同条款(BCRs)("BCR-c")向国家进行备案的要求,请参见 http://ec.europa.eu/justice/data-protection/internationaltransfers/files/table_nat_admin_req_en.pdf。
[41] 匈牙利标准合同条款(BCRs)的法律依据于 2015 年 10 月 1 日生效。——原文注
[42] Wright/de Hert (2016).
[43] http://privacylawblog.fieldfisher.com/2016/getting-to-know-the-gdpr-part－9－datatransfer-restrictions-are-here-to-stay-but-so-are-bcr/.

当性保障措施。

根据第46条第2款，标准合同条款作为立法里程碑已被立法机关宣布为私营实体部门之间最重要的保障措施和第二项总体意义上的措施，第47条规定了标准合同条款的概念性、部分程序性但也是最低限度的实质性问题，并得到了官方承认。除了这些规范性规则外，考虑到标准合同条款必须得到国家主管当局的批准，第29条规定的工作组还发布了若干工作文件㊹为国家数据保护局和标准合同条款申请人进行释明并提供帮助。随着这项法令的颁布，GDPR免除了数据处理机构事先获得数据保护当局批准其向第三国传输数据的义务。㊺

第46条中的适当保障措施还包括其他机制：如公共机构或机关之间具有法律约束力和可强制执行的文书；委员会或国家数据保护局通过的标准数据保护条款；经核准的行为准则；经核准的认证机制。后者有两项法律规定，即数据传输必须在有约束力和可强制执行承诺的基础上进行。

4 标准合同条款

标准合同条款的主要目的是自发创建一个单一且完整的规则体系，即一个合规性框架，跨国公司需要遵守该框架下国际数据传输的行为准则或一系列条款和条件以确保在第三国提供适当保护。标准合同条款旨在为公司及其设立在第三国的公司集团成员之间的国际数据传输提供法律依据。"公司集团"的概念可能因国家而异，但背后的原理是这些公司通常都由总部设立，GDPR第4条第(19)款明确了公司集团的概念从而统一分歧。

在刚提出标准合同条款的那几年里，其并不被视为"进行国际传输的唯一或最佳工具，而只是一种额外工具"，㊻人们对其有效性存在争议并认为该规则（BCRs）缺乏可执行性和有效性，不过是"纸老虎"罢了。㊼然而，标准合同条款的运用正在普及，据官方统计，使用BCRs的跨国公司数量正在缓慢增长。㊽此外，反映全世界数据保护趋势的GDPR也支持共同监管和自我监管，而这正是其优势所在。举例而言，匈牙利在颁布标准合同条款后的一年内，已有18家跨国公司（包括40多家独立公司）完成了授权程序。㊾

4.1 法律条文中的标准合同条款

根据GDPR序言(101)，标准合同条款包括了确保适当保护措施的所有基本原则和可执行权利。GDPR第4条第20款载有一项规范性定义，根据该定义，标准合同条款是

㊹ 与标准合同条款(BCRs)相关的文件如下：WP 74，WP 108，WP 153，WP 154，WP 155，WP 176，WP 195，WP 204。
㊺ 欧共体第95/46/EC号指令第19条(e)规定，向第三国传输数据的提议可能需要事先通知国家政治事务部。
㊻ 第29条数据保护工作组：（2003年）工作文件：向第三国传输个人数据：运用欧盟数据保护指令第26条第2款为国际数据转移制定公司规则，详见 http://ec.europa.eu/justice/policies/privacy/docs/wpdocs/2003/wp74_en.pdf。
㊼ Baker (2006).
㊽ 关闭标准合同条款(BCRs)合作程序的公司名单详见 http://ec.europa.eu/justice/data-protection/international-transfers/binding-corporate-rules/bcr_cooperation/index_en.htm。
㊾ 公司名单详见 https://www.oecd.org/sti/ieconomy/46968784.pdf。

指在一个成员国境内设立的数据控制者或处理者遵守的个人数据保护政策,以便将个人数据转移或一系列转移给一个或多个公司集团内的控制人或处理人。序言将此定义为一系列原则和权利的总和,但 GDPR 的规范性文本将其定义为政策,两者存在较大差异。

4.2 内容[50]

4.2.1 约束力

根据 GDPR 第 47 条,标准合同条款应具有法律约束力,明确规定了所有公司成员应遵守的义务并由公司集团的相关成员实施和执行。标准合同条款针对公司集团提出的内部规则,虽不能取代具有法律约束力的规范性义务,但其仍需要强制性,因为只有当其具有强制性时才能确保受到充分保护。约束力包括内部和外部两个方面。内部约束力意味着公司集团的成员以及公司内部的每个员工都必须遵守标准合同条款,因此规则必须足够清晰以便遵守,且一旦发生违反规则的情形时必须予以制裁。内部约束力可以整合到集团内部协议或内部集体合同之中,采取如减薪或解雇等强制性制裁措施可强化遵守。外部约束力意味着标准合同条款范围内的数据主体必须成为第三方受益人,并且必须在主管的数据保护当局和/或法院要求补救的情况下能够强制遵守并执行规则。然而单方面声明不能被视为所有国家的个体拥有第三方受益权的法律基础,但这种可强制执行性并不会因为法律确认了其为侵权行为而废除数据主体向国家数据保护局或法院提出申诉的权利。如某著名 IT 公司的标准合同条款包含一项声明,即声明此为一项所有附属公司都"必须遵守"的"约束性协议"。[51]

4.2.2 明示授予的强制执行权及相关配套

根据 GDPR 第 47(2)条,跨国公司在标准合同条款中必须至少具体阐述下列细节:该规则需要克服立法的抽象性以与传输和数据处理交易相契合,其细节和抽象度必须能够使国家数据保护局和数据主体评估、评价是否能为向第三国传输数据提供适当保护。

标准合同条款必须包含公司集团结构和详细的联系方式,以及数据传输交易或数据传输交易集合的细化规定。该规则的这一特点为公司提供了制定符合其需求规则的机会。他们可以区分个人数据的类别、处理类型及其目的、受影响的数据主体类型以及第三国身份,由于每个公司的这些要素会有所不同,因此每一组规则都是独一无二的。

标准合同条款必须优先适用通用数据保护原则,例如目的限制、数据处理的法律依据、数据主体的权利(至少包括反对的权利、获得数据的权利、提出申诉的权利以及要求补救和赔偿的权利)。举例而言,一家在线服务公司的标准合同条款[52]列出了若干一般性和具体原则并声明了需遵守的义务,而其他标准合同条款可能将数据主体的权利保障区分为四类加以保护。

---

[50] 其他有关实质性的问题请参阅 WP74 和 WP 153。
[51] Hewlett Packard 的标准合同条款(BCRs)详见 http://www8.hp.com/uk/en/binding-corporate-rules.html。
[52] eBay 的标准合同条款(BCRs)规则详见 http://www.ebayprivacycenter.com/sites/default/files/user_corporate_rules_11-2-09_v1-01.pdf。

作为基本要求,标准合同条款中必须构建内部投诉处理机制以便保障执行数据主体被授予的权利。在这样一种机制中,投诉将直接发送给客户支持部门(按照WP153的要求,这是被明确指定的部门),该部门应进行调查并努力在第一时间解决问题。跨国公司的欧洲成员必须承担责任并同意采取必要措施来补救公司集团其他成员在第三国的行为和进行赔偿,但国家数据保护局可以视个案情况采取赔偿责任机制,举证责任由该成员承担并在诉讼或行政程序中证明在第三国的公司集团成员不承担责任。

透明度有助于数据主体了解数据处理和传输的细节,因此必须在记录和报告主管的国家数据保护局以及通知数据主体机制的规则中得以体现。实际上,公司应该向数据主体公开其标准合同条款,国家数据保护局还应通过公布使用经授权标准合同条款的公司名单以支持透明度。然而必须指出的是,一套结构良好的标准合同条款所发布的与商业利益相关的专门知识和数据可能涉及商业秘密,因此必须合理解释透明度。在这一点上必须强调的是,已公布的标准合同条款的核心文本通常比提交给发展政策审查机构核准的文件更为简要和笼统。

根据标准合同条款承诺对国家数据保护局作出认真且适当回应的条款,公司还需要制定与监督机构合作的规则。该规则中需罗列出数据保护干事在监测合规机制时的相关任务,以确保合规性。该规则必须规定集团有义务定期进行数据保护审核、采取纠正措施、为职工提供适当数据保护培训并报告变更情况。

如果公司的经济环境发生了变化,则需要对标准合同条款进行调整以适应此类变化。这是该规则的一大优势:即在任何情况下都可以根据公司的需求量身定制。更新后,新成员必须明示承诺其受到规则和其他不断变化的细节的约束,但此处应注意的是规则的更新不能降低原规则所提供的一般原则、权利和保护水平。

管辖权问题可能是这一法律手段在域外常见的问题。为了避免争论,正如第29条工作组(the Article 29 Working Party)在WP153中所强调的那样,有必要具体说明标准合同条款与相关法律适用之间的关系。有趣的是,当第三国的国内法要求对个人数据给予更高程度的保护,或者规定数据控制主体承担其他义务时,这种保护将优先于标准合同条款。㊳

4.3 授权流程

根据GDPR第47(1)条的规定,标准合同条款必须获得国家数据保护局的批准。国家数据保护局的参与完全是自主的,㊴但是在许多成员国中,标准合同条款只有在获得国家数据保护局批准的情况下才适用。值得注意的是,该程序可被视为获得批准的一般行政程序,但是某专家认为这些程序必须按照国家数据保护局自身设立的规则进行(如匈牙利)。㊵

㊳ WP 153 point 6.4.
㊴ WP 108.
㊵ Horváth-Egri Katalin (2015).然而值得注意的是,根据《匈牙利数据保护法》修订草案,授权程序将按照一般行政程序规则进行。

牵头机构涉及的程序非常复杂，可能需要花费长达一年的时间，但一般需要一到六个月的时间。[56] 这一授权程序（a schematic procedure）将从向国家数据保护局提交公司申请表并提供以下几种类型的信息时开始，例如联系方式、证明选择国家数据保护局的信息、公司基本结构、加工活动的详细信息（包括来源和目标国家，加工的目的和方式）、概述如何履行 WP74 所需的要素信息、内部采用的信息以及具有约束力的强制执行细节。标准合同条款草案也是该申请的一项强制性附件，且商业敏感信息或商业秘密必须事先注明。作为传统的公共管理程序，附加信息和授权过程的详细信息可能会根据国家法律而有所不同，牵头的国家数据保护局有义务检查该申请并将所有数据传送给其他相关国家数据保护机关。

在这一过程中，申请公司和牵头的国家数据保护局之间的有效合作基本上是决定该程序时间跨度的关键因素。标准合同条款草案由牵头机构审查，每个相关的国家数据保护局均有权就遵守本国法律发表意见和提出进一步要求。将这些意见和要求纳入标准合同条款终稿中有助于其实现，因此申请者不得不根据牵头机构反馈的其他国家数据保护局的评估结果进行多次修改，可能会耗费很长时间，这是该程序的一大缺点。举例而言，匈牙利的国家数据保护局担任着三种不同的程序性角色：它可以是首次引入新标准合同条款的牵头机构、[57]一系列新标准合同条款的批准程序中的有关机构或经授权已生效并已在国内适用的标准合同条款的批准机构。

为协调使用标准合同条款的法律背景，《巴塞尔公约》引入了相互承认程序。在这种合作中，一旦牵头当局（通过考虑不同因素来选择相关地点，如某个集团的运营总部所在国或该公司在具有数据保护授权义务的集团内的所在地，或就数据传输作出决定的地点或收集数据的地点[58]）发现标准合同条款符合国家和欧盟法律中的所有要求，[59]国家数据保护局也认可相关工作文件作为授权的充分依据而无须进一步要求即可创建一个简化的授权程序。此外某些情况下（如匈牙利），一些成员国没有加入相互承认程序中，但有关当局加入了 WP108 第 29 条所设立的合作程序，其效果是相同的。

该程序所需要的手续费在每个国家也不尽相同。匈牙利的手续费相对较高，为 266 福林（864.38 欧元[60]）；丹麦更新标准合同条款程序是免费的；在马耳他需要支付年费；在塞浦路斯需要支付 42.5 欧元；而在斯洛文尼亚则需要支付 22.66 欧元。[61] 尽管如此，许多公司仍拒绝适用标准合同条款，这是因为在起草和管理程序中律师事务所和辩护律师的费用高得不切实际导致难以获得令人满意的回报。相比之下，美国公司通过"隐私保护"（Privacy Shield）进行自我认证时虽根据总收入支付费用，但通常不到 1 000 美元。[62]

---

[56] 相关国家的详细信息请参阅 http://ec.europa.eu/justice/data-protection/international-transfers/files/table_nat_admin_req_en.pdf.
[57] 直到 2017 年 10 月，匈牙利政治部尚未承担起牵头机构的职责。
[58] 完整的因素列表请参阅 WP 108.3.3。
[59] 截至目前，有 21 个国家参与了此项进程，名单详见 http://ec.europa.eu/justice/data-protection/international-transfers/binding-corporate-rules/mutual_recognition/index_en.htm。
[60] 当前汇率请参阅 https://www.mnb.hu/arfolyamok。
[61] http://ec.europa.eu/justice/data-protection/international-transfers/files/table_nat_admin_req_en.pdf.
[62] https://www.lexology.com/library/detail.aspx?g=7a63e6fe-e1f8-4a17-a517-77ee1c0f4218.

最后,完全合规的标准合同条款将获得批准,并作为向第三国传输数据的法律根据,国家数据保护局对该公司进行登记并将批准情况通知欧盟委员会。

5 标准合同条款的 SWOT 分析

5.1 方法

应用标准合同条款是一种自我监管手段,其独立程度取决于法律法规的干预程度。就标准合同条款而言,需要进行深入且严格的干预:由于立法法案在国家和欧盟层面占据支配地位,因此其在标准合同条款的创建过程中存在着持续性的权威性控制与合作。然而,关于标准合同条款侵权的司法救济经验较少。自我监管不能取代法律规则,但它适合作为基础的规范性规则,以行政法规为代表的规则符合当前的技术、经济和社会需求,并且适用于特定实体的计划和目标。这些方法结合了立法机关和自我监管检查机构的职能。[63] SWOT 涵盖了欧盟常见的战略规划方法,[64] 通过这种分析可以突出标准合同条款的优势、劣势、机遇和威胁。优势是可以争取更多的利益来发展支持的内部因素,劣势是需要修正或转换以最终产生积极影响的内部因素,机遇和威胁则是审查人员无法干预的外部因素,利益可以通过发展机遇来实现,并且应该试图避免或降低威胁所发生的风险。

5.2 SWOT 表

S—优势	W—劣势
- 基于某一行业部门或公司的专业知识,可以考虑该公司的需求和特点 - 更坚定的服从意愿 - 有机会解决内部问题,因为规则会根据数据主体的权利为公司服务 - 协调跨国公司成员之间的数据保护政策 - 收集、处理和转移个人数据的透明度将得到发展 - 数据保护政策将纳入业务操作 - 增加灵活性和问责制 - 欧盟数据保护政策的输出 - 无须事先授权数据传输 - 无须事先签订数据传输的合同协议	- 数据主体信息自决的局限性 - 保护标准的普遍化 - 没有明确界定适用该法的组织:公司和/或法人实体,如非政府组织、基金会、协会 - (可能)不符合当地、主要是第三国的法律 - 欧盟所有成员国对实体和程序法律环境的需求 - 获得授权前的行政程序耗时较久 - 参与的国家越多,授权就越难:对小公司而言效率不高 - 仅对跨国公司具有约束力,对国家、地区、特定行业或作为子数据处理者的合作伙伴不具有约束力 - 至今没有明确的执行方法 - 可能会对竞争产生负面影响

---

[63] Szöke (2015).
[64] 欧洲理事会 2006 年 7 月 11 日第 1083/2006 号条例第 27 条中对此进行了举例说明,该条例规定了关于欧洲区域发展基金、欧洲社会基金和聚合基金的一般规定,并废除了第 1260/1999 号条例(不再有效)。

续表

O—机遇	T—风险
- 发展、利润(随着时间的推移)和数据主体的信任 - 欧盟合规性 - 适用于成员为长凳结构(bench structure)的公司 - 适用于指定行业 - 改善与数据处理局(DPA)的关系 - 为公司提供更好的公关 - 国家之间的相互承认 - 需要新的法规 - 起草标准合同条款需要新的服务	- 约束力(内部和外部)? - 更新? - 公司结构特征的变化? - 法律环境的变化? - 择地行诉? - 公司集团以外的子数据处理者? - 管辖权、权力、能力?

5.3 评估

5.3.1 优势

标准合同条款最重要的优点是将数据保护政策纳入业务操作之中。一旦得到跨国公司成员的授权和实施,其适用就可以进一步减轻与数据传输有关的行政负担,因为它取代了合同,并且由国家数据保护局事先批准必要的每一笔传输交易。该规则可以根据公司的组织或运营需要创建,从而避免在数据传输方面各个国家法律的冲突,其适用还可以确保规则的灵活性和适当性,同时也可以保持较高水平的服从性。一份文件可以陈述各种数据保护规则,也可以声明补救措施。此外,集团成员必须被标记为在数据保护遭到破坏和发生事故时承担责任的公司。

如果纳入标准合同条款的欧盟标准适用于在第三国不受欧盟法律约束的第三国公司(因为他们是跨国公司的成员),那么欧洲的高标准隐私政策可能会被输出。无论国家法律和管辖权如何,世界各地的所有分支机构都将遵循同样的数据保护规则。

国家数据保护局无须预先授权每次数据传输,公司之间或甚至公司与员工之间不需要事先就每一项数据传输达成合同协议。标准合同条款是在这些规则下运行的所有数据传输的预授权。

必须建立一个内部的投诉处理和问题解决程序,这是一种额外的且有望更快且更容易地解决的方法,可以在庭外解决数据主体和数据控制者之间的数据泄露问题,也可以成为数据控制者内部合规和采用标准合同条款的一个重要动机。

5.3.2 劣势

标准合同条款限制了数据主体的信息自决。因为数据主体事先同意了进一步的数据传输,员工或客户将自动受到这些规则的约束,并且不会对数据处理和传输存在真正的知情同意。该规则将数据保护规则普遍化,而不论特定数据控制者或甚至是特定数据主体的第三国性质,也不考虑传输或数据的性质和细节,这是一个严重的缺陷。

从字面意义上讲,只有公司才受到标准合同条款的约束,因为现行法律和GDPR使用了在欧盟许多官方语言中存在的"企业"一词,但国家法律有时包括公司和其他法人实体,如非政府组织、基金会或协会,这在解释和应用方面造成了困难。然而,GDPR将标准合同条款的范围扩大到从事联合经济活动的企业集团。GDPR还将第4条第19款中的企业集团的概念定义为控制企业及其所控制的企业,这一概念与标准合同条款制定的数据保护政策的概念十分吻合。

标准合同条款最具欺骗性的缺点是它们只为公司及其分支机构提供担保,而不是为国家(第三国)的所有数据保护事件提供担保。考虑到这一事实,第三国的数据处理者或分支机构没有义务满足相关标准合同条款的要求,因此保护水平很容易受到损害或侵犯;然而,责任仍然落在欧盟的数据控制者肩上。

在一些国家,[65]标准合同条款的实体性规则和/或程序性规则尚不存在,国家法律也不适用。甚至可能很容易发生授权的标准合同条款在另一个国家不被视为合适的法律工具,来证明国际数据传输的合理性。

首先,应该在欧盟层面建立连贯而详细的实体性规则,然后在其领导下在国家层面实施程序性规则,以实现统一解释和执行。最后需要注意的是,授权程序需要与(其他)国家数据保护局进行合作,耗时可能会长达一年之久,并且需要大量的工作和费用,这可能会阻碍公司提交申请。

5.3.3 机遇

在较长的一段时间内,将标准合同条款作为公司商业战略的一部分是有利可图的。公司具备标准合同条款有助于赢得客户青睐,并且可以减少或者免除定期授权和/或签订合同的需要。在完全遵循的情况下,它有助于避免因隐私侵权或滥用个人数据而引起的诉讼。在欧盟内部,通过运用GDPR并采用标准合同条款,公司就可以围绕独特且独立的自我监管机制创建一个完全合规的数据保护体系。然而,这种自我监管可能促进在数据保护方面存在重大系统性问题领域中的合规性,如索赔管理和收债公司。[66]

采用标准合同条款所带来的机遇使公司可以与国家数据保护局建立更好的关系,因为在授权过程中公司和国家数据保护局会紧密合作。采用这一规则(BCRs)的公司甚至可以在市场竞争中获得更好的公关,因为拥有可靠的隐私政策可以增强良好的声誉,并有助于赢得客户的信任。

标准合同条款最具吸引力的因素之一可能在于,上述详细的相互识别系统的普及将鼓励公司采用这一规则,当更多国家意识到其优势时,授权过程将更短、更便捷和更省时。

5.3.4 风险

行为准则如何具有约束力?如果我们认为标准合同条款是一个单方面的声明,那么

---

[65] 如保加利亚、斯洛伐克共和国和德国的某些州。
[66] 因索赔管理和收债公司的投诉率很高,匈牙利国家债务促进局将2013年和2014年年度控制计划的重点放在了这些公司的管理上,详见 http://www.naih.hu/files/NAIH-ellenorzesi-terv-2013.pdf; https://www.naih.hu/files/NAIH_ell_terv_2014.pdf。

我们应该如何对待在另一个国家的司法管辖下成立的不同法人实体的分支机构？如果我们将标准合同条款视为一般条款和条件，那么它们应该具有用于一般或特定数据传输的基础合同。如果没有这样的合同，这种结构就很难被接受；如果我们将其视为行为准则，遵守与否则属于公司的商业决策问题。

在标准合同条款的约束力问题上，管辖权问题也可能引起激烈的辩论。如果数据主体、数据控制者和数据处理者在三个不同的管辖范围内会发生什么？应该采用哪种管辖原则？该案件将适用哪种法律制度？哪个国家机构或权力机关可以进行调查、谁可以决定法律辩论？只有法院才有权处理包括标准合同条款侵权案件在内的案件，还是国家数据保护局也有权处理？数据主体可否在诉讼或行政程序中引用标准合同条款，或只有法规才能说明他的权利？这些问题亟待解答。

在国内和国际法律实践中，学习如何处理这些程序的案例很少。问题是国家数据保护局如何反对择地起诉，以获得更简化的程序、更低的关税和费用或其自由裁量权范围。欧盟数据控制者在承担责任的同时，分支机构既不受标准合同条款的约束也不承担其规定的义务。而分支机构不再确保提供充分的个人数据保护，将导致该规则无法实现其最终目标。

6 结论：红线(Bottom Lines)

正如劳登(Laudon)所强调的，数字发展不能因为侵犯隐私而受到指责，而是因为数字时代的人们无意且无节制地提供个人数据才造成了这样的处境。笔者认为，早在很久以前，信息市场就已经存在，但不像劳登所说的那样以制度形式存在，其不同之处在于数据主体无权从个人数据的使用中获利。

如果将隐私权视作为个人数据提供商业和战略价值的权利，那么其在经济运行中扮演着至关重要的角色，这是因为在数字经济中，企业可以将个人数据作为主要投入。跨国公司在日常业务中也必须遵守国家和欧盟层面的国际数据传输规则，这需要大量付出。因为这些规则是根据其特定需求量身定制的，共同监管或自我监管可能有助于这些公司建立一个具有约束力的框架，以确保其在第三国获得充分保护的同时能够遵守规则。显然，个人数据在实际意义上体现了高价值，如 GDPR 在第 83 条中制定了差异化的处罚制度，其中包括对各类侵权行为的最高行政罚款不超过 20 000 000 欧元，或对企业的最高行政罚款不超过上一财政年度全球年度总营业额的 4%(以向第三国传输数据时数额较高者为准)。

解决此问题并创建符合 GDPR 要求的数据保护政策的新方法是应用具有约束力的公司规则。标准合同条款本身可被视为一项单方面的承诺或行为准则，根据其具有约束力的规则，可以为确保第三国的适当保障措施奠定法律基础。审批程序可能会使公司感到烦琐，但一套授权的标准合同条款是建立合法数据处理机制的最终保证。尽管如此，迄今为止学界已经提出了许多有待辩论的问题和因素，该规则的实际影响和适用性只有在多年实施之后才会变得清晰。虽然 GDPR 并未规范数据处理者的标准合同条款,但趋势表明其对这一领域的关注也在日益增加。此外,本文还对提交给亚洲太平洋经济合作组织(APEC)的标准合同条款和跨境隐私规则的共同点和附加特征进行了比较分析。⑰ 因此,从世界范围来看,标准合同条款并不是一个前所未有的法律概念。

正如本文 SWOT 表所强调的,数据保护机制是企业的有利因素。图表中列出了相等数量的优势和劣势,但还可以添加许多其他因素。尽管如此,只有当国内或国际法律实践明确后,我们才能对标准合同条款的适用作出自信的声明。无论如何,如果一家公司致力于数据保护甚至达到应用标准合同条款的程度,那么它的承诺应该得到支持和认可。

参考文献

Acquisti, A. (2010), The Economics of Personal Data and the Economics of Privacy, Background Paper #3, OECD, OECD Conference Centre 1 Dec. 2010, available at:https://www.oecd.org/sti/ieconomy/46968784.pdf.

Acquisti, A. (2013), The Economics of Privacy:Theoretical and Empirical Aspects, Carnegie Mellon University, first page, available at:https://pdfs.semanticscholar.org/4807/d80005a2df?c8af1d149ddb77096bcc26e488.pdf.

Baker, R. K. (2006), Offshore IT Outsourcing and the 8th Data Production Principle-Legal and Regulatory Requirements-with Reference to Financial Services, 14 International Journal of Law and Information Technology Issue 1, 1 March 2006, pp 1-27.

Csegödi, T. L. (1979), A jog pozitivitása mint a modern társadalom feltétele, In:Jog és szocioló-gia., Válogatott tanulmányok KJK, pp.123-142.

Finn, R. L./Wright, D./Friedewald, M. (2013), Seven Types of Privacy, in:S. Gutwirth et al./R. Leenes/P. de Hert/Y. Poullet(Eds.), European Data Protection:Coming of Age, Springer, pp.3-32.

Horváth-Egri Katalin (2015), A kötelezö szervezeti szabályok(Binding Corporate Rules, BCR)és az együttmüködési eljárási lehetöségei, Infokommunikáció és Jog, Vol XII, No 64, HVG Orac Lap-és Könyvkiadó Kft, Budapest, 2015. pp.143-147.

Huang, P.H. (1998), The Law and Economics of Consumer Privacy Versus Data Mining, University of Pennsylvania, available at:http://papers.ssrn.com/sol3/papers.cfm?abstract_id=94041.

Kuner, C. (2015), Extraterritoriality and Regulation of International Data Transfers in EU Data Protection Law, University of Cambridge Faculty of Law Research Paper No. 49/2015, 2015, available at:https://papers.ssrn.com/sol3/papers.cfm?Abstract_id=2644237.

Laudon, K. C. (1996), Markets and Privacy, Association for Computing Machinery, Communications of the ACM, Sep 1996, Vol 39, No 9, 92-104, ABI/INFORM Global.

Luhmann, N. (1979), The unity of the legal system, in:G. Teubner(Ed.), Autopoietic Law:A new approach to law and society, Gruyter.

Moorhead P.:Why Your Personal Data Is The New Oil (2011), please give a sourceOros/Szurday

---

⑰ 第 29 条数据保护工作组就向欧盟国家数据保护当局提交的关于标准合同条款(BCRs)的要求,以及向亚太经合组织跨国界隐私规则问责机构提交的跨国界隐私规则,和亚太经合组织的专家了进行合作并于 2014 年 2 月 27 日通过了上述文件。

(2003), Európai Füzetek 35.: Adatvédelem az Európai Unióban-Szakmai összefoglaló a magyar csatlakozási tárgyalások lezárt fejezetiböl, A Miniszterelnöki Hivatal Kormányzati Stratégiai Elemző Központ és a Külügyminisztérium közös kiadványa.

Oros P./Szurday K. (2003), Adatvédelem az Európai Unióban-Szakmai összefoglaló a magyar csatlakozási tárgyalások lezárt fejezeteiböl, A Miniszterelnöki Hivatal Kormányzati Stratégiai Elemző Központ és a Külügyminisztérium közös kiadványa, Európai Füzetek 35, Budapest, 2003.

Posner, R. A. (1978), The Right of Privacy, 12 Georgia Law Review first page.

Posner, R. A. (2011), Economic Analysis of Law, Aspen Publisher Binding Corporate Rules As a New Concept for Data Protection in Data Transfers.

Tóth, J. Z. (2004), Richard Posner és a gazdasági jogelmélet, Jogelméleti Szemle, 2004/1. szám, available at: http://jesz.ajk.elte.hu/toth17.html.

Ryngaert, C. (2015) Symposium issue on extraterritoriality and EU data protection, International Data Privacy Law, Volume 5, Issue 4, 1 November 2015, Pages 221–225, Oxford University Press, https://academic.oup.com/idpl/article/5/4/221/2404465.

Samuelson, P. (2000), Privacy As Intellectual Property?, Stanford Law Review, Vol. 52, No. 5, Symposium: Cyberspace and Privacy: A New Legal Paradigm? (May, 2000), pp. 1125–1173 available at: http://people.ischool.berkeley.edu/~pam/papers/privasip_draft.pdf.

Szabó, M. D. (2005), Kísérlet a privacy fogalmának meghatározására a magyar jogrendszer fogalmaival, Információs társadalom, 44–54.

Szőke, G.L. (2015), Az európai adatvédelmi jog megújítás-Tendenciák és lehetőségek az önszabályozás területén, HVG-ORAC Lap-és Könyvkiadó Kft Varian, H.R. (1996), Economic aspects of Personal Privacy, In: Lehr W., Pupillo L. (eds) Internet Policy and Economics. Springer, Boston, MA, available at: http://people.ischool.berkeley.edu/~hal/Papers/privacy/.

Warren, S. D./Brandeis, L. D. (1890), The Right to Privacy, Harvard Law Review, Vol.4, No.5. (Dec. 15, 1890), pp.193–220.

Wright, D./de Hert, P. (2016), Enforcing Privacy: Regulatory, Legal and Technological Approaches Law, Governance and Technology Series, Volume 25, Springer International Publishing.

其他资料来源

Article 29 Data Protection Working Party: (2003) Working Document: Transfers of personal data to third countries: Applying Article 26(2) of the EU Data Protection Directive to Binding Corporate Rules for International Data Transfers, available at: http://ec.europa.eu/justice/policies/privacy/docs/wpdocs/2003/wp74_en.pdf.

Article 29 Data Protection Working Party: Joint work between experts from the Article 29 Working Party and from APEC Economies, on a referential for requirements for Binding Corporate Rules submitted to national Data Protection Authorities in the EU and Cross Border Privacy Rules submitted to APEC CBPR Accountability Agents, Adopted on 27 February 2014, WP212, 538/14/EN.

Article 29 Data Protection Working Party: WP 74, WP 108, WP 133, WP 153, WP 154, WP 155, WP 176, WP 195, WP 204.

European Commission (2015), Commission proposes a comprehensive reform of data protection rules to increase users' control of their data and to cut costs for businesses, Press Release Database, available at: http://europa.eu/rapid/press-release_IP-12-46_en.htm?locale=en.

European Commission (2011), Social Eurobarometer 359 Attitudes on Data Protection and Electronic Identity in the European Union, available at: http://ec.europa.eu/public_opinion/archives/ebs/ebs_359_en.pdf.

European Commission (2016), Digital Privacy, available at: https://ec.europa.eu/digital-single-market/online-privacy.

私法权力范式对个人数据的整体规制

Heiko Richter*

黄 媛** 译

摘要: 目前还没有一个统一的概念将个人数据的各个私法规范领域联系起来。但实践中对此需求极为迫切。故本文通过对私人权力范式的研究来阐述这一方法。私人权力与个人数据息息相关,且遍及私法的各个领域。本文将私法学者对私人权力概念化的最新研究结果应用在个人数据的私法规范中,即在合同法、消费者权益保护法、竞争法、知识产权法、数据保护法和反垄断法等领域得出描述性和规范性的结论。以便更好地理解规范的含义,并作为今后确定和形成一致和审慎规范个人数据的方法。

1 引言

1.1 研究意义

在过去十年中,科技和经济的发展导致个人数据方面出现新的利益冲突。[①] 不断增强的计算能力、先进的数据挖掘技术、可用的开放数据数量的增加以及将以前的非个人数据向个人数据领域的转移等发展[②]使个人数据得以大规模处理,从而使数字化下的交易成本大幅下降。使用个人数据的形式已从刻意收集转变为附带收集。此外还能看到,个人数据从单一使用转变为多种用途的重复使用,且能被长期保存。[③] 这些变化都极大地影响了日常生活。

对私法有何影响? 本项研究的重点是私法如何应对现代科技和经济发展的影响。试图详细阐述某些私法领域如何在整体上规范个人数据。可以看出,在私法中既缺乏也需要一种整体的方法来规范个人数据(见第 1.2 节)。由于这项研究将私人权力作为私法各个领域的最小公分母[***],尤其是在规范个人数据时,私人权力将成为推动私法对个人数

---

* Heiko Richter,德国马克斯·普朗克创新与竞争研究所初级研究员、博士研究生。
** 黄媛,法学硕士,贵州省毕节市能源局。
① 《通用数据保护条例》第 4(1)条规定:"与已识别或可识别的自然人相关的任何信息。"
② Van Loenen/Kulk/Ploeger (2016),16;关于个人数据与非个人数据的区分,参见 AG Campos Sánchez-Bordona, CJEU, Breyer v. Federal Republic of Germany, C‑582/14, ECLI:EU:C:2016:339, para.52 et seq.。
③ Mayer-Schönberger/Padova (2016),334.
*** 表述参见霍菲尔德法律概念分析思想研究(中)——寻找法律概念的"最小公分母"。——译者注

据进行整体规范的指导范式(见第1.3节)。

1.2 整体方法的缺失与需求

实践表明,尤其在竞争法、消费者权益保护法和知识产权法方面越来越需要一种整体方法来规范个人数据,但是整体方法应该怎么理解?为什么它是有意义的?整体方法必须将不同的法律领域与特定的决策范式结合在一起。④ 不同的法律领域遵循其自身的理论基础,并基于特定的主体假设,如果想真正做到整体定义,就必须适应这些子范式或者证明在特定领域内改变范式是合理的。这必然要求对不同的抽象层次进行分析,同时揭示各自的(往往是隐含的)假设,并以系统和明确的方式进行讨论。整体方法不仅在理论层面上具有解释力和分析力,而且在实践层面上也可以指导规范的有效性和法律连贯性。

就个人数据而言,在私法领域中找不到超越仅仅讨论和分析法律领域之间特定界限的广泛理论。⑤ 迄今为止,法学理论界和实务界逐渐关注到这一现状,并随之讨论了不同法律制度之间的界限和相互作用。随着科技不断进步、立法逐渐完善以及法理日益深化,⑥应该抓住机遇重新审视当前的发展。目前已有足够多的政策变化和关于这一问题的大量私法文献。这有助于利用最新的理论依据,在私法中采取更抽象的整体方法。

整体方法通常以更笼统、非私法的方式来概念化个人数据,通常被放在隐私相关概念中讨论。这种着重于对规范的影响的普遍方法主要来自美国学者,⑦由于历史原因,即使在欧洲,尤其在德国,隐私在不同领域历来是敏感且备受争议的话题。⑧ 公私法之间历来存在分歧。反映在各自学者所采取的刻板方法中:公法学者更喜欢研究个人数据,隐私和宪法限制或隐私结构的一般概念,以便从中获得某些含义(自上而下的方法)。相反,私法学者根据当事人的利益和法律制度的连贯性(自下而上的方法),注重法律制度

---

④ 在私法领域,效率是最突出且没有刻意选择的范式。关于隐私经济学的文献有很多,首先参见 Posner(1981) 以及最近关于隐私经济学的理论和实证研究的阐述,参见个人数据经济学和隐私经济学 Acquisti/Taylor/Wagman(2016);特别是在个人数据市场上,参见 Spieckermann/Acquisti/Böhme/Hui(2015)。

⑤ 明确要求采用整体方法,参见欧洲数据保护专员公署(2014a);基于这一点,Monopolkommission(2015)呼吁采取整体方法来解决个人数据问题。Ferretti(2014)朝整体方法迈进了第一步,并且走了更为抽象的道路,尽管法院的判决不是整体方法,但在一定程度上仍是法制的,尤其是在第五章竞争法、消费者权益保护法和数据保护法。诉Lewinski(2014)案中虽然对数据保护全面解构,但仍采取传统的公法方法,确定了保护者和保护对象,没有进一步讨论权力问题,仅就"数据权力的局限性"进行了简要讨论;关于整体跨学科项目,参见"欧盟经济合作组织(EUDECO)——欧洲数据经济建模",但这远远超出了个人数据的范围,而且有一个更加侧重行业/经济的方法,参见欧盟经济合作组织(EUDECO)D1.1 详细研究框架,公开报告-第 1.0 版- of 17 April 2015。

⑥ 例如,与大数据相关的科技、成员国的多层次规范、在数据处理方面保护自然人的第 2016/679 号条例(欧盟),个人数据和这些数据的自由流动,废除第 95/46/EC 号指令、《通用数据保护条例》(GDPR)以及各种法院判决,例如欧盟法院受理的冈萨雷斯诉 Google 及西班牙分支机构案(CJEU, Google Spain SL, Google Inc. v Agencia Espanola de Protectión de Datos, Mario Costeja Gonzàles),案例号:C-131/12, ECLI:EU:C:2014:217;欧盟法院受理的马克西米利安·施雷姆斯诉数据保护专员案(CJEU, Maximilian Schrems v Data Protection Commissioner),案例号:C-362/14, ECLI:EU:C:2015:650。

⑦ 专门提到私人权力失衡的著作有:Solove(2001)呼吁重新定义数字时代下的隐私概念;Solove(2007)论私人权力这一广义现象的多元化概念;Cohen(2013)呼吁采取结构性方法规范私人权力;Cohen(2012);Richards/King(2014)为大数据建立了一般规则。

⑧ 近期最具影响力的作品之一,参见 Rössler(2001)。一方面,Sofsky(2007)采用的方法更具争议,观点没有理论依据;另一方面,Heller(2011)可以被视为极端政治观点的代表。

的适用以及立法的必要性。但是各学科多在其自身体系层面进行探讨,并未将论述上升到更高层次。⑨

1.3 私法中的私人权力路径

本文为填补这一空白,旨在私法领域构建一个整体方法更好的规范个人数据。⑩ 构建整体方法的指导思想,必须超越单个学科层面上的横向界限。相反,它应该在个人数据和私法问题的共同根源——私人权力上纵向发展。通过细微的观察可以看出,私人权力是个人数据固有的主旋律。将弗朗西斯·培根(Francis Bacon)的著名语录"知识就是力量"与马克斯·韦伯(Max Weber)经常被引用的权力定义"权力意味着在一定社会关系里即使遭到反对也能贯彻自己意志的机会,不管这种机会是建立在什么基础之上"⑪结合在一起时,将个人数据作为私人权力的来源显而易见。从这个角度来看,备受吹捧的信息自决概念可以直观地理解为赋予个人特定权力的信息自治原则。因此收集和处理个人数据可以改变私主体之间的权力平衡。⑫ 随着近年来科技的进步,个人数据的收集、存储、处理和传播呈指数上升,这些变化的原因和影响引起了广泛关注。达沃斯论坛(World Economic Forum)总结了权力对个人数据的重要性:"这些权力动态为塑造个人数据生态系统的许多数字困境提供了框架⑬。"此外,欧洲数据保护专员公署(European Data Protection Supervisor)还提出了"垄断权和信息权"的不断交叉。⑭

本文的研究重点是作为非公权力的私人权力。隐私相关法律关系主要受私法规制,人们首先会问权力没有法律定义如何在私法中体现和规制? 主要问题在于权力没有一个普适的定义。韦伯的名言只是权力的众多定义之一。权力作为一种普遍存在的现象,需要被清晰定义来转化为一个具有可操作性的法律术语。各种权力概念随着时间的推移不断演变且反映在私法中,对其进行分类是一项复杂任务。一些德国民法学者对此问题进行了探讨,⑮根据他们的研究结果,本文构建了一个理论框架用于规制个人数据。

1.4 研究结构

本文首先对权力和私法的理论框架进行概述,第二章阐述私人权力概念的必要性及分类。第三章将私法的理论框架应用到个人数据的规范中,并与个人数据最相关的 6 个

---

⑨ Roßnagel/Richter/Nebel(2012)勾勒出了法律框架,但没有在超出宪法规定的范围外建立联系。Masing(2012)认识到自然人之间数据保护的重要性日益提高,且借鉴了可能会得到改善的方面;Spindler(2014)关注现状和界限;关于自然人之间个人数据的详细阐述,参见 Bäcker(2012),作为公共/宪法法律方法的原型,该方法从公民的角度出发,讨论了保护公民免受侵害的义务,即在外部限制之前,由宪法决定;在这方面 Hoffmann-Riem(1998)具有开创性见解。
⑩ 这是对私法的扩大解释,因为它还适用于规范私主体之间关系的数据保护规则。同时,它不解决公共权力问题,因为公共权力问题是公法中更为明确的范式(例如从属理论),但它是一种形式主义的方式。
⑪ Weber(1972),译者 Warren(1992),19。
⑫ Müller/Flender/Peters(2012),144。
⑬ 参见世界经济 Forum(2014)。
⑭ 参见欧洲数据保护专员公署(2016),8。
⑮ Möslein(2016)。

私法规范相区分：合同法、消费者权益保护法、竞争法、知识产权法、数据保护法⑯和反歧视法。接着，作为公法的媒体规范表明私法的局限性，第四章严格区分描述性概念和规范性概念，并对研究结果进行分析和讨论。

2 私法中的权力框架

2.1 权力框架的需求

私人权力既不是一个法律概念，也没有明确定义。⑰ 作为一种普遍存在的现象在私法的各个领域或多或少都有规定。私法是调整私主体之间关系的法律规范，也是对社会现实的认识和解释，还是私人权力潜在平衡变化的一种反映。⑱ 因此私法中的权力概念被其他学科所吸收也不足为奇。⑲ 显然现阶段私法与权力之间的联系仍旧分散。

明确界定这一术语有助于法律学者们充分应对"私人权力"。为此本文做了大量的基础研究：在开创性的跨学科项目私人权力中，一些德国私法学者系统梳理了私法各个领域中不同的权力概念。⑳ 作者在一系列社会学和哲学的权力定义中发现了四种与私法显著相关的权力概念，并将其分类。㉑ 这种分类源自并适用于私法的不同领域（如合同法、公司法、商法、竞争法或婚姻家庭法），因为每个权力概念都取决于其所处的特定法律体系。

虽然上文提到的项目没有着重探讨个人数据或私人权力，但接下来的方法将同时探讨这两个问题。如上所述，本文将权力分类应用在新的法律领域来证明其有效性，并提出对个人数据的主要内容和通说的新见解，这一分类方法是本文研究的基础，将在后文作简要介绍。㉒

2.2 权力定义

2.2.1 权力的因果关系形式

马克斯·韦伯将权力定义为："在一定社会关系里即使遭到反对也能贯彻自己意志的机会，不管这种机会是建立在什么基础之上。"㉓ 由于权力被视为导致某些结果的特定原因，所以这个定义被理解为因果关系。㉔ 这种因果关系着眼于社会关系，尤其是社会中自

---

⑯ 数据保护法在德国传统上被理解为公法，基于意思自治来严格规范私主体之间个人数据的处理，这一概念使它接近于合同法和私法的理解。
⑰ Böhm (1960), 44.
⑱ Renner (2016), 511, 519.
⑲ 同上, 507。
⑳ Möslein (2016); 私法中关于私人权力的研究, 参见 Hauer et al. (2013), 尤其是 Buchner (2006) 的信息自决。
㉑ 相关概述参见 Renner (2016), 505–528。
㉒ 尽管分类存在争议，但本文的研究目的是将其应用于个人数据，而不是质疑该分类。应用之后可以获得一些见解，这也使分类的进一步完善和发展得到启示。
㉓ Weber (1972), as translated by Warren (1992), 19.
㉔ Renner (2016), 513.

然人之间的关系。拥有权力可以让一个人的利益对抗他人的利益。一个人使用权力的同时通常会损害他人的利益。㉕ 因此,权力可以被累积、分配和转移。

私人权力的实际累积对社会关系的形成和私人权力结构的产生、变化或消失都有影响,㉖这种权力的形式被归类为因果关系结构。学者们很早就意识到仅仅依靠因果关系来调整权力是不够的,尤其在调整财产权时需求尤为明显。㉗ 奥多自由主义之父沃尔特·尤肯(Walter Eucken)和弗朗茨·布姆(Franz böhm)的核心观点认为,超越了单一关系的财产权能塑造这样的结构,从而在根本上影响社会。㉘ 尤其是市场经济促进了对私人权力如何影响结构的系统探索。事实上,市场作为一种分配制度,可以被视为受制于私人权力的关键结构。然而本文对结构性权力的理解是相当广泛的。它也可以指诸如舆论或整个社会等结构。只要权力的行使与各自结构的影响直接相关,权力定义就具有因果关系的结构性质。

2.2.2 权力的模式

现代的权力不必然被定义为一种因果关系,而是在一个更广泛的意义上被定义。尼克拉斯·卢曼(Niklas Luhmann)提出了权力的模式关系概念。他着重研究了社会互动和交流发生的条件,而不是导致后果的原因,更准确地说是各个行为人的行动范围。㉙ 因此,为了理解权力,必须关注行为的背景,而不是行为本身。㉚ 即使特定的选择本身是自愿的,在特定的背景下其他选择的缺失也能体现权力的模式关系。㉛ 这种权力模式同时具有积极影响和消极影响。㉜ 卢曼始终将其建立在社会互动上的假设模式作为一种交流形式,㉝他的权力概念仍然是关系性的。㉞

米歇尔·福柯(Michel Foucault)关注塑造行为人的结构性因素,进一步将权力模式从社会关系分离出来,他看到思维与行为之间存在对等关系且这种关系又受到既定权力结构的影响。同时,当前的思维方式也反映在结构中。㉟ 福柯对权力的模式结构理解是最广泛和最抽象的,因为他指的是可能隐藏在社会日常规范背后的制度或社会惯例本身的权力。㊱ 他将权力视为一种普遍存在的、永恒的现象,㊲因此他的理论中没有一种完全脱离权力关系的知识。㊳

㉕ Rölli (2016), 88.
㉖ Eucken (1965), 202.
㉗ Renner (2016), 513.
㉘ 同上,515。
㉙ Renner (2016), 516; Rölli (2016), 88.
㉚ Rölli (2016), 89.
㉛ Renner (2016), 516; Luhmann (2012), 20:"权力是一个可以增加不相关选择概率的机会。"("选择上下文")
㉜ Rölli (2016), 89.
㉝ Luhmann (2012), 20.
㉞ Rölli (2016), 89.
㉟ Renner (2016), 517.
㊱ Foucault (1976), 122.
㊲ Foucault (2015), 239.
㊳ Han (2005), 54.

2.3 特定的法律领域

律师们通常在特定的法律领域内对理论进行分类、思考和延展。正如凯纳（Kainer）和施韦策（Schweitzer）所说，实体法规定了许多的权力行使方式及约束条件。法律理论界的任务是将这些因素系统化以便制定新的规范。㊴虽然整体方法根据自身定义必须观察这些功能类别之间的联系，但在法律领域里仍然建立了接下来分析的主要秩序。法律的默认秩序与前文所述的具有社会学或哲学性质的权力概念有关。这种方法对于法律学者来说并不陌生，因为权力概念总是显式或隐式地反映在他们研究的领域中。因此，这种方法可以更抽象地确定定义，而这反过来又是建立一个个人数据的整体私法模式所必需的。

根据与个人数据的相关性来选择私法领域。如下文所示，合同法（第3.1节）、消费者权益保护法（第3.2节）、竞争法（第3.3节）、知识产权法（第3.4节）、数据保护法（第3.5节）和反垄断法（第3.6节）的相关性最高。最后简要考察媒体规范领域（第3.7节），探讨公法方法的含义及其与权力的关系。如下所述，这些领域反过来又与具体的权力概念有关，它们至少在一定程度上适用于个人数据，最终对个人数据的具体应用也会挑战各自法律领域内的权力概念。

3 私法领域里的权力和个人数据

3.1 合同法

3.1.1 权力的主要内容和规范

合同法作为研究起点从根本上反映了对权力的显式和隐式假设。合同是在合意的基础上调整私主体之间法律关系的标准形式。㊵因此，意思自治的推定和私法自治的保护成为合同法的核心。㊶处在优势地位的一方非法限制另一方意志自由是与权力相关的关键问题。㊷

因此，合同法在合同订立之前就已经保护了意思自治的形成和执行。㊸合同当事人订立合同时必须具有相应的缔约履行能力，遵守真意保留、认识错误、欺诈、胁迫的规则约束，㊹合同法原则上不涉及交换履行价值的不平等。但如果一方当事人在缔约过程中乘人之危损害对方利益（如对方经济困难、需求迫切、缺乏经验、缺乏判断能力、意志薄弱、缺乏谈判技巧等），该法律行为因暴利或显失公平而无效。㊺如果合同只是单方强制执行意

㊴ Kainer/Schweitzer (2016), 631.
㊵ Berger (2016), 55.
㊶ Ackermann/Franck (2014), 169：“无效条款指一般司法行为，不具体指合同，因为推定和保护意思自治是德国民法典的核心"（《德国民法典》BGB）。
㊷ Herresthal (2016), 160.
㊸ Renner (2016), 519.
㊹《德国民法典》§ 116 – 124。
㊺ Ackermann/Franck (2014), 211 et seq., 将《德国民法典》§ 138 理解为"善良风俗"和"不利影响"。

志的"伪装",那它与倡导契约自由的合同泾渭分明。[46] 合同法在这种形式中完美地反映了韦伯(Weberian)的因果关系权力概念[47]：意思表示合意作为合同的主要原则使社会关系中的权力关系合法化。强行性规范与导致双方关系中权力失衡的因果关系以及具体的案件中的非法利用有关。[48]

但是合同法还规制了不用经过单独协商的条款(格式条款),其纳入成文法的时间较晚。[49] 若格式条款违背诚实信用原则或公平交易原则,则合同法宣布其无效。格式条款的法律规制针对的是双方之间尚未协商的条款,它既不需要用户实际垄断,[50]也不需要签约方的信息缺陷。[51] 因此不需要任何导致不公平结果的实际缺陷。这种类型的合同规范遵循权力模式关系的概念,仅仅由订立合同的社会关系中的模式引发。因此它不是依靠实际的因果关系,而是基于信息不对称优势的隐式假设[52]而行使的单方面权力。[53] 格式条款的使用预先限制了另一方的选择范围,这与卢曼的权力概念刚好呼应。[54] 而对于格式条款法律规制的概括性条款同时考量了案件的客观情况和因果关系的因素,但至少格式条款只是一种形式。[55] 作为对消费者合同司法审查的标准,《消费者权益保护法》采取比普通合同法更严格的权力模式方法。[56]

长期合同与单笔交易的现货即期合同不同,其履行合同的周期较长所以可以建立长久的权力关系。在订立合同时不能完全预见未来的情况,[57]因此不完整。这种合同容易受到投机主义的影响,故而要求采取保障措施来对抗权力失衡。合同法提供了各种各样的保障措施,在如雇佣合同或租赁合同这样的高度依赖的权力失衡关系中尤为有效。[58]

3.1.2 个人数据

与个人数据有关的合同也是以意思表示合意为基础的。因此其效力必须遵循合同法一般原则。此外数据保护法对意思表示合意的有效性门槛要求更高。[59] 对于处理个人数据标准条款的司法审查也是如此,[60]这些条款还包括禁止显失公平或获得过

---

[46] Böhm (1960), 31.
[47] Renner (2016), 519,反对 Herresthal (2016), 163 的狭隘理解。
[48] Herresthal (2016), 177 et seq.；Böhm (1960), 32.另参见《德国民法典》§138(1)的规定：BGH NJW 1995, 1019, 1022。
[49] Ackermann/Franck (2014), 233；1977 年《格式条款法》(AGBG)生效,并由普通判例法转变为成文法。
[50] 早期《德国民法典》§138 被用作审查一方是否占支配地位的标准。
[51] Renner (2016), 519.
[52] Ackermann/Franck (2014), 237 et seq.,信息不对称和合同订立过程中的程序缺陷,是由于一方当事人的无法获取信息造成的。
[53] "要么接受,要么放弃", Renner (2016), 510；BGH 认为问题的根源在于单方决策权(德语 einseitiger Gestaltungsmacht)；more critical Herresthal (2016), 133 et seq.。
[54] Renner (2016), 520 et seq.
[55] 为了确定是否存在这种情况,德国模式采用三步法(参见《德国民法典》§§305 及后文)：第一,需要有格式条款,并且这些条款是在没有自由裁量权的情况下精确定义了此类情况(《德国民法典》§309)。第二,格式条款被推定构成了这种不利地位,但可以考虑到特殊情况(《德国民法典》第 308 BGB 条)。第三,总则规定合同不得约定使当事人产生不对等的权利和义务(《德国民法典》§307)。
[56] Canaris (2000), 273 et seq.,加强对格式条款和标准术语的规制。
[57] Riesenhuber (2016), 206.
[58] 同上, 199 et seq.,因此,详细阐述了终止权的构成。
[59] 例如,《德国联邦数据保护法》(BDSG) § 4a, §§ 12 等,TMG。
[60] Bräutigam/Sonnleithner (2015), para.44；Faust (2016), 36 et seq.,认为给定的规则已经足够了。

高利益，[61]体现了因果关系权力观念及其模式的拓展。《通用数据保护条例》在数据保护一节规定了额外要求，因为它们的权力概念不同且更为复杂。[62]

毫无疑问个人数据可以成为合同标的，[63]然而没有一套明确的规则规定获取其他产品或服务时可以访问个人数据。[64] 这一点在互联网经济中已变得越来越重要。[65] 例如在社交网络、搜索引擎或地图提供数字内容服务的目的主要不是钱，而是为了获取个人数据。因此《数字内容合同指令议案》[66]明确规定个人数据是提供数字内容的对价，为个人数据成为合同标的制定了一般规则。[67] 这一规则认可了数字内容提供者从数据主体处取得的个人数据的商业价值，规定了在数字内容不符合合同约定的情况下给予数据主体权利（第6条），还规定了与财产补偿类似的救济措施。[68] 由于《数字内容合同指令议案》不影响数据保护法，[69]因此这项义务在数据保护法意义上还要求单方同意。[70] 实际上只有这种同意才能创造额外的价值，从而使数据处理的范围超出数据保护法已经合法化的范围。[71] 因此，只有这种"额外同意"与义务相结合，才能构成《数字内容合同指令议案》下的相关考虑情形。[72] 但是即使得到同意，数据保护规则也可能产生紧张关系：《通用数据保护条例》第7(4)条规定自愿表示同意才有效，所以应考虑合同的履行是否以同意处理并非履行合同所必需的个人数据为前提条件。[73] 这显然违背了《数字内容合同指令议案》，后者反过来试图认可这种情况构成义务。此外有充分的理由认为数据主体在法律上无法放弃撤回同意的权利。[74] 因此，需要构建撤回同意的法律后果，因为这将影响数据主体提供其个人数据访问的义务的履行。

哪些权力概念受到影响？首先，合同当事人之间的特定权利和义务涉及因果关系模式。个人数据在法律上升级为对价改变了这种社会关系中的权力平衡。但这种权力平衡最终仍然依赖意思表示合意和因果关系。其次，由于《数字内容合同指令议案》的范围仅限于消费者合同，因此也存在着一种权力模式。具体内容将在下一部分消费者权益保护法中讨论。再次，《数字内容合同指令议案》第13条明确地解决了一个因果关系结构的权力问题；该指令议案旨在防止基于获取个人数据的商业模式相关的垄断。它确定了商业

---

[61] 《德国民法典》§138 在关系上隶属于一般条款和条件控制，参见 Armbrüster (2015)，para.5。
[62] See Fn. 6.
[63] 德国联邦最高法院(BGH)1989 年 10 月的判决：VIII ZR 325/88＝ZIP 1990，1138。
[64] Langhanke/Schmidt-Kessel (2015)，218；即使他们的合同性质不明确或有争议，参见 Bräutigam/Sonnleithner (2015)，para.38 et seq.；另参见 Faust (2016)，6 et seq.。
[65] 因此，在合同法中对此进行了探讨，参见 Schwenke (2013)，37；Dietrich/Ziegelmayer (2013)，104。
[66] 欧盟委员会，COM(2015)634 最终版，"欧洲议会和欧盟理事会关于数字内容提供合同部分问题的指令议案"。
[67] Langhanke/Schmidt-Kessel (2015)，218。
[68] 参见相应的补救措施（第12条），终止权（第13、16条）和法律后果，以及《数字内容合同指令草案》序言第16条。
[69] 参见《数学内容合同指令草案》第3条第8款。
[70] Langhanke/Schmidt-Kessel (2015)，218；因此，它在数据保护规则中引入合同规则进行规制。
[71] Langhanke/Schmidt-Kessel (2015)，220。
[72] 《数字内容合同指令草案》第3条第4款与序言第14条。
[73] 甚至《德国联邦数据保护法》§28 Abs. 3b 更严格，另参见 Faust, F. (2016)，7 et seq.。
[74] Langhanke/Schmidt-Kessel (2015)，221；源自《欧洲联盟基本权利宪章》(CFREU)第8条；相反观点参见 also Buchner (2006)，272 et seq.，基于此原因，在知识产权方面存在相似之处，参见 Hanau (2016)，129，研究（绝对）家长作风作为不处置对象的理由。

模式转向提供数字内容以交换数据的不合理激励机制。(75) 这种预防性方法涉及个人数据因果关系结构的权力问题：该指令议案旨在通过公平竞争环境减少激励机制来影响市场结构，而这种激励机制将导致为个人数据提供过多的数字服务。最后，个人数据不属于格式条款的司法审查范围。这是基于市场力量决定合同的主要标的这一核心原则。因此新的标准将对数字内容供应商造成更大的竞争压力，因为它将把提供的个人数据的范围和条件看成是不利的。

合同法依赖基于意思表示合意的数据保护规则，其所提供的数字服务的性质以及处理个人数据的永久性显然属于长期合同的范畴。(76) 其理念是如果履行出现瑕疵，责任方不得将与获得的个人数据相关的优势作为考虑因素。因此它提供了一个系统的机制剥夺数字服务提供商的权力，并重新授予个人数据受到侵犯的数据主体权力。

3.2 消费者权益保护法

3.2.1 权力的主要内容和规范

自从 1977 年消费者法律出现至今一直在探讨其明确定义。(77) 尤其是在欧洲法律体系中，消费者保护是基于个案政策起草的，所以没有遵循系统的方法，(78)本节侧重研究作为私法的《消费者合同法》，因为它具有显著的权力含义。关于不公平贸易惯例的法律将不予讨论。(79) 以下分析基于这样的假设：《消费者合同法》意味着合同当事人之间的不平衡。出于私人目的要求提供商品或服务的消费者相较交易商中处于劣势地位可能有不同的原因（例如，经济、信息或心理原因）。(80)《消费者合同法》可以通过调整谈判环境或谈判条款本身(81)来纠正这种结构上的劣势。(82) 因此国家通过制定（半）强行性规范来限制当事人的自由。(83) 该强行性规范授予消费者特殊权利和义务，例如信息义务、形式要求、撤销权和对格式条款的严格司法审查。(84) 例如门店销售合同和远程合同，消费者信贷协议或消费

(75)《数字内容合同指令议案》序言第 13 条。

(76) 尤其是社交媒体合同被视为长期合同，Bräutigam/von Sonnleithner (2015), para.28；与此类似，参见 Faust (2016), 33 et seq.。

(77) 在欧洲层面上，对 1975 年 4 月欧洲经济共同体的消费者保护和信息政策初步方案的理事会决议可以看作是一个起点，1975 年 OJ C92/1。

(78) 同上，222；Weatherill (2013), 92。

(79) 尽管各自的制度具有高度国家性，但有关不公平贸易行为的规制法律及其合理性的争论仍在不断进行，参见 Henning-Bodewig/Spengler(2016)；《消费者权益保护法》在欧盟被视为规制不公平贸易行为的惯例，参见 Köhler (2015), para.15；关于欧洲议会和欧盟理事会关于内部市场中企业对消费者不公平贸易的商业行为的第 2005/29/EC 号指令（“反不正当竞争指令”）的第 15 条，而德国法律传统上将其视为竞争法[参见《德国反不正当竞争法》(AAUC)第 2(1)条第 3 款，第 3a 条（以前的第 4 条第 11 款）]。因此行为必须与市场相关，因为《德国反不正当竞争法》在不正当竞争的情况下保护竞争者、消费者和其他市场参与者以及公众利益[参见违反数据保护法的行为 Walter (2014)]。但是由于这种特殊的结构很难得出普遍的权力含义，再细致探讨也不会对本研究有很大帮助。

(80) Calliess (2016), 221.

(81) 同上，214。关于德国联邦宪法法院关于担保人的开创性判决（“Bürgschaftsentscheidung”），参见 BVerfG, Urteil v. 19.10.1993 - 1 BvR 567/89, 1044/89；更多经济解释参见 Kerber (2016), 643 et seq.，详细阐述了通过消费者的信息和理性失灵来弥补市场失灵的方法。

(82) Weatherill (2013), 144.

(83) Calliess (2016), 218.

(84) 同上，227，但很难确定排名，实践中多种措施结合规制是很常见的，233。

者商品销售合同。消费者还可以通过针对消费者格式条款或特殊产品责任规则的司法审查得到保护。

《消费者合同法》是一种适用范围仅限于合同当事人之间的互动关系。[85] 它实际上增加了合同当事人之间的互动程度,通过防止或减少权力失衡来实现消费者的自决。相对于传统的合同法,有充分的理由认为《消费者合同法》遵循一个非因果关系的权力模式概念,它的适用是基于合同当事人之间结构性失衡的权力分配的一般假设,这种假设被推动会影响谈判过程,对消费者不利。[86] 从卢曼的权力关系模式概念来看,消费者权益保护法的适用依赖于权力失衡限制了消费者在订立合同之前的选择范围的这样一种假设,[87] 目前法律认为这种失衡不可改变。[88] 由于立法机关的刻意抽象,消费者权益保护法的适用不需要在特定关系中实际存在因果关系。法律具体规定了这种不平衡被推定发生的情况。因此,《消费者合同法》将结构性失衡的社会学理论与情景化保护模式相结合。[89] 即使在这种更为细微的尺度上,消费者权益保护法适用的也仅仅是形式而不是因果关系。

3.2.2 个人数据

对格式条款(如黑名单)进行严格的司法审查通常适用于消费者与交易商之间的关系,也适用于与个人数据相关的问题。然而这是基于谈判过程中权力失衡的假设,并不是一个特定的个人数据问题。

如上所述,《数字内容合同指令议案》仅适用于消费者合同,因此被归类为消费者合同法。该指令议案强调在等价交换中保护消费者的经济利益,它实际上并不打算直接保护个人隐私。不过,权力失衡的隐式假设与个人数据有关。当然,数字内容的提供商提供的大众数字产品主要影响消费者。该指令旨在填补消费者为了获取数字内容而过度泄露个人数据的漏洞。[90]

这就引发了一个问题,即是否可以将数据保护法视为消费者权益保护法,或是否可以通过进一步制定数据保护法来实现对消费者的更好保护。这个问题在形式上和实质上得到的答案都是否定的,因为无论数据主体是不是消费者,都适用数据保护法律。[91] 然而在实质上,数据主体和消费者的利益重叠了,数据保护符合消费者的长期利益也最终保护了他们。这也许可以解释为什么在美国隐私主要被认为是保护消费者的。[92] 就像《数字内容合同指令议案》,个人数据的商业化主要对消费者构成风险,但迄今为止数据保护立法几乎未接受消费者法。[93] 人们更应该在更高的抽象层次上审视消费者法和数据保护法中

---

[85] Renner (2016),522.
[86] Calliess (2016),216;Renner (2016),521,参见 Gailbraith 认为这是生产者主权的问题。
[87] Renner (2016),521.
[88] 同上,511。
[89] 同上,522。
[90] Calliess (2016),217.
[91] "消费者"一词既不在《通用数据保护条例》中使用,也不在关于处理个人数据和保护电子通信部门隐私的指令 2002/58/EC(ePrivacy Directive)中使用,该指令适用于所有数据主体,参见《德国联邦数据保护法》§29 中的德国信贷合同的例外。
[92] Harbour/Koslov,(2010) 773.
[93] Langhanke/Schmidt-Kessel (2015),219,论数据保护法是否应被视为消费者权益保护法。

权力的基本概念是否一致。这种方法将在稍后阐述数据保护法背后的权力概念时探讨。德国法律提出声明将数据保护法视为消费者权益保护法来是填补执法空白,而不是基于物质基础。德国立法机构最近扩大了消费者协会针对违反数据保护法的行为主张和执行禁令救济的权力,因为个别数据主体由于诉讼成本高或个人损害低而不提起诉讼。在机构层面上,只有数据保护机构才可以提起诉讼,由于能力有限,这种诉讼往往来得太迟。[94] 在修正案中,《德国不作为之诉法》(UKlaG)不适用于违反数据保护法的情况,因为它要求违反消费者权益保护法。但是,德国民事法院并不认为大多数数据保护条款都属于消费者权益保护法。[95]《德国不作为之诉法》的最新修正案第 3 条现在允许消费者和其他协会主动应消费者、竞争者或雇主的请求提起诉讼。《德国不作为之诉法》新增的第 11 号第 2 (2)条明确规定:如果涉及收集消费者个人数据或为广告、市场调查、民意调查、信用报告机构的运营、个性和使用情况的创建、地址和其他数据交易以及类似的商业目的而进行的处理时,将数据保护法视为《德国不作为之诉法》意义上的消费者权益保护法。立法机关希望通过这种方式,可以将更多的资金投入到有效的数据保护执法中,使公众受益的同时也可以警示数据保护监管机构。

案例中所讨论的权力的定义是什么?《消费者合同法》调整的是权力关系的一种形式,因为它的适用范围限制在合同当事人。对提供数字内容的相关数据格式条款和合同进行严格司法审查涉及一种权力关系概念就不足为奇了。虽然合同通过授予在合同关系内访问个人数据的权限,为权力转移建立了核心因果关系,[96]但基于一方的消费者地位,也适用结构性权力失衡的模式理论。《数字内容合同指令议案》规定了这种失衡的推定方式。这种失衡与过失相关,在此基础上以数据交换服务定义相关模式的独特性。此外,《消费者合同法》还规定了填补权力失衡的各种措施,其中一些措施干扰了私人自治,而不是通过加强自决来授予数据主体权力,[97]《德国不作为之诉法》的改革通过加强执行效力,为消费者利益实现权力实际再分配,[98]尽管这也被《通用数据保护条例》视为实施数据保护规则的重要措施,[99]但必须注意的是,它仅指违反数据保护规则并没有改变合法行使权力的实质性标准。

3.3 竞争法

3.3.1 权力的主要内容和规范

竞争法旨在保护竞争过程规范市场中企业的行为。[100] 主要规定涉及禁止垄断协议

---

[94] BT-Drs. 18/4631,11 et seq.
[95] 同上,2,关于《德国反不正当竞争法》§3a(原§4第11号)的问题:区域法院进行了大量的辩论且涉及许多案件,试图通过反不正当竞争法来执行数据保护法。但最高法院没有作出裁决。
[96] 根据第 2 条第 2 款的规定,只有涉及个人数据(超出数据保护法允许的范围)时,《德国不作为之诉法》才具有相关性。这符合《数字内容合同指令议案》的主旨。
[97] Buchner (2006) 103 指出,与个人数据相关的权力失衡并非新鲜事,但解决办法是有效的自决权。
[98] BT-Drs. 18/4631,2.
[99] 《通用数据保护条例》第 80(2)条明确允许,参见 BT-Drs. 18/4631,14。
[100] Schweitzer (2016),452 et seq.

(《欧盟运行条约》第101条),禁止滥用市场支配地位(《欧盟运行条约》第102条)和经营者集中。⑩ 现代欧盟竞争法主要受到提高效率和最大程度提高消费者利益的观念的推动。⑩ 然而,竞争法的理论基础和最终目标以及定义如何界定仍存在大量争论。⑩ 此外,目前正在讨论竞争法是否应在某种程度上考虑其他公共利益因素。⑩

竞争法条款都或多或少提及权力,而对私人权力的规制是竞争法的核心。⑩ 虽然《欧盟运行条约》第102条要求"具有市场支配地位",而《欧盟运行条约》规定的经营者集中是指"由于建立市场支配地位严重阻碍良性竞争的集中"(《欧盟运行条约》第2(3)条),但《欧盟运行条约》第101条含蓄地规定了限制竞争,因此具有一定的权力。⑩ 这些规则的适用并不要求特定市场主体之间有关系。相反,法律规制的对象是那些虽不损害特定消费者权力但扰乱竞争的主体。⑩ 因此《欧盟运行条约》反映出它对意思自治的干预不是基于一方当事人对市场主体的经济影响,而是基于市场本身的运作。⑩ 德国《反限制竞争法》(GWB)⑩的确包含一些条款,在滥用市场支配地位的情况下规定了一种权力关系模式。由于竞争法是在行为基础上来规制垄断协议或滥用市场支配地位,⑩它要求市场主体的行为与对竞争的影响之间有一个因果关系。⑪

欧洲的观点认为,对权力的相互作用的理解不足以调整经济权力,⑫弗朗茨·庞姆(Franz Böhm)和沃尔特·欧肯(Walter Eucken)担心经济实力强大的私主体可以支配或至少影响市场规则。⑬ 虽然市场结构反映了权力分配,⑭反之竞争被视为一种分散权力、防止剥削并最终维护市场主体的自治的手段。⑮ 弗朗茨·庞姆和沃尔特·欧肯强调这种经济权力也影响着社会,因此竞争法保证了权力的平等分配,这是稳定民主的必要条件。⑯ 这一秩序自由主义思想的形成指出了私人权力的消极后果,并对欧洲竞争法的发

---

⑩ Wish/Bailey(2011),3;关于消费者福利欧洲数据保护专员公署(2014a),para.15;Drexl(2011),314。
⑩ 参见 Vanberg(2011),44 et seq.,论消费者利益、公共利益与经济自由。
⑩ See Ferretti(2014),93;Zimmer(2011);Hellwig(2006);Basedow(2007)。
⑩ 《欧盟运行条约》第101条(前《欧盟条约》第81条 Roth(2006);Zimmer(2011)论竞争法的本质76 et seq.;Ferretti(2014),94认为在《里斯本条约》之后,新自由主义思潮和欧盟委员会只注重经济利益的政策已经转向关注社会市场经济,这使得其他公共利益和人权能被考虑。
⑩ Hanau(2016),131。
⑩ Schweitzer(2016),461。
⑩ 同上,464;Buchner(2008),725:只有某些措施对竞争的影响才是相对的。Ferretti(2014),96,认为竞争法集中于某些市场程序,而消费者权益保护法则着重于消费者与企业之间的特定交易,因此消费者在两种制度中都扮演着不同的角色。
⑩ Eucken(1965),202。
⑩ Schweitzer(2016),464 et seq.,这方面相当重要。
⑪ 关于市场支配地位本身无害的主流观点,作为对欧肯(Eucken)观点的延伸,参见 Behrens(2015),8。
⑪ 这也可以基于不可抗辩的推定,《欧盟运行条约》第101条对此进行了说明,参见 Schweitzer(2016),468。然而这并不能改变事实,即侵权需要满足因果关系,因为它指的是具体行为,而不仅仅是形式。另参见 Körber(2016b),351 等,区分严格的因果关系和规范的因果关系。
⑫ Renner(2016),513,可参见 Rölli(2016),90。
⑬ Renner(2016),514.事实上,由于其对整个社会和民主的不利影响,美国针对经营者集中已经创立了《谢尔曼法》(1890),参见 Schweitzer(2016),452 et seq.。
⑭ Eucken(1965),202:操纵供给与需求之间的平衡。
⑮ Böhm(1960),32,41;Eucken(1965),201 et seq.。
⑯ Renner(2016),515。

展产生了深远影响,尽管这些原则随着时间的推移已经在一定程度上被修订和完善。[117]

一般认为随着工业的发展,对私人权力的结构性关注不断增强是现代化市场经济的必然结果。尽管竞争法实际上对私人权力进行了规制,但似乎没有经济权力本身的一般法律术语来证明干预是正当的。[118] 竞争法并非建立在一般的权力理论之上,而是遵循其保护竞争的价值导向。[119] 权力的集中是损害竞争的根源。因此,竞争法作为一个典型的法律领域,系统地调整了不同价值背景下权力的模式、原因和影响。

3.3.2 个人数据

隐私问题(尤其是个人数据)与竞争法之间的关系越来越紧密。[120] 2007年Google和DoubleClick的合并[121]以及Google和Facebook等公司可能在全球范围内的集中私人权力的威胁,[122]加剧了大西洋两岸关于竞争、消费者权益保护和隐私之间的界限和相互作用的争论。[123]下面将阐述当前竞争法中正在逐步发生的转变,这种转变具有明显的权力影响。

首先,如何在竞争法中界定相关市场以及相关市场定义是否应依赖个人数据的获取而不是竞争的问题存在诸多争议。[124]此外,德国立法机关还引入了一项规定,[125]声明免费提供服务并不意味着没有市场存在。[126]竞争法可以通过承认数据提供者是市场参与者来表明个人数据的权力。[127]

与此同时,人们逐渐认识到个人数据与市场权力的相关性。特别是在互联网经济中,互联网市场权力来自各自商业模式固有的经济和技术特征,这些商业模式有使市场

---

[117] Behrens (2015),11 的一个好观点:至少从秩序自由主义的观点来看,竞争受到保护,因为个人可以在市场上自由做出选择。
[118] Schweitzer (2016),471.
[119] 同上,472.
[120] 反垄断委员会(2015),Ch. 1, para.10 and BT-Drs. 18/4721, 3,表明数据保护在竞争法中的作用已得到认可,尽管到目前为止,欧盟委员会均未裁定在任何情况下收集或使用个人数据违反竞争法,参见 Almunia (2012),4.
[121] 联邦贸易委员会2007年12月在美国发布的第071-0170文件声明;欧盟委员会,案例号:COMP/M.4721,11 March 2008.
[122] 导火索是联邦贸易委员会委员帕梅拉·琼斯·哈伯(Pamela Jones Harbour)关于Google与DoubleClick合并案的反对声明:Google/DoubleClick (2007), F.T.C. File No.071-0170。关于竞争和隐私层面的第一个值得注意的学术方法,参见 Picker (2008)。早期的德国文学承认知识为力量,但是非常简短,只是来自竞争法和消费者权益保护法的观点,而不是概括它的私法[Buchner (2008)],作为对联邦贸易委员会关于Google和DoubleClick合并决定的回应。关于市场权力的数据能力的进一步阐述,参见 Harbour/Koslov (2010)。关于政策的界限和经济学导向的方法,参见 Pasquale (2013)。Cooper (2013)将辩论与宪法联系起来,在欧盟法律方面,Geradin/Kuschewsky (2013)首次系统地发现了相关问题,并在 Kuschewsky/Geradin (2014)中指出。最后,Kerber(2016)从法律和经济学的角度讨论了这些领域之间的联系需要。
[123] 反垄断委员会(2015),Ch. 1, para.65,根据该部分,现行竞争法不足以解决滥用支配地位的问题,以防过度查阅个人数据。
[124] 参见德国联邦卡特尔局(2016)的综合研究;也可参见欧洲数据保护专员公署(2014a),para.57;Geradin/Kuschewsky (2013),14;反垄断委员会(2015),Ch. 1 para.29 et seq.;Ferretti (2014),114;Evans (2011),25 et seq.;Harbour/Koslov (2010),773,针对社交网络、地图、电子邮件、照片共享、日历和文档管理等"免费"市场。
[125] 参见欧盟理事会2014年10月3号的案例号:COMP/M.7217 - Facebook/WhatsApp;德国联邦卡特尔局,网络不动产,25 June 2015, B6-39/15,以及网络交友平台,22 October 2015, B6-57/15。相反意见参见 Franz/Podszun (2015),OLG Düsseldorf, Beschluss v. 9.1.2015 - VI Kart 1/14 (V), para.43;以及德国联邦卡特尔局(2016),36最近的一个好观点。
[126] 联邦经济事务和能源部修订了2016年7月1日的反不正当竞争法第九修正案第10条:引入了第18(2a)条。
[127] Buchner (2008),726.

集中的趋势。㉘有能力收集、分析和使用数据的公司可以获得巨大竞争优势保证。㉙这种数据优势的存在使竞争对手的市场地位难以挑战。㉚有人建议调整评判市场权力的竞争标准。㉛德国立法机构在18个全球宽带公司中列入了一项关于双边或多边市场的规定,表明与竞争对手比较评估企业的市场地位时,需要考虑到企业获取信息的机会。㉜该条款承认市场权力也可以依靠独家访问个人和非个人数据,这是数字商业模式和平台广泛发展的回应。㉝但这只是评估市场权力时应考虑的重要性因素,而非排他性因素。监管机构是否批准关键兼并将取决于改进的标准,以防止依赖个人数据抢占市场支配地位。㉞

此外,关于企业在个人数据方面的行为何时应被视为滥用支配地位的问题也存在着激烈的辩论。㉟讨论的几种形式滥用中有两种特别引人注目。首先,目前正在完善与数据保护法的界限。㊱由于数据保护规则会对竞争产生影响,㊲关键问题是竞争法能否积极解释违反数据保护法的行为,如果是,那么联系应该有多密切?一家占主导地位的企业仅仅违反数据保护规则就足够了,还是必须与竞争过程特别相关?㊳德国联邦卡特尔局(Bundeskartellamt)已对Facebook提起诉讼,由于怀疑对方的服务条款可能构成对社交网络市场支配地位的滥用。㊴据称Facebook对用户数据使用的条款和条件因其不可共享性而违反了数据保护法。㊵其次,个人数据是否可以被视为一种必要的手段也存在争议。㊶假设拒绝提供数据符合判例法规定的例外情况检验,㊷授予访问这类信息可能是消除竞争问题的适当行为补救措施。㊸

㉘ 网络效应,尽管欧盟委员会在Microsoft/Skype中提出争议(案例号:COMP/M.6281 - Microsoft/Skype, 7 October 2011, para.108 et seq.)。关于动态市场、投资组合效应、规模经济、双边市场、锁定市场和准市场之间的一般关系,参见反垄断委员会(2015), Ch. 1 para.32 et seq.关于数据驱动型经济中的业务模型,5。
㉙ 参见《反不正当竞争法》第9修正案,51;Buchner (2008),727。
㉚ 参见《反不正当竞争法》第9修正案,51。
㉛ 参见欧洲数据保护专员公署(2014a), para.58 et seq.;关于垄断的一般形式(2015), Ch. 1 para.26 et seq.(参见Lerner-Index);Hoofnagle/Whittington (2014);竞争和市场监管机构(2015)。
㉜ 参见《反不正当竞争法》第9修正案第10条:新版第4号第18(3a)条。
㉝ 同上,48。
㉞ 参见《反不正当竞争法》第9修正案,73,关于Facebook/WhatsApp收购案。
㉟ Körber (2016a), 306 et seq.
㊱ 也可参见欧盟法院,Allianz Hungária, C - 32/11, ECLI:EU:C:2013:160。在评估违反竞争法的行为时,其他领域的违法行为也可以作为一个考虑因素。因此,违反数据保护法也可能意味着违反竞争法,参考欧洲数据保护专员公署(2014b), 3。
㊲ Körber (2016b), 349。
㊳ 欧洲与德国的相关法律以及与Facebook相关的综合评估参见Franck (2016), 137;Schweitzer/Fetzer/Peitz (2016), 51 et seq.;另参见Körber (2016b), 353。
㊴ Körber (2016b), 352 et seq.
㊵ 参见德国联邦卡特尔局2016年3月2日的新闻稿,网址为http://www.bundeskartellamt.de/SharedDocs/Meldung/EN/Pressemitteilungen/2016/02_03_2016_Facebook.htm;Ferretti(2014),110,只要不违反数据保护标准,就不归竞争法的领域。
㊶ 反垄断委员会(2015), Ch. 1 para.34 et seq.;Geradin/Kuschewsky (2013), 13 et seq.;Abrahamson, (2014), 867;critical view Körber (2016a), 308 et seq.;Schweitzer/Fetzer/Peitz (2016), 49。
㊷ 参见德雷克索等(2016), para.32 et seq.
㊸ 作为最严格的市场干预形式(在本例中是结构性力量的扩散),也讨论了剥离问题,参见Frenz(2014),194,他认为"数据分离"的数据保护原则与"信息剥离"有相似之处。

从广义上讲,关于竞争法如何解决隐私问题的答案可以从内源和外源解决。在内源方面,文献的有关讨论旨在使个人数据与隐私保护保持一致的方法。竞争法应通过隐私保护与消费者权益来思考隐私保护,[144]企业可能剥夺消费者有利的隐私选择从而降低消费者权益。[145]由于通常不存在价格竞争,所以余下的因素就是质量。[146]关于竞争法与个人隐私之间关系的讨论试图在此问题上找到共性,定义消费者对隐私的偏好并采取正确的措施并非没有障碍。[147]可以说,个人数据提高了服务质量。[148]正确的衡量标准将是为了消费者福利考虑哪些因素,以及哪些因素可以平衡和整合。外源方面的关键是竞争法是否也保护其他法律对象。此外,人们可以利用竞争法来支持其他公法对象,尤其是隐私保护。[149]据此可知,竞争法不仅保护经济,而且保护消费者的日常生活,因此包括竞争法在内的整个法律体系应更积极地保护基本权利。[150]

最彻底的方法不是规制滥用行为,而是将数据持有者的主导地位视为一种威胁,至少在多数情况下如此。分拆被认为是最激进的权力下放手段。[151]2014 年,欧洲议会呼吁对互联网搜索系统进行更严格的监管。该决议呼吁欧盟委员会防止搜索引擎运营商滥用互联服务,并考虑将搜索引擎与其他商业服务分开的提案。[152]从长远来看,这一提案不是由搜索引擎运营商不可竞争的权力积累引起的,而是个人数据本身推动了这种主导地位。

毫无疑问,个人数据的收集或使用可以构成重要的结构性力量,特别是在数据驱动型经济中,商业模式系统地建立在个人数据处理的基础上。有三个因素尤为显著:第一,授予的权力数量非常大,因为基于平台的商业模式自然倾向于集中。因此如果不是市场上的竞争,[153]而市场是由对个人数据的访问权限来定义的,则可以得出结论,所讨论的竞争是对个人数据访问权限的竞争。第二,这种商业模式的快速发展和爆炸性传播,解释了为什么法律仍处于寻找答案的早期阶段。竞争法传统上侧重于市场价格形

---

[144] 参见 Swire(2007),2 的概念;Ferretti(2014),111 et seq.,希望在《欧盟运行条约》第 101(3)条上纳入消费者层面,并根据《欧盟运行条约》第 169 条(消费者保护权益)证明其立场;Cooper(2013),1134 et seq.,拒绝个人隐私作为对价,欧洲数据保护专员公署(2014a),para.40,71,将数据保护视为消费者权益的一个因素,并由此在竞争法中提出促进隐私保护的救济措施。
[145] Pamela Jones Harbour 专员就 Google/DoubleClick 案件发表的异议声明(2007),F.T.C. File No.071-0170,10,footnote 25;Cooper(2013),1131;欧洲数据保护专员公署(2014a),para.79,参见 Coates(2011),竞争法和技术市场的规制。
[146] Evans(2011),13.
[147] 欧洲数据保护专员公署(2014a),para.81;Pozzato(2014),469;关于消费者权益和利益冲突的可预测的局限性,Drexl(2011),318 et seq.。
[148] Körber(2016a),305.
[149] Körber(2016b),355.
[150] Ferretti(2014),117;相反观点参见 Frenz(2014),195,200;可以用媒体的多样性来打个比方,这符合民主社会的普遍利益。虽然这种特殊关切反映在媒体竞争法的特别规则中,但人们可以考虑将这一比例扩大到隐私问题,参见欧洲数据保护专员公署(2014b),3。
[151] 参见 2010 年 5 月 5 日联邦经济和技术部提案的第 41a 条,来自 Schweitzer/Fetzer/Peitz(2016),57,但不是在个人数据的上下文中。
[152] See The Guardian,网址为 https://www.theguardian.com/technology/2014/nov/27/european-parliament-votes-yes-google-breakup-motion.
[153] 反垄断委员会(2015),Ch. 1 para.22。

成机制的功能,[154]而不是企业与数据主体之间的关系。这就提出了一些具体的、尚未解决的问题,因为它提出了一个根本性的问题:事实上,个人数据的价格构建机制是什么?从市场和市场失灵的角度来看,传统的经济学观点是否适用?第三,到目前为止,即使是竞争法中讨论的概念,也仍然只涉及结构性权力概念。即使竞争法通过修改市场定义将私人权力视为消费者的一种利益,调查的重点始终必须是与权力有关的结构效应。然而,有一些监管措施结合了结构和关系元素:引入可提携条款。由于这在数据保护条例中发生,将在第 3.5 节中讨论。

传统上,特定的权力相关行为构成了权力滥用。但是从手段上来说,每一种行为都可能对市场结构产生影响并改变权力平衡,因此当非法使用权力时,人们需要额外的标准来阻止行为。[155]围绕个人数据和竞争法的大多争论都集中在这些标准的界定上。然而也有一些极端的概念侧重市场支配地位而忽视了因果关系。[156]但是,如果市场支配地位本身意味着一定数量的结构性权力成为法律干预的标准,权力模式就从因果关系概念扩展到模式概念。最彻底的做法是分拆企业。提出分拆的动机在个人数据方面可能有所不同:担心企业具有竞争优势,基于个人数据的优势在未来将是无可争议的,但同时也有人怀疑,这样一个占主导地位的参与者使用数据的方式将损害隐私。[157]这种对模式的思考的转变类似于博厄姆(Böhm)在早期秩序自由主义中的叙述[158]:他的基本假设是私有的,这样的支配地位将受到谴责,因为它遵循一种对权力的模式结构理解。但这种相似性只在表面上起作用。有趣的是,博厄姆认为濒危的自由是"竞争自由",他指的是按价格买卖的自由,在完全竞争的条件下(似乎是对价),这种自由最终会取得成功。价格被视为稀缺性的决定性指标,因此也是商品适当分配的决定性指标。[159]然而,个人数据绝不能被视为稀缺性的指标。个人数据由于其信息性,在消费中不具有竞争性,除此之外,重要的是其质量特征,而不是数量特征。在完全竞争条件下,确定个人数据的访问率(意味着多少和交换什么)是多少并不清楚,也可能是不可行的。这说明了为什么在讨论个人数据背景下向权力模式结构理论的转变时,我们不应该谈论为什么拒绝这种严格的方法是正确的(正如我们通过进一步发展秩序主义所学到的那样),而应该谈论全新的领域。[160]

结构性权力的另一个方面与市场的功能有关:市场本身被理解为结构性失衡工具。[161]在这种观点下,市场失灵使人们对权力分配的有效性产生了质疑。特别是必要设施的讨论,提出了一个基本的权力困境。一方面,通过允许获得数据来刺激竞争,通过共享个人数据来分散市场力量。但同时,允许访问个人数据增加了企业对个人数据所指个人的权

---

[154] Renner (2016),524.
[155] 同上,528。
[156] 欧洲数据保护专员公署(2014b),4。
[157] 参见《法兰克福汇报》上 Google 和阿克塞尔施普林格(Axel Springer)的激烈辩论,网址为 http://www.faz.net/aktuell/feuilleton/debatten/mathias-doepfner-s-open-letter-to-ericschmidt-12900860.html。
[158] 按照 Franz Böhm 的思路,参见 Hellwig (2006),241 et seq.。
[159] Hellwig (2006),244。
[160] 同样在公用事业的监管背景下,无论德国滥用能源市场的做法如何,价格一直令人关注且出现了资产剥离的呼声。
[161] Bäcker (2012),106,108.

力。就权力而言：结构权力减少，关系权力增加。目前尚不清楚竞争法是否应该或是否能够解释这种权力权衡。⑯²本文所说明的结构性权力和关系性权力之间的复杂相互关系表明，将建立价格的市场机制与涉及个人数据的市场机制相比较，并提出解决办法，未免过于短视加强消费者主权作为解决方案。⑯³这一观点强调了在将货币支付视为市场参数时，不要将货币支付与不同功能的数据混淆的重要性：货币支付可以替代，在特定的社会关系中是中立的。然而，一旦提供了对个人数据的访问，个人数据就必然附属于个人关系。

3.4 知识产权法

3.4.1 权力的主要内容和规范

知识产权与特定主体的法律地位相关。⑯⁴ 具体来说，知识产权的概念在不同法域中存在明显差异。⑯⁵应假定知识产权包含专有使用、更改、转让或排除妨害的权利。这些权利是绝对权，意味着它们具有普遍适用力。⑯⁶ 遭到侵权时可以行使这些权利。⑯⁷ 知识产权是由法律定义的，因此法律定义是对商品进行分配。在此基础上，市场可以运作并重新分配商品。⑯⁸ 知识产权尤其是指智力的创造，因此是指无形的、合格的信息权利。很多方法都试图证明知识产权的正当性，例如将其定义为对劳动的报酬、人格的体现、自由的基础或经济的效用。⑯⁹

知识产权是一种权力的分配，因为它赋予所有人排他性的权力。因此知识产权是规范私人权力的最突出的例子之一。莱曼（Lehmann）指出，知识产权涉及多重权力概念：知识产权具有因果权力面向，⑰⁰因为行使各自权力的机会可以影响他人的意志，但也有模式影响，因为知识产权的（初始）转让限制了他人事前的选择。⑰¹ 知识产权还具有权力关系因素，这种排他性的权力最终决定了市场和社会的最基本的社会关系。⑰²

在探讨知识产权与个人数据的相关性时，一些具体特征值得一提：由于知识产权是一种合法构建的权力模式，政策制定者总是要考虑是否要授予权力以及在多大程度上授予权力。基于知识产权的绝对性和排他性的特点，如果知识产权支持已经存在的事实权

---

⑯² 毫无疑问，保护法影响了对权力关系的关注；欧洲数据保护监管机构（2014a），para.67；与此类似，参见法国竞争管理局，GDF，2010年6月14日第10-A-13号意见和EDF，2013年10月17日第13-D-20号决定；Körber（2016b），350。
⑯³ 参见 Körber（2016a），306 et seq.，但一般情况下，只有政治主张拒绝数据是一种权力。
⑯⁴ Cashin Ritaine（2012），13。
⑯⁵ 参见 Cashin Ritaine（2012）或许是对欧洲产权制度的一个很好的概述。私有财产不应与经济产权法混淆，后者更广泛，参见 Schäfer/Ott（2005），549。
⑯⁶ Purtova（2011），80 et seq.，比较英美法系和大陆法系的财产制度，并得出普遍适用效果作为其最小公分母。
⑯⁷ Lehmann（2016），284 et seq.。
⑯⁸ Hellwig（2006），236。
⑯⁹ Lehmann（2016），292 et seq.。
⑰⁰ 同上，289。
⑰¹ 同上，284。
⑰² 同上，289，关于马克思对财产的看法。

力,则可以进一步强化该权力。[173] 由于知识产权可以因重新分配来改变所有人,权力也可以随之转移。[174] 同时从结构的角度来看,私有财产导致权力扩散的程度最高。[175]

3.4.2 个人数据

30多年来,人们一直在讨论是否应该将个人数据视为知识产权。[176] 但是,尽管当下正在争论并且已经提出了各种各样的提案,[177]但仍没有一个法域授予个人数据的知识产权。人们不能混淆将数据视为具有数据保护作用的知识产权。后者最初并不同意转让个人数据的专有权,因此不能说是知识产权。[178] 相反,他们认为转让权利是一种妥协的结果,因为这一方面是数据主体的个人控制和信息自决,另一方面是信息的自由流动。[179]

个人数据中引入知识产权的动机基本上有两种:第一种,排他性加强了对个人数据的控制,迫使他人与所有人协商,从而兼顾多重利益。[180] 第二种,向个人数据引入知识产权是将个人数据商品化。[181] 因此,个人数据中的财产可以用作实现市场交换的工具,最终可以提高有效的隐私水平。[182] 确实,问题是要开发一种知识产权的模式,[183]而这反映在经济学家的隐私观点上,他们大多从知识产权角度看待隐私。它们赋予知识产权双重功能,因为它与知识产权法相似,既有助于保护基本的私人权力,又有助于数字经济中的个人数据市场的运作[184]由于都是信息权利,因此也能与知识产权法相提并论。[185]

然而,抛开在不同的国家知识产权制度背景下引入权利的实际考虑不谈,我们可以提出一个更实质性的对立观点:知识产权是基于可让与性的概念。[186] 然而,私人权力是一项基本权利(《欧洲人权公约》第8条)。关于如何重新定义私人权力,以及如果将其视为人格权,在多大程度上可以放弃私人权力,公法学者之间存在着相当大的争论。[187] 此外,与数据保护法的相互关系可能会造成混淆,而将个人数据保护扩展到知识产权的方法也有其局限性:德国宪法法院已经明确表示,数据保护法保护信息自决。法院明确指出,个人

---

[173] Lehmann (2016),286。
[174] 同上,291。如德国在内的许多法域,在授予权利或转让权利时,对财产的范围和内容(物权法)进行了法律界定和限制,参见第299页等。然而,个人数据的转移似乎有所不同,因为无形商品在消费方面并不具有竞争性。因此,对财产的限制没有有形世界那么强烈,Buchner (2006),287。
[175] Lehmann (2016),296 et seq。
[176] Purtova (2015),2;20世纪70年代初,美国个人数据日益商品化,引发了一场关于是否将个人数据视为财产的争议,而欧洲则在21世纪初加入了这场争议。争议的根源参见 Schwartz (2004),2057, footnotes 4 and 5;参见 Rees (2013),220。
[177] Purtova (2015),3 et seq。
[178] 同上,8 et seq。
[179] 同上,11 et seq.。
[180] Purtova (2010),197,世卫组织还主张需要法律上的分配,因为如果没有法律上的转让,事实上的转让时刻都在发生,财产集中在权力更大的一方(这里是:承诺),参见 Purtova (2015);另参见 Marauhn/Thorn, (2013), para.23 et seq.。
[181] Purtova (2015),2.
[182] Purtova (2010),193 et seq.;Lessig (2002),247.
[183] Schwartz (2004),2058;例如个人数据的可携权基本上可以看作是一种所有权。
[184] Kerber (2016),646.
[185] 同上,647。
[186] Purtova (2010),199 et seq.
[187] 同上,203;Spieckermann/Acquisti/Böhme/Hui (2015),162.

没有也不应该对其数据拥有绝对、排他的权利。由于个人数据描述的是社会现实，它们不能被专门转让给个人。[188] 因此，德国在将个人数据权利界定为知识产权方面一直犹豫不决。[189]

鉴于个人数据是信息，知识产权可以依照法律规定告知，特别是不可转让的特点使人联想到以精神权利概念为基础的大陆著作权制度，即原始权利本身不能转让。因此，有人建议对个人数据引入类似版权的独占权。然而，作为版权理论基础的观点并不适用于个人数据的生产，因为个人数据无论如何都是存在或创造的。[190] 此外，关于版权的争论仍在继续。这使得它很难额外纳入个人数据。此外，邻接权也可以作为一个类比，德国引入了一项针对新闻出版商的专有权。[191] 这是对许多商业模式受益于出版商在互联网上免费提供内容这一事实的一种反映，[192]该法律通过授予出版商权利，例如用于第三方的新闻整合以及通过转让绝对权来加强执行。[193] 这与数据作为知识产权的概念有一些相似之处，即引入一种新的类似知识产权的权利是为了通过经济参与和更好的执行来实现双重目的。然而，所有邻接权都需要权利持有者的一些表现，而不仅仅是个人数据的表现形态。

3.5 数据保护法

3.5.1 主要内容

1944 年《数据保护法》规定了在处理个人数据方面对自然人（数据主体）的保护。[194]《欧洲人权公约》第 16 条承认数据保护，有助于保护私人生活，这是《欧洲人权公约》第 8(1)条规定的一项基本权利。数据保护法并不赋予个人数据的绝对权利，因为数据主体的人格权利与其他基本权利是平衡的。[195] 然而至少从德国宪法的概念来看，[196]隐私是个人自由和人格尊严的一种表达，[197]这些法律的权重很高。然而，即使数据保护在这个意义上被理解为经济法，[198]数据保护的核心也应理解为对私人权力的规制。

作为一个法律渊源，《通用数据保护条例》是欧洲个人数据保护的总体框架。它具有直接约束力，但是各成员国在调整其国内数据保护法时有一定的自由裁量权。《通用数据保护条例》涉及与个人数据相关的各种问题。它的创立提高了人们对不同法律领域相互

---

[188] BVerfG, Urteil v. 15.12.1983 – 1 BvR 209/83 (Volkszählungsurteil).
[189] Schwenke (2005), 71 et seq.
[190] Schwartmann/Hentsch, (2015), 226 et seq.
[191] 2013 年，《德国版权法》第 §§87f-g 引入了所谓的"出版社供应商履约保护法"（Leistungsschutzrecht für Presseverleger），目前正在讨论引入欧盟。参见欧洲议会和欧盟理事会 2016 年 9 月 14 日关于数字单一市场版权的指令提案第 11 号 COM(2016)最终版 593。
[192] 通过系统使用，这不仅仅是设置链接。
[193] Jani (2014), para.6.
[194] Dreier (2009), 44: "在数据保护领域可以看到私法和公法的某种趋同，原因很简单，即国家不再垄断拥有既能进行大规模数据挖掘又能进行个人分析的强大数据处理设备。"
[195] 《通用数据保护条例》序言第 4 条。
[196] Marauhn/Thorn (2013), para.28.
[197] 《通用数据保护条例》序言第 2 条。
[198] Schantz (2016), 1841.

联系的认识。此外,目前正在修订的 1999 年电子隐私指令增加了对电子通信部门基本权利[199](如网络 cookies*、追踪或匿名)的额外保护,而《通用数据保护条例》对这些权利的处理不够精确。

3.5.2 从权力角度看数据保护

个人数据的处理主要构成一种风险,这种风险可以被界定为韦伯式因果关系权力问题。由于个人数据从定义上来看与个人有关,其使用可能会影响到某个人的权利和利益。[200] 处理这些个人数据可能会引起差别待遇、冒用身份、欺诈、财产损失、名誉损失或其他重大的经济或社会不利因素,[201]从而将权力移交给数据控制者。一旦到数据主体的链接被切断(例如通过匿名化),权力关系就被剥夺了。[202]

根据数据保护法的基本原则,只有在法律允许或数据主体同意的情况下,个人数据的处理才是合法的。虽然法律许可涉及公共利益和私人利益平衡的考虑,但数据主体的同意必须提交的是一种具有因果关系的个人权力,这是信息自决的核心。[203] 从权力的角度看,这类似于合同法所述的协议机制,但同意是单方面行使自由意志的除外。由于可能会导致严重的权力后果,《通用数据保护条例》包含限定性要求:同意必须包含明确的肯定行为,该行为确立了意思自治的、[204]具体的、知情的,[205]明确指示表明数据主体同意处理他们的数据。[206] 对个人数据进行高风险处理或分析也是如此。[207] 在以前的草案中,《通用数据保护条例》排除了当双方之间权力存在明显不平衡时自愿同意的可能性。[208] 但是这种模式方法并未包括在《通用数据保护条例》的最终版本中。

由于通过允许访问个人数据而授予数据控制者的权力程度很高,《通用数据保护条例》提供了一些保障措施,使数据主体能够通过限制数据控制者的权力,在具体的关系中保持对其数据的控制。一般来说,透明度要求数据主体能够有效地利用其权利。[209] 其中三项权利将在以下方面加以说明:第一,目的的限制原则(《通用数据保护条例》第 2 条)。第 5 条(1)款 b 项规定处理目的仅限于最初收集和处理数据阶段。目的必须具体、明确、

---

[199] 关于电子通信行业个人数据处理和隐私保护的指令(2002/58/EC);关于电子通信行业尊重私人生活和个人数据保护的法规,参见欧盟委员会提案 COM(2017)10 最终版。

* 网络或互联网使用者发给中央服务器信息的计算机文件。——译者注

[200] 参见第 29 条工作组,关于个人数据概念的第 4/2007 号意见,WP 136,11。

[201] 《通用数据保护条例》序言第 75 条。

[202] Mayer-Schönberger/Padova,(2016),329:"化名是一种剥夺权力的手段",也是一种降低风险的手段,参见《通用数据保护条例》序言第 2 条。

[203] 当然,这个理论概念在现实中是否成立还存在争议。关于同意的作用的批判性解释(被视为"神话"或"误解"),参见 Blume (2014), 270; Koops (2014), 251 et seq.。

[204] 若非存在明显失衡(参见序言第 43 条),则不清楚当出现《通用数据保护条例》第 7 条第 4 款时,何时扩展到数据支付。参见 Schantz (2016), 1845。

[205] Schantz (2016), 1844;其他条款的明确性(第 7 条第 2 款)接近于消费者法中对标准条款的司法控制。

[206] 《通用数据保护条例》序言第 32 条。

[207] 但是,必须明确表示同意,建立保护措施,参见第 22 条,《通用数据保护条例》第 4 条第 4 款、序言第 71 条等;参见 Schantz (2016), 1844。

[208] 前文第 34 段以雇佣关系为例。然而这并没有出现在《通用数据保护条例》的最终版本中。

[209] 《通用数据保护条例》第 5 第(1)款第 a 项、第 12 条:以能被接受的形式获得信息和访问数据的权利。另请参见《通用数据保护条例》序言第 39 条中关于执行权利的先决条件。

合法,并在收集数据时确定。这大大限制了数据控制者的权力。虽然他可以通过事先确定一个广泛的目的或改变目的来扩大他的权力,[210]但对同意的更高要求限制了这种可能性。[211] 第二,数据最小化原则(第21条)。《通用数据保护条例》第5条(1)款c项规定个人数据必须是充分的、相关的,并且仅限于与处理目的相关的必要内容。这显然至少在一定程度上阻止了关系权力的产生。第三,一般而言,数据主体有权撤回其同意并要求删除数据。[212]《通用数据保护条例》第17条将这一原则编入法典。由于这一点被定义为"被遗忘权",实际上对于数据保护原则来说并不是什么新鲜事。《通用数据保护条例》只是提供了一种机制来实现这一主张,即强制那些发布信息的数据控制者通知其他数据控制者。[213] 删除权是一种关系解除权力机制。[214]

新引入的可携权[215](《通用数据保护条例》第20条)由于其与权利相关的特殊性而备受关注。其基本原理是使个人能够无障碍地将其个人数据从一项服务转移到另一项服务(《通用数据保护条例》第20条第1款)。[216]《通用数据保护条例》还授予了数据控制者根据数据主体的要求直接传输的权力(《通用数据保护条例》第15条、第20条(2)款)。乍一看,这与关系权力概念是一致的,因为它是通过授予数据主体对自己的数据拥有更多的权力来防止其被锁定为消费者。[217]虽然这使原始数据控制者(新选择的服务)失去了权力,但是潜在的推理实际上是基于结构性权力的假设:数据可携权对数据控制者的服务具有通过网络效应(例如社交网络、信使等)有趋向集中的发展趋势。消费者承担着以下风险:如果交换成本过高,就被锁定。[218]使他更容易将数据转移到另一服务,数据可携权降低了交换成本。从而使服务提供商的市场地位变得更具竞争性。[219]可以看出,立法机关打算促进服务提供商之间的竞争和市场开放,[220]这也导致了两种后果:首先,促进竞争的前提要求提供一套更多样化的数据保护标准,从而通过市场机制进一步授予消费者权力。[221]实际上,这种推理假定了权力关系授权的反馈回路被用来改变结构,反过来导致了对数据主体更大的关系授权。其次,在数据保护法中纳入数据可携权可以解决竞争法滥用因果关系的要求中所讨论的模式问题,因为它分散了市场力量或在早期阶段就防止了这种情况的发生。[222]乍一看,可携权似乎是一个明智的解决方案,因为它同时调整了数据保护和

---

[210] 《通用数据保护条例》第6条第4款,在某些情况下可以改变目的,但是目前尚不清楚限制在哪里(德国限制通常很严),参见《德国联邦数据保护法》第28a条,参见Kühling/Martini(2016),451;Schantz(2016),1844。
[211] Mayer-Schönberger/Padova(2016),322 et seq.
[212] Kühling/Martini(2016),450。
[213] 序言第65条等。
[214] Frenz(2014),194。
[215] 欧洲数据保护专员公署(2014a),para.24 et seq.。
[216] In general Swire/Lagos(2013).
[217] Geradin/Kuschewsky(2013),9;Kühling/Martini(2016),450;BT-Drs. 18/4721, 3.
[218] Picker(2008),6 et seq.
[219] 反垄断委员会(2015),Ch. 1 para.62;Almunia(2012),4。
[220] Kühling/Martini(2016),450;Schantz(2016),1845;欧洲数据保护专员公署(2014a),para.83。
[221] Kühling/Martini(2016),450.
[222] 当然,违反数据可携性义务可能同时构成滥用支配地位。Geradin/Kuschewsky(2013),11;Schweitzer/Fetzer/Peitz(2016),58。

竞争，[22]在动态竞争效应[23]和潜在的身份欺诈方面也存在一些质疑。[24]对于未来的影响还有待观察。[25]分析还表明数据保护法的关系权力范式的不寻常的结构扩展引发了关于法律界限的争论。[26]

数据保护法包括限制同意有效性的条款。为了使同意有效，《通用数据保护条例》第7条第(4)款规定处理所要求的个人数据对于履行合同必不可少。然而，目前尚不清楚这一点如何在实践中适用。由于《通用数据保护条例》序言第43条规定了数据主体与数据控制者之间的权力明显失衡，必须澄清这是否需要市场支配力。因此这是指结构性失衡，还是仅指双方之间双边关系中的权力。[27]答案尚待观察。《通用数据保护条例》对权力的理解具有广泛意义。

与同意有关的另一个例子是隐私数据。在此法律基于这样一种假设，即隐私数据值得特别保护，因为处理这些数据可能会对基本权利和自由造成重大风险。[28]换言之，收集这些数据可能会造成严重的关系权力失衡。《通用数据保护条例》第9条禁止处理透露种族出身、生理特征或性别等信息的个人数据，除非个人明确表示同意。[29]此外成员国可以规定，数据主体不能约定解除这一禁令。这种不可分割性是基于权力模式的概念，因为通常假定特定类型的数据具有高风险。法律消除了数据主体意志上的任何自由裁量权空间，而不管特定情况下的因果关系如何。从权力的角度看，数据保护法不仅具有因果关系的核心，而且具有模式的分支。

3.5.3 定义

数据保护法扩展到结构性权力问题，反映了数字世界中海量处理个人数据所产生的重大结构性影响。数据保护法中的结构性权力问题，是对竞争法所讨论的漏洞的回应。鉴于此，数据保护法和竞争法为什么最近形成了一个交叉，以及为什么要求"考虑到竞争方面"对个人数据进行规制的呼声越来越广。[30]

然而，要得出同样有模式扩展倾向的结论是比较困难的。《通用数据保护条例》主要关注的是协调并有助于隐私数据类别的标准。然而，由于将隐私数据的处理与个人同意完全分离的自由裁量权留给了成员国，因此可以预期，界定这类模式可能是国家监管机构的一项关键任务。在某种程度上，这与文献中关于从通知和同意转向监管、允许和禁止使用个人数据的呼吁相吻合。[31]基本推理适用于在没有专家知识的情况下个人难以理解的

---

[22] 欧洲数据保护专员公署(2014a), para.72; Geradin/Kuschewsky (2013), 9 et seq.
[23] Swire/Lagos (2013), 338 et seq.
[24] 同上, 339。
[25] Kühling/Martini (2016), 450; Ferretti (2014), 115.
[26] 具体而言，数据可携权的立法提案和实施引发了一些总体工作：全面阐述了第18—20条规定的数据可携权的不同理由。Swire/Lagos (2013); Graef/Verschakelen/Valcke (2013)以竞争为中心；公法角度参见 Fialová (2014), 认为"隐私越来越少"。
[27] 参见 Spindler (2016), 807, 提供了更多的参考资料，以作为拟议的解释。
[28] 《通用数据保护条例》序言第51条。
[29] 参见《通用数据保护条例》序言第10条, 第88条员工数据中健康数据的豁免已被删除；参见 Kühling/Martini (2016), 450, 参见《通用数据保护条例序》言第35条。
[30] 反垄断委员会(2015), Ch. 1 para.60; 欧洲数据保护专员公署(2014a), 58段关于使用竞争法识别违反数据保护法的行为。
[31] Mayer-Schönberger/Padova (2016), 333。

复杂领域,[233]以及如食品、药品和汽车安全等具有重要负面影响的领域同时存在外部性。[234] 此外,数据保护法的模式扩展也在理论层面上解释了为什么数据保护需要考虑消费者权益保护法,并且经常在比较中提及。[235] 这里也提到,数据保护条例可以弥补消费者保护条例的一些实际缺陷。[236]

3.6 反歧视法

原则上,反歧视法禁止在私人关系中差别待遇,例如基于种族、肤色、性别、语言、宗教、政治或其他民族或社会出身的差别待遇。但如果有正当理由时,不平等待遇是合理的(《德国一般平等待遇法》第 14 条)[237]。成员国颁布实体法并转化了欧洲指令,[238]解决广义的歧视问题。

反歧视法的核心遵循一种模式——关系权力概念,它们根据具体情况规范当事人之间的社会关系。[239] 此外,对合同自由的限制是以模式为基础的,不需要证明因果关系。[240] 但与此同时,反歧视法也可以被解释为遵循模式结构权力法。雷纳(Renner)认为,反歧视法不仅在个人关系中而且在整个社会关系中都意味着意思自治的合理化,[241]因为它打算创造一种"反歧视文化",反歧视法影响着社会结构,并被有意用来塑造社会。用米歇尔·福柯(Michel Foucault)的话来说,主体是由对其信息环境的内在规范和期望构成的。[242]

正在进行的关于算法识别作用应用在个人数据的争论深刻地反映了各自的权力问题。[243] 算法是执行程序的指令序列。如果决策建立在算法的基础上,那么就可能发生直接故意或间接故意的歧视。尤其是社会算法,是与个体相互作用的结果。其中最突出的两个例子是 Google 的网页排名和 Facebook 上新鲜事的排序算法。该算法为社交网络提供规则,且影响代理人的行为或行动。[244] 在不同的法域内,关于算法系统是否应当受到监管以及在多大程度上应受到监管的争论日益激烈。[245] 规范性的挑战是如何确定诸如分析

---

[233] 同上,(2016),332;也可参见 Nissenbaum (2010)语境下的概念。
[234] Mayer-Schönberger/Padova (2016),332.
[235] Kerber (2016),643 et seq.
[236] 同上。
[237] 《德国一般平等待遇法》(AGG)7Cf.第 20 条。
[238] 2004 年 4 月 29 日关于欧盟公民及其家庭成员有权在成员国境内自由迁移和居住的指令;2000 年 11 月 27 日关于建立就业和职业平等待遇总体框架的理事会指令;2000 年 6 月 29 日关于执行不分种族或族裔出身的人之间平等待遇原则的理事会指令。
[239] 参见《德国平等待遇法》第§§19 条等。
[240] 参见《德国平等待遇法》第§19(2)条。
[241] "对反歧视文化的见解",BT-Drs. 16/1780, 52;Renner (2016),526。
[242] Hull (2015),96.
[243] Hoffmann-Riem (2017).
[244] Tan (2007).
[245] 参见例如 2016 年 5 月总统行政办公室的一份关于大数据算法系统、机会和公民权利的报告显示,《德国联邦数据保护法》第 28b 条关于大数据歧视正当理由是什么的问题也存在很大争议。问题在于,数据保护法中存在特殊规则,但这些规则必须与合同相关的决策相关联(因此不涉及行为目标),参见 Schaar (2016),33,参见《德国联邦数据保护法》第 28b 条。另外,还不完全清楚《通用数据保护条例》是否能解释这一点,参见 Goodman/Flaxman (2016),做最大限度和最小限度的解释,承认"解释权";德国司法部长还呼吁使搜索算法更加透明,参见 Dörr/Natt (2014),838,脚注 68。

和评分之类的措施侵犯到宪法权利。[246]

基于个人数据的算法将各自的社会关系从一个因果关系转变为一个模式权力概念。沙尔(Schaar)关注因果识别的趋势(例如用分散度量的方法计算个人风险),一旦识别是基于纯粹的概率而不是确定性,就会变成模式范式。[247] 即使算法是由数据主体的行为提供的,[248]权力的分配最终取决于该算法的创造者,这个算法是基于对相关性和重要性的文化认知而设计的。[249] 因此,社会声望甚至加强了权力。

但社会算法也代表了从关系型权力概念到结构型权力概念的转变。这取决于算法的技术性,在这方面可以看作是一种结构。引起关注的不是知道太多的单个参与者的权力,而是转移到我们已经向其提交了个人信息的系统(算法)的权力。[250] 因此,权力来源于平台和用户之间的单一关系,然后转化为结构性权力。[251]

模式权力和结构权力的结合表明,社会算法的反歧视性权力具有广义的权力含义,这可以适用于福柯的权力概念。已经有一些文献明确将他的研究成果应用于社会算法。用福柯的话来说,受试者对其所处的信息环境并不具有自主性和外生性。[252] 算法作为一种学科技术发挥作用,使受试者不断地改变自己的行为,使其接近正常水平。[253] 受试者在一定程度上受到其信息环境的影响,[254]关于是否交出个人数据的选择将成为社会个体的一部分,评分也说明了一个普遍的问题,即计算机所做的选择可能凌驾于人类的人格权之上,[255]这将导致计算机算法掌握组织社会的力量。基本上,个人用户正在通过一种结构机制重塑自己,社会也会因此发生变化。[256] 德国立法机构在转化欧盟指令时提到的"反歧视文化"是否会优先于算法产生巨大的模式结构权力,乍一看这种算法似乎是在大规模地创造一种普遍的"反歧视文化"。[257] 然而,这些普遍趋势很难通过一般法律,特别是私法加以解决。

3.7 媒体舆论规范

媒体监管可以更精确地界定模式结构权力的含义以及有关个人数据法律的使用。尽管媒体监管超出了私法的范畴,但简单的探讨也是有必要的,因为这有助于确定在私法监管方法中可以考虑的权力限制因素。算法识别是个人数据模式结构权力维度的一个例证。但它的影响不仅仅局限于分散的个人和关系组织。正如雷泽(Lazer)所说,"社会算

---

[246] Weichert (2014), 171; Schweitzer/Fetzer/Peitz (2016), 28,与权力相关的分析限制。
[247] Schaar (2016), 27 et seq.; Weichert (2014), 170; 合理性足够了。
[248] 即使算法行为是用户支持的。
[249] Bucher (2012), 1167.
[250] 同上,1171 et seq.,因此遵循一种非关系型的权力认知。
[251] 同上。
[252] Hull (2015), 96.
[253] Bucher (2012), 1176.
[254] Hull (2015), 96.
[255] Weichert (2014), 170.
[256] Hull (2015), 98.
[257] Bauman/Lyon (2013), 52 et seq.,通过"监控技术"来探讨社会排斥。

法的兴起是一个平静却巨大的范式转变,充满着社会和法律意义"。焦点是基于社会算法的网络对舆论形成的影响。[258] 特别是,这解决了数据权力构成影响意见从而授予政治权力的问题。[259] 搜索引擎在这方面也具有很大的潜在风险,因为它们具有塑造观点的作用和系统能力[260]以及利益驱使导致算法基于相关性而不是多样性。[261]

德国有特别严格的媒体监管,这种监管基于以下假设:一旦广播公司的内容受到欢迎,达到形成舆论力量的程度,它就有义务保障言论自由并提供全面的信息。[262] 这意味着不可能恢复媒体的多样性,因此也就不可能恢复言论的多元性,这对一个民主国家具有重要意义。显然,是否将媒体监管扩大到基于算法且具有影响力的互联网平台展开专门的讨论是有必要的。[263] 它们的核心都在于模式结构权力。

4 结论与启示

4.1 整体方法层面

这些法律领域的权力范式在更高的层面上起到了共同的作用,因为它对处理个人数据具有个人和社会意义。先前关于私法中权力概念的讨论表明,权力范式使得在规范个人数据时将相关领域联系起来成为可能。因此,权力范式可以作为立法机关制定有效和连贯监管的理论基础。通说认为个人数据确实与私法的许多领域有关。此外,所有描述性的权力概念已被证明在个人数据监管方面具有重要意义。因此,对个人数据的监管具有挑战性和高度的复杂性。权力范式方法通过区分权力的四个不同概念来构建这种复杂性,而这四个概念又在更抽象的层面上相互关联。通过识别抽象的权力关系,人们可以更好地理解私法各个领域中的个人相互关系。

分析以权力为中心的私法对个人数据的监管表明:合同法的核心是因果关系,但如今也被刻意用于调整个人数据的结构性权力问题。消费者权益保护法是一种模式,逐渐用于调整个人数据问题。竞争法遵循结构性概念,因此在实践中得到了广泛的讨论和应用。此外,一些倡导者质疑纯粹的因果假设,开始关注模式权力。物权法对所有权力维度都有影响,在文献中也进行了讨论,但对实践的意义不大。数据保护法的概念是相互联系的,既有因果因素,也有模式因素。监管机构目前正在对这些模式进行重新配置,与此同时,数据保护法目前也在考虑权力的结构形式。反歧视法是基于模式关系概念,同时也具有结构性模式含义。因此大数据背景下反歧视法在不久的将来会变得更加重要。

---

[258] Lazer (2015), 1090.
[259] Schweitzer/Fetzer/Peitz (2016), 29.
[260] Dörr/Natt (2014), 832.
[261] 同上,835.
[262] 《德国广播电视州际协议》第§§25,26条,参见 Dörr/Natt (2014), 840,阐述的宪法理由(《联邦宪法法院判例集》57, 295, 320; 119, 181, 214)。
[263] Dörr/Natt (2014), 846; recently Drexl (2016).

个人数据处理方面的最新发展极大地影响了权力平衡。与权力相关的挑战在性质上是不同的,私人权力在不同法的应用表明了这一点,因此私法的不同领域应对不同类型的挑战。由于单个领域已经可以解决多个权力问题,因此会出现明显的重叠。此外,由于私法各个领域的规章制度发生了变化,我们可以观察到趋同现象。特别是从因果关系到模式以及从关系到结构的权力观念正在转变。

但是这种分析的含义是什么呢?本研究探讨了描述性含义(在第4.2节中探讨),可以分为三个不同的层次:关于具体法律领域的"微观层次"、关于整体规范的权力含义的"中观层次"和关于权力理论本身的"宏观层次"。随后,探讨分析了规范性含义(见第4.3节)。尽管本研究已经明确分析了权力的产生和构架,但仍没能详细阐述规范性问题,在多大程度上规范或分配私人权力应该被认为是合法的。私人权力理论给出了一些抽象的答案,这些答案可以针对个人数据进行探讨。然而也只是简单涉及一下,因为要彻底地探讨会远远超出这个框架的。

4.2 描述性研究结果及启示

4.2.1 微观层面:法律领域的变化

显然,个人数据的出现对私法的各个领域提出了挑战。这些领域一些已经经历了转变,一些仍在进一步完善之中。因此个人数据问题就会遭遇法律分歧,例如欧洲统一销售合同法、执行制度的实施、竞争法规范的完善或关于知识产权(特别是相邻权)正当性的讨论,使当前有关规制个人数据的讨论更加复杂。

同时,上述立法措施表明,与个人数据有关的问题对法律领域的整体重构产生了重要影响:合同和数据保护法强调了协议/同意的作用。通过将个人数据识别为非财产因素,可以增强数据提供者的地位,数据提供者的法律地位将根据实际情况进行调整。同时,所选择的法律构架基本上将数据提供视为长期合同,而不是即期合同。立法主要针对消费者,消费者权益保护法也从广义的角度进行讨论(例如,消费者权益保护法中权力的结构失衡)[264],用于纠正其他法律领域的执法缺陷。尽管到目前为止,从知识产权法的角度来看,关于个人数据的理论争议仍然很少。竞争法讨论了既定标准对个人数据的适用性,但这也使标准本身受到质疑。例如法律本身的目标是否应将私人权力视为消费者的权益?应如何构成个人数据市场?它们是否起作用?所有这些例子表明,个人数据有助于重新构建当前私法领域。

4.2.2 中观层面:权力与规范

4.2.2.1 对权力定义的探究

分析表明,权力分类学对于解释私法规范个人数据的原因和方法具有重要价值。第一,对私法中个人数据的分析表明,上述权力概念有多种联系,必须仔细观察和理清这些联系。联系是累积的,因为已经表明,私法的不同领域要么已经触及不同的权力概念(物

---

[264] Renner (2016), 507.

权法是最具说明性的概念),要么通过扩展其他权力概念来解决与个人数据相关的问题。从这个意义上讲,外延并不意味着替代,而是可以理解为依赖于传统权力推理的法律领域的一种转移。数据可携性的反馈很好地说明了不同权力概念之间的时序联系。在这种情况下,关系授权被用来改变结构(这里是指市场),这再次使得对数据主体的更多关系授权。

第二,分类法提供了一种分析工具,能够识别私法中正在发生的变化。这些转变反映在权力概念中,并由个人数据的大规模处理和商业化引发。分类法有助于我们理解哪些权力概念在什么情况下具有重要意义。这在实践层面上解释了为什么特别关注不同法律学科之间的交叉点。同时,它也指出了寻找整体、连贯的监管概念所面临的困难。因此,权力的性质不断向立法机关日益重视的权力形式和结构形式延伸。越来越多的法规对个人数据的结构方面进行了解释,有时解释的更杂更不明确。竞争法是规范一种结构性权力的主要框架。随着数据处理的重要性不断提高,新的市场也随之被创造和重塑,关于个人数据对竞争法和各自监管措施的影响的辩论近来备受关注就不足为奇了。相反,令人惊讶的是,消费者合同法也是在系统性市场调整的逻辑基础上修订的,因此考虑到了结构性因素。此外,可携权的引入对于数据保护框架来说并不典型,因为数据保护框架通常关注的是关系功能而不是结构功能。同时,私法在规范个人数据时也越来越倾向于模式理解。消费者合同法明确表明数据是违约行为,并根据一般权力不平衡的隐含假设授予消费者某些权力,但这与个人数据没有特别关系。[265] 在竞争法中,关于是否应该分离因果关系因素以及是否应该定义模式的辩论是一个老规则。它再次引发了人们熟悉的讨论,比如市场支配行为本身是否有害,如果有害,是否需要监管。数据保护法仍然是以同意为中心的,因此因果关系也是基于同意的。然而,《通用数据保护条例》将引入特殊规则的自由裁量权留给了成员国,这使得它们能够从因果关系模式概念转向模式权力概念。

第三,个人数据的自动化海量处理导致了结构性权力的新现象。算法使私主体能够行使重要的私人授予他人的权限,不仅对个人,而且对整个结构,如塑造公共舆论或创造一个歧视的公民社会。在过去几年中,它们的机制和重要性引发了越来越多的争论,目前正在讨论更具体的监管要求。

4.2.2.2 规范的影响

基于这些观察,我们可以得出一些规范结论。毫无疑问,私法是权力分配的决定性因素。仅仅声称"消费者主权"或"授权"作为解决问题的方法过于简单。[266] 一般来说,有不同种类的权力控制,例如程序控制、结果控制或中立化控制。[267] 监管干预必须既审慎又仔细,因为由于权力的复杂性,可能会出现意想不到的副作用。

---

[265] 也表明它改变了法律领域中传统的权力观念,引发了关于法律领域极端性的争论,从而拓展了法律领域的极端性,参见 Faust (2016)。
[266] 回想起加尔布雷斯(Galbraith),他创造了反权力理论作为一种解决问题的方法,参见 Schweitzer (2016),472。如果在个人数据权力下给出这样的星座(constellation),则必须进行分析。
[267] 这也表明它改变了法律领域的传统权力观念,引发了关于法律领域极端性的争论,从而也发展了法律领域,参见 Faust (2016)。

权力理论作为一种工具,可以帮助在思考如何规范个人数据相关的问题时进行排序。第一步,先根据个人数据处理的具体情况识别权力的概念,据此分配给相应的法律。必须意识到,本研究只涉及理想的典型二分法(因果模式和关系结构)。当然,可以对这两个维度进行更细致的研究。第二步,找出权力含义的联系,本研究提出了一些关于一般性转变和相互关系的理论,需要分析它们在特定情况下是否成立,显然就有必要进行实证研究。第三步,可以参考不同法律领域的传统权力观念,看看权力分析的结果是如何影响不同的法律领域的。例如,人们可以观察到各领域中因果关系的推定有多强(例如,强有力因果关系,无法反驳的推定)或者模式适用的特定标准。这种以权力为导向的方法有一个优势,那就是能以更具分析性、更系统的方式解决具体问题。这种方法是整体性的,因为它没有事先将解决办法局限于某些法律领域或其界限,最终为更加连贯的规范性推理奠定了基础。私法在调整因果关系权力、某种程度上调整因果结构权力以及近几十年来调整模式关系权力方面有着丰富的经验。然而它很难处理模式结构权力,对此有进一步的解释。

私法早在承认模式权力之前就考虑到了结构权力。然而个人数据的演变却恰恰相反。虽然"隐私数据"的模式概念已经存在了很长一段时间,但直到最近,对此类数据的处理才产生了显著的结构性影响。这种私法经验的逐渐缺乏对立法机关提出了新的挑战。更重要的是,个人数据的模式结构权力概念对私法提出挑战还有一个实质性的原因:由于其结构性质,模式结构权力具有重大的社会影响。然而,由于缺乏直接因果关系,假定的情况与影响的原因同样重要,因为两者都难以界定。权力理论很好地解释了为什么监管者有必要解决这些问题,并审慎地定义不断演变的结构和模式,从而发展和塑造个人。有一个惊人的相似之处:虽然算法决策指的是一种结构算法并且是以假设而非因果关系为基础,但解决这些问题的立法方法往往遵循相同的结构模式。需要进行实证研究来确定模式,伦理推理对于做出监管选择是必不可少的。算法和媒体监管方面的社会歧视的例子表明,这种影响通常超出了私法的范畴。解决办法将属于公法范畴。

4.2.3 宏观层面:权力理论

本研究实现了三个目标:

首先,从理论上已经表明,私人权力框架是一种可行的描述性理论,可以应用在私法乃至私法之外的个人数据的规范中。"知识就是力量"这一真理与起草条例有关,在本研究中这一真理得到了进一步完善和区分,成为一种可将个人数据转化为可行的法律术语的工具。

其次,可以看出,个人数据本身有助于权力理论:本研究通过阐述私法特定领域在规范个人数据时所面临的权力转移,引入了一个动态因素。因此,这一理论本身更为完善,因为它系统地分析了联系和发展路径的法律相关性。

最后,由于观察对象的信息性质,个人数据揭示了不同的权力分配和权力下放方式。因此,它们为与私法中的信息有关的一般权力理论做出了贡献。

4.3 规范性概念

4.3.1 监管干预的规范标准

规范性概念不能自动地从权力理论中推导出来,因为它们需要一个决策范式(通常是价值判断或政治考虑),必须慎重选择。因此,权力失衡不能被视为本质上的好或坏。相反,对权力的规范性评价取决于具体情况。然而,根据经验,私法对于一个给定的参照系中什么种类和程度的权力被认为是不公正的或者是必要的有不同的规定。监管者面临的关键问题是,在什么情况下哪种形式的权力需要规制。

作为一般的经验法则,这些权力在自由主义标准下尤其麻烦,其稳定性和合法性也是如此[268]——这些因素界定了单方面的行动范围,这些行动范围可能违反在具体情况下构成行动范围的制度。[269] 从法律角度来看,在对权力进行限制时,规范含义可分为两类。首先,我们可以确定个人行为的内在限度,为了使一个基于自由的参照系保持可行,必须保留这些限度。[270] 其次,我们可以根据价值判断来确定系统的外部限度。这种区分试图在法律和政策考虑之间划出一条清晰的界限,它既可以证明也可以解释政策考虑的合理性。

对法律学者来说,主要的规范意义在于,他们应该首先关注确定个人行为的内在限度,而这些限度必须保留下来,以维持参照系的运作。在评估权力时,监管者应了解权力控制的类型和强度,以及适当的监管水平。如果某种效应对相应参考系的功能造成不可逆转的损害,监管行动是绝对必要的。[271] 如果这种损害是可能的或如果被怀疑的强度很高,也应该是这种情况。然而,这些限制是基于应该在政治论坛上辩论的价值判断。

4.3.2 个人数据规范的影响

在私法的各个领域,对于权力的内部限制能够说些什么呢?对于权力的概念,立法语境或相关参照系必须起决定性作用。[272] 确定哪种权力需要规制,在各自的制度中遵循不同的原则。[273] 通常各自的权力概念符合系统的实际功能条件(例如合同法中法人组织的私人/自治;竞争法中的自由竞争与市场;反歧视法的非歧视文化等)。[274] 在这方面,不存在监管不力或监管过度的一般问题。[275] 同样,这些问题不能归结为信息自决的概念,尽管总的来说,在确定私法不同区域的外部界限时,宪法显然是规范性指导的主要法律来源。[276]

---

[268] 参见 Bachmann(2016) 616,对私人权力合法化的综合论述,从更广泛的角度看待私人权力正当化的方法,并讨论权力的来源、分类和后果,特别是作为正当化的决定因素。
[269] 同上,630。
[270] 同上。
[271] 同上,636 et seq.;Backer(2012),106,108.
[272] Kainer/Schweitzer(2016),630.
[273] 同上,630.
[274] 同上,632.
[275] 参见 Kerber(2016),646 et seq.。世卫组织承认即使采用整体方法,情况也非常复杂,可能在监管不力和监管过度时都会产生错误。为了全面阐述权力、私法和经济学之间的关系,参见 Käseberg(2016),世卫组织的结论是,经济学目前无法解释一般私法在权力上的新问题,只能提供有限的解决方案。显而易见的是当他的结论与这项研究的结果相一致时,权力对个人数据的普遍相关性也意味着经济分析作为监管范式的作用有限。
[276] 参见 Calliess(2006),para.6,指出,当涉及私人权力的问题时,控制的密度并不完全清楚。

如上所示，个人数据问题的一个基本特征是它们影响到私法的几个领域和不同的权力概念。因此必须在每个单独的领域分别回答权力的内部限制问题。然而与此同时，还必须考虑到强有力的潜在联系和相互关系。例如，基于分析和行为跟踪的个人价格歧视可以说明权力分类如何以一种有助于确定规范性内部限制的方式来构建问题。我们举一个简单的例子，即服务提供商根据对用户行为的永久跟踪和分析向用户提供单独的价格（例如，航班以更高的价格提供给特定用户，因为从用户的跟踪行为来看，他似乎迫切需要预订航班）。如果出于此目的处理个人数据是基于用户的同意，合同和数据保护法将调查因果关系权力平衡，并观察根据这些条款知情同意实际上是否可行。这些法律领域也会提出这样一个问题，即向模式地位的转变是否会不允许获得同意。这与假设当事人之间存在固有权力不平衡的情况有关，这种做法可能对个人的信息自主权产生严重后果。但是，由于因果结构权力的影响，内部限制是可以达到的。基于算法的个人价格歧视会给整个市场的运作带来严重的风险，因为事先决定买方的保留价格是一个基本的隐含假设。最后，模式结构的含义是，个人价格歧视会导致一种普遍的社会歧视文化。显而易见，基于个人数据的价格歧视问题所涉及的多重权力影响，需要在不同法律领域找到解决办法之前进行全面分析。例如，仅仅说提高合同法的透明度就能解决这个问题是不够的。这个问题要复杂得多，需要经验证据来确定限制和解决方案。

最后，需要明确什么时候内部限制会受到影响，以及什么时候外部限制是实际相关的。确定这些外部限制需要价值判断和公众舆论，这些舆论应既充满激情又具有建设性。考虑到当今个人数据的处理不仅关系到个人自决和私人自治的核心，而且影响市场和公众舆论，最终改变社会和文化，似乎有很多问题。法律领域的内部限制没有超出这一事实并不排除需要调整外部限制。因此，律师必须掌握并应对各自法律领域的范式变化，将其视为对整个社会利益的一种贡献（或牺牲）。

5　总结

第一，在私法中监管个人数据既缺乏也需要一种整体方法。权力可以作为一种范式，将私法的不同领域在一个更高的层面上联系起来，从而构建出一种整体方法。这种以理论为基础的方法今后可以对个人数据进行一致和审慎的监管。

第二，权力是一个社会学和哲学的课题，而不是一个明确的法学理论问题。无案例的概念多种多样。根据 F. Möslein(2016)等人的研究结果，可以确定四个对私法特别重要的权力概念，即因果关系（Weber）、因果结构（Eucken）、模式关系（Luhmann）和模式结构（Foucault）权力形式。这些权力概念也反映在私法中与个人数据管理最相关的领域：合同法、消费者权益保护法、竞争法、知识产权法、数据保护法和反歧视法。

第三，分析以权力为中心的私法对个人数据的监管表明：合同法的核心是因果关系，但如今也被刻意用于调整个人数据的结构性权力问题。消费者权益保护法是一种模式，逐渐用于调整个人数据问题。竞争法遵循结构性概念，因此在实践中得到了广泛的讨论和应用。此外，一些倡导者质疑纯粹的因果假设，开始关注模式权力。物权法对所有权力维度都有影响，在文献中也进行了讨论，但对实践的意义不大。数据保护法的概念是相互联系的，既有因果因素，也有模式因素。监管机构目前正在对这些模式进行重新配置，与此同时，数据保护法目前也在考虑权力的结构形式。反歧视法是基于模式关系概念，同时也具有结构性模式含义。因此大数据背景下反歧视法在不久的将来会变得更加重要。

第四，由于处理个人数据的关系效应和重大社会影响，法律领域本身已被重新配置。因此，可以观察到这些领域之间的趋同，监管规则从因果关系到模式、从关系到结构的权力转移与延伸。

第五，对个人数据进行整体审慎监管可以按以下顺序进行：第一步，根据个人数据处理的具体情况识别权力含义，据此分配给相应的法。第二步，可以追溯权力含义的联系。本研究提炼了一些关于一般转变和相互关系的理论，需要在具体案例下看它们是否成立，理论需要实践经验支持。第三步，可以参考不同的法律领域的传统权力观念，看看权力分析的结果如何影响不同的法律领域。这种以权力为导向的方法有一个优势，即以更具分析性和更具系统性的方式解决具体问题，从而最终对个人数据进行有效和连贯的监管。

第六，整体方法为最终建立一个更加连贯的规范性推理结构奠定了基础。然而，没有普遍的规范性答案，因为权力失衡不能被视为本质上的好或坏。相反，对权力的规范性评价取决于具体情况。人们可以区分两种设定权力限制的决策范式：首先，人们可以确定个人行动的内在限制，必须保留这些限制以保护基于自由的制度的可行性。其次，人们可以根据价值判断来确定相应制度的外部界限。这种区分在法律和政策考虑之间划清了界限。

参考文献

Abrahamson, Z. G. (2014), Essential Data, 124 The Yale Law Journal 867.

Ackermann, T./Franck, J.-U. (2014), Chapter 4: Validity, in European Contract Law and German Law, in: S. Leible/M. Lehmann (Eds.), European Contract Law and German Law, 167, Wolters Kluwer.

Acquisti, A./Taylor, C./Wagman, L. (2016), The Economics of Privacy, 52 Journal of Economic Literature 442.

Almunia, J. (2012), Competition and personal data protection, SPEECH/12/860, 26 November 2012, available at: http://europa.eu/rapid/press-release_SPEECH-12-860_en.htm.

Armbrüster, C. (2015), § 138 BGB Sittenwidriges Rechtsgeschäft, in: F.-J. Säcker/R. Rixecker/H. Oetker/B. Limperg (Eds.), Münchener Kommentar zum Bürgerlichen Gesetzbuch, 7thed., C. H. Beck.

Bachmann, G. (2016), Die Legitimation privater Macht, in: F. Möslein (Ed.), Private Macht, 603, Mohr Siebeck.

Bäcker, M. (2012), Grundrechtlicher Informationsschutz gegen Private, 51 Der Staat 91.

Basedow, J. (2007), Konsumentenwohlfahrt und Effizienz - Neue Leitbilder der Wettbewerbspolitik?, 57 Wirtschaft und Wettbewerb 712.

Bauman, Z./Lyon, D. (2013), Liquid Surveillance, Polity Press.

Behrens, P. (2015), The Ordoliberal Concept of "Abuse" of a Dominant Position and its Impact on Article 102 TFEU, available at: http://papers.ssrn.com/sol3/papers.cfm?abstract_id=2658045.

Berger, J. (2016), Macht als Grundbegriff der Soziologie, in: F. Möslein (Ed.), Private Macht, 47, Mohr Siebeck.

Blume, P. (2014), The myths pertaining to the proposed General Data Protection Regulation, 4 International Data Privacy Law 269.

Böhm, F. (1960), Das Problem der Privaten Macht - 1928, in: E.-J. Mestmäcker (Ed.), Franz. Böhm - Reden und Schriften, 25, C.F. Müller.

Bräutigam, P./von Sonnleithner, B. (2015), Vertragliche Aspekte der Social Media, in: G. Hornung/R. Müller-Terpitz (Eds.), Rechtshandbuch Social Media, 35, Springer.

Bucher, T. (2012), Want to be on the top? Algorithmic power and the threat of invisibility on Facebook, 14 New Media & Society 1164.

Buchner, B. (2006), Informationelle Selbstbestimmung im Privatrecht, Mohr Siebeck.

Buchner, B. (2008), Wissen ist Macht? Zum Verhältnis zwischen Datenschutz und Wettbewerb, 32 Datenschutz und Datensicherheit 724.

Bundeskartellamt (2016), Arbeitspapier Marktmacht von Plattformen und Netzwerken, B6 - 113/15 of June 2016, available at: www.bundeskartellamt.de/SharedDocs/Publikation/DE/Berichte/Think-Tank-Bericht.html?nn=3591568.

Calliess, G.-P. (2016), Private Macht und Verbraucherrecht, in: F. Möslein (Ed.), Private Macht, 213, Mohr Siebeck.

Calliess, C. (2006), §44 Schutzpflichten, in: D. Merten/H.-J. Papier (Eds.), Handbuch der Grundrechte in Deutschland und Europa, Vol. 2, 963, C.F. Müller.

Canaris, C.-W. (2000), Wandlungen des Schuldvertragsrechts - Tendenzen zu seiner "Materialisierung", Archiv für die civilistische Praxis, 273, Mohr Siebeck.

Cashin Ritaine, E. (2012), Common Frame of Reference and Property Law: A General Introduction, in: S. v. Erp/A. Salomons/B. Akkermans (Eds.), The Future of European Property Law, Sellier.

Competition and Markets Authority (2015), The Commercial use of consumer data, available at: www.gov.uk/cma-cases/commercial-use-of-consumer-data.

Cohen, J. E. (2012), Configuring the Networked Self - Law, Code, and the Play of Everyday Practice, Yale University Press.

Cohen, J. E. (2013), What Privacy Is For, 127 Harvard Law Review 1904.

Cooper, J. (2013), Privacy and Antitrust: Underpants Gnomes, the First Amendment, and Subjectivity, 20 George Mason Law Review 1129.

Dietrich, F./Ziegelmayer, D. (2013), Facebook's "Sponsored Stories"- ein personenbezogenes unlauteres Vergnügen, 29 Computer & Recht 104.

Dörr, D./Natt, A. (2014), Suchmaschinen und Meinungsvielfalt, 58 Zeitschrift für Urheber-und Medienrecht 829.

Dreier, T. (2009), Regulating Information: Some thoughts on a perhaps not quite so new way of looking at intellectual property, in: J. Drexl/R. M. Hilty/L. Boy/C. Godt/B. Remiche (Eds.), Technology and Competition - Technologie et concurrence, Contributions in Honor of Hanns Ullrich, 35, Larcier.

Drexl, J. (2011), On the (a)political character of the economic approach to competition law, in: J. Drexl/W. Kerber/R. Podszun (Eds.), Competition Policy and the Economic Approach, 312,

Edward Elgar.

Drexl, J. (2016), Was dem Leser gefällt!, Süddeutsche Zeitung of 4 September 2016, available at: www.sueddeutsche.de/wirtschaft/forum-was-dem-leser-gefaellt-1.3147503.

Drexl, J./Hilty, R. M./Greiner, F./Kim, D./Richter, H./Surblytė, G./Wiedemann, K. (2016), Ausschließlichkeits-und Zugangsrechte an Daten, 65 GRUR Int. 914.

European Data Protection Supervisor (2014a), Preliminary Opinion of the European Data Protection Supervisor, Privacy and competitiveness in the age of big data: The interplay between data protection, competition law and consumer protection in the Digital Economy, March 2014, available at: https://secure.edps.europa.eu/EDPSWEB/webdav/site/mySite/shared/Documents/Consultation/Opinions/2014/14-03-26_competitition_law_big_data_EN.pdf.

European Data Protection Supervisor (2014b), Report of workshop on Privacy, Consumers, Competition and Big Data, 2 June, available at: https://secure.edps.europa.eu/EDPSWEB/webdav/site/mySite/shared/Documents/Consultation/Big%20data/14-07-11_EDPS_Report_Workshop_Big_data_EN.pdf.

European Data Protection Supervisor (2016), Opinion 8/2016 of the European Data Protection Supervisor on coherent enforcement of fundamental rights in the age of big data, of 23 September 2016, available at: https://secure.edps.europa.eu/EDPSWEB/webdav/site/mySite/shared/Documents/EDPS/Events/16-09-23_BigData_opinion_EN.pdf.

Eucken, W. (1965), Die Grundlagen der Nationalökonomie, Springer.

Evans, D. S. (2011), The Antitrust Economics of Free, available at: http://papers.ssrn.com/sol3/papers.cfm?abstract_id=1813193.

Faust, F. (2016), Digitale Wirtschaft – Analoges Recht: Braucht das BGB ein Update? Gutachten zum 71. Deutschen Juristentag, available at: http://www.djt.de/fileadmin/downloads/71/fachprogramm/djt_71_Zivilrecht_160408.pdf.

Ferretti, F. (2014), EU Competition Law, the Consumer Interest and Data Protection – The Exchange of Consumer Information in the Retail Financial Sector, Springer.

Fialová, E. (2014), Data Portability and Informational Self-Determination, 8 Marsaryk University Journal of Law and Technology 45.

Foucault, M. (1976), Mikrophysik der Macht, Merve Verlag.

Foucault, M. (2015), Analytik der Macht, 6th ed., Suhrkamp.

Franck, J.-U. (2016), Eine Frage des Zusammenhangs: Marktbeherrschungsmissbrauch durch rechtswidrige Konditionen, 14 Zeitschrift für Wettbewerbsrecht 137.

Franz, B./Podszun, R. (2015), Was ist ein Markt? – Unentgeltliche Leistungsbeziehungen im Kartellrecht, 3 Neue Zeitschrift für Kartellrecht 121.

Frenz, W. (2014), Datenschutz durch Kartellrecht, 5 Europäisches Wirtschafts-und Steuerrecht 193.

Geradin, D./Kuschewsky, M. (2013), Competition Law and Personal Data: Preliminary Thoughts on a Complex Issue, available at: http://papers.ssrn.com/sol3/papers.cfm?abstract_id=2216088.

Goodman, B./Flaxman, S. (2016), European Union regulations on algorithmic decision-making and a "right to exploitation", available at: https://arxiv.org/abs/1606.08813.

Graef, I./Verschakelen, J./Valcke, P. (2013), Putting the Right to Data Portability into a Competition Law Perspective, The Journal of the Higher School of Economics Annual Review 53.

Han, B.-C. (2005), Was ist Macht?, Reclam.

Hanau, H. (2016), Die Schranken privater Gestaltungsmacht – Zur Herleitung einer Angemessenheitskontrolle aus den Grenzen der Selbstbindung, in: F. Möslein (Ed.), Private Macht, 119, Mohr Siebeck.

Harbour, P. J./Koslov, T. (2010), Section 2 in a Web 2.0 world: An expanded vision of relevant product markets, 77 Antitrust Law Journal 769.

Hauer, M./Rudkowski, L./Goren, P./Lahr, M./Oestreich, J./Renner, M./Schmidt, S./Schreiber, A. (2013), Macht im Zivilrecht, Boorberg.

Heller, C. (2011), Post-Privacy, C. H. Beck.

Hellwig, M. (2006), Effizienz oder Wettbewerbsfreiheit? Zur normativen Grundlegung der Wettbewerbspolitik, in: C. Engel/W. Möschel (Eds.), Recht und spontane Ordnung: Festschrift für Ernst-Joachim Mestmäcker zum achtzigsten Geburtstag, 231, Nomos.

Henning-Bodewig, F./Spengler, A. (2016), Conference Report:"Framing - The 'Hard Core' of Unfair Competition Law", 65 GRUR Int. 911.

Herresthal, C. (2016), Private Macht im Vertragsrecht - Austauschverträge, in: F. Möslein (Ed.), PrivateMacht, 145, Mohr Siebeck.

Hoffmann-Riem, W. (1998), Informationelle Selbstbestimmung in der Informationsgesellschaft, 123 Archiv des öffentlichen Rechts 513.

Hoffmann-Riem, W. (2017), Verhaltenssteuerung durch Algorithmen - Eine Herausforderung für das Recht, 142 Archiv des öffentlichen Rechts 1.

Hoofnagle, C. J./Whittington, J. (2014), Free Accounting for the Costs of the Internet's Most Popular Price, 61 UCLA Law Review 606.

Hull, G. (2015), Successful failure: what Foucault can teach us about privacy self-management in a world of Facebook and big data, 17 Ethics Inf Technol 89 Jani, O. (2014), §87f UrhG Presseverleger, in: A.-A. Wandtke/W. Bullinger (Eds.), Praxiskommentar zum Urheberrecht, 4thed., C. H. Beck.

Kainer, F./Schweitzer, H. (2016), Ansätze für eine Systematisierung von privater Macht und der Begrenzung privatrechtlicher Gestaltungsmacht, in: F. Möslein (Ed.), Private Macht, 629, Mohr Siebeck.

Käseberg, T. (2016), Macht, Privatrecht und Ökonomik - Nutzen und Grenzen der Ökonomik bei der Analyse privater Macht im Privatrecht, in: F. Möslein (Ed.), Private Macht, 581, Mohr Siebeck.

Kerber, W. (2016), Digital Markets, Data, and Privacy: Competition Law, Consumer Law, and Data Protection, 65 GRUR Int. 639.

Köhler, H. (2015), §1 UWG, in: H. Köhler/J. Bornkamm (Eds.), Gesetz gegen den unlauteren Wettbewerb, 33rded., C. H.Beck.

Koops, B.-J. (2014), The trouble with European data protection law, 4 International Data Privacy Law 250.

Körber, T. (2016a), "Ist Wissen Marktmacht?" Überlegungen zum Verhältnis von Datenschutz, "Datenmacht" und Kartellrecht - Teil 1, 4 Neue Zeitschrift für Kartellrecht 303.

Körber, T. (2016b), "Ist Wissen Marktmacht?" Überlegungen zum Verhältnis von Datenschutz, "Datenmacht" und Kartellrecht - Teil 2, 4 Neue Zeitschrift für Kartellrecht 348.

Kühling, J./Martini, M. (2016), Die Datenschutz-Grundverordnung: Revolution oder Evolution im europäischen und deutschen Datenschutzrecht?, 27 Europäische Zeitschrift für Wirtschaftsrecht 448.

Kuschewsky, M./Geradin, D. (2014), Data Protection in the Context of Competition Law Investigations: An Overview of the Challenges, 37 World Competition Law and Economic Review 69.

Langhanke, C./Schmidt-Kessel, M. (2015), Consumer Data as Consideration, 1 Journal of European Consumer and Market Law 218.

Lazer, D. (2015), The rise of the social algorithm, 348 Science 6239.

Lehmann, M. (2016), Private Macht im Eigentumsrecht, in: F. Möslein (Ed.), Private Macht, 281, Mohr Siebeck.

Lessig, L. (2002), Privacy as Property, 69 Social Research 247.

Luhmann, N. (2012), Macht, 4thed., UTB.

Marauhn, T./Thorn, J. (2013), Kapitel 16: Privat-und Familienleben, in: O. Dörr/R. Grote/T. Marauhn (Eds.), EMRK/GG Konkordanzkommentar zum europäischen und deutschen Grundrechtsschutz, 2 nded., Mohr Siebeck.

Masing, J. (2012), Herausforderungen des Datenschutzes, 65 Neue Juristische Wochenschrift 2305.

Mayer-Schönberger, V./Padova, Y. (2016), Regime change? Enabling Big Data through Europe's new Data Protection Regulation, 17 The Columbia Science & Technology Review 315.

Monopolkommission (2015), Sondergutachten 68 - Wettbewerbspolitik: Herausforderungen digitale Märkte, 1 June 2015, available at: www.monopolkommission.de/index.php/de/gutachten/sondergutachten/sondergutachten-68.

Möslein, F. (2016), Private Macht, Mohr Siebeck.

Müller, G./Flender, C./Peters, M. (2012), Vertrauensinfrastruktur und Privatheit als ökonomische Fragestellung, in: J. Buchmann (Ed.), Internet Privacy - eine multidisziplinäre Bestandsaufnahme, 143, acatech Nissenbaum, H. (2010), Privacy in Context - Technology, Policy, and the Integrity in Social Life, Stanford Law Books.

Pasquale, F. (2013), Privacy, Antitrust, and Power, 20 George Mason Law Review 1009.

Picker, R. (2008), Competition and Privacy in Web 2.0 and the Cloud, 102 Northwestern University Law Review 1.

Posner, R. A. (1981), The Economics of Privacy, 71 The American Economic Review 405.

Pozzato, V. (2014), Opinion of the European Data Protection Supervisor: Interplay Between Data. Protection and Competition Law, 4 Journal of European Competition Law & Practice 468.

Purtova, N. (2010), Property in personal data: A European perspective on the instrumentalist theory of propertisation, 2 European Journal of Legal Studies 193.

Purtova, N. (2011), Property Rights in Personal Data - A European Perspective, Wolters Kluwer.

Purtova, N. (2015), The Illusion of Personal Data as No One's Property, available at: http://papersssrn.com/sol3/papers.cfm?abstract_id=2346693.

Renner, M. (2016), Machtbegriffe zwischen Privatrecht und Gesellschaftstheorie, in: F. Möslein (Ed.), Private Macht, 505, Mohr Siebeck.

Rees, C. (2013), Tomorrow's privacy: personal information as property, 3 International Data Privacy Law 220.

Richards, N./King, J. (2014), Big Data Ethics, 49 Wake Forest Law Review 393.

Riesenhuber, K. (2016), Private Macht im Vertragsrecht - Langzeitverträge, in: F. Möslein (Ed.), Private Macht, 193, Mohr Siebeck.

Rölli, M. (2016), Vorüberlegungen zu einer Philosophie der privaten Macht - im Ausgang von einigen allgemeinen Bemerkungen zum philosophischen Stand der Machttheorie, in: F. Möslein (Ed.), Private Macht, 83, Mohr Siebeck.

Rössler, B. (2001), Der Wert des Privaten, Suhrkamp.

Roßnagel, A./Richter, P./Nebel, M. (2012), Internet Privacy aus rechtswissenschaftlicher Sicht, in: J. Buchmann (Ed.), Internet Privacy – eine multidisziplinäre Bestandsaufnahme, 281, acatech.

Roth, W.-H. (2006), Zur Berücksichtigung nichtwettbewerblicher Ziele im europäischen Kartellrecht – eine Skizze –, in: C. Engel/W. Möschel (Eds.), Recht und spontane Ordnung: Festschrift für Ernst-Joachim Mestmäcker zum achtzigsten Geburtstag, 411, Nomos Schaar, P. (2016), Algorithmentransparenz, in: A. Dix/G. Franßen/M. Kloepfer/P. Schaar/F. Schoch/A. Voßhoff (Eds.), Deutsche Gesellschaft für Informationsfreiheit, Informationsfreiheit und Informationsrecht – Jahrbuch 2015, 23, Lexxion.

Schäfer, H.-B./Ott, C. (2005), Lehrbuch der ökonomischen Analyse des Zivilrechts, 4thed., Springer.

Schantz, P. (2016), Die Datenschutz-Grundverordnung – Beginn einer neuen Zeitrechnung im Datenschutzrecht, 69 Neue Juristische Wochenschrift 1841.

Schwartz, P. M. (2004), Property, Privacy and Personal Data, 118 Harvard Law Review 2055.

Schwartmann, R./Hentsch, C.-H. (2015), Eigentum an Daten – Das Urheberrecht als Pate für ein Datenverwertungsrecht, Recht der Datenverarbeitung, 221.

Schwenke, C. (2005), Individualisierung und Datenschutz, Rechtskonformer Umgang mit per sonenbezogenen Daten im Kontext der Individualisierung, Deutscher Universitäts-Verlag.

Schwenke, T. (2013), Nutzungsbedingungen sozialer Netzwerke und Onlineplattformen, 59 Wettbewerb in Recht und Praxis 37.

Schweitzer, H. (2016), Wettbewerbsrecht und das Problem privater Macht, in: F. Möslein (Ed.), Private Macht, 447, Mohr Siebeck.

Schweitzer, H./Fetzer, T./Peitz, M. (2016), Digitale Plattformen: Bausteine für einen künftigen Ordnungsrahmen, ZEW Discussion Paper No.16-042, available at: www.jura.fu-belin.de/fachbereich/einrichtungen/zivilrecht/lehrende/schweitzerh/informationen/Schweitzer-Fetzer Peitz-dp16042.pdf.

Spiekermann, S./Acquisti, A./Böhme, R./Hui, K.-L. (2015), The challenges of personal data markets and privacy, 25 Electronic Markets 161.

Spindler, G. (2014), Datenschutz-und Persönlichkeitsrechte im Internet – Der Rahmen für Forschungsaufgaben und Reformbedarf, Beilage 116 GRUR 101.

Spindler, G. (2016), Digitale Wirtschaft – analoges Recht: Braucht das BGB ein Update?, 71 Juristen Zeitung 805.

Sofsky, W. (2007), Verteidigung des Privaten: Eine Streitschrift, C. H. Beck.

Solove, D. (2001), Privacy and Power: Computer Databases and Metaphors for Information Privacy, 53 Stanford Law Review 1393.

Solove, D. (2007), "I've Got Nothing to Hide" and Other Misunderstandings of Privacy, 44 San Diego Law Review 745.

Swire, R. (2007), Protecting Consumers: Privacy Matters in Antitrust Analysis, Center for American Progress of 19 October2007, available at: https://www.americanprogress.org/issues/economy/news/2007/10/19/3564/protecting-consumers-privacy-matters-in-antitrust-analysis/.

Swire, P./Lagos, Y. (2013), Why the right to data portability likely reduces consumer welfare: Antitrust and privacy critique, 73 Maryland Law Review 2335.

Tan, S. (2007), Defining Social Algorithm, available at: http://ezinearticles.com/?Defining-Social-Algorithm&id=403407.

Vanberg, V. J. (2011), Consumer welfare, total welfare and economic freedom – on the normative foundations of competition policy, in: J. Drexl/W. Kerber/R. Podszun (Eds.), Competition Policy and the Economic Approach, 44, Edward Elgar.

van Loenen, B./Kulk, S./Ploeger, H. (2016), Data protection legislation: A very hungry caterpilar – The case of mapping data in the European Union, 33 Government Information Quarterly 338.

von Lewinski, K. (2014), Die Matrix des Datenschutzes – Besichtigung und Ordnung eines Begriffsfeldes, Mohr Siebeck.

von Walter, A. (2014), Datenschutz-Rechtsbruch als unlauteres Marktverhalten? Zum Verhältnis des Lauterkeitsrechts zum Datenschutzrecht, in: T. Lettl/J. Fritzsche/B. Buchner/C. Alexander (Eds.), Festschrift für Helmut Köhler zum 70. Geburtstag, 771, C. H. Beck.

Warren, M. E. (1992), Max Weber's Nietzschean conception of power, 1992, History of the Human Sciences, 19, SAGE.

Weatherill, S. (2013), EU Consumer Law and Policy, 2nded., Edward Elgar.

Weber, M. (1972), Wirtschaft und Gesellschaft, 5thed., Mohr Siebeck.

Weichert, T. (2014), Scoring in Zeiten von Big Data, 47 Zeitschrift für Rechtspolitik 168.

Wish, R./Bailey, D. (2011), Competition Law, 7thed., Oxford University Press.

World Economic Forum (2014), Rethinking Personal Data: A New Lens for Strengthening.

Trust, available at: www3.weforum.org/docs/WEF_RethinkingPersonalData_ANewLens_Report_2014.pdf.

Zimmer, D. (2011), Consumer welfare, economic freedom and the moral quality of competition law – comments on Gregory Werden and Victor Vanberg, in: J. Drexl/W. Kerber/R. Podszun (Eds.), Competition Policy and the Economic Approach, 72, Edward Elgar.